《明孝宗实录》研究

Research on *Ming Xiaozong shilu*

程彩萍 著

天津出版传媒集团

天津古籍出版社

图书在版编目（CIP）数据

《明孝宗实录》研究 / 程彩萍著. — 天津：天津古籍出版社，2021.9
ISBN 978-7-5528-1015-8

Ⅰ.①明… Ⅱ.①程… Ⅲ.①中国历史—史料—研究—明代 Ⅳ.①K248.07

中国版本图书馆CIP数据核字（2020）第181348号

《明孝宗实录》研究
MINGXIAOZONG SHILU YANJIU

程彩萍/著

出　　版	天津古籍出版社
出 版 人	张　玮
地　　址	天津市和平区西康路35号康岳大厦
邮政编码	300051
邮购电话	（022）23517902

选题策划	赵　娜
责任编辑	王宇英　王海燕　刘艳艳
装帧设计	鞠佳美

印　　刷	北京虎彩文化传播有限公司
经　　销	新华书店
开　　本	700毫米×1000毫米　1/16
印　　张	38.75
字　　数	636千字
版次印次	2021年9月第1版　2021年9月第1次印刷
定　　价	168.00元

版权所有　侵权必究
图书如出现印装质量问题，请致电联系调换（022-23517902）

国家社科基金后期资助项目
出 版 说 明

后期资助项目是国家社科基金设立的一类重要项目，旨在鼓励广大社科研究者潜心治学，支持基础研究多出优秀成果。它是经过严格评审，从接近完成的科研成果中遴选立项的。为扩大后期资助项目的影响，更好地推动学术发展，促进成果转化，全国哲学社会科学工作办公室按照"统一设计、统一标识、统一版式、形成系列"的总体要求，组织出版国家社科基金后期资助项目成果。

全国哲学社会科学工作办公室

序

程彩萍副教授是一位难得的青年历史学者。在师从著名明史专家陈宝良先生攻读硕士研究生期间，即以刻苦用功、成绩优异而很有名气。其报考我名下的博士研究生之时，我看到了其已发表和即将发表的学术论文五六篇，皆有很好的立意、深入的论述，令人眼前一亮。经过考试，她以最优秀的成绩被录取。入学后，恰好我申请到国家重大社科研究课题"明实录整理与研究"，需要组织课题团队。根据对她学术修养程度的了解，我认为她经过努力，可以在这个课题的研究中，完成某一部分任务。于是，经过协商，她正式进入课题组，承担起明代十三朝实录中的《明孝宗实录》校勘和编纂学方面的整理和研究任务。五年前，她以合格完成该阶段任务的喜人成绩毕业，并被廊坊师范学院以直接享受副教授待遇的条件引进。而后她又在原来毕业论文基础上，申请到国家社科基金后期资助项目，进一步加深研究，最后写出了摆在大家面前的这部学术水平达到很高水准的《〈明孝宗实录〉研究》一书。见证她多年令人感动的勤奋努力，看到她的进步、成就，我作为她曾经的老师、永远的好学友，高兴万分，特地将阅读这本著作的体会，拉杂写出，以与各位读者共享，并祝贺其正式出版。

《明孝宗实录》是了解和研究孝宗朝历史的基本史料，但其所记存在有意、无意之误，加之只有抄本传世，文字难免有讹、脱、衍、倒的现象，妨碍读者对某些事实的了解，故辨明其所记真伪，纠正其文字讹误，十分必要。同时，对《明孝宗实录》进行深入的历史文献学研究，对于推动历史文献编纂学的深入发展以及实录学的研究具有重要的学术价值。《明孝宗实录》的编纂作为官方修史活动在史学史领域也产生了广泛影响，它既是史学领域的重大举动，也是一项牵扯大臣众多的政治活动，梳理其编纂过程对于研究官方史学与王朝政治的互动同样具有重要意义。然而长期以来，对《明孝宗实录》进行深入全面研究的成果一直没有面世，此书之出版正填补了这个学术空白。

更应注意的是，除了填补学术研究的空白之外，此书学术水平亦很高。

具体说来有如下几方面：

一、视野广阔，研究全面，从文本到编纂学理论皆有涉及

彩萍从校勘做起，在文本整理的基础上对《明孝宗实录》展开历史文献编纂学的研究，分上编文献编纂研究篇和下编史实记载辨误篇，宏观上结合明代历史、明代制度探讨《明孝宗实录》的编纂过程、编纂成员、编纂思想以及所受政治环境的影响。通过阅读实录、文集、地方志、笔记小说等大量史料，探讨正德初期政局变化对《明孝宗实录》编纂产生的影响，梳理了《明孝宗实录》的编纂人员名单以及为搜集资料做出贡献的地方官等，总结出《明孝宗实录》编纂遵循了直书实录、垂训后世、以皇帝为记载中心、为尊者讳等编纂思想。微观上对《明孝宗实录》所记内容进行分析，包括其记载的诏令、奏疏、传记等内容的特点与文献价值。此外还有文字上的辨误纠误，在书的下编列举了《明孝宗实录》存在的人名、地名、时间等记载错误的案例。总之，此书对《明孝宗实录》的文字、内容、编纂情况皆进行了全面深入的考察。

二、引用大量资料，重视比较研究

此书通过将《明孝宗实录》与文集、碑传、档案等其他文献中的相关资料进行对比，探讨《明孝宗实录》编纂的史料来源及其文献价值与不足。如探讨了《明孝宗实录》中收录之奏疏来源于各部所存档案，数量庞大，大大超出了相关明人文集所收奏疏的数量；收录之传记则综合参考了前朝实录、墓志铭、神道碑等多种人物传记的记载，并根据实录的编纂原则进行润色而成。此外还将《明孝宗实录》与明代其他朝实录进行对比，探索《明孝宗实录》内容记述上的变化，继而分析这些变化与时代演变之间的关系，以及编纂官表达出的政治文化思想，从而总结出《明孝宗实录》的编纂特色。如在具体内容上，根据地方行政体制的演变，增加了巡抚等人的传记；随着武臣地位的下降，武臣传记撰写变得简略。

三、研究深入，提出一些独到见解，给后人以重要启示

在对《明孝宗实录》进行全面研究的同时，也极为注意研究的深入性，发现《明孝宗实录》的一些局限，给后人提出了重要启示。如通过校勘与

深入分析,发现《明孝宗实录》凡例只规定了应该书写的内容领域,至于如何具体书写、书写中应当注意哪些问题并未具体交代,即规定过于笼统,导致了奏疏上奏时间、人物亡故时间等记载前后矛盾或模糊不清等失误。这对于史家在今后更好地编纂类似历史文献,无疑是一个重要的提醒。另外,还通过史实考辨证明《明孝宗实录》存在编纂官曲笔的现象,主要表现在焦芳对某些人物的刻意丑化上;除此之外,其他编修官出于对明孝宗的好感而对其缺陷有所隐讳,在编纂中往往更多地着意塑造孝宗皇帝中兴令主的勤政、宽容形象,突出君臣和谐的政治氛围等,而对其作为不尽如人意之处未能充分反映,表现出古代官方史学的一个重要缺陷。这一点之发现和指出,对于后代史学家同样会有重要的参考价值。

综上可知,程彩萍副教授的这部著作是一部难得的学术专著,加深了学界关于《明孝宗实录》的认识。这是她多年来刻苦努力的汗水结晶。盼她在此基础上,继续奋斗,在史学研究上做出更多的贡献。我相信开朗、善良、勤奋、有责任心、富于学养的彩萍,一定不会让学界失望。

南炳文
2020 年 5 月 1 日于廊坊师范学院

目 录

前言 ·· 1

上编　文献编纂研究篇

第一章　《明孝宗实录》的编纂 ··· 3
　　第一节　《明孝宗实录》的编纂背景 ··· 3
　　第二节　《明孝宗实录》的编纂经过 ··· 9
　　第三节　《明孝宗实录》的编纂人员 ··· 13
　　第四节　《明孝宗实录》的编纂思想 ··· 25

第二章　《明孝宗实录》的修纂凡例 ·· 36
　　第一节　凡例体现的编纂宗旨及其特色 ··· 36
　　第二节　凡例的指导作用及其拒书的潜在规则 ································· 42
　　第三节　凡例规定过于笼统及其不利影响 ······································· 45

第三章　《明孝宗实录》的诏令载录 ·· 51
　　第一节　所载诏令的类型与内容 ··· 51
　　第二节　收录特点及不足之处 ·· 65

第四章　《明孝宗实录》的奏疏摘录 ·· 72
　　第一节　奏疏摘录的特点及其文献价值 ··· 72
　　第二节　奏疏摘录之不足 ··· 94
　　第三节　与文集等所收奏疏互相校正 ··· 105

第五章　《明孝宗实录》中传记的撰写 ··· 117
　　第一节　入传人员的资料来源 ·· 117
　　第二节　资料处理方式与写作特点 ·· 142
　　第三节　传记之优点与价值 ·· 161
　　第四节　存在的不足 ··· 170

第六章 《明孝宗实录》事件记载分析 …… 185
第一节 记载方式 …… 185
第二节 优点与价值 …… 193
第三节 失误与失当 …… 203

第七章 《明孝宗实录》编纂特色及其史学价值 …… 216
第一节 时代变迁与《明孝宗实录》的编纂 …… 217
第二节 《明孝宗实录》的史学价值 …… 235

下编　史实记载辨误篇

第八章 名称记载错误考辨 …… 249
第一节 人名错误 …… 249
第二节 地名错误 …… 304
第三节 官职名称错误 …… 324
第四节 机构名称错误 …… 383
第五节 庙号、封号等称号错误 …… 397
第六节 族名、国名错误 …… 416
第七节 其他名称错误 …… 418

第九章 时间记载错误考辨 …… 422
第一节 记载错误者 …… 422
第二节 记载模糊不清者 …… 440

第十章 数字记载错误考辨 …… 447

第十一章 讹、脱、衍、倒等文字书写与传抄错误 …… 453
第一节 讹字 …… 453
第二节 脱字、脱句 …… 500
第三节 衍字 …… 534
第四节 前后倒置、错简 …… 538
第五节 内容记载重复 …… 544

结论 历史文献编纂学的重要启示 …… 548

附录 …… 554

参考文献 …… 588

后记 …… 598

前　言

《明孝宗实录》共二百二十四卷，是按时间顺序记载关于明孝宗在位时期（成化二十三年八月至弘治十八年五月）历史的编年体文献，并附有大臣传记。正德元年（1506），始由刘健、谢迁等编纂，不久健、迁去位，改由吏部侍郎焦芳等续修，正德四年（1509）修成。该书卷帙浩繁，内容丰富，是了解和研究该时期历史最重要的资料。在对其进行整理的基础上，深入研究，具有较大的学术意义。

《明实录》是系统记载明代历史的官方文献，对于明史研究具有重要意义，而《明孝宗实录》是明代列朝实录中篇幅较大、对后世影响较深的一部，其在文献编纂学上既有宝贵的经验，也有不可忽视的教训。故对《明孝宗实录》进行深入细致的历史文献学研究，论述其文献价值与不足，分析其导致失误的具体及深层次原因，对于推动历史文献编纂学的深入发展，具有重要意义。

另外，《明孝宗实录》的整理与研究不仅对明代文献整理具有重要意义，也为研究弘治史实提供了可靠依据。该书只有抄本存世，其文字讹、脱、衍、倒现象非常多，并有不少难辨、模糊不清之处。这些妨碍了对某些历史人物、事件的准确了解，也妨碍了对该书的顺利利用。故考证其所载相关史实，辨明其所记真伪，纠正其文字讹误，十分必要。

《明孝宗实录》作为《明实录》系列文献之一，与各朝实录共同受到了史籍研究者及明史学界的极大关注。或从研究中国古代史角度对其所载内容充分利用，或从历史文献学角度论其编纂得失、考辨正误，或从史学史角度探讨其在史学发展历程中的贡献，或从史料学角度对之加以摘录、整理，皆取得了不小成果。

对《明孝宗实录》所记史实进行考证，自明代即有。明人王世贞所撰《史乘考误》（《弇山堂别集》第1、2册，中华书局1985年）卷六、卷七纠正了《明孝宗实录》失误之处，考证了焦芳对彭华、傅瀚、刘健、谢迁等人的诋毁。黄景昉于《国史唯疑》（上海古籍出版社2002年）卷四中剖析弘治朝所涉争议之事，有很多详细的辨析和启发性的推测，认为《明孝宗实录》所载张元祯行恶当诬，所论谢迁谄媚张皇后不可信等。

近现代研究成果有黄云眉《明史考证》（中华书局 1979—1986 年）。该书于《明史》卷十五《孝宗本纪》、卷一百六十八《万安传》《彭华传》等考证过程中，对《明孝宗实录》之歪曲史实现象做了辨证。

此外还有利用版本校对《明孝宗实录》文字进行校勘者，最突出的成果为台湾"中央研究院"历史语言研究所影印红格本《明孝宗实录》及校勘记，该成果为校勘《明实录》工作之一部分，最初由时任"中研院"史语所所长的傅斯年主持，参与此事者先后有李晋华、王崇武等人。1949 年史语所迁台后，黄彰健等继任之，最终影印出了国立北平图书馆藏红格本《明孝宗实录》，并出版了以此本晒蓝为底本的《明孝宗实录校勘记》。《明孝宗实录校勘记》利用了四种其他版本的《明孝宗实录》作校本，比对出大量文字之不同，包括段落遗漏等问题，对之或存疑、或纠正，为进一步校正其失误提供了有益的线索。

相关论文有谈晟广《明弘治十二年礼部会试舞弊案》（《故宫博物院院刊》2006 年第 5 期），所述案件指发生在弘治十二年（1499），唐寅、徐经科场舞弊案以及怀疑主考官程敏政卖题之事，该文利用文集等资料重新考察这一事件，提出了自己的看法，且对《明孝宗实录》所载相关史实进行了考释。汪维真、牛建强《明弘治初限科会试令立废原委释》（《历史研究》2008 年第 1 期）则以《明孝宗实录》记录为准，校正了黄瑜《双槐岁抄》等其他文献之误，包括"限科会试令"提出和废除的时间。钞晓鸿《人物传记中水利史料的考辨与利用——以明清时期的项忠传记为例》（《厦门大学学报》哲学社会科学版 2011 年第 1 期），指出《明孝宗实录》卷一百九十所载项忠传记中"开泾阳郑、白故渠，溉田七万顷"之说记载有误，当承袭了项忠《自叙》、项忠行状、神道碑等记载。蔡果利《试论〈明实录〉对刘翊的书写——兼谈〈明实录〉编写之失》（《中国典籍与文化》2016 年第 4 期），对《明宪宗实录》与《明孝宗实录》所记刘翊事迹进行了对比，发现前者不乏曲笔，后者多溢美之言，提出这不仅关系到史官史德的问题，也与《明实录》凡例之失密切相关。刘小龙《〈明实录〉对科举的历史书写："史相"与"史实"之间》（《云南民族大学学报》哲学社会科学版 2018 年第 1 期）指出实录实际编修群体出身科举者超过 84.38%，影响了《明实录》中科举的历史书写，《明实录》书写的科举是一幅虚实交构的历史图景。该文列出《明孝宗实录》中 422 条科举史料。

王咨臣《新出土的明孝宗"罪己诏"与传抄本〈明实录〉校勘记》（《文

献》第 11 辑,书目文献出版社 1982 年)主要以新出土之诏书与抗战时期南京影印江苏图书馆传抄本《明孝宗实录》卷一四五,页十一至十六"弘治十一年(1498)十二月二十一日壬子,以清宁宫灾诏天下"的诏书全文进行校勘,发现传抄本《明孝宗实录》所载诏书有许多错字、脱字,甚至诏书条文次序也有许多颠倒、错乱者。牛明铎《〈明实录〉人名考误九则》(《殷都学刊》2016 年第 3 期)纠正了部分《明实录》中的人名错误。张丽敏《〈明实录〉功臣卒时记载研究》(《文史》2016 年第 4 期)将《明实录》所载功臣去世时间与《皇明功臣封爵考》、墓志铭等材料比对,认为实录所载功臣去世时间基本准确但又有不够详细的一面。

此外,学界在对《明实录》进行文献学通论方面研究的过程中,对《明孝宗实录》亦进行了探讨,比如清代史学家徐乾学修《明史》时曾撰《修史条议》,对明历朝实录分别论其优劣。其中认为《明孝宗实录》褒贬失当:"明之实录……莫详于弘治,而焦芳之笔褒贬殊多颠倒。"① 其所述对我们了解、审视《明孝宗实录》很有价值。同时该观点是否允当,仍需通过更多证据加以论证。

吴晗《记明实录》以资料长编的形式,分别辑录、分析了《明实录》之采录、纂修等编纂过程以及纂修官之职与流传情况等。其中第六章第八目为《孝宗》,列举了《明孝宗实录》曲笔之处。此外还论及编纂《明孝宗实录》时地方官亦参与搜访资料事,以及时人对所颁采辑条例之不满等。② 吴晗此文专门论及《明孝宗实录》,为研究《明孝宗实录》提供了有益的启示。

谢贵安《〈明实录〉研究》(湖北人民出版社 2003 年)是在文献学通论方面成果最突出者之一,对《明实录》进行了全面系统研究,充分肯定了其史料价值。其中论及了《明孝宗实录》的修纂机构、修纂过程、修纂成员、价值缺陷等。例如在第一章探讨史臣利用《明实录》攻击政敌时,论及焦芳在《明孝宗实录》中对何乔新之诋毁,对李东阳等其他纂修官进行打击、排挤。第四章对《明孝宗实录》开始纂修的时间进行考证,认为应在正德元年正月;第五章对《明孝宗实录》纂修人员进行梳理,纠正了人名错误。本书规模巨大,所涉范围广泛。另外,该作者还发表相关系列论文,如《〈明实录〉修纂与明代政治斗争》(《武汉大学学报》哲学社会科学版 1997 年第 1 期)、《〈明实录〉修纂程序述要》(《武汉大学学报》人文社会科学版 2000 年第 1 期)等。另一部专著《中国实录体史学研究》(武汉大学出版社

---

① (清)徐乾学:《憺园文集》卷一四,《续修四库全书》第 1412 册,上海古籍出版社,2002 年,第 490 页。

② 《吴晗史学论著选集》第二卷,人民出版社,1986 年,第 343~346 页及第 311 页、第 313 页。

2007年)通过研究历代实录,梳理了实录起源与发展的脉络,并以《唐太宗实录》《明孝宗实录》等的编纂为例提出了实录中的直书与曲笔是实录纂修中的基本矛盾等观点。

钱茂伟《〈明实录〉编纂与明代史学的流变》(《学术研究》2010年第5期)论述了《明实录》所用资料之搜罗、《明实录》国史性质及其流传等内容,并提出有些进士分采《明孝宗实录》资料之事,其论证对研究《明孝宗实录》有一定之启发。钱汝平《试论董玘对〈明实录〉的贡献》(《绍兴文理学院学报》2015年第5期)论述了董玘在修《明孝宗实录》《明武宗实录》时为保证史书质量而做出的贡献。另外,纪海龙《〈明孝宗实录〉焦芳"曲笔"问题考证》(《古代文明》2019年第4期)梳理了焦芳曲笔的典型案例,并指出"《明孝宗实录》的史料价值不当一概否定"。

《明实录》版本考察方面,黄彰健《明实录校勘记引据各本目录》(《"中央研究院"历史语言研究所集刊》第31本,1960年)、《影印国立北平图书馆藏红格本明实录并附校勘记序》(《"中央研究院"历史语言研究所集刊》第32本,1961年)列出校勘《明孝宗实录》所用有广本(缺卷一至八)、抱本、中央图书馆藏明天一阁本、中央图书馆藏旧抄本(存卷一百七十七至一百七十八)。卞鸿儒《馆藏写本〈明实录〉提要》(《辽宁图书馆馆刊》1930年第1期)、杨书元《吴廷燮写本〈明史录〉》(《社会科学辑刊》1984年第4期)二文皆对辽宁图书馆馆藏抄本《明实录》进行了介绍,杨指出吴本《明实录》是从内阁明清档案中辑出的,是一部近于内阁原本的完整罕见珍本,其中介绍《弘治别录》二函二十四册。

此外,海外研究《明实录》的成果亦颇为丰富,主要表现在对版本的探索,以及对《明实录》编纂情况的研究。

日本学者主要对《明实录》版本进行了考察,有小田省吾《关于半岛现存的〈皇明实录〉》(《青丘学丛》第13、14期,1933年)、松浦嘉三郎《关于沈阳图书馆藏〈明实录〉》(《满洲学报》第6卷,1941年)、岛田好《关于明实录之刊行》(《书香》第140期,1942年)、三田村泰助《关于明实录的传本》(《东洋史研究》第8卷1期,1943年)。从历史文献学通论角度研究者,有间野潜龙《明实录研究》(载田村实造编《明代满蒙史研究》,京都大学文学部1963年)等。德国学者傅吾康著《明各朝实录之纂修与现存抄本考》(《中德学志》第5卷1、2期合刊,1943年5月)、《明代的实录(1368—1644)》(毕斯利等编《中日史学家》,牛津大学出版社1961年)及《明代的历史著述》(《剑桥中国明代史》上册,中国社会科学出版社1992年)中提及《明孝宗实录》之纂修情况。

以上研究成果从多领域、多视角对《明实录》展开研究,这些成果为系统研究《明孝宗实录》奠定了基础,为研究《明孝宗实录》提供了宝贵的经验与有益的启示。但是由于各种条件的限制,对《明孝宗实录》之研究仍存在一些不足。例如,现有成果多着眼于《明实录》的整体研究,而事实上,历朝实录为独立纂修的文献,虽有其共同的特点,但亦有不同的编纂过程,具有自身优长,需具体研究与讨论。另外,对《明孝宗实录》编纂状况的研究多从其负面影响出发,论其缺陷,而忽略了其优长与价值。

本书分为上下两编,分别为文献编纂研究篇与史实记载辨误篇。文献编纂研究主要围绕《明孝宗实录》的编纂情况及其特点展开,第一,通过阅读实录、文集、地方志、笔记小说等大量史料,对《明孝宗实录》的编纂背景、编纂过程以及编纂成员、编纂思想进行全面分析,探讨正德初期政局变化对《明孝宗实录》编纂产生的影响,梳理了明代史家对总裁官焦芳所为进行的披露与评判,补充了修纂官名单中未能记载的编纂人员。

第二,通读明代列朝实录,将《明孝宗实录》与《明太祖实录》《明太宗实录》《明英宗实录》等进行对比,发现特定的时代背景及现实环境造就了《明孝宗实录》独特的编纂特色。首先《明孝宗实录》修纂凡例体现了实录以记载当时国家职能及其运作为编纂宗旨,增入了"经筵日讲及皇太子出阁读讲皆书""凡文武大臣有宣召谕问皆书,顾命之辞备书"等新规定,反映了孝宗朝的时代特点以及武宗朝的政治形势。其次,在内容编写上,《明孝宗实录》记载信息量大,以详细著称,包括文臣传记、宗室赐名、有关太子的礼仪、召对等内容。另外,《明孝宗实录》编纂在明代列朝实录中具有承前启后的历史地位,包括凡例、编写方式的制定等既有继承,也有损益和创新。

第三,通过将《明孝宗实录》所载诏令、奏疏、传记、事件等内容与明人文集等资料中所载以上内容进行对比,探讨孝宗实录编纂的史料来源及其得失。如《明孝宗实录》中奏疏来源于各部所存档案,其摘录的优长之处在于数量庞大,内容丰富等,但有些奏疏只摘大要,具体内容失详,有的出现记载错误。传记的资料来源,包括前朝实录,传主的行状、墓志、神道碑,传主生前所著书信等。其所撰传记有较为稀见者,成为后来传记的资料来源。其评价人物较墓志碑铭等或更客观、准确,正确度高。但亦有误记者,甚至有刻意诋毁或过度夸赞传主者。

第四,通过将《明孝宗实录》与明清时期私人著史及官修《明史》进行对比,探索《明孝宗实录》在保存史料、文献编纂等方面的史学价值。从内容看,如《明孝宗实录》传记数量居多,记载人物生平相对客观,为《国朝献征录》《本朝分省人物考》等传记类史书提供了参考资料。其他还为职官类、地理类、典制类等多种史书提供史源。从不同体例来看，包括纪传体的官修《明史》、编年体的《国榷》等皆参考了《明孝宗实录》中的相关内容。

　　本书下编是对《明孝宗实录》文字记载进行辨误与纠误。以台湾"中研院"史语所1962年校印本《明孝宗实录》为底本，主要通过他校、上下文校、理校等方法进行校对。错误类型大概分为：名称记载错误（包括人名错误、地名错误、官职名称错误等）、时间错误、数字错误、文字抄写错误等。

　　本书结论部分，基于对《明孝宗实录》编纂及其内容的研究，讨论其为历史文献编纂学提供的重要启示。首先其编纂过程具有很多值得借鉴的优点，包括编纂官的选拔、编纂成员的分工、凡例的制定等，但也存在某些不足，需要修史者引以为戒。例如凡例规定过于笼统，导致所记时间等内容有模糊不清者；编纂官临时组织任命，缺乏专职史官，编纂队伍缺乏稳定，撰写时有易手，有碍高质量文献的撰写。

　　《明孝宗实录》内容涉及广泛，笔者知识的欠缺影响到对其某些错误的分辨，故仍有记载错误之处需要继续发现与纠正。所列校勘案例只选取了《明孝宗实录》整理工作的一部分，属于初步成果，后续还有更多整理工作仍要完成，各条校勘记作出的判断或有不当之处，敬请方家指正，帮助我们持续改进。

上 编

文献编纂研究篇

第一章 《明孝宗实录》的编纂

《明孝宗实录》的编纂遵循了实录编纂的基本程序,但也受到武宗朝初期诸多因素的影响,在编纂过程、编纂人员组成、编纂思想等方面呈现出自身的特点,进而又影响到了《明孝宗实录》的编纂质量。

第一节 《明孝宗实录》的编纂背景

弘治十八年(1505)五月辛卯(七日),明孝宗去世。当月壬寅(十八日),皇太子朱厚照即位,是为明武宗。继任皇帝为前任皇帝修实录,早在明初就已形成固定的制度,此后历代相沿。一朝实录修纂质量明显受到多方面因素的影响,如皇帝对修史的态度、总裁官的史学素养、朝廷政治形势等。

一、明武宗的文化水平

皇储的培养不仅仅是皇帝个人子女教育问题,亦是涉及王朝命运大事,关系非轻。宫廷环境闭塞,皇储大部分时间由宦官常伴左右,如果不导之以正,则易受身边不良宦官的影响。明武宗天资聪颖,其资质常被表扬,在多部史书中均有记载,马文升称"皇太子姿表异常,质性聪睿"①。武宗为嫡长子,地位特殊,深受孝宗重视,其生于弘治四年(1491),次年被册立为皇太子,之后其教育问题很快被提出来。弘治七年正月,兵部尚书马文升因新加太子少保衔,职当辅导太子,即上疏提出皇太子幼年教育的重要性及实施办法,建议选择端谨的宫人教其言行、老成内官施以启蒙教育,又

---

① 《明孝宗实录》卷八四,弘治七年正月壬辰,第1573页。

选择博学之士充当宫僚:

> 伏望选择醇谨老成、颇知书史宫人,如卫圣杨夫人者,保抱扶持。于凡言语,必教之真正,而非礼亵狎之语不使闻之于耳。于凡行步,必教之端庄,而非礼邪僻之事不使之接于目。教之不忍、教之有仪,以养其仁义之心,教之恭肃、教之分别,以养其礼智之心。如内庭之曲宴、钟鼓司之承应不使观,元宵之鳌山、端午之龙舟不使之见,以至佛老之教尤不宜口诵其言、目观其像以惑其心志。一二年以后又严敕东宫老成内臣如太监覃吉者,先教之诵习《孝经》,使知孝悌之道出于天性,与夫上天之所当畏,祖宗之所当尊,百姓之所当爱,财物之所当惜。至于八岁,教之诵诗读书,使之穷理、正心、修己、治人之道。及设立宫僚之时,仍敕内阁大臣会同各部都察院等衙门堂上官慎选名实相符、才德老诚、学问该博之士以充其任,浮躁浅露、心术不端者,不使之与。①

武宗时年仅四岁,然马文升认为需注意不要使尚在孩提时代的皇太子目睹宫中宴乐等场景,如元宵、端午等节日所举行的活动,以防惑其心志。

自马文升提出皇储教育问题后,内容相类的奏疏开始多次出现。同年六月,南京广西道监察御史郭绋上疏,已经明确提出应当为皇太子选择讲读官的问题,其言:

> 人主垂无穷之统,其本惟在于太子,而太子之善则又在于辅臣。稽诸往古,益辅启以衍夏祚四百余年,伊尹辅太甲以衍商祚六百余年,周公辅成王以衍周祚八百余年。秦非不爱其子,非不欲享国如三代,然以李斯、赵高为辅,其平昔所以教之者,皆致亡之道也,尚何能保有其国哉。汉昭帝年方十四,即能辨霍光之谮,然终不能为汉贤主,得非以辅之者不学无术之人乎。今皇太子聪明异常,正当选择辅佐之时,臣愚以为,师傅讲读之官,必须择取平昔孝行彰闻、忠荩著称、严毅方正、学术无偏者为之。其侍御仆从之臣亦必择取平昔志操端洁、威仪谨恪、慈祥笃实者为之。其轻浮浅露、憸邪忌刻之徒,一切勿取,则前后左右罔非正人,自然可以涵养气质,薰陶德性,异日尧舜之德、雍熙之治,皆自此出矣。②

郭绋主要从三代、秦汉选择皇帝辅导官员的历史教训出发,将辅导之官选择的正确与否与王朝的命运联系起来。奏疏上呈御览之后,礼部认为郭绋所言与马文升所言之意相近,请求孝宗选充辅导之官。明孝宗非常欣

---

① 《明孝宗实录》卷八四,弘治七年正月壬辰,第1573页。
② 《明孝宗实录》卷八九,弘治七年六月丙寅,第1640页。

赏马文升、郭纤的建议,但毕竟由于武宗年龄尚小,孝宗爱子心切,并未应允,只命礼部记下来,等皇太子出阁之时奏闻。

然而弘治朝大臣依旧极为关注皇太子的教育问题,并不断提出建议。弘治八年(1495)十月,南京太常寺卿郑纪再次上疏,以明太祖、明太宗教养子孙的例子进行劝导。弘治十年(1497)二月,礼科给事中叶绅再次上言:

> 古帝王之有天下,未尝不以储贰为重,谕教为急,故早建太子以系天下之心,预选宫僚以辅太子之德,所以享国长久,率由兹道。陛下以社稷为重,四海为心,既早建太子以定大计矣,今皇太子春秋渐盛,新命加冠,谕教之道,不容或缓。宜令谕德等官量授经书,教以诵读,正字等官量书字帖,教以仿习。庶习与智长,化与心成,实宗社万年无疆之休也。①

此篇奏疏虽然较短,但大臣一再上疏,表明此事已经刻不容缓,孝宗被触动,且武宗年已七岁,到了该受教育的时间,但时值冬季,孝宗命第二年春天奏闻。弘治十一年(1498)二月,大学士徐溥为皇太子选定了程敏政、杨守阯、李旻、梁储、李杰、焦芳等十九人充任侍讲学士等官员,其中很多人后来参与了《明孝宗实录》的编纂。

明武宗正式出阁读书是在弘治十一年三月,距离马文升提出皇太子教育问题已经四年,武宗也已经八岁。但受宫廷多种因素的影响,武宗兴趣显然不在读书方面,而是对宫廷娱乐更感兴趣。这早在弘治时期,已经有若干迹象。《明武宗实录》卷首曾这样介绍明武宗:"孝宗甚钟爱之,有所游幸必从行,有所见必随事启迪,为学之暇或闻其颇好骑射,以为克诘戎兵、张皇六师,亦安不忘危之意,弗之禁也。"②武宗在年幼之时已经非常喜欢骑射,《名山藏》记载"稍长,英敏好骑射"③,《明书》云"少顾视雄矫,及出阁聪慧喜负罴然,有胜心,颇好骑射"④。孝宗对此表示赞赏而没有加以禁止。当宫中无法满足其娱乐需求时,便出宫寻求新的娱乐方式。

皇帝的文化水平及其对修史的态度直接影响到实录的编纂。武宗本身资质聪颖,"孝宗大渐之际,顾命辅臣刘健等犹极称上质之美,欲健等以勤学辅成"⑤。武宗所缺者唯在于对经史之学的热爱及勤奋好学的态度,

---

① 《明孝宗实录》卷一二二,弘治十年二月庚子,第2191页。
② 《明武宗实录》卷一,第2页。
③ (明)何乔远:《名山藏》卷二〇《武宗毅皇帝》,《续修四库全书》第426册,第26页。
④ (清)傅维鳞:《明书》卷一二《武宗毅皇帝本纪》,《四库全书存目丛书》史部第38册,齐鲁书社,1997年,第117页。
⑤ 《明武宗实录》卷一,第2页。

因此在《明孝宗实录》的编纂过程中，明武宗并没有对其编纂提出过意见，仅见一些礼仪性质的评价，如在进呈实录时，制曰："孝宗敬皇帝功德配天，纪述详实，朕心欢庆与卿等同之。"①也没有制止或纠正刘瑾、焦芳等在实录编纂过程中的不良行为。

二、武宗朝初期政治形势

《明孝宗实录》的编纂是在明武宗执政初期的特殊背景下进行的。实录的编纂是历朝皇帝即位初期的大事，从开始编纂到编纂完成，涉及各方利益，因此其人员的组成是朝廷各方势力争夺的焦点。武宗执政初期的政治斗争形势、内阁府部官员的组成都影响到《明孝宗实录》的编纂。

（一）武宗怠政

武宗即位以后，来自孝宗的有效制约已经完全解除，虽有孝宗的临终顾命，但内阁大学士显然已经无法改变武宗日益表现出的怠政情绪。即位之初，内阁府部大臣即上疏请求武宗勤政。正德元年（1506）六月，大学士刘健、李东阳、谢迁进言：

> 窃惟自古人君必以勤敬为德，怠荒为戒，经书所陈，史册所载，昭然可见也。伏睹近日以来，视朝太迟，免朝太多，奏事渐晚，游戏渐广，兹当长夏盛暑之时，经延日讲俱各停止。②

时隔两月，大学士再次针对武宗疏于政事上言：

> 或有群下引诱，造成玩器，深夜之际，广为游乐，万一有之，似于谅暗之礼有所未合。前代之典，凡遇天变，必减膳彻乐，今尝修省之时而为怠荒之事，似于敬天之义有所未安。况视朝日迟，午奏多至日暮，诚恐起居无常，寝膳失节，以致耗费精神，妨误政事。皇上万金之身，继嗣至急，宗社所关，此尤先帝惓惓付托于臣等者。伏愿惕然警悟，益修孝德，培养天和，不以有限之精力供无益之玩好，不以一时之适意忘万世之远图。③

武宗已知其弊，批示："卿等所言，皆为朕忧国忧民之事，朕当从而行

---

① 《明武宗实录》卷四九，正德四年夏四月丙子，第1115页。
② 《明武宗实录》卷一四，正德元年六月庚午，第429页。
③ 《明武宗实录》卷一六，正德元年八月辛未，第497页。

之。"但武宗身边奸佞太多,无法自拔,"然群小锢弊日深,不能改也"①。正德元年九月,武宗指示司礼监再次到内阁传达圣意,欲免"午讲",废经筵日讲的意思已经非常明确。大学士刘健上疏极谏,武宗仅答"知之矣"②。

武宗日益将精力放在宫廷娱乐中,处理朝政及御经筵时间日少。当文官与内官发生冲突时,武宗多次维护内官一方的利益,以致刘瑾为首的"八党"逐渐把持朝政,亦直接干预《明孝宗实录》的编纂。

(二)内官干政

武宗朝内官干政比较突出,尤其是明武宗即位初期,刘瑾等人借助武宗登基朝局面临新的调整之机,与孝宗所留顾命大臣展开激烈的角逐。

正德元年十月,内阁大学士刘健、谢迁、李东阳因内侍刘瑾、马永成、高凤、罗祥、魏彬、丘聚、谷大用、张永等蛊惑上心,连章请诛之,皆被武宗留中不发。司礼监太监陈宽、李荣、王岳同至内阁,且有发瑾等南京新房闲住之意。户部尚书韩文率九卿伏阙固争,但武宗宥刘瑾等不问,于是刘健、谢迁上疏求致仕,武宗应允,司礼监太监王岳、太监范亨亦被刘瑾所害。以刘瑾为首的八党掌握了朝政大权,占据了内府衙门关键位置,刘瑾入司礼监,丘聚总督东厂,武宗朝局势急转直下。四天后,将文官弹劾内官消息传递给刘瑾的焦芳入内阁。

次月,刘瑾即开始对文官进行清算,"户部尚书韩文落职闲住。先是文倡九卿随大学士刘健等伏阙请诛内侍刘瑾等,瑾等恨之,昼夜求文过,不可得。适有解户以赝银输内库,事觉归罪于文,降一级致仕"③。十二月,"降兵部主事王守仁为贵州龙场驿驿丞。时南京科道戴铣等以谏忤旨,方命锦衣卫官校拏解未至,守仁具奏救之。下镇抚司考讯,狱具命于午门前杖三十,仍降远方杂职"④。正德二年三月,武宗下敕斥责群臣党附刘健、谢迁等人,曰:

朕以幼冲嗣位,惟赖廷臣辅弼,匡其不逮。岂意去岁奸臣王岳、范亨、徐智窃弄威福,颠倒是非,私与大学士刘健、谢迁,尚书韩文、杨守随、张敷华、林瀚,郎中李孟旸,主事王守仁、王纶、孙磐、黄昭,检讨刘瑞,给事中汤礼敬、陈霆、徐昂、陶谐、刘茝、艾洪、吕翀、任惠、李光瀚、戴铣、徐蕃、牧相、徐暹、张良弼、葛嵩、赵士贤,御史陈琳、贡安甫、史良

---

① 《明武宗实录》卷一六,正德元年八月辛未,第497页。
② 《明武宗实录》卷一七,正德元年九月戊寅,第505页。
③ 《明武宗实录》卷一九,正德元年十一月甲辰,第572页。
④ 《明武宗实录》卷二〇,正德元年十二月乙丑,第581页。

佐、曹闵、王弘、任讷、李熙、王蕃、葛浩、陆昆、张鸣凤、萧乾元、姚学礼、黄昭道、蒋钦、薄彦徽、潘铠、王良臣、赵祐、何天衢、徐珏、杨璋、熊卓、朱廷声、刘玉递相交通，彼此穿凿，曲意阿附，遂成党比。或伤残善类以倾上心，或变乱黑白以骇众听，扇动浮言，行用颇僻。朕虽察审，尚务优容，后渐事迹彰露，彼各反侧不安，因自陈俯，遂其休致之请，若自愤则公谴谪之典，其敕内未罪者，吏部查令致仕，毋使恶稔追悔难及。夫人臣以忠敬为本，不闻以阿附为荣，朕不明言暴白，群臣何以知悉，迩来朕一遵祖宗成宪，申明旧章，除宿弊，汰冗官，欲臻治理。尔文武群臣，尚惟精白一心，恪供乃职，必以光明正大为期，必以党比阿附为戒。且如张懋等凡遇会奏论列，并无片言，随人符同，辄听诡计，列衔而行，朕皆尔释，以后毋蹈覆辙，自贻累辱，国有昭典，朕不轻贷。①

至正德三年，刘瑾又想出新的办法来惩罚文官，即向边镇输粮。当年八月，"户部尚书韩文先以伏阙事忤诸权幸，坐免。至是追稽任内遗失文册罪，与先任侍郎张缙俱罚米千石输大同仓，缙半之输宣府仓"②。次月，更多官员被罚输米。

在明武宗的支持下，内官在政治斗争中占据了上风，以孝宗顾命大臣为首的文官集团遭到重创，直接导致内阁首辅刘健、谢迁辞任。刘瑾等人干预朝政影响到明代政治的很多方面，刘瑾败后，工部奏其乱政十四事，户部查奏刘瑾变乱旧制三十余事，兵部奏改正刘瑾变法十八事，吏部议改正刘瑾变法二十四事，刘瑾为擅权立威，擅自更改旧制接近一百项。

《明孝宗实录》的编纂过程明显受到刘瑾干预的影响。如实录中描写宁府有关事迹，正是由于宁王贿赂刘瑾而成，史载：

> 宁王宸濠奏："今纂修《孝庙实录》，而臣之居丧以礼，尝蒙降敕褒谕。又尝请进封生母为妃，请颁庙祀礼乐，请改葬祖宁靖王，皆荷温旨褒答，乞付史馆。"奏下，礼部议谓："本府事迹俱美行可录，而宁王好文秉礼，孝敬可嘉，宜奖谕，以励宗室。"得旨：宁府事迹送史馆，仍写敕褒谕。濠喜夸，欲以此笼虚誉，且厚赂逆瑾，凡有所请，无不如其意者。③

查阅《明孝宗实录》，不难发现有关宁王朱宸濠的事迹尤为详细，如"封宁王宸濠生母冯氏为宁康王次妃，从王请也"④，"宁王宸濠以祖考宁靖

---

① 《明武宗实录》卷二四，正德二年三月辛未，第662页。
② 《明武宗实录》卷四一，正德三年八月庚寅，第964页。
③ 《明武宗实录》卷三一，正德二年冬十月辛巳，第771页。
④ 《明孝宗实录》卷一六三，弘治十三年六月庚戌，第2966页。

王旧茔水土浅薄,奏乞迁葬他所。从之"①,"追封宁王宸濠故庶祖母胡氏为宁靖王次妃,从王请也"②,"宁王宸濠奏:'臣祖宁靖王祖妣妃先所葬地土薄水浅,安厝之时先考宁康王正在忧中,荒迷失次,臣又年幼,故襄事失于详审,今更择善地自备工费改葬。'礼部覆奏,从之"③。以刘瑾为首的内官集团把持朝政之时,正是孝宗实录编纂开始不久直到完成的时间,在这段时间里便出现了如宁王这样的权贵通过刘瑾干预实录书写、美化自我的情况。

第二节 《明孝宗实录》的编纂经过

在武宗朝初期复杂的政治形势中,《明孝宗实录》的编纂受到影响,但从整体来看,有明朝比较成熟的修史制度及大量的修史经验作为保障,《明孝宗实录》的编纂尚属顺利。

一、下诏修史

弘治十八年(1505)十二月,孝宗去世已经半年,武宗下令礼部组织人员编纂《明孝宗实录》,其诏曰:

> 朕惟帝王功德在天下,必有典则贻子孙、简册垂后世,此古今通义也。我朝列圣代有实录,藏之天府,皇考孝宗敬皇帝临朝莅政十有九年,圣德大孝,弘谟伟烈,薄海内外罔不闻知,不可无所纂述,以昭示万代。尔礼部宜稽据旧典,通行中外,采辑事实,送翰林院编纂实录。其以太师兼太子太师英国公张懋为监修,少师兼太子太师吏部尚书华盖殿大学士刘健、少傅兼太子太傅户部尚书谨身殿大学士李东阳、少傅兼太子太傅礼部尚书武英殿大学士谢迁为总裁,詹事府掌府事吏部左侍郎兼翰林院学士张元祯、吏部左侍郎焦芳、右侍郎王鏊、礼部左侍郎李杰为副总裁,詹事府少詹事兼翰林院学士等官刘机等为纂修官。凡

---
① 《明孝宗实录》卷一七六,弘治十四年七月甲子,第3225页。
② 《明孝宗实录》卷一七七,弘治十四年闰七月壬午,第3244页。
③ 《明孝宗实录》卷二〇二,弘治十六年八月丁未,第3758页。

合行事，宜悉照例举行。①

该诏书标志着《明孝宗实录》的编纂开始启动，组成了编纂机构，确定了其组成人员，重要者如监修、总裁、副总裁等人选由武宗亲自拟定。据谢贵安先生考察，具体始修时间在正德元年正月。编纂的资料来源则由礼部通行天下采辑，送往翰林院。编纂人员规模庞大，并且集中了翰林院精锐的力量。所采用的编纂方法及规定都是根据此前历代修实录之惯例，故未一一说明。

为慰劳纂修官，正德元年二月，武宗命赐张懋、刘健等宴于礼部，由保国公朱晖、尚书马文升、张昇侍宴。修书宴的举行体现了纂修实录的重要性，是明代官修史书的重要方面。

二、纂修官的变动及其影响

在明武宗初期复杂政治斗争形势下，实录的纂修官发生了变动。

正德元年，以刘健、谢迁为首的内阁及府部大臣与以刘瑾为首的内官八党发生严重的冲突，最终以内官得势、文官受挫而结束，从此明朝进入了为期四年的刘瑾专政时期。同年十月，少师兼太子太师吏部尚书华盖殿大学士刘健、少傅兼太子太傅礼部尚书武英殿大学士谢迁致仕。《明武宗实录》卷十八记载："少师兼太子太师吏部尚书华盖殿大学士刘健、少傅兼太子太傅礼部尚书武英殿大学士谢迁求去位，许之。"②其所兼修实录职务自然一并辞去，刘健所担任的总裁一职由李东阳接替。

同时，武宗对实录其他纂修官员也进行了调整。五日后，武宗命吏部侍郎焦芳、左侍郎王鏊两人入内阁，二人同时担任的实录纂修官职也得到提升。正德二年（1507）二月，武宗"命吏部左侍郎梁储、礼部右侍郎刘机、翰林院学士刘忠充实录副总裁"③。副总裁还不止于此，据所见，南京礼部尚书江澜亦曾担任过副总裁一职，"上即位，以从龙恩进詹事府少詹事，学士如故，与修《孝庙实录》，充讲官掌翰林院事，寻命为实录副总裁"④。到实录修成时，副总裁仅梁储一人，其余副总裁离去，部分则因刘瑾排斥而调往别处。如刘忠因在经筵讲授中对内官有所指斥而被调走，"诏修《孝庙

---

① 《明武宗实录》卷八，弘治十八年十二月丁巳，第237页。
② 《明武宗实录》卷一八，正德元年十月戊午，第543页。
③ 《明武宗实录》卷二三，正德二年二月戊寅，第633页。
④ 《明武宗实录》卷四七，正德四年二月己丑，第1076页。

实录》,以为副总裁,兼管制诰。是时逆瑾用事,恶忠于讲筵指斥近幸,授意吏部,升忠南京礼部左侍郎"①。

部分纂修官因不受刘瑾、焦芳的授意而被降官或调离。如顾清,"正德初修《孝庙实录》,时逆瑾擅权,清守正不阿,降编修,寻调南京兵部员外"②。顾清被降调是因为焦芳与彭华有隙,焦芳欲污蔑彭华以附李孜省而进,而顾清坚持据实直书:"焦公芳与彭文思公有隙,欲诬其附以得进,贻公以风闻书,公云据实直书史职也,他不敢与闻。"③

此次变动对实录编纂影响最大的就是焦芳任总裁。焦芳原任吏部左侍郎,在武宗初期文官与内官斗争中将刘健等人上疏弹劾之事泄露给刘瑾等八人,使其有所防备,直接导致文官弹劾的失败及朝政的大变动,焦芳也因此获得了刘瑾的信任,很快进入内阁,担任大学士。焦芳与刘瑾勾结,把持了实录的编写权,总裁李东阳因种种原因未明确发表异议,使得《明孝宗实录》客观性受到极大质疑:

> 总裁大学士焦芳人品庸劣,不为士论所重。弘治间,垂涎台鼎,久不得进,每以为限,至是附瑾获柄用,与操史笔,凡其所褒贬,一任己私,以好恶定之。如叶盛、何乔新、彭绍、谢迁,皆天下所称许,以为端人正士,而芳肆其诋诬,不恤公论,同官李东阳等畏避其恶,皆不敢为异同,故表中有传疑传信,庶以备于将来之语云。④

焦芳对政敌大加诋毁,授意其所亲近的纂修官任意笔削,并且挟刘瑾之威使其他纂修官不敢修改:

> (焦)芳为《孝庙实录》总裁官,笔削任意,尤恶江西人士。一时先正名卿,无不肆丑诋,以快其私忿,所书多矫诬不根。往往授意所厚若段炅辈使笔之,挟瑾威以钳众口,同官避祸,皆莫敢窜定一字。⑤

《明孝宗实录》编纂官董玘亲见焦芳在撰写叙传时诋毁昔日所嫉妒的大臣,粉饰与其交好之人:

> 昔者,武宗毅皇帝即位之初,纂修《孝宗敬皇帝实录》,臣以菲才滥与其末。于时大学士焦芳依附逆瑾,变乱国是,报复恩怨,既已毒流天下矣,而犹未足也,又肆其不逞之心于亡者,欲遂以欺乎后世。其于叙传,即意所比,必曲为掩互,即夙所嫉,辄过为丑诋。又时自称述,甚

---

① 《明世宗实录》卷三〇,嘉靖二年八月乙未,第805页。
② 《明世宗实录》卷二〇五,嘉靖十六年十月乙亥,第4284页。
③ (明)孙承恩:《文简集》卷五四《故南京礼部尚书顾文僖公墓志铭》,《文渊阁四库全书》第1271册,台湾商务印书馆,1986年,第630页。
④ 《明武宗实录》卷四九,正德四年夏四月壬午,第1119页。
⑤ 《明武宗实录》卷一四七,正德十二年三月丁酉,第2873页。

至矫诬敬皇而不顾。凡此类,皆阴用其私人誊写圈点,在纂修者,或不及见。惟事之属臣者,黾勉载笔,不敢有所前却,而其他则固非所及也。①

因此董玘建议将焦芳曲笔之处加以校勘,予以改正。嘉靖元年(1522)御史卢琼亦建议,趁修《武宗实录》之际,重新校勘《孝宗实录》:"《孝宗实录》成于焦芳之手,贤否混淆,是非颠倒,乞乘今纂修《武宗实录》,并令儒臣改撰。"②吴瑞登甚至建议开馆以重修孝宗实录:"孝宗贤圣,真不世出之主,而实录纪载不能阐扬万一,彼焦芳何如人也,而乃使之秉笔乎。使琼言之,左右辅臣复赞之,则可以传信而采遗,奈何其无闻也……"③以上是嘉靖初年纂修武宗实录时,诸大臣提出的对焦芳曲笔的处理办法。焦芳究竟在孝宗实录中动过多少手脚、是否颠倒黑白,需要继续查证更多史料,但此人对孝宗实录造成的影响确实不容小觑。

三、上呈及赏赐

经过四年半左右的时间,孝宗实录编纂接近完成,于是正德四年四月十五日,礼部制定了向武宗上呈实录的仪注。四天后,武宗在奉天殿接受了监修张懋、总裁李东阳等人正式进呈《明孝宗实录》的上表。该表曰:

> 伏以君明臣良,极一代治功之盛;父作子述,垂万年简策之光。行道者必待其人,观政者则存乎史。春秋世远,变纪传以编年;实录书存,在祖宗为故事。粤自起居罢注,编撰设官,九建岁元,五开史局,尧言如见,具瞻典册之可尊,夏礼足征,岂但和钧之则有。钦惟孝宗见天明道诚纯中正圣文神武至仁大德敬皇帝,道通三极,行备五伦,玄默躬修,诚明内蕴,礼隆郊庙,尤严祧祔之仪,养极宫闱,每谨晨昏之节。爱人才,不轻于废弃,恤民情,恒切于咨询。讲筵勤经史之功,苑囿绝畋游之好,翼翼文心之不已,巍巍舜德以难名。虎步龙行,识太平之天子;河清海晏,知中国有圣人。方当善治之,将更尚有遗恩之未尽。一朝厌代,万国伤心。恭惟皇帝陛下刚健体乾,聪明首物,得圣功于豫教,昭文命于诞敷,谓孝在显亲,必有扬名之实,谓人惟建事,可无师古之规。乃命臣懋为监修官,臣东阳、臣芳、臣廷和为总裁官,臣储为副

---

① (明)董玘:《中峰集》卷二《校勘实录疏》,中华书局,2016年,第58页。
② (明)沈德符:《万历野获编》补遗卷一《重修国史》,中华书局,1959年,第801页。
③ (明)吴瑞登:《两朝宪章录》卷一,《四库全书存目丛书》史部第16册,第558页。

总裁官,臣纪、臣圭、臣希周、臣熙、臣焘、臣一鹏、臣鼎臣、臣俊、臣廷相、臣仁和、臣时、臣霄、臣瑭、臣玘、臣伟、臣九思、臣辰为纂修官,臣楠、臣铣、臣若水、臣銮、臣缙、臣旸、臣炅、臣舒诰、臣孔晖、臣邦奇、臣黄中、臣缵宗为稽考参对官。臣懋暨臣东阳等发秘府之缄縢,给尚方之笔札,曹分类析,纲举目张。于凡礼乐刑政之施,以及名物度数之等,经因革者详而勿厌,关劝惩者细亦不遗,是曰是,非曰非,岂敢专于独见,疑传疑,信传信,庶以备于将来。恭成孝宗敬皇帝实录二百二十四卷、宝训十卷,合目录凡例总二百三十六册……奉表随进以闻。①

《明孝宗实录》修成之后,纂修官照例会受到相应的赏赐,从监修、总裁、副总裁到纂修、参对等官,甚至馆吏校尉亦有赏赐,赏赐的形式包括赐金钱、赐宴、升职、加俸等。金钱赏赐依据其官职高低及所承担的纂修任务而有差别。赐宴则在礼部进行,武宗命新宁伯谭忠、惠安伯张伟、襄城伯李鄌,武平伯陈勋,尚书刘宇、屠滽、曹元、刘玑、白钺、洪钟侍宴,规格亦比较高。

第三节 《明孝宗实录》的编纂人员

实录编纂人员的组成直接关系到编纂的质量,甚至还会关系到朝廷人事的变革,故历来都是朝局各方力量争夺的焦点。但整体而言,历朝实录的编纂人员都囊括了当时的知识精英群体,代表了当时官方修史的最高水准。

一、《明孝宗实录》卷首所列编纂官

《明孝宗实录》修成之后,其纂修官员名字都被放在卷首,以纪其功,其人员列表如下:

---

① 《明武宗实录》卷四九,正德四年夏四月壬午,第1119页。

表 1-1　《明孝宗实录》卷首编纂官一览表

纂修任务	姓名	散阶	官职
监修	张懋	特进光禄大夫左柱国太师	后军都督掌府事
总裁	李东阳	光禄大夫柱国少师	吏部尚书华盖殿大学士
	焦芳	光禄大夫柱国少傅	吏部尚书谨身殿大学士
	王鏊	荣禄大夫少傅	户部尚书武英殿大学士
	杨廷和	荣禄大夫少保	户部尚书文渊阁大学士
副总裁	梁储	资善大夫	吏部尚书翰林院学士
纂修	毛纪	奉直大夫	左春坊左谕德兼翰林院侍讲
	傅珪	奉直大夫	左春坊左谕德兼翰林院侍讲
	朱希周	承直郎	翰林院侍读
	丰熙		翰林院侍讲
	沈寿		
	吴一鹏		
	顾鼎臣		翰林院修撰
	汪俊		翰林院编修
	李廷相、温仁和、李时、滕霄、何堂、董玘	文林郎	翰林院编修
	汪伟、王九思	征仕郎	翰林院检讨
稽考参对	吕柟		翰林院修撰
	崔铣		翰林院编修
	湛若水、翟銮、徐缙、景旸、段炅、易舒诰、穆孔晖、张邦奇、焦黄中、胡缵宗		翰林院检讨
催纂	周文通	中大夫	光禄寺卿
	李继先	征仕郎	詹事府主簿

(续表)

纂修任务	姓名	散阶	官职
誊录	沈东魁	奉政大夫	吏部稽勋清吏司郎中
	乔宗		礼部精膳清吏司员外
	方英、邓相、徐富、汪麟	征仕郎	中书舍人
	周全、林应禧、张保	登仕佐郎	鸿胪寺序班
	邵文恩、屠径		监生
	吴涝、崔深		生员
	王聪、吴琳、何文玉、岳梁、刘伟、凌楫、刘恕、周玺、倪清、王应芳、许锦		儒士
收掌文书	刘讯		翰林院管孔事中书舍人

部分官员姓名出现错误:

纂修官沈焘。正德四年四月,张懋等上孝宗实录进表中有"臣焘"。顾清《东江家藏集》卷二十九《故谕德东溪沈先生墓表》记载:"先生讳焘,字良德……乙丑修《孝庙实录》,充纂修官。"①《明武宗实录》卷四十九记载"以纂修实录成,赏……侍讲沈焘"②,同书卷四十一记曰"升翰林院编修沈焘为本院侍讲"③。过庭训《本朝分省人物考》记曰"乙丑,修《孝庙实录》充纂修官"④。黄佐《翰林记》记作"沈焘"⑤。当作"沈焘"。

纂修官何堂。《明武宗实录》卷四十九记载"以纂修实录成赏……编修何瑭"⑥,卷五十记作"吏部拟升纂修官……编修何瑭为修撰"⑦。黄佐《翰林记》记作"孝宗皇帝实录纂修官……编修何瑭"⑧。过庭训《本朝分

---

① (明)顾清:《东江家藏集》卷二九《故谕德东溪沈先生墓表》,《文渊阁四库全书》第1261册,第686页。
② 《明武宗实录》卷四〇,正德四年夏四月壬午,第1123页。
③ 《明武宗实录》卷四一,正德三年八月己丑,第964页。
④ (明)过庭训:《本朝分省人物考》卷二一,《续修四库全书》第533册,第431页。
⑤ (明)黄佐:《翰林记》卷一二《纂修》,《文渊阁四库全书》第596册,第990页。
⑥ 《明武宗实录》卷四九,正德四年夏四月壬午,第1123页。
⑦ 《明武宗实录》卷五〇,正德四年五月壬子,第1152页。
⑧ (明)黄佐:《翰林记》卷一二《纂修》,《文渊阁四库全书》第596册,第990页。

省人物考》记载何瑭"与修孝宗实录"①。当作"何瑭"。

稽考参对官崔铣。《明武宗实录》卷三十一记作"授庶吉士崔铣、严嵩、湛若水、陆深、翟銮、徐缙为翰林院编修"②,卷四十九记作"以纂修实录成,赏……编修崔铣"③,卷五十记作"吏部上纂修等官历俸入馆浅深及升职旧例,得旨……崔铣……以未谙事体,令量调外任"④。崔铣《洹词》记作"戊辰,铣叨充史官,参对《孝皇实录》补续缺遗"⑤。黄佐《翰林记》卷十二记载"《孝宗实录》稽考参对者……编修崔铣"⑥。当作"崔铣"。

誊录官沈冬魁。《明武宗实录》卷四十九记载赏"誊录郎中等官沈冬魁等"⑦,同书卷五十记载吏部拟升"誊录沈冬魁等七员俱一级"⑧。李时撰《资德大夫正治上卿南京礼部尚书立斋沈公冬魁墓志铭》、过庭训《本朝分省人物考》记载沈冬魁"纂修会典及孝庙实录俱预有劳"⑨。《翰林记》记载"孝宗实录誊录者太常寺少卿沈冬魁等"⑩。应作"沈冬魁"。

此表所列纂修官共六十一人,是《明孝宗实录》修成时张懋等上呈的人员名单,并非参与的全部人员。

二、《明孝宗实录》所载升赏官员

实录修成后,理应进行赏赐和升迁。《明孝宗实录》修成后除了有升赏纂修官的名单,还有一次降职或降俸的名单,从这些名单中可以发现很多因中途离职而未能入《明孝宗实录·修纂官》行列者。正德四年四月,武宗对修纂人员进行了赏赐,具体包括:

监修:张懋。

总裁三人:李东阳、焦芳、杨廷和。副总裁一人:梁储。

---

① (明)过庭训:《本朝分省人物考》卷八九,《续修四库全书》第535册,第473页。
② 《明武宗实录》卷三一,正德二年冬十月戊寅,第770页。
③ 《明武宗实录》卷四九,正德四年夏四月壬午,第1123页。
④ 《明武宗实录》卷五〇,正德四年五月丁未,第1150页。
⑤ (明)崔铣:《洹词》卷七《太子少保吏部尚书赠太子太保谥襄毅许公神道碑》,《文渊阁四库全书》第1267册,第541页。
⑥ (明)黄佐:《翰林记》卷一二,《文渊阁四库全书》第596册,第990页。
⑦ 《明武宗实录》卷四九,正德四年夏四月壬午,第1123页。
⑧ 《明武宗实录》卷五〇,正德四年五月丁未,第1149页。
⑨ (明)焦竑:《国朝献征录》卷三六,《四库全书存目丛书》史部第101册,第723页上;(明)过庭训:《本朝分省人物考》卷六,《续修四库全书》第533册,第151页。
⑩ (明)黄佐:《翰林记》卷一二,《文渊阁四库全书》第596册,第991页。

纂修官十六人：毛纪、傅珪、朱希周、丰熙、沈焘、吴一鹏、顾鼎臣、汪俊、李廷相、温仁和、滕霄、何瑭、董玘、汪伟、王九思、潘辰。

稽考参对官十二人：吕柟、崔铣、湛若水、翟銮、徐缙、景旸、段炅、易舒诰、穆孔晖、张邦奇、焦黄中、胡缵宗。

催纂并誊录郎中等官沈冬魁等十人。

收掌文书中书舍人刘讯、誊录监生生员儒士邵文恩等十五名。

史馆吏并校尉等十四名。

故官总裁王鏊、副纂修靳贵。

匠人二十二人。①

以上受赏人员与《明孝宗实录·修纂官》所载基本符合，仅有潘辰、靳贵未载入名单。

潘辰，本布衣，因刻苦问学在弘治初被荐入翰林院，后以五经博士参与《明孝宗实录》的纂修。

靳贵，武宗即位后被命为太常寺少卿兼翰林院侍读，不久丁母忧离任，正德三年六月复职。

正德四年五月，将吏部原本照例所拟升擢的纂修官进行了降级，"初纂修《孝宗实录》成，命吏部查纂修官事例。既而又令查其中尝与修《大明会典》已升及守制未升者职衔履历与到馆日期，至是，上之。诏'纂修实录重事也，其即照例拟升职等第以闻，且谓先年刘健等以编纂会典为名，多所糜费，已升之职俱革之'"②。具体人员有李东阳、梁储、杨廷和、白钺、靳贵、傅珪、朱希周、毛纪、潘辰、周文通、沈冬魁、张芮、刘机、毛澄、顾清、杨守阯、王华。

此举之目的，《明武宗实录》分析曰："瑾欲裁抑儒臣，谓旧例纂修升秩为过，故先革其所已升者而复加之，以示己恩。谈者又谓焦芳不欲东阳轧己乃导瑾为此举云。"③该名单中的白钺、张芮、刘机、毛澄、顾清、杨守阯、王华等人在"修纂官"中未见记载。

白钺，武宗即位后以翰林院学士兼经筵官，正德二年四月升礼部右侍郎。

张芮，翰林院学士，"正德初复预修《孝庙实录》……时刘瑾方欲以事裁抑儒臣，遂坐累出为镇江府同知，再谪两浙盐运司副使"④。

---

① 《明武宗实录》卷四九，正德四年夏四月壬午，第1119页。
② 《明武宗实录》卷五〇，正德四年五月戊戌，第1141页。
③ 《明武宗实录》卷五〇，正德四年五月戊戌，第1141页。
④ 《明武宗实录》卷一三二，正德十年十二月己卯，第2632页。

刘机，詹事府少詹事兼翰林院学士，正德元年五月升礼部右侍郎，正德二年二月充实录副总裁，正德二年十月升礼部尚书，不久丁忧离任。

毛澄，左春坊左庶子兼翰林院侍读，"纂修《孝宗皇帝实录》，时瑾用事，不悦澄侍读，寻以侍读学士充经筵日讲官，历升学士"①。

顾清，翰林院侍读，"正德初修《孝庙实录》，时逆瑾擅权，清守正不阿，降编修，寻调南京兵部员外"②。

杨守阯，南京吏部左侍郎，弘治十八年八月以病升本部尚书致仕。

王华，"预修《资治通鉴纂要》，升礼部侍郎、南京吏部尚书，忤逆瑾传奉致仕"③。

正德四年五月丁未，吏部上纂修等官历俸入馆浅深及升职旧例，得职升"纂修催纂侍读毛纪等十八员，并收掌文书刘讯、誊录沈冬魁等七员俱一级。稽考参对修撰吕柟等十二员俸一级，丁忧学士刘春等二十二员查其到馆日期，员外郎乔宗及秀才张保等二十九员仍查其入馆履历以闻"。最终"孙清以丁忧潜住，叶德以不职有名，令冠带闲住。陈霁以素行不谨，令致仕。顾清、汪俊、王九思、徐穆、吴一鹏、李廷相、崔铣、温仁和、穆孔晖、汪伟、翟銮、易舒诰、贾咏、刘龙、陆深、李继先以未谙事体，令量调外任及南北部属扩充政务"④。

该名单所记较"修纂官"多出刘春、孙清、叶德、陈霁、徐穆、贾咏、刘龙、陆深、李继先等。

刘春，字仁仲，四川巴县人，成化丁未进士，曾参与《明宪宗实录》的编修，"乙丑冬还朝，武宗御极，升学士，诏纂修《孝庙实录》"⑤。

孙清，翰林院编修，"正德七年六月癸卯朔升原任翰林院编修孙清为山西按察司副使提调学校"⑥。

叶德，翰林院编修。

陈霁，字子雨，直隶吴县人，翰林院编修，"毅皇御极，将命封郑王，赠遗悉辞弗受。比还，采民风五十章，上政府纂修《孝庙实录》……其时逆瑾鸱张，浊乱朝政，公不能平，时时见辞色，瑾闻衔之。己巳夏五月，出内批，勒

---

① 《明世宗实录》卷二六，嘉靖二年闰四月庚戌，第738页。
② 《明世宗实录》卷二〇五，嘉靖十六年十月乙亥，第4284页。
③ 《明世宗实录》卷一五，嘉靖元年六月己卯，第491页。
④ 《明武宗实录》卷五〇，正德四年五月丁未，第1149页。
⑤ （明）过庭训：《本朝分省人物考》卷一百八《刘春》，《续修四库全书》第536册，第177页。
⑥ 《明武宗实录》卷八九，正德七年六月癸卯朔，第1901页。

停家居"①。

徐穆,字舜和,江西吉水县人,弘治癸丑进士,"与修《孝庙实录》,充经筵讲官。刘瑾专政,托扩充政务名,调诸翰林为部属。穆时已丁忧去,犹不免拟为南京礼部员外郎"②。

贾咏,"河南临颍人,弘治丙辰进士,改庶吉士,授编修。正德初刘瑾乱,改调兵部主事,改礼部员外郎"。

刘龙,弘治己未科进士,授编修,充经筵讲官,"与修《孝庙实录》,正德丙寅丁外艰,归起复馆职,时逆瑾用事,改授兵部主事,寻改吏部考功司员外"③。

陆深,"直隶松江府上海县人,弘治乙丑进士,改庶吉士,授翰林编修,累升国子祭酒"④。

通过以上比较集中的记载,如"修纂官"、《明武宗实录》卷四十九及卷五十等所记升赏、调任官员,可统计与《明孝宗实录》编纂有关的人员有七十七人。

三、其他纂修人员

(一) 曾被任命参与修撰的人员

记载《明孝宗实录》纂修官员的主要是卷首所载"修纂官"和《明武宗实录》所载升赏官员,除此之外,在实录散见的记载中还有一些蛛丝马迹。例如:

刘健、谢迁、张元祯曾被任命为总裁、副总裁:"少师兼太子太师吏部尚书华盖殿大学士刘健……少傅兼太子太傅礼部尚书武英殿大学士谢迁为总裁,詹事府掌府事吏部左侍郎兼翰林院学士张元祯……为副总裁。"⑤

江澜,字文澜,浙江仁和县人,成化戊戌进士,授翰林院编修。《明武宗

---

① (明)张邦奇:《张文定公靡悔轩集》卷六《明故国子监祭酒进阶中宪大夫苇川陈公墓志铭》,《续修四库全书》第1337册,第41页。
② (明)焦竑:《国朝献征录》卷二〇《侍读学士徐穆传》,《四库全书存目丛书》史部第101册,第64页。
③ (明)过庭训:《本朝分省人物考》卷一百一《刘龙》,《续修四库全书》第536册,第6页。
④ 《明世宗实录》卷二八八,嘉靖二十三年七月壬戌,第5557页。
⑤ 《明武宗实录》卷八,弘治十八年十二月丁巳,第238页。

实录》记载："与修《孝庙实录》,充讲官,掌翰林院事,寻命为实录副总裁。"①然正德二年十二月,升吏部左侍郎江澜为南京礼部尚书②,故亦中途离开史馆。

李杰,字世贤,苏州府常熟人,成化丙戌进士,授翰林院编修。《明武宗实录》所载其传记曰："正德元年充《孝庙实录》副总裁……时逆瑾用事,纳普府镇国将军表椣等赂,欲进封为郡王,杰坐前与尚书张昇皆持不欲进封之仪忤瑾意,遂令致仕。"③

刘忠,字司直,河南陈留县人,成化戊戌进士,授翰林院编修。《明武宗实录》记载命"翰林院学士刘忠充实录副总裁"④。《明世宗实录》载其传记称："诏修《孝庙实录》,以为副总裁兼管制诰,是时逆瑾用事,恶忠于讲筵指斥近幸,授意吏部升忠南京礼部左侍郎。"⑤

吴俨,字克温,常州宜兴人,成化丁未进士,授翰林院编修。《明武宗实录》记载"正德丙寅召还纂修《孝庙实录》"⑥。

李旻,字子阳,浙江钱塘人,成化甲辰廷试第一,授翰林院修撰。《明武宗实录》记载"正德丙寅,召修《孝庙实录》"⑦。

除了实录外,据其他史料显示,尚有很多人亦曾经参与《明孝宗实录》的编修工作。谢贵安在《明实录研究》一书中已考证出很多,然有部分未见列举,例如:

石珤,字邦彦,藁城县人,成化丁未进士。弘治己酉授翰林院检讨,"乙丑迁修撰,同修《孝庙实录》,正德丙寅,武宗初开经筵,充讲官"⑧。

费宏,字子充,江西铅山人,成化丁未进士第一,授翰林院修撰。江汝璧《吏部尚书华盖殿大学士赠太保谥文宪费公宏行状》记载："丙寅与修《孝庙实录》,且为经筵日讲官。"⑨李开先《湖东费相国传》记载："预修《孝庙实录》,充经筵日讲官。"⑩

杨时畅,字知休,咸宁县人,成化戊戌进士,改翰林院庶吉士,授检讨。

---

① 《明武宗实录》卷四七,正德四年二月己丑,第1077页。
② 《明武宗实录》卷三三,正德二年十二月乙未,第816页。
③ 《明武宗实录》卷一五七,正德十二年闰十二月丙戌,第3012页。
④ 《明武宗实录》卷二三,正德二年二月戊寅,第633页。
⑤ 《明世宗实录》卷三〇,嘉靖二年八月乙未,第805页。
⑥ 《明武宗实录》卷一七四,正德十四年五月壬寅,第3363页。
⑦ 《明武宗实录》卷四九,正德四年夏四月辛卯,第1130页。
⑧ (明)过庭训:《本朝分省人物考》卷七《石珤》,《续修四库全书》第533册,第177页。
⑨ (明)焦竑:《国朝献征录》卷一五,《四库全书存目丛书》史部第100册,第514页。
⑩ (明)李开先:《李中麓闲居集》文卷九《湖东费相国传》,《四库全书存目丛书》集部第93册,第97页。

何景明《雍大记》记载："寻升太常寺少卿仍兼学士,修《孝庙实录》,以疾卒于官。"①李东阳《明故中宪大夫太常寺少卿兼翰林院侍讲学士杨君墓碑铭》记载："预修《孝庙实录》,初开经筵,复充讲官。"②

张元澄,字静夫,号东山,祥泽里人。"弘治甲子中乡试,以能书荐,诏修《孝庙实录》,入中书。时逆瑾遣小奄索楷书,不为礼,寻补南昌倅。"③

王天祐,字受之,陕西庆阳人,举弘治十四年乡试。《庆阳府志》记载："正德间纂修《孝庙实录》,公以善书预选中书,时逆瑾用事,公始强以就选,而意实不屑。"④《汾州府志》亦有记载："尝征修《孝庙实录》,及莅县事,简要务存大体。"⑤

黄琮,字符质,原本是江西乐安人,成化间附籍应天府上元县,弘治乙丑进士,"与修《孝宗实录》,授青田令"⑥。在编撰过程中亦受到刘瑾干政的影响,"遣纂修湖省《孝宗实录》,归拜青田令。时逆瑾擅国,秕政蔓作,君举意高远,不规规与俗俯仰,遭忌,谪长乐学谕"⑦。直到刘瑾被诛后,才得以升职。

鲁铎,字振之,湖广景陵人。弘治壬戌进士,入翰林,选为庶吉士,授编修,"预修《孝庙实录》"⑧。但是鲁铎在参与编修不久即被委以其他职务,"武宗即阼,诏谕安南,铎充正使,赐一品服以行。比至宣布威德,正其仪礼,诸所馈遗悉郤之,交人称叹。迁国子司业,进南京祭酒,寻改北京"⑨。《明武宗实录》记载其出使在正德元年三月,"先是遣翰林院修撰伦文叙使安南,至赣州,闻父丧,具疏以闻。命编修鲁铎代之"⑩。从弘治十八年十二月下诏修史算起,鲁铎参与编修《明孝宗实录》的时间不超过四个月。

席书,字文同,四川遂宁人,嘉靖初以大礼议升至内阁大学士。在武宗初年亦曾参与编修实录,但被多种传记忽视,《本朝分省人物考》《国朝献征录》等史籍均未提及。"席公书以编修预修《孝庙实录》,进呈时逆瑾煽

---

① (明)何景明:《雍大记》卷二九,《四库全书存目丛书》史部第184册,第251页。
② (明)李东阳:《怀麓堂集》卷七九《明故中宪大夫太常寺少卿兼翰林院侍讲学士杨君墓碑铭》,《文渊阁四库全书》第1250册,第832页。
③ (清)倪涛:《六艺之一录》卷三六六《张元澄》,《文渊阁四库全书》第837册,第774页。
④ 嘉靖《庆阳府志》卷一四,第25页,明嘉靖三十六年刻本。
⑤ 乾隆《汾州府志》卷一一,清乾隆三十六年刻本。
⑥ (明)过庭训:《本朝分省人物考》卷一三《黄琮》,《续修四库全书》第533册,第283页。
⑦ (明)顾璘:《息园存稿》卷五《故崇府左长史黄君元质墓志铭》,《文渊阁四库全书》第1263册,第515页。
⑧ (明)廖道南:《楚纪》卷二二《鲁铎》,《四库全书存目丛书》史部第47册,第608页。
⑨ (明)黄佐:《朝列大夫国子监祭酒谥文恪鲁公铎传》,见(明)焦竑:《国朝献征录》卷七三,《四库全书存目丛书》史部第104册,第172页。
⑩ 《明武宗实录》卷一一,正德元年三月丁未,第360页。

祸,流毒缙绅,抗节不为屈,瑾深衔之,遂调刑部四川司主事。"①

周任,字以仁,浙江衢州府江山县人,弘治乙丑科进士。因不附刘瑾而被调外任,"预修《孝庙实录》,时逆瑾用事,诱以殊擢,不听,乃补莆田县令"②。后累官至梧州知府,以疾卒于官。

刘存业,字可大,广州东莞人,弘治三年进士,一甲第二人,授编修,充经筵官。"武宗即位,简充经筵官,与修《孝皇实录》,有金帛之赐。丙寅夏五月,遇孝皇小祥,恭祀于山陵,归而病作。男谟方八岁在侍,遗命以实录未完、母恩未报殊歉,欷言讫而逝,士论惜之。"③刘春《翰林编修简庵刘君墓志铭》记作:"诏开史局纂修《孝庙实录》,君为纂修官"④。丙寅年即正德元年,刘存业参与编修实录时间约五个月,卒于任。

综上,据《明孝宗实录·修纂官》《明武宗实录》所载升赏人员,以及实录传记、文集、地方志等资料记载,目前可考的《明孝宗实录》编纂人员有九十五人。然而由于刘瑾干政、编纂人员个人丁忧等因素,编纂官发生过较大变动,除了总裁、副总裁有变化外,其他负责具体撰写任务的纂修官也有中途被调离实录编修工作的。因此,上述人员中不排除有些虽被任命为编纂官,但实际未曾有机会参与编修,或只参与了极短时间的情况。

(二)为《明孝宗实录》编纂做出其他贡献的人员

除了直接参与编修实录的工作之外,还有一些为编修实录做出其他贡献的人员。例如地方有司在收集史料时,会就实录编修相关问题而请教当地知名大儒。如张鲸,字文升,"温良谨恪,为乡邦所爱重,博学,善为歌诗。岁丙寅,有司修《孝庙实录》,特礼请公"⑤。明武宗下诏修史后,令各地将当地档案编纂成册,送到北京以便编修实录。因此很多地方官为实录的编修做了基础性工作,但这些贡献都没有在实录中体现出来。

徐讃,字朝仪,浙江金华府永康县人。弘治乙丑进士,"时修《孝庙实录》,命公采辑于南畿"⑥,并有人专门为其送行写序:"皇上敕礼部采辑中

---

① (明)张萱:《西园闻见录》卷八四,《明代传记丛刊》第123册,明文书局,1991年,第147页。
② (明)徐象梅:《两浙名贤录》卷四《周元峰先生》,《四库全书存目丛书》史部第113册,第138页。
③ 道光《广东通志》卷二七六,《续修四库全书》第674册,第675页。
④ (明)刘春:《东川刘文简公集》卷一七《林编修简庵刘君墓志铭》,《续修四库全书》第1332册,第240页。
⑤ (明)张邦奇:《张文定公靡悔轩集》卷九《明故赠南京兵部武库清吏司主事张公暨配安人顾氏墓志铭》,《续修四库全书》第1337册,第81页。
⑥ (明)张邦奇:《张文定公靡悔轩集》卷六《明故通议大夫工部右侍郎复斋徐公墓志铭》,《续修四库全书》第1337册,第35页。

外事迹,修先朝实录……于是永康徐朝仪使池,庐诸郡"。①

张文麟,字公瑞,弘治乙丑进士,建宁知府,"当修《孝宗实录》,采故事,诸縣高第选驰传行郡邑,公得浙江还,上事,太史多所称,遂擢刑部广东司主事"②。

毛玉,字用成,云南昆明人,弘治乙丑进士,"以修《孝宗实录》奉使滇黔,访求遗事,归报,命授行人,考选南礼科给事"③。其墓志铭记载:"弘治乙丑会修《孝庙实录》,用成被命諏事实于贵州","所諏孝庙事实,视他省详而核"④。

张简,字允敬,江阴人,弘治乙丑进士。"正德丙寅,奉使岭表,采访《孝庙实录》归,授兵部职方主事。"⑤采择史料详备,"奉使岭表,采访《孝庙实录》,无疏漏"⑥。

顾应祥,字惟贤,长洲人,弘治乙丑进士。"丙寅毅皇帝即位,诏充牺轩使者,纂《孝庙实录》于南畿。明年戊辰事竣,授江西饶州府推官。"⑦

胡东皋,字汝登,余姚人,弘治乙丑进士。"观兵部政,冬仲淮扬,修《孝庙实录》咨询必周,交际不苟。"⑧

郭灌,字达诚,江西庐陵人,弘治乙丑进士,曾"奉采《孝庙实录》"⑨。

周旋,字克敬,鄞人,成化丁未进士。时任广东布政司右参议,"正德改元,诏天下郡县纂修《孝庙实录》,本邑属公总裁其事,公事亲孝,务得其欢心"⑩。广东一方的实录编修由担任布政司参议的周旋承担,是非曲直由其笔削决定,"本邑属公为总裁,事皆直笔而文,足以发之,舆论称服"⑪。

---

① (明)潘希曾:《竹涧集》卷六《送进士徐朝仪序》,《文渊阁四库全书》第1266册,第719页。
② (明)王世贞:《弇州四部稿》卷八七《故建宁守张公墓志铭》,《文渊阁四库全书》第1280册,第433页。
③ 雍正《云南通志》卷二一,《文渊阁四库全书》第570册,第103页。
④ (明)董玘撰,钱汝平辑校:《中峰集》卷七《史科左给事中毛君用成墓志铭》,中华书局,2016年,第139、140页。
⑤ (明)过庭训:《本朝分省人物考》卷二八《张简》,《续修四库全书》第533册,第573页。
⑥ 道光《广东通志》卷二四,《续修四库全书》第674册,第178页。
⑦ (明)徐中行:《天目先生集》卷一五《明资善大夫南京刑部尚书赠太子少保箬溪顾公行状》,《续修四库全书》第1349册,第747页。
⑧ (明)卢琼:《都察院右佥都御史胡公东皋传》,(明)焦竑:《国朝献征录》卷五六,《四库全书存目丛书》史部第103册,第96页。
⑨ (明)郭一鹗:《潮州府知府郭公灌传》,(明)焦竑:《国朝献征录》卷一〇〇,《四库全书存目丛书》史部第105册,第688页。
⑩ (明)张邦奇:《张文定公靡悔轩集》卷八《明故广东布政司右参议进阶朝议大夫周公墓志铭》,《续修四库全书》第1337册,第67页。
⑪ (明)张邦奇:《张文定公靡悔轩集》卷一二《明故朝列大夫广东布政司右参议进阶朝议大夫周公行状》,《续修四库全书》第1337册,第110页。

周旋本人的史才是其担任地方编修官的原因,"谦逊平易,和气袭人,议论出入经史,上下古今亹亹,终日无倦意,而真率自然,不假矫强"①。

谈一凤,字文瑞,无锡人。弘治乙丑任桂林训导,"尝承委纂修《孝庙实录》,督学姚镆谓有史才,深器重之"②。

汪生民,字本仁,婺源人。"好古力学,不乐仕进,惟饬身励行,立师道以淑乡人,郡守、邑侯皆以宾礼,与修郡志及《孝庙实录》。"③

李楫,字济之,怀宁人,弘治乙丑进士。"简使广西,纂修《孝庙实录》,既竣,授南昌推官。"④

王誉,字崇实,景贤巷人。"性凝重,有文声,以贡仕,终隆平教谕。尝与修《孝庙实录》。"⑤

徐庆亨,字世嘉,号西浦,弘治乙丑进士。"善属文,尤工于诗……李学士东阳见其《白雁赋》亟加叹赏。奉敕之山东,纂修《孝庙实录》。"⑥

熊遇,字道夫,河南仪卫司人,弘治乙丑进士。"正德丙寅奉命陕西会官纂修《孝庙实录》,书成,授驾部主事。"⑦

苏洹,字景济,瓯宁人,成化改元,诏起经明行修之士,洹应荐,预修宪宗、孝宗实录,以疾辞归。⑧

高贽,宁海学正,衡文中州,纂修《登州志》《孝庙实录》。⑨

张文麟,字公瑞,常熟人,弘治乙丑进士。"会修《孝庙实录》,驰传采故事浙江,还授刑部主事。"⑩

李鼎,字大用,福建仙游县人,弘治十二年进士。"授南京太常博士,纂修《孝庙实录》,擢南京陕西道监察御史。"⑪

林珍,字行素。"读书博古,预修《孝庙实录》。"⑫

韩浩,字汝。父韩思巨,字本大,韩家坞人。"读书好礼,践履笃实,善琴,虽燕居不去衣冠,足迹不入官府……子浩字汝,充广博书史,儒林宗之,

---

① (明)张邦奇:《张文定公靡悔轩集》卷一二《明故朝列大夫广东布政司右参议进阶朝议大夫周公行状》,《续修四库全书》第1337册,第110页。
② 雍正《广西通志》卷六六,《文渊阁四库全书》第567册,第108页。
③ 嘉靖《徽州府志》卷一九,明嘉靖四十五年刊本。
④ 嘉靖《安庆府志》卷二一,明嘉靖三十年刊本。
⑤ 万历《黄岩县志》卷六,明万历刻本。
⑥ 万历《黄岩县志》卷六《官师上》,明万历刻本。
⑦ 顺治《汝阳县志》卷九《人物》,清顺治刻本。
⑧ 康熙《瓯宁县志》卷九,清康熙三十二年刊本。
⑨ 康熙《常州府志》卷一六,清康熙三十四年刻本。
⑩ 雍正《昭文县志》卷六,清雍正九年刻本。
⑪ 乾隆《仙游县志》卷三六,清同治重刊本。
⑫ 乾隆《仙游县志》卷四二,清同治重刊本。

正德纪元与修《孝庙实录》。"①

姚鹏,字程夫,任江西南安府儒学训导。"郡守而下皆接以殊礼,时有所咨访,辞弗敢知,守益敬焉。修《孝宗实录》成,力求解任,守固留之。"②

李举,正德初山东东昌府知府,境内叶蓁以"孝子"著称,"知府李举诣庐喻以礼制,正德元年纂修《孝宗实录》采其事"③。

可见,不论是直接参与《明孝宗实录》编纂的人员还是负责采纂的新科进士、地方官员与士绅,均数量众多,除了上述可考的人员外,想必还有一些尚未发现者。如此庞大的编纂团队,是《明孝宗实录》编纂质量的重要保证,同时也显示出实录的编纂是当时一项巨大的文化工程,受到了朝野的高度重视,士大夫、文人也以能参与该项事业而感到荣幸。

第四节 《明孝宗实录》的编纂思想

宋代王应麟称:"实录起于萧梁,至唐而盛,杂取编年、纪传之法而为之,以备史官采择。"④据此可知,实录的编纂由来已久,至明朝时已发展成一套较为完善的实录体编纂体系。南宋陈振孙指出"编年附传,大略用实录体"⑤,进一步概括了实录的体例为"编年附传"。谢贵安总结道:"所谓实录,是指创始于萧梁、延续至清代的实录体史学形态,是一种以帝王为记载对象和记事核心、以编年体为基础并融合了纪传体等形式的史学体裁。"⑥

另外,实录为官修史书,具有史料汇编的性质。一方面供皇帝阅读,令其了解本朝政治沿革,总结治国经验。另一方面为史馆纂修国史提供史料,故要求资料来源以档案、起居注等较原始的材料为主。故而实录的编纂与纪传体正史的修纂、私人撰写史书有所不同。在编纂思想上,既继承了史书编纂的传统思想,又因其体例与性质的不同呈现出自身特点。《明孝宗实录》的编纂基本沿袭了实录体编纂的规则,特别是塑造了孝宗"中

---

① 民国《重修婺源县志》卷四九,民国十四年刻本。
② （明）顾清:《东江家藏集》卷四二《绷庵姚先生墓志铭》,《文渊阁四库全书》第1261册,第871页。
③ 嘉靖《山东通志》卷三五,《四库全书存目丛书》史部第188册,第388页。
④ （宋）王应麟撰:《玉海》卷四八《艺文》之《实录》,《文渊阁四库全书》第944册,第300页。
⑤ （宋）陈振孙:《直斋书录解题》卷五,清武英殿聚珍版丛书本。
⑥ 谢贵安:《中国实录体史学研究》,武汉大学出版社,2007年,第1页。

兴之主"的帝王形象，达到了垂训后世的目的。

一、直书实录

实录的概念本是据实直录，因此据实记载史实是实录体史书的基本要求。最初，实录并非一种体裁，而是历史典籍记述的一种方式，如历代称赞司马迁所著《史记》称得上实录：

> 自刘向、扬雄博极群书，皆称迁有良史之材，服其善序事理，辨而不华，质而不俚，其文直，其事核，不虚美，不隐恶，故谓之实录。①

后到南朝时期逐渐出现了专门的实录体史书，基本要求也是据实记录："史惟信传信，惟疑传疑，信则遡，疑则阙，厥惟实录。"②

实录取材亦迥异于其他史书，特别是明实录。明朝很长时间内废除了起居注、日历，因此修纂时不得不直接取自国家档案，使实录更多地保存了原始史料。待实录修成后，官方档案在太液池焚毁。实录对官方档案的处理尽量保留其原始面目，因此实录叙事也不同于其他史书，大多内容并非作者根据史料进行重新撰写，而是按时间将诏令、奏疏、事件等排列在一起，形成类似于资料汇编式的编年体史书。如此一来反而增加了实录记载的客观真实性。

《明孝宗实录》的编纂基本坚持了据实直录的思想。如以下一则召对，与李东阳《燕对录》所记基本一致。

《明孝宗实录》：

> 上召大学士刘健等至暖阁谕曰："各边杀贼功次，行巡按御史查勘，多有经年累岁不肯奏报，或至病故不沾恩命，无以激劝人心。可酌量地方远近，定与限期，若有过违，令兵部查究。"皆对曰："诚有此弊，禁之甚当。"少顷，上又曰："昨令李荣来说日讲，时讲官说'陈善闭邪'，'陈'字解作'陈说'未明，止作'敷陈'乃可耳。"健等因奏曰："昨李荣又言'以善道启沃他'，'他'字不是，诚如圣谕。"上曰："'他'字也不妨，昨偶言及此，意以为不若'启沃之'更好，然不必深计，大抵讲书须要明白透彻，直言无讳，道理皆书中原有，非是纂出，若不说尽也无进益。且论思辅导之职，皆所当言。可传与讲官不必顾忌，昨所讲

---

① （汉）班固：《汉书》卷六二《司马迁传》，中华书局，1962年，第2738页。
② （明）白悦：《白洛原遗稿》卷七《潞州仇氏家谱序》，《四库全书存目丛书》集部第96册，第169页。

都似有顾忌耳。"①

李东阳《燕对录》：

> 上谕曰："先生辈可做一旨意，如今各边杀贼功次，行巡按御史查勘，多有经年累岁不肯奏报，或至病故不沾恩命，无以激劝人心。可酌量地方远近，定与限期，若有过违，令兵部参究。"臣健等皆奏曰："诚有此弊。"上曰："此恐是都察院行。"臣东阳对曰："兵部咨都察院转行御史。"上曰："然。"少顷，又曰："昨日令李荣来说日讲，时刘机讲'陈善闭邪'，'陈'字解做'陈说'不是，止云'敷陈其说'乃可耳。"皆应曰："诺。"臣健曰："昨李荣又说'以善道启沃他'，'他'字不是。"上微笑曰："'他'字也不妨，大抵讲书须要明白透彻，直言无讳。道理皆四书上原有的，不是纂出，若不说尽也无进益。且先生辈与翰林院是辅导之职，皆所当言。"臣健对曰："臣等若不敢言，则其余百官无敢言者矣。"上曰："然。"臣迁曰："圣明如此，讲官愈好尽心。"臣东阳曰："今年圣学缉熙，中外臣民无不仰戴，臣等敢不仰承圣意。"皆叩头谢。上又曰："先生辈可传与他不必顾忌，昨所讲似有顾忌耳。"又曰："'他'字亦不妨，昨因话偶及此，意以为不若'启沃之'更好，然不必深计也。"皆复谢而出。②

在《明孝宗实录》编修过程中设有专门的稽考参对官，负责对实录中的史料进行考证，"是核对史料考其真伪正误的官员，他们一般不直接编写史籍，而主要考订文献，为纂修官提供正确的资料"③。使得该书质量得到很好的保证，在明代历朝实录中亦属首次：

> 稽考参对，太宗、仁宗两朝实录以修撰邢宽、蒋礼、胡種，编修陈询、刘矩、裴纶、梁禋、孔目、沈寅为之，盖纂修之次也。然宽乃永乐甲辰进士第一，禋次之，孙曰恭又次之，宽、禋同为稽考参对，而曰恭乃得纂修，此类最多有不可晓者。《宣宗实录》，稽考参对与催纂并为一事。《英宗实录》因之，止以催纂为名。《宪宗实录》，以纂修者兼校正，或兼参对。《孝宗实录》，稽考参对者，修撰吕柟，编修崔铣、湛若水、翟銮、徐缙、景旸，检讨段炅、易舒诰、穆孔晖、张邦奇、焦黄中、胡缵宗也，盖至是始复专设，其赏格与催纂同。④

李东阳为《明孝宗实录》的领衔总裁，在实录修成后，档案被焚毁，特

---

① 《明孝宗实录》卷二一六，弘治十七年九月丁巳，第4077页。
② （明）李东阳：《燕对录》，岳麓书社，2008年，第397页。
③ 谢贵安：《明实录研究》，湖北人民出版社，2003年，第118页。
④ （明）黄佐：《翰林记》卷一二《稽考参对》，《文渊阁四库全书》第596册，第990页。

作诗纪念：

    史家遗草尽成编，太液池头万炬烟。天上六丁元下取，人间一字不轻传。先朝故事非今日，内苑清游亦胜缘。却上广寒云雾里，禁城东指是文渊。①

  实录主观性较强的部分主要是人物传记的撰写，尤其涉及人物评价时，虽然要求编纂官要"务合公论"、公平公正，但难免引起后世争议。《明孝宗实录》因总裁官焦芳挟私贬损一些名臣，偏离了据实直录的要求，曲笔之处主要集中在刘瑾及焦芳所交恶的人物的传记中。② 总体上，《明孝宗实录》所撰人物传记比较客观，具体可见后文论述。

二、帝王之鉴与以史资治

  从统治者角度出发，明实录的编纂重在记录先王事迹以供后世君主借鉴，包括先王用人、理政等各方面。因此武宗朝君臣在修纂《明孝宗实录》时，将孝宗治国理政之道记载得特别详细，为后来史籍记载"弘治中兴"局面奠定了史料基础。

  既然要提供借鉴，则先王政绩必须突出，武宗在《孝宗敬皇帝实录序》中言"庄诵累朝实录，而知祖宗列圣神功圣德之大矣"，描述孝宗"事天法祖，以纲常为治，用人行政，御世理民之道，罔不具尽，是以人安物阜，海宇晏然"③。李东阳等在《进实录表》中则列举孝宗在礼仪、用人、恤民、经筵等方面的具体表现："礼隆郊庙，尤严祧祫之仪，养极宫闱，每谨晨昏之节。爱人材，不轻于废弃，恤民情，恒切于咨询。讲筵勤经史之功，苑囿绝游猎之好。"④

  《明孝宗实录》对孝宗有明显的美化倾向，正是为了给继位的明武宗提供帝王模范，尤其体现在处理政务方面的记载上。

  一是突出孝宗对进谏的人非常大度，善于听取言官等大臣的劝谏。《明孝宗实录》记载了翰林院侍讲学士李东阳总结孝宗大开言路之事："仰惟陛下即位之初大开言路，先朝言事之臣如汪奎、萧显、徐镛等次第叙迁，

---

① （明）李东阳：《怀麓堂集》卷五八《西苑焚稿纪事》，《文渊阁四库全书》第1250册，第605页。
② （明）焦竑：《玉堂丛语》卷四《纂修》，中华书局，1981年，第131页。
③ 《明孝宗实录·序》，第1页。
④ 《明武宗实录》卷四九，正德四年四月壬午，第1120页。

如林俊者特加超擢,天下之人歌颂圣德,皆以为尧舜复出。"①此外,还收录了很多劝谏孝宗开言路的奏疏,如马文升所奏得到了孝宗的认可:"礼部覆奏吏部尚书马文升所言开言路以防壅蔽事……'请自今凡科道官及内外诸司所上章疏,留神省览,有关治体者即赐施行,事未有当及言或过激者曲赐优容,其因言事谪降外任者,许推举升用,庶下情通、人心悦,而奸邪知所警畏。'从之。"②当然,弘治一朝并未彻底消除因言获罪的现象,大臣们为加罪的言官求情之词也被《明孝宗实录》如实收录。如侍讲学士李东阳、吏科都给事中张九功、礼科都给事中林元甫、巡抚张琳、巡按郑惟桓等请求给彭程、任仪复职的奏疏皆被收录,体现了孝宗实录没有因美化孝宗而违背据实直录的原则。总体上,孝宗留给后人的印象是善于纳谏的,而且士风敢言:"我孝宗敬皇帝临御十有八年,养成忠正直谅之风,士大夫不以言为讳,以不酬所言为耻。"③

二是突出孝宗善于用人,爱惜人才,朝中出现人才济济的局面。刘健、谢迁、李东阳、刘大夏、戴珊、马文升、王恕等,在孝宗朝都得到了重用。《明孝宗实录》详细记载了众臣升迁的过程,另外,孝宗每次针对王恕、马文升等重臣辞任的批复也被收录。如卷十记载:"太子太保吏部尚书王恕两疏乞致仕……上曰:'卿职铨衡,方隆委任,毋为过虑,遽欲退休,所辞不允。'"④卷九十七记载:"太子太保兵部尚书马文升乞致仕,上曰:'卿累朝旧臣,方切委任,宜尽心职务,岂可引年求退,所辞不允。'"⑤卷一百七十三记载:"总督两广军务都察院右都御史刘大夏乞致仕,上曰:'刘大夏才望老诚,特兹简用,宜尽心职业以副委任,所辞不允。'"⑥嘉靖时期大学士费宏曾担任《明武宗实录》的编纂官,得以阅览《明孝宗实录》,从中了解到孝宗任用贤臣的诸多事迹,其赞扬弘治人才之盛:"孝宗敬皇帝临御十有八年,敬天法祖,任贤使能,中国乂安,四海宾服。其继体守成治化之美,上媲圣祖,驾轶帝王,一时辅臣则有若太师晦庵刘文靖公、西涯李文正公、太傅木斋谢文正公。"⑦

---

① 《明孝宗实录》卷七六,弘治六年闰五月甲辰,第1451页。
② 《明孝宗实录》卷一八九,弘治十五年七月己卯,第3486页。
③ (明)陆深:《俨山集》卷七〇《中宪大夫湖广提刑按察司副使张公墓志铭》,《文渊阁四库全书》第1268册,第451页。
④ 《明孝宗实录》卷一〇,弘治元年闰正月己丑,第234页。
⑤ 《明孝宗实录》卷九七,弘治八年二月丁丑,第1786页。
⑥ 《明孝宗实录》卷一七三,弘治十四年四月乙巳,第3166页。
⑦ (明)费宏:《费文宪公摘稿》卷一九《光禄大夫柱国少傅兼太子太傅户部尚书谨身殿大学士赠太傅谥文正木斋谢公神道碑铭》,《续修四库全书》第1331册,第641页。

三是突出孝宗勤于政务。《明孝宗实录》将孝宗接见大臣的详细情形大多记载下来，将孝宗经筵日讲的经过亦记录下来，此与武宗朝初期出现的诸多怠政现象形成鲜明对比。如弘治十七年三月孝宗召见刘健等大学士商议英宗钱皇后与孝宗周太后陵庙事宜，《明孝宗实录》在结尾处赞叹道："盖自庚申之召不奉接者已阅五年，至是连奉顾问，龙颜温霁，天语周详，视昔有加，而明习国事、洞察义理，惓惓以宗庙纲常为己任，有非臣下所能涯涘矣。"①该段记载赞颂了孝宗召见大臣时表现出的执政能力和责任心。又如卷二百二十三记载："上在位久，益明习国事，亹亹数百言，动中节会，有不能悉记者。议事之召讫于是日，不阅月而大渐之命至矣，呜呼痛哉！"②明孝宗正励精图治之时，却溘然长逝，令大臣无比悲痛，由此希望武宗能继承孝宗之精神，常召贤臣，勤政爱民。

随着孝宗实录传向民间，孝宗事迹更广为传播，其圣君的形象随之放大，刘若愚曾称孝宗为"中兴圣帝"③，由此成为大臣劝谏皇帝有力的凭证。王世贞以"法祖宗"为名详细陈述了孝宗皇帝的德政：

> 臣窃惟我祖宗功莫盛于太祖高皇帝，德莫盛于孝宗敬皇帝……孝宗皇帝承列圣之贻而丕显之，深仁厚泽，沦浃民志，迨于今过一甲子，而讴谣之不衰，臣不佞请举其一二以告。孝宗皇帝简素恬穆，后宫无偏私声艳之宠；节俭敦谨，后乘无狗马趫肥之嗜。御极十八年名贡献裁损殆尽，行幸稀简，昧爽视朝，退御经筵，咨询治道，暇召大学士刘健、李东阳、谢迁、尚书刘大夏、都御史戴珊等，相与讲析政要，较求画一，以故圣聪日启，万机益练。④

具体而言，弘治时期召对乃明代中兴之大事，被后人津津乐道，成为后代帝王效法的对象。孝宗召对时礼遇大臣："孝庙礼大臣，无大故未尝斥辱，如尚书刘大夏、都御史戴珊辈往往召至幄中，从容讲论，天颜和悦，真如家人父子，内阁诸臣皆称为先生。"⑤另外，礼部郎中鲍应鳌劝谏明熹宗开经筵日讲，便举孝宗之例："孝宗最称嗜学，每日讲《尚书》，至午后讲《大学衍义》，而驳刘机陈善'陈'字之误，何其洽也。列圣相承，咸以日讲为第一

---

① 《明孝宗实录》卷二〇九，弘治十七年三月癸未，第3893页。
② 《明孝宗实录》卷二二三，弘治十八年四月辛未，第4222页。
③ 《酌中志》卷一六《内安乐堂》，北京古籍出版社，1994年，第125页。
④ （明）王世贞：《弇州四部稿》卷一〇六《应诏陈言疏》，《文渊阁四库全书》第1280册，第673页。
⑤ （明）蒋一葵：《尧山堂外纪》卷八九《敬皇帝》，《续修四库全书》第1195册，第104页。

义。"①陈仁锡在天启六年(1626)的日讲中亦提到孝宗皇帝的认真负责:"孝宗敬皇帝日御讲筵,询政事,字字商榷。"②

《明孝宗实录》除了为武宗树立帝王楷模以外,还载有一些具体的理政措施供武宗及后来其他皇帝借鉴,包括各种例、令以及奏疏的批复、诏令的颁布等内容。例如有关奏疏处理时限的规定为后来诸朝所推崇。陈仁锡曾劝谏明熹宗:"(孝宗敬皇帝)凡天下奏事,有旨令看详者限三日,令即看详者限二日,他司行查不过十日,重大事情量宽五日,一时诸臣皆能竭力赞襄。伏望皇上申饬中外臣工,不求安饱,各做实事,方不负祖宗明训。"③余继登认为这是孝宗勤政的表现:"孝庙励精政事,恐诸司题覆耽延,特谕六部都察院,凡天下奏事,有旨令即看详以闻者覆奏无过二日,看详以闻者无过三日,事干他司须行查者无过十日,遇有军机重务及重大事情宽五日。"④该规定的记载最初见于《明孝宗实录》:"先是上谕六部都察院,凡天下奏事,有旨令即看详以闻者覆奏毋过二日,看详以闻者毋过三日,若事干他司须行查者亦不过十日。至是兵部以议奏'军机重务,恐覆奏期速或有乖误,请赐宽假',命诸覆奏日期遇有重大事情各宽五日,余仍旧。"⑤以上都体现了该书垂训后世、以史为鉴的思想。

三、以帝王为记载核心

皇帝及皇亲国戚的事迹在历朝实录的内容中占据了中心地位,这是由实录的性质决定的。实录"既是国家大典,又是皇家私史"⑥,既要记录国家政事,又要记载皇帝的活动,而国家政事的处理最终还要落脚到皇帝身上。《明孝宗实录》编纂人员在内容的取舍上自然以选取皇帝事迹为重心,围绕皇帝及皇亲国戚的言行举动都要记录下来。其凡例规定:

一、即位礼仪及赏赉之类皆书。

一、上太皇太后、皇太后尊号,册立皇后、皇太子及册封诸王郡王、王

---

① (明)鲍应鳌:《瑞芝山房集》卷四《奏为体元御极图治宜勤恳祈》,《四库禁毁书丛刊》集部第141册,北京出版社,1997年,第103页。孝宗驳"陈"字之误的记载见《明孝宗实录》卷二一六。
② (明)陈仁锡:《无梦园遗集》卷一《日讲存稿》,天启六年,《续修四库全书》第1383册,第364页。
③ (明)陈仁锡:《无梦园遗集》卷一《日讲存稿》,天启六年,《续修四库全书》第1383册,第364页。
④ (明)余继登:《典故纪闻》卷一六,中华书局,1981年,第287页。
⑤ 《明孝宗实录》卷一一一,弘治九年闰三月庚申,第2023页。
⑥ 谢贵安:《中国实录体史学研究》,第144页。

妃,加封太长公主并追封皇子公主皆书,其制度仪注有新定者书。

一、皇太子及皇子生书,亲王之子生已赐召者书,诸王嫡长孙生亦书。

一、祀天地、宗庙、社稷山川等神,宗庙祧祔祫享及遣官祭岳镇海渎、帝王陵寝、先师孔子皆书,有新增祀典及淫祀革罢者亦书。

一、凡诏书悉录全文,若敕书及御制文录其关事体之重者,有特敕褒勉臣下、抚谕远人及恤刑宽贷之类悉书。

一、凡文武大臣有宣召谕问皆书,顾命之辞备书。凡宝玺图书及诸王、郡王宝,将军仰并仰符、仰记皆书。

一、大驾卤簿及太皇太后、皇太后、皇后、东宫、亲王、郡王、公主仪仗有新置及增损者书。

一、皇帝大婚、皇太子冠及诸王长公主冠婚皆书,其礼仪有新定者书。

一、经筵日讲及皇太子出阁读讲皆书,赉宴等项恩典亦书。

一、凡新王之国及郡王受命往某地皆书。

一、命驸马仪宾悉书。

一、凡亲王、公主、郡王、郡主、镇国等将军、驸马、仪宾、公侯伯岁禄,官吏俸给,军士月粮有新定折支、全支条例并书。

一、每岁圣节、正旦、冬至、郊祀、庆成大宴皆书,遇节赐宴亦书,有特旨赐节假亦附书。

一、中外文武官有特恩赐予皆书,命妇遇庆节有赐亦书。

一、丧葬之礼及上尊谥册文、议文等项备书,山陵迁附书,亲王、郡王、公主、郡主丧葬皆书。

一、营建山陵备书,建各王、王妃、公主坟皆书,其制度有增益亦书,郡主以下奉敕建者书。

围绕皇帝及其宗室的规定约占凡例总数一半以上,充分说明了实录作为"皇家私史"的定位。其他诸如奏疏、人物传记等亦多有皇帝的参与,奏疏的收录包含了皇帝的批复,大臣传记往往会提及皇帝的恩典。然而以皇帝事迹为核心的编纂思想并未动摇明实录"国史"的地位,因为于史官而言,皇家与国家的概念并不冲突,在记录皇帝活动的同时也彰显了治理国家的举措。

四、为尊者讳

为尊者讳的编纂思想既是传统儒家修史思想中的一部分,又掺杂了现实中的需要。虽然儒家修史首先倡导秉笔直书,但在维护君主政权时又选择了为尊者讳。早在孔子修《春秋》时便表现出了"为尊者讳、为贤者讳、为亲者讳"的思想。谢贵安将这种对立统一的史学观念概括为"直书—曲笔"一体两翼,恰阐释了这一矛盾:"既以至公至正的秉笔直书约束口含天宪的皇权政治,'与天子争是非',又以合乎名教的曲笔讳饰迎合君主政治。"①另一方面,实录的编纂官皆为新皇帝任命,所修实录在一定程度上是一部帝王编年史,是编纂者为刚刚死去的君主立传,其行文若对该君主稍有不利,难免给自己带来大祸,他们不得不为自己的现实考虑。

此外,《明孝宗实录》叙事的主角孝宗皇帝礼遇大臣,很多编纂官皆为弘治旧臣,他们对孝宗皇帝的知遇之恩深怀感激,加之武宗即位后宠幸宦官,刘瑾屡次侮辱众臣,引起大臣们对孝宗皇帝的追思。如林俊称:"恭述我孝宗敬皇帝大渐,顾命我皇上及三阁老之言,余老泪横出,呜咽重不可胜。"②出于君臣情谊,编纂官在实录中难免为其遮瑕粉饰。

以纳谏之事为例,明孝宗对于大臣的劝谏多加接受,予以鼓励,具有虚怀纳谏之宽广胸怀。《明孝宗实录》中收有不少臣下指陈时弊、劝谏明孝宗的奏疏,以宣扬明孝宗的这一可贵品质。但是,过多收录这类奏疏,便不利于孝宗高大形象的维护,因而《明孝宗实录》对这类奏疏之收录极注意节制,特别是对言辞激烈者,一般不予收录。孝宗即位之初收到一则劝谏疏为进士李文祥所奏的《永保天命疏》,疏中指陈当时的弊政用词非常苛刻。首先弹劾内阁执政者:"臣谨以切于今日者,昧死为陛下言之……顷者在位多废,人权移内侍,赏罚任其喜怒,祸福听其转移。仇视言官,痛加摧挫,公行贿赂,滥授冗员,阿顺者则交相接引,骤至超迁,违忤者则巧为谗谤,远遭窜逐。朝野寒心,道路侧目,譬诸身之疾病正如心腹之痈疽,释此不图,终难言治。伏愿陛下密访渠魁,明彰国宪,择谨厚谦畏者随侍左右,以供使令,更宜博选大臣,谘诹治理,推心委任,不复嫌疑如此,则体统正而近习不得分矣。"再痛陈司法有失公允,威胁国体:"顷者法司惟徇己私,不恤国宪,豪横有恃者虽重罪必曲宽容,贫弱无告者虽小嫌必深钩巨,惠及奸宄之雄,养成倾颓之俗,纪纲尽废,体统荡然,家家僭王侯之居,富室拟公卿之用,奇技淫巧,渐成上侵。伏愿陛下申明典章,使执法之官一遵成宪……"最后劝谏明孝宗广开言路,虚怀纳谏:

---

① 谢贵安:《中国实录体史学研究》,第183页。
② (明)林俊:《见素集》卷三《秋堂事纪》,《文渊阁四库全书》第1257册,第24页。

"今言官迹其议论不无过激之偏,要其心志皆出忠诚之切,更愿陛下少霁严威,辄加优礼,言切而理惬者必引导以尽其情,识寡而辞拙者亦含容以加其意,谏诤无隐者褒其直而勿责其非,猷谋可采者奖其情而勿亟行其策,惟当断以一心,不必摇于众口。大率君子之言决非小人所利,倘一问及必以前事中伤,如有嫌疑必赐片时引对。"李文祥自知此疏言辞偏激,在奏疏结尾自我辩护:"臣草茅新进,积无怨雠,岂不自谋?率尔狂戆。但思臣之于君,子之于父,吉凶休戚实相关,隐默谩欺,情亦安忍?故不避斧钺历尽愚衷。"①

该奏疏上呈以后,引起内阁当政者及明孝宗的不满,以历练为名,将其除授陕西咸宁县县丞。《明孝宗实录》记载曰:"文祥先上书指斥时事,言甚切直,上以其新进浮薄,命除授繁剧县佐,令其历练。"②该句将奏疏的信息披露,而对于其内容只字未提。李文祥此奏疏及其遭遇,引起了满朝轰动,立刻就有很多官员上疏论救。南京吏部主事夏崇文上疏言:"迩者进士李文祥赋性狂直,言事过中,干冒天威,钦除县佐,此盖陛下保全文祥,使之历练,恩至渥矣。臣窃忧之,文祥一身之去就不足深惜,但恐天下之人传之不真,闻之不切,概以为言者得罪,直道难容,有累陛下初政之美……伏望将文祥特赐洪恩,追还新命,俾天下知文祥虽有妄言之咎,幸逢陛下纳谏之明,天下幸甚。"③然而明孝宗未加俞允。至弘治二年正月,李文祥方被调回中央任兵部主事。④ 明人作李文祥传,称"孝宗即位,上《永保天命疏》触忌讳"⑤。可见《明孝宗实录》未收载其疏,乃出于避讳的考虑。

《明孝宗实录》编纂思想总体遵循了中国古代官方修史的思想,在实际编纂时因总裁官焦芳的个人原因出现偏差,但据实直书仍占主导。此外,虽然实录以记载皇帝为核心,目的乃为后代皇帝提供政治借鉴,但不乏经济制度、经济措施等方面的内容,如屯田制度、盐法、钞法、钱法、漕运之法的变革,田赋、徭役政策等,这体现了编纂官经世致用的史学思想。

总之,《明孝宗实录》的编纂工作一波三折。从弘治十八年底下诏,到正德四年四月修成,历时四年多。受明武宗初期政治形势的影响,《明孝宗实录》编撰人员,包括总裁官、副总裁经历过重大变化。其中新任总裁焦芳凭借投靠刘瑾的政治优势,在书写过程中多有曲笔,对其政治生涯初期的

---

① (明)李文祥:《永保天命疏》,(明)张瀚:《皇明疏议辑略》卷二,《续修四库全书》第462册,第551~553页。
② 《明孝宗实录》卷三,成化二十三年九月癸丑,第43页。
③ 《明孝宗实录》卷三,成化二十三年九月癸丑,第43页。
④ 《明孝宗实录》卷二二,弘治二年正月庚辰,第512页。
⑤ (明)过庭训:《本朝分省人物考》卷七八《李文祥》,《续修四库全书》第535册,第295页。

政敌进行诬蔑和丑化,违背了《明孝宗实录》据实直录的指导思想。此外,大批编纂官因触及刘瑾等宦官的忌讳而被调任或被迫致仕,导致出现《明孝宗实录》修纂官名单所载编纂成员不全的现象,幸有其他史料得以补缺,让大量为《明孝宗实录》编纂做出贡献的官民士绅为人所知。

第二章 《明孝宗实录》的修纂凡例

《明孝宗实录》编纂队伍庞大,如此大规模的修书,必须制定凡例才能统一编纂官的修纂准则,保证全书编写的整齐划一。所谓"作史者必先定其例,发其凡,而后一代之事可无纰缪"①。目前已有不少修史凡例相关的研究成果,例如马刘凤的《中国古书凡例研究》将古书凡例进行了一次较为全面系统的探讨。② 明代历朝实录的修纂虽具有相通性,然每部实录的编纂又有各自的特点,体现了不同的历史背景,凡例的制定亦遵循了时代的变化并有所调整。

第一节 凡例体现的编纂宗旨及其特色

《明孝宗实录》在明实录中具有承前启后的地位,在此之前明朝已编纂了太祖、太宗、仁宗、宣宗、英宗、宪宗六部实录,积累了丰富的编纂经验,已经形成一套比较完善的机制。从下诏编纂、组织编纂队伍,到采集史料、具体纂修都有成例可循,其凡例的制定亦有前朝实录的凡例可以借鉴。《明孝宗实录》凡例总体原则和核心思想基本遵循此前实录,然而亦颇具特色,这与正德初期的政治环境和孝宗朝时代特点具有密切关系。

---

① (清)朱彝尊:《曝书亭集》卷三二《史馆上总裁第一书》,《文渊阁四库全书》第1318册,第11页。
② 马刘凤:《中国古书凡例研究》(武汉大学2009年博士学位论文)。其余成果如谢贵安:《〈明实录〉体裁与体例研究》(《史学史研究》1997年第3期),提出实录的"修纂凡例"反映出编纂体例上的特点。钱茂伟:《晚明实录编纂理论的进步:以薛三省〈实录条例〉为中心》(《第十届明史国际学术讨论会论文集》),介绍了薛三省拟定的《实录条例》。

一、以记载当时国家职能及其运作为编纂宗旨

明实录凡例所规定的修纂内容,绝大部分属于国家治理的范畴,这便体现了实录编纂的宗旨所在。凡例规定的叙述对象从皇帝、贵族一直到文武大臣,他们所执掌的事务成为实录记载的重要部分。首先凡例规定的记述内容往往围绕皇帝而展开,与皇帝、皇室相关者包括重大礼仪以及皇帝下达的重要旨意,如皇帝即位、册封太子、国家祭祀、皇帝大婚、颁布诏书等内容是必须要写进实录的。其次,国家机构参与的各项事务以及相应的制度在凡例规定的范围中亦占了很大比重,包括六部以及各寺监负责的日常事务,如除授或降黜官员、赈灾备荒、节日赐宴、科举考试、旌表节义、整饬兵备、审录罪囚、修建宫殿等。

《明孝宗实录》凡例的撰写亦体现了这一宗旨,且更加突出皇帝与皇太子的地位,如在表述上将《明宪宗实录》凡例中所记"皇帝、皇太子、诸王、公主冠婚皆书"①改为"皇帝大婚、皇太子冠及诸王、长公主冠婚皆书"②。明孝宗被视为中兴之主,在位期间较为勤政,凡例将其一些重要举措增入实录记载的范围内。如刑罚方面,弘治时期制定了很多新的制度,弘治元年夏,"令两法司、锦衣卫将见监罪囚情可矜疑者,俱开写来看,自后岁以为常"③。这是明朝京师热审成为定制的开始。此外明朝的审录制度以三法司会审为特色,而该项制度由特例变为定制始于弘治十三年的《问刑条例》:"法司遇有重囚称冤,原问官员辄难辩理者,许该衙门移文会同三法司、锦衣卫堂上官,就于京畿道会同辩理。果有冤枉,及情可矜疑者,奏请定夺。"④明孝宗本人亦非常重视罪囚的审录以防造成冤案。弘治十七年(1504)大理寺右少卿吴一贯勘问都指挥佥事张天祥掩杀"虏人"一案,因处断过当人多称冤,明孝宗决定亲自审问,"令三法司、锦衣卫于午门外会问,与所勘狱词异,乃并逮诸勘官至,上御午门一一亲鞫之"⑤。明朝皇帝虽重视录囚,但亲录囚徒已不多见,《明孝宗实录》凡例特规定将此事

---

① 《明宪宗实录·修纂凡例》,台湾"中研院"历史语言研究所,1962年,第2页。
② 《明孝宗实录·修纂凡例》,台湾"中研院"历史语言研究所,1962年,第5页。
③ (明)申时行等:《明会典》卷一七七《热审》,中华书局,1989年,第903页。
④ 弘治《问刑条例·辨明冤枉》,黄彰健:《明代律例汇编》,台湾"中研院"历史语言研究所,1979年,第991页。
⑤ 《明孝宗实录》卷二一八,弘治十七年十一月乙未,台湾"中研院"历史语言研究所,1962年,第4104页。

记入实录内,"亲录囚徒及差官审录刑狱皆书"①,体现了凡例对国家新制度以及皇帝新举措的重视。

明代注重礼法之治,礼治方面,《明孝宗实录》凡例新增加"淫祀革罢者亦书"②与"衍圣公袭封书"③两条。明宪宗宠信方士李孜省与僧人继晓,广建寺庙,滥发度牒,所授法王、国师不胜枚举,对社会经济造成严重破坏。孝宗即位后将僧道衙门额外官员与真人、禅师之类进行革罢:"命法王佛子降国师,国师降禅师,禅师降都纲,自讲经以下革职为僧,各遣回本土、本寺或边境居住。"④国子监祭酒郑纪赞颂道:"陛下登极之初,左道害政者戮必首加,耗国病民者刑不少贷。去淫祠以严祀典,禁斋醮以正人心,故李孜省、邓常恩之徒举正其罪,国师佛子绝迹。"⑤如此使宪宗朝因崇信佛道而荒废朝政的混乱局面得以改观。《明孝宗实录》凡例规定将革罢淫祀之事记入实录内,惩戒后人毋受其害,以保障国家职能的正常发挥。同样,对衍圣公袭封之事的特别强调体现了国家对孔子的尊重,对礼治的重视。

可见,凡例规定的记载内容都集中于国家职能的运作,包括国家机构的设置、职能的发挥以及制度的实施。从体例看《明孝宗实录》是典型的编年体史书,而从凡例规定的撰写范围与内容看具有极强的政书色彩,是一部记录当时君臣如何治理国家的文献。

二、体现出皇帝的政治倾向

《明孝宗实录》对记述对象有一定的标准,包括对文武大臣事迹的记载有明确的限制,如任命官员方面主要记载中央各机构官员以及地方主要官员。然而对低级官吏的任命,并非一概不予录入,凡例规定有特例:"若中外文武官有功绩显著及以事特升迁者,不限职之大小皆书。"⑥

同样凡例对入传的大臣品级亦作了限制:"凡公、侯、驸马、伯,在京文武三品以上、近侍五品以上,在外都司、布政司、按察司正官没皆书卒,及概见其行实,善恶务合公论。"⑦但低级官吏有突出功绩者不在此限制范围之

---

① 《明孝宗实录·修纂凡例》,第10页。
② 《明孝宗实录·修纂凡例》,第5页。
③ 《明孝宗实录·修纂凡例》,第6页。
④ 《明孝宗实录》卷四,成化二十三年十月丁卯,第57页。
⑤ (明)郑纪:《东园文集》卷二《论斋醮祝延圣寿疏》,《文渊阁四库全书》第1249册,第740页。
⑥ 《明孝宗实录·修纂凡例》,第6页。
⑦ 《明孝宗实录·修纂凡例》,第8页。

内:"若文武官有治行功绩显著,不限职之大小,皆书。"①

另外对于一些常例不予详细记载之事如颁给大臣告敕等,并未在凡例规定的编纂范围之内,然对于一些特殊情况凡例规定需要记载:"文武大臣诰敕有特赐者书。"②又如皇帝对大臣的例行赏赐亦不属于编纂的范围,然而"中外文武官有特恩赐予皆书"③。

其他有关特旨的规定亦要求写入该实录,如"有特敕褒勉臣下、抚谕远人及恤刑宽贷之类悉书"④、"公侯伯并文武大臣老疾致事,特恩优闲……皆书"⑤、"公侯伯有特旨送监读书……等项事例皆书"⑥、"有特旨罢黜干系惩劝者,不拘职之大小并书,其蒙特恩宽宥亦书"⑦。

以上特例所要记载的内容都有其特殊之处,或属于对国家治理有突出贡献的人,或属于皇帝曾经特殊优待的官员。这些事例不拘于一般的规定,被允许收录于实录当中,突出皇帝的"特旨"以此体现皇帝的政治倾向,有的起到了号召提倡作用,激励人们建立功绩;有的起到了警示作用,告诫人们切勿违反律例。可见,凡例的规定有着明显的为国家政治服务的目的。

三、体现编纂官对明武宗的政治期望

《明孝宗实录》的编纂有着独特的时代背景。弘治十八年(1505)五月,明孝宗去世,明武宗即位,随后朝局发生较大变化。明武宗信任宦官,与内阁矛盾日益激化,由内阁大臣组织的实录编纂班子希望通过编纂《明孝宗实录》申明祖制,限制明武宗的任意胡为。如《明孝宗实录》中多次强调弘治《问刑条例》的权威,将其与《大明律》兼用,并"通行天下,永为常法"⑧,以此强调祖制的不可侵犯性。其凡例正是在此特殊背景下制定,体现了编纂官的政治期望。

---

① 《明孝宗实录·修纂凡例》,第9页。
② 《明孝宗实录·修纂凡例》,第7页。
③ 《明孝宗实录·修纂凡例》,第8页。
④ 《明孝宗实录·修纂凡例》,第6页。
⑤ 《明孝宗实录·修纂凡例》,第7页。
⑥ 《明孝宗实录·修纂凡例》,第8页。
⑦ 《明孝宗实录·修纂凡例》,第10页。
⑧ 《明孝宗实录》卷一五九,弘治十三年二月庚寅,第2851页。

《明孝宗实录》凡例增入了"经筵日讲及皇太子出阁读讲皆书"一条①。经筵之设一直被明朝君臣视为美事,君臣之间"有聚会精神之美,有意谕色授之益"②。弘治元年三月孝宗重开经筵,之后"每月三旬遇二日辄开讲"③。除了寒暑暂免讲读之外,孝宗一朝基本将其坚持下来,而武宗即位之初虽开经筵,却时常临讲报罢,"时上颇好骑射、为微行,经筵日讲多罢免,视朝或至日晏"④。这令群臣颇为惊惧,《明孝宗实录》凡例特规定实录需记载"经筵日讲"之事,想必有以此约束明武宗纵乐之心。此外,"皇太子出阁读讲"也体现了昔日武宗在东宫时接受的教育。弘治十一年(1498)二月大学士徐溥为皇太子选定了程敏政、杨守阯、李旻、梁储、李杰、焦芳等十九人充任侍讲学士,其中很多人后来参与了《明孝宗实录》的编纂,他们当然希望明武宗能遵循旧制,勤学戒逸。

《明孝宗实录》凡例还新增"凡文武大臣有宣召谕问皆书,顾命之辞备书"一条⑤。明孝宗在位晚期时常召见内阁大臣进行面谕,临终前留下顾命之辞:"上大渐,晓刻遣司礼监太监戴义召内阁大学士刘健、李东阳、谢迁甚急,至乾清宫东暖阁御榻前……上执健手又曰:'先生辈辅导辛苦,朕备知。'又曰:'东宫聪明,但年尚幼,先生辈可常常请他出来读书,辅导他做个好人。'"⑥可见明孝宗欲命刘健等辅佐武宗,然而事与愿违,武宗即位后逐渐宠信刘瑾等内官,朝政逐渐废弛。大臣纷纷上疏劝谏,如六科给事中周玺等言:"内阁大臣亲受先帝顾命以辅陛下,宜加尊礼,使朝夕纳诲,退朝之暇,即御便殿讲求治道,内外章疏悉与议论。"⑦正德元年(1506)十月,内阁大学士刘健、谢迁、李东阳因内侍刘瑾、马永成等蛊惑上心,连章请诛之,皆被武宗留中不发。最后刘健、谢迁等被迫致仕,很多抗议的文官皆遭清算。《明孝宗实录》凡例得以增入此条当赖于李东阳、王鏊等编纂官,他们希望以此引导明武宗远内官亲内阁,重振朝纲。该条凡例属《明孝宗实录》新创,当与正德初期特殊的政治背景有密切关系。

---

① 《明孝宗实录·修纂凡例》,第5页。
② 《明孝宗实录》卷一四,弘治元年五月壬辰,第357页。
③ 《明孝宗实录》卷一二,弘治元年三月丙子,第279页。
④ 《明武宗实录》卷一六,正德元年八月甲寅,第485页。
⑤ 《明孝宗实录·修纂凡例》,第5页。
⑥ 《明孝宗实录》卷二二四,弘治十八年五月庚寅,第4244页。
⑦ 《明武宗实录》卷九,正德元年春正月乙巳,第286页。

四、反映了明孝宗在位时期的时代特点

《明孝宗实录》修纂凡例根据孝宗朝时代特点明确规定了该部实录书写的领域,共有五十一项应当编入的内容。除了上述新增内容外,还增加了"文武臣僚有没于王事者皆书,有得褒赠亦书"①"……贡献诸物皆书"②"山陵迁祔书"③"增岁贡额数……皆书"④,以及"监生拨历等项事例皆书"⑤等内容。与《明太宗实录·修纂凡例》相比,删去了"巡狩及留守事宜皆书""车驾亲征叛虏及命将平安南等处皆备书始末"⑥等。与《明宪宗实录·修纂凡例》相比,删去了"征聘隐士亦书""四夷遣子入学皆书"⑦等内容。以上内容的增删当与孝宗朝史实有关,如停罢进贡一项,在孝宗即位诏中明确规定:"在外镇守、分守、守备内外等官,近年假以进贡为名,多取民间皂隶出办银两,贻害地方,今后不许额外进贡。"⑧随后孝宗便制止了云南、甘肃、湖广等镇守太监的进贡,革除了成化时期以进贡为名搜刮地方的弊病。可见实录的修纂凡例会根据时代特点不断进行调整。

除此之外,《明孝宗实录》凡例继承了以往凡例中注重记载新事物、新规定的特点,避免各实录之间相互重复。如礼仪制度自明初已经制定,有些沿用前朝者不必重复记载,凡例规定只记载新的和有改动者:"凡礼仪有新制或损益书。"⑨

《明孝宗实录》还非常注重制度的记载,凡例强调各方面的制度有新变革者需记载在内。如政治方面,"选法及荐举有新定书,考课有新例及损益旧例亦书"⑩。经济方面包括钱法、盐法、漕运等,"转输漕运之法及田赋、徭役、农桑劝课有新令者书"⑪,"凡开盐场有新定中纳盐粮及户口食盐

---

① 《明孝宗实录·修纂凡例》,第9页。按:《明宣宗实录》凡例与《明英宗实录》凡例亦有此条。
② 《明孝宗实录·修纂凡例》,第7页。
③ 《明孝宗实录·修纂凡例》,第8页。
④ 《明孝宗实录·修纂凡例》,第8页。
⑤ 《明孝宗实录·修纂凡例》,第8页。
⑥ 《明太宗实录·修纂凡例》,第9页。
⑦ 《明宪宗实录·修纂凡例》,第5页。
⑧ 《明孝宗实录》卷二,成化二十三年九月壬寅,第17页。
⑨ 《明孝宗实录·修纂凡例》,第7页。
⑩ 《明孝宗实录·修纂凡例》,第7页。
⑪ 《明孝宗实录·修纂凡例》,第7页。

则例皆书,钞法、钱法有新令亦书"①,"屯种有新定事例及考较之法书"②, "有新定备荒事例亦书"③。军事方面,"兵政有新令者……皆书"④。

另外,凡例还注意到了国家机构以及经济建设方面的变化,如"凡关津、巡徼、驿传、递运、烽堠有新设及改革者书"⑤,"修缮各处城池、屯堡及新建革者皆书"⑥,"仓库、坑治有新定建革及新令书"⑦,"新开修河渠、圩岸、桥道皆书"⑧。

凡例注重记载新事物、新规定,体现了编纂官具有发展的历史眼光,编纂思想具有很强的创新性。另外,明孝宗在位初期励精图治,改善国家政治,不论制度的修订还是国家建设的新举措都能够反映出弘治一朝的时代特点,《明孝宗实录》凡例根据其时代特点增删内容对于突显历史的变化、如实记载一朝史实具有很大意义。

第二节　凡例的指导作用及其拒书的潜在规则

《明孝宗实录》凡例独立于卷首,明确规定了该书的编写范围,成为该书史料取舍的重要标准。另外对于哪些内容不能记入实录中,凡例没有明确指出,而在《明孝宗实录》正文中体现。

一、对编纂《明孝宗实录》具有重要的指导作用

凡例是编纂实录的指向标。明孝宗在位时期,官员上疏频繁,新令屡下,每年发生的历史事件更是数不胜数。《明孝宗实录》不可能将所有这段时期的历史一一记录下来,而是有所选择。凡例即是选择史料的标准,是编纂官可遵循的修史准则,是保证史书风格一致、质量统一的指向标。

---

① 《明孝宗实录·修纂凡例》,第7页。
② 《明孝宗实录·修纂凡例》,第7页。
③ 《明孝宗实录·修纂凡例》,第7页。
④ 《明孝宗实录·修纂凡例》,第9页。
⑤ 《明孝宗实录·修纂凡例》,第10页。
⑥ 《明孝宗实录·修纂凡例》,第11页。
⑦ 《明孝宗实录·修纂凡例》,第7页。"治"当作"冶","定"为衍字。
⑧ 《明孝宗实录·修纂凡例》,第11页。

曾担任《明神宗实录》修纂官的薛三省认为："纂修凡例更为史官第一要义，此义不立，则编摩无法，详略任意，或当详而反略，或可略而反详，或详而致冗，或略而致疏。"①可见史书修纂凡例的重要性。

《明孝宗实录》是研究弘治年间及其前后历史的文献瑰宝，不论从内容之广度上还是记述之准确性上都是当时编纂质量较高的历史资料。这首先离不开凡例的指导作用，其所规定的撰写领域有利于编纂者全面系统收集材料，保证了本书收录内容之广泛，同时又紧紧围绕编纂宗旨展开。以宗室为例，凡例规定：

一、册封诸王、郡王、王妃，加封太长公主并追封皇子公主皆书，其制度仪注有新定者书。

一、亲王之子生已赐召者书，诸王嫡长孙生亦书。

一、诸王、郡王宝，将军仰并、仰符、仰记皆书。

一、亲王、郡王、公主仪仗有新置及增损者书。

一、诸王、长公主冠婚皆书，其礼仪有新定者书。

一、凡新王之国及郡王受命往某地皆书。

一、命驸马仪宾悉书。

一、凡亲王、公主、郡王、郡主、镇国等将军、驸马、仪宾岁禄……有新定折支、全支条例并书。

一、亲王、郡王、公主、郡主丧葬皆书，其礼仪有新定或损益亦书。

一、建各王、王妃、公主坟皆书，其制度有增益亦书，郡主以下奉敕建者书。②

按照以上规定，围绕宗室成员的册封、赐名、冠婚、岁禄、丧葬等事宜需被录入，其中又有对宗室身份的规定，比如婚礼的记载，只有诸王、长公主方才录入。

此外，凡例还规定了收录奏疏的标准。第一，凡例规定"建言有关涉国体者皆录"。指出奏疏若关涉国家治理、皇帝执政者需要录入，具体包括兴利革弊的建言疏，或者应对灾异的弭灾疏等。明朝历代皇帝即位后对实录的编纂都非常重视，首先旨在宣扬前代皇帝之"圣政"，明武宗曾敕谕礼部曰："朕惟帝王功德在天下必有典则，贻子孙简册垂后世，此古今通义也。我朝列圣代有实录藏之天府，皇考孝宗敬皇帝临朝莅政十有九年，圣德大

---

① （明）薛三省：《薛文介公文集》卷三《移阁列实录条例揭帖》，《四库全书存目丛书》史部第182册，第271页。

② 《明孝宗实录·修纂凡例》。

孝,弘谟伟烈,薄海内外罔不闻知,不可无所纂述以昭示万代。"①故其所收奏疏首先涉及皇帝临朝莅政之事。第二,凡例规定"文武大臣、各处镇守、巡抚整饬边备等项,及备御规画皆书"。指出文武臣僚所上奏疏关于整饬边备等项应被收入。第三,凡例规定"风宪官及文武臣僚弹劾大臣之罪皆书"。这种奏疏一方面指官员之间因同僚不和发生的争辩,为客观反映冲突状况,多将两者奏疏皆摘其概要以备参考;另一方面指御史等官弹劾犯罪大臣的奏疏。

凡例还为《明孝宗实录》臣传的撰写提出了要求:"凡公、侯、驸马、伯,在京文武三品以上、近侍五品以上,在外都司、布政司、按察司正官没皆书卒,及概见其行实,善恶务合公论。"②可见官员的品级成为立传的首要标准。除了个别有大功绩者不在品级的限制范围内,其余为之立传者之品级皆严格控制在三品或五品以上。

二、拒书存在潜在规则

《明孝宗实录》凡例虽未明确规定哪些内容绝对被排除在外,但可以从侧面进行推敲。如规定:"建言有关涉国体者皆录。"换言之敷衍虚夸者及琐碎之事不录,即明显不符合凡例规定的内容不许录入。除此之外,还有奏疏留中不发者亦不录。"成化初,谢铎预修《英宗实录》,检(章)纶《复储疏》不得,辄叹息泣下曰:'公疏动万言,竟一字不传,何以示天下后世?'数白总裁刘定之,应曰:'奏疏留中者例不书。'谢曰:'景泰数年间事孰此为大,不书此奚书,盍请上增入录中。'竟不从。"③《明孝宗实录》之编纂亦遵循此规定。姜洪于成化二十三年(1487)疏劾内阁万安、刘吉,不报。④查《明孝宗实录》中,果无其奏疏,只载万安致仕因御史姜洪等劾奏:"大学士万安再乞致仕……特允致仕……以御史姜洪、汤鼐、庶吉士邹智相继论劾也。"⑤

还有一些拒收者则是出于刻意避讳的原因。从《明孝宗实录》凡例规定中可知其编纂宗旨具有明显的政治倾向,以宣扬皇帝"圣德"为核心。

---

① 《明武宗实录》卷八,弘治十八年十二月丁巳,第238页。
② 《明孝宗实录·修纂凡例》,第8页。
③ (明)过庭训:《本朝分省人物考》卷五六《章纶》,《续修四库全书》第534册,第536页。
④ (明)雷礼:《国朝列卿纪》卷一二二,《续修四库全书》第524册,第90页。
⑤ 《明孝宗实录》卷五,成化二十三年十月丁亥,第88页。

故编纂者们根据所处的舆论环境及其立场等,会有意避开某些史实的记载。《明孝宗实录》对有损孝宗形象的奏疏,极注意谨慎处理,如上文所述进士李文祥曾上奏之《永保天命疏》,乃明孝宗推行新政过程中惊动朝野的著名言论,疏中因指陈当时的弊政用词非常苛刻而被《明孝宗实录》拒收。

另外,有些奏疏因侵犯皇亲国戚的利益而被拒收。李梦阳于弘治十八年(1505)四月应诏陈言《上孝宗皇帝书稿》,主要陈述了当时上到朝政、下到社会各个层面存在的弊端,概括为:"今天下之为病者二而不之去也,为害者三而不之祛也,为渐者六而不使不可长也。"①其中所谓"病一"指大臣士气不足,缺乏直言者;第二指滥用宦官。"三害"主要指兵害、民害、庄场畿民之害。最后李梦阳还劾奏外戚张鹤龄:"今寿宁侯招纳无赖罔利,而贼民白夺人田土,擅拆人房屋,强虏人子女,开张店房,要截商货,而又占种盐课,横行江河,张打黄旗,势如翼虎,此谓之不替可乎?"②该奏疏敢于弹劾贵戚,崔铣所撰李梦阳墓志铭专门介绍该疏③,可见其影响之大。而《明孝宗实录》未收载此疏,盖因此疏引起贵戚不满。李梦阳曾因此被送进诏狱,其自述称:"及疏入不报也,以为竟不报也。一日忽有旨拿梦阳送诏狱,乃丁是知张氏有本辩矣。张氏论我斩罪十,然大意主讪母后……奉圣旨:'李梦阳妄言大臣,姑从轻罚俸三个月。'"④可见《明孝宗实录》编纂官在舍弃某些历史信息不书时,亦需遵循一定的规则和惯例。

第三节　凡例规定过于笼统及其不利影响

凡例除了规定哪些内容是本书要记述的对象外,还应指出记载的具体方式与本书记述的特点,以及需要特别注意之处。纵观明人所修史书,不乏凡例规定具体者,包括如何立传、哪些内容集中记载,并对此作出说明。《明孝宗实录》凡例对于各领域如何具体书写、详略程度如何未作交待,其中有些潜在的编纂规则如编年体的基本要求被编纂官记之于心,或能达成

---

① (明)李梦阳:《空同集》卷三九《上孝宗皇帝书稿》,《文渊阁四库全书》第1262册,第347页。
② (明)李梦阳:《空同集》卷三九《上孝宗皇帝书稿》,《文渊阁四库全书》第1262册,第354页。
③ (明)崔铣:《洹词》卷六《江西按察司副使空同李君墓志铭》,《文渊阁四库全书》第1267册,第515页。
④ (明)李梦阳:《空同集》卷三九《秘录附》,《文渊阁四库全书》第1262册,第354页。

一定程度的默契，而有些规定过于笼统，导致该书出现某些内容记载矛盾、不清等失误。

（一）奏疏时间记载不明确

奏疏往往涉及上疏、某衙门覆奏、皇帝批复，甚至反复商讨、最终得以批复等多个环节，每个环节时间各异，《明孝宗实录》凡例未规定将其记于其中哪个环节，导致实际书写中，有些记于上疏时间，有些则记于皇帝批复时间，有些则记于当事人接到圣旨的时间。如卷七"成化二十三年十一月壬戌"条所载礼部尚书周洪谟会五府、各部、都察院、翰林院等衙门议祧迁之制及孝穆慈慧皇太后奉享之礼的奏疏①，内容极为详细，然而具体时间记载模糊，所涉礼部等衙门上奏时间、明孝宗第一次批复时间、礼部等覆奏时间、明孝宗第二次批复时间等皆不详，"壬戌"为上述哪一环节的时间亦不能确知。据倪岳记载："成化二十三年十一月二十一日于西角门题奏，本月二十三日奉圣旨：'是。奉先殿旁近无宫室堪改别庙，恁还再议来说。'钦此。钦遵。成化二十三年十一月二十六日礼部会官议拟题，奉圣旨：'你每既考论明白，准议。'"②礼部尚书周洪谟等上奏时间当为当月二十一日；本条所记"上是其议，第以奉先殿傍近无宫室堪改别庙者，命再议以闻"之时间当为当月二十三日；本条所记"礼部覆会官上议曰"，该时间当为当月二十六日；而"壬戌（二十七日）"当为皇帝准议的时间，即本条所记"上以众议既考据明白，从之"之时间。

卷八记载："（成化二十三年十二月）乙酉（二十日），致仕南京兵部尚书王恕被召为吏部尚书，中途复陈疾乞致仕。上曰：'卿老成重望，特兹起用，所辞不允，有疾令所在有司遣医调治，待平复即趣赴京。'"据文集可知王恕上奏的时间为成化二十三年十一月二十七日，奉圣旨的时间为十二月二十二日。③《明孝宗实录》记载的时间"乙酉"当是皇帝作出批示的时间。

（二）事件发生的时间记载不确切

事件之发生、发展、朝廷处理过程、皇帝下达旨意等环节，往往涉及多个时间，凡例未规定应将时间系于上述环节中哪一个，亦未明确指出所记之时间为事件哪一环节之时间。如某些军事行动延续时间较长，《明孝宗

---

① 《明孝宗实录》卷七，成化二十三年十一月壬戌，第129页。
② （明）倪岳：《青溪漫稿》卷一一《礼仪一》，第1251册，第106页。
③ （明）王恕：《王端毅奏议》卷七《老疾不能赴召奏状》，《文渊阁四库全书》第427册，第583页；《明孝宗实录》卷八，成化二十三年十二月乙酉，第171页。

实录》记载相关事宜时,往往出现时间记载不明的现象。平定某处"叛乱",往往在某时间之后记载"某贼被诛",或接以"某处贼平"之句,而该时间往往并非诛杀此人、平定"叛乱"之时间。如《明孝宗实录》卷八十六记载:"(弘治七年三月)癸巳贵州苗贼平。镇守贵州太监江德、总兵官顾溥、都御史邓廷瓒、都督佥事王通等会调官军土兵征剿都匀长官司寨苗乜富架、长脚等,分路并进……凡破一百一十余寨,斩首俘获万余。捷闻,命降敕奖励德等。"①本条句首为"贵州苗贼平",下文涉及讨平乜富架的过程与结果以及报捷到朝廷、明孝宗下旨降敕等环节,由此无法断定弘治七年三月是哪一环节之时间。而《贵州图经新志》卷八与《皇明经济文录》卷三十一详细记载了该事件各环节的具体时间:"明年癸丑(弘治六年)秋八月,监督偕总兵与协同咸来会军……(九月)越翌日壬子,师分道以进。孟冬上旬,我师一鼓遂缚其酋乜富架……仲冬中旬,师再鼓,又缚长脚……斩级若干。至季冬下旬,师三鼓,又缚阿利、鸡选,阵杀阿脚,斩级仍若干……明年甲寅春正月丁未(十七日)班师奏捷。二月庚申俘献。皇情悦怿,降敕奖谕。"②《国榷》记载:"弘治七年正月,邓廷瓒平都匀、清平蛮,班师。"③

由此可判断弘治七年三月当为明孝宗降敕奖励立功官员的时间,而非平定贵州"苗贼"的时间。

(三)人物亡故时间记载不统一

《明孝宗实录》唐瑜传记载其于弘治七年九月七日卒④,而徐溥所撰唐瑜神道碑铭、王鏊撰《都察院右副都御史唐公墓表》皆记作"七年八月十八日"⑤,与《明孝宗实录》唐瑜传记所载不同。又如《明孝宗实录》陈瑗传记载其卒于弘治十三年八月六日⑥,而吴宽所撰陈瑗神道碑铭记作"弘治庚申八月二日卒于南京公馆,享年五十九"⑦,李濂撰《副都御史陈公传》记作

---

① 《明孝宗实录》卷八六,弘治七年三月癸巳,第1598页。
② 弘治《贵州图经新志》卷八《都匀府·公署》,《四库全书存目丛书》史部第199册,第94页;(明)万表:《皇明经济文录》卷三一《贵州·平蛮碑》,《四库全书禁毁书丛刊》集部第19册,第349~350页。
③ (清)谈迁:《国榷》卷四二,弘治七年正月丁未,第2655页。
④ 《明孝宗实录》卷九二,弘治七年九月壬辰,第1688页。
⑤ (明)徐溥:《谦斋文录》卷四《嘉议大夫都察院右副都御史唐公神道碑铭》,《文渊阁四库全书》第1248册,第643页;(明)王鏊:《震泽集》卷二十五《都察院右副都御史唐公墓表》,《文渊阁四库全书》第1256册,第396页。
⑥ 《明孝宗实录》卷一六五,弘治十三年八月戊子,第3000页。
⑦ (明)吴宽:《家藏集》卷七七《明故通议大夫都察院右副都御史陈公神道碑铭》,《文渊阁四库全书》第1255册,第788页。

"庚申八月二日卒于金陵官舍,得年五十有九"①。《明孝宗实录》所记其卒时,皆晚于其他史书,概由于其所记乃二人之讣告传至朝廷、朝廷处理善后之时,但因凡例对此情形未作详细说明,易使读者产生误解。

(四)宗藩子弟排行记载矛盾或不清

《明孝宗实录》记载宗藩成员信息较为详细,凡例规定"皇太子及皇子生书,亲王之子生已赐召者书,诸王嫡长孙生亦书",另外,赐予上至亲王下至奉国将军等所生子弟名字亦记载。以上内容往往涉及他们的嫡庶、排行等问题。由于凡例未规定排行记载的统一规则,导致出现不分嫡庶一概排序及区分嫡庶身份分别排序记载的不同。

本书卷二十记载祁铣为"靖王庶第三子"。《明英宗实录》卷六十六记载:"赐郑王瞻埈子名,长曰祁锳,次曰祁锐,次曰祁铣,次曰祁镕"②;同书卷一百零二记作:"封郑王瞻埈嫡长子祁锳为郑世子,第二子祁锐为新平王,第三子祁铣为泾阳王,第四子祁镕为朝邑王。"③《弇山堂别集》记载"泾阳安靖王祁铣,靖第三子"④,《罪惟录》记载"靖王第三子为泾阳王祁铣"⑤。以上皆记载祁铣为第三子。又据《明孝宗实录》卷一〇三"郑王祁锳薨,王靖王嫡子,母妃张氏"⑥,可知祁锳为嫡长子,则本书卷二十所记祁铣为"庶第三子"似与之矛盾。可知祁铣之排行,虽标注为庶子,但"第三"却是在所有兄弟中的排序,非庶子中排第三。

《明孝宗实录》卷一〇一记载:"(弘治八年六月己未)公镠薨,王康王庶第四子。"而《明英宗实录》卷一百四十一:"封秦王嫡子公锡为秦世子,庶第三子公鏳为汧阳王。"⑦同书卷一百六十六:"秦王志㙼奏第三子汧阳王公鏳已受封爵……"⑧同书卷九十六"正统七年九月庚午"记载封"秦王志㙼庶长子公铭为临潼王,第二子公铠为合阳王"⑨。《雍大记》卷十九记载秦康王"生五子,长袭王,次公键早卒,公铭封临潼王,公铠封合阳王,公

---

① (明)李濂:《嵩渚文集》卷八四《副都御史陈公传》,《四库全书存目丛书》集部第 71 册,第 286 页。
② 《明英宗实录》卷六六,正统五年夏四月壬申,第 1263 页。
③ 《明英宗实录》卷一〇二,正统八年三月甲子,第 2056 页。
④ (明)王世贞:《弇山堂别集》卷三六,中华书局,1985 年,第 637 页。
⑤ (清)查继佐:《罪惟录》列传卷四。
⑥ 《明孝宗实录》卷一〇三,弘治八年八月丁丑,第 1895 页。
⑦ 《明英宗实录》卷一四一,正统十一年五月壬辰,第 2800 页。
⑧ 《明英宗实录》卷一六六,正统十三年五月庚子,第 3214 页。
⑨ 《明英宗实录》卷九六,正统七年九月庚午,第 1929 页。

鐟封汧阳王"①。《吾学编》："康王五子。长公锡,天顺二年以秦世子嗣在位二十九年卒……公键未封卒,公铭临潼惠简王……公镗合阳惠恭王,公鐟汧阳端懿王。"②嵇璜《续文献通考》记载壏子公锡、公铭、公镗、公鐟。③由上可知汧阳王公鐟之排行,除早亡者公键外,在秦康王庶子中排第三,所有儿子中排第四。本书此处所记"庶第四子"当为在所有兄弟中的排序,"庶"只表明身份,然而易让读者误认为其在庶子中排为第四。

除了以上所载不分嫡庶统一排行外,亦有区分嫡庶排行之记载。如《明孝宗实录》卷四十九"弘治四年三月戊寅"："晋府辅国将军钟铠嫡长子曰奇㵽,庶长子曰奇㵅。"④有些嫡子、庶子分别排行者,未标明嫡庶身份,造成矛盾。《明孝宗实录》卷九十五"弘治七年十二月乙亥"："滋阳王长子曰健机";而本书卷四十九"弘治四年三月戊寅"记作"赐滋阳王庶长子曰健楠"⑤;卷二百零一"弘治十六年七月辛巳"记作"其(滋阳王)庶长子镇国将军健楠"。以上记载"健机"与"健楠"皆为滋阳王长子,似有所矛盾,当是区分嫡庶排序,"健机"应为嫡长子。

另外,有些亲王、郡王等的儿子早亡或因罪革为平民,《明孝宗实录》凡例未规定是否将其排列于众子之中,导致排行之记载前后矛盾。如《明孝宗实录》卷五十八"弘治四年十二月丙寅"记载"赐晋府襄阴王奇㵩嫡第二子曰表槿"⑥,而卷七十三"弘治六年三月甲午"记载"襄阴王嫡第二子曰表朴"⑦。此二人同为襄阴王奇㵩嫡第二子,记载矛盾。《明宪宗实录》卷一百七十七记载"赐晋府襄阴王奇㵩嫡长子名曰表椅"⑧,《明孝宗实录》卷二十一"弘治元年十二月戊午"记载"赐晋府襄阴王庶长子名曰表楮"⑨,《明孝宗实录》卷一百六十七"弘治十三年十月丁酉"记载"封晋府襄阴王长子表槿为襄阴王"⑩。由上记载推断其嫡长子或早夭或有其他事故被除名。嫡第二子表槿后封为长子,表朴依次成为嫡第二子。《明孝宗实录》卷九十五"(弘治七年十二月乙亥)赐诚㵅第一子曰秉栈",而卷七十八"弘

---

① （明）何景明：《雍大记》卷一八,《四库全书存目丛书》史部第184册,第153页。
② （明）郑晓：《吾学编》同姓诸王传卷一,《续修四库全书》第424册,第241页。
③ （清）嵇璜：《续文献通考》卷二〇五《帝系考·秦国宗属四志》。
④ 《明孝宗实录》卷四九,弘治四年三月戊寅,第983页。
⑤ 《明孝宗实录》卷四九,弘治四年三月戊寅,第983页。
⑥ 《明孝宗实录》卷五八,弘治四年十二月丙寅,第1125页。
⑦ 《明孝宗实录》卷七三,弘治六年三月甲午,第1374页。
⑧ 《明宪宗实录》卷一七七,成化十四年四月己亥,第3189页。
⑨ 《明孝宗实录》卷二一,弘治元年十二月戊午,第502页。
⑩ 《明孝宗实录》卷一六七,弘治十三年十月丁酉,第3034页。

治六年七月己未"载赐"诚㴑庶第一子曰秉榴"①。二人皆记为诚㴑第一子,似相矛盾。据《明世宗实录》卷六十三"保安靖和王诚㴑庶长子镇国将军秉栈请袭父爵"②,可知"秉栈"与"秉榴"皆为诚㴑庶子,"秉榴"后来出现事故被夺长,"秉栈"遂成庶长子。

  可见《明孝宗实录》的修纂凡例虽规定了撰写的内容范畴,但却对具体的书写规则及方法缺乏说明,从而影响了其编纂质量。此外,其凡例亦没有明确规定资料来源,致使材料收集与使用方面存在不足,如搜集材料的眼界不够开阔。《明孝宗实录》的材料来源主要依靠各部留下来的档案,这就使得对各方面的了解局限于官方的认识。

  另外,从《明孝宗实录》修纂凡例的规定来看,其对全书的布局是按国家职能来分类的,而对社会现象中的问题没有系统反映。明孝宗在位时期,明代历史已经进入中期,此时社会状况已与明初大有不同。如当时宗教的发展动态如何,有哪些主要派别,社会风气与社会思潮是怎样的,因凡例没有提及,故在《明孝宗实录》中即偶有见载,亦是不成系统。

  总之,凡例乃发凡起例,需对所修书籍的体例、章法以及内容大要等进行说明。《明孝宗实录》修纂凡例因规定的过于笼统导致实录中某些内容的编排不统一,甚至处理模糊,由此给读者造成一定的困惑。然而该凡例所规定的内容范畴对实录的修纂无疑起到了指导作用,还向读者展示了修纂官的编纂宗旨与政治倾向,其开创性内容也为实录编纂范围提供了更为宽阔的视野,在《明实录》凡例中占有重要的地位。

---

① 《明孝宗实录》卷七八,弘治六年七月己未,第1508页。
② 《明世宗实录》卷六三,嘉靖五年四月庚辰,第1470页。

第三章 《明孝宗实录》的诏令载录

诏令是以皇帝名义发布的公文,既包括发布重大典礼、封赏的文书,也包括皇帝处理日常政务的文书。实录作为以记载皇帝活动为中心的文献,诏令类文书自然成为载录的重点。

《明孝宗实录》收录了大量诏令类文书,并且形式多样,对重要的诏令全文收录,是目前研究孝宗时期诏令文书最重要的资料。明代诏令文书由于数量多、内容丰富,因此备受学者关注。2010 年中国社会科学院明史研究室曾将《明史研究论丛》(第八辑)作为《明代诏令文书研究专辑》而进行研究,收录明代诏令文书的十余篇研究文章。书中多篇论文对明代诏令文书的类型都有所提及,研究重点是明初尤其是明太祖时期所颁布的诏令。具体到《明孝宗实录》,仅见考古发现明孝宗的一篇诏令与其进行的对比研究。

第一节 所载诏令的类型与内容

明代诏令文书类型丰富,正德《大明会典》凡例:"事例出朝廷所降,则书曰诏,曰敕。"①诏与敕是明代最常见的两种诏令类型,尚有其他多种类型。至万历《明会典》时,所囊括的类型已经有所增加:"朝廷颁命四方,有诏书,有敕书,有敕符、丹符,有制谕、手诏。诏敕先于阙廷宣读,然后颁行。敕符等项,则使者赍付所授官员,秘不敢发。"②会典所记当为一朝制度,此两种所记并不完整。清修《明史》总括明代各种诏令文书类型,共有九种:"凡上之达下,曰诏,曰诰,曰制,曰册文,曰谕,曰书,曰符,曰令,曰檄,皆起草进画,以下之诸司。"③上述九种文书放在"殿阁大学士"条下记载,乃因

---

① 正德《大明会典·凡例》,《文渊阁四库全书》第 617 册,第 6 页。
② (明)申时行等:《明会典》卷七四《开读仪》,中华书局,1989 年,第 435 页。
③ (清)张廷玉等:《明史》卷七二《职官志》,中华书局,1974 年,第 1732 页。

这些文书由大学士起草,经皇帝御览后下达给诸司衙门。

除了官方记载外,私人撰述中也有很多提及诏令。郑晓《吾学编》:"皇帝谕百官曰诏,曰制,曰敕,曰诰,曰书。"①明末孔贞运所辑《皇明诏制》所述亦包括上述五类:"国家稽古考文,谕百官曰诏,曰诰,曰制,曰敕,曰谕,曰书,皆审署其体,循事而用,昭大制也。"②佚名《皇明诏令》所收录的诏令文书类包括令、檄、旨、诏、敕、书、谕,等等。孙承泽《春明梦余录》"翰林"条记载:"凡上所下,一曰诏,二曰诰,三曰制,四曰敕,五曰册文,六曰谕,七曰书,八曰符,九曰令。"③与《明史·职官志》所记区别不大,《明史》有檄而无敕,《春明梦余录》有敕而无檄,檄和敕是常见的两种诏令类型。若综合两书所记诏令类型,则基本将明代诏令文书类型囊括无遗。

具体到《明孝宗实录》,某些诏令类型因其性质等原因并未记载。明代在不同情况下使用不同类型的诏令文书。柏桦、李春明曾经对其作过简单的区分:"诏用于大政令,诰用于法令、制度、戒约,制用于赏罚、除授,册文用于册立王公及后妃,谕用于常行政务和批发奏章,书用于庆贺表文及臣下酬答诗文,符用于颁发符印册宝之制,令用于颁行、更改制度,檄用于军事。"④如檄,一般用作发生战争时征召或声讨。明太祖立国初期檄文较多,如著名的《谕中原檄》就是朱元璋于1367年出兵北伐时所颁布的声讨元朝昏庸统治、昭示天命所归的檄文,明代中后期使用较少。各种类型的诏令文书都有其使用范围,具体使用情况要复杂得多。

《明孝宗实录》规定了诏书的载录范围:"凡诏书悉录全文,若敕书及御制文录其关事体之重者、有特敕褒勉臣下抚谕远人及恤刑宽贷之类悉书。"⑤《明孝宗实录》中出现的诏令文书包括以下几类:

一、诏

诏是最重要,也是最常见的诏令类文书。明末孔贞运所辑《皇明诏制》:"其诞扬休命,敷告万邦,以昭一代之章程,垂万年之成宪,则无如

---

① (明)郑晓:《吾学编·皇明百官述》卷上,《续修四库全书》第425册,第117页。
② (明)孔贞运:《皇明诏制序》,《续修四库全书》第457册,第522页。
③ (明)孙承泽:《春明梦余录》卷三二《翰林院》,北京古籍出版社,1992年,第326页。
④ 柏桦、李春明:《中国古代重要公文书——诏敕和奏章》,《档案学通讯》1992年第4期。
⑤ 《明孝宗实录·凡例》,第5页。

诏。"①诏有一定的使用范围："诏用于大政令。"②诏的颁布和开读有一定的仪式，早在洪武二十六年《诸司职掌》中就有记载。

诏的类型亦有多种，包括：

(一)遗诏

历朝皇帝留有遗诏，均在皇帝死后颁布，因此宪宗遗诏内容记载在《明宪宗实录》里，由时任皇太子的孝宗颁布，兹不赘述。③《明孝宗实录》里则载录孝宗遗诏，其文曰：

> 朕以眇躬，仰承丕绪，嗣登大宝，十有八年，敬天勤民，敦孝致理，夙夜兢兢，惟上负先帝付托是惧，乃今遘疾弥留，殆弗可起。生死常理，虽圣智不能违，顾继统得人，亦复何憾。皇太子厚照，聪明仁孝，至性天成，宜即皇帝位。其务守祖宗成法，孝奉两宫，进学修德，任贤使能，节用爱人，毋骄毋怠。中外文武群臣，其同心辅佐，以共保宗社万万年之业。丧礼悉遵先帝遗制，以日易月，二十七日释服，祭用素羞，毋禁音乐、嫁娶。嗣君以继承为重，已敕礼部选婚，可于今年举行，毋得固违。宗室亲王，藩屏是寄，不可辄离本国。各处镇守、总兵、巡抚等官及都布按三司官员，严固封疆，安抚军民，不许擅离职守。闻丧之日，止于本处朝夕哭临三日，进香各遣官代行。广东、广西、四川、云南、贵州所属府州县并土官及各布政司、南直隶七品以下衙门，俱免进香。诏谕天下，咸使闻知。④

可将其与宪宗遗诏对比，宪宗遗诏文曰：

> 朕以菲薄，绍承祖宗丕业二十有三年矣。宵旰忧勤，图臻至治，惟恐有孤先帝付托，今忽遘疾弥留，殆弗能兴。夫死生常理，古今人所不免，所幸继统得人，宗社生民有赖，吾虽弃世，亦复奚憾焉。皇太子祐樘聪明仁孝，德器夙成，宜即皇帝位。中外文武群臣其协心辅理，凡内外事一依祖宗旧制行，用副予志。丧礼遵皇考遗制，以日易月，二十七日释服，毋禁音乐、嫁娶。宗室亲王，藩屏攸系，毋辄离封域。各处镇守、总兵、巡抚等官及都布按三司官员，各固守疆境，抚安军民，毋擅离职守。闻丧之日，止于本处哭临三日，进香遣官代行。广东、广西、四川、云南、贵州所属府州县并土官及各布政司、南直隶七品以下衙门，

---

① (明)孔贞运：《皇明诏制序》，《续修四库全书》第 457 册，第 521 页。
② 柏桦、李春明：《中国古代重要公文书——诏敕和奏章》，《档案学通讯》1992 年第 4 期。
③ 遗诏的研究可参看赵轶峰：《明代的遗诏》，《西南大学学报》2010 年第 1 期。
④ 《明孝宗实录》卷二二四，弘治十八年五月辛卯，第 4244 页。

俱免进香。诏谕中外,咸使闻知。①

两条遗诏内容非常接近,首先明确皇位继承人,其次规定丧礼规格,再次对宗室、官员等丧礼期间相关举动作出规定与限制,对边远地区作出明确免进香的限制。

皇帝遗诏是体现前任皇帝临终意志的诏书,最重要的内容是确定皇位继承人。对于其后事的安排,或皇帝亲自口授,亦有内阁大臣借机表达改革意愿者。另外重点就是防止地方藩王借丧礼之机进京,因此明令其固守地方。

孝宗临终前,不仅有遗诏传世,并且曾亲自向内阁大学士刘健、谢迁、李东阳口授顾命,《明孝宗实录》详细作了记录。

除皇帝遗诏外,如果皇太后或太皇太后去世,亦会颁布遗诏,如弘治十七年三月,英宗贵妃、宪宗生母周氏崩,颁遗诏于天下:

> 予昔获奉事英宗皇帝,越既有年,不幸龙驭上宾,攀号莫逮。宪宗皇帝嗣统之日,遂膺尊号,备隆孝养,及重罹变故,内疚予衷。赖今皇帝孝敬诚笃及皇太后、皇后、皇太子奉养周至,予心甚安,兹寿至七十有五,得复从先皇帝左右于地下,死无憾矣。顾惟皇帝继承丕绪,须念祖宗创业艰难,社稷至重,迩来水旱相仍,天下军民困苦方剧,宜勤励节俭,任贤使能,尔文武群臣尚各怀忠秉公,同志协力以匡辅德业,恢弘治化,共保亿万年无疆之休。皇太子国本攸系,其务进学成德以端大本,宫中大小庶务悉奏皇太后而行,诸外戚家并遵《皇祖明训》,不得干预国政。予生无德及下,丧服悉遵累朝太后遗诰,以日易月,二十七日而除,哭临三日即止,君臣皆同。凡丧礼,宜从俭,祭用素品。皇帝以万几为念,毋得过哀,成服三日后即听政。郊社宗庙,百神之祀,皆不可废,中外臣民之家音乐、嫁娶皆不必禁。崇王等王及诸宗室亲王各守藩屏,免赴丧,但遣人进香,在外文武衙门并免进香。其遵行毋违,予言不再。②

太皇太后遗诏主要是安排后宫及丧礼等事。太皇太后既死,则后宫事务由皇太后掌管,亦是一项重要安排。此外还特别注意宗室不得进京,务必在地方行礼。

无论从名称,还是从内容看,遗诏都是为安排后事而下,既指定继承人,又规定丧礼的诸多注意事项。

---

① 《明宪宗实录》卷二九三,成化二十三年八月己丑,第4978页。
② 《明孝宗实录》卷二〇九,弘治十七年三月壬戌,第3877页。

(二)即位诏

即位诏是新任皇帝登基时颁布的,是向天下表明皇帝身份的重要文件,也是皇帝即位普施恩惠措施的载体。①《明孝宗实录》收录了孝宗的即位诏,其文曰:

惟我祖宗圣圣相承,膺天明命,为华夷主。其创业守成,神功圣德,诚度越往古矣。暨我皇考大行皇帝嗣统,深仁厚泽,覆冒海隅,二纪于兹,而忧勤求治之心犹宵旰靡遑,因臻违豫,遽出缀衣,忍闻凭几之言,猥以神器之属,哀疚方殷,罔知攸措。时亲王、文武群臣,下及耆老、军民合词伏阙劝进者至于再三,辞拒弗获,乃遵遗命,以九月初六日祗告天地、宗庙、社稷,即皇帝位。顾兹付畀之重,深惧仔肩之难,勉图弘济,一惟恢张治道,惠绥黎元,用底阜成,跻于熙皞,庶衍皇明亿万年无疆之祚,其以明年为弘治元年,夫当居正体元之初,宜布更新愊……一以上恩典诏书到日,有司即便奉行,如有延缓者以违制论,许巡按御史察究问罪。于戏祖宗皇考,大经大法,启佑我后人者,纤悉具至,绎思体行,在于眇躬,尚赖遐迩宗亲,内外忠良,同德一心,恪恭乃事,以辅予之不逮,诞告多方,咸使知悉。②

惠政共计四十二条,内容主要是纠正宪宗时期的各种弊端:"弘治即位诏更多关注社会秩序,其中包括对势要阶层特权的限制、对于皇室奢靡搜刮的限制、对官员人等滥用权力的禁令、对人口流动的治理等。"③该条即位诏在佚名《皇明诏令》和孔贞运《皇明诏制》中都有收录,起头都加有"奉天承运,皇帝诏曰"字样,其余内容基本与《明孝宗实录》所载相符。

册封外国国王,则会以下诏的形式诏告其国人。如弘治八年四月,朝鲜国王李娎薨,明朝派遣使节册封世子李㦕为国王,除给其本人敕谕令其即位外,尚有给其国人的诏令,文曰:

我国家受命为天下主,虽遐方极壤,各建君长,俾其臣民有所系属,以奉贡赋、承教化。盖自累朝以来,其有易世承代者,必慎简亲贤,使继有爵土。朕嗣守大业,惟旧章是循,嘉与万方,同享至治,期于永久。故朝鲜国王李娎早承世爵,藩我东方,恭顺之节,久而弗替,越二纪余矣。比者陪臣告讣,礼部以封爵请,眷兹统绪,宜有攸归。今特封

---

① 关于即位诏可参看赵轶峰系列成果,如赵轶峰《明中期皇帝的即位诏——从景泰到嘉靖》(《古代文明》2013年第1期)。
② 《明孝宗实录》卷二,成化二十三年九月壬寅,第11页。
③ 赵轶峰:《明中期皇帝的即位诏——从景泰到嘉靖》,《古代文明》2013年第1期。

王之世子㦧为朝鲜王,继总国政,本国大小臣民其悉奉教令,上下和辑,用修职承化,克继于尔先王,以称朕彰善柔远之意。故兹诏示,想宜知悉。①

朝鲜为明朝藩属国,故历代朝鲜国王皆由明朝派遣使者进行册封。册封需诏告朝鲜国人,使各地知晓。内容要较皇帝即位诏简略,亦无相关赦免内容。

(三)上尊谥诏

给前任皇帝上谥号是后任皇帝即位之初的一件大事,是对前任皇帝功绩的历史定位,其谥号的美与否关系甚重。成化二十三年(1487)九月,宪宗去世第二个月,孝宗因上大行皇帝谥号而诏告天下,文曰:

> 自昔帝王功德隆盛皆有美谥,以昭垂于万世,此不易之令典也。洪惟皇考大行皇帝,英资神圣,至性宽仁,早主鬯以系人心,继定位而正天序。缉熙圣学,躬勤政,法祖敬天,尊亲致养,恩谊笃于宗室,惠泽溥于黎元,举贤能而疏远无遗,慎兵刑而威德宣布。历年二纪,治底雍熙,华夏戎夷,罔不归戴,揆兹功德,迈古帝王远矣。不幸奄尔上宾,臣民恸慕,顾予哀疚弥切,敢缓追崇。谨命在廷文武群臣稽古礼文,议荐谥号,博参舆论,允协至公,乃于九月十九日祗告天地、宗庙、社稷,奉册宝,恭上皇考大行皇帝尊谥:继天凝道诚明仁敬崇文肃武宏德圣孝纯皇帝,庙号宪宗。呜呼,乾坤高厚,曷能拟其形容,日月光华,尚同显于悠永。布告中外,咸使闻知。②

主要列明宪宗各种优秀品质及道德,按照古代谥法定义而给宪宗上谥号及庙号。

弘治十七年四月,圣慈仁寿太皇太后驾崩,孝宗为其上尊号孝肃贞顺康懿光烈辅天成圣太皇太后,亦以颁诏的形式,如同为宪宗上谥号诏一样,主要列举仁寿太皇太后历来的功绩。

(四)诞生皇子诏

弘治四年十月,皇长子生,因是皇后张氏所生长子,同时解决了弘治初期大臣催生皇子的矛盾,因此孝宗非常高兴,以下诏的形式,使中外臣民都知道皇长子降生的消息。其文曰:

---

① 《明孝宗实录》卷九九,弘治八年四月壬戌,第1816页。
② 《明孝宗实录》卷三,成化二十三年九月戊午,第47页。

朕承祖宗鸿业，君主华夷，于今四载，深惟德有未修，泽靡下究，无以安养元元，恐负祖宗之付托，用是夙夜忧勤，勉图化理，罔敢怠遑。兹者荷蒙上天锡祐，福庆骈臻，祖考垂休，本支茂衍，乃于今年九月二十四日，皇后正宫诞生元子。神人胥庆，遐迩同欢，上有以慰圣祖母、母后之心，下有以副中外臣民之望。惟人心之和辑，世道斯隆，惟宗社之灵长，国本愈固。诏告天下，咸使闻知。①

因皇子诞生而昭告天下的诏书并不多见。虽有皇子降生，但只有立为皇太子才能被认为是皇位的法定继承人，因此确立皇储是朝廷非常关心的事情。次年，孝宗即立朱厚照为皇太子，仍然是用诏的形式，其文曰：

帝王统御天下，必立储副，以定国本，以系人心，斯能长治久安，而绵鸿业于无疆也。朕继祖宗天序，登极五年，夙夜忧勤，恭膺天眷，元子厚照，轩龙毓秀，资表异常，福庆攸钟，华夷均戴。兹者皇亲、公侯、驸马、文武群臣累表率吁，劝请立储，朕俯鉴悃诚，仰承慈训，皆谓主器不可以久虚，舆情不可以固拒，事在当举，理难终辞。爰择日祗告上下神祇，授厚照以册宝，立为皇太子，正位东宫，益增九庙之光，丕衍万年之祚。国家大典，中外同欢，宜敷茂恩，用慰颙望，所有合行宽恤事条，开示于后……于戏，元良建而万邦以贞治隆熙皞，解泽降而率土斯润，化洽纤洪。诏告多方，咸使知悉。

立皇太子乃国家大典，由此大赦天下，使得官民皆蒙恩惠。

(五) 求言诏

当发生灾异或星变时，皇帝通常会要求臣民自我反省，皇帝也会下诏求言，鼓励臣民针对朝政的弊端畅所欲言。

弘治二年，天象示警，发生数次星变，孝宗于是下令修省并且下诏求言。弘治十一年十月，清宁宫发生火灾，内阁大学士刘健等因见军器库、番经厂、乾清宫西七所、内官监都相继发生火灾，内府火灾频仍，于是上疏请求"特降纶音，戒谕臣工痛加修省，广求直言，指陈弊政，并加采择次第施行"②。太监李广因惧罪而自经。随后礼科都给事中涂旦、礼部尚书徐琼因灾上疏言事，孝宗就此下一谕令，文曰：

朕惟天道人事相为流通，感应之机，捷于影响，甚可畏也。迩者上天示戒，灾异频仍，乃弘治十一年十月十二日清宁宫灾，中夜达旦，朕

---

① 《明孝宗实录》卷五六，弘治四年十月丙辰，第1084页。
② 《明孝宗实录》卷一四二，弘治十一年十月丙子，第2450页。

心惊惧,寝食靡宁,虑有愆违,上干和气,循省数日,莫究所由。兹特齐心竭诚,遣官祭告天地、太庙、社稷、山川。尔文武群臣有官守言责,皆与朕共天职者,宜各省躬思咎,去垢涤污,殚心效力,毋得因循怠玩,若罔闻知。凡百司弊政、奸贪显迹及一应军民利病,皆直切指陈,无有所隐,以助朕励精之治,答上天仁爱之心,绵国家亿万载隆长之祚。钦哉,故谕。①

该敕谕鼓励臣民奏事,于是内阁、六部、科道等官提出大量奏疏。两个月后,以孝宗下诏的形式将所有宽恤的事情统一公布,并且昭告天下,文曰:

朕祗承天序,嗣祖宗鸿业,一纪于兹,宵旰忧勤,罔敢逸豫,而位育之效犹有未臻,累岁以来,灾异相仍。近者,清宁宫之火,其变尤甚。朕心兢惧,若切渊冰,意必人事下乖,斯天道上应,其或举错违宜,刑赏靡当,时弊滋积,民隐莫伸;或赋役频繁,侵渔太急,困穷鳏寡,日不聊生,以至然欤。朕深居九重,虽虑周天下,而耳目有不逮,恩泽有未宣,服念踰时,益增悔艾。已敕文武群臣同加修省,兹特诞敷涣号,普及黔黎,俾覆帱之区,均沾德惠,庶慰渴悬之望,永祈眷佑之休。所有宽恤事宜条列于后……诏告中外,咸悉朕怀。②

该诏后来被认为是孝宗的罪己诏。诏书颁布之后,以木刻的形式颁布全国。1978年在江西曾出土了一件木刻诏书,其内容与孝宗实录所载基本一致,甚至可以作为校勘实录所载诏书的参考资料。③ 如台湾"中研院"1962年校印本《明孝宗实录》记作"监追者俱具罪定夺",其校勘记曰:"三本'罪'作'奏',是也。"④然缺乏他校的证据,而新出土木刻竹纸本"罪己诏"记作"具奏"。另外,《皇明诏令》卷十七、《皇明诏制》卷六亦记作"监追者俱具奏定夺",故可判断此处当作"具奏"。

由此也可看出诏与谕的区别,诏的结尾一般都是"诏告中外,咸使闻知",对象是天下臣民,甚至包括藩属的朝鲜,其目的在于把诏令的内容告知天下臣民。谕的结尾一般是"钦哉,故谕",对象是特定的某一类人,目的是告知其某些特定内容或鼓励言事。

此外,实录中经常出现"诏……",后接皇帝某项决定。例如《明孝宗实

---

① 《明孝宗实录》卷一四二,弘治十一年十月丁亥,第2459页。
② 《明孝宗实录》卷一四五,弘治十一年十二月壬子,第2540页。
③ 参见王咨臣:《新出土的明孝宗"罪己诏"与传抄本〈明实录〉校勘记》,《文献》第11辑,1982年。
④ 《明孝宗实录》卷一四五,弘治十一年十二月壬子,第2544页。

录》卷三十五记载"故广宁伯刘璇支过禄米一百石,诏免还官"①。卷四记载,成化二十三年十月,六科、十三道交章劾奏大学士尹直、吏部尚书李裕、右都御史刘敷等官员,"诏直等皆先帝简任,朕初正位,须用人理办庶务,尔等何为劾之,不允。仍令直等各尽心供职,勿生嫌疑"②。科道官弹劾府部大臣、宗室上疏请求觐见、宗室犯罪、军职的惩罚、内官犯罪所受处罚、重要官员任命都会出现"诏……"。此等诏皆是皇帝下达对某项事务的决定,与上述颁布天下的诏有所不同,属于将皇帝命令笼统概称为"诏"。

二、敕

敕书、敕谕等使用范围也很广,在实录中有大量记载。

(一)任命敕

官员的任命是以敕书的形式下达的,甚至当官员在某一职务上职衔发生变化时,其敕书也需要交回内府重新颁给。

《明孝宗实录》所载任命敕附有全文的一般是颁给添设官员或临时差遣官员的。弘治元年闰正月,直隶保定等六府因盗贼滋蔓,孝宗令河南按察使张鼎升右佥都御史,巡抚其地,其任命敕曰:

> 今命尔巡抚保定等六府,兼提督紫荆等关。前项地方州县数多,赋役繁重,又邻近山西,往时尝有达贼声息,即今又盗贼生发,截路劫人,至为紧要。尔于无事之时,宜操练军马、修理城池、抚安军民、禁革奸弊、扶植良善、摧抑强暴、均平徭役,俾民依时耕敛。东西二路选委官员调遣官军民壮,遇有强贼,设法擒捕,务令尽绝。一应税粮、屯种、预备等仓粮,尤须加意积蓄。紫荆、倒马一带关口,严督守备等官,毋得私役军士,缺人防守。隘口、墩台当铲削者铲削,当砌筑者砌筑,与夫官军、舍余马匹器械,一切防御等事,悉在综理齐备。禁人砍伐山木,毋致道路疏通。有警之时,即分遣该管官员抚安居民,达官舍余责令本管官安辑抚谕,毋令纠合成群,劫掠村落,一切保障事宜,听尔便宜处置。有司官廉能干济者,量加奖劝;贪酷不才者,从公黜罚。军民人等词讼,即与受理,军职及文职五品以上有犯,奏闻区处,其余径问,

---

① 《明孝宗实录》卷三五,弘治三年二月壬辰,第756页。
② 《明孝宗实录》卷五,成化二十三年十月癸巳,第95页。

或发巡按御史究治。权豪势要之人,侵占民田、盗卖并兜揽粮草沮挠军务者,具奏处治。其余边情传报,当会议者须与守备、巡关、巡按官员公同计议而行,事有与巡抚顺天等府都御史计议者,亦同议处,毋得偏执己见,有乖事体。尔为宪臣,受兹委托,须持廉秉公,振肃风纪,严切行事,必使官吏畏威,军民怀惠,关口严固,庶副委托。如违,责有所归。其勉之慎之,故谕。①

中央派设巡抚,属于钦差性质,其职责需要在敕书中加以明确。此后历次添设官员皆给敕而行,到任官员即须按照敕书要求行事,如有违误则或招罪。不同职务的官员其任命敕所载内容不一样,强调的重点亦不同,

(二)行事敕

因某项重要任务,皇帝通常也会给相应官吏下达敕命,令其尽心办事。成化二十三年九月,营建宪宗陵寝,孝宗就给监工的内官监太监黄顺、御马监太监李良、太傅兼太子太师保国公朱永、工部左侍郎陈政赐敕,曰:

尔等须同心协力,区画有方,抚恤得宜,作急用工,俾人劳逸均而事易集,庶副委任之重。其管工内外官并头目人等,敢有役占卖放及交收物料,贪图刁蹬,酷害下人者,轻则尔等重加惩治,重则指实奏闻区处。故谕。②

宪宗梓宫下葬时,孝宗给护丧诸人再发敕谕,皆是戒谕其按照祖宗旧制用心办事,不要纵使下人科敛等。

巡视制度是明代的一项重要制度。每遇地方有事,朝廷会派遣官员巡视该地。巡视官员非专职,而是临时任命中央官员担任,因此其属于钦差行事系列,故给敕以明其责。涉及某些军事事务,如操练军队、督建边墙、整理马政等,朝廷亦会派遣钦差官员,给敕而行。如弘治元年六月,命马文升提督团营操练,赐敕一道。

赐敕行事的事项还包括:治理河道、朝觐官陛辞、审录罪囚、总理水务、清理盐法、监督军务、督理马政、祭告孔庙、安抚远人等。

(三)典礼敕

朝廷举行重要典礼时,皇帝通常会令相关部门准备相关事宜,一般是礼部承担各项礼仪制定工作,进呈御览,由皇帝钦定。弘治元年闰正月,孝

---

① 《明孝宗实录》卷一〇,弘治元年闰正月辛未,第214~216页。
② 《明孝宗实录》卷三,成化二十三年九月辛亥,第37页。

宗敕谕礼部："朕惟进学修德以正身,乃治天下之本,兹欲于三月御经筵,其具仪择日,并以合行事宜来闻。"①次月,孝宗任命知经筵各官,并赐敕给张懋、刘吉、徐溥、刘健等,敕中主要是确定侍读、侍讲等官。

皇子赐名亦以敕下达,弘治五年三月赐皇子名厚照,敕曰:

> 朕惟君天下莫先乎德,而德明惟明,尤君道之所重,故《书》称尧曰"光被四表",《易》赞"大人以继明,照于四方",此之谓也。咨尔元子,皇后所生,天资秀发,日表英奇,福庆诞钟,统承攸属,兹特赐名曰厚照。夫悬象著明莫大乎日月,尔当顾名思义,明于庶物,察于人伦。全所得天赋之正理,而无或蔽;极所存心体之高明,而无或累。扩而充之,向明之地,惟德以居,文明之治,惟德以成,惟德以昭,格上下神祇,惟德以丕显。丕承谟烈,允若时则,四海虽广,兆民虽众,无不在于照临之下,而朕之主器永为得人,祖宗万万年大明之基业,足以传嗣而有光矣。尔惟钦哉,服此明训。②

(四)修省敕

发生星变或大旱涝灾害时,皇帝首先会令百官斋戒修省,以敕谕形式下达。弘治三年十二月,彗星见,孝宗敕谕百官曰:

> 朕嗣承祖宗大统,三年于兹,虽夙夜孜孜,究图化理,而绩效未著,心恒歉然。兹者上天垂戒,彗星见于天津,朕甚忧之,循省咎征,莫测所自,岂朕德凉薄,行事乖违,天特示异,以警之欤?抑邪愚将萌,兆验先见,天故动威,欲朕思所以消弭之欤?抑亦政多缺失,军民困苦,朕与尔文武群臣交修之道未至,而惠泽不下敷欤?惟事关朕躬者,朕已斋沐告天,省己修德,期消异变,而尔等食朕之禄,寔同休戚,可不痛加警省欤。今各宜修举职业,毋或因循懈惰;慎持节操,毋或背公徇私。凡军民利病、时政得失可以兴革张弛者,尔文武大臣并科道官仍条奏来闻,务在切实可行,于国有益,庶几上下协尽交修之道,而人心欣慰天意可回矣。其勉之慎之。③

孝宗反思自己,并且斋戒沐浴,要求群臣同加修省,并且以敕谕的形式下达。弘治六年四月,因上年冬天无雪,当月又不下雨,孝宗除自己斋戒祷告、遣官祭神外,再次下敕谕要求群臣修省,同时鼓励臣民上疏言事。若规模较大,灾害严重,朝廷则会以下诏的形式颁发敕令,前已有述。

---

① 《明孝宗实录》卷一〇,弘治元年闰正月辛未,第214页。
② 《明孝宗实录》卷六一,弘治五年三月丁丑,第1163页。
③ 《明孝宗实录》卷四六,弘治三年十二月辛亥,第920页。

（五）宗室事务

遇到宗室纠纷,由朝廷出面解决时,皇帝亦会下敕书。弘治二年八月,赵王因溺爱幼子而诬奏其第三子与长史谋继位,孝宗赐赵王敕曰:

> 王先奏清流王祐椋暗通长史董亮等谋害王爵及自受封以来不拜谒祖庙事,下该部,奉行河南镇守巡抚、巡按及三司等官会勘,俱无实迹。因言祐椋年方幼冲,一自失爱于父,就业不安,惮父威严,不敢轻见,而王溺于宠爱偏私,惑于左右谗间,憎恶之甚,遂诬以谋害父子之间,可谓两失。已命吏部铨选有学行官员往职训迪,敕至,王其速令祐椋出府就学,俾知孝亲之道,共为子职,益隆敬爱。王自此亦宜正心修身,割宠除间,以全父子之恩。夫父慈则子孝,理势之所必至,王其审思之,且王在成化间所为不法,先帝尝革去冠服禄米,薄示惩戒,意王省愆自艾,改过迁善。今所为犹如此,若再执迷,不复祖宗旧典,先帝成命具在,朕何敢私。其慎之哉,故敕。①

宗室有孝行或善行,皇帝亦会下敕奖谕,目的在于使宗室人人向善。弘治七年五月,代府灵丘王长子成鍛遇父丧结庐墓侧,孝宗赐敕曰:

> 尔以朝廷懿亲,克敦孝行,比教授谢谦等具述其事来奏,朕览之,良用嘉悦。惟国家以孝治天下,凡臣民有孝行者,必命有司旌异,况宗室乎。是用致书褒奖,且以风厉诸藩,同修美德。尔尚移孝为忠,益尽夹辅之功,均享承平之福,岂不美乎。故谕。②

三、册文

册文主要用于册封皇太子或皇后、太皇太后时所用。弘治五年三月,册立皇太子,其册文曰:

> 自昔帝王恢弘万世之业,必建储贰以系四海之心,是以根本固而国势安,人心和而万事理。朕承祖宗丕绪,深怀永图,预建元良,以定国本。惟尔元子厚照,轩龙毓秀,虹渚兆祥,岐嶷凤成,伟然天日之表,寰区属望,宜乎主鬯之归。兹特授以金册、金宝,立为皇太子,正位东宫。夫仁以广爱,孝以奉先,诚敬以正心修身,明哲以抚世御物,斯皆

---

① 《明孝宗实录》卷二九,弘治二年八月丁酉,第 653~654 页。
② 《明孝宗实录》卷八八,弘治七年五月甲午,第 1621 页。

赖学问之功以成,而众善之所由备,良莫先乎此也。尔尚服膺明训,永底于成,用承朕万年之统序无违,益衍祖宗垂裕之鸿休无替矣。尔惟敬哉。①

册文内容大体如此,册立皇后等均载明其封号,并且同时授以相应的册、宝。

四、令

令是在政务实际运行过程中,针对不同情况采取的不同措施,经过皇帝同意后,以"著为令"的形式得到确认,从而形成新的条例。

涉及范围较广。如封赠,旧例封继母一人。户部主事唐锦舟继母周氏已封孺人,但乃从周氏前夫而封。周氏卒后,其父继娶舒氏,唐锦舟再为舒氏请封。吏部上请孝宗裁决,最后令"今后该封继母者,仍止封见在一人,并以锦舟所请著为令"②。此外,蛮夷给赏、军职袭替、宗室支米、司法审判等方面,凡是有旧例的事务,到弘治年间,因情况多有变化,有些旧有条例已无法适应新出现的社会状况,因此对原有条例或条令以令的形式进行了大量改动。

五、命或旨

《明孝宗实录》中记载了大量皇帝的命或旨,是孝宗对大臣奏事的直接答复,因此不用诏或敕的形式。弘治元年十一月,有人偷盗入贡夷人马匹者,"上命依榜例处决"③。

命或旨适用于没有成例可循之事,其结果由皇帝决定。如湖广最初无进贡鱼鲊惯例,成化七年镇守内官进二千五百斤,以后逐渐增多,增至二万一百二十二斤。弘治二年时,吏部因灾请减数进献,"上命镇守内官造办,如成化七年之数,船止用二艘,科扰需索为害者罪之"④。若大臣向皇帝提出辞职、乞休或致仕,皇帝一般也会下两道挽留的旨意。如弘治元年七月,

---

① 《明孝宗实录》卷六一,弘治五年三月戊寅,第1165页。
② 《明孝宗实录》卷二一,弘治元年十二月辛亥,第495页。
③ 《明孝宗实录》卷二〇,弘治元年十一月己巳,第468页。
④ 《明孝宗实录》卷二五,弘治二年四月辛丑,第566页。

保国公朱永乞解兵柄,"得旨边方多事,卿病若愈,当早出朝参办事,所言下所司看详以闻"①。

由此可见,命或旨是皇帝处理政务时表达意见或批复奏疏、下达决定最常见的形式。

六、制

在明代诏令文书中,制与诰经常混用。如《明孝宗实录》中载录殿试考题便以"制"的形式颁布,共计有弘治三年、六年、九年、十二年、十五年、十八年的六篇制文。每次殿试都有不同的主题,如弘治十二年殿试,主题是询问礼乐问题,制曰:

> 朕惟自古圣帝明王之致治,其法非止一端,而孔子答颜渊问,为邦但以行夏之时,乘殷之辂,服周之冕,乐则韶舞为言,说者谓之四代礼乐,然则帝王致治之法,礼、乐二者,足以尽之乎。宋儒欧阳氏有言,三代而上,治出于一,而礼乐达于天下;三代而下,治出于二,而礼乐为虚名。当时道学大儒称为古今不易之至论,今以其言,考之上下数千余年致治之迹,具在可举而论之乎。夫三代而上,无容议矣。汉高帝尝命叔孙通定礼乐,负鲁两生不至,谓礼乐积德百年而后兴。厥后三国分裂,其臣有诸葛亮者,而世儒乃或以礼乐有兴,或以庶几礼乐许之,盖通与亮之为人固不能无优劣,要之于礼乐能兴与否,亦尚有可议者乎。我国家自太祖高皇帝以神武创业,圣圣相承百有余年,礼乐之制作,以时以人,宜无不备矣。然而治效之隆,未尽复古,岂世道之升降,不能无异耶?抑合一之实,犹有所未至耶?朕祇承丕绪,夙夜惓惓,欲弘礼乐之化,益隆先烈,而未悉其道。子诸生其援据经史,参酌古今,具陈之。朕将亲览焉。②

制是一种特殊的文体,用在特定场合。在《明孝宗实录》中制出现不多,如果册封后妃、亲王,册文中出现的"皇帝制曰"字样,亦属于"制"的一种。

由上观之,明代诏令类文书类型多样、用途广泛,并且由于其数量多、记载比较详细,其史料价值非常高。

---

① 《明孝宗实录》卷一六,弘治元年七月癸酉,第391页。
② 《明孝宗实录》卷一四八,弘治十二年三月甲戌,第2603页。

第二节 收录特点及不足之处

一、收录特点

(一)收录数量多,内容丰富

《明孝宗实录》修纂时有大量原始档案可供使用,且在实录编纂凡例中明确规定诏书全文录入,因此其收录诏令较其他史书更全,明代各项诏令类型都可以在实录中找到。此外,敕、册、制、令等大量文书反映了明代社会生活各个方面,为了解明代政治及社会提供了大量参考材料。其中《明孝宗实录》中敕谕结尾处标有"故敕"者记载有三十一道,标有"故谕"字样者三十九道,其他敕谕二十道。除了数量上居多外,"故敕"和"故谕"基本全文录入,较完整地保存了第一手资料,从中可以看到很多关于如何处理某些专项事务的信息。如成化二十三年十二月敕户部主事杨奇经理边储,曰:"今特命尔于各关卫仓清查原坐之数……"①敕书全文共433字。弘治元年闰正月敕工部郎中毛科清理芦洲,曰:"今特命尔不妨司事,提督清理沿江一带芦洲,禁约富豪军民人等及官豪势要之家强占侵夺……"②敕书全文437字。弘治二年四月敕河南按察司河北道官维护治安曰:"不妨本道公务,兼管禁治前项四卫及浚县盗贼,仍受理词讼,庶可祛除民害。敕至尔即移文四卫,令各该掌印官并巡捕官申严禁令,钤束所管屯军……"③敕书全文376字。弘治三年四月敕陕西巡抚萧祯督理马政,全文299字。

此类内容的敕书还有很多,包括有关于治河与水利的敕书。例如弘治五年八月命工部左侍郎陈政兼都察院右佥都御史总理河南水道,敕书386字;弘治六年二月命刘大夏治理黄河,敕书全文653字,弘治六年十月令河南布政司参政朱瑄兴修水利,敕书280字;弘治八年七月升常州府通判姚

---

① 《明孝宗实录》卷八,成化二十三年十二月甲申,第170页。
② 《明孝宗实录》卷一〇,弘治元年闰正月乙亥,第218页。
③ 《明孝宗实录》卷二五,弘治二年四月丙午,第567页。

文灏为工部都水司主事,专治苏松等七府水利,敕书287字;弘治二年九月敕户部左侍郎白昂修治河道,全文324字。

有关整饬兵备、抚安军民的敕书有:弘治四年五月升云南按察司佥事贺元忠为本司副使,整饬腾冲地方兵备,所赐敕书292字;弘治十三年六月敕兵部左侍郎王宗彝兼都察院左佥都御史经略密云潮河川等处军务,敕书217字;弘治十三年六月命都察院右都御史史琳提督大同等处军务,敕书234字;弘治十四年七月命都察院右都御史王宗彝赴辽东提督军务、整饬边备,敕书373字;弘治七年十二月敕甘肃镇巡等官赈恤甘凉等处被掠边军,全文255字;弘治八年七月升江西吉安府知府顾福为河南布政司右参议,于南阳抚民,敕书306字;弘治十五年九月南京都察院右佥都御史林俊巡视江西,敕书494字;弘治十八年四月敕刑部侍郎何鉴兼都察院左佥都御史处置荆襄等处流民,敕书全文462字。

通过以上敕书,可以了解明代地方治理存在的问题与弊端以及解决问题的措施等。"故谕"内容与"故敕"类似,另外还包括很多中央事务的处理。

由于《明孝宗实录》收录的诏令类型多样,涵盖的内容非常丰富,因此成为明代典章制度研究的重要参考来源,能从各方面反映弘治年间的制度发展。弘治年间,根据司法审判中出现的大量新情况,形成大量条例,后来经过筛选定为弘治《问刑条例》,此后有些条例出现了新的变动,《明孝宗实录》通过"令"的记录清晰地反映出这种新的变化。例如关于死罪的执行,《问刑条例》规定:"凡律该决不待时重犯,鞠问明白,曾经大理寺奏奉钦依处决者,各该部院并该科即便覆奏会官处决,不必监至秋后。"①这便缩短了死罪罪囚待处决的时间。但不久京城审问的重犯执行死刑时又有新的变化,需要经过刑科三次覆奏,期间如遇皇帝施恩,即使法司判斩不待时,仍会监候会审。如此一来,南京刑部无所适从,《明孝宗实录》记载称:"斩罪决不待时者三人,大理寺已审允得旨,欲即行刑。下法司议,谓在京问拟重囚,间有决不待时者,虽经审允,奏请至刑科三覆奏或蒙恩仍监候会审,南京无刑科覆奏之例,乞俟秋后诸司会审无冤,仍类奏上请定夺。如有穷凶极恶难照常例者,更且奏处决。请著为令。"②孝宗俞允,遂成新令。

（二）以经世致用为本

凡例规定"若敕书及御制文录其关事体之重者……悉书",《明孝宗实

---

① 弘治《问刑条例》,黄彰健《明代律例汇编》卷二八《死囚覆奏待报》,第1007页。
② 《明孝宗实录》卷二二一,弘治十八年二月甲子,第4185页。

录》中收录的专敕居多,如上文所言的皇帝处理政务的敕谕以及颁给钦差的敕书等,这一类诏令显示了具体的治理国家的措施,具有重要意义。而对于官员一般的封赠敕命收录较少,盖因此类敕书数量众多,且内容相近,故未予收录。如《阙里志》中记载了一道曲阜县令进阶的敕书,敕曰:

> 国家设曲阜之令,而取□里之贤,盖于崇德之中亦寓亲民之寄,欲当是任,必得其人。尔山东兖州府曲阜县知县孔彦士派分圣□,名起贤科,□政有方,持身同息□□□□□□□□是州,进尔阶文林郎……

同时还记载了封其妻为孺人的敕书,敕曰:

> 妻有从夫之义,身与其荣;臣有报国之功,家随以显。稽诸典法,岂远人情,山东兖州府曲阜县知县孔彦士妻陈氏,扬芬令族,俪美儒门,职能供馈祀之勤居,不废诗书之训,乃因夫贵,昭示国恩,兹特封为孺人。涣命是承,荣光未艾。①

但《明孝宗实录》仅记载了其选为知县一事:"衍圣公孔弘泰奏:'先圣五十九世孙举人孔彦士学识优长,乞选为曲阜县知县。'吏部覆奏,从之。"②

除了官员的封赠一般不录外,大量宗室的册封亦不予收录。如《阙里志》记载封青城县主的制书,并以孔承需配之。具体为:

> 弘治十七年十一月十四日,封六十代孙孔承需为亚中大夫,制曰:"人之大伦莫先于夫妇,礼之大节莫重于婚姻,此古今之通义也。今特命尔孔承需为亚中大夫、宗人府仪宾,配以青城县主。尔尚崇德敦礼,克慎威仪,毋怠毋骄,用昭宠命。钦哉。"

> 封孔承需配为青城县主。制曰:"朕闻有天卜者必笃亲亲之义,故宗室有女咸有封号,所以示贵宠也。安丘王嫡长女年已长成,特封为青城县主,以为宗人府仪宾孔承需之配。既归孔氏之门,恪修妇道,整肃闺仪,毋怠毋骄,式勤内助,庶于父母生身之恩无忝焉。钦哉。"

这两封制书虽以皇帝口吻下达,属于诏令一种,但于国家治理关系不大,属一般常例,不符合凡例规定,故《孝宗实录》未见收载。

二、不足之处

受编纂思想等因素的影响,《明孝宗实录》在诏令载录上仍有缺陷。

---

① (明)陈镐:《阙里志》卷七,《四库全书存目丛书》史部第76册。
② 《明孝宗实录》卷三一,弘治二年十月丙申,第693页。

表现在:

(一)部分诏令类内容未被收入

明代约有十种诏令类型,《明孝宗实录》中亦未全部包括。如谕,包括口谕、手谕、面谕等。"上复召兵部尚书刘大夏,面谕出师之意。大夏力言京军不可轻动,与内阁议同,师乃不出。"①据所见,《明孝宗实录》仅载此一次面谕,而刘大夏作为弘治后期重要大臣,很受孝宗信任,其与孝宗见面机会很多,显然实录并没有记载。后刘大夏回忆孝宗的面谕,作《宣召录二十则》收于其文集中,但正如其言,所录仅十之一二:"弘治十四年以后,大夏误蒙孝庙眷顾,宣召无时,面聆圣谕最多……近于谪居闲暇思索之,十不得其一二矣。"②此二十条记载有对有答,非常生动,完整记录了孝宗与刘大夏、戴珊等人的对话,具有非常重要的价值。如用人方面,孝宗曾谕令都御史戴珊对巡按御史的选人需要谨慎:

> 上召都御史戴珊与大夏至榻前,谕曰:"尔等各衙门,凡事都奏行巡按御史勘报,岂以此官公道可托耶?"珊顾予未敢对。大夏进曰:"无他,以巡按御史一年一易,无久交,不掣肘,故事多责成之。"上曰:"责之固是,但权之所在,惟有识量者能不移其心。不然,则恃权,好承奉,任喜怒,将或以是为非,以贤为不肖,使民不被其泽。尔珊,今后遇差巡按御史,务择老成有识量者,毋用轻躁新进之人。仍以此意行与各巡按御史知悉。"珊承命,叩头谢退。③

此后,孝宗又谕令都御史戴珊慎选巡按御史,并令巡按留心府州县官的捡择:

> 上召都御史戴珊与大夏同至幄中,谕曰:"尔等与各科道官劝朕图治的说话,虽都准行去了,然使天下府州县亲民官非人,未必不为文具,百姓安得被其恩泽?欲令吏部择其贤否黜陟,然天下官多,难得停当。细思之,莫若今日与尔等访察各处巡按三司官,先将此辈黜陟停当。尔珊更慎捡各处巡按御史,然后责他们去捡择府州县卫所官。官得其人,人受其福。庶几行去的说话,不为文具也。"予二人承命,叩头退。④

考察《明孝宗实录》没有记载以上面谕的原因,当出在史源问题上。

---

① 《明孝宗实录》卷二一四,弘治十七年七月壬辰,第4021页。
② (明)刘大夏:《刘大夏集》卷二《宣召录二十则》,岳麓书社,2009年,第34页。
③ (明)刘大夏:《刘大夏集》卷二《宣召录二十则》,第29页。
④ (明)刘大夏:《刘大夏集》卷二《宣召录二十则》,第34页。

因孝宗一朝并无起居注，明孝宗召见大臣时的言行并未留下官方档案一类的材料，史馆只能采集于被召见的大臣如李东阳等人，而刘大夏因武宗初的政治处境未敢透漏有关信息，导致《明孝宗实录》漏载："弘治十四年以后，大夏误蒙孝庙眷顾，宣召无时，面聆圣谕最多。当时疏懒，退而未能随录于私。及正德初，史局修实录，尝以此见索，而惧有时忌，未敢录奉。"我们今天看到的《宣召录》记于《明孝宗实录》编纂完成之后："时正德四年七月初一日，臣大夏谨录于陕西肃州谪居之羁旅庵。"①

另外对于一些重要的敕书类诏令，《明孝宗实录》虽然已载录很多，但亦有落漏。例如《南京太仆寺志》记载一道有关马政的敕书，敕书内容极为丰富，规定了分配养马数额的标准以及对损失马匹的处罚方式，但《明孝宗实录》未收：

> 弘治七年，敕南京兵科等衙门给事中等官倪天民等："今命尔等前往江南、江北直隶府州会同分管寺丞亲临养马地方，督同府州县掌印并管马官员查勘养马旧例，何处论粮，何处论丁。论粮者，要见免粮地土实有若干，或一百亩或五十亩养种马一匹，该马若干。论丁者，要见有力人丁若干，或十丁或五丁养种马一匹，共马若干。务在斟酌停当，不可过多以损民，亦不可过少以亏官。照例孳牧，搭配肥壮，此数一定，永为定额，额外虽有多余，不增于内。遇有倒失不在赦免，其耕种免粮地主人户，但系今承种过买地土者，据其实在清查明白，照例派与马匹领养，虽非自来养马人数，及官员监生人等例该优免之家一体均分，不许畏避势要，妨坏马政。勘定毕日，先将见在儿骡马匹尽数查出，选出高大肥壮者存留作种，其不堪者令其变卖银两，凑买堪中者以补足其数，大约以种骡马十万、儿马二万五千为率。除北直隶、山东、河南外，江南、江北直隶府州县数该三万七千五百，先尽免粮地亩，次量人户丁产，如各州县种马拣选足数之外，尚有多余堪中作种者，派与各府州县马少去处领养，其额外儿马及驹堪以骑操者照数存留，以作备用之数，其余有不堪者，尽数变卖银两，以需买补备用马匹。其养马人户亦要审定上中下等第，将种马派与上户领养，上户不足，次及中户。其余收候领养孳生马驹，在弘治五年以前倒失亏欠例不该免者，追本色，每大马一匹追银五两，每驹一匹倒失者追银三两，亏欠追银二两还官。如各处种马不及勘定之数，就将前项银两收买高大良马凑补余剩之数，有余煎销成锭，差人解部发寺收贮，以备发边买马之用。又

---

① （明）刘大夏：《刘大夏集》卷二《宣召录二十则》，第34页。

南京太仆寺分管寺丞勘报各府州县养马文册,其中多有不开免粮数目者,宜行查吊远年青黄二册,严督官吏里书人等尽数查出,勘定马数收报在册。如各该官吏仍前怠事,不行用心查勘,应提问者径自提问,应参奏者参奏提问。朕为马政因循日久,利少害多,今博采群议,立定种马之额,以为经久之计。首敕尔等亲行查勘处置,宜详计其数量,定其额必有利无害,行之久远而无弊,一应合行事宜悉依敕内事理而行,事完之日通将处勘过缘由造成黄册回奏,仍造青册一本送部备照。尔等尤宜尽心殚力,委曲周至,使国家得养马之利,而小民得免马之害,斯称委任之意。尔等其慎之,勉之。"①

另有一道有关马政的敕书见于如《三关志》与嘉靖《辽东志》,却不见于《明孝宗实录》,敕书内容主要是令专员清查陕西等卫所的马匹情况,具体为:

弘治十七年四月十四日,孝宗皇帝敕谕云:"国初设行太仆寺,提调、比较都司卫所官员马匹,查究奸弊,职掌最重。后该兵部奏准照太仆寺点闸京营马匹事例而行,奈地远权分,军职官员往往抗违欺慢,以致官拥虚名,马政尽弛。近该督理马政都御史杨一清奏称陕西都司卫所及延绥、宁夏各边营堡官军,骑操马匹瘦损、倒失数多,皆由管军官员不能严督喂养,或扣除草料、侵克马价、滥拨私用以致损伤。及至追补之际,又将不堪马匹高价勒买,靠累军人,奸弊百出,乞敕该寺官员查究等因。虑恐各处皆有此弊,今特命尔照京营事例,每年二次前去遍历该管卫所营堡,将一应骑操马匹用心点闸,严加比较,瘦弱者督令加意喂养,倒失者责令依限赔偿。各边官军下班回卫一体点闸、比较,年终具奏造册以凭稽考,其罚俸、罚马、降级、黜革等项悉依该部奏准事例,仍先备行晓谕遵照施行。军职官员敢有仍前作弊及抗违沮挠者,轻则量情发落,重则指实参奏。若守备、分守以上官号令不严,以致所部官军损失马匹数多者,一并参奏,镇守等官不得故相沮挠以致误事。尔受兹委任,必须持廉秉公、殚心竭虑,务使马匹肥壮,可备战守,尚有旌擢以酬尔劳。如或因循怠玩,互为容隐,虚应故事,无益地方,罪不轻贷。"②

---

① (明)雷礼:《南京太仆寺志》卷一《查定种额敕》,《四库全书存目丛书》史部第257册,第500页。

② 嘉靖《辽东志》卷五,《续修四库全书》第646册,第586页;(明)廖希颜:《三关志·马政考》,《续修四库全书》第738册,第730页。

(二)部分所载诏令存在文字错误

《明孝宗实录》中所载录的诏令是在修实录过程中经过删减而成的，并且在传抄及刊印过程中，难免会出现错误。常见错误包括：讹字、衍字、脱字、漏字等。本处所列错误乃以1962年黄彰健等所校刊影印《明实录》本为例。

如卷三《上大行皇帝尊谥诏》记载："躬勤政幾，法祖敬天。"①《皇明诏令》卷十七记作"躬勤政幾"②，《皇明诏制》卷六记作"躬勤政教"③，傅维鳞《明书》卷五十四作"躬勤政教"④。因此当写作"躬勤政教，法祖敬天"。

卷四《上太皇太后、皇太后尊号诏》记载："朕恭承绪丕，统御华夷。"⑤而孔贞运《皇明诏制》卷六记作"朕恭承丕绪，统御华夷"⑥，佚名《皇明诏令》卷十七记作"朕躬承丕绪"⑦。故当作"恭承丕绪"。

综上所述，《明孝宗实录》所载录的诏令数量多、类型多样、内容丰富、记载可信，史料价值很高，是目前可见重要的档案资料。虽有部分失误，但无法掩盖其巨大的史料价值，可以将其与其他诏令类文书对勘。

---

① 《明孝宗实录》卷三，成化二十三年九月戊午，第47页。
② 佚名《皇明诏令》卷一七，《续修四库全书》第457册，第370页。
③ （明）孔贞运：《皇明诏制》卷六，《续修四库全书》第458册，第196页。
④ （清）傅维鳞：《明书》卷五四，《四库全书存目丛书》史部第38册，482页。
⑤ 《明孝宗实录》卷四，成化二十三年十月丙子，第71页。
⑥ （明）孔贞运：《皇明诏制》卷六，《续修四库全书》第458册，第197页。
⑦ 佚名：《皇明诏令》卷一七，《续修四库全书》第457册，第371页。

第四章 《明孝宗实录》的奏疏摘录

据笔者统计，《明孝宗实录》所收奏疏共约四千五百五十余条。载录方式具有多样性，有的全文录入，有些摘录概要，有的则只记载上疏之条目，无具体内容。其编排则按时间顺序，与该书其他内容系统排列于年、月、日之下。所收奏疏主要来自各部档案文册，来源可靠性极高，且数量巨大。总体而言，《明孝宗实录》收录奏疏标准较为宽泛，涵盖较广，由此为后世保留了大量宝贵的材料。

第一节 奏疏摘录的特点及其文献价值

《明孝宗实录》为翰林院承担编纂的大型文献，拥有权威的编纂机构、高水平的编纂人员、丰富可靠的资料来源，这为其奏疏摘录的质量提供了保证。为了更加具体地进行考察，笔者对其所载全部奏疏进行了梳理并与其他文献进行比对。明代文献中，除了实录较为集中地收录奏疏外，还有个人文集[1]、专门的奏议集以及后人辑录的文选等。相关明人文集由作者本人或其子孙、门人、后学等将其平生所作诗歌、奏疏、墓表等文稿经过收集、整理编纂而成。如马文升的《马端肃奏议》，"乃嘉靖丁未其孙天佑所编次"[2]。吴世忠的《西沱奏议》，撰者"尝自辑其在谏垣前后所有奏稿……其稿久藏于家"[3]，嘉靖二十五年，由其侄吴蕙主持刻之。吴宽的《家藏集》七十卷，"公所著而手自编辑者也"，正德三年由其子中书舍人吴奭负责刊刻。[4] 这些文集与奏议集大多根据作者存留的奏稿进行汇编，较完好地保

---

[1] 本书所论传世相关文集，指收录有明孝宗在位期间以个人、衙署、群体等名义所上奏疏（全文或摘录文字）之拟稿者现存个人文集。为行文方便，文中以"相关明人文集"称之。

[2] （清）纪昀：《马端肃奏议·提要》，《文渊阁四库全书》第427册，第705页。

[3] （明）黄直：《西沱奏议序》，《四库禁毁书丛刊》补编，北京出版社，2000年，第22册，第372页。

[4] （明）李东阳：《家藏集序》，《文渊阁四库全书》第1255册，第3页。

存了奏疏原样。由上可见,《明孝宗实录》与相关明人文集有各自编纂、成书的渠道与过程,体例更有重大区别,此使两者在历史研究中虽皆具有重要价值,而发挥作用的方式、领域却有极大的不同。通过将《明孝宗实录》与之进行对比,可发现《明孝宗实录》所收奏疏的很多特点。

一、所收奏疏数量庞大

《明孝宗实录》所收奏疏总量非常庞大。具体而言,根据其上奏之名义、上奏之起因、上奏之内容是否以原文形式表达等,这些奏疏可分为四类。一类是署有上疏人姓名者,凡二千七百余条。第二类是以部院等衙门名义上奏者,凡987条,其中包含以吏部名义上奏者46条①,以户部名义上奏者137条,以礼部名义上奏者107条,以兵部名义上奏者181条,以刑部名义上奏者22条,以工部名义上奏者23条,以都察院名义上奏者17条,以大理寺名义上奏者1条,以通政司名义上奏者2条,以科道名义上奏者40条,以三法司名义上奏者8条,以南京各衙署上奏者19条,以地方镇巡官、抚按官、布政司等名义上奏者259条,以府部等衙门会议合奏者21条,在此不一一列举。第三类是有关部院对皇帝下发之特定奏疏给予回复者807条(下文将前两类称为原奏、第三类称为覆奏)。第四类为《明孝宗实录》中未专载其疏,而在其所收他人或部院为之所上覆奏中提及,从而在某种程度上反映出其内容者,凡49条。②

笔者目前见到有六十二人之相关文集(或文选),共收录明孝宗时期奏疏505条。③ 其中《明孝宗实录》亦载者,凡246条,《明孝宗实录》不载者,凡260条。在这六十二人中,同一人所上奏疏,在《明孝宗实录》中收录条数多者,凡三十八人,文集所载多者,凡二十人,二者数量相等者,凡四人(以上统计数字皆据文末附表)。

综上所述,《明孝宗实录》和相关明人文集所载明孝宗在位期间的各类奏疏,重复者仅列其一,总数为4813条,而其中《明孝宗实录》所载之4554条与总数相比,相当于总数之百分之九十五,由此观之,仅从所收奏

---

① 其中包含了吏部会同其他衙署的合奏,下同。
② 如谢铎上有《维持国教》一疏,《明孝宗实录》中未专载其疏,但有礼部对该疏之覆奏,此覆奏中包含了其内容之大概:"礼部议覆掌国子监事礼部右侍郎谢铎所陈三事,谓叔梁纥立庙及吴澄从祀事,铎与学士程敏政尝言之,俱以廷议不合而止,今请再集廷议。岁贡生员入监一年,方许告就教职,请如铎议。"(《明孝宗实录》卷一百七十三,弘治十四年四月壬午,第3145页)
③ 不免有遗漏者,敬请方家指正。

疏数量看,《明孝宗实录》所含的相关信息量当远超相关明人文集。

二、内容丰富而全面

《明孝宗实录》所收奏疏不仅数量庞大,内容亦非常丰富,涉及面极广。小到一个人物的作为,一种制度在当时的状况及其演变情形,大到政治、经济、军事、文化、民族、外交各方面的发展变化及其相互关联、总体态势之演变等,依靠《明孝宗实录》所收奏疏,皆可得其大概。

(一)各类兴利革弊之建言疏

文武大臣针对朝政弊端会提出很多综合性建议,或为推进新政而提出的改良之策,或为应对灾异而提出的弭灾修省之法等。其中包含多项建议的综合类奏疏共二百余条。如明孝宗即位初期,大臣纷纷上疏痛斥先朝弊政,希望罢黜各类佞幸。吏科等科给事中王质等提出斥异端、罢进献、汰冗官、罢传俸官、礼大臣等;南京工科给事中章玄应提出召见大臣、重爵赏、节财用、审舆论等;监察御史陈孜提出谨修身、明赏罚、任贤才、禁奢侈、实军伍等。①

弘治二年明孝宗因灾下令修省,各部大臣根据本部所掌管事项先后上弭灾疏。如礼部尚书耿裕因灾言七事,主要包括减省贡献、停止折纳、革退军厨、慎重教职等;兵部尚书马文升等因灾言军政十三事,主要包括严饬武备、处置操官、处置逃军、优恤补役军士、拨补杂差、革冒滥军职、节省应付、定优免等;户部尚书李敏等因灾言土地事宜,乞将皇庄、王府庄田归官给民;吏部尚书王恕等因灾言七事,涉及官秩考满、教官、外官、吏员、在京两府知印等;内阁大学士刘吉等因灾言综合类七事,有施赈济、举贤才、定科举、选军职、积边储、稽工程等;大理寺卿冯贯因灾异言司法五事,提出审录罪囚请每年秋后、冤抑者隔别衙门审理、奏告者止于抚按官处理等。除了各部堂上官代表本部上疏外,科道官亦有陈言。礼科都给事中韩重因灾言综合类建议,提出召见大臣、开经筵、慎用人、禁巧取内府财物、谨号令等皇帝应为之事。监察御史欧阳旦等因灾言七事,主张罢刘吉官职、慎名器、厚国本、清匠役、慎黜罚、防水患等。南京监察御史徐礼等以天变言四事,主

---

① 《明孝宗实录》卷二,成化二十三年九月戊申,第31页;卷七,成化二十三年十一月丁巳、己未,第137~139页。

要围绕皇帝勤政、节俭等事,如日御经筵、早午视朝、面召大臣、劾奏不职贪官、罢织造等。① 短短一两个月之内,大臣累章上奏,提出了关于如何提高皇帝德望、加强国家管理、改善民生事业等的主张。而以上所列,根据文集所收奏疏,只能窥见马文升、王恕等一二大臣所上内容,无法全面了解该时间段明朝各方面情形。

(二)安边设防之献言疏

有明一代边防问题始终为国家大政,受到历代君臣的高度重视。此类奏疏在《明孝宗实录》中占据很大比例,其中有关防御蒙古部落入侵、加强北方边镇建设等的奏疏约有一百六十条,内容主要包括调兵遣将、分兵布防、修筑边墙、输送军饷、处理哈密事宜、马政、恤军等事。如兵部右侍郎张海上安边方略六事,主要针对哈密之事,提出于哈密设都督,严惩哈密叛徒,重译以审夷情等;巡抚大同都御史刘瓛等上边备事宜,主张招募土兵,充实战马;大学士刘健等上御虏安边事宜,针对当时各边战况提出的具体建议。②

(三)反映地方事宜之报告疏

各地方官员在任期间会频繁通过奏疏向朝廷反映情况,或请求批准蠲免两税,或建议兴修地方水利等。明孝宗时期户部会每隔一段时间将各处镇守、巡抚等官所奏地方事宜汇总报告,此类奏疏仅见于《明孝宗实录》中。如成化二十三年十月,"户部会各部都察院并漕运等官议上漕运等事宜",内容涉及赈济、税收、漕运、马政、地方机构、地方官员、地方学校等众多事项:

> 弘治元年岁运粮四百万石,内请以六十八万石派被灾之处,每石折收银七钱;
>
> 旧例令遮洋船于德州库顺带布花送蓟州仓,初欲便民,而今实累军,请令纳户每布一匹、绵花三斤,各给军人脚价钱各一文,以助其费;
>
> 旧设遮洋船以从海运,船大人众,载米亦多,今漕河滩浅,请悉改为漕船而均派其人米之数;

---

① 《明孝宗实录》卷二八,弘治二年七月丙子、丁丑、己卯、癸未,第623、625、628、632页;卷二九,弘治二年八月戊子、己丑,第639、644页;卷二〇,弘治二年七月己巳、癸酉,第614、618页;卷三〇,弘治二年九月乙丑,第672页。

② 《明孝宗实录》卷八九,弘治七年六月丙寅,第1642页;卷一二七,弘治十年七月乙卯,第2259页;卷二一三,弘治十七年六月癸未,第4009页。

临清、会同二闸久不行船,通请裁革,每闸留十夫以司启闭;

直隶庐、凤二府及应天府江浦县,弘治元年解京马匹请暂照江南事例,每匹折收银十二两,以苏民困;

请复设颍州、亳县二税课局,革定远、颍上二税课局及繁昌县仰洼河泊所;

请改凤阳府管粮通判协管府事;

请添设云南按察司副使一员,专管腾冲、金齿等处兵备,并设临安府嶍峨县兴衣乡巡检司及陕西河州定羌巡检司、直隶广德州广安巡检司;

请改湖广襄阳府抚民同知为郧阳府同知,兼抚治流民,并添设郧阳府推官司狱各一员,竹山、竹溪、上津、郧西、郧、房六县佐贰官各一员;

苏州府浒墅镇钞关所收钞锭,每贯请如旧折收银五厘,年终类解户部;

请革山东按察司管屯佥事一员;

请复设万全左卫及龙门卫儒学;

请添设宣府新城马房仓副使、新河口堡仓大使各一员;

请给万全都司所属卫所城堡原选用舍余壮勇冬衣布花,如赏军例。①

以上诸多建议皆获得批准。此后户部又会同各部等就地方事宜先后上疏十余次,如在弘治三年九月戊寅、弘治四年十月癸丑、弘治六年十月戊辰、弘治八年十一月乙酉、弘治九年十月丙戌、弘治十年十月丙子、弘治十二年十月丙辰、弘治十三年十月戊申、弘治十四年十月癸酉、弘治十五年十月丁巳、弘治十六年十月丁未、弘治十七年十月丙戌等皆上大篇幅奏疏,幸有《明孝宗实录》之摘录得以保存。

(四)阻止皇帝胡作非为之劝谏疏等

明孝宗被称赞为明朝少有的明君之一,然亦有出于私心而做出违背国家治理之道的决定,此时大臣们往往不畏君威纷纷上疏劝谏。《明孝宗实录》中收录了很多此类奏疏。如劝谏明孝宗罢黜传奉官的奏疏约40条。弘治十一年闰十一月兵部覆礼科都给事中涂旦等所上奏疏,列举传升武职、皇亲及恩荫录用周璋等二百二十五员请量为裁革。弘治十二年十二月

---

① 《明孝宗实录》卷五,成化二十三年十月己丑,第91页。

六科十三道交章论奏传升冗员之弊,乞俱革去新升职衔仍令以旧职役供事。① 明朝皇帝外派内臣到地方监督织造等事,对地方财政造成了不良影响,《明孝宗实录》中收录官员请求裁撤织造内臣,节省供应的奏疏约45条。此外还涉及内府供应、王府乞恩、滥赏军功、大兴造作等事不一而足。如此名目众多的劝谏疏只有在《明孝宗实录》中方见其大概,而文集等文献中数量颇少,如谏止传升之事,目前仅见王恕、马文升奏议集中有所收录。

（五）文武臣僚揭露大臣罪行与过失之弹劾疏

《明孝宗实录》中收录了大量弹劾大臣罪行与过失的奏疏,此外还有弹劾僧人等其他人的奏疏,此类奏疏约有251条。其弹劾的对象,文臣从内阁大臣、各部尚书到地方官皆有,如时任大学士的尹直,礼部尚书周洪谟、徐琼,吏部尚书李裕、王恕、屠滽,兵部尚书马文升,户部尚书佀钟,刑部尚书白昂,侍郎张海、郎中唐锦舟,钦天监监正吴昊,国子监祭酒郑纪、刘震,鸣赞何士方,都御史王越、洪钟、章律、黄绂、白思明、萧祯,布政使梁璟、沈纯,参议江英、徐庄等。武臣自公、侯、伯勋臣到参将、指挥等皆有,如成国公朱仪,保国公朱永,成山伯王镛,总兵李杲、神英、王玺、柳景,参将绳律、白玉、吴钊,都指挥张福、白钦,指挥宋溥等。宦官自司礼监太监到地方镇守太监、监丞等皆有,如萧敬、李广、廖屏、谢铨等。此外还有外戚张鹤龄,传升官徐生、章瑾,佞幸李孜省、崔志端,僧人领占竹,致仕官袁彬等,可见范围极为广泛。

这些奏疏内容涉及官员失职、老疾、贪贿、品行不端、办事不力等。如南京户科给事中戴铣等劾奏:"四川左布政使熊佑,广西左参政王臣,河南右参政吴愈、刘约,四川副使陈铨,佥事李岳,陕西佥事曹玉,两浙运使宋明梁、万钟,太平府知府项经,河南府知府王溥,凤翔府知府王轩,高州府知府凌文献,南雄府知府郑绍,桂林府知府戴恩,庆远府知府谢文著皆不谨……贵州副使阴子淑、山东副使李惟聪、山东运使马祥、莱州府知府李婺皆老疾。"②武官失误军机往往遭到弹劾,如镇巡等官因"虏"入密云、古北杀掠人畜,劾奏分守参将吴钊、监丞王增等罪。③

另外,弹劾内容还包括官员欺压百姓、侵占土地等不法行为。如保国

---

① 《明孝宗实录》卷一四四,弘治十一年闰十一月甲子,第2507页;卷一五七,弘治十二年十二月丁亥,第2811页。
② 《明孝宗实录》卷二一九,弘治十七年十二月己卯,第4130页。
③ 《明孝宗实录》卷一一七,弘治九年九月庚申,第2117页。

公朱永劾奏太监廖屏占种牧马草场："保定府黑洋淀地一百余顷,原系三千营牧马草场,为本营太监廖屏、带俸指挥万通占种。"①巡抚江西右副都御史李昂劾"宁府内官仪宾人等多纵家人置庄田、夺民产,而税粮仍令民输军校,复骚扰为民害,乞加禁止"②。总督两广都御史秦纮劾奏柳景侵夺民利且滥杀无辜等多项罪行："总兵官征蛮将军安远侯柳景侵夺民利、欺隐官课、剥削贪饕、私通夷交易番货、党助土官、滥杀无辜,其害遍于两广。"③

三、上疏者身份多元

《明孝宗实录》收录奏疏对上奏者并无严格身份限制。其一,不唯大臣,包括末官杂流、生员乡绅甚至普通百姓。其二,不唯文官,包括宗室、武将、内臣、阴阳生、医生等。因文臣大员如大学士、六部都察院大理寺等官员、言官、地方抚巡、藩臬官等负责处理国家主要政务,所上奏疏原本居多,故其在《明孝宗实录》所收奏疏中占的比重较大。但并不排除其他人所上奏疏被收录之可能。

较为底层的人员所上奏疏往往来自于切身感受,多为亲历亲闻之事,故其内容更能反映当时的社会现象。如河南确山县民奏："本县旧隶汝宁府,近改隶信阳州,路途辽远,往返甚艰,请仍旧属府为便。"④浙江乌程县民施胜安奏请严格税收程序,通过造花户、填写由帖等,以防本府秋粮里书作弊,造成拖欠等不良现象。⑤《明孝宗实录》还收录应天府上元县老人周斌所上奏疏一条,称："京城中人之家凡有死亡,多无葬地,不免火焚。其鳏寡贫难者遂至委弃沟壑道路,秽气上干,致生灾变。切恐天下皆有此患,乞行各处有司买地,官为封记,扁曰'义冢'。如有无地无依之人,亡者令所在邻保相助,置为衣棺,葬于其内,庶鳏寡贫难者不至死无所归。"此奏疏一上立即引起工部重视,工部覆奏谓："本部已奉旨查理,欲行南京工部并各布政司及直隶府州县,旧有漏泽园者重增修饰,无者即于本处城外选择空地创造,或名漏泽园或名义冢,葬埋无地无依之人,使生有所托,死有所归,庶免致伤和气。"明孝宗亦极为支持周斌所言,并将其建议推广各地施行,

---

① 《明孝宗实录》卷三,成化二十三年九月辛亥,第42页。
② 《明孝宗实录》卷二二,弘治二年正月庚辰,第512页。
③ 《明孝宗实录》卷三一,弘治二年十月丁酉,第694页。
④ 《明孝宗实录》卷二九,弘治二年八月寅寅,第645页。
⑤ 《明孝宗实录》卷三三,弘治二年十二月庚子,第728页。

曰："小民贫难孤鳏，死无所归，朕甚悯念，所议是。其亟行天下，各该衙门一体举行，不许虚应故事。"①通过该奏疏可以了解到南京城普通百姓的生活状况及官方对此之反应。

孝宗实录还收录国子监生杨玺奏疏二条，其中一条为内容丰富的建言疏，长篇幅予以摘录（约一千字），内容涉及八事：崇大化、尊圣道、慎选举、肃风纪、重守令、便盐课、通钞法、正人心。②杨玺此人以后未中进士，亦未见除授一官半职，然而并未影响其奏疏之被收录。另有国子监生张裕上疏言："镇守守备内官除辽东、大同、宣府、延绥等边境宜如旧，其余河南等腹里地方俱乞取回别用。又天下有司行乡饮酒礼，齿德不称者或滥与宾席，有齿德者或终身不与。况酒食太丰，非敦本化俗之意，乞命所司禁止。礼部会议以为河南等处不惟添设内官数多，而巡抚等项官亦多，有因事添设者，宜待事宁之日取回别用，其广东镇守太监韦眷虽亦系边方，然特为民害，宜别选公廉勤慎者代之，若乡酒礼则宜申明禁约。"③亦被收录。

《明孝宗实录》还收录了底层武官奏疏。弘治二年九月孝陵卫致仕千户谭英上疏，称："往年盐课充足，到场即夫商获其利，争先报中。近年盐法阻坏，场无见课，商人多自买补，势家奏乞之数则不拘年次，本场无盐，辄易他所，三陪加支，致商有守支累年并本钱折阅者，及抵仪真批验所，因委官监掣不以时至，复有久候之困，或遇势家盐至，又为苛禁……夫中盐，旧令无拘官民直既输边而概革之，失信生怨，请命大臣厘正其毙，禁势要所侵以资国计，还近日裁革者以回众怨，其掣盐仍付批验所，不必别委他官。下户部覆奏。从之。"④该奏疏虽为一武官所上，但却涉及国计民生，具体描述了商人开中盐引受到势家之种种侵欺，成为研究盐法重要的参考资料。

又有彭城卫千户陈祯所上奏疏，内容涉及当时朝政中存在的很多弊端，称："科道官以言为责，近年每遭谴责，遂致敢言之士索然无闻。内阁经筵之设，所以博询军民利病，讲求圣贤之道，然朝廷每遇政务当议，内阁大臣未得亲奉天颜，面陈得失，经筵亦虚旷弥旬，不过徒设名色而已。天下方镇内外官动以进贡为名，假一科十，而府州县官转相效尤，民力告竭，至如

---

① 《明孝宗实录》卷一五四，弘治十二年九月壬戌，第2735页。
② 《明孝宗实录》卷六，成化二十三年十一月庚子，第100页。
③ 《明孝宗实录》卷一三，弘治元年四月戊戌，第294页。
④ 《明孝宗实录》卷三〇，弘治二年九月戊寅，第676页。

建立皇庄仍遣内臣董之,为害非细。"①针对上述问题,他还一一提供改善建议,明孝宗下令将其奏疏下所司议论。《明孝宗实录》编纂者当考虑到其奏疏内容关涉国体,并引起了皇帝之关注,故用较长篇幅加以摘录,并未因上疏者身份低下而拒收。

明代文官极力反对宦官干政,然《明孝宗实录》对于宦官所上奏疏亦有收录者。《明孝宗实录》卷二十七记载长随何鼎所奏:"官可幸得,则朝廷不尊;禄可乞求,则官爵不重。窃观古今法制容有因时制宜,不可守为常者,如锦衣卫官校行事得升,盖因当时人心未定,故暂为此慑伏奸雄之具,此一时之权也。后以为例,往往行事得升,故本卫官多不啻数百,縻费廪禄,殊失祖宗建官本意。继例而升,年久益繁,况乞恩传奉非治世美事。皇上御极之初,灼见其非,已行沙汰,中外称快,但其间犹多漏网,而近来复有夤缘以启幸门者。伏望圣明深念宗社生民之重,历览古今坏事之源,戒姑息而振乾刚,特敕吏兵二部审核,文非考中本等程序者、武非军功并行事升者,自天顺元年至今一切革去,以杜幸门,以弘至治,以谨履霜之戒,实天下后世大庆幸也。"②明孝宗命所司查议以闻。《明孝宗实录》卷二十八收录了吏部、兵部对何鼎奏疏的覆议。何鼎性俭素,好读书,知大义,成为文臣称颂之内官,《明孝宗实录》收载其疏,使后人能更加清晰地了解其言行。南京守备太监蒋琮为人贪纵,曾劾奏巡抚张鼎于真定、河间等陆路十有余里筑长垣、掘壕堑,明孝宗令张鼎止之。该疏亦被《明孝宗实录》所收录。③

以上所述各类奏疏多或来自低级武臣或来自宦官,甚至还有普通百姓,皆无文集传世,其他文献亦少有记载,而《明孝宗实录》将其收录,为后人了解其言行事迹提供了条件。

四、记载了奏疏的处理过程

奏疏呈上后,其效果、影响如何,《明孝宗实录》中有比较清楚的交代。对于较为复杂而重要的问题,朝中往往通过奏疏进行反复讨论,由于《明孝宗实录》收录奏疏时与一般明人文集只收本人奏疏不同,可同时收录多人奏疏,甚至录有长篇上奏,因此得以全面反映其讨论情况。

弘治三年十月,马文升曾上疏建议朝廷购买祭祀所用的牺牲,其文集

---

① 《明孝宗实录》卷七,成化二十三年十一月辛酉,第141页。
② 《明孝宗实录》卷二七,弘治二年六月丙辰,第602页。
③ 《明孝宗实录》卷一七,弘治元年八月己未,第424页。

与《明孝宗实录》皆收录此疏。① 马文升提出该建议的主要原因,是祭祀官员不称职,导致饲养的牺牲瘦弱不堪。最终朝廷如何答复,只有《明孝宗实录》中有所记载:先是户部复议,同意该部出银购买大祀用猪,但需税课司征折色银补之。后来,在施行过程中又因折银比率再次商讨,最后决定出相关实施办法。《明孝宗实录》之原文为:

> 户部议覆:兵部尚书马文升所言牺牲所畜养大祀猪,多不肥腯,宜从本部岁支官银千两,收买纯色大样者送养,税课司不必抽分本色,依时估折银,以补太仓所借银数。从之。②

> 先是以兵部尚书马文升建议,大祀猪预支官银收买,税课司抽分还官,定为猪四十收银二两,是每一猪为银五分。顺天府移文户部,以为加添税银,恐阻商贩。户部具奏会议:本色、折色各宜增损,以每猪折银二分为则,抽分在官,以备支用。从之。③

从《明孝宗实录》中,可以发现马文升的这一建议从提出到答复再到进一步讨论议行,至少经历了五个多月的时间。另外,从《明孝宗实录》所载的覆奏中,除了可以得知马文升此上奏之结果外,还可以清楚地了解到明朝财政之部分运转情况及各衙门之间的相互关系,牵一发而动全身:虽然是皇帝批准利用官银,但仍需补足,并牵扯到地方商人的利益,折色比率的确定也需要谨慎计算。

李东阳上有《军民利病时政得失疏》,关于其中"省刑罚"一事,李东阳原本因为诸司非法杀人,率以因公而自解,故上奏请求增例罚之:

> 自今以后,凡拷讯轻罪即时至死,累二十或三十人以上,本律外,仍令吏部法司议行降调,或病死不实者,医证人等并治以罪。且律不可易,而例可增,今科罚银物不至杀人尚有降调之例,以此罪当,此情似不为过,亦可以为残民者之戒也。④

而刑部覆议称:

> 自今文武官因公考讯,轻罪而用酷刑,致残人命,因而傍引医证,诡作病死,或旋补狱词,诬以重罪者,但及三人以上,检问得实,比律上请。医证扶同者,治以重罪。从之。⑤

按照刑部这一覆议,文武官因公致死人命,需"比律上请"。可见李东阳之

---

① (明)马文升:《马端肃奏议》卷四,《文渊阁四库全书》第427册,第746页;《明孝宗实录》卷四四,弘治三年十月乙丑,第900页。
② 《明孝宗实录》卷四五,弘治三年十一月辛丑,第912页。
③ 《明孝宗实录》卷五〇,弘治四年四月戊午,第1002页。
④ 《明孝宗实录》卷七六,弘治六年闰五月甲辰,第1459~1460页。
⑤ 《明孝宗实录》卷七九,弘治六年八月丁亥,第1518页。

增例以罚建议未能得到俞允。以上刑部覆议之文出自《明孝宗实录》,而在李东阳文集中却失于记载。

有些奏疏《明孝宗实录》虽未对之专记答复,但可从其所记其他人所上奏疏中得知相关情况。刑科给事中汤礼敬言:"往年户部尚书倪钟以财用耗竭,推原害财之弊数事以闻,而大学士李东阳奉使阙里,亲见民生凋敝,盗贼纵横,仓廪空竭,指实陈奏,俱付所司议行,未赐俞允。"①从《明孝宗实录》所载汤礼敬的这番言论中可知,李东阳的相关建议未得到皇帝批准。而李东阳文集中虽载有李东阳的该条奏疏,但却未提及其处理状况。

有些奏疏作者担任六部长官,负责覆奏他人有关本部事宜的奏疏,其个人文集通常会收录一些覆奏之疏,从中可以得知对原奏的处理意见,以及皇帝最后的批复。然而其个人文集只收录其所拟覆奏,原奏内容则不详,从而影响了对整个奏疏处理过程的了解。如王恕曾担任吏部尚书,其奏议集收有《议传奉官升职奏状》一疏,针对监察御史滕祐上疏反对文华殿书办中书舍人杜昌传升官职一事:

> 文选清吏司案呈,奉本部送吏科抄出,文华殿书办中书舍人等官杜昌等奏云云等因具奏,奉圣旨:吏部看了来说。钦此。钦遵。抄出送司,又该吏科抄出浙江道监察御史滕祐题云云等因具题,奉圣旨:徐生已升了,罢杜昌等,吏部知道。钦此。钦遵。通抄送司,案呈到部。看得杜昌等俱由杂流奔竞请托,乞恩传奉,不数年连升迁转至于在京堂上五六品职事,处于禁密之地,后虽降级,仍存供事,已为幸矣。三四年来希冀复职,未尝绝念,但无由而发,一见传奉降级官徐生违例夤缘复用,臣等本部言之既不蒙见听,科道言之又不蒙加省,辄便效尤,敢于故违,奏复原职,此御史滕祐有见于此,所以反复恳恳言之……伏望皇上断自宸忠,合无将杜昌等七员,照依御史滕祐所言拿送法司,明正其罪,以为将来之戒。缘杜昌系京官,及节奉钦依"吏部看了来说"并"徐生已升了,罢杜昌等,吏部知道",事理未敢擅便。弘治四年六月初九日具题,次日奉圣旨:是。杜昌等具奏烦扰,希求复职,本当拿问,且都饶这遭,著仍旧办事。②

王恕该覆议奏疏提及"杜昌等奏云云等因""监察御史滕祐题云云等因",奏疏中用较多笔墨描述公文行移之程序,而对于覆议的原委,只能通过对其奏疏内容进行解析,推测出上述两人原奏的主要目的乃前者乞升官

---

① 《明孝宗实录》卷二二三,弘治十八年四月癸酉,第4225~4226页。
② (明)王恕:《王端毅奏议》卷一三《议传奉官升职奏状》,《文渊阁四库全书》第427册,第672页。

职、后者则反对之,然对于原奏具体内容则不得而知。《明孝宗实录》除了收录吏部尚书王恕所上该奏疏外,还将当事人所上奏疏皆收录之。文华殿书办中书舍人杜昌等奏:

> 国初,沈度、沈粲、程南云、张弘等皆文华殿书办,任至学士、卿、少卿等,官员无定数,非各衙门额设,须由吏部铨选可比。臣等于成化年间蒙取书办升授寺丞等官,皇上即位用科道等官陈言裁革冗官,臣等同事中书舍人朱宏,蒙照旧供职,惟臣等降今职。乞照先年沈度等及近年朱宏例,复臣原职供事。

监察御史滕祐劾杜昌称:

> 臣闻弊之害人国也,作于始发者其害浅,作于再发者其害深;人君之革弊也,禁于已发者其力难,禁于方萌者其力易。成化末年,群小用事,闾阎贩夫夤缘其请,率以传奉得官,一时名器大为亏坏。皇上即位之初,亟图作新,故首革冗官,或降职改调外官,或照原职闲住,或降职供事阙廷。其太医院官则敕令科道等官会同考察,不才者降黜,可用者第为二等,以次录用,盖别贤否、杜奔竞而为长久之道也。奈何徐生敢开幸端,夤缘祈请,以用药有效欺罔陛下,越次升用,弊端一开,奸宄相庆,以致旬日之间,中书等官杜昌等遽起觊觎,妄引沈度等事例,连名具奏,乞复原职。按杜昌等乃传奉冗员降职供事者也,此等官员出自幸途,降级存留已为逾分,今乃得陇望蜀又求复职,夫岂其宜。且沈度、程南云等皆以绝艺见知先朝,其诗文可以华国,其书法可以名世,地望贤劳非此辈比,而欲与之一例转迁,盖由徐生一开端于前,是以杜昌等复效尤于后,此天下冗员复起之渐也。冗员既起,则群小满朝,成化末年之弊政将复见于今矣。伏望将徐生、杜昌等执送法司,重加发遣,今后但有祈请不由吏部推选者及代为祈请之人,俱照此例施行。其太医院官员缺,俱照等第以次升用,则王言隆重,奸宄屏息,可以高拱而治矣。①

如此,有利于清晰地了解围绕监察御史滕祐所上奏疏之前因后果。尤其滕祐所奏乃长篇录入,较完好地保存了原奏面貌。

五、系时明确

《明孝宗实录》所收奏疏的另一个优点是系时明确。为了彻底了解历

---

① 《明孝宗实录》卷五一,弘治四年五月癸卯,第 1021~1023 页。

史真相及其演变轨迹,记时明确是对史书的一个重要要求。《明孝宗实录》是编年体史书,其基本特征正是以时间为线索,按年、季、月、日顺序排比记事,其所收奏疏无不按年、季、月、日记于其中。这不仅使这些奏疏本身的奏上、回复及后续,等皆时序清晰,而且使其所谈及的历史事件等大体时间明确,从而清晰地显示出历史发展的演变过程,让人一目了然。相关明人文集中的大多数奏疏却没有记录明确的写作和上奏时间,如郑纪的《东园集》、张吉的《古城集》、王鏊的《王文恪公文集》、徐溥的《谦斋文录》、何乔新的《椒邱文集》、程敏政的《篁墩文集》等即是如此。这使读者难以直接确定其所叙史事发生之时间,有妨对历史真相之了解。如相关明人文集中所载的乞休疏往往内容非常相似,必须花费很大力气寻找线索,尔后才可以确定其写作、上报的时间。如章懋文集中有《乞照例休致疏》,其中提到其时章懋年满七十,食禄三朝。由此作为线索而查找数据,最后得知其人生于正统元年,七十岁时当是正德元年,方可断定本疏非孝宗在位时所上。

有些奏议集所收奏疏通过解析其内容,仍难以确定上疏时间。张瀚《皇明疏议辑略》卷五所收杨守陈《讲学听政疏》,疏中主要阐述帝王之道,引用很多孔孟之言,主张皇帝当勤政好学,但未提及与时间相关的信息。幸有《明孝宗实录》卷十记载吏部右侍郎杨守陈所言,细观之,其内容与《皇明疏议辑略》所收《讲学听政疏》大意相同,如其中一节:

> 其具本进者,召内阁大臣面议可否批答。凡文武大小官员当奏事、见辞之际,陛下必俯降颜色,或询时政,或询贤才,以及诸司利弊、兵民休戚、年岁丰凶,下至五方之风俗、四夷之情状,俾各从实以对。言有忠谠切实者辄议行之,其谗佞诡谀者则斥逐之,愚蠢狂直者则容恕之,謇讷不能言者令具本奏之。俾贤才常集于目前,视听不偏于左右,合天下之耳目为一己之聪明,则陛下之资于外者博如尧舜,而致治之纲举矣。①

《明孝宗实录》卷十记载杨守陈所言:

> 若有大政,则召内阁及府部大臣于文华殿会议,必人人尽其谋,事事求其当。其余章疏止召内阁面议可否,其各官奏对之余,及辞见之,陛下宜俯降辞色,而于时政、人才、民谟、土俗无一不询,无一不知,使贤才常集于目前,视听不偏于左右,则资于外者博,而致治之纲

---

① (明)杨守陈:《讲学听政疏》,(明)张瀚:《皇明疏议辑略》卷五,《续修四库全书》第462册,第615页。

举矣。①

由上对比可初步断定两者来自于同一奏稿,时间当为弘治元年。《明孝宗实录》卷三十一记载杨守陈传记,曰:"弘治初上《讲学听政疏》,其'请午朝'谓陛下之闲居文华殿之时多,处乾清宫之时少,则心清理明,政务可成,而天下治矣。"②程敏政《篁墩集》卷五十《杨文懿公传》记载杨守陈弘治戊申(元年)上疏论讲学听政累数百言,大略谓:"乞开经筵,御午朝,听讲之际凡所未明辄赐清问,必待圣心洞然明悟,而后则许谏官驳正而审行之,俾贤才常集于日前,视听不偏于左右,则资于外者博而致治之纲举矣。"③何乔新《椒邱文集》卷三十墓志铭亦提及此疏为弘治元年上。④ 由此可断定《讲学听政疏》为弘治元年所上。有些奏疏在《明孝宗实录》中未发现与之记载相关者,如张瀚《皇明疏议辑略》卷七收录柴昇所拟《修省以谨天戒疏》,陈子龙《明经世文编》卷八十三收录邹智所上《钦崇天道疏略》,二疏皆难以确定其上疏时间。⑤

六、摘录大意,言简意赅

《明孝宗实录》记载之奏疏皆进行过修改整理,所留内容有详有略,要根据上疏者的地位、奏疏内容的重要程度,进行不同程度的删削,一方面节约篇幅,另一方面凸显奏疏主要内容。有些奏疏内容充实且切中时弊,《明孝宗实录》会较完整地录入,如丘濬的《访求图书事》、李东阳的《军民利病时政得失疏》、王鏊的《御房八事》,篇幅上几乎与原奏稿一致。有些奏疏洋洋洒洒几千字,期间引经据典,大段阐述礼法与事理,从保存原稿面貌的角度看,文集将之大篇幅收入是其价值所在,而从实用角度出发,未免过于繁琐。

《明经世文编》卷一百二十二所载姜洪《陈言疏》,字数二千余字。疏中引用"四书""五经"经典语录,包含的哲理较多,充分展示了作者的博学擅辞、文思敏捷之长。然而若将全文收录于《明孝宗实录》中,似乎略显累赘,不符合经世致用的主旨。现将该疏前两条的摘录情况对比如下:

---

① 《明孝宗实录》卷一〇,弘治元年闰正月庚午,第211页。
② 《明孝宗实录》卷三一,弘治二年十月壬寅,第698页。
③ (明)程敏政:《篁墩集》卷五〇《杨文懿公传》,《文渊阁四库全书》第1253册,第191~195页。
④ (明)何乔新:《椒邱文集》卷三〇《嘉议大夫吏部右侍郎兼詹事府丞谥文懿杨公墓志铭》,《文渊阁四库全书》第1249册,第462页。
⑤ 故笔者统计文集、文选所收奏疏条数时未贸然将其统计入内。

《明经世文编》记载：

　　一曰正君心。夫自古天下治乱，系君心邪正。君心正，事事皆正，天下莫敢不正。君心不正，事事皆邪，虽欲正人，亦不可得而正。大学曰："心正而后身修，身修而后家齐，家齐而后国治，国治而后天下平。"许衡曰："心犹印板，板正不差，虽千万纸不差。本既差矣，摹之于纸，无不差者，故人君必心正而后可以致天下之治者也。"然人君一心，攻之者众，声色之丽、货玩之奇、异端之纷杂、便佞之谄谀，一为所溺，则不得其正焉。皇上即位之初，清心照理，是非不惑，心固无不正矣。但声色货利易于溺志，异端谗谄易于惑人。操存之功，一有不至，则乘间伺隙而进，清明之天，不免为其所杂也。伏望皇上持守此心，动静隐微，无时不谨，道心为主，人心听命，则虚灵常存，万理昭著，而治道所出者正矣。①

《明孝宗实录》记载：

　　一曰正君心。谓自古天下治乱系君心邪正，请时加兢业，持守此心，则治道所出者正矣。②

《明经世文编》记载：

　　二曰务圣学。夫古先圣王为治之道，历代兴亡治乱之迹，用人立政之方，爱民利物之术，皆载诸经史。人君必学而知之，则法古为治，鉴古为戒，所好所欲，自然不离于正理，而王道王化所由以成也。若不学则正理不明，心志不定，多听易惑，守善不固，虽欲言治，苟焉而已。书曰："人求多闻，时惟建事，学于古训乃有获。"又曰："念终始典于学，厥德修罔觉故。"自古人君未有不学而能致治化之隆也。然学问之道，不可间断，一暴十寒，亦为无益。近年虽设经筵，而寒暑之外，举行不过数次，开卷之时，解释不过数行，讲官兼旬累月不蒙诏对，以此而欲进学问之功、为治之方，恐亦不可得焉。皇上聪明睿哲，超越千古，正宜及时讲学，以隆一代治化。当妙选儒臣，日御经筵，无畏劳苦，无间寒暑，上至六经，下至史鉴，取其节要有关至道者，善恶皆讲，劝惩皆知，辨析几微。礼毕方退，又当轮流直日，以备顾问。则日就月将，圣智益明，王猷允塞矣。③

《明孝宗实录》记载：

　　二曰务圣学。请上御经筵，无间寒暑，讲官进说经史，宜兼及善

---

① （明）姜洪：《陈言疏》，（明）陈子龙等：《明经世文编》卷一二二，第1172页。
② 《明孝宗实录》卷七，成化二十三年十一月甲子，第150页。
③ （明）姜洪：《陈言疏》，（明）陈子龙等：《明经世文编》卷一二二，第1173页。

恶,庶知所劝惩。①

由上可见《明孝宗实录》对奏疏之摘录,既抓住了原疏稿的主旨,体现其主要内容,又节省篇幅,使读者一目了然。

七、所收奏疏可补文集等其他文献之缺

《明孝宗实录》所收奏疏内容丰富,有些大臣虽有文集传世,但其很多奏疏亦仅见于《明孝宗实录》中。所收屠勋奏疏,除了一条应诏陈言十事外,很多是他担任顺天巡抚、整饬蓟州时所上者,其内容涉及军事布防等丰富的具体事宜。弘治七年屠勋奏:"故猪圈头关平漫难守,关之北三里曰北水谷,南八里曰南水谷,成化中各因山增设二关,险要可守,但区画未备,请于二关内加修城垛,增墩堡,摘守关官军分守其中,因耕其隙地以足军食。"又奏:"古北口、潮河川实京畿北门重地,今分守密云太监田亮、参将王志同住密云中卫,相距古北口百余里,缓急之间应援不及,宜令王志移驻密云后卫稍近川口,而以所管振武营官军分驻二处扼其险隘以便策应。"还提出:"虏入密云古北口境内散掠人畜,请发京营兵及马兰谷兵出境剿之。"②相当广泛具体地反映了其时蓟镇的军事形势。而以上奏疏,除了应诏陈言疏外,其个人文集中全部缺载。

再看彭韶。弘治年间,彭韶任职经历丰富,先是巡抚顺天府,继而升任刑部右侍郎,巡视浙江,尔后清理两浙盐法,再迁吏部左侍郎,久之升为刑部尚书。③ 其建言颇多,内容多是劝谏良言,《明孝宗实录》所载其奏疏共二十六条。有反对滥授官职之疏:"文武之职虽殊,名器之重则一,今军官日众,俸支不给,设法救之犹恐无策,岂可开滥授之门,恣之转令盛乎?比多有无功之人夤缘请谒,授以千百户等官,甚至有乞恩承袭都指挥者,不特武职,文职亦有之。或以修城微劳而升匠官,或以传奉罢革而迁良医,又有中书考满超升三级,伏望陛下重视名器,爱惜廪禄,勿谓小官为可与,勿谓杂流为无害,严加杜绝,痛与厘正,庶几少救其弊。"弘治四年十二月,闲住安远侯柳景乞停止法司追其所犯赃私,明孝宗命所追未足者宥之。彭韶上疏反对曰:"昔唐宗元舅郑光官租不入,京兆尹韦澳械其庄吏,宣宗欲宽之,

---

① 《明孝宗实录》卷七,成化二十三年十一月甲子,第150页。
② 《明孝宗实录》卷九一,弘治七年八月甲子,第1668页;卷九五,弘治七年十二月己未,第1738页;卷九七,弘治八年二月庚午,第1784页。
③ 《明孝宗实录》卷九六,弘治八年正月己未,第1764页。

澳谓'如此是法独行于贫户,不可以为法',竟征足之。今柳景无元舅之亲,其赃贿又非负租之比,而独得宽释,是臣等守法悃于韦澳也。"①而彭韶个人文集只载其奏疏八篇,且明孝宗在位时只有一篇(见附录表1)。考察彭韶文集所载奏疏数量如此之少的原因,主要在于散佚不存,《四库全书提要》称:"(嘉靖中重刻本)据郑岳原序已有遗稿散佚之语,则似已非其旧本。"②无独有偶,谢迁文集中有关明孝宗时期的奏疏,则因倭乱皆无存。乾隆时,刘大夏九世孙刊刻了刘大夏的《东山存稿》,十一世孙刘乙燃称:"(刘大夏)生平手泽所遗,半散佚于蛛丝蠹虫窟中,有传而未尽传也。"③这种散佚不存致使所收奏疏甚少的现象在有关明人文集中多有出现,这无疑影响了相关明人文集反映作者生平活动的全面性与准确性,亦反衬了《明孝宗实录》广泛保存史料的优点。

有些奏疏涉及作者本人名誉,个人文集因避讳起见不便收入,或同一条奏疏有些内容不便直书而删去,而《明孝宗实录》则皆录。如王恕,为人耿直,所上奏疏甚多,其文集中所收奏疏内容十分丰富,甚至包含很多直言劝谏皇帝者,然而其两篇为自己辩护的自陈疏却都不见收录,它们都载于《明孝宗实录》之中。一篇是因王恕奏请孝宗暑期暂停经筵,被大理寺办事进士董杰及监察御史汤鼐弹劾,本人上疏自辩:

> 臣蒙圣恩擢置重任,日夜思惟期修职业,但中人之资有所谋为,不能一一尽善,此所以不能无毁誉于其间也。又有一等人,见朝廷侍臣④最重,望臣太深,欲臣尽取朝政而更张之,如宋起司马光故事尽改熙丰之法,方以为快。顾臣何人,何敢望司马光万一?况圣政维新,亦岂有如熙丰之弊政?纵有一二,六卿分职,臣岂敢越而为之,臣自知不满人望,所以常危惧也……昨因侍经筵,暑汗浃背,因思圣体俨然不动,万一因暑致疾,臣子之心何安?以是请暂止经筵,且望圣心常存圣贤之道,虽停讲旬月,不为废学。臣非是欲陛下罢经筵而事逸豫,故为容悦而要宠幸也。今进士董杰等论列,臣固不能辞罪,但臣深负愧报,岂可复入朝班、复居重位,而为朝廷进退百官哉?愿罢归田里,以全君臣之道。⑤

另一篇是王恕被太医院院判刘文泰所劾,本人上自辩疏:

---

① 《明孝宗实录》卷四八,弘治四年二月辛亥,第962页;卷五八,弘治四年十二月己巳,第1128页。
② 《彭惠安集·提要》,《文渊阁四库全书》第1247册,第1页。
③ 《刘大夏集·序言》,岳麓书社,2009年。
④ "侍"当作"待"。
⑤ 《明孝宗实录》卷一五,弘治元年六月乙未,第360~361页。

太医院院判刘文泰，先因怨臣沮其幸进，捏词诬奏，意在陷臣于死地，荷圣明容臣回话。臣谨按，文泰奏臣欲谋起用，托人荐举。不知臣所托者何人？又奏臣因怨先帝，退归，作为诋毁之言，以彰先帝之恶。臣传作于成化二十年，臣致仕在成化二十二年，观此则其诬妄可知。传内所书，多是臣子承弼之忠言，足以彰先帝纳谏之盛德，不知何以为彰君之恶？又奏臣变乱成法，臣之除授吏目，升用御医，俱是遵依《诸司职掌》及见行事例，不为变乱。且文泰无赖小人，其造此机巧、深刻之词，非老于文学、阴谋诡计者不能。乞敕法司执文泰于午门前，会官追问，及究主使之人，明正其罪，以警将来。①

上述两篇自辩疏，虽读来感到理直气壮，但被劾奏毕竟不是光彩之事，难免影响作者之形象，其文集避而不收，当由于此。

徐溥文集中载有奏疏《为诰敕事》，其中记："今推得某官历任年深，合无量升一职，令在内阁专管诰敕。"②查对《明孝宗实录》可知其所推荐之人为李东阳："今惟太常寺少卿兼翰林院侍讲学士李东阳，文学优赡，兼且历任年深，乞量升一职，令在内阁专管诰敕。"③徐溥文集中何以隐去李东阳之名不书？或与后来李东阳物议沸腾有关。在推荐时，李东阳名声甚好，推荐者引以为荣，而后被推荐者名声受损，推荐者或其后人担心因此而牵累，自然不再乐意张扬其事。

《明经世文编》卷一二二收录姜洪《陈言疏》，其中弹劾当朝大臣称："内外大臣，奸邪者多，何以致维新之政也。如先经科道纠劾某某数辈，中外目为邪党，尸禄旷官，曾无寸补，皇上若以先朝旧臣，不忍谪窜，亦当罢其政柄，放回田里，以为臣下不忠之戒焉。"④疏中只提及大臣有奸邪者，未指明人名姓氏，一方面使读者难以了解其所指，另一方面易让读者误解姜洪只是泛泛而论，未指陈实迹。而《明孝宗实录》卷七所载该奏疏，较之详细："内外大臣奸邪者多，如司礼太监萧敬之赋性阴险、既退复用，大学士万安、刘吉之浮沉取荣、老不知退，学士尹直、礼部侍郎黄景之奸邪无耻，吏部侍郎刘宣、都察院都御史刘敷老儒无为，吏部尚书李裕依附李孜省贪冒无忌，户部尚书李敏、大理寺丞宋经谄事梁芳，资其荐引，刑部尚书杜铭年力衰迈、进取弥锐，请皆罢归田里，或谪之远方，以为人臣不忠之戒。"⑤由此

---

① 《明孝宗实录》卷七五，弘治六年五月辛未，第1406页。
② （明）徐溥：《谦斋文录》卷一，《文渊阁四库全书》第1248册，第528页。
③ 《明孝宗实录》卷九一，弘治七年八月己巳，第1672页。
④ （明）姜洪：《陈言疏》，（明）陈子龙等：《明经世文编》卷一二二，第1174页。
⑤ 《明孝宗实录》卷七，成化二十三年十一月甲子，第18页。

我们得以了解姜洪原奏疏的重要信息,亦是姜洪最想传达给皇帝的信息,幸得《明孝宗实录》收录而保存下来。

以上所述为有文集传世的情况,不难发现通观一种相关明人文集之奏疏,或遍观所有相关明人文集之奏疏,只能了解这些人所关注的有关情况,甚至有些信息被刻意隐瞒。而《明孝宗实录》虽然同样不能网罗所有奏疏,但以其丰富的记载,无疑可补明人文集所缺。

事实上很多文武大臣并无文集传世,或虽有文集而未收录奏疏,这更加凸显出《明孝宗实录》记载史实丰富全面的优点。

《明孝宗实录》所载刘吉任内阁首辅期间以个人名义及内阁名义所上奏疏共二十一篇,其本人无文集传世。虽然刘吉在历史上评价较低,并遭到弘治朝同僚屡屡弹劾,然细观其奏疏,亦不乏有益之言论。明孝宗即位之初,刘吉上疏推荐人才:"臣闻天生贤才以资世用,在人君审其高下而举用之,如贤者不用而所用非贤,则拂人心、违天道而咎征见。恭惟我先帝宽仁之德、知人之明,度越前代帝王远甚,然当时廷臣如给事中贺钦、赵𫖮、刘昂、董旻,御史强珍、于大节、徐镛、张淮、戴中、刘宇,员外郎林俊等皆因言事伤直及诖误微过,略加遣斥,调出外任,所以使之动心忍性,增益其所不能,此天地生物之仁也。今皇上龙飞,励精图治,中外大臣特加简用,人心欣悦,如贺钦等人,多惜其才、悯其情而望其起用者。"① 其他以刘吉领衔署名的奏疏内容更为丰富,而这些只有依靠《明孝宗实录》方可得见。

户部尚书周经,《明孝宗实录》中共收录其奏疏十四篇,其中十篇是其担任户部尚书时所上建议。他的奏疏痛陈时弊,极力反对特权阶层谋取经济利益。时有织造内臣为谋私利,请增支浙江盐运司盐价银二万引,周经与志向相同之同僚认为:"(此事)岁以为常,则盐利必亏,而边储无所赖。请令于官盐内依例拨解二万引价,听其贴助,不许援此为例。"孝宗皇帝虽然未听取其意见,但减少了所给盐引的数量:"已准者许其支用,后每岁止与五千引。"② 针对此事,周经担心内臣援以为例,又连上两疏,力陈盐法关系甚重,希望孝宗收回成命:

  近奉旨,以内织染局罗段缺用,命浙江运司支盐价银二万引,付太监韩义、麦秀织造。惟天下盐运司之设,专为军饷计也。近年以来,官盐则为亲王之所陈乞,私盐则为内官之所夹带。成化时取充赏赐,所费甚巨,以致价贱利微,商人不至,一遇边患,束手无策。然而本色犹

---

① 《明孝宗实录》卷七,成化二十三年十一月癸亥,第148页。
② 《明孝宗实录》卷一二五,弘治十年五月壬子,第2228页。

堆积以需开中,折色犹送京以济边急,则初设遗意犹存也。今织染局复为此举,臣恐弊端日起,国计日坏。伏读《皇明祖训》曰:"内府饮食常用之物,官府上下行移,不免取办于民,是以文繁生弊,故设酒醋面、织染等局于内,取其不劳民而便于用。"由是观之,则各局供应诸物岁有定数,织造乃其常职。若曰取用有加,则南京苏浙已于例外织造,若曰匠役不足,则其平日招取者不下千余,皆食廪饩,所为何事?是段匹未必缺而乃导陛下以劳民伤财之事,以重违祖宗垂示之典。况臣等先以旱灾请停织造,已奉圣明"自有斟酌"之谕,则此举者或恐圣心偶未之思耳。不然,则祖宗之法如此之善,其训如此之严,而圣心纳言如此之近,盐法之系于民命边方者,如此之重且急也,何忍以一时之小费,而不惜此四者之尽废耶?①

《明孝宗实录》所收周经的上奏大多类似上列各疏,如"乞罢右少监莫英等监督京通仓""请裁革尚衣监太监赵荣监督通州仓""昨奉旨,张鹤龄庄田亩征银五分,恐管庄之人诛求无厌,乞收回成命"②。孝宗赐兴王祐杭近湖淤地一千三百五十二顷,周经认为不可:"乞将前地每岁所征杂粮内以一千石输府。"③通过周经的奏疏,可以大体了解明孝宗在位时财政管理上的很多问题,如冗官、冗费的存在,皇帝、内臣、宗室、勋戚对国家财政的侵蚀等。同时可以了解周经是一位经世致用之才,其整肃奸蠹,裁节冗滥,不畏谗毁,大义凛然,令人钦佩。李东阳曾赞赏其人道:"为诗文及书,丽而有则。自为小官,已志世用……其为尚书,简任属吏,亲为裁决……而秉政执法,不为权势所挠,尤人所甚难者。"④遗憾的是其人没有文集留传下来,而幸有《明孝宗实录》之记载,可使后人得睹其风采。

明孝宗在位时,上疏较频繁的还有大胆抨击朝政、敢于质疑皇帝旨意、弹劾不职官僚的科道官。以兵科给事中屈伸为例,《明孝宗实录》载其二十二条奏疏,其中担任兵科给事中时所上者十七条。屈伸弹劾不职边镇守臣不遗余力。如因北敌拥众自威远等卫入境抢掠,游击将军王杲等出军御之败绩,其阵亡被伤之数俱未上报,屈伸劾奏总兵官王玺平时不能守御,隐匿败绩。⑤ 因右副都御史洪钟整饬蓟州边备,改潮河川水道无功,屈伸劾

---

① 《明孝宗实录》卷一三七,弘治十一年五月甲辰,第2389页。
② 《明孝宗实录》卷一四一,弘治十一年九月辛巳,第2439页;卷一五八,弘治十三年正月丙子,第2841页;卷一五七,弘治十二年十二月辛亥,第2829页。
③ 《明孝宗实录》卷一五九,弘治十三年二月辛丑,第2862页。
④ (明)李东阳著,周寅宾点校:《李东阳集·文后稿》卷二一《明故光禄大夫太子太保礼部尚书致仕赠特进右柱国太保谥文端周公神道碑铭》,岳麓书社,2009年,第1208页。
⑤ 《明孝宗实录》卷一六一,弘治十三年四月癸卯,第2888页。

奏其欺罔之罪。① 弘治十四年河套捣巢之役未获大功,而孝宗皇帝却对苗逵、朱晖、史琳等有关人员大加升赏,屈伸上疏劝谏,弹劾朱晖等人。② 朱晖反而诬陷屈伸所言本无是事,屈伸因而被罚俸一月,但屈伸并未退缩,仍然严词反对滥赏军功,且细数朱晖等失机之罪。③ 疏称:

> 六月以后既至榆林,便合兼程前进,奋力决战以挫贼锋,顾乃拥兵一隅,日引月长,虚张东北捣巢之功,不顾西南深入之惨,其坐失机会一也。七月终又有贼众过鸣沙州,入韦州、固原等处抢掠尤甚,晖等倘能奋勇一行,亦足以少挫贼势,犹且指空巢为畏威,陈前功以要赏,其坐失机会二也。闰四月,贼又拥四万余骑,从花马池入掠固原、平凉等处,杀死官军一千人,虏去人畜几有十万。当时沿边聚将各戍屯兵,若主将申严号令,必能用命一战,何至畏避如此,其坐失机会三也……又查户部前后解边应用银两已及八十余万,而各省调发并召中等项料亦不下此数,其捣巢所获贼首止于三级,而奏报功次一万有余,是费银五十万两……晖出自勋荫,缪总兵戎,不思奋死以立功,顾乃拥兵以自卫,损朝廷之威重,长夷人之猖狂。史琳以风宪大臣受提督重任,不能立己以律人,却乃党奸而愤事,纵恶子冒报首级,因人言又行退出,即其所为甚失宪体。苗逵以亲信之中官,承心膂之重托,不能督发讨贼,以致屡失事机。御史王用前以纪功为名,继以监军为事,功次既多滥冒,军务殊欠建明,俱合以重罪,以彰天讨。④

还有很多给事中亦积极进言,如礼科韩重9条、王纶10条、林元甫7条、韩鼎10条、涂旦6条、李禄7条,吏科王质6条,兵科杨瑛9条、蔚春9条,工科王敞3条,刑科胡金3条、赵竑4条、季源6条。担任过多科给事之任良弼在刑科时上疏3条,户科时3条,吏科时2条。⑤ 他们都没有文集传世,又幸而可以通过《明孝宗实录》所收奏疏之记载而得以了解其言行。⑥

由上可见,《明孝宗实录》所收奏疏极为丰富,加之有些奏疏作者无文集流传,或有文集而过早散佚、所收奏疏不全,使得《明孝宗实录》所收奏疏很多成为独有,成为奏议汇编类文选的重要资料来源。以著名的明末陈子龙等编的《明经世文编》为例,可以窥见一斑。

《明经世文编》以当朝人汇编当朝奏议,所辑录奏疏多为重要言论,且

---

① 《明孝宗实录》卷一七八,弘治十四年八月乙卯,第3275页。
② 《明孝宗实录》卷一七八,弘治十四年八月乙亥,第3289~3290页。
③ 《明孝宗实录》卷一八二,弘治十四年十二月丁巳,第3351页。
④ 《明孝宗实录》卷一八三,弘治十五年正月癸巳,第3378~3380页。
⑤ 以上统计数字可见附录表3。
⑥ 万表《皇明经济文录》卷三收录屈伸奏疏1条。

较为注重保存原稿面貌,意义极大。通过将其所录奏疏与《明孝宗实录》对比,发现有很多奏疏来源于后者。如《明经世文编》卷四十九张海《安边方略疏》与《明孝宗实录》卷八十九弘治七年六月丙寅条所载兵部右侍郎张海上安边方略六事完全相同。《明经世文编》卷五十二所载刘健《论崇佛老疏》《论财用疏》《论票拟疏》《论虏情疏》《言时政疏》《论崇佛氏疏》《论时政疏》《论圣政疏》《御虏安边事宜疏》等皆与《明孝宗实录》所收相关奏疏除个别字词外,完全一致。① 另外,秦纮的《献战车疏》《边备事宜疏》《论固原边事疏》亦与《明孝宗实录》所收相关奏疏完全一致。②《明孝宗实录》记载奏疏或多或少都会对原奏稿进行整理删削,以上《明经世文编》所载张海、刘健、秦纮等奏疏与之完全一致(除个别字词外),可见其来源并非原稿,且此三人无文集传世,或至陈子龙时已亡佚,故《明经世文编》有采用《明孝宗实录》中所收奏疏的可能。又如《明经世文编》卷八十所载彭韶《灾异上陈疏》《论午朝事宜疏》与《明孝宗实录》卷二十九弘治二年八月己亥条、卷四十六弘治三年十二月壬申条记载一致。《明经世文编》卷六十五徐溥《止崇王朝见疏》《论占城安南事宜疏》与《明孝宗实录》卷一〇二弘治八年七月庚子、卷一〇五弘治八年十月丁丑所载奏疏一致。彭韶与徐溥皆有文集传世,然以上奏疏其文集中却不载,故《明经世文编》所录盖依靠《明孝宗实录》得以补全。有些奏疏为《明孝宗实录》与个人文集共有,然文集中所载该奏疏内容不若《明孝宗实录》中所收齐全,《明经世文编》则以《明孝宗实录》所收者为来源。如徐溥的《谦斋文录》载有其奉命撰三清乐章事③,《明孝宗实录》卷一〇七亦记载该奏疏:

> 不当以非道事陛下,所以连日忧惶,不敢奉命者,实不愿陛下为此举也。且古之帝王必资辅弼以成治化……臣等待罪此地,积岁累时,今经筵早休,日讲久旷,异端邪说得以乘间而入,此皆臣等讲读不勤,辅导无状,不能事事规正以启陛下之圣心,保陛下之初政,忧愧之至,无以自容。近数月来凡奉中旨处分,其合理者自当仰承德意,不敢违越,间于民情有干治体相碍,亦不敢苟且应命,以误陛下,未免封还执

---

① 《明孝宗实录》卷一五五,弘治十二年十月戊申,第 2778 页;卷一七七,弘治十四年闰七月己巳,第 3264 页;卷一五四,弘治十二年九月丙戌,第 2756 页;卷一六三,弘治十三年六月庚子,第 2956 页;卷一八七,弘治十五年五月壬辰,第 3450 页;卷一八八,弘治十五年六月庚午,第 3483 页;卷一九〇,弘治十五年八月己巳,第 3523 页;卷二〇四,弘治十六年十月乙卯,第 3800 页;卷二一三弘治十七年六月癸未,第 4009~4012 页。

② 《明孝宗实录》卷一八七,弘治十五年五月庚寅,第 3449 页;卷一八七,弘治十五年五月庚子,第 3456 页;卷一九六,弘治十六年二月己亥,第 3609 页。

③ (明)徐溥:《谦斋文录》卷一《奉命撰三清乐章奏》,《文渊阁四库全书》第 1248 册,第 534 页。

奏,至再至三,迹似违忤,情实忠爱。①

这段文字主要阐述违碍圣旨的原因,《谦斋文录》未见记载。而《明经世文编》卷六十五所载《论三清乐章疏》载之,全文与《明孝宗实录》所载一致,当来源于此。

第二节 奏疏摘录之不足

《明孝宗实录》所摘奏疏数量巨大,且内容丰富,筛选奏疏时以内容为准,对上疏者身份没有明确限制。其遵循实事求是的原则,尊重原稿,在不改变原意的基础上,对原疏底稿进行详略随宜的处理。有些几乎全文录入,保存了奏疏的原貌,有些提取大意,使读者一目了然。这些都足以看出《明孝宗实录》奏疏之摘录经过了精心编排和文字处理,具有较高的文献价值。然而其在筛选、摘录、处理原奏疏时,不免产生一些失误,筛选处理后的奏疏从文献利用的角度看未免有不足之处。

一、某些重要奏疏缺载

就收载该时期所上奏疏总数而言,《明孝宗实录》是数量最多的,但若仅就某个人奏疏之收载言之,或有文集所收数量居多者,也有文集所收虽总数未超过《明孝宗实录》,但其所收奏疏有《明孝宗实录》未载者。至少有260条奏疏《明孝宗实录》中未见收录,而在文集、文选等文献中得见。《明孝宗实录》收录奏疏有其一定标准,不可能将所有奏疏网罗殆尽,客观上造成很多具有重要内容的奏疏缺载。这些缺载的奏疏中有如下几类:

(一)关涉国计民生的建言疏

如弘治十七年三月顾潜所上《题为去大弊以格天保民事》一疏,陈列了当时很多具体弊政,希望一一革除,有些就发生在上此奏疏之前,非常切实。② 其内容可概括为:(1)建议革罢传升、乞升内府匠厨,光禄寺供奉,各

---

① 《明孝宗实录》卷一〇七,弘治八年十二月甲寅,第1950页。
② (明)顾潜:《静观堂集》卷七《论时政疏》,《四库全书存目丛书》集部第48册,第519~521页。

衙门添设等官;(2)赈恤被灾之地,将弘治十七年分该征粮草坐派物料量为蠲免;(3)禁约皇亲强索银两、广置庄田、夺取良家幼女等事;(4)应拒绝太监刘琅所请皂隶;(5)建议除武功等卫原有军匠者照旧拨役外,其余各营军士止令在营操练;(6)镇守总兵等官应谨慎除授;(7)黜不职地方官;(8)查盘甲字等库;(9)各处镇守内外官员私带家口多者至十数人,请禁止额外私带。有些建言疏总是从常见的如任用贤良、广开言路、开经筵、勤听政等几个方面论述,最终沦为旧调重弹。该奏疏的价值之处在于并非空洞列举,而是落到当时存在的具体问题上,是难得的一篇言官论政的奏疏,《明孝宗实录》未载。再如李梦阳的《上孝宗皇帝书稿》,共五千余字,内容涉及君臣之道、官场之风的败坏、宦官之祸、军队之害、财政弊端等多方面,尤其敢于揭露外戚广占庄田之事,然而《明孝宗实录》却只字未提。

(二)有关地方治理之具体建议疏

弘治年间担任过温州知府的文林,致力于地方事业,创乡约,行教化,其文集中载奏疏十四条,很多是关于基层社会之细事,如《陈言礼仪三事》《戊午温州灾异自劾并乞停免各项不急科扰》《乞裁革温州及所属河伯税课巡检等衙门乞处置本府织造段匹》《乞处置平阳泰顺二县解京铁课》《乞解马头工价》《乞编类军伍以防奸冗》等,对了解温州当时的经济社会非常有益。① 然因官品较低,所奏事宜较为细小,故《明孝宗实录》只收其一篇综合性建言疏,以上奏疏皆未载。

(三)涉及某事件重要环节的奏疏

《明孝宗实录》记载,弘治元年九月十日监察御史曹英劾奏:"新升大理寺左少卿强珍先任副使,有失宪体,右寺丞陈寿先任户科,不谙刑名。今升迁不协人望,皆文选司郎中吴裕不公之罪,乞并黜之。吏部尚书王恕、侍郎刘宣、杨守陈亦不能无罪。"孝宗称:"强珍已升官,宜令勉尽职务。陈寿既不谙刑名,调南京光禄寺少卿,王恕等并吴裕姑置之。今后推举官员务慎重毋误。"②由此记载,不能了解王恕等被劾之后曾否有所应对,而这一信息从王恕文集中的《论用人勿拘出身衙门奏状》中可以获得。该奏疏称:

> 如有一好缺,望之者何止数十人?止用一人足矣,其余不用者未

---

① (明)文林:《文温州文集》卷三,《四库全书存目丛书》集部第 40 册,第 302~323 页。
② 《明孝宗实录》卷一八,弘治元年九月庚午,第 431 页。

免怨谤,不曰吏部不知人,必曰吏部有私意。求其安于义命,不怨不谤者盖亦鲜矣……近日臣等推举强珍、侣钟堪任大理寺少卿,陈寿、洪钟堪任大理寺寺丞,自谓此四人才望、年资俱各相应,用之必合公论。已而圣明简用强珍为少卿,陈寿为寺丞,人多谓用得其人。不意又有论列二人之过失,并言臣等举用之不当者。且强珍自作知县至为御史,操持端谨,气节磊落,刚直敢言,不畏强御,人所罕及。陈寿观政法司,练达刑名,及为给事中,谨饬无过,遇事敢言,人多称之。斯二人者诚宜居此要职……尘渎圣聪,罪该万死。弘治元年九月十八日具题,次日奉圣旨:"知道了。钦此。"①

读过这篇奏疏,不仅可知王恕被劾后并未沉默,而是曾经上疏辩解,另外,还可得知王恕对强珍、陈寿之任官表现以及此次升任之正确与否,存有不同于弹劾者曹英的见解。读者由此当会了解到更多的信息,从而有可能不再简单地、不假思索地完全相信《明孝宗实录》所记载之曹英见解,而是引发再追真相之念头。

（四）影响重大之弹劾疏

《明孝宗实录》所载弹劾类奏疏很多,除了前文所述弹劾传升官四十余条外,弹劾文臣者有一百三十五条,弹劾武臣的有七十五条,弹劾太监的有十六条,其他弹劾宗室不法者、僧道、土官等的共九条。然而仍有一些尤其是影响重大者缺载,有所不妥。如马中锡的《东田集》中有多篇劾奏宦官者,其中孝宗时期劾奏萧敬、蒋琮等:"萧敬误用于先朝,寻遭弹劾,未几谋复于司礼,切弄威权……蒋琮守备南都,专害善良。"②该奏疏在《明孝宗实录》中未见记载。

明孝宗即位之初,对成化年间积累下来的很多弊政进行了整顿。首先在用人方面进行革新,群臣纷纷上疏弹劾不职官员。大学士万安于成化二十三年十月致仕,"以御史姜洪、汤鼐、庶吉士邹智相继论劾也"③。此三人弹劾疏,《明孝宗实录》皆未收录,其弹劾的具体内容无从得知。幸而陈子龙《明经世文编》卷八十三收录了庶吉士邹智所上,称:"兴莫兴于君子进,弊莫弊于小人不退。小人不退,欲弊之革也,不可得已;君子不进,欲利之兴也,不可得已。且如少师万安持禄怙宠,殊无厌足;少保刘吉附下罔上,

---

① （明）王恕:《王端毅奏议》卷九,《文渊阁四库全书》第427册,第617页。
② （明）马中锡:《东田集》卷一《退小人以安天下封事》,《四库全书存目丛书》集部第41册,第515页。
③ 《明孝宗实录》卷五,成化二十三年十月丁亥,第88页。

漫无可否;太子少保尹直挟诈怀奸,全无廉耻,世之所谓小人也。"由此可见其直言不讳的作风。《明孝宗实录》只记其事未记其言,影响了对邹智本人的全面了解。

除了上述四类重要性的奏疏有缺载者外,还有很多亦缺载者。如林俊的《见素集》所载弘治年间其所上奏疏三十九条,而《明孝宗实录》所收只有九条。① 再如郑纪个人文集中所收奏疏十五条,而《明孝宗实录》中只有十一条,未收录者多为救荒、赈济、理财的经世之疏。② 又如李东阳的奏疏,《明孝宗实录》中收有十九条,文集中只有十六篇,其中有三篇是文集中独有的:一篇为李东阳东祀完成后的复命疏,一篇为辞免起复纂修官疏,另一篇为辞免加升疏。这些奏疏,无疑都是了解有关具体问题的宝贵史料,甚至具有不可替代的作用,《明孝宗实录》皆未收录,是其不足之处。

《明孝宗实录》所缺载之奏疏,或出于谋篇布局的考虑而拒收,或因为编纂者之粗心而被遗漏。除此之外,还有一些缺载者则是出于刻意避讳的原因。文献的编纂往往都有一定的价值取向,从而会有其避讳之处。故《明孝宗实录》编纂者们根据所处的舆论环境及其立场等,在收录、记载奏疏时,会有意避开某些类型的奏疏,此其重要表现之一。《明孝宗实录》为官方修史,又以记载帝王为核心,需遵循为尊者讳之原则,因此,收录奏疏时必然不忘尽量维护明孝宗及与之密切相关人物之形象。如上文所述,明初进士李文祥所奏《永保天命疏》因言辞过激在《明孝宗实录》中未见收载。

此外,有些奏疏虽然被收录,但其中的劝谏之词却被省去。吏部尚书王恕乃一代名臣,有处事公正、直言不讳之美誉,在任期间屡疏时政,多所匡救,然其奏疏《明孝宗实录》亦有一些未载者。如王恕曾因孝宗传升匠官连续抗疏三次,孝宗最终未予采纳,并批复:"这以后事朕自有处置。"③ 用语颇有责怪王恕多事之意。这三篇奏疏,王恕文集中皆有记载,而《明孝宗实录》中只节录最后一篇。再如上述所提科道等官疏救秦纮所言,《明

---

① (明)林俊:《见素集》卷一、卷二,《文渊阁四库全书》第1257册,第328~370页。有《全大体以召大和疏》《陈言疏》《录正人以端国本疏》《灾异疏》《处置缺少粮料疏》《地方灾异疏》《褒异旧臣疏》《查报擒获盗贼为各官开俸疏》《更调官员疏》《复州治疏》《巡抚谢恩疏》《进缴巡视敕书文防疏》《水患疏》《请复常平疏》《均平税粮盐钞疏》《均平丁粮徭役疏》《守制乞免关勘合疏》《回话疏》《申明处置地方疏》等。
② 《明孝宗实录》卷一九二,弘治十五年十月丁巳,第3545页。
③ (明)王恕:《论工完乞恩奏状》《再论工完乞恩奏状》《又再论工完乞恩奏状》,《王端毅奏议》卷一二,《文渊阁四库全书》第427册,第660~663页;《明孝宗实录》卷四四,弘治三年闰九月乙卯,第891页。

孝宗实录》中未载，而王恕文集中有载。其中所引张九功之言"伏望皇上俯念人才之难，思秦纮尽心为国反遭摈黜之枉，将秦纮仍留办事以慰在官等因"不免犀利。王恕所疏亦严苛："欲望朝廷召还秦纮以正赏罚，以为劝戒，陛下宜从而未之从者，是臣等不能赞襄以成陛下纳谏之美，罪莫大焉。"言语中有利用纳谏之美德威逼孝宗批准之意。故《明孝宗实录》中只记其事，未载其言。

对于劝谏类之外的其他奏疏，凡有损于明孝宗形象者，《明孝宗实录》亦是拒绝收进。如监察御史彭程因劝谏孝宗皇帝免造坛器，触犯天颜，被罚充军；监察御史李兴因用刑严酷，被判死刑。① 丘濬对二人曾上疏论救，载于其文集中的《奏再乞免李兴死彭程充军》称："然临御五六年，诚敬未格于天心，屡有灾异，德化未孚于天下，尚未安全。一旦忽有诛逐言官之命，传之天下非美事也，书之史册非嘉德也……臣等死罪死罪，谨具题知。"②此疏批评了明孝宗"诚敬"与"德化"之不足，于是《明孝宗实录》未予收载。

二、内容或有失详

《明孝宗实录》所收奏疏，不论详略，皆为摘录，并非原文，即使大篇幅录入者，亦非一字不变。这样做一方面有其处理得当之处，体现言简意赅的优点，尤其对于一些原奏疏内容拖沓累赘者，不无有益；但另一方面，编纂官在进行文字处理时难免有详略处理不当之处，造成有些重要内容失详，对了解事实全貌不利。

（一）有纲目无内容

《明孝宗实录》中对所上奏疏只列纲目不载具体内容者常有发生。如吏部尚书马文升所上"汰冗员、育人材、恤百姓、清屯田、重盐法、广储畜、抚流移、革大弊、修武备、慎刑狱"十事疏，《明孝宗实录》即未收原文，幸而在马文升的奏议集中对之全文收录，凡七千七百余字，使后世得以详知其具体内容。③《四库提要》评论《马端肃奏议》称："凡史传所载直言谠论，全

---

① 《明孝宗实录》卷六八，弘治五年十月己未，第1301页。
② （明）丘濬：《重编琼台稿》卷七，《文渊阁四库全书》第1248册，第154页。
③ 《明孝宗实录》卷二二三，弘治十八年四月癸亥，第4212页；（明）马文升：《马端肃奏议》，《文渊阁四库全书》第427册，第807～818页。

文皆具载集中……其为左都御史时所言'振肃风纪'十五章,史传不详其目,今亦独见此书。"①《明孝宗实录》卷一百八十八记载马文升以灾异言十事,亦只列举了其条目分别是"法乾健以勤圣政,谨天位以光继述,重郊牲以副圣敬,访名儒以正雅乐,革因循以正祀典,时会议以节财费,开言路以防壅蔽,减科派以固邦固,修内治以攘外夷,免提解以惜畿民"②。该十事之具体内容难以确知,只在马文升奏议集中的《法乾健以勤圣政》一疏中详载了第一事的内容,③说明其上疏之缘起在于云南地震,上天示警,并提出解决之措施:乞望孝宗勤圣政以回天意,效法本朝列圣,面召大臣,按时视朝。

另如倪岳文集中载有《为灾异陈言事》一疏,大概长达一万四千余字,而在《明孝宗实录》中只用百余字记下了"以清宁宫灾言二十八事"之条目:

  推行圣学、豫节亲藩、惩究欺蔽、苏息贫穷、修复常平、类解文册、并省重复、减省供应、署掌印信、稽核名实、均平诠选、照例附选、湔涤过名、疏通欝滞、宽免违限、慎用将官、减省差遣、禁约取索、慎重刑狱、查明禁例、申明旧例、减造军器、量停造作、遵复旧制、裁抑侵克、防革宿弊、祛除民病、惩戒奸贪。④

这无疑影响了读者对其内容的详细了解。此类内容丰富的建言疏,《明孝宗实录》未载原文者,至少有二十八条。

(二)奏疏内重要信息不详

《明孝宗实录》所着重收入的内容,在于解决问题的措施等,而对于问题出现的原因及其表现细节等一般略去不收。这就需要利用有关明人文集来获取更详细的信息。

如马文升的《陈言振肃风纪裨益治道事》一疏,其文集所载,不仅每事都有一标题,且内容完整,先论述该问题的重要性,再列举当时之弊端,而后陈述本人看法,并提出解决措施。如其中"择人才以典刑狱"一目,其文集中提到因选用一些不谙法律者担任问刑官吏,导致拟罪不当,法制废弛,"近年以来吏部将各处知府除授副使,府同知、知州除授佥事,而推官、断事

---

① (清)纪昀:《马端肃奏议·提要》,《文渊阁四库全书》第427册,第705页。
② 《明孝宗实录》卷一八八,弘治十五年六月丁未,第3466页。
③ (明)马文升:《马端肃奏议》卷一,《文渊阁四库全书》第427册,第710页。
④ (明)倪岳:《青溪漫稿》卷一四,《文渊阁四库全书》第1251册,第165~188页;《明孝宗实录》卷一四五,弘治十一年十二月庚戌,第2539页。

等官一概以年老监生除授,且前项等官多有不识宪体、不谙刑名,问刑之际止凭奸吏任情出入",而后提出建议,特别强调断事、推官有缺,俱于法司办事进士及年力精强举人、监生内除授。《明孝宗实录》则将上述记述原因的文字完全删除。又如"申命令以修庶务"一目,其文集中不仅录有作者提出的具体改进建议,而且录有作者所反映的武备废弛状况:"近年以来,各边将官中间,多有指以进贡为名,肆意科敛军士,广置第宅,恣情燕乐。军马凋弊而不整,边备废弛而不修。一遇有警,动辄请兵,其各处三司官亦皆因循苟且。"而《明孝宗实录》中所录仅有一句:"请敕各边镇守总兵及各处巡抚等官及时修饬边备"①,言语极为笼统,完全不提及当时武备废弛的具体状况。

《明孝宗实录》中,概括地记录了马文升奏准差官赈济四川一事:"命原遣户部郎中江汉专赈济四川成都、顺庆、保宁、潼川及嘉定、眉邛、雅龙诸州县,别遣郎中王宏分赈叙州、重庆、夔州、马湖诸州县。从左都御史马文升言也。"②而马文升之文集所载其一系列救荒疏,却能告诉读者,马文升不仅为救荒而推荐了官员,而且还有值得重视的救荒思想,即主张在施赈之余,要特别防范受灾饥民、流民发生不利社会稳定之举动,"况今天下民困财竭,兵食不足,意外之虞难保必无,事之可忧莫重于此"③;"乞降敕河南、陕西、湖广巡抚镇守等官,督令布按二司巡守并抚民官员作急前去汉中卢氏、永宁并竹山等处聚有流民处所,将各处流民俱取见数,一面多方设法量为赈济,一面严加晓谕防闲,务令流民得所,不致贻患地方。及请敕四川镇守巡抚等官,行令各该卫所、府州,将见在官军、壮手严加操习,振扬威武,用防不虞。仍乞敕户部,再差能干郎中二员,星驰前去四川,一员专在建昌赈济抚恤,一员同先差郎中分投赈济"④。

马文升认为足衣食是修文治、行教化、正风俗的基础,而兴社学则是必不可缺之途径。其文集中所载奏疏反映了他的这一主张,曰:"田亩卖之已尽,而税粮犹存,逃亡人户税粮并于见在人户代纳。收成已毕,而枵腹啼饥者比比皆是;隆冬堕指,而赤体号寒者处处皆然。衣食不足,罔知礼乐。风俗日见其浇漓,人心日滋其奸伪,子詈其父习以成风,弟殴其兄恬不为异,究其所由,社学久废,人不读书,以致如斯。赋重困民未有甚于此时者"⑤;

---

① (明)马文升:《马端肃奏议》卷三,《文渊阁四库全书》第427册,第728、729页;《明孝宗实录》卷十,弘治元年闰正月己巳,第208页。
② 《明孝宗实录》卷二三,弘治二年二月甲辰,第528页。
③ (明)马文升:《马端肃奏议》卷五《祈雨篇》,《文渊阁四库全书》第427册,第750页。
④ (明)马文升:《马端肃奏议》卷三《思患预防事》,《文渊阁四库全书》第427册,第725页。
⑤ (明)马文升:《马端肃奏议》卷六《灾异事》,《文渊阁四库全书》第427册,第760、761页;

"其提调学校官员亦要修举社学之规,慎选教读之人,各里凡民子弟,俱要入学诵读《孝经》《小学》并《御制大诰》,俾知孝弟之道,法度之严,以复民之常性"①。而关于这些内容,《明孝宗实录》之相应部分只记载"桑枣尽鬻而丝绢不免,田亩尽卖而税粮犹存,赋重民困未有甚于此时者也"②,有关风俗、社学之事皆删去不存。这极不利于对马文升救荒等思想的全面了解。有些具体的措施或主张恰能反映一个人的思想观念乃至反映一个社会的动态,这些信息在《明孝宗实录》所收该奏疏中很难得到。

有些涉及重要事件的奏疏,在《明孝宗实录》中一笔带过、言而不详之例,亦不在少数。张吉文集中载《甄别善恶疏》,详细论证秦纮与柳景一案,认为都御史秦纮劾奏柳景乃尽其本职而已,并不为过,即使有罪,莫大于诬奏,纵使惩罚亦不至去任:

> 何则柳景秽德波及无涯,纮一旦劾而去之,两广军民如脱水火,今忽被执以归,闻者莫不相顾骇愕,或凄然泣下者有之,岂圣心偶未之思乎?臣窃计祖宗设立都御史等官,固以纠劾百僚、肃清庶政为职,纮之劾景亦不过举其职而已,以是见执,臣恐中外解体,而小人恣为奸恶,无复忌惮,殆非朝廷之福,此臣之所以未解也。臣谨按给事中等官屈伸等所勘纮、景交奏事情,纮之罪莫大于诬奏柳景掠杀指挥庄鉴一事,然此事实臣所按,使纮坐是落职,是陛下因臣所按失一硕臣也……臣伏读《大明律》一款,若告二事以上数事罪等,但一事告实者免罪。今纮奏景掠杀庄鉴、崔纲、潘瑜三人,而虚止庄鉴一人,此法若行,纮不宜坐,陛下必欲法外黜纮,乞视所黜爵级坐削臣秩,以赎纮罪可也。③

但由于当时张吉只是一个府同知,官职低下,《明孝宗实录》只简记该事,未加详叙:"起致仕都察院右都御史秦纮为南京户部尚书。时两京科道官交荐纮,才望素著,近以劾安远侯柳景致仕,非其罪。肇庆府同知张吉亦抗疏论之。吏部覆奏,遂有是命。"④可见,若无张吉文集,《明孝宗实录》此处略记只能成为缺憾。另外,吏部覆奏的原文《明孝宗实录》亦未载,可通过王恕奏议集所载"扶持公道奏状"查知王恕之建议:"案呈到部,伏望陛下从天下之公论,召还秦纮,或处之都察院或处之南京都察院,俾之视事未必无补,如此则赏罚攸当、举措得宜,而人心服,将来劝矣。"⑤由此可知秦纮

---

① (明)马文升:《马端肃奏议》卷十《申明旧章以厚风化事》,《文渊阁四库全书》第427册,第798页。
② 《明孝宗实录》卷一○三,弘治八年八月丁丑,第1892页。
③ (明)张吉:《古城集》卷一,《文渊阁四库全书》1257册,第595页。
④ 《明孝宗实录》卷五八,弘治四年十二月己巳,第1128页。
⑤ (明)王恕:《王端毅奏议》卷一四《扶持公道奏状》,《文渊阁四库全书》第427册,第678页。

之起用，既有肇庆府同知张吉奏请之功劳，亦有吏部尚书王恕建议产生的作用。

一般而言，《明孝宗实录》中记载的时间较之文集更为明确，前文已经叙及。然而围绕一则奏疏，往往涉及上疏的时间、部门覆议的时间和皇帝批复的时间等，《明孝宗实录》往往只记载其中的一个时间，导致难以确定该时间是否为作者上奏的时间。如《明孝宗实录》记载弘治二年三月癸未（二十五日），"调监察御史姜洪为山西夏县知县"，并叙及了该调任令下达的原委：

> 洪巡按湖广，与总督漕运都御史秦纮因公事文移相激。纮批词云："札付湖广经历司①，转呈巡按监察御史姜洪照详施行。"洪亦批云："布政司星驰差人咨禀淮安总督漕运官早行处置，毋致临期，有误国用。"于是纮奏："洪越礼不逊。"事下都察院，刑科参纮"纷扰，自伤大体"，都察院亦言："巡按御史令经历司转达巡抚都御史，于事体无碍。"上以事干名分，命礼部会官议之。于是吏部尚书王恕等言："洪词失大体，刑科都察院词涉偏向。"上曰："洪批词不逊，有失大体，难居风宪，调外任。刑科、都察院佥书官偏向不公，各罚俸一月。"②

据王恕文集记载，可知明孝宗第一次批示的时间为弘治二年三月十二日，第二次批示时间为弘治二年三月二十日，吏部奉旨提出调任方案的时间为弘治二年三月二十四日。《明孝宗实录》中所记时间当为调任之命令下达的时间。③

有些奏疏信息缺失或不详，则为出于避讳而被刻意删除。如上述劝谏疏虽然有的被《明孝宗实录》收录了，但其中的激烈言词却被删除。如王恕有《陈言辅治奏状》一疏，内容系反对孝宗滥升内臣、滥赐庄田。其文集所载者称："夫何未久而又滥升内官如此，若复滥赏庄田蟒衣，将见前数事，不数年复如旧矣。欲天下臣民称颂而爱戴之如今日，恐不可得，此天命去就，人心离合之几也……臣诚激于中，词不能婉，干冒天威，无任战慄陨越之至。"④用词颇严，而《明孝宗实录》所载者仅云："臣近以疾在告，闻朝廷升用内官颇多，又闻有蟒衣庄田之赐，不知果由圣意否？望裁革之。"⑤用语相当和缓，完全磨去了棱角。

---

① "广"下有"布政司"三字——引者注。
② 《明孝宗实录》卷二四，弘治二年三月癸未，第555页。
③ （明）王恕：《王端毅奏议》卷十《会议攒运粮储行移奏状》，《文渊阁四库全书》第427册，第627页。
④ （明）王恕：《王端毅奏议》卷九，《文渊阁四库全书》第427册，第614页。
⑤ 《明孝宗实录》卷一六，弘治元年七月乙亥，第397页。

有些则直接删除不利于明孝宗形象的语句。王恕奏议集收有其《议都御史边镛保治奏状》一疏，其中论及"名器"一事，称："议得名器者，人君之至宝，所以彰有德而别有能。若不择其人而授之，则奔竞之风起，而廉耻扫地矣，其何以为国乎？陛下新服厥命，摈斥奸佞，惟贤是用，固未尝以名器假人矣。今都御史边镛犹以是为言者，但恐寡廉鲜耻之人尚在，投间抵隙之念未绝，惟愿陛下始终此心，始终此政，杜绝先容之私言，自无幸进之妄人。"①此段文字虽表面没有过激之辞，但暗含的批评皇上之意却已非常严苛。《明孝宗实录》中收有此疏，但这段文字被删除了。

（三）奏疏内条目总数统计不全

有些奏疏原文包含信息量很大，一条奏疏内陈述十余件事者在在有之。《明孝宗实录》根据需要或选择其中几件言之，亦无可厚非。然而对于该奏疏内条目总数的介绍，若只书所选择的数量，难免让读者产生误解，以为作者只撰写了如此之多。如《明孝宗实录》卷一百八十六记载"南京刑部主事胡世宁言时政六事"②，包括严考核、崇节俭、汰冗官、祖子孙、重将权、用间谍。而查胡世宁文集得知其在该奏疏内陈述了十件事，分别为：严考核以正士风，崇节俭以制财用，从权宜以足边储，立简便以收盐利，汰冗食以选将校，阅军实以修武备，广收蓄以储将材，立经制以御外侮，重将权以责成效，用间谍以觇敌情③。将二者内容对比，可知《明孝宗实录》删去了奏疏原文内的第三条、第四条、第六条、第八条，只记载六事，易让读者误认为胡世宁此次上疏总共陈述了六件事。

又如监察御史顾潜曾奉命到北直隶、山东、河南印马，还京后上奏疏一则，《明孝宗实录》卷一百七十六记载称："臣近历养马地方如永平、顺德、广平三府，地狭人稀。大名虽颇殷庶，然皆苦徭役繁重。真定、保定、河间三府俱冲要地，供亿军旅，至于累月，夫役动用万人……民困已极，庐舍已空，况重以马政追征买补相继困益极矣。请今后每年带追一年逋欠，五年之内亦可完纳。"④查顾潜《静观堂集》卷七载《论马政事宜疏》，从中可知顾潜此次回京上疏所陈共包含五件事，分别为：定买户以宽民力、慎选择以

---

① （明）王恕：《王端毅奏议》卷七，《文渊阁四库全书》第 427 册，第 588 页；《明孝宗实录》卷九，弘治元年正月丙辰，第 193 页。
② 《明孝宗实录》卷一八六，弘治十五年四月丙午，第 3421 页。
③ （明）胡世宁：《胡端敏奏议》卷一《陈言时政边备疏》，《文渊阁四库全书》第 428 册，第 561～570 页。
④ 《明孝宗实录》卷一七六，弘治十四年七月辛未，第 3237 页。

祛民患、易种马以求善产、严黜罚以厉旷职、省繁文以革吏弊。① 而《明孝宗实录》所载上疏内容为该奏疏中的第一件事，对其他四件事只字未提，这种处理方式欠妥。

又如吏部议覆南京吏部尚书王恕奏疏，王恕奏议集记载："文选清吏司案呈奉本部送吏科抄出南京吏部尚书王恕等奏云云等因，具奏奉圣旨该部知道。钦此。钦遵。抄出送司案呈到部，除均劳逸以惬士心事备咨礼部，径自施行，今将简大臣以综政务等七事逐一议拟开立前件。"吏部议覆王恕奏疏中七件事，而《明孝宗实录》则记载为六件事：

南京户、兵、刑、工四部政务颇繁，今兵部止有尚书一员，户、刑、工三部各止侍郎一员，请于兵部增侍郎，三部增尚书各一员。

近例被灾去处四品以下官三年、六年考满，悉令纳米，免其给由赴部，恐贤否无辨，宜仍照旧赴部考核。

南京吏、礼二部各添写本监生二名，兵部再添一名，并户、工二部写本监生俱从吏部行取，其在京各衙门写本清军监生亦从吏部转行国子监取拨。

南京各衙门办事当该吏典数多，在外两考役满者，因畏避巡按御史考试，到部数少，不勾拨用，请添拨福建邵武、湖广之德安二府以益之，仍令御史考送。

吏典赴部告侍亲者多有奸弊，乞将充吏农民审系单丁不许收参，其充吏之后兄弟亡故、亲老告侍养者，仍照旧例施行。

官吏丁忧有接丧者，俱令预申，该部起服之日查无预申者送问。②

考之，则发现《明孝宗实录》缺省的一条，事关给予监生冠带之规定，吏部认为不妥而却之。王恕文集记载："南京吏部尚书王恕等又奏要将附选监生不拘科贡纳粟等项，年四十以上者及会试中副榜不愿就职举人，不拘年岁给与冠带。大意欲使附选监生年老者可荣终身，副榜举人不第者终为教官，固是疏通选法之一端，但人之常情，好荣利者多，甘恬退者少，节奉诏书恩例监生有不愿出仕听选者授以从七品，依亲坐监者授以正八品，俱有司职名及填注衙门，其有岁贡生员到京不曾坐监、不愿出仕者亦曾比例给与冠带闲住，俱系见行，奈何不愿出仕者千无一二，减年冒进者比比皆然，且三考吏典已有资格，例该冠带附选监生未定品级，难令冠带，今若一

---

① （明）顾潜：《静观堂集》卷七《论马政事宜疏》，《四库全书存目丛书》集部第48册，第516～518页。

② 《明孝宗实录》卷三九，弘治三年六月甲申，第819页。

概给与冠带,不惟使科贡出身之人下同杂流,且非崇儒旧规。"①《明孝宗实录》因吏部议覆未通过,将其直接删去,易使读者误认为王俨所上奏疏中有关吏部事宜者只此六条。

第三节 与文集等所收奏疏互相校正

《明孝宗实录》奏疏之摘录有其优势,但亦有不足之处。由上述可见,有关奏疏内容之有无与详略,皆可与相关明人文集所收奏疏进行互补。除此之外,还可以在史实记载的准确性上互相校对和纠正。将《明孝宗实录》与传世相关文集所载奏疏的重合部分进行对比,可以发现两者大部分内容相互吻合,然而也有若干互有出入之处。不论《明孝宗实录》抑或相关明人文集都有数字、人名、史实等讹误之存在,影响了史籍的准确度。这使两者存在互相校正之必要与可能。

一、以相关明人文集纠正《明孝宗实录》奏疏摘录之失误

《明孝宗实录》在修纂过程中为求简略,通常压缩奏疏的文字,甚至重新组织语句,在删减改写的过程中不可避免地会出现一些失误,导致与原文或意思相左,或语焉不详,或出现歧义。而相关明人文集所载奏疏一般不作删减,往往可以用来纠正《明孝宗实录》的这些失误。

（一）删减过多导致语焉不详

马文升的《修饬武备以防不虞事》,论及从陕西借调弓箭手教习京营军士的方式,《明孝宗实录》记其事作:"于十二营,每营拨与二名,以一教十,以十教百,待其习熟放回。"②在这里每营所拨两名弓箭手如何以一教十等所记不甚清楚。而通过文集的相关记载可知,乃是先于每营中挑出几名军士专门学习,学成之后再由他们转教其他军士,并非由陕西弓箭手直接教习所有京营军士:"于十二营每营拨与二名,于各千原习大刀军人内选

---

① （明）王恕:《王端毅奏议》卷一一《议南京吏部尚书王俨等修省奏状》,《文渊阁四库全书》第427册,第646页。
② 《明孝宗实录》卷一一四,弘治九年六月丙申,第2070页。

出三五名令其习学,待其通晓其法,却令专教本千军士,以一教十,以十教百,以百教千,自然习熟。"①

另有马文升的《陈言振肃风纪裨益治道事》,《明孝宗实录》中提到"御史、按察司官果有违法,情罪明白参奏。按察司官行巡按御史,御史罪重者行提来京,情轻者候满到京参问"一句②,所记提问程序过于简略,不知所云。而查对马文升文集所载后,可明确其意:"御史、按察司官果有枉问及违法,情罪明白参奏。按察司官行巡按御史就彼提问,御史罪重者行提来京,情轻者候巡按满日到京参问。"③此外,马文升的《修饬武备以防不虞事》,提及大同、宣府至北京城的距离。《明孝宗实录》作"京师以大同、宣府为藩篱,其至京师不过数程"④,其"数程"语焉不详。据马文升文集,此处当为"数日之程"⑤。

(二)删减不当而产生歧义

马文升《陈言振肃风纪裨益治道事》谈及风宪官之职责,《明孝宗实录》作"一切事宜速与举行"⑥。此语似乎指不论有益有害之事统统速为举行,显然不合情理。而据马文升文集所载可知,原文的意思乃是只行有益者:"一切兴利除害之事,有益地方者,务在举行。"⑦马文升的《灾异事》,《明孝宗实录》载有"一钱不许擅科,一夫不许擅役"⑧,文意不清。马文升文集所载详明:"其大小衙门若有应合修造工程,事干动支钱粮、起倩人夫数多者,务要奏奉明文,次第合应修盖,小小工程,亦要申禀巡抚等官示下,方许修造。其余一切不急之务,一毫不许擅科,一夫不许擅役。"⑨可知原意乃在论述停止不急之工役,《明孝宗实录》删文太多,致使读者易于误认为乃针对赋役之事。

(三)不当省略直接导致误记

关于严格度牒一事,马文升之《陈言振肃风纪裨益治道事》提议将隐

---

① (明)马文升:《马端肃奏议》卷七,《文渊阁四库全书》第427册,第775页。
② 《明孝宗实录》卷十,弘治元年闰正月己巳,第207页。
③ (明)马文升:《马端肃奏议》卷三,《文渊阁四库全书》第427册,第728页。
④ 《明孝宗实录》卷一一四,弘治九年六月丙申,第2067页。
⑤ (明)马文升:《马端肃奏议》卷七,《文渊阁四库全书》第427册,第773页。
⑥ 《明孝宗实录》卷十,弘治元年闰正月己巳,第208页。
⑦ (明)马文升:《马端肃奏议》卷三,《文渊阁四库全书》第427册,第729页。
⑧ 《明孝宗实录》卷一〇三,弘治八年八月丁丑,第1894页。
⑨ (明)马文升:《马端肃奏议》卷六,《文渊阁四库全书》第427册,第762页。

匿无度牒者给予法律惩处。《明孝宗实录》记其疏,曰:"有容隐者,僧道官并住持俱发充军,所司不举,以枉法论。"①此记僧道官与住持容隐无度牒之僧行道童,"俱发充军",而马文升文集中所记该疏作:"容隐未度僧行道童收为徒弟者,各问发口外为民,寺观住持还俗为民,僧道官罢黜,不举者罪同,所司官员容隐者亦治以罪。"②此记容隐无度牒之僧行道童的惩罚乃为"住持还俗为民"、僧道官"罢黜"。万历《明会典》中记载:"凡僧道擅收徒弟,不给度牒,及民间子弟户内不及三丁、或在十六以上而出家者,俱枷号一个月。并罪坐所由,僧道官及住持知而不举者,各罢职还俗。"③可见,对僧道官与住持容隐无度牒僧道之处罚,文集所记马文升之意见与明代之法律规定大体一致,而《明孝宗实录》所记则与之相差甚远,似马文升文集所记为是。换言之,此处当以马文升文集校正《明孝宗实录》。

(四)笔误

《明孝宗实录》所载奏疏除了因删减不当出现失误外,还有很多属于笔误者。一者修纂过程中或修纂完毕进行誊写时难免出现笔误;二者现存《明孝宗实录》为传抄本,传抄过程中也可能出现笔误;三者,修纂《明孝宗实录》时所据资料原件,难免有笔误之处,这也或许会使《明孝宗实录》将笔误处亦继承下来。如上种种笔误常常可以用相关明人文集所载奏疏加以校正。

《明孝宗实录》载有马文升关于选任御史之一条奏疏,其中称:"六年以上知县数少,于办事三年以上进士内选取。"④而后一句马文升文集所载奏疏中作"办事二年以上进士"⑤。查王恕对此奏疏之覆奏作:"今左都御史马文升又奏前因,诚为选用风宪之良法,但恐遇有御史缺多,六年以上知县、二年以上进士内相应之人数少,必待其有,然后选用,不无误事。"⑥可见当作"二年",即马文升文集所载此疏可纠正《明孝宗实录》所载者之失误。

《明孝宗实录》记有马文升关于军官擅用官马如何惩罚的一条奏疏,其中称:"亲管官若有侵欺料豆五石以上,及擅拨马五匹以上与人骑者,降

---

① 《明孝宗实录》卷十,弘治元年闰正月己巳,第210页。
② (明)马文升:《马端肃奏议》卷三,《文渊阁四库全书》第427册,第734页。
③ (明)申时行等:《明会典》卷一百六十三《律例四·户律一》,第837页。
④ 《明孝宗实录》卷十,弘治元年闰正月己巳,第207页。
⑤ (明)马文升:《马端肃奏议》卷三,《文渊阁四库全书》第427册,第727页。
⑥ (明)王恕:《王端毅奏议》卷八,《文渊阁四库全书》第427册,第597页。

一级。料豆至十石,马至十匹以上者降一级,调外卫带俸差操。"①其文集所收奏疏则作:"一二石者照常例发落,十石以上降二级。"②二者记载有所差异,表现在对擅拨马十匹之上的处罚方式上存在不同。万历《明会典》记载:"在京坐营管操内外官并把总以下官,将马匹私占骑用及拨与人骑坐,至五匹者降一级,六匹以上二级。其各边镇分守、守备、把总、管队等官将骑操并驿传走递官马,擅拨与人骑坐,及私用伺候等项亦照前例问拟。"③此言明代规定军官擅自拨马六匹以上即降二级,若马文升建议十匹以上只降一级,虽是外加调外卫带俸差操之处罚,与此规定相比,亦相差甚远。故《明孝宗实录》此处所记当存疑,而以马文升文集所载为准。

(五)奏疏实际作者不明确

《明孝宗实录》中所记集体奏上之疏,其领衔署名者,有的并非实际撰稿者。如欲弄清其撰稿人真相,或可通过相关明人文集所载奏疏而得以解决,因为奏疏往往只会被收入实际撰稿人的文集中。《明孝宗实录》中记载有《五府六部都察院通政司大理寺等衙门吏部尚书屠滽等奏》一疏,内容是疏救科道官庞泮、监察御史刘绅等人。④ 经核对储巏文集中《题赦言官亦光圣德》疏,可以确定,二者实为一疏,乃储巏任吏部郎中时所拟。⑤又如倪岳担任礼部侍郎时,曾经起草了两个会奏的疏稿,《明孝宗实录》中将上奏领衔署名者均记为礼部尚书周洪谟。其一为《祀典一·裨补名教事》⑥,《明孝宗实录》中记载为《礼部等衙门尚书周洪谟等言》⑦;其二为《祀典二·厘正祀典事》⑧,《明孝宗实录》记为《尚书周洪谟等会议》⑨。吴宽《倪文毅公家传》记载倪岳曾经起草这两个疏稿,"又上'祀先公以天子之礼',其意盖出于此国家自德祖以上莫推其世,则德祖乃周之后稷也,不可祧,懿僖仁三祖以次当祧,至太祖太宗为周之文武百世不迁。今宪宗升祔,当祧懿祖一庙,宜于太庙寝殿后别建藏祧主之所,如古夹室之制,每岁暮则奉祧主合享亦应古祫祭之制";"又有言'孝穆太后当祔庙者',复诏议

---

① 《明孝宗实录》卷一一四,弘治九年六月丙申,第2068页。
② (明)马文升:《马端肃奏议》卷七,《文渊阁四库全书》第427册,第774页。
③ (明)申时行等:《明会典》卷一百六十七《律例八·兵律二》,第857页。
④ 《明孝宗实录》卷一一二,弘治九年四月乙未,第2041~2042页。
⑤ (明)储巏:《柴墟文集》卷一二,《四库全书存目丛书》集部第42册,第528~530页。
⑥ (明)倪岳:《青溪漫稿》卷一一,《文渊阁四库全书》第1251册,第106~114页。
⑦ 《明孝宗实录》卷一七,弘治元年八月癸卯,第414~415页。
⑧ (明)倪岳:《青溪漫稿》卷一一,《文渊阁四库全书》第1251册,第114~117页。
⑨ 《明孝宗实录》卷一三,弘治元年四月庚戌,第305~315页。

之。公言'周之姜嫄为帝喾次妃后稷之母,故周礼有享先妣乐舞……今孝穆神主宜于奉先殿别立庙,岁时祭享,悉如奉先殿之仪。知礼者皆以其言为然,奏上,诏悉从之。二疏盖皆出公手"①。尹守衡《皇明史窃》卷四十九记载倪岳"弘治改元转左,时周弘谟为尚书,每以岳知故典,遇有大礼皆取裁岳"②。可见当是倪岳为周洪谟拟稿。丘濬文集中有三篇请建储表,称:"臣某等伏望皇上早颁册命,正位储宫。"③《明孝宗实录》皆记在张懋名下,称:"文武群臣太师兼太子太师英国公张懋等上表请册立东宫。"④这些都是通过相关明人文集所载奏疏而得知《明孝宗实录》中所载上奏领衔署名者非实际撰稿人的实例。

二、《明孝宗实录》纠补相关明人文集中之失误

将《明孝宗实录》所收奏疏与相关明人文集所收奏疏进行比对,会发现后者所收有时会出现失误。盖因相关明人文集为收录整理前此撰写文字之作,自有誊录、刊刻的过程,因此亦难免出现笔误。《明孝宗实录》或可纠正其所收奏疏的一些失误。

《明孝宗实录》卷二八载有王恕等《以灾异言七事》疏,称:"旧例外官考满,前任日少者许通理。"⑤而在王恕文集相关奏疏中,其第二句作"后任日少许通理"⑥。万历《明会典》:"弘治二年题准,外官复除改除,前后两任以十八个月为半。如前任月日少,许于后任月日通理。多则再历三年,不得以后任秩满。"⑦可见当以《明孝宗实录》记载为是,应以之校正王恕文集所记之误。

马文升有《豫教皇储以隆国本事》一疏,建议选择合适之人早教太子,其文集中所载该奏疏称:"稍长,严敕东宫老成内臣如太监覃昌者,先教之诵习《孝经》。"⑧陈子龙《明经世文编》卷六十二收录该奏疏,亦作"太监覃

---

① (明)吴宽:《家藏集》卷五九《倪文毅公家传》,《文渊阁四库全书》第1255册,第556页。
② (明)尹守衡:《皇明史窃》卷四九,《续修四库全书》第317册,第206页。
③ (明)丘濬:《重编琼台稿》卷八,第161~163页。
④ 《明孝宗实录》卷五九,弘治五年正月乙未,第1134页;同卷弘治五年正月戊戌,1138页;同卷弘治五年二月癸卯,第1143页。
⑤ 《明孝宗实录》卷二八,弘治二年七月癸未,第633页。
⑥ (明)王恕:《王端毅奏议》卷一一《修省陈言奏状》,《文渊阁四库全书》第427册,第636页。
⑦ (明)申时行等:《明会典》卷一二《考核在外司府州县官》,第73页。
⑧ (明)马文升:《马端肃奏议》卷一,《文渊阁四库全书》第427册,第711页。

昌"①。而《明孝宗实录》所载同一奏疏"覃昌"作"覃吉"②。按,《国榷》卷四十二"弘治七年正月壬辰"亦载其疏,作"覃吉"③。《明神宗实录》卷二百五十有"我朝金英以一言定储位,覃吉以正学辅东宫"之语。④ 焦竑《国朝献征录》卷一百一十七《覃吉传》记载:"覃吉,成化间为东宫典玺局郎,温雅诚笃,识大体,通书史,议论执方,辅导东宫,动作举止悉规以正,学(中)庸论语皆其口授,暇则开说诸司要务,及民情土俗、农桑军旅以至宦寺专权蠹政之由尽悉……每东宫出讲必使左右往迎讲官。"⑤可见应为"覃吉",即应以《明孝宗实录》所载奏疏纠正马文升文集所载奏疏之误。

兵部尚书刘大夏有《论思恩岑氏疏》,其文集中所载此疏称:"故知州岑豹乃叛臣余孽,与其子应俱相沿袭职,既而吞并邻壤,与恩城知州岑清同谋侵占田州地土,自取灭绝。"⑥《明孝宗实录》卷二百二十二中亦收录此奏疏,其中"岑清"作"岑钦"。⑦ 查《国榷》卷四十二"弘治五年二月甲辰",有"思城州知州岑钦"之记载,⑧当以"岑钦"为是,即应以《明孝宗实录》所载纠正刘大夏文集所载奏疏之误。

丘濬有《请访求遗书奏》一疏,提到列朝实录之册数。此疏在丘氏文集与《明孝宗实录》中皆有收录,将两者对校,发现有两处不同。一是《太宗实录》的册数,丘氏文集作"一百二十四册",《明孝宗实录》作"一百三十四册"。另一处是《宪宗实录》的册数,丘氏文集作"宪宗皇帝实录一部二百九十二册",《明孝宗实录》作"二百九十三册"。⑨ 按,《进太宗实录表》中记:"《太宗文皇帝实录》百三十卷,《仁宗昭皇帝实录》十卷,合百五十四册。"⑩将实录装订成册时,一般正文一卷为一册,又将目录、凡例各作一册,正文有一百三十卷,故册数不可能少于一百三十。关于《太宗实录》的册数,当以《明孝宗实录》所载奏疏记载为是。又按,《进宪宗实录表》记载:"二百九十三卷,宝训十卷,合目录凡例总三百五册。"⑪可见《明宪宗实

---

① （明）陈子龙等:《明经世文编》卷六二,中华书局,1962 年,第 505 页。
② 《明孝宗实录》卷八四,弘治七年正月壬辰,第 1573 页。
③ （清）谈迁:《国榷》卷四二,弘治七年正月壬辰,中华书局,2005 年,第 2654 页。
④ 《明神宗实录》卷二五〇,万历二十七月癸酉,第 4658 页。
⑤ （明）焦竑:《国朝献征录》卷一一七《覃吉传》,《四库全书存目丛书》史部第 106 册,第 596 页。
⑥ （明）刘大夏:《刘大夏集》卷二《论思恩岑氏疏》,第 14 页。
⑦ 《明孝宗实录》卷二二二,弘治十八年三月甲辰,第 4198 页。
⑧ （清）谈迁:《国榷》卷四二,弘治五年二月甲辰,第 2627 页。其中"思"当作"恩"。
⑨ （明）丘濬:《重编琼台稿》卷七《请访求遗书奏》,《文渊阁四库全书》第 1248 册,第 148 页;《明孝宗实录》卷六三,弘治五年五月辛巳,第 1218 页。
⑩ 《明太宗实录·序》,第 3 页。
⑪ 《明宪宗实录·序》,第 3 页。

录》只计正文卷数即有二百九十三卷,此处又当以《明孝宗实录》所载奏疏记载为是。由上可知,此两处相异,均应以《明孝宗实录》所载纠正丘濬文集所载之误。

《明孝宗实录》卷一百二十二记有徐溥等一条奏疏,内称:"内殿奏事旧制每日二次,若有紧急事情不时闻奏。今止一次。"①徐溥文集亦载此疏,其中"内殿"记作"内阁"。② 按,《明经世文编》卷六十五载此疏作"内殿"。③ 此处作"内殿"为是,即应以《明孝宗实录》所载纠正徐溥文集之误。

马文升有一《传奉事》疏,在其文集中记载为"弘治十四年五月初二日具题",④而同一奏疏在《明孝宗实录》卷二百一十二中,作"(弘治十七年五月)壬辰(三日)"上,比文集所记晚三年。另,其名称改作《吏部奏上革弊弭灾事宜》,讲传奉官之部分列在全疏三事之首。⑤ 由《明孝宗实录》中所用名称可知,此疏当为马文升任吏部尚书时所上。据《明孝宗实录》卷一百八十记载:"(弘治十四年十月)甲子(十九日),改兵部尚书马文升为吏部尚书。"⑥由此可判断,马文升文集中所记此疏奏上年份当为"十七年",误写为"十四年",当据《明孝宗实录》所记改正。

王恕代表吏部曾上《议给事中韩鼎等修人事以消天变奏状》一疏,讨论官员去留问题,其奏议集中称:"南京刑部右侍郎彭韶,给事中言其'不学无术、讯狱不明',御史言其'贪名扬播于天下,奔竞腾沸于两京',本官'人多持重'。"又载奉圣旨"彭韶"等都留着办事。⑦ 而《明孝宗实录》卷四十六记作:"吏部覆奏左给事中韩鼎监察御史陈金等所劾……(南京)刑部右侍郎边镛……上命留镛仍治事。"⑧彭韶担任吏部左侍郎,弘治三年四月由刑部左侍郎改。⑨ 据彭韶传记载,其人未曾担任南京刑部右侍郎一职。⑩ 弘治二年七月改都察院左副都御史边镛为南京刑部右侍郎。弘治三年十

---

① 《明孝宗实录》卷一二二,弘治十年二月甲戌,第2178页。
② (明)徐溥:《谦斋文录》卷一《为视朝事》,《文渊阁四库全书》第1248册,第534页。
③ (明)徐溥:《论时政疏》,(明)陈子龙等编:《明经世文编》卷六五,第551页。
④ (明)马文升:《马端肃奏议》卷九,《文渊阁四库全书》第427册,第794页。
⑤ 《明孝宗实录》卷二一二,弘治十七年五月壬辰,第3961页。
⑥ 《明孝宗实录》卷一八〇,弘治十四年十月甲子,第3321页。
⑦ (明)王恕:《王端毅奏议》卷一三《议给事中韩鼎等修人事以消天变奏状》,《文渊阁四库全书》第427册,第665页。
⑧ 《明孝宗实录》卷四六,弘治三年十二月己巳,第934页。
⑨ 《明孝宗实录》卷三七,弘治三年四月丙申,第793页;卷二八,弘治二年七月甲戌,第622页;卷四六,弘治三年十二月甲戌,第940页。
⑩ 《明孝宗实录》卷九六,弘治八年正月己未,第1764页。

二月命南京刑部右侍郎边镛、太仆寺少卿王禄致仕,以科道复劾其贪污奔竞故也。"彭韶"当为"边镛"。

除以上因笔误导致的错误外,相关明人文集中还存在刻意篡改的现象,直接影响了史实的准确性,或可用《明孝宗实录》纠正之。

明代文臣多排斥内臣,但在执行某些职能时,又不得不与内臣合作,在合作后又往往引以为耻,常思掩盖,不令人知。通过对比《明孝宗实录》与文集所收奏疏,可发现这一现象。明代中期内臣监军,与巡抚、总兵官构成了三堂体制,内臣在军事制度中占了重要一环。据《明孝宗实录》所载上奏,马文升在建议清理军马时曾提议:"命内臣并本部堂上官各一人,会同各营总兵官查理见操军马。"①而其文集所载同一奏疏中却记作:"乞敕兵部径自具奏,请命本部堂上官一员,会同各营总兵官将见操军马逐一查理。"②删去了内臣一人之内容。盖上疏时,为适应现时状况,不得已将内臣写在其建议之中。后来其孙马天佑在整理文集之时,认为此事有损其祖马文升之形象,而故意删去。类似例子还可列举。《明孝宗实录》记载南京太常寺卿郑纪进《圣功图》,且上言:"选六卿有德望者,兼宫臣师保之职,别选儒臣方直骨鲠者,补一府两坊之缺。以内阁大臣领之,俾更番侍直。其近侍内臣亦必慎选年四五十以上、读书知理质朴敢言者充之,不用少年新进浮薄之人,亦以司礼监官领之,则宫臣备矣。"③而其文集收载此奏疏则是:"别选儒臣方直骨鲠者,补一府两坊之缺,俾其更畨侍直。近侍内臣亦必慎选年四十五岁以上、读书知理质朴敢言者充之,不用少年新进浮薄之人。俱以内阁大臣领之,则宫臣备矣。"④将内臣由司礼监官领之之内容削而不载。此一删削之原由,当与前例相同。对于相关明人文集的这种刻意删削,为了了解真相,补救的重要办法,当是查阅《明孝宗实录》对其奏疏的记载。

另外相关明人文集所收奏疏有上疏者不明甚至错误的现象,这主要指后人辑录的各种文选。这些文选是从个人文集或单篇流行的奏疏中挑选汇编而成。所选奏疏有些在流传时或已作者不明,或张冠李戴,导致某些奏议汇编出现该类失误。张瀚《皇明疏议辑略》卷二十二、万表《皇明经济文录》卷十三、孙旬《皇明疏钞》卷二十七皆收《思患预防疏》一疏,作者皆

---

① 《明孝宗实录》卷十,弘治元年闰正月己巳,第210页。
② (明)马文升:《马端肃奏议》卷三,《文渊阁四库全书》第427册,第737页。
③ 《明孝宗实录》卷一〇五,弘治八年十月壬戌,第1913页。
④ (明)郑纪:《东园文集》卷一《进圣功图说以辅养皇储》,《文渊阁四库全书》第1249册,第752页。

记为周用。黄训《名臣经济录》卷三十五亦收载此疏,作《题为思患预防事》,但未记载作者。该奏疏主要阐述了勘查牧马操场被占用之事,《明孝宗实录》卷一百二十二亦有一则相关奏疏。现将主要内容摘录如下,以便比对。第一关于建设草场铺设之建议,《名臣经济录》记载:

> 今霸州等处旧设草场去民居稍远,极目荒墟,旷无室宇,人马无所隐庇,露宿苍莽之中……马多瘦损,士卒不乐就牧,百计逃避。陛下鉴其宿弊,近命科道官点闸,此诚防闲之至计也。然既有以防之,宁可无以处之乎? 又况迄今所筑封堆不过数年,风消雨沐,渐就平夷,将复迷其处所。为今之计,不若缘其边界量立铺舍数座,使军士分地而牧,割屋而居,马亦得以就其隐庇,复于居中建立廨宇,以处领敕之官,使得于点闸,歇牧则设卒以守之,庶几人马有依,而边界亦永固矣。①

《明孝宗实录》记载:

> 古者牧马冬厩夏庌,顺时调燮。今霸州等处草场极目荒墟,人马无所栖息,所以士卒不乐就牧,多至逃亡,宜缘其边界量立铺舍。②

第二关于退出庄田以益草场事。《名臣经济录》记载:

> 臣等前踏地至香河县神机营草场,系已故太监覃昌任覃纲管业,臣等丈量之时,道路称快,问其所以,缘覃纲管庄之人倚恃声势、擅作威福……即一处而观之,则凡权豪势要之人所谓庄田者,其征利祸民、营私敛怨大率类此。今草场之为庄田者,陛下既令臣等清理而议处之矣,然规利之徒夤缘左右图复奏讨者,未必无也。臣愿陛下思国家之大计,绝小人之营求,则国体正而人心悦矣。虽然万民之望在于一人,四海之化始于一家。今霸州等处见有皇庄俱在牧马之地,陛下为天下之主,圣母享天下之养,是普天率土莫非王之庄也,岂必于其间复私顷亩之地,收数斛之租,然后谓之庄哉? 臣以为宫闱之用,设有不赡,取府库之积以益之,使不失庄田岁入之数,则上可以愉圣母之心,下可以纾生民之害矣。③

《明孝宗实录》记载:

> 香河等县地俱为势家侵占,霸州等处俱有仁寿宫皇庄,陛下以天下为养,岂必数百顷之庄,乞罢之以益牧地。④

第三建议简选达官量材任用之事。《名臣经济录》记载:

---

① (明)黄训:《名臣经济录》卷三五,《文渊阁四库全书》第444册,第53页。
② 《明孝宗实录》卷一二二,弘治十年二月丙申,第2189页。
③ (明)黄训:《名臣经济录》卷三五,《文渊阁四库全书》第444册,第53页。
④ 《明孝宗实录》卷一二二,弘治十年二月丙申,第2189页。

> 臣又见三河县五军营草场一处，多系宣德年间归化达官任玉、王镇等住种，自昔归化之时，给与庄田，以裕其食用，此固朝廷招徕降附之深意也。然而土著既久，生齿渐繁，地之所入不足以赡其家之所需，至有迫于饥寒而流劫盗者，甚非所以安远人而来慕义也。臣询之于人，咸言自此以至河间，达官之营相望不绝，贫不聊生者与营略同……倘陛下用之得其所，而处之得其宜，则未必不赖其益也。①

《明孝宗实录》记载：

> 三河县五军营草场一处，多宣德间归附达官住种，生齿既繁，渐至失所，宜简其材力可用者，量任之边方，以尽安远之道。②

由上可知两则奏疏当来自于同一疏稿，为同一作者所拟。然而《明孝宗实录》记载"初兵科给事中周旋、监察御史张淳奉敕勘牧马草场地，既遍诣诸州县勘报于朝，至是复各疏论牧地事宜。"③由此判断该奏疏或为周旋、张淳所奏。查周旋墓志铭，称"各营牧地渐褫于贵势，公承敕清理，悉复其旧而中宫皇庄不肯罢，公奏：'母后享天下养，何必私顷亩之入，妨国家重讦哉？'上为请于太后，罢之。"④《两浙名贤录》卷二十四亦记载其事其言："陛下天下主。母后享天下之奉。何必私牧地顷亩之入而后给哉？"⑤周用为弘治十五年进士，⑥该奏疏为弘治十年所上，故其作者不可能为周用。

黄训《名臣经济录》卷三十五还收录一则有关牧场事宜的奏疏，记作"题为修饬武备以防不虞事"，未记作者，但记出处为《半斋集》。万表《皇明经济文录》收录此疏一部分，记作者为储巏。⑦《名臣经济录》记载该奏疏开头为："先该兵部题前事，蒙敕臣等将京运牧马草场踏勘缴报外，续该臣等题将各项侵占草场、庄地一并退出牧马等情，又该兵部题该钦奉圣旨：'是。设立草场牧放战马系军国重事，废弛年久，今各官既清白王庄侵过地，仁寿宫并亲王庄地及各官奏讨侵占原草场地土，俱照数退出牧马。'钦此。除钦遵外，臣等各准奉各该衙门关札，带领各营把总指挥姚庆等前去霸州等处，将前项地土会同各该管庄官员人等，逐一丈量明白，筑立封堆四

---

① （明）黄训：《名臣经济录》卷三五，《文渊阁四库全书》第444册，第54页。
② 《明孝宗实录》卷一二二，弘治十年二月丙申，第2189页。
③ 《明孝宗实录》卷一二二，弘治十年二月丙申，第2188页。
④ （明）张邦奇：《张文定公靡悔轩集》卷八《明故广东布政司右参议进阶朝议大夫周公墓志铭》，《续修四库全书》第1337册，第67页。
⑤ （明）徐象梅：《两浙名贤录》卷二四《兵科给事中周克敬旋》，《续修四库全书》第542册，第712页。
⑥ （明）过庭训：《本朝分省人物考》卷二二《周用》，《续修四库全书》第533册，第435页。
⑦ （明）万表：《皇明经济文录》卷一三《修饬武备以防不虞疏》，《四库禁毁书丛刊》集部第18册，第682~683页。

至,各坚粗石界牌,退出牧马。"①上述恰与《明孝宗实录》所载皇帝批复周旋等奏疏相符:"兵部覆奏,得旨'设草场牧战马乃军国重事,废弛年久,今既清查明白,皇庄并仁寿宫及亲王等庄所侵占者,俱照数退出牧马,合行事宜兵部更议拟以闻。'"又查周旋墓志铭,得知其有"奏草各若干卷,自号半斋"。焦竑《国史经籍志》卷五记载《半斋集》乃周旋之文集。② 由此可断定,黄训《名臣经济录》所收该两条奏疏皆为周旋所上,张瀚《皇明疏议辑略》、万表《皇明经济文录》等所记该两条奏疏作者皆误。此讹误之发现皆得益于将其与《明孝宗实录》所收奏疏进行对比,由内容一致而找出作者的系列线索。

奏疏摘录是《明孝宗实录》编纂工作中的一项重要内容,对其进行分析可以窥见《明孝宗实录》编纂的某些优缺点。《明孝宗实录》集官方力量进行编纂,可以充分利用朝廷所存的各种档案,这对于奏疏的搜集无疑是得天独厚的条件。加之编纂官皆饱学之士,主要负责人皆为当朝大臣,多深谙治国要略,基本保证了收录奏疏的质量。其所收奏疏数量庞大,内容亦极为丰富,上疏者身份多样,为保存当时人的言论做出了巨大贡献。从丰富的奏疏内容中可以加深对明孝宗在位时期的政治、经济、军事、法律、制度等状况的全面了解。另外,《明孝宗实录》编纂时,将所收奏疏进行了不同程度的处理,详略随宜,且删去了公文写作固定格式中的套语,方便读者阅读。将其所收奏疏与相关明人文集、文选所收奏疏进行对比,发现其以上优势更加突出。相关明人文集所收奏疏数量远不如《明孝宗实录》,内容亦有其局限性,在反映当时国家与社会状况方面,不若《明孝宗实录》所收奏疏全面,足见官方组织编纂的巨型文献其优越性所在。

然而《明孝宗实录》的奏疏摘录亦有其不足之处。一方面难免受到编纂者主观思想的影响。他们对原疏稿的取舍实质上反映了他们一定的政治立场与政治愿望,从而导致某些奏疏被刻意拒收。如对有损明孝宗形象的劝谏疏需谨慎选择。至于总裁官焦芳对所收奏疏是否做过手脚,需进一步考证,至少他本人在弘治年间所上的奏疏皆长篇录入,尤其为自己申明冤枉者更是不惜笔墨。③ 另一方面,奏疏的收集过程亦存在一些隐患。各部档案浩如烟海,往往由各部官吏初步筛选移交翰林院,期间或有知识浅

---

① (明)黄训:《名臣经济录》卷三五《题为修饬武备以防不虞事》,《文渊阁四库全书》第444册,第55页。
② (明)张邦奇:《张文定公靡悔轩集》卷八《明故广东布政司右参议进阶朝议大夫周公墓志铭》,《续修四库全书》第1337册,第67页。
③ 《明孝宗实录》卷三五,弘治三年二月戊申,第764~768页。

陋之人负责此事，易将重要疏稿遗漏。明人李清记载其亲历之事："予署篆后，见一书手把册而前，请用印，予问何册，旁一书手答曰：'此名史书。'盖汇刑部诸招疏送翰林院，为他日修实录地也。予取阅，见中有去取，因问把册书手：'此谁为政？'其人瞪目张口不知所答，旁一书手曰：'若聋耳。'予不得已，以口逼耳再三呼，方点额曰：'小人为政。'予叹曰：'彼何知？误收犹可，误遗奈何？'"①有时，或出于谋篇布局的客观需要，或因编纂者无意间的粗心造成有些奏疏或奏疏内某些重要信息遗漏。这些不足之处通过与明人相关文集进行比对，可更加清楚地发现，有些可以借助文集所载奏疏进行补充。

---

① （明）李清：《三垣笔记》，中华书局，1982年，第20页。

第五章 《明孝宗实录》中传记的撰写

《明孝宗实录》按时间顺序记明孝宗在位期间发生之事,然细考其内容又非简单地按年、月、日记事,而是融入了传记、纪事本末体等其他体裁,形成了一部层次多重、内容丰富的史学巨制。《明孝宗实录》凡例中规定:"凡公、侯、驸马、伯,在京文武三品以上、近侍五品以上,在外都司、布政司、按察司正官没皆书卒,及概见其行实,善恶务合公论。"① 由此《明孝宗实录》载有许多公侯及文武大臣的传记。据笔者统计,《明孝宗实录》所载各类人物的传记约400余篇(包含未详述个人经历者),其中公、侯等勋臣传记40篇,未得封爵的一般武臣传记50余篇,文臣传记164篇,共约七万字,占《明孝宗实录》(约116万字)的6%。这些传记对于了解弘治年间的朝政状况等甚有价值。

第一节 入传人员的资料来源

《明孝宗实录》中所载传记数量不菲,其写作乃多方取材,综合利用,其资料来源既包括了官方修纂的《明宪宗实录》等,又包含了私人撰写的墓志碑铭,以及已经整理成书的个人文集等。

一、前朝实录中的相关记载

《明孝宗实录》传记的传主大部分经历了明宪宗一朝,甚至远至明英宗时期。因此《明孝宗实录》修纂者往往通读前朝实录,以辑录出有关该传主的记载,从而形成《明孝宗实录》传记的部分史源,如《明孝宗实录》王

---

① 《明孝宗实录·凡例》,第8页。

越传中有 1/2 强的内容直接来源于《明宪宗实录》。

《明孝宗实录》王越传中记载其征河套立功事,称:"虏每自河套入寇延绥,上命将讨之,越赞军务,以崖窑川、开荒川、柏油川之捷,三转至左都御史。"①《明宪宗实录》卷二百四十三亦记载此事:"会虏自河套累入延绥寇掠,朝廷命将征讨,越尝参赞军务,以崖窑川、开荒川、柏油川之捷,三转至左都御史。"二者无论句子结构还是用语皆非常相近,反映了二者的因袭关系。又如《明孝宗实录》王越传记载红盐池之捷:"会虏酋西寇,遂身率轻骑,自榆林出塞,昼夜驰三百余里,直抵红盐池。乘虚袭其老营,斩首三百五十余级,获其驼马、杂畜、器械无算,焚庐帐而还,自是虏不敢深入。"②与这段记载非常相似的记载亦见于《明宪宗实录》卷二百四十三中:"寻以虏酋西寇,乘虚率轻骑,自榆林出塞,昼夜疾驰三百八十里,直抵红盐池。袭其老营,虏悉奔溃,斩首三百五十余级,获其驼马、杂畜、器械无算,焚其庐帐而还,自是虏远遁。"③二者除了语句、用词相近外,所涉及数字记载亦基本一致。此为《明孝宗实录》王越传承袭《明宪宗实录》相关记载的又一证据。④

又如《明宪宗实录》卷六十二记载刑科给事中萧彦庄劾奏吏部尚书李秉任情行私事,除载有萧彦庄奏疏原文外,还记载:"朝觐考官,大学士彭时弟侍读彭华有所嘱,(李秉)竟黜其人。当道中贵欲用其乡里于美任者,(李秉)不听,升补外郡。由是内外构怨。大理寺卿王概,彦庄同郡人,且有连,欲谋逐(李)秉而代之,或言是奏,概所授也。"⑤《明孝宗实录》李秉传采用了以上说法,认为是王概唆使萧彦庄弹劾李秉:"翰林侍读彭华,大学士时之从弟也,有群从及故人子刘乔求京秩不得,憾之(指李秉)。大理寺卿王概(对李秉)亦有憾。撼其子为有司不职,不能黜,及选格数事,嗾其乡人给事中萧彦庄劾之。"⑥反映了《明孝宗实录》李秉传与《明宪宗实录》的因袭关系。

又如《明宪宗实录》记载:"典玺局局丞王纶⑦事上于东宫……翰林侍

---

① 本章中划线部分均为文本对比中相同或相似处。
② 《明孝宗实录》卷一四五,弘治十一年十二月壬辰朔,第 2523 页。
③ 《明宪宗实录》卷二四三,成化十九年八月壬申,第 4108 页。
④ 作此判断的依据主要有二点:第一,二者记述极为相近;第二,关于王越的该有关记载,除了撰写早于《明孝宗实录》的《明宪宗实录》的上引文字外,在现存撰写早于《明孝宗实录》的其他文献中,尚未发现相关记载。本书以下所作与此类判断相同的判断,其根据与此相同,不再一一说明。
⑤ 《明宪宗实录》卷六二,成化五年春正月丙子,第 1270 页。
⑥ 《明孝宗实录》卷二六,弘治二年五月丁亥,第 592 页。
⑦ "王纶"当为"王伦"。

读学士钱溥以尝奉命教内书馆,纶尝受学焉,时尚宝司丞朱奎以幼童陪读馆中,相亲昵,俱交厚。至是先帝不豫,溥意纶必典机务,预有入阁之喜,密遣奎通纶于禁中,纶因偕奎造溥家……溥降顺德县知县。"①《明孝宗实录》钱溥传亦记载其事:"但性既嗜进,所行亦轻脱。有太监王伦者,尝受业于溥,当英庙大渐时,伦出就溥舍,妄改政事、人物,被缉访下狱,罪且不测,有左右之者乃得从轻典,其出为知县。"②此事涉及非法议事,甚为机密且敏感,对传主来说极其不光彩,作为官方文献,《明宪宗实录》记载最为详细、可靠。从《明孝宗实录》所记来看,当是参考了前者。另外,本传记还记载"以此其后累被弹劾,尚得迁尚书而去"。此评论关系一人之名誉,当有所凭证。通览《明宪宗实录》所记,钱溥确多次遭到弹劾,有些劾词中称"南京吏部侍郎钱溥素乏清誉,屡见弹劾"③,吏科都给事中赵侃等言:"溥之素行屡为言者论列,中外知之。"④《明孝宗实录》当参考了这些记载,在其传记中记作"累被弹劾"。

《明英宗实录》卷一八一详细记载了英宗北狩后,景泰帝及群臣之应对情况,其中有如下一段:"锦衣卫指挥马顺唱逐百官,给事中王竑奋臂挃顺发,啮其肉,曰'顺倚(王)振肆强,今犹若此,诚奸党也',百官争捶死顺,且请籍(王)振家。"⑤《明孝宗实录》王竑传记亦记载其此事迹:"英宗北狩,景皇帝以郕王监国,廷臣伏阙劾王振,锦衣卫指挥马顺叱众令起,竑奋臂挃顺发,啮其肉,百官争捶顺死,由是正气直声震于天下。"⑥从二者行义用语来看,后者有承袭前者的可能。《明宪宗实录》卷二十一记载了王竑致仕时的情况,称:"兵部尚书王竑以久病不痊,三上章乞放免,上曰:'竑既久病不痊,屡陈情恳,准其还家调摄,病愈复起用。'盖竑病本未甚,以前荐岳正、张宁为时所沮,遂坚意求去,士论惜之。"⑦《明孝宗实录》王竑传记亦如上记载,称:"荐修撰岳正、给事中张宁清黄,不听,遂移疾。宪宗不许,命医往视,章三上,乃许病痊复起,不数月而去,寻致仕。"⑧

明实录中对某些事件的发生会作出一定分析,对后人了解事件背后的

---

① 《明宪宗实录》卷一,天顺八年壬午,第29页。
② 《明孝宗实录》卷一四,弘治元年五月辛未,第334页。
③ 《明宪宗实录》卷一九五,成化十五年冬十月戊子,第3440页。其他弹劾见同书卷一一六,成化九年五月戊午,第2253页;卷一一九,成化九年八月庚申朔,第2283页;卷一七〇,成化十三年九月乙亥,第3078页等记载。
④ 《明宪宗实录》卷一七〇,成化十三年九月己卯,第3082页。
⑤ 《明英宗实录》卷一八一,正统十四年八月庚午,第3524页。
⑥ 《明孝宗实录》卷二一,弘治元年十二月壬辰,第484页。
⑦ 《明宪宗实录》卷二一,成化元年九月己未,第416页。
⑧ 《明孝宗实录》卷二一,弘治元年十二月壬辰,第484页。

缘由极有帮助，《明宪宗实录》即是如此。这对于《明孝宗实录》传记来说，亦是极为有用的资料。如《明宪宗实录》卷二百八十一记载降调顺天府府丞黄杰于外任一事，除了详细描述黄杰因怀疑儒士周宣冒籍而被判以处事不公罪之外，还进一步分析称："命送吏部降二级调外任为广东肇庆府同知。盖杰之被调不止为（周）宣，亦有当道中贵嘱其乡人于府尹吴玘，玘诺而不以语，杰遂致触忤故也。"①《明孝宗实录》所载黄杰传记，当参考了该说法，记作："升顺天府丞，以能称，会忤权贵，左迁广东肇庆府同知。"②

二、《明孝宗实录》成书前已问世的碑传类文章

《明孝宗实录》所载传记的传主亡故后，其子弟为悼念死者往往会持传主的行状，请求传主生前的门生好友为其撰墓志铭、神道碑铭等。行状及碑传类传记记载传主生平较为全面、详细，包括了仕宦履历、主要事迹以及重要言论等。这就为《明孝宗实录》传记以之为写作根据提供了可能。据笔者所查，《明孝宗实录》所载传记中至少有68篇参考了记载传主生平的碑传等文章。

（一）行状

传主行状记载往往较为全面，对传主的综合评价亦比较详细，可供《明孝宗实录》参考。如杨廷和所撰《资政大夫刑部尚书致仕杜公铭行状》内容丰富，现摘录其主要评价："明习政事，尤慎重刑狱……一时用刑号称平允……公气貌魁硕，与人交诚信可伏，开口见心不立城府，雅尚俭朴，居家常衣布衣。"③《明孝宗实录》杜铭传记记载异常简略，但大意与其行状有相通之处，如"铭为人详厚周慎，鲜有过举，俭朴之习至老不渝云"④。

（二）墓志铭

王霁死后，其同年好友刘健曾为其作墓志铭，刘健自称对其情况较为

---

① 《明宪宗实录》卷二八一，成化二十二年八月癸未，第4738页。
② 《明孝宗实录》卷一一五，弘治九年七月壬申，第2093页。
③ （明）杨廷和：《资政大夫刑部尚书致仕杜公铭行状》，（明）焦竑：《国朝献征录》卷四四，《四库全书存目丛书》史部102册，第328页。
④ 《明孝宗实录》卷一一五，弘治九年七月辛亥，第2080页。

了解:"余与公同年进士,自登第迄今,相知且厚。"①王霁卒于弘治九年,而该墓志铭至晚写于弘治十年:"其子泰等将以卒之明年某月日葬公陆溪之原,以翰林修撰钱君福状来请铭。"②通过将《明孝宗实录》王霁传与该墓志铭进行对比,发现二者记载极为相近。如该墓志铭记载其早年之仕宦经历:"拜(王霁)南京刑部主事,迁员外郎,再迁郎中,累辨疑狱,有能声。"③《明孝宗实录》王霁传记载与之完全相同:"拜南京刑部主事,迁员外郎,再迁郎中,累辨疑狱,有能声。"④又如王霁任黄州府知府时之事迹,墓志铭记载:"府境尝有虎害、火灾及江水暴至,屡损濒江民庐,公诚心所祝,辄有奇应,以是民益信之。"⑤《明孝宗实录》王霁传记载与之基本一致:"尝有虎患、火灾,又江水尝暴至,坏民庐舍,霁祈祝有应,以是民爱信之。"⑥关于王霁赈济山东时所筹钱粮的数量,二者记载则完全一致。墓志铭记载:"巡抚山东,值岁饥,民多死徙,公荐受玺书焦劳区画,得银五十余万两,米二百余万石……"⑦《明孝宗实录》王霁传亦记载:"巡抚山东,值岁饥,民多死徙,霁为区画银五十余万两,米二百余万石……"⑧此皆可证明《明孝宗实录》王霁传当参考了其墓志铭中的相关记载。

《明孝宗实录》卷七十四记载张文质传,概述其历宦经历曰:"景泰中升都给事中,以音吐鸿邑选为通政司右参议。天顺初进左通政,复进通政使,成化中加兵部左侍郎、工部尚书,俱仍掌通政司事。既而加太子少保,改礼部尚书,管部事。岁余以母丧去,服除仍以礼部尚书掌通政司事,后为言官所劾致仕。"⑨此段话与程敏政作《资德大夫正治上卿掌通政使司事太子少保礼部尚书致仕张公墓志铭》有相似之处:"公体质凝远,音吐鸿邑,尤为一时所器重。景泰庚午升都给事中,壬申升通政使司右参议,英宗复位,初廷臣多不当意者,独嘉公升左通政,进通政使,数被赏赍。宪宗嗣位,

---

① (明)刘健:《嘉议大夫大理寺卿拙庵王公墓志铭》,(明)朱大韶《皇朝名臣墓铭·艮集》,《明代传记丛刊》第58册,第621页。
② (明)刘健:《嘉议大夫大理寺卿拙庵王公墓志铭》,(明)朱大韶《皇朝名臣墓铭·艮集》,《明代传记丛刊》第58册,第621页。
③ (明)刘健:《嘉议大夫大理寺卿拙庵王公墓志铭》,(明)朱大韶《皇朝名臣墓铭·艮集》,《明代传记丛刊》第58册,第619页。
④ 《明孝宗实录》卷一一七,弘治九年九月己酉,第2113页。
⑤ (明)刘健:《嘉议大夫大理寺卿拙庵王公墓志铭》,(明)朱大韶《皇朝名臣墓铭·艮集》,《明代传记丛刊》第58册,第619页。
⑥ 《明孝宗实录》卷一一七,弘治九年九月己酉,第2113页。
⑦ (明)刘健:《嘉议大夫大理寺卿拙庵王公墓志铭》,(明)朱大韶《皇朝名臣墓铭·艮集》,《明代传记丛刊》第58册,第620页。
⑧ 《明孝宗实录》卷一一七,弘治九年九月己酉,第2113页。
⑨ 《明孝宗实录》卷七四,弘治六年四月乙未朔,第1399页。

久之以考绩升<u>兵部左侍郎</u>,成化乙未<u>进工部尚书,并掌通政事</u>。今上正位东宫,加恩廷臣,<u>公太子少保</u>,明年<u>调礼部尚书,莅部事</u>。寻以母忧去职,服阕<u>仍掌通政事</u>。"①《明孝宗实录》总结张文质为人,称其"<u>为人重厚有容,居家以孝称</u>,<u>历官四十余年无过举</u>"。张文质墓志铭亦作如是评价:"<u>公为人谨厚</u>,<u>雅度有容</u>,终日恂恂不妄言笑,典出纳<u>前后余四十年</u>,每朝廷有大政刑必预议,有大典礼必在列。公亦感列圣眷知,夙夜奉公……<u>性孝友</u>。"二者记载不完全相同,但从划线部分可判断,《明孝宗实录》张文质传当参考了其墓志铭,尤其对其体质特征、品性的描述当直接来自于传主的墓志铭。

　　林瀚撰有《资德大夫正治上卿太子少保工部尚书束鹿贾公墓志铭》②,传主名贾俊,林瀚与之关系亲密:"瀚与公斯文往还殆三十载,尔年公两奉诏旨遣子鲁、又遣孙越踵游于太学,具载酒殽,予言犹在耳……"③墓志记载详细,曰:"<u>拜山西道监察御史</u>,盖异数也……<u>历巡江浙、河南、山西、南畿,所全区贪墨、奖贤能</u>,雪冤剖狱人以为神……成化初,服除擢山西按察司佥事,奉玺书以守宁武诸关,威令声肃,境土晏然。寻调山东赈济流移……既而<u>进秩副使,分司于临清</u>……时朝廷念宁夏为关西重镇且知公可当大任,特超拜都察院右副都御史④抚巡其地……<u>宪度以肃,兵咸以振,虏寇悉闻风远遁,而边民得安</u>……癸卯,遂召为工部右侍郎,乙巳河洛告饥,民朝夕急,敕公往恤之,所赖以生者视山东无虑倍……丁未转左侍郎,复进位尚书……弘治癸丑,修建太室告成,进太子少保。明年甲寅<u>以足疾不良于行,荐具疏请老,上谕留者久之</u>,公恳辞益切,乃诏乘传以归……盖公之忠勤俭介终一节,故朝廷恩礼亦始终加隆。"《明孝宗实录》所载贾俊传,当参考了其部分内容,记作:"授监察御史,<u>出巡浙江、山西、陕西、河南、南畿,所至有声</u>,擢山西按察司佥事,协守宁武诸关,修明军政,边徼晏然,寻迁副使,分司临清,用荐为右佥都御史,巡抚宁夏,<u>至则持宪度、严军法,数年虏不敢犯</u>。入为工部右侍郎,时河南饥,命俊赈贷,多所全活,未几转左,遂进尚书加太子少保。俊为人清慎俭约,终始不渝,在工部数年,饬材训艺动必信度,人无间言。<u>累以足疾上疏乞休,久之乃命驰驿归</u>。"⑤对比可知,《明孝宗实录》

---

① (明)程敏政:《篁墩文集》卷四《资德大夫正治上卿掌通政使司事太子少保礼部尚书致仕张公墓志铭》,《文渊阁四库全书》第1253册,第116页。
② (明)林瀚:《资德大夫正治上卿太子少保工部尚书束鹿贾公墓志铭》,(明)朱大韶《皇朝名臣墓铭·艮集》,《明代传记丛刊》第58册,第533页。
③ (明)林瀚:《资德大夫正治上卿太子少保工部尚书束鹿贾公墓志铭》,(明)朱大韶《皇朝名臣墓铭·艮集》,《明代传记丛刊》第58册,第533页。
④ 当为右佥都御使。
⑤ 《明孝宗实录》卷一〇一,弘治八年六月己巳,第1852~1853页。

贾俊传在其墓志铭基础上加以润色,如"至则持宪度、严军法,数年虏不敢犯"与墓志铭所言"宪度以肃,兵咸以振,虏寇悉闻风远遁,而边民得安"极为相似。

李东阳曾为已故刑部左侍郎张锦作墓志铭。李氏为传主之子的业师,墓志铭乃结合行状与其所旧知而撰成:"以予尝与试事相视殊厚,又遗潜受学于予,故潜请予铭状,则按察副使王应韶所著,应韶守岷,闻其父老言公事甚悉,予参以旧所知……"内容较为丰富,现摘录其描述的传主主要事迹如下:"用廷荐往赈,先条奏便利,至则平籴劝贷,分遣良吏饘丐乞,举嫁娶,掩骼埋胔,游惰者给牛种,督之耕。筑行塘堤千二百丈以定水患,所活不可胜纪……巡抚宣府,直柱除弊,兵民畏服。劾罢中官、武将、守备不职者……请立万全左卫、龙门所学,置天下武学岁贡额,皆旧所未备也……未行迁官,再勘汤阴府狱,有贵臣为都御史秦公纮所劾,赃以万数,怙势求免,卒正其法……其在官勤政强干,不为事窘,章奏明畅,动数千百言,久典刑狱,尤精法比,而能以宽恕将之……历佐台省前后十五年,资望俱积,而不及大拜以没,论者盖深惜之。"①《明孝宗实录》张锦传当参考了上述记载,作:"尝奉命赈畿内灾,尽心所事,又筑行唐堤千二百丈以定水患,活人甚众……巡抚宣府,尝劾罢中官、武将之不职者。又请立万全左卫、龙门卫学,及定天下武学岁贡额……未行迁侍郎,有贵臣以赃败,怙势求免,卒正其法……锦明敏宽厚,勤于官政,尤精法比,人方期其大用,而竟止,于是论者惜之。"②

(三)神道碑铭

《明孝宗实录》邹干传与徐溥作邹干神道碑铭中的相关记载极为相近。关于邹干开城门救助乡民之事,神道碑铭记载:"英宗皇帝北狩,京师戒严……一日兵士拥东城门,请给马草,适乡民万计避寇走城下,叫号求开门,守者难之。公曰:'草不得则厩马不过瘦死尔,城以卫民,若无所卫,焉用城为?且闻寇距城尚远,即至近境,门开无及,而民皆死矣。'竟从公言,获济。"③《明孝宗实录》邹干传用相似之语句记载其事:"英宗北狩,京城戒严……一日乡民万余,欲避虏城中,叫号求入,守者难之。干曰:'城以卫民,有急而拒之,非计也。'于是力主开门,众获以济。"④该神道碑铭还记其

---

① (明)李东阳著,周寅宾校点:《李东阳集》文后稿卷二五《明故通议大夫刑部左侍郎张君墓志铭》,岳麓书社,1984年,第363页。
② 《明孝宗实录》卷一七七,弘治十四年闰七月乙未,第3257页。
③ (明)徐溥:《谦斋文录》卷四《故资德大夫正治上卿太子少保礼部尚书赠太子太保谥康靖邹公神道碑铭》,《文渊阁四库全书》第1248册,第648页。
④ 《明孝宗实录》卷六二,弘治五年四月戊午,第1200页。

赈济凤阳等事:"河南、凤阳等处大水,诏往救荒,民多受惠,凡为奏免税粮若干万石。既归,命督易州山厂薪炭,积弊顿革。"①《明孝宗实录》邹干传亦记载其事:"适河南、凤阳等处大水,命往赈济,奏免税粮若干万石。督理易州山厂,能祛宿弊。"②由上可见,《明孝宗实录》邹干传与徐溥作邹干神道碑铭之间当存在因袭关系。

  刑部尚书陆瑜辞世,有同邑洪公子经为其述行状,吏部左侍郎彭凤仪铭其墓,右侍郎云间张时敏为之传,而以隧道之碑属何乔新,三人皆其故吏。③何乔新《故荣禄大夫刑部尚书谥康僖陆公神道碑》记曰:"天顺二年冬,以李文达公荐,征拜刑部尚书……时锦衣卫指挥门达怙宠作威,弘农卫卒诬指挥李斌与其弟健谋反,事下达鞫之,达煅炼以为反状,已具奏请会三法司审问,众相顾莫敢异论。公独言其冤,达怒,语侵公,公曰:'法司所执者,祖宗之法耳,吾何敢舍所执法,枉人以灭族之罪耶?'达不从,潜公欲出反者,上知公无他,曰:'彼欲重慎耳。'及奏上,诛止斌兄弟,而免其妻子。曹钦反,武夫希功者执其佃人送官,以为逆党,凡数千人,公从容语都宪李公曰:'钦之反,起于仓猝,佃人相去或数百里,安得与谋,公奈何使数千人无辜而死并籍其家耶?'李公以为然,于是佃人皆不坐。"④《明孝宗实录》所载陆瑜传记曰:"天顺二年,用大学士李贤荐,召为刑部尚书……天顺时,锦衣卫指挥门达,怙宠作威,有弘农卫卒诬指挥李斌与其弟健谋反,达锻炼为反状,已具三法司会审,相顾莫敢异论。瑜独言其冤,诛止斌兄弟,而免其妻孥。曹钦反,武夫希功者执其佃人于官,以为逆党,凡数千人。瑜语都御史李宾曰:'钦之反起于仓卒,佃人相去或数百里,安得与谋,奈何使数千人无辜而死,并籍其家邪?'于是得不坐。"二者记载极为相似,由此可推断《明孝宗实录》所载陆瑜传当因袭了其碑传中的内容。⑤

  徐溥曾为已故大学士刘珝作神道碑铭,称:"公美姿容,善谈论,而天性刚直,遇人无矫饰,出语洞见肺腑。典机务者十年,一惟公道自持,或事在所可否,辩论必当,其事上忠诚恳切,多所启沃……平生事亲至孝……李夫人之没,庐于墓侧三载,哀敬笃至,乡人化之,号其里曰'仁孝'。至处昆弟

---

 ①　(明)徐溥:《谦斋文录》卷四《故资德大夫正治上卿太子少保礼部尚书赠太子太保谥康靖邹公神道碑铭》,《文渊阁四库全书》第1248册,第648页。
 ②　《明孝宗实录》卷六二,弘治五年四月戊午,第1200页。
 ③　(明)何乔新:《椒邱文集》卷二九《故荣禄大夫刑部尚书谥康僖陆公神道碑》,《文渊阁四库全书》第1249册,第430页。
 ④　(明)何乔新:《椒邱文集》卷二九《故荣禄大夫刑部尚书谥康僖陆公神道碑》,《文渊阁四库全书》第1249册,第430页。
 ⑤　《明孝宗实录》卷二八,弘治二年七月庚午,第616页。

宗族咸有恩意,与朋友交虽和而正,率以道义相规,为诗文清新流丽,自成一家,书法飘逸,尤长于行草,得晋人笔意。其在讲筵者甚久,音吐抑扬,义理条畅,尤为上所眷注,故虽群小谗潜竞获保全云。"①《明孝宗实录》所载刘珝传记记作:"丁母忧归庐墓侧,乡人化之,号其里曰'仁孝'……珝每进讲,直言正论,动数千言,而声吐洪亮,音节顿挫,闻者敬悚……珝丰姿秀伟,望之如神仙,刚直英迈之气,久而弥盛。盖其质之所禀者纯,学之所养者正,故居家为孝子,立朝为忠臣,一时宰辅少见其俪,为文章理完而气充,下笔衮衮千余言不竭,尤工行草,善吟咏,有文集藏于家。"②有关刘珝孝道、进言等事迹及其外貌、才华、为人等的记载与其神道碑记载极为相似。

吴宽撰有《明故嘉议大夫应天府尹高君墓碑铭》,传主为应天府府尹高敞。吴宽与其同郡又同年,关系非常密切。高敞亡故后,吴宽为其造文以刻,其中记载其任顺天府丞、应天府尹时的事迹:"畿内饥,具疏言民流亡状,乞发内帑白金五万两赈济,诏如其请,民赖以苏者甚众……及为府尹,政务填委,以次裁决毕,即欲以简静治之……久之吏乐其简,民安其易,府中殆无事。"《明孝宗实录》传记虽然记载非常简洁,然关于该事迹亦载之,曰:"畿内饥,尝上疏请发内帑银五万两,赈济所活甚众,及为府尹,政颇尚平易。"③可知后者有因袭前者的可能。

(四)家传

除了以上墓志、碑铭之类的文章外,家传亦是《明孝宗实录》传记撰写的重要根据。传主亡故后,其子孙、亲友多会托人为其立传,这些传记撰写较早,一般离传主去世不久,内容亦极为丰富,为《明孝宗实录》传记撰写提供了有益的材料。

如戴铣的《资政大夫太子少保兵部尚书谥懿简张公鹏传》中记载:"丁未,今上即位,诏进资德大夫正治上卿。""丁未"为成化二十三年,作者称明孝宗为"今上",由此可推断该文撰写于明孝宗在位时期,即《明孝宗实录》编纂之前。其文评价张鹏称:"公之刚直贞介,夷险一致……公为人悃朴无华,虽居显要,自奉如寒士,资性乐易庄重,不立崖岸,不轻笑语,其色侃侃若不可进,然待人直诚,故多乐为之用云。"④《明孝宗实录》张鹏传对

---

① (明)徐溥:《光禄大夫柱国太子太保户部尚书兼谨身殿大学士赠太保谥文和刘公珝神道碑铭》,见(明)焦竑《国朝献征录》卷一四,《四库全书存目丛书》史部第100册,第452页。
② 《明孝宗实录》卷三六,弘治三年三月己未,第778页。
③ 《明孝宗实录》卷一三一,弘治十年十一月乙丑,第2325页。
④ (明)戴铣:《资政大夫太子少保兵部尚书谥懿简张公鹏传》,见(明)朱大韶《皇朝名臣墓铭·艮集》,《明代传记丛刊》第58册,第504页。

其刚直、节俭的品性亦作如上评价:"鹏刚直自将,少能自见,居显要,自奉如寒素,虽尝为言者所论,然物议亦无贬云。"①可见后者有参考前者的可能。

蔡清撰有《椒邱先生传》,记载传主何乔新于"今上皇帝即位"后"升南京刑部尚书,到任仅二月召为刑部尚书"。何乔新于弘治元年正月被任命为刑部尚书,②故可推断该传记作于明孝宗在位时期。该文篇幅较长,现摘录主要内容如下:

> 都御史阳城原公招吁流民,至河南,引先生自助。先是都御史项公驱逐流民,死者十余万,及闻原公至,皆逃匿。先生驰至山谷,委曲谕之,流民感泣,愿附籍者六万余户。两觐京师,同觐者多重载以遗权贵,先生僦车以行,所载书籍朝服而已。升湖广右布政使……荆民以徭役不均讼于台,刘公又檄先生理之,先生验其丁口登耗、赀产厚薄,列为九等,以轻重授役焉,民咸称便。成化十七年冬十一月,升都察院右副都御史,巡抚山西兼督三关兵备……北人寇边,先生伏兵(灰)沟营,奋力邀战,斩获甚众……然以执法不阿,群小多不悦,御史邹鲁等乘风诬奏,先生不自辩,但解印待罪,且乞致仕。既而有旨,仍令先生掌印,亦固辞,及锦衣卫逮证佐鞫之,知鲁等所奏皆诬词,上乃命先生致仕……性刚介寡与,历官皆久而后迁,自少好学,公余书声琅然闻户外,虽视事亦手一编不少置。③

《明孝宗实录》何乔新传记作:

> 都御史原杰巡抚荆襄,引以自助。先是都御史项忠驱逐流民,械系死者无算,闻杰至,皆逃匿,将为变。乔新驰至山谷诲谕恳到,民感悟愿附籍。迁湖广右布政使,民以徭役不均,争讼不已,乃验丁较产,列为九等,以轻重授役,民咸称便。进都察院右副都御史,巡抚山西,兼督雁门等三关。北虏寇边,督将士伏兵灰沟营,虏至与战,斩获甚众。遂转左,寻召为刑部左侍郎,会虏酋小王子寇大同杀边将,畿内震动,乔新奉命巡边,相险阻,修城堡,简阅精壮,将出兵捣之,虏遂遁去。上即位,升南京刑部尚书,甫三月召为刑部尚书,久之,御史邹鲁以私憾劾乔新为乡人受贿请托,命锦衣卫逮证佐鞫问,事既白,鲁夺俸两月,乔新亦坐是致仕。家居十余年,至是卒。赐祭葬如例。乔新性刚

---

① 《明孝宗实录》卷五二,弘治四年六月癸亥,第1032页。
② 《明孝宗实录》卷九,弘治元年正月庚申,第197页。
③ (明)何乔新:《椒邱文集》外集,《文渊阁四库全书》第1249册,第533～534页。

介寡与,自少好学,至老不倦,为文精采有矩度。①

陈镐《中府都督金事都胜传》记载:"胜居官廉洁,临事亦慎,历官六十余年,自奉甚俭,人以其日食豆腐一味,往往以都豆腐称之。"②陈镐卒于正德六年,此传记写作时间具体不明,但有在《明孝宗实录》成书以前的可能。查《明孝宗实录》都胜传与以上说法完全相同:"胜居官廉洁,临事恪慎,历官六十余年,自奉甚俭,人以其日食豆腐一味,往往以都豆腐称之。"③可推断后者因袭前者。

《明孝宗实录》所载传记来源于各类碑传的例证还有很多。可查者见下表。

表 5-1 《明孝宗实录》传记与相关墓志铭对照表

《明孝宗实录》传记	相关墓志铭
(1) 卷七八,弘治六年七月己未,南京兵部尚书参赞机务张鏊	李东阳《怀麓堂集》文后稿二十二《明故资德大夫正治上卿太子少保南京兵部尚书谥庄懿张公墓志铭》
景泰初授监察御史,密云有讹言不轨者,受密命往察,因抚定之,风裁颇著。历升江西按察司副使、按察使、陕西右布政使④、都察院右副都御史,巡抚宁夏。丁父忧起复,巡抚河南诸府,改大同,召为刑部右侍郎,寻转左,进尚书加太子少保。丁母忧,服阕,起为南京兵部尚书,参赞机务。鏊性宽简,所历能举其职,且谦退,不以富贵加人,故人无怨恶之者。	景泰间,初命为监察御史,方北戎内寇,承敕往北畿、河南、山东西清理马政,密云伪言有不轨者,公受密命往察,且抚定之。……天顺间,再命为江西按察司副使,风裁清肃,吏不敢欺。三命为按察使……四命为陕西左布政使……五命为都察院右副都御史,巡抚宁夏……六命为刑部右侍郎。七命为左侍郎……八命为尚书,法意平恕,侍经筵……九命加太子少保,以母丧去。服阕,今天子御极,即其家起之,改南京兵部,参赞军务……公长髯伟干,襟量夷坦。与人谦让,不事矫饰,不以富贵加人,人以是称之。
(2) 卷八六,弘治七年三月乙未,致仕工部左侍郎杜谦	丘濬《重编琼台稿》卷二三《明故工部左侍郎致仕杜公墓志铭》

---

① 《明孝宗实录》卷一九四,弘治十五年十二月庚申,第 3577~3578 页。
② (明)陈镐:《中府都督金事都胜传》,见(明)焦竑:《国朝献征录》卷一八〇,《四库全书存目丛书》史部第 106 册,第 278 页。
③ 《明孝宗实录》卷一五二,弘治十二年七月庚辰,第 2696 页。
④ 当为"左布政使"。

（续表）

《明孝宗实录》传记	相关墓志铭
景泰五年进士，授工部主事，管理吕梁洪，三年考满，改礼部主事，升员外郎、郎中，<u>用尚书姚夔荐，擢浙江右参政</u>，历左右布政使，召为顺天府尹，寻升工部左侍郎。成化二十三年为言者所劾，因陈乞致仕，许之，后以诏书恩进阶资善大夫。 谦<u>少有孝行</u>，居浙江时，<u>人称为重厚长者</u>。	还授工部都水司主事，专理徐吕二洪，甫三载，以例代还，改礼部主客司，寻署员外郎，转郎中，以父忧解任，服阕改仪制司。<u>用尚书姚文敏公保荐，超迁浙江右参政</u>，六年升右布政使，又明年转左，入为顺天府尹，未几擢工部左侍郎……致仕后再奉诏进阶资善大夫。 公居家<u>事亲能尽子道</u>，父尝病疽医莫能疗，公泣祷于天，躬吮之，良久愈，后父年九十犹就养于官，以浙地善且迎其兄娣事之，<u>人称其孝友者</u>，无间言。
(3) 卷九七，弘治八年二月戊午，户部尚书武英殿大学士丘濬	何乔新《椒邱文集》卷三〇《赠特进左柱国太傅谥文庄丘公墓志铭》
景泰五年进士，<u>改翰林院庶吉士，与修《寰宇通志》</u>，成，擢编修。<u>宪庙初开经筵，充讲官；秩满升侍讲；修《英庙实录》成，升侍讲学士；修《续通鉴纲目》</u>成，升国子监祭酒，加礼部右侍郎。上即位，以所著《大学衍义补》，进升礼部尚书，掌詹事府事。<u>修《宪庙实录》充副总裁</u>，笔削褒贬多其手出，实录成，<u>加太子太保</u>。未几命兼文渊阁大学士入内阁参预机务。三载升少保。 濬<u>天资奇绝，少有重名。两广用兵，上书大学士李贤</u>，陈方略数事，<u>贤上之朝以付总帅，寇平，多其策</u>。<u>时经生为文，以奇怪相高</u>，濬考南京及会试示以取舍，及为祭酒，<u>尤谆谆为学者言之</u>，能鼓舞诱掖，以兴士类。<u>及入阁，上二十余事陈时政之弊，且请访求遗书，上皆嘉纳</u>。与吏部尚书王恕不协，御医刘文泰之讦恕也，时议淘淘，谓濬嗾之，文泰下狱，词果连及濬，濬亦抗疏自辩，上置不问，然人自是皆不直濬矣。濬博洽多闻，虽僻事俚语类多谙晓，<u>为文章雄浑畅达</u>，下笔衮衮数千言，若不经意而精采逸发。	初举进士，<u>改翰林庶吉士，与修《寰宇通志》</u>，书成，擢翰林院编修。宪宗皇帝即位，<u>初开经筵，以公充讲官</u>，有白金文绮之赐。成化元年以九载秩满，<u>升侍讲；修《英宗皇帝实录》成，升侍讲学士</u>；丁母夫人忧解官归，服阕，诣京复旧职，奉命修《宋元通鉴纲目》，成，升翰林院学士。<u>十三年升国子监祭酒。十六年进礼部右侍郎，仍掌监事。二十三年冬升礼部尚书，掌詹事府事。修《宪宗皇帝实录》</u>，公为副总裁，弘治四年八月实录成，<u>加太子太保</u>，职如故。是岁十月，命公兼文渊阁大学士入内阁，司制诰，<u>典机务</u>，公三上章辞，上不允。 公少孤力学，<u>天资过人</u>，六岁能诗……发之文章雄浑壮丽，四方求者沓至……<u>两广用兵，公上书李文达公</u>，具陈平寇方略，文达缴上之，诏以其策付总帅，其后蛮寇削平，<u>用公策为多</u>。<u>时经生文士为文以奇怪相高</u>，或不可句，<u>公考南京乡试及礼部会试</u>，凡怪词险语皆痛斥之，怨诽不恤也，<u>及为祭酒，尤谆谆为学者言之</u>，文体乃复浑厚。士有慕道学者，或过为诡异之行以徼名，公因考会试发策言之士乃知道以中庸为至，诡异不足贵也……公在位，务以宽大启上心忠厚变士习，凡人才进退，政事废举，一惟祖宗旧典是循，<u>首上二十二事，陈时政之弊，又请访求遗书，上皆嘉纳</u>……公博极群书，<u>有举僻事问之</u>，则曰"出某书某篇"，退取书阅之良是，尤熟本朝典故，乐为学者道之。

(续表)

《明孝宗实录》传记	相关墓志铭
(4) 卷一五六,弘治十二年十一月己未,礼部右侍郎兼翰林院学士汪谐	李东阳《怀麓堂集》文后稿卷二四《明故嘉议大夫礼部右侍郎兼翰林院学士赠礼部尚书汪公墓志铭》
谐仪度整洁,深中简言笑,虑事周悉,晚益慎密,方向进而困于疾疢,弗究于用。	公简重寡言笑,仪度整洁,博奕音乐皆绝不好。……得痹疾终其身。与人恭孙。姻友有急,辄加赈贷……虑事周悉,晚益慎密,虽居官久,不涉世务,优游铅椠间。为疾疢所困,卒以白老,论者盖多惜之。
(5) 卷一七八,弘治十四年八月己酉,户部尚书叶淇	李东阳《怀麓堂集》文后稿卷二四《明故资政大夫太子少保户部尚书赠太子太保叶公墓志铭》
擢都察院佥都御史,巡抚山西,未几改大同,赞理军务,建议设井坪千户所及减加征草,罢土兵戍边之不便者。弘治元年,召为户部右侍郎,至尚书加太子少保。时奸民有私献大名府地为皇庄者,贵幸臣复主之,淇用众议卒归之官,哈密为土鲁番所陷,守臣请暂给廪仓①处之内地黄②,淇曰是自召祸也,事遂寝。…… 淇亮直有操执,历官皆有能声,其在户部尤能惜财用,每廷议用兵辄持不可,盖患转输之费也,士论多其能执,而亦病其偏云。	寻拜都察院左佥都御史,巡抚山西,兼督雁门诸关……调大同,兼赞理军务,请设井坪千户所,又增筑诸堡,减加征草数,罢土兵戍边之不便者。今上即阼,召入为户部右侍郎,转左侍郎,进尚书,加太子少保。或请设三司于郧阳府,公以非旧制,寝不行。有奸民献大名川地为皇庄,贵臣主之,牢不可解,公用群议,卒归于官。哈密夷为土鲁番所陷,守臣请暂给廪食,处之内地,公以是自贻患也,遂弗给。…… 公亮直无伪,言论洒然。每事持大体……久在外服,皆能称事举职。今天子更化之初,陟曹省,及为尚书,愈自奋励,中有操持,不夺权势。章表剀切,皆忧民爱国语。
(6) 卷一八七,弘治十五年五月乙亥,南京工部尚书董越	李东阳《怀麓堂集》文后稿卷二五《明故资政大夫南京工部尚书赠太子少保谥文僖董公墓志铭》
上即位,进右春坊右庶子,兼侍讲,颁登极诏,使朝鲜能宣布德意,却其馈遗,居三日而还,有赋以纪其国俗,纂修《宪宗实录》成,升太常寺少卿,兼侍讲学士,充日讲官,寻迁南京礼部右侍郎,至工部尚书卒。 越修眉长身,博洽善议论,成化末诸执政大臣不相得,门客各所厚善,独越出入诸公之门,皆得其欢心,议者以拟之楼君卿云。	寻以登极恩进右庶子兼侍讲。会朝廷颁朔于朝鲜,特命公奉使,赐麒麟服以行。至则宣德意,正王度,馈赠无所受,居三日而还。乃作赋以纪国俗,他所题咏尤多,国人锓诸梓以传。弘治己酉,典试南畿。辛亥,修《宪宗实录》成,擢太常寺少卿兼侍讲学士……癸丑,擢南京礼部右侍郎……拜南京工部尚书。…… 公修眉长身,骨格清耸,雄谈健步,老益强力,而性行恒固,量度优远,识者谓为寿考之相,不意其遽至此。

① 据《明孝宗实录校勘记》:三本"仓"作"食"。应改作"食"。
② 据《明孝宗实录校勘记》:旧校删"黄"字。应删"黄"。

（续表）

《明孝宗实录》传记	相关墓志铭
(7) 卷一九一，弘治十五年九月壬午贵州布政司左布政使黄珫	林俊《见素集》卷一四《正奉大夫正治卿贵州左布政使黄公墓志铭》
常奏塞温处新开银矿，罢其课，氏（民）以为便。云南屯粮多为武臣侵盗，珫疏礼（理）之。普安贼妇米鲁之变，官多被诬，独不及珫。其参议浙江时，常缘吏失公以（移），为巡按御史所参究，致久次不迁，后御史谪幕下，略不修旧，反荐之，人称其量云。	莆为给事、为参议，无迁者迁，亦自公始，木讷简野，退然若农家……遂擒其魁散其徒，疏言罢课塞矿，……公遂改云南，云南粮屯出者十五六，武流侵盗，漫可，为疏理，公严限之，岁输告完……公久在贵州，夷民驯习无间志，贤练上乎，而普安事作，坐是不可迁。盖普安土知州死，妻米鲁谋自袭，毒杀其庶子，生事者急之，鲁遂为变，官多被诬辱，公长僚顾独脱漯溷，鲁疏自直，独不挂公一句……有洪量，在浙江以吏失公移，为御史所中滞右迁，其后御史谪幕下，公略修怨，荐之弥力。
(8) 卷二○一，弘治十六年七月己丑，刑部尚书白昂	李东阳《怀麓堂集》文后稿二六《明故光禄大夫柱国太子太傅刑部尚书致仕赠特进太保谥康敏白公墓志铭》
昂通敏和厚，练达政体，有谋能断，善因事以成功，所乏者骨鲠之节耳，然既久宦富贵，而接引后进常若不及，人亦以称之。	公性度宏裕，持议常依于厚善。哀高益卑，因事为功，决机应变，无所疑滞，待人接物，各当其分。
(9) 卷二○三，弘治十六年九月庚辰，致仕吏部尚书尹旻	李东阳《怀麓堂集》文后稿二七《明故吏部尚书致仕赠特进太保谥恭简尹公墓志铭》
景泰间值国多事，屡有建白，皆传正义。天顺初迁左给事中，英庙重其器识，欲大用之，擢通政司右参议，未几转左。时王师有事陕西，旻出总军饷，因陈备边十策，皆凿凿可行……其在吏部，先后二十余年，甄别人物，随才受任，各得其职。奸人李孜省方贵幸，憾旻甚。旻仪观环奇，神采英发，有才略，善断大事，凡经铨注，虽稠人小吏，既久犹识其名，奸伪无所售，而课功核实一以典例。旻既退，言者累请起之，不果用，然人至于今称之，可谓一时之名臣矣。	景泰间值国多事，屡有建白，皆传正义。天顺丁丑迁左给事中，英庙见其仪观魁伟，音吐洪畅，欲大用之，寻擢通政司右参议，转左参议……辛巳王师有事于陕西，公出总军饷，有白金彩币之赐……公久掌衡鉴，博采公议，不为私挠，天下翕然称之。有奸吏李孜省者贵幸，用事憾公甚，构成大狱，再削职以尚书归，公不自辩列，惟引咎自责而已。　　公素负学识，善断大事，尤精鉴强记，每经铨注，虽稠人小吏，阅数年犹识其名，时料人寿夭成败历历多奇中，故其退也，大夫士屡疏荐欲起之，而公亦老矣。惜哉。

(续表)

《明孝宗实录》传记	相关墓志铭
(10) 卷二一三,弘治十七年六月戊子,致仕太子少保户部尚书殷谦	焦竑《国朝献征录》卷二八张昇《荣禄大夫太子少保户部尚书涿鹿殷公谦墓志铭》
都察院右副都御史巡抚大同,改宣府。<u>初宣府、大同例各自守,谦令二边有寇警,合势救援。</u>	改巡抚宣府,又筑沿塞垣垒,益加坚密,极边守瞭,军寒,给皮袄帽以煗之,<u>宣府、大同例各自守,公疏允二边合势互相救援。</u>
(11) 卷二一九,弘治十七年十二月己未,应天府府尹吴雄	焦竑《国朝献征录》卷七五无名氏《应天府尹吴公雄墓志》
雄通敏精于法,比治狱详审,<u>初至应天,集僚佐堂上语曰:"公帑所贮久不点视,脱有亡失,我与公等俱任其罪。"令吏人执簿一一点检,果已去银若干铤,雄密察之,即得盗者。</u>时应天岁旱,总漕者亟征兑运米,<u>雄曰民已病,不可重扰,</u>为奏请蠲免,民多德之。	拜应天府尹,初视事,曰集僚佐堂上,令吏人执簿出公帑所积贮,一一点视之,曰"政贵谨始也",果亡去银若干铤,公密察之,即得盗者,一府以为神……壬戌南畿旱,应天为甚,总漕者亟征兑运米,公曰民病已甚,不可重扰,辄奏止之。
(12) 卷四六,弘治三年十二月癸亥,掌锦衣卫事都指挥使朱骥	倪岳《青溪漫稿》卷二二《大明故骠骑将军锦衣卫掌卫事都指挥使朱公墓志铭》
骥任事最久,得宪庙倚注甚深。性本宽大,且识事体,<u>成化间饥民有攘夺以苟朝夕者,所司逮捕得斗粟者辄坐死囹圄,至不能容。骥曰:"此穷民耳,其情可悯。"多从末减。有妖人真惠者,为伪书惑众,语涉不道,事觉逮系数百人,皆当死,骥独罪真惠,余并请释戍边,其持法平恕多类此。</u>	<u>性宽大,不喜刻核</u>……辛卯,<u>民饥攘夺以苟朝夕,所司逮捕得斗粟者辄坐死犴狴,至不能容,公争曰:"此穷民非得已者,其情可悯也。"狱上多从末减。有妖人真惠者,为伪书以诱惑同类,多不道语,事觉逮系数十百人,皆当死,公曰:"可罪者独惠耳,余愚民何辜"。事闻,惠竟坐死,余释戍边。</u>
(13) 卷五三,弘治四年七月己丑,镇守宁夏总兵官都督佥事周玺	李东阳《怀麓堂集》文稿卷二八《明故征西将军镇守宁夏都督佥事周公墓志铭》

（续表）

《明孝宗实录》传记	相关墓志铭
以威宁海子功进同知,转大同副总兵,再进署都指挥佥事①。虏囚亦思马因入寇,玺御之,臂中流矢,督战益力,贼退,实授都督佥事,充总兵官镇守代州,兼督雁门三关,移镇陕西,未几佩征西将军印,充总兵官镇守宁夏,以疾卒,赐祭葬如例。 玺多才略,知兵习战,尤精骑射,中亦自负,卒之日年才四十有七,人多惜之。	北边伊斯玛音大举入寇……公大呼属将士曰："今日之事有进无退,退则无遗类矣。"众争奋无不一当百……公臂中流矢,令左右拔其簇,督战益急,与其子鹏及死士数辈斩获十余级……录公功,进都督佥事。（成化）甲辰改充总兵官,镇代州兼督雁门三关。弘治戊申移镇陕西,庚戌命充总兵官,佩征西将军印镇宁夏。 公醇雅有礼度,中亦负气,莅事斩斩,尤精骑射,知兵习战,近时论边将者必指屈焉。
(14) 卷一一七,弘治九年九月庚辰,镇守云南总兵官征南将军黔国公沐琮	倪岳《青溪漫稿》卷二三《明故镇守云南总兵官征南将军太子太傅黔国公赠特进光禄大夫右柱国太师谥武僖沐公墓志铭》
琮字廷芳,昭靖王英之曾孙,荣康公斌之子,琮幼失父,从兄璘袭公爵,璘卒,璘弟瓒继之。成化元年,琮始入朝袭爵,三年命还镇云南,仍俾瓒赞理。琮性勤慎,公退不入私室,冠带终日(日),苟苴无敢及门,每朔望谒孔子庙,必使诸生执经讲解。有举乡试者,必设宴以示优奖,留意屯田水利,马隆、丽江、剑川、顺宁、罗雄诸处蛮夷弗率,累计平定之,又以平荞甸贼功加授太子太傅。至是卒,讣闻,辍朝一日,赠特进荣禄大夫右柱国太师,谥武僖,赐祭葬。琮无子,以故右参将锦衣卫诚之子昆为后。 琮于武经阴符奇门诸书,阴阳卜筮星命之术多所涉猎,善草书,诗歌乐府皆可观。在镇三十余年,为政务持大体,御下宽而有制,夷人安之。	公无子……请以故右参将锦衣都指挥诚之子昆为公后……父斌总兵官黔国公,谥荣康……从兄璘号继轩,有文武才,由都指挥升右都督,充总兵官,佩征南将军印,继镇云南……未几璘卒,朝廷以公尚幼,复命璘弟瓒嗣兄职,为都督同知,继镇云南……成化乙酉入朝嗣黔国爵,宪庙宠眷有加……丁亥三月命还镇云南,如祖宗故事,敕旨谆切,锡赍优渥,仍俾兄瓒协同赞理。公沉毅有为,不妄言笑,勤于为政。公退不入私室,冠带终日,寒暑无间,精究簿书,事无壅滞……朔望谒孔子庙,退坐明伦堂,使诸生执经进讲,诱掖奖劝无所不至,作兴学校,完饬礼器,给学田,展解额,设宴礼以兴起后进……留意屯田,修治水利,慎简群僚,分任其事,不数年间田无惰农,庾有余积矣……其马隆、丽江、剑川、顺宁、罗雄等处蛮夷弗率,皆量遣官军以次扫定……桥（荞）甸贼首师五聚众为乱……分道进攻,斩首千余级,俘男女数百人,生擒师伍暨其妻孥,境内始安。具录将校首功以闻。朝廷特赐敕,历叙公在镇功绩,加授太子太傅以嘉奖之。

---

① 应为"署都督佥事"。

(续表)

《明孝宗实录》传记	相关墓志铭
	公生长勋贵,颖敏过人,端勤有守,<u>苞苴不敢及门,精究武经诸家兵法及阴符奇门诸书,知用兵之要</u>,每命将出师,算无遗策,所向有功。平居孳孳嗜学,手不释卷,至于阴阳卜筮、星命之术靡不究心。善草书,自成一家,歌诗乐府富丽可观,性孝友……以礼待族党,咸有恩意,御下宽而有制,不事严刻,雅量汪洋,喜怒不形,势位已极,戒满思危,兢兢业业,未尝有过。
(15)卷一九九,弘治十六年五月庚辰,宣圣六十一代孙袭封衍圣公孔弘泰	李东阳《怀麓堂集》文后稿卷二六《衍圣公以和墓志铭》
<u>弘泰为人美丰仪,善谈论</u>,处事多中礼节,与兄<u>弘绪友爱交至</u>。孔庙灾,弘泰方来朝,呕归斋,哭如居丧,引咎自责。视兄子闻韶如己子,尝上章乞休致归,封闻韶,不允,至病革,执闻韶手,示若有所属者,今闻韶实嗣其封云。	<u>家居友爱交洽</u>……已未公来朝,闻祧庙灾,呕归斋,哭如居丧,引咎自责,居郁郁不乐……辛酉上疏乞休致,上若曰:"卿其善自调摄以奉圣祀,所请弗许。"……病既革,执兄子闻韶手若有所属者,盖公之封也。廷议以为世嫡相传,古今通义,乃按宋故事,俟公之后仍归兄之子,公母遗命亦以是。公及见闻韶之成,其乞休时,尝具名以请,故至是犹惓惓云。 公美风仪,善论议……然承奉宗祀,修治林墓,综制家政,其在孔氏有劳绩焉。

《明孝宗实录》所载传记来源于传主神道碑者例证亦有很多,见下表。

表5-2 《明孝宗实录》传记与相关神道碑对照表

《明孝宗实录》传记	相关神道碑
(1)卷七七,弘治六年六月乙丑,礼部右侍郎费闇	倪岳《青溪漫稿》卷二一《大明故嘉议大夫礼部右侍郎费公廷言神道碑》
闇长身伟貌,论议亹亹,临事通变,慷慨且恭谨自持,人恒以公辅期之,<u>其在国学最久,士子多所造就</u>。为诗文清健有则,所著有《自考》《诒笑》《补庵》诸集。性俭而能达寻常,虽故纸币帛必适于用,病未久,棺衾即令预制,以故殁于暑月,得无后憾云。	<u>廷言仪度魁梧,丰颐美髯,善谈论,议事理,周旋世务,若无不可为者。始官文翰,弗克,少见于用,其在国学教法有度,士子悦服</u>……自处俭约,平居善检饬,未尝妄费一钱,恒以训诸子。性尤旷达,始病即为治棺,经纪后事甚悉,会暑月,仓卒含敛,靡一弗备,识者称之。作文有奇思,诗亦飘洒。

（续表）

《明孝宗实录》传记	相关神道碑
(2) 卷九三，弘治七年十月丙寅，户部尚书李衍	徐溥《谦斋文录》卷四《户部尚书李公神道碑铭》
提督松潘等处粮储，民苦番寇，不得耕，<u>乃相视要害，设墩堡堑栅，耕遂不扰。以松溪堡之捷，赐宝钞彩币</u>……入为户部右侍郎，巡视山海边关，<u>置床子弩，可射三百余步，设飞石飞木各数十万，削山坡成峭壁，东西数百里，赐钞四百贯</u>①。转左侍郎，时关陕大旱，复<u>总督三边军储兼赈济饥民，归，升尚书，总督京仓</u>，以言官劾其遍酷，不合人情，遂致仕。 　　<u>衍性简直，与人不能委曲</u>，居官敢为，<u>僚吏畏其名，惟恐有犯之者</u>，故所至亦有可称者云。	奉敕提督松潘等处粮储，出见彭索河荒田弥望，乃召其土人而问之曰："是可耕地而不耕，何也？"众皆谓"生蛮往往扰耕为患"，<u>公则相视要害</u>，设桥梁<u>墩堡堑栅为防，民乃耕，耕遂无扰</u>。时松潘有堡曰张腊，茂州有堡曰<u>松溪</u>，皆为生蛮所攻。公与参将某前后擒杀数百人，蛮乃远遁，捷闻，朝廷屡有<u>宝钞彩币之赐</u>……奉敕巡视山海边关，整饬兵备，<u>置床子弩一万五千张，弩可射三百余步，又设飞石飞木，可发五七十步者，各数十万，削山坡成峭壁，东西数百里</u>，归而以图进，<u>上赐钞四千贯</u>。二十年奉敕<u>总督三边军储，兼赈济饥民</u>……<u>明年升本部尚书，总督京通两仓，内外僚吏素熟公名，皆栗栗危惧，惟恐有犯公者</u>，时公虽不大声以色，事固无不理也…… 　　<u>性简直，与人不能委曲</u>，又好面折人过，虽权贵亦不掩护，故权贵人多怨之，公及将用，辄为其所抑，其去也亦以是云。
(3) 卷八八，弘治七年五月丙申，兵部左侍郎吕雯	徐溥《谦斋文录》卷四《故正议大夫资治尹兵部左侍郎吕公神道碑铭》
选授陕西道监察御史，时东夷弗靖，<u>左都御史李秉出师</u>，雯奉旨纪功，<u>还擢南京通政司右参议，丁内艰，服阕，改南京光禄寺卿</u>，出纳有度，以事简故名益彰，未几升太仆少卿，<u>不避劳剧，马政克举，以荐擢都察右佥都御史，巡抚延绥</u>，有防御功。 　　雯性夷旷，不为矫激，<u>遇事善裁决</u>，待物<u>多从厚</u>，博涉群艺，论象纬有验，禄命亦多奇中云。	成化初选为监察御史，仅逾年，会朝廷有事于东方，<u>从左都御史李公秉往纪功，还擢南京通政司右参议，未几以内艰去，服阕改南京光禄少卿</u>，召入为太仆寺少卿，<u>马政修举</u>，荐为<u>都察院右佥都御史，巡抚延绥</u>……久之，徼外益无事，于是有兵部右侍郎之擢，弘治初迁左侍郎。 　　其为人乐易可亲，<u>遇事不窘，交朋友待乡党皆从厚</u>，是以人贤之。

---

① 应为"四千贯"。

(续表)

《明孝宗实录》传记	相关神道碑
(4)卷一六〇,弘治八年十一月壬辰,户部左侍郎吴原	李东阳《怀麓堂集》文稿卷一八《正议大夫资治尹户部左侍郎吴公原神道碑》
天顺八年进士,授兵科给事中,时宪宗新即阼,原首陈五事……十九年擢太仆寺少卿,二十二年进为卿,二十三年擢户部右侍郎,总京储事,弘治四年迁左侍郎,佐理部事。五年浙东西大水,敕原兼佥都御史往视其地,原访诹民隐,劝分平粜给米谷三十万石,银七万两,蠲逋赋数十万,民甚德之。六年召还京,至是卒,特赐赙钞三千贯,命给驿归,其丧赐祭葬如例。	天顺八年进士,授兵科给事中,时宪庙新即阼,百司皆悚厉修职,公陈正心用贤、简名将、斥异端诸事……十九年擢太仆寺少卿,再阅京营马数,又召商市马若干匹以给边兵,二十二年进为卿,二十三年用廷荐擢户部右侍郎总京储事……弘治四年迁左侍郎。五年浙东西大水,敕公兼都察院左佥都御史往视其地,公宣德意,诹民隐,劝分平粜给米谷三十万石,银七万两,蠲累岁逋赋数十万。
(5)卷一七〇,弘治八年十二月壬戌,南京兵部尚书薛远	徐溥《谦斋文录》卷四《故南京兵部尚书致仕进阶荣禄大夫薛公神道碑铭》①
升郎中,核实直隶逋税,得羡余若干万,督大同军储,边食为足……丁母忧,适河决河南,诏以工部侍郎,起复往治,河口遂塞……成化六年②,王师有事于两广,远奉命总督粮饷,以功升左侍郎。 　远通变勤敏,朝章旧典多所练习,在户部久,为主事郎中时,凡文移奏札多出其手,上下率推之,至为尚书,既致仕而复起,人不能无议云。	授户部云南司主事,勤慎精敏,不避艰险。景泰中以荐迁郎中,尝以部檄核实南直隶逋税,文案山积,洞烛肯綮,得其羡余若干万石,归之于公。又同御史倪敬按大同边储搜抉逋隐边军足食……时河决河南,诏复起公以工部侍郎往塞之……成化元年兵讨两广蛮獠,以公督饷……贼平升左侍郎。 　公敏而好学,于凡礼乐兵刑天文律历无不涉其要,尤熟国朝典故,在户部最久,凡文移奏札悉出公手。
(6)卷一八〇,弘治九年正月戊戌,吏部尚书耿裕	焦竑《国朝献征录》卷二四徐溥《荣禄大夫太子太保吏部尚书赠太保谥文恪耿公裕神道碑》

---

① 又见(明)王鏊:《震泽集》卷二十一《荣禄大夫南京兵部尚书薛公神道碑》,《文渊阁四库全书》第1256册,第349~350页。
② 应为"成化二年"。

(续表)

《明孝宗实录》传记	相关神道碑
裕美须髯，善谈论，多识国朝典故，坦易率直，自奉俭约，不营产业，人称其有父风。居官颇阔略，事无大小，视若无足为者。其再入吏部，上疏辞曰："臣明敏不如尹旻，公直不如王恕。"人以是多之。	公仪观丰伟，须髯若神，器度弘远，人莫能窥其涯……在国子时，临诸生，举教条严而有恩，公而有法……公退独居，无敢以物私馈者，至老不营产业，不治居第，自奉俭约，萧然如寒士，人以为有清惠公之风。
(7)卷一一七，弘治九年九月丙午，致仕南京工部尚书冯贯	徐溥《谦斋文录》卷四《故资德大夫南京工部尚书冯公神道碑铭》
升大理右寺丞，三转至左少卿，升都察院右副都御史，寻改大理卿，精于法比，一时多所反驳，人不能夺，咸厌服…… 贯魁岸美髯，朴茂能容，历官三十余年，虽无大功迹，然不乏长厚之称云。	九年进大理寺右寺丞，转左寺丞，进少卿，不数年，遂擢都察院右副都御史，又改大理寺卿，法律精明而持心仁恕……故当奏谳必反复讯鞫，无憾而后已，每廷议参酌得宜，其言多载在条例，有司至今遵行之。 公魁岸美髯，为人详审，沉静而有谋谟，度量汪如，莫窥其际。
(8)卷一八九，弘治十五年七月乙酉，致仕南京户部尚书梁璟	李东阳《怀麓堂集》文后稿卷一八《明故资政大夫南京户部尚书致仕梁公神道碑铭》
璟居官清谨，遵矩度，不事文饰。为参政时，分守洮岷，适西番纵掠，璟督兵斩其渠魁，男女复业者千数。巡抚湖广，复能平永州逋寇。凡所授任号称职，出处之际亦复不失其正云。	擢陕西布政司左参政，遍历所部……公分守洮岷，适西番纵掠，居民惊徙，璟提兵斩其魁，男妇复业者千数……公敦雅厚重，耐清苦，遵矩度，不事矫饰，随所受任必称事举职，阅历既久，资望兼积，人无訾议。而又先几勇退，以寿考终，延及子姓，方隆而未艾，揆诸理数，可谓不失其正矣。
(9)卷一九〇，弘治十五年八月庚戌，致仕兵部尚书项忠	李东阳《怀麓堂集》文后稿卷一九《明故兵部尚书致仕进阶光禄大夫赠太子太保谥襄毅项公神道碑铭》
迁员外郎，十四年扈从北征，陷虏中，能以智自拔而归，进郎中。景泰七年，擢广东按察副使，征泷水贼有功，加从三品俸，丁外艰，改山东。天顺三年，擢陕西按察使，尝发廪赈济不待报，所活以万计，以母忧去，军民诣阙，借留者几千人，诏起复之。七年召为大理寺卿，借留者再至，乃改都察院右副	迁员外郎，十四年扈从北狩，陷敌中，以智自拔而归，进郎中。景泰某年，擢广东按察司副使……四年征泷水贼，以功加从三品禄，丁外艰，服阕改山东按察使。天顺某年，擢陕西按察使，值岁饥，亟发廪给民不待报，所活万计。丁内艰，军民诣阙，借留者几千人，诏起复公。某年以大理寺卿召，借者再至，乃改都察院右副都御史，巡抚其地。洮岷诸番作乱，公帅兵抚捕，遂降其众。成化元年，寇犯延绥，公与宁远

(续表)

《明孝宗实录》传记	相关神道碑
都御史,巡抚其地,洮岷诸番作乱,抚降之。西安水多卤,而宋渠久废,忠为开一渠济之,又开泾阳、郑白故渠,溉田七万顷,民生祠之。成化三年,召还管院事,四年固原土胡满四据石城叛,忠承命总督军务,与都督刘玉讨之,时伏羌伯毛忠战死,我军遽退,忠即斩一千户以徇,众乃定。廷议请益兵,诏问忠,忠谓兵不须益,但坐困可毙。相持百余日,忠单骑抵贼寨,谕以祸福,胁从者稍稍降,其逸出者皆纵使去,以孤其党,贼窘突围薄我,大小三百余战,皆却之,擒其腹心一人,解所服金钩,赐而遣之,约为内应,卒擒满四。五年迁右都御史,六年荆襄贼李胡子者,倡流民为乱,忠复总督军务,讨平之,命暂留抚治,进左都御史,寻召还,十年升刑部尚书,寻改兵部。十三年锦衣卫百户韦瑛用事,西厂屡兴大狱,忠奋笔倡公卿奏之,瑛坐谪戍边,其党仇忠,不置。又有千户吴绶者,先在军中挠法,为忠所黜,亦用事极力构忠,欲置之死,乃落职以去,久之构陷者皆败,诏复忠兵部尚书致仕。 忠刚果沉毅,遇事敢为,故能临敌制胜,惟在荆襄驱逐流民,以械系死道路者,不可胜计,人以是怨之。	伯任寿奉命御之,战屡捷,寇遽遁去。西安水多卤,宋渠久废,公开一渠三十里,又凿泾阳、郑白故渠溉田七万顷,民立生祠祀之。二年敌人摩啰欢入寇,公提督军务,与彰武伯杨信御之,寇复通。三年召还,佐院事,四年固原土胡穆苏据石城,杀我边将,将窥陕。公总督军务,与都督刘玉讨之,伏羌伯毛忠战死,我军遽退,公即阵斩一千户以徇,众乃定。适彗出台斗,人情惝惧,公屹不为动,据要害以困贼。廷议请益兵,诏以问公,公谓兵不须益,惟坐困可毙。相持百余日,公单骑抵贼寨,谕以福祸,胁从者稍稍降,其逸出者皆纵使去,以孤其党,贼穷甚,每突围薄我大小三百余战皆却之。禽其爱将杨呼哩,公曰"是可用也",解所服金钩,赐而遣之,约为内应,卒禽穆苏,斩首七千六百,俘获二千六百有奇,因奏便宜四事为经久计。五年迁右都御史,六年……荆襄贼李胡子者,本刘千斤余党,倡流民为乱……凡发遣还乡者百四十万,编成者万余,斩首二千余级,献俘于朝者百余人,仍献便宜十事。诏暂留抚治,进左都御史……十年拜刑部尚书,寻改兵部。公晓畅戎务,简贤属以自辅,图大展所蕴。十三年,锦衣卫百户常瑛者,挟中贵为诇察,屡兴大狱,至擅执京朝官,中外重足,莫敢正言其非,公奋笔具疏草倡言公卿奏之,瑛坐谪戍边,朝野称快,而其党竞仇公,不置。又有千户吴绶,先在军中挠法,为公所黜,时亦用事极力构公,欲置之死。公廷辩慷慨,不少屈,仅坐落职以去,久之陷公者次第皆败,上洞察公枉,复兵部尚书致仕。今上登极及建储恩,再进阶光禄大夫,吏部侍郎彭公韶巡视浙江,特荐公可用,而公年已至,亦不果起。 公刚果沈毅,遇事敢为,不惑群议,故能临敌制胜。累著勋伐,及排击凶暴,身犯大难,中虽颠阻,终暴白于天下。
(10)卷二〇八,弘治十七年二月壬寅,南京刑部尚书陈道	焦竑《国朝献征录》卷四八刘健《南京刑部尚书陈公道神道碑》

（续表）

《明孝宗实录》传记	相关神道碑
升<u>金华府知府，民多健讼，有巨豪屡经大狱，不服逮捕，道至召置于理，境内肃然</u>。弘治间，累升江西右参政，云南右布政使，陕西左布政使，都察院右副都御史，巡抚河南，<u>所至有声</u>。其<u>疏陈河南地方利病，多见准(准)</u>行。 <u>道沉静宽裕</u>，好文事而不自炫露。	擢知浙江<u>金华府，民多健讼</u>……<u>有巨豪屡起大狱</u>，官司追捕，辄身负黄袱，<u>声言上诉，众畏之如虎，公召置于法</u>，即服辜无异辞……壬子迁云南右布政使，逾年转陕西左布政使，<u>所至辄有能声</u>。乙卯进都察院右副都御史，奉敕巡抚河南，<u>公具疏陈地方利害</u>……下公卿议奏，<u>多从其言</u>。 公为人<u>沉静寡言</u>，与人交及取与皆不苟。<u>为政尚宽厚</u>，至于临大事、治大狱不舍昼夜，思之期于当而后已。
(11)卷一一〇，弘治九年三月甲申，南京守备太子太傅成国公朱仪	徐溥《谦斋文录》卷四《故南京守备掌南京中军都督府事太子太傅成国公赠特进光禄大夫右柱国太师谥庄简朱公神道碑铭》
仪为政务存大体，不求近名。<u>成化初，南方岁歉，仪奉诏赈济，全活甚众，而游食无赖者尚多，仪因请召募为兵，以补南京戎伍之缺</u>，遂两获其利。又以京府救荒素无备，<u>而南京民运米至南京者病不时纳，议令军士就船预给粮三月，而省民加耕，雇直得余米十余万石，别贮于平常仓</u>，为经久计。建言者或谓南京操军不宜分番，<u>仪言劳逸不节何以蓄威养锐</u>，竟复其旧。 仪为人<u>廉静持重，初至时有议其非治剧才者，仪率其初心不少变，恒以静镇之，同事者或欲有所纷更，辄执以为不可</u>，故其卒也，<u>兵民巷哭者相望云</u>。	宪宗纯皇帝嗣位，申命以行，<u>时南畿饥，命公赈救</u>。公议令狱囚赎米及都城商税钱钞皆市米，诸藩给僧牒亦准是法，<u>所活甚众</u>。<u>时游食颇盛，公议京伍未实，宜使此辈应募为兵，得若干人</u>……戊子旱，奉敕会谳，因多所矜释，又议诸郡岁输军储，许临船预放三月，省耗数般，<u>直得十余万石贮于仓</u>，效古常平法行之……城门守兵尽隶营伍，止留老羸数人，<u>公谓宜养锐示威，始定番代法</u>，议久不决。后四年，公复力争，又言营卒多病死，请官置医药，皆从之。其丧……南都公卿至于官士罔不走吊，营卫将校多哭至失声，<u>市民官隶焚楮然烛，哭于巷陌者无虚日</u>。 公疎髯丰颊，面如赤玉，<u>简重寡言</u>，平生忠孝……莅政之初，喜事者或<u>有异议</u>，公谓留务至重，不宜作聪明、擅威福，妄有更改，守之不变，久则民安而信之不疑矣。守备三十余年，上下辑服，军民安堵，外警不作。

三、其他与传主有关的资料

（一）《明孝宗实录》撰写前已写成的与传主有关的书信、序文、祭文等

士大夫之间的书信往来、同僚好友赠送传主的诗序，或为传主所作的祭文、哀辞等，有很多关于传主的记载，其中有被《明孝宗实录》传记撰写时参考者。

如弘治年间著名隐士西村先生史鉴与吏部尚书王恕过从甚密，史鉴曾专门向王恕致书推荐李应祯："其为人<u>天性峭直</u>，遇事无所回避，人忌其才而憎其直。"①《明孝宗实录》李应祯传的评价与史鉴所评极为相似："应祯<u>性峭介</u>，与众寡合，<u>好面折人过</u>。"②此反映了二者的因袭关系。又如杨守陈在陆瑜生前为之所作的序文中称赞其人："尤以<u>德量宽大得众心，法比练达服群议</u>……及为尚书，则自僚属下之于囚徒，<u>远至于天下，多感戴称道之</u>。"③《明孝宗实录》陆瑜传记载："瑜<u>端重宽裕，练典章，精法比</u>，凡议狱缘以经术，<u>人多传之</u>。"④虽然二者用语并非完全相同，但语意极为相近，后者当有参考前者的可能。

《明孝宗实录》记载总督两广军务都察院右都御史唐珣传记，其中涉及其任四川合州知州之事迹，称："授四川合州知州锄强植弱，有能声。"⑤王僎曾为其赴福州作序，详细追述了其在合州之政绩："闻君之为合州也，适巴蜀盗起，民苦剽掠，君为筑城拒守，自是合始无盗忧。东北江水冲激，坏民庐舍，君筑堤御之，坚完可以持久，合于是又无水患。遇岁不登，君察民高赀，行劝分之令赈赡之，合之民又可免转徙之虞。以至于<u>兴利去弊，抑强扶弱，修废举坠，皆极力为之，无少顾忌</u>，而君之政化行矣。"⑥《明孝宗实录》传记虽未详细记述唐珣在合州之作为，但其总结性评价或参考了序文

---

① （明）史鉴：《西村集》卷五《上少保王三原书》，《文渊阁四库全书》第1259册，第793页。
② 《明孝宗实录》卷七八，弘治六年七月壬寅，第1500页。
③ （明）杨守陈：《杨文懿公文集》金坡稿卷二一《送刑部尚书陆公致仕序》，《四库未收书辑刊》第5辑，第17册，北京出版社，2000年，第565页。
④ 《明孝宗实录》卷二八，弘治二年七月庚午，第616页。
⑤ 《明孝宗实录》卷一〇五，弘治八年十月己未，第1912页。
⑥ （明）王僎：《思轩文集》卷五《赠福州太守唐君赴任序》，《文渊阁四库全书》第1329册，第458页。

中所述。

(二) 传主生前所写文章

《明孝宗实录》传记中或有对传主的学识、所撰论著加以介绍或评价者,这些内容有的参考了传主本人生前所写的文章。如杨守陈生前所作《四书私抄》,闻名一时,引起很大争论,《明孝宗实录》杨守陈传中即有一部分专门论述了该著作。查杨守陈各类碑传包括程敏政作《杨文懿公传》、何乔新作杨守陈墓志铭、王鏊作杨守陈神道碑铭等皆无相关记载,①而在杨守陈自撰的《大学私抄序》《中庸私抄序》等文章中,却可发现相关论述。如《明孝宗实录》杨守陈传记称:"(杨守陈)以所易置者为怡然理顺。"②《大学私抄序》则称:"(杨守陈)取所疑经传易而置之……怡然理顺,乃净抄成帙。"③《明孝宗实录》杨守陈传记称:"(杨守陈)谓《中庸》有错简,而朱子不之疑,且不当分章句。"④《中庸私抄序》则称:"《中庸》之简亦多错,《大学》之章可分,而《中庸》难以章分也。"⑤由上可见,《明孝宗实录》杨守陈传中对其《四书私抄》的论述当参考了杨守陈自撰之《大学私抄序》《中庸私抄序》等文章。

(三) 《明孝宗实录》撰写前已出版的有关文集

与传主有关之碑传、书信、记、序等文章,在《明孝宗实录》撰写前,或仅以单篇传抄,或汇总成集而存世。其中汇总成集者,《明孝宗实录》亦有参考的可能。上述杨守陈之《杨文懿公文集》早在弘治十二年即刊出,⑥《明孝宗实录》杨守陈传所参考之《大学私抄序》《中庸私抄序》即收录在此集中,因而该文集有被《明孝宗实录》杨守陈传参考之可能。王鏊《思轩文集》现存弘治刻本中载有杨守陈神道碑铭、徐世英墓志铭、钱溥行状,分别与《明孝宗实录》杨守陈传、徐世英传、钱溥传记载极为相近。如其中杨守

---

① (明)程敏政:《篁墩集》卷五〇《杨文懿公传》,《文渊阁四库全书》第1253册,第191~195页;(明)何乔新:《椒邱文集》卷三〇《嘉议大夫吏部右侍郎兼詹事府丞谥文懿杨公墓志铭》,《文渊阁四库全书》第1249册,第462~465页;(明)王鏊:《思轩文集》卷一三《吏部右侍郎兼詹事府丞赠礼部尚书谥文懿杨公神道碑铭》,北京大学图书馆藏明弘治刻本。
② 《明孝宗实录》卷三一,弘治二年十月壬寅,第698页。
③ (明)杨守陈:《杨文懿公文集》卷二《镜川稿》,《四库未收书辑刊》第5辑,第17册,第421页。
④ 《明孝宗实录》卷三一,弘治二年十月壬寅,第699页。
⑤ (明)杨守陈:《杨文懿公文集》卷二《镜川稿》,《四库未收书辑刊》第5辑,第17册,第421页。
⑥ 明弘治十二年杨茂仁刻本,《四库未收书辑刊》第5辑,第17册。

陈神道碑铭记载:"读书日五行下,日记数百言……比登第入翰林,学益进,文益奇,议论益醇。"①《明孝宗实录》杨守陈传将文字稍作改动,而大意一致:"自幼聪颖,日记数百言,时名甚著,及入翰林,益肆力于学。"②该文集所载徐世英墓志铭称:"而自奉淡泊……若夫谨祠祀,睦姻党,赒所有以周人之急。"③《明孝宗实录》徐世英传亦如此评价其人:"然薄于自奉,谨祠祀,睦姻族,赒人之急。"④再如钱溥行状记载其被选入翰林院任职一事:"英宗皇帝御文华殿,召试蔷薇露诗,称旨,即日授行在翰林院检讨,命教内书馆。"⑤《明孝宗实录》钱溥传:"或荐溥,试蔷薇露诗,大见称赏,特授翰林院检讨。"⑥此反映了《思轩文集》有被《明孝宗实录》传记参考的可能。

另外丘濬《琼台类稿》现存弘治刻本,载有盛颙墓志铭、杜谦神道碑铭,通过与《明孝宗实录》所载盛颙传、杜谦传对比,发现后者有参考前者的可能。⑦ 刊刻于正德二年的《篁墩程先生文集》,其中收录的杨守陈传、张文质墓志铭、张谦神道碑铭,有可能被《明孝宗实录》相关传记参考。⑧ 林俊于弘治年间著有吴希贤墓碑铭、王诏墓表、黄琟墓志铭、何乔新神道碑铭等,⑨以上碑传之内容与《明孝宗实录》所载相关传主之传记极为相近。而林俊手编《见素集》凡五十余卷,其生前已将之出版,时在正德元年,今此集原本不存,⑩具体内容难以考证,但上述文章极有被收录在内的可能,从而可推断《明孝宗实录》传记与此集有存在因袭关系的可能性。吴宽的《匏翁家藏集》中收录有八篇碑传,经比对,与《明孝宗实录》所载该八人传记有密切关联。考其刻于正德三年,⑪在《明孝宗实录》成书前一年,刊刻时间虽接近于《明孝宗实录》成书时间,但不能完全否定其被《明孝宗实

---

① (明)王㒜:《思轩文集》卷一三《吏部右侍郎兼詹事府丞赠礼部尚书谥文懿杨公神道碑铭》,《续修四库全书》第1329册,第547页。
② (明)杨守陈:《杨文懿公文集》卷二,《四库未收书辑刊》第5辑,第17册,第421页。
③ (明)王㒜:《思轩文集》卷一九《通政使司左通政徐公墓志铭》,《续修四库全书》第1329册,第622页。
④ 《明孝宗实录》卷四一,弘治三年八月甲午,第857页。
⑤ 《明孝宗实录》卷一四,弘治元年五月辛未,第334页。
⑥ (明)王㒜:《思轩文集》卷二二《资善大夫南京吏部尚书谥文通钱公行状》,《续修四库全书》第1329册,第660页。
⑦ (明)丘濬:《琼台类稿》,国家图书馆藏弘治五年闵珪刻本。
⑧ (明)程敏政:《篁墩程先生文集》,国家图书馆藏正德二年何歆、程曾刻本。
⑨ 即《正奉大夫正治卿贵州左布政使黄公墓志铭》《刑部尚书赠太子少傅谥文肃何公神道碑》《明奉直大夫南京翰林院侍读学士静观吴公墓碑》《嘉议大夫南京兵部右侍郎王公墓表》。
⑩ (清)纪昀:《见素集序》,《文渊阁四库全书》第1257册,第2页。
⑪ (清)纪昀:《家藏集序》,《文渊阁四库全书》第1255册,第1页;(明)李东阳:《匏翁家藏集序》,《文渊阁四库全书》第1255册,第3页。

录》直接参考之可能。

《明孝宗实录》传记数量巨大,笔者网罗现存之史料亦只发现其部分史源,尚有一些传记史源不明。如都督刘宁为一时名将,《明孝宗实录》刘宁传记载其事迹极为详细:"为副总兵时,有虏酋挟数万人入贡,阴蓄异志。宁知之,率二十骑躬诣贼营。虏惊疑不知所为,有勒马引弓以待者。宁以马棰指画,宣布朝廷恩威,咸复下马与群酋坐。一酋语不逊,宁掌其面,奋臂而起。酋首叱其酋退,且留坐,宁乃霁色,呼酒与饮,反复开谕。群酋咸悟,卒如约。"①该传记之史源可能今已不存,亦可能因笔者阅读范围所限尚未发现,需要继续追寻。但即从上述已发现的《明孝宗实录》传记的史源及其处理方式观之,亦可断定《明孝宗实录》传记资料来源非常广泛,对于提高其编纂质量大有帮助。

第二节 资料处理方式与写作特点

《明孝宗实录》传记的修纂者根据传主的不同情况,对参考资料进行了不同层次的处理。首先将各种资料进行筛选,而后在所选资料基础上进行精细删削与润色,最终形成了有自身特色之传记。

一、资料选择方式

《明孝宗实录》传记对资料有不同的选择方式。著名人物过世,往往留下较为丰富的个人资料,其碑传大多为名士所作,广为流传。《明孝宗实录》传记在参考诸多资料时,进行了一定的鉴别与筛选。

（一）选用一种资料为主要根据

通过将《明孝宗实录》传记与相关传主的各类资料进行比对,发现《明孝宗实录》中有些传记,其绝大部分内容与其中的某种资料的记载极为相近,当以之为主要写作根据。

南京工部尚书刘宣逝世,李东阳为之撰《明故南京工部尚书刘公墓志

---

① 《明孝宗实录》卷二一二,弘治十七年五月丁酉,第3966页。

铭》,徐溥亦撰《南京工部尚书刘公传》,而《明孝宗实录》刘宣传当采用了李东阳作刘宣墓志铭中的记载。如关于刘宣入仕前之事迹,李东阳撰墓志铭开篇记载:"公八岁而孤,长值家难,力就学,受《春秋》于礼部侍郎李公绍。正统丁卯春,父戍卢龙,徒步至京师……己巳北使假贡献图窥伺,公上疏言不可信,宜豫为备。后六师失利,公从武官守天津,密赞戎事,或诱之逃,或留妻以女,皆弗听,事定乃反。"①而徐溥作刘宣传用不同语句记载其事:"公生七岁而孤,遭家多故,能自力于学,不随同辈嬉戏。从故礼部侍郎李公克述习《春秋》,精勤不懈,父戍卢龙而没,躬往代之。虽处行伍中,不废读书,其志必欲以科第自显。"此处记其"七岁而孤",与墓志铭记载有异,且将刘宣守天津等事置于该传记之文末:"……享年六十有七。公少罹贫苦,在卢龙时,游学京师,每徒步往返,为寒暑所中,辄疾死道上,逾时始苏。尝建言御边四事,其后有己巳之变,果如所料。及寇薄京城,从裨将守备天津多所补益。"②《明孝宗实录》刘宣传则与李东阳撰墓志铭从文词到述事顺序皆一致:"八岁而孤,长值家难,力就学,补父戍卢龙,徒步学于京师。正统八年,北房假贡献图窥伺,宣上疏言房不可信,宜预为备。后六师失利,尝从武官守天津密赞戎事。"③由此可以判断,《明孝宗实录》刘宣传当选用了《明故南京工部尚书刘公墓志铭》为其主要写作根据。

致仕南京兵部尚书潘荣亡故后,徐溥为其作神道碑,对其评价曰:"呜呼,公以敦朴之资,抱德履善,不自表襮,一命二十年而始得调,及其资望俱积,公卿之选自有不能释者,而累求退避,卒克自遂以保身完名。"④李东阳为其作墓志铭,记作:"尝观蒙翁岳先生遗文称潘公之贤,且谓公在吏科一官二十年,为巧宦者所讥笑,其守不变……公丰仪伟特,性宽厚,不屑屑为苛细,居家孝友,与人交,底里洞见,而在公勤慎。"⑤《明孝宗实录》潘荣传记作:"荣性宽厚,居官无废事,在科几二十年,久滞不调,而其守不变,人以为难云。"⑥三者对潘荣的评价大意一致,然在用语方面,《明孝宗实录》潘荣传与李东阳作墓志铭更为接近,当以参考墓志铭为主。

---

① (明)李东阳著,周寅宾校点:《李东阳集》文稿卷二九《明故南京工部尚书刘公墓志铭》,岳麓书社,1985年,第2册,第428页。
② (明)徐溥:《谦斋文录》卷三《南京工部尚书刘公传》,《文渊阁四库全书》第1248册,第633~634页。
③ 《明孝宗实录》卷五三,弘治四年七月甲申,第1039页。
④ (明)徐溥:《谦斋文录》卷四《资善大夫南京户部尚书致仕潘公神道碑铭》,《文渊阁四库全书》第1248册,第650页。
⑤ 李东阳《李东阳集》文后稿卷二二《资善大夫南京户部尚书致仕潘公墓志铭》,岳麓书社,1985年,第3册,第316页。
⑥ 《明孝宗实录》卷一一八,弘治九年十月甲申,第2132页。

南京大理寺卿夏时正去世，王鏊撰有《南京大理寺卿夏公时正墓志铭》，记载其主要事迹曰："被命巡视江西，黜贪浊者二百二十余人。革滥徭理庚贱，放免无名之税十余万石，劝民出粟七十余万，赈饥民二十三万户。修筑南昌城堤，城赖复完。长河洞民叛服不常，公单车诣巢穴，晓以威德，遂感泣归顺。复疏时弊二十事以闻，当道有不悦者，遂三上章乞去，得报遂行。"有关其为人，王鏊未作综合性评价，而是着重记载其著述丰富之事："日以著述为事，藩司为建西湖书院于孤山，复建和靖巢居阁以居。公故，冢宰华亭钱公作《海内耆英会》，公其一也……所著有《余留稿》三十五卷，《太常志》十卷……"①

杨守阯根据夏时正行状，为其作神道碑铭，"适明槟来南京，以公门人徐奇所为状泣拜，请为墓碑"，内容较为全面，记作："升郎中，奉敕录囚福建，平反死狱六十余人……七年，岁大侵，朝廷简命大臣分道巡视，公至江西，兴发劝分赈济饥民二十三万户，裁省诸司冗滥力役数万人，罢黜不职庶官二百余人……南昌城章江门外，每岁夏秋之际，降水挟风涛为患……公召监司会计帑羡得数千金，分遣官属修固城垒，增筑南昌瀕江之堤及丰城诸县陂岸，各若干里、若干丈，皆江西百世之利也。"该文还记载其临终前笔耕不辍之事迹："布政使杨公峻遣人迎公还杭舍，于归锦坊日著书属文，犹作蝇头细字，至腊八日忽觉音涩体疲，亟呼诸子曰'吾将永逝矣'，明日日午遂卒……公博学高才，工诗文，善楷法行书，多所著述，于稽古礼文之事尤详……"②

《明孝宗实录》夏时正传记记载其主要事迹，称："转郎中，录囚福建，平反死狱六十余人……成化七年岁大侵，朝廷简命大臣分道巡视，时正至江西，兴发劝分，裁省诸司冗役数万人，罢黜官属不职等二百余人，中亦有不惬舆论者。增筑南昌瀕江堤及丰城诸县陂岸，凡若干里，皆足为经久利事。"对其综合评价称："时正博学有才，既居闲久多，所著述于稽古礼文之事尤详，卒之岁，犹日书蝇头字，校雠不辍，士大夫见者咸敬重焉。"③不难看出，《明孝宗实录》主要采纳了杨守阯所撰的神道碑中的内容，且文词亦相因袭。

吴宽亡故后，李东阳为吴宽撰墓志铭，王鏊为其作神道碑铭。《明孝宗实录》吴宽传记载：

---

① （明）王鏊：《南京大理寺卿夏公时正墓志铭》，焦竑《国朝献徵录》卷六九，《四库全书存目丛书》史部第103册，第746页。

② （明）杨守阯：《碧川文选》卷四《大明南京大理寺卿夏公神道碑铭》，《四库全书存目丛书》集部第42册，第110页。

③ 《明孝宗实录》卷一五七，弘治十二年十二月癸巳，第2818页。

少为府学生,累诎场屋,贡入太学,绝意取进。提学御史陈选惜其才,敦劝就乡试,遂得举会试、廷试,名皆第一……寻升吏部右侍郎,丁继母忧。吏部员再缺,朝廷命虚位待之,服阕补任,未几转左……敕修《通鉴纂要》。孝肃太皇太后将祔庙,诏议其礼,独抗言,引周祀姜嫄事请别庙奉享,议上,从之……行履高洁,志操纯正,权势荣利所在,退避若懦夫。然于书无所不读,为文醇古有法,诗浑厚沉着,尤严体裁,书规模苏文忠公。平生重伦理,笃恩义,所行多有足范俗敦化者,位虽通显而未究其用,卒之日,士大夫无不赍咨叹惋云。①

李东阳作墓志铭记载:

公蚤学晚达,虽有奇遇殊宠而弗究于用,天下有遗望焉,呜呼恸哉……始试久不售,已绝意进取,提学陈御史士贤见其文,奇之,敦劝就试,为京闱书魁,试礼部名第一……以侍郎丁继母忧六载阕,吏部仍拟公名,服未阕数月,朝廷为虚位待之,尤仕途所未有其宠遇之典……公识趣高雅,行履端洁,孝友天至,遇族里有恩。其居官廉慎律物,以权势所在,未尝宁处,既复就清简,虽优诏累留而引退不置。惟于学充然自得,所为文醇古有法,诗得唐格,书酷似苏体,词命在朝廷,纪载在史局,碑板翰墨,遍于天下。②

王鏊作神道碑铭记载:

太皇太后将祔庙,诏议其礼,公曰:"昔周祀后稷、姜嫄祭于别庙……然岂后世所宜法哉?"……公端靖渊穆,不溷溷为同,不峣峣为异,士无贤愚,见者靡不归心,公亦保合兼容,不见畛域,平生不闻有毁誉之言,亦不见喜愠之色,其古所谓大雅君子者乎? 公为文不事追琢,独严体裁,蕴藉简淡,理致悠长,为诗用事浑然天成,不见痕迹,沉着高壮,一洗近世尖新之习作,书姿润中,时出奇倔,虽规模于苏而多所自得,于戏。③

由上可知,《明孝宗实录》吴宽传中,除了吴宽议太皇太后祔庙之事之记载乃因袭其神道碑,其余事迹及评价之词乃主要根据其墓志铭撰写而成。

徐溥故去,吴俨撰行状总结徐溥为人:

公德性凝重,度量宏远,自少负公辅之望。在内阁十余年,以仁厚

---

① 《明孝宗实录》卷二一四,弘治十七年七月戊戌,第4028页。
② (明)李东阳:《明故资善大夫礼部尚书兼翰林院学士掌詹事府事加赠太子太保谥文定吴公墓志铭》,见正德《姑苏志》卷三四,《文渊阁四库全书》第493册,第639页。
③ (明)王鏊:《震泽集》卷二二《资善大夫礼部尚书兼翰林院学士赠太子太保谥文定吴公神道碑》,《文渊阁四库全书》第1256册,第354页。

养国体,以名节励士风,匡救将顺,恒以正君德为先,其所谋议必欲慎守成法。或劝其有所建白,公曰:"国家法度皆我祖宗神谋庙算,其所以惠元元者甚备,患在不能守耳,岂宜更张。"今上初即位,止贡献、罢工役、黜异端、屏憸邪、登用老成,一时善政倾动天下耳目。<u>虽出宸衷独断,而公赞相弼成之功居多</u>。时有大臣罢废家居者,夤缘谋复起,公力持其议不得行。占城奏安南侵小,乞命官往问罪,公亟疏止之。至于荐拔人才,常若不及,一善一能无所遗弃,或有过误曲为掩护,惟恐不为完人。尝曰:"天之生才甚难,以微瑕而遽弃之,吾不忍也。"其进退黜陟惟视舆论为权度,不以亲疏远近贰其心,以故终始完节,人无间言。①

李东阳撰墓志铭记作:

见人有才行可用,极力引拔,寸长片善,亦加甄录,至忘瑕垢。大臣有罪废媒进者,公持其议竟不得行。藩府有大狱,群议汹汹,<u>公力赞其决,事始定</u>。<u>留都狱连引贵近,或为观望,亦赞成之</u>。其他事多秘密,公又谨重不泄,外人无知者……公风采凝重,言动有则,而<u>温然可亲</u>。事亲孝谨,居丧再庐,墓侧有白鸠白雁之异。与群从叔弟情义周洽,亲旧有急则周之。处官恭慎,事值棼错,每从容应之,皆中理会。及当端揆决众疑,未始有疾言怒气,而卒以大定。<u>德量宏裕</u>,或遭横逆,人不堪其难,而含忍茹纳,<u>不见形迹</u>。故士大夫无疏戚远近皆饮德沾惠,终其身无怨怼者。若其引身避位,断断不移,卒之名节不亏,恩眷无斁,巍然为一代名臣。考其终始,亦可以无愧恨矣。公博古多识,<u>为诗清润有思致</u>,文必根理道,四方购乞碑板相继,有《谦斋集》若干卷。②

《明孝宗实录》徐溥传记载:

溥立朝四十余年,在内阁因事纳约,登崇俊良,随材器使,<u>尝有大狱干宗藩连贵近,众惧不能决,皆力赞成之</u>,盖从容委曲以助成天下之务者,其功为益多。平居容仪俨雅,<u>温易可亲</u>,度量宏裕,而包含不露,皆饮醇仰德无怨恶者。<u>为诗文清润有思致</u>,而酷嗜古法书名画,至老不倦云。③

---

① (明)吴俨:《故光禄大夫柱国少师兼太子太师吏部尚书华盖殿大学士赠特进左柱国太师谥文靖徐公溥行状》,《吴文肃摘稿》,《文渊阁四库全书》第1259册,第426页。

② (明)李东阳著,周寅宾校点:《李东阳集》文后稿卷二四《明故光禄大夫柱国少师兼太子太师吏部尚书华盖殿大学士赠特进左柱国太师谥文靖徐公墓志铭》,岳麓书社,1985年,第3册,第345~346页。

③ 《明孝宗实录》卷一五四,弘治十二年九月戊辰,第2741页。

由划线部分可知,《明孝宗实录》徐溥传因袭墓志铭者居多。据笔者考察,《明孝宗实录》传记传主中至少9位有行状存世,但行状被传记采用者只有2篇。《明孝宗实录》传记采用传主行状作依据者较少,盖因行状大多内容博杂,不如文笔简练之墓志铭等更便采择之故。

（二）兼采多种资料加以综合

《明孝宗实录》传记中有些是博采众多资料加以综合利用,据笔者所见,至少有十三篇传记属于此种类型。

《明孝宗实录》杨守陈传除了参考杨守陈自撰文章及王㒟所作杨守陈神道碑铭外,还兼采了何乔新为其所作墓志铭及程敏政所作《杨文懿公传》中的内容。①

《明孝宗实录》陈音传当兼采了李东阳作陈音神道碑铭、王鏊作《愧斋先生传》两种资料而成。其中关于陈音上疏陈时政之事,神道碑铭记载较为简略,主要涉及陈音所荐之人:"尝上疏陈时政数事,如乞起李秉、张元祯,复罗伦、章懋,用陈献章,革法王、佛子名号,皆剀直不阿。"②而王鏊作《愧斋先生传》则直接引用了陈音之奏疏原文:"先生为编修,上疏曰:'窃见近年灾异屡见……宜召还致仕吏部尚书李秉、修撰罗伦、编修张元祯、评事章懋、给事中王徽;新会举人陈献章置之台谏;革去法王、佛子、真人位号;禁止创建寺观。'"③《明孝宗实录》陈音传则采取了神道碑铭中的处理方式,转述其奏疏,但又兼采了《愧斋先生传》中的内容,补充了被荐人之职位、身份等史实:"尝上疏陈时政,乞召还尚书李秉、给事中王徽等,复其职,及擢举人陈献章置之台谏,革去法王、佛子位号,言甚剀直。"④另外关于陈音质问西厂爪牙韦瑛擅自抓人之事,神道碑铭记载:"其党韦瑛者,夜帅逻校入<u>兵部主事杨仕伟</u>家。"⑤《愧斋先生传》记作:"一日有校士,突入<u>兵部郎杨仕伟</u>家。"⑥二者对杨仕伟之官职记载不同,《明孝宗实录》陈音传采用了

---

① （明）何乔新:《椒邱文集》卷三〇《嘉议大夫吏部右侍郎兼詹事府承谥文懿杨公墓志铭》,《文渊阁四库全书》第1249册,第462页;（明）程敏政:《杨文懿公传》,《篁墩集》卷五〇,《文渊阁四库全书》第1253册,第191~195页。
② （明）李东阳著,周寅宾校点:《李东阳集》文后稿卷一八《明故嘉议大夫南京太常寺卿陈公神道碑铭》,岳麓书社,1985年,第252页。
③ （明）王鏊:《震泽集》卷二四《愧斋先生传》,《文渊阁四库全书》第1256册,第373页。
④ 《明孝宗实录》卷八九,弘治七年六月己卯,第1650~1651页。
⑤ （明）李东阳著,周寅宾校点:《李东阳集》文后稿卷一八《明故嘉议大夫南京太常寺卿陈公神道碑铭》,岳麓书社,1985年,第3册,第252页。
⑥ （明）王鏊:《震泽集》卷二四《愧斋先生传》,《文渊阁四库全书》第1256册,第373页。

神道碑铭的说法："千户韦瑛……夜率逻卒入兵部主事杨仕伟家。"①对陈音的评价，《愧斋先生传》称："先生为文典实有理致，尤邃于经学，四方举子质经者填门塞……中外显仕多出门下者。"②《明孝宗实录》陈音传与其极为相近，称："为文典实有理致，尤邃经学，四方举子质经疑者踵至，多取高第至显仕。"③而陈音神道碑铭中无相关论述，可见《明孝宗实录》陈音传此处又转而采用了《愧斋先生传》中的说法。

《明孝宗实录》王越传有关王越主要事迹的记载采用了《明宪宗实录》中的记载，而对其综合评价因袭了李东阳撰墓志铭中的说法。王越墓志铭记作："公姿表奇迈，慷慨自许，论议英发，见事风生。虽以文显，久膺帅寄，历西北诸镇，身经数十战，其于边徼险易，敌情真伪，将士之强弱劳逸，皆历历在胸臆。每出奇取捷，谋定而后发，同事者亦莫测所向。至于颠倒才智，中自为操纵，而人人欣动，乐为之用，效之者，皆自以为不及。其所见所执，壮老一致，虽罹挫衄而志不少衰。喜奖拔士类……武臣边将出其门者不可胜计。博学多闻，精极吏事，判案章奏，仓卒立就。兵法、射艺、象纬、堪舆之说，罔不该究。为歌诗，雄迈跌宕……"④《明孝宗实录》王越传记作："越姿表奇迈，聪慧绝人，慷慨自许，事一见即决。久膺帅寄，凡边徼险易，虏情真伪，将士强弱，历历在胸臆。遇敌意度安闲，计定而后发，颠倒才智，中自为操纵，而人乐为之用，其所拔擢后往往多为名将。赋诗属文草奏判案，虽仓卒立就，俊逸可观，但急于功利，自负其才，至破崖岸为之，中多机变，人莫能测。"⑤

《明孝宗实录》李应祯传，除了参考《上少保王三原书》外，还记载："为中书舍人时，直文华殿，有旨命写佛经，辞不应，且上疏曰：'闻为天下国家有九经，不闻有佛经也。'于是忤旨，廷扑之，因罢殿，直人以是称之。"⑥这段话当来自吴宽所撰《明故中顺大夫南京太仆寺少卿致仕李公墓碑铭》中内容："成化乙酉选授中书舍人……适有旨写佛经，上疏言：'闻为天下国家有九经，不闻所谓佛经也。'言甚剀切，人皆危之，赖上仁明特答而

---

① 《明孝宗实录》卷八九，弘治七年六月己卯，第1651页。
② （明）王鏊：《震泽集》卷二四《愧斋先生传》，《文渊阁四库全书》第1256册，第373页。
③ 《明孝宗实录》卷八九，弘治七年六月己卯，第1651页。
④ （明）李东阳著，周寅宾校点：《李东阳集》文后稿卷二三《明故光禄大夫柱国少保兼太子太傅都察院左都御史总制陕西三边军务赠太傅谥襄敏王公墓志铭》，岳麓书社，1985年，第3册，第339页。
⑤ 《明孝宗实录》卷一四五，弘治十一年十二月壬辰朔，第2525页。
⑥ 《明孝宗实录》卷七八，弘治六年七月壬寅，第1500页。

不问。"①

　　致仕都察院右副都御史唐瑜卒，李东阳为撰墓志铭，徐溥为作神道碑铭，王鏊撰墓表，经考察而知，《明孝宗实录》唐瑜传除了参考墓志铭外，还参考了神道碑。李东阳作墓志铭："辛巳，擢知衢州府，询察利病，惟民所便。其俗健讼，示以廉明，民无敢欺者。县有孔氏别族，为民所夺，以私财赎其租，使供祀事。其子孙德公，图像于家庙生享之。石塘浮拱桥坏，为舟以利病涉。癸未，旱疫，为文祷于神，雨大作，沴气遂消。……辛卯，进湖广左参政，分按荆襄，置廪积谷，值歉，发若干斛，均、房流民当散归者，公给饩解系，俱获生还。甲午，荆湖水溢，民四出逃溺，公发舟载盐米给之。襄河为患，作堤障之，民名其堤曰唐公堤……丙午，迁都察院右副都御史，巡抚甘肃……诏使至，讽织细毳充贡献，费至数倍，公执不从。复有武臣被黜者，竟为阴中，遂坐劾以去，时论惜之。弘治壬子，以建储君诏复故官致仕。"②《明孝宗实录》唐瑜传记："郡孔氏祭田为他姓所夺，瑜以私财赎其租，俾共祀事。转湖广参政，分按荆襄，置廪积谷，值歉，发若干斛，民赖以济。襄河为患，为作堤障之。迁山西右布政使，丁母忧服阕，改云南，寻迁左布政使。立待制王祎祠，正土官宗派以定传袭。擢都察院右副都御史巡抚甘肃。诏使至，讽令织细毳充贡献，瑜执不从，复有武臣被黜者竟阴中之，遂被劾，褫其官以去。弘治五年，以建储诏复故官致仕。"③此段当参考了墓志铭所记。徐溥撰《嘉议大夫都察院右副都御史唐公神道碑铭》记作："公姿貌环伟，有奇气，为诗文操笔立就……其卒也，衢之父老及孔氏子孙擎舟千里来哭者不绝。於乎，公虽不能与时顺随，不克究其施，然其爱在民，其功在边，公论在士夫，是其不可泯者。"④《明孝宗实录》对唐瑜评价来自神道碑："瑜为人豪爽有才气，颇伤粗厉。居官有声，其在衢州尤著，衢人慕之。既卒，父老来赴吊者，累累不绝云。"⑤

　　倪岳乃弘治朝有名大臣，李东阳与倪岳同年且同官，为其撰墓志铭："予与公同举进士，又同官久，为知己，固将为天下恸，而后及吾私。乃据吏

---

① （明）吴宽：《家藏集》卷七六《明故中顺大夫南京太仆寺少卿致仕李公墓碑铭》，《文渊阁四库全书》第1255册，第759页。
② （明）李东阳著，周寅宾校点：《李东阳集》文后稿卷二二《明故都察院右副都御史唐公墓志铭》，岳麓书社，1985年，第3册，第312页。
③ 《明孝宗实录》卷九二，弘治七年九月壬辰，第1688页。
④ （明）徐溥：《谦斋文录》卷四《嘉议大夫都察院右副都御史唐公神道碑铭》，《文渊阁四库全书》第1248册，第644页。
⑤ 《明孝宗实录》卷九二，弘治七年九月壬辰，第1689页。

部侍郎王公济之所著状为铭,而状所不载者,则互相发云。"①吴宽与倪岳同僚,为其撰写家传:"宽与公同朝三十年,同在翰林,同侍春宫,颇知公,乃因皋等之请为传其平生藏于家。"②《明孝宗实录》倪岳传记载:

  岳状貌魁异,望之如神,人有文武才略,在礼部仪文制度多所拟定,大者如皇储婚之礼,太庙祧祔之仪,母后奉慈殿制皆出其议,与夫革淫词、正封号、却西域贡狮子具有章疏。在吏部铨选,进退各当其材,或言别白太过,终当召怨,则曰:"吾知冢宰之职,当如是耳。"事当廷议,往往片言而决,天下皆仰其风采。③

李东阳撰墓志铭记载:

  在礼部者十三年,仪文制度,多所拟定,其大者:若皇太后上徽号,皇太子婚,诸王冠,宪庙大丧,而太庙祧祫议、母后奉慈殿制,皆前所未有。亲耕籍田,视太学,皆以职事从。他如革淫祀、正神号、禁斋醮、止召胡僧、请却西域贡狮诸疏,皆其手出。累知贡举,往往于旧法加新意,遂不可易。尤喜断大事,每廷议群疑不能决,辄用片语折之,无不帖服。④

吴宽撰家传记载:

  公居常则能鉴别人物,一旦当铨选,抑扬进退,各当其才,或言别白太过,终当召怨,公不恤曰:"吾知冢宰之职当如是。"诸末务不喜纷更,日昃退归私第若无事者。当廷议,凡军民利病能究知其故,正色侃侃言之,众亦惟公一言而定,天下想望其风采。方以吏部得人贺,而公以疾不起矣。⑤

由上可知,《明孝宗实录》倪岳传在记述传主建言、拟定制度方面采纳了其墓志铭的说法,用人、裁断廷议方面的评价则因袭了吴宽所撰传记之记载。

  传主的碑传类传记往往有多种,包括行状、墓志铭、神道碑等。《明孝宗实录》传记在选择资料时,或以其中一种为主要根据,或兼采多种加以综合。通过将《明孝宗实录》传记与传主各种资料比对,可以发现其中的不同。然而有些传主的碑传类传记内容非常相近,将《明孝宗实录》传记与其一一比对,仍难以确定以哪一种碑传为主要撰写根据,抑或有综合各类

---

① (明)李东阳著,周寅宾校点:《李东阳集》文后稿卷二四《明故资德大夫正治上卿太子少保吏部尚书赠荣禄大夫少保谥文毅倪公墓志铭》,岳麓书社,1985年,第3册,第356页。
② (明)吴宽:《家藏集》卷五九《倪文毅公家传》,《文渊阁四库全书》第1255册,第557页。
③ 《明孝宗实录》卷一八〇,弘治十四年十月甲寅,第3318页。
④ (明)李东阳著,周寅宾校点:《李东阳集》文后稿卷二四《明故资德大夫正治上卿太子少保吏部尚书赠荣禄大夫少保谥文毅倪公墓志铭》,岳麓书社,1985年,第3册,第355页。
⑤ (明)吴宽:《家藏集》卷五九《倪文毅公家传》,《文渊阁四库全书》第1255册,第557页。

传记而写成的可能。

如南京礼部尚书黎淳卒，李东阳为其作行状，徐溥为其作神道碑铭，倪岳作家传。李东阳、倪岳为黎淳的门生。李东阳称："东阳自童卯执经史，领教佩德垂四十年，闻讣惊悼，不能拜哭于几筵之下，为终身痛。谨撰述平生事行及爵里卒葬，以备采择。"① 倪岳称："民表奔丧南归，俾岳述公事行为传以备家乘之末。念自天顺癸未之秋，公方在场屋司考校，岳幸以书经登第，忝门生之列，及入翰林复获从公后，辱教爱者久。"② 徐溥为其同僚，称："其孤民表诣阙谢恩，他日奉公门人李学士宾之状，拜请神道碑铭。予与公同朝且同官已久，义不得辞，乃据状而书之。"从上述各文撰写原委及全文内容来看，其神道碑与家传皆以李东阳作行状为蓝本。③ 然将《明孝宗实录》黎淳传与以上碑传比对，很难确定《明孝宗实录》黎淳传因袭了上述哪一种碑传。以对黎淳的综合评价为例，李东阳所作行状详细具体，所作赞美之词与其事迹结合一处，夹叙夹议。倪岳作传用语较为简括，然大意与其行状所记基本一致。徐溥作神道碑则用较长篇幅集中对传主进行了综合评价，内容亦与行状一致。三者只在行文顺序上有所差别。现将各文相关内容摘录如下：

行状记载：

> 擢吏部右侍郎，持法坚正，有请属者，笑应之，然竟不行。闻人有玷行，虽所甚爱，必加摧抑，不曲为庇护。下至皂隶，亦畏惮无敢犯。权贵用事者，势甚熏灼。先生律己待物，不通馈问，卒亦无他……先生性耿介寡合，重伦尚节，痛违禄养，极严庙祀。兄嫂卒，其孤民献及女皆幼，育为己子……居官俭朴，不受私馈，尤慎形迹。事涉矫托，辄穷本末，必暴白乃已。人有过，必面质，或弗能堪，然底里洞彻，无毫发留匿，人亦亮其无他，弗憾也。尝患乡俗侈，躬自裁损，婚葬饮宴，稍示节度，多视以为则。所居黄洋渡，积潦病涉，捐私帑筑堤四十丈，民甚利焉。先生于书，无所不读，为诗文，典赡雄伟，成一家言。有《龙峰集》若干卷。楷法道整。自习业至公牍，连篇累帙，多不可纪数。教法详备，日亹亹不倦。凡所汲引陶铸，登甲科，仕中外，后先踵接，至不能

---

① （明）李东阳著，周寅宾校点：《李东阳集》文稿卷二三《明故资善大夫南京礼部尚书致仕进阶荣禄大夫谥文僖黎公先生行状》，岳麓书社，1985年，第2册，第352页。
② （明）倪岳：《青溪漫稿》卷二四《黎文僖公传》，《文渊阁四库全书》第1251册，第339页。
③ （明）徐溥：《谦斋文录》卷四《故南京礼部尚书谥文僖黎公神道碑铭》，《文渊阁四库全书》第1248册，第637页。

相识。①

家传记载：

　　处僚友之间委曲倾尽，或有过，必面折不少恕，然意亦无他，人皆信其诚。患习俗日侈，躬持俭约，婚丧宴会率有常则，日食不设兼味，泊如也。家庭化之，妾媵而下布素萧然，不异寒士，人以为难。邑有黄洋陂，淫潦病涉，即捐赀筑堤，其长四十丈，民免于患。公嗜读书，极于赡博。为诗文丰裕典则，字亦遒整，所著《龙峰集》若干卷，辑录本朝诸试录六百四十卷，藏于家。公善教人，尤好汲引后进，及门之士登甲科、跻显仕者，累累有之。②

神道碑记载：

　　公性耿介寡合，尤好直言，居官屡除弊事。初入翰林，有言被谪者，即以书抵当道，请救其人，当道者虽不能用，然心实重之……在部不受私馈，不行请属，尤慎形迹，事涉矫托，辄穷本末，必暴白乃已……素俭朴，患乡俗好侈，躬自裁抑，昏葬饮宴之礼，人多视以为则。重伦尚节，痛违禄养，极严庙祀，兄嫂卒，其孤民献及女皆幼，育为己子。③

《明孝宗实录》传记载：

　　淳性耿介，寡与人合，患流俗奢侈，凡婚丧燕饮皆有则。其取予不苟，有门生尹华亭以红云布寄淳，不受，即书封识上曰："古之为令，拔茶植桑，今之为令，织布添花，吾不用此妖服也。"淳刚简严重，有大臣体，临事议论激而不随，然避远形迹过于畏慎，诗文闳博为时所称。④

二、对资料进行文字加工

（一）意义不变，调整文词

《明孝宗实录》传记对所选用资料进行了精心的文字处理，或进行删削，或调整用语，使其行文尽量符合本书传记的编纂范式，力求内容概括，用语简练，文理通顺，上下融为一体。

---

①　（明）李东阳著，周寅宾校点：《李东阳集》文稿卷二三《明故资善大夫南京礼部尚书致仕进阶荣禄大夫谥文僖黎公先生行状》，岳麓书社，1985年，第2册，第351～352页。
②　（明）倪岳：《青溪漫稿》卷二四《黎文僖公传》，《文渊阁四库全书》第1251册，第340页。
③　（明）徐溥：《谦斋文录》卷四《故南京礼部尚书谥文僖黎公神道碑铭》，《文渊阁四库全书》第1248册，第638页。
④　《明孝宗实录》卷六二，弘治五年四月戊午，第1201～1202页。

1.删削繁复。《明孝宗实录》余子俊传与弘治年间李东阳所作《余肃敏公传》比较,在相关内容与文句方面,二者极为相近,有因袭关系;但在篇幅上,《明孝宗实录》余子俊传共717字,虽属本书传记中较长者,而与李东阳之《余肃敏公传》(约1300字)相比,则进行了大刀阔斧的删削。《明孝宗实录》余子俊传除了省去《余肃敏公传》中关于其家世等文字,还将碑传中长篇介绍传主奏疏与事绩之文改为概述性语句。如关于余子俊巡抚延绥时提出的修边之议及其他治理事宜,《余肃敏公传》中详加记载:

> 请于沿边墩台之隙,筑墙建堡。又于界至之隙,因山刬削,其高若城,每二三里则为敌台崖砦,连比不绝。又于中空筑短墙,横一斜二,如偃月状,以为侦敌避射之所。盖自清水营之紫城寨,至宁夏之花马池,东西延袤二千里,凡为堡十有二,壕墙崖寨八百有奇,小墩七十,边墩十有五。又移定边、安边二营于近地……又请置榆林卫,取逋兵当勾及谪戍南土者之子孙以益之。凡内边旷地皆垦为屯田,岁获数万石。立武学以教子弟之俊秀者。军中器用,巨细毕具,率范铁为之,识以岁月。至蔬果之类亦随宜教艺,而时巡省之。自是敌过城下,必啮指相顾,莫敢近。①

《明孝宗实录》余子俊传则简述之:

> 东自清水营之紫城砦,西至宁夏之花马池,划崖塞隙为敌台崖砦,联比二千里不绝。徙定边、安边二营于近地,请立榆林卫,垦缘边弃地为屯田。凡战守之具略备,自是虏过城下,必咋指相顾,不敢近。②

大部分《明孝宗实录》传记篇幅较短,甚至将所据资料中的繁复文字改用短语概括之。如《明孝宗实录》南京刑部尚书张瑄之传,记载其在吉安"能断狱讼,禁刁俗";在福建能"弭盗赈饥、导化风俗"。③ 查其所据之童轩撰张瑄墓志铭,方能得知此四词所包含之详细内容:

"能断狱讼":"(张瑄)升知府吉安,吉安民号健讼,日不下数十百人,公断如流,且屡辨疑狱,痛革吏弊。"

"禁刁俗":"然吉俗信鬼,岁刻木以像神,且冠裳聚众迎送以徼福泽。公禁之弗听,出遇诸途,遂叱令弃像水中,民首倡者悉置诸法。"

---

① (明)李东阳著,周寅宾校点:《李东阳集》文后稿卷一一《余肃敏公传》,岳麓书社,1985年,第3册,第164页。按:后文有"先帝升遐,公力求去,今上慰留不许"的记载(第165页)。传中李东阳称孝宗皇帝为"今上",可知此传为孝宗皇帝在位时作。另外,丘濬《重编琼台稿》卷二○亦有《余肃敏公传》(《文渊阁四库全书》第1248册,第397~402页)。但通过与《明孝宗实录》余子俊传比对,可知未被采用。

② 《明孝宗实录》卷二三,弘治二年二月辛亥,第533页。

③ 《明孝宗实录》卷九二,弘治七年九月丁酉,第1689页。

"弭盗赈饥":"初所属郡县多无粮储,公命各建仓廪,劝富民出粟,以备凶荒,民至今赖之……公奏命所司造铁索……由是海寇绝迹,莫敢往来。"

"导化风俗":"闽俗信阴阳拘忌,有殡于家十余载者。公督属责葬,不数日出葬者七千余棺。"①

2.将参考资料中所用尊称及隐晦之称呼替换为明晰之人名。如参考资料中所云"某公""某先生"者,《明孝宗实录》传记则直书人名。如上述李东阳作《余肃敏公传》隐匿了当事人名字:"辽东守臣阿权贵意,请征建州内附之人以为功。"②《明孝宗实录》传记据之撰写时不为大臣避讳,直书其名,称:"都御史陈钺希太监汪直意,启衅邀功。"③《余肃敏公传》记载:"锦衣百户韦瑛者,附势乱政。"④《明孝宗实录》余子俊传:"锦衣卫千户韦瑛挟太监汪直势,为奸恶。"⑤

3.对一些有争议之事,《明孝宗实录》传记作简化处理。如余子俊被劾致仕事,李东阳《余肃敏公传》记载:"有论其糜财病民者,命工部侍郎杜公谦及给事中御史往按其事,无所得,落太子太保致仕。"⑥由此记载,似乎杜谦等完全没有查出余子俊有不妥之处。然而据《明宪宗实录》所记并非如此:"既而杜谦等勘报还奏,以为子俊在边未及二年,费用官银一百五十万余两,粮料二百三十万石,虽因供给军马、修筑墩台、置造兵器、优赡阵亡皆出公用,然亦劳民伤财,不为无罪。'上曰:'余子俊……费用钱谷数多,姑置不问,革太子太保,令致仕去'。"⑦两者孰是孰非,难作判断,于是《明孝宗实录》余子俊传在据李东阳所作余子俊传撰写时对此避而不论,记作:"有论其筑边墩糜财病民者,落太子太保。"⑧

(二)修正错误内容

若《明孝宗实录》传记所据之参考资料出现记载错误,修纂者在利用

---

① (明)童轩:《资政大夫南京刑部尚书观庵张公瑄墓志铭》,见(明)焦竑《国朝献征录》卷四八,史部第102册,第505~506页。
② (明)李东阳著,周寅宾校点:《李东阳集》文后稿卷一一《余肃敏公传》,岳麓书社,1985年,第165页。
③ 《明孝宗实录》卷二三,弘治二年二月辛亥,第534页。
④ (明)李东阳著,周寅宾校点:《李东阳集》文后稿卷一一《余肃敏公传》,岳麓书社,1985年,第165页。
⑤ 《明孝宗实录》卷二三,弘治二年二月辛亥,第534页。
⑥ (明)李东阳著,周寅宾校点:《李东阳集》文后稿卷一一《余肃敏公传》,岳麓书社,1985年,第165页。
⑦ 《明宪宗实录》卷二七五,成化二十二年二月甲午,第4631页。
⑧ 《明孝宗实录》卷二三,弘治二年二月辛亥,第534页。

时,往往会根据其他资料将之进行修正。

《明孝宗实录》李昂传与徐溥作李昂神道碑铭内容极为吻合。神道碑铭记载李昂知青州之事,称:"至则废政悉举,郡中称治。凡八年,辟田至五千七百余顷,赈饥民百二十万,而复业者五万二千五百。将满去,民状公政绩三十有四事,上于巡抚大臣,愿留公终惠一郡。俄升福建布政司右参政,民怀思不已。"①《明孝宗实录》李昂传记载:"至则百废具举,郡中大治。凡八年,垦田至五千七百余顷,赈饥民百二十万,流亡复业者五万二千五百家。将满,民状其治行三十有四事,诣御史乞留之。升福建左参政,民思之不已。"②可见两者有因袭关系。然上引一段话中,两者有一处不同:《明孝宗实录》李昂传作"福建左参政",神道碑铭作"福建右参政"。查《明宪宗实录》卷一百三十八、卷二百三十八,皆作"福建左参政"③,故正确者为《明孝宗实录》李昂传。由此反映了《明孝宗实录》李昂传在采用神道碑铭相关记载时,对其所记史实进行了考订,并修正了其错误。

又如前文已将《明孝宗实录》沐琮传与倪岳作沐琮墓志铭进行比对,二者皆记载沐琮因平莽甸贼功加授太子太傅,然对该地名记载不同,沐琮墓志铭记作"桥甸"④,《明孝宗实录》沐琮传记作"莽甸"⑤。《读史方舆纪要》卷一百一十四、嘉庆《大清一统志》卷四百八十四,皆作"莽甸"⑥。可知《沐公墓志铭》将"莽甸"误作"桥甸",《明孝宗实录》沐琮传修正之。

三、整体行文简括

《明孝宗实录》传记记述的重要特色在于惜墨如金、用语简括。将《明孝宗实录》传记与传主碑传比较,可发现事实上碑传的很多内容未被采纳,两者在篇幅上、内容多寡上存在很大不同。

兵部左侍郎李介经略大同边务卒于任上,当朝官员纷纷为其作碑传,

---

① (明)徐溥:《谦斋文录》卷四《右副都御史钱塘李公神道碑铭》,《文渊阁四库全书》第1248册,第657页。
② 《明孝宗实录》卷六一,弘治五年三月辛卯,第1187页。
③ 《明宪宗实录》卷一三八,成化十一年二月戊申,第2593页;《明宪宗实录》卷二三八,成化十九年三月己亥,第4038页。
④ (明)倪岳:《青溪漫稿》卷二三《明故镇守云南总兵官征南将军太子太傅黔国公赠特进光禄大夫左柱国太师谥武僖沐公墓志铭》,《文渊阁四库全书》第1251册,第336页。
⑤ 《明孝宗实录》卷一一七,弘治九年九月庚辰,第2114页。
⑥ (清)顾祖禹:《读史方舆纪要》卷一一四《云南二》,《续修四库全书》第611册,第560页;嘉庆《大清一统志》卷四八四《曲靖府》,《续修四库全书》第623册,第561页。

记载了其在大同之事迹。

刘健撰有《兵部尚书贞庵李公介墓表》："先是二边军士有力者率以贿买闲，及役占于私门，至不识弓矢，大同尤甚。公力为检阅，得万二千人，并所召募万五千人，别为行伍，训练之，以备征战。大同旧有官田万余顷，听军民耕种，而纳其租直于官，谓之牛具钱。近率为势要所兼并，而边军顾以追陪马价被笞掠，公甚愤之，按出其田，遂得银数千两，以资马价，军士遂逭追并之苦。沿边城堡百里外，虽守将恒所不至，公悉亲身阅视其要害，<u>以为筹划条陈便宜二十余事</u>，诏皆议行之。"①

李东阳根据其行状撰写《明故通议大夫兵部左侍郎兼都察院左佥都御史赠兵部尚书李公墓志铭》，"其子昆奉春坊中允张天祥状请予铭墓，予公比邻，雅相善，既吊于郊，乃叙而铭之。"记作："有北巡之命，仍兼左佥都御史以行……至则敌已遁去。公遍历城堡，宣上威德，倡勇策懦，风裁卓卓。稽镇兵隐役者得万二千人，复募丁壮万五千，籍伍训战，以俟征调。闻大同屯租，岁给牛具银数十两，实不为官用，而边兵逭马价，方苦笞掠，因奏请给之。易置将领，必询众议。独念大同有废墙在境外，请大修复，以御敌冲。<u>前后所上二十余条</u>，寒夜呵笔，手为皴裂，犹草奏不辍，事且竣，未报而卒。公修髯伟颧，<u>言动不苟</u>。养母孝，事兄甚谨，教诸弟尤力，范简皆举于乡。礼际周至，见贫乏者不吝赈给，虽在官久，没之日，家无赢财，论者亦以验公之贤云。"②

徐溥亦根据行状撰写《故通议大夫兵部左侍郎兼都察院左佥都御史赠兵部尚书李公神道碑铭》，"(李)昆奉春坊张中允天瑞状，请予铭神道之石，予雅厚公知其贤悉矣，乃为铭"，记作："比岁宣府大同有警，上特命兼左佥都御史经略之……至则寇已退，公悉心边务，遍历营堡，策励将士，镇兵匿役者，勾稽得万二千人，又募丁壮万五千人，训以待用。大同屯田岁给牛具银若干两，实不为官用，而边兵偿死马，常苦掳掠，乃请以给之，人甚便。将领有弗任者易置之。又念大同境外有废墙，请修，复为御侮计，所上议前后不绝，事未尽行而疾甚……公修髯美仪，<u>言动雅饬</u>，<u>居官清慎</u>，遇事必审而后发，条分缕析，举无废坠，<u>在北边尤详密</u>，虽隆寒犹夜草奏牍，手为皴裂，使天假之寿，得究其所施为，当必有大可观者……其事亲孝敬，遇诸弟甚友爱，范简皆举于乡，与人交信厚可质，拯灾恤困亦其所乐为者，故没

---

① (明)刘健：《通议大夫兵部左侍郎兼都察院左佥都御史赠兵部尚书贞庵李公介墓表》，见(明)焦竑《国朝献征录》卷四〇，《四库全书存目丛书》史部第102册，第149页。

② (明)李东阳：《李东阳集》文后稿卷二二《明故通议大夫兵部左侍郎兼都察院左佥都御史赠兵部尚书李公墓志铭》，岳麓书社，1985年，第3册，第324页。

而人思之。"①

　　以上李介碑传皆记载了其在大同检阅军士、招募士兵、解决边兵偿马银、上边务建议等事迹，内容基本一致，尤其神道碑与墓志铭皆以行状为参考资料撰写而成，用语更为生动具体，且对李介作了综合性评价。《明孝宗实录》李介传对其此段经历记载极为简括，众多事迹未被提及，仅记作："命兼左佥都御史经略宣府、大同边务，<u>陈便宜事</u>，多见采用，卒于宣府，讣闻，赠兵部尚书赐祭葬。<u>介严密简静</u>，识达正务，一时声望亦重。"②

　　《明孝宗实录》传记为达到行文简括的目的，除了对所用材料进行文字处理，或不采用碑传等资料直接独立成文之外，还注意避免与本书的上文记事发生重复。因人物记事中已摘录其奏疏，为了避免重复，《明孝宗实录》传记的撰写便往往省去传主奏疏之原文。如《明孝宗实录》彭韶传用较简练的语句转述了其反对停追柳景余赃的奏疏："景赃追至八百两，余命停追，韶复引唐宣宗元舅郑光纳官租事，请如数追纳。"查《明孝宗实录》卷五十八已收录了该奏疏原文："昔唐(宣)宗元舅郑光官租不入，京兆尹韦澳械其庄吏。宣宗欲宽之，澳谓'如此是法独行于贫户，不可以为法'，竟征足之。今柳景无元舅之亲，其赃贿又非负租之比，而独得宽释，是臣等守法愧于韦澳也。"③可见《明孝宗实录》彭韶传不再收录此奏疏原文，当为避免出现重复。又如彭韶任吏部左侍郎时曾应诏陈言四事，《明孝宗实录》卷四十六记载其奏疏原文④，彭韶传则省略之。徐溥曾上疏反对撰写《三清乐章》，引起众人高度赞誉，后来为徐溥作传者多记载之，如《吾学编·名臣记》《殿阁词林记》等⑤。而《明孝宗实录》徐溥传则未予记载，查其原因，乃为卷一〇七已收录了该奏疏的原文⑥。

四、传记的格式更趋统一

　　明初实录中大臣的传记尤其是文臣的传记风格并未统一，至《明孝宗

---

① （明）徐溥：《谦斋文录》卷四《故通议大夫兵部左侍郎兼都察院左佥都御史赠兵部尚书李公神道碑铭》，《文渊阁四库全书》第1248册，第670页。
② 《明孝宗实录》卷一三三，弘治十一年正月戊戌，第2344页。
③ 《明孝宗实录》卷五八，弘治四年十二月己巳，第1128页。
④ 《明孝宗实录》卷四六，弘治三年十二月壬申，第936页。
⑤ （明）郑晓：《吾学编》卷二二，《续修四库全书》第424册，第553～554页；（明）廖道南：《殿阁词林记》卷二，《明代传记丛刊》第18册，第113页。
⑥ 《明孝宗实录》卷一〇七，弘治八年十二月甲寅，第1950页。

实录》时，所载大臣传记在编排方式上逐渐形成统一的格式。其主要包含三部分：第一为传主的姓名籍贯，传主的字与科第等情况；第二为传主的行实包括生平事迹、任职经历以及突出贡献；第三为综合性评价。

（一）传记所系时间逐渐统一

明初实录中，有的传记所系时间只有月份没有日期。如《明太祖实录》卷一八记载："是月，秦从龙卒。从龙字元之，其先洛阳人，初以才推荐仕元，为校官，累官至和林行省左丞，改江南行台侍御史。"①又如《明太祖实录》卷一四六记载："（洪武十五年六月丙子）是月，蕲春侯康铎卒。"②

明初实录中大臣传记所系时间有的在致仕时。如《明太祖实录》卷五六载："放太子宾客梁贞还田里。贞字叔亨，绍兴新昌人，元至正中为国子监生，端悫寡言，时之硕儒多爱之。由国子伴读授太平路儒学教授，上之克太平，贞与诸儒迎见，所言辄援诗书有根据，上悦之。命为江南行省都事，迁湖广按察佥事，两浙都转运盐使，拜国子祭酒太子宾客，日侍太子读书大本堂，至是坐事放归田里，后卒于家。"③又如《明太祖实录》卷一一一载："赐翰林学士承旨宋濂致仕。濂字景濂，金华浦江人……十三年璲以事得罪，濂当连坐，有司请罪之，上以濂旧臣，特命居于茂州，十四年五月行至夔州卒。"④《明太祖实录》卷一一九载："赐中都国子助教贝琼致仕。琼字廷臣，嘉兴崇德人……至是致政。明年卒于家，有《清江文集》行于世。"⑤也有的写在讣告到达之时。《明太宗实录》卷六〇载："征讨安南总兵官征夷将军成国公朱能讣闻，上哀悼辍朝五日，遣使谕祭，命有司给其丧事，护送还京师。能字士弘，凤阳怀远县人……"⑥

《明孝宗实录》传记中所记的时间基本为传主卒没的日期，根据此日期将传记编排于整本书中，个别因为凡例规定不明确，误将讣告到达的时间当作卒没的时间。

（二）大臣传记中多包含个人评价

《明太祖实录》等对某些重要大臣的传记记载极为详细，却没有个人评价。如诚意伯刘基传有 2014 字，曹国公李文忠传有 3942 字，但皆缺少

---

① 《明太祖实录》卷一八，乙巳十月癸亥，第 256 页。
② 《明太祖实录》卷一四六，洪武十五年六月丙子，第 2295 页。
③ 《明太祖实录》卷六一，洪武四年二月戊午，第 1093 页。
④ 《明太祖实录》卷一一一，洪武十年春正月乙酉，第 1837 页。
⑤ 《明太祖实录》卷一一九，洪武十一年六月丙申，第 1948 页。
⑥ 《明太宗实录》卷六〇，永乐四年冬十月丙午，第 875 页。

综合性评语。再如《明太祖实录》卷二三所载中书平章政事俞通海传记，多至877字，传记中记载了俞通海历次战绩，结尾记载了明太祖对其厚葬，未加评论："及卒临哭甚哀，从官卫士莫不感涕。寻赠光禄大夫，追封豫国公。上于诸将帅恩礼甚厚，遇疾必遣使存问，或亲往临视之，其卒则率百官为发哀车驾，临奠，至于吊问赙赠之仪与夫葬祭之具，皆官给之。"① 又如御史中丞章溢传，字数达1322字，传中详细记载了明太祖与章溢历次重要对话，传记结尾处只记载："至是卒，讣闻，上甚悼之，亲撰文，遣官即其家祭之，时年五十六。"②

《明太宗实录》所载传记较为简略，大多只包含了传主的主要经历，或在突出事迹中对传主有所赞扬，但缺乏对传主的综合评价。如卷一九载："户部右侍郎王礼卒。礼光州固始人，洪武中由国子生擢北平按察司副使，坐事降邵武府通判，为副使时雅为上所知，故即位后即召用之。"③ 卷四五载："户部尚书郁新卒。新，凤阳临淮人，洪武间以才举授户部度支主事，升郎中，寻擢左侍郎。新长于筹算，每奏事称旨，岁满升尚书。至是以疾卒。上辍朝一日，赐祭，命有司治丧葬云。"④ 即使比较详细的勋臣传也缺乏最后的评价，如卷四八记载："襄城伯李浚卒。浚，和州人，少事上藩邸为燕山左卫千户。上初起义，浚招募蓟州永平勇壮数千人来附。浚负气果敢，每战奋勇而前。坝上之战，率壮士突入敌阵，众鼓噪，乘之敌败，走小河猝遇敌，率敢死士先据河桥，断其路，敌不敢迫，大军继至，遂大败之。以功累升都指挥使，封襄城伯。永乐元年镇江西，寻召还。至是以疾卒。上辍朝二日，赐祭及赙，命有司治丧葬。"⑤

相比较而言，《明孝宗实录》中大臣传记尤其是文臣传信息较为完备，虽然行文简括，但包含的信息量较大，既能囊括传主的生平经历，又能突出其显著事迹，且大多有个人评价。个人评价多从人物品格、为官作风、社会交际等方面展开，对其缺点亦直言不讳。

五、内容以弘扬君臣之义为核心

《明孝宗实录》传记内容，不论是传主之生平经历的记载抑或对其评

---

① 《明太祖实录》卷二三，吴元年夏四月乙卯，第332页。
② 《明太祖实录》卷四二，洪武二年五月辛酉，第838页。
③ 《明太宗实录》卷一九，永乐元年夏四月壬子，第340页。
④ 《明太宗实录》卷四五，永乐三年八月戊辰，第703页。
⑤ 《明太宗实录》卷四八，永乐三年十一月戊戌，第731页。

价都是围绕其仕途以及为政态度与能力展开,宣扬其忠孝节义的道德品行以及为国家治理敢于奉献的精神;批判那些以公谋私、为奸作恶之辈,为官碌碌无为往往也要写入评语当中。可见传记的核心乃是宣扬君臣之义、为臣之道,为帝王统治服务。

兵部尚书王竑的传记,记载了其为官期间几件体现其气节的事例,其中最具有影响力的便是他不畏权幸怒捶马顺之事:"英宗北狩,景皇帝以郕王监国,廷臣伏阙劾王振,锦衣卫指挥马顺叱众令起,竑奋臂捽顺发,啮其肉,百官争捶顺死,由是正气直声震于天下。"传记对他的评价中亦大力赞扬了其刚正不阿的气节:"竑刚毅明断,临事勇于必为,未尝择利害为趋舍,故累见沮抑。而人惟恐其不用,然用之不合即去。其守正不阿、夷险一节,一时论大臣如竑者盖无几矣。"①

刑部尚书陆瑜传记中记载其审理刑狱时尽力拯救无辜之事:"天顺时,锦衣卫指挥门达怙宠作威,有弘农卫卒诬指挥李斌与其弟健谋反,达锻炼为反状,已具三法司会审,相顾莫敢异论。瑜独言其冤,诛止斌兄弟而免其妻孥。曹钦反,武夫希功者执其佃人于官,以为逆党凡数千人。瑜语都御史李宾曰:'钦之反,起于仓卒,佃人相去或数百里,安得与谋,奈何使数千人无辜而死,并籍其家邪?'于是得不坐,其平反多类此。"②另外还记载了徐有贞之狱中陆瑜为澄清案情所做的努力:"惟武功伯徐有贞之狱,众莫能折。瑜独以所自撰诰词,虽经进,乃杂他文书中,取旨为罪,有贞坐重谴以去,人亦不之惜也。"该传记的主人公是陆瑜,内容集中展现了其在审案过程中的正直行为,弘扬了陆瑜坚持正义、为民申冤的气节。然细推之,这三起大案的决策权皆在于明英宗,传记对此只字不提,即使徐有贞错判也因其舆论不容而不觉可惜。可见《明孝宗实录》传记在记述所涉及的事件时有所偏重,以弘扬传主正直敢为的气节为主,涉及皇帝时,往往掩其过失,体现了实录以帝王为中心的政治内涵。

---

① 《明孝宗实录》卷二一,弘治元年十二月壬辰,第484页。
② 《明孝宗实录》卷二八,弘治二年七月庚午,第616页。

第三节　传记之优点与价值

一、为其他史籍提供资料

《明孝宗实录》传记的内容主要包括传主的仕宦经历与综合评价,虽文字不多,但提纲挈领地反映了传主一生的概况,正如清初著名史家万斯同所说:"因其世以考其事,核其言而平心察之,则其人之本末可八九得矣。"①因此《明孝宗实录》传记问世以后,成为很多史书记载相关人物之依据。

万历年间焦竑所编《国朝献征录》是篇帙浩繁的一部明代人物传记资料选编,共一百二十卷。将人物按类汇编,包括宗室戚畹、勋爵、内阁、六卿等,无官者以孝子、义人、儒林、艺苑等目分别记载,从大臣到地方官吏,几乎莫不有传收录,被誉为明代最杰出的传记之一。其征引文献广博,其中非常重要的一种即为明实录,据统计,其中征引《明孝宗实录》传记 51 处。② 进一步将《明孝宗实录》传记与之比对,以内容较为丰富的文臣传记为例,本书所载文臣传记凡 164 篇,《国朝献征录》共收录相关传主之传记 128 篇,引用《明孝宗实录》传记者 46 篇,约占其总数之 35.75%。由此,一方面反映了《明孝宗实录》传记为《国朝献征录》提供了足够多的资料根据,另一方面也可得知《明孝宗实录》中有 36 篇传记为《国朝献征录》所未载。《国朝献征录》征引《明孝宗实录》传记者如下:

李孜省、孙洪、杨继宗、万安、何琮、左钰、徐世英、刘昭、曾翚、秦崇、黎淳、艾福、张文质、谢宇、费訚、李应祯、黄绂、丁永中、吕雯、贾俊、张鼐、马驯、王霁、彭华、张九功、彭谊、姜立纲、阮勤、程敏政、韩文、宋钦、宋琮、郑时、汪谐、杨谧、张颐、于冕、边镛、马显、谢绶、吴道宏、徐贯、韩镐、刘瑀、张天瑞、王沂

《明孝宗实录》所载文臣传记,《国朝献征录》未载者如下:

---

① （清）方苞:《望溪先生文集》卷一二《万季野墓表》,中国书店,1991 年,第 163 页。
② 此处统计数字与展龙《焦竑〈献征录〉征引文献考》(《图书馆杂志》2007 年第 3 期)一致。

雷泽、叶冕、王琮、王瑀、崔让、李鉴、邢表、高崧、汪景昂、万冀、齐章、刘忠、何经、翟瑛、王道、张淮、丘鼐、李盖、宋旻、张璞、张岫、虞瑶、季源、陈纪、沈瑜、李孟晔、陈琬、吴俾、李琮、谢昹、郑龄、潘琪、江朝宗、赵竑、刘璋、王洧

又，明末过庭训编成的《本朝分省人物考》采用《明孝宗实录》传记者44 篇①，如下：

杨继宗、王竑、刘珝、刘昭、张鹏、刘宣、王诏、邹干、艾福、张文质、费訚、陆简、何经、张鼐、薛远、马驯、冯俊、王霁、张九功、张璞、阮勤、杨杰、宋钦、宋琮、汪谐、陈纪、王克复、杨谧、张颐、叶淇、倪岳、郑龄、吴道宏、黄琏、徐贯、韩镛、刘瑀、罗璟、江朝宗、尹旻、张天瑞、王沂、许宁（武臣）、刘宁（武臣）

《明孝宗实录》所载文臣传记，《本朝分省人物考》未载者如下：

李孜省、万安、叶冕、吴希贤、王琮、王瑀、徐世英、邢表、汪景昂、谢宇、张谦、刘吉、万冀、翟瑛、张淮、丘鼐、李益、姜立纲、宋旻、张岫、虞瑶、龙暹、季源、沈瑜、李孟晔、吴俾、李琮、谢昹、潘琪、任道逊、赵竑、王洧

由上述对比可发现，《明孝宗实录》有些传记较为稀见，成为后人重要的参考资料。《明孝宗实录》中还载有大量武臣传记，有些内容极为简略，未载具体事迹，有些则内容较为丰富，是上述《国朝献征录》与《本朝分省人物考》传记无可比拟者。如傅泰、白瑜、范瑾、冯升、季成、王瑛、白玉、杨升、殷润等 37 人之传记仅见于《明孝宗实录》。

有些特殊人物虽不在规定的立传范围内，但《明孝宗实录》记载了为他们立祠纪念之事，同时也记载了他们的生平履历，内容与传记相似，从而被《国朝献征录》引用。如《明孝宗实录》卷六十八记载："命福建建宁府立故知府张瑛祠。瑛浙江建德县人。正统间，由刑部员外郎知建宁，时延平盗起，瑛率众斩首五百余，盗遂平。擢本布政司右参政，仍掌府事。后高阳里陈保仔聚众劫掠，瑛复率众剿捕，与季父敬俱被害。事闻，遣官谕祭，赠嘉议大夫。福建按察司按察使，官其子熙为县主簿。至是，知府刘玙奏请立祠，岁于瑛死日致祭，以为忠义之劝。从之。"②《国朝献征录》卷九十一《福建建宁府知府张瑛传》引用该记载，且标注来自"实录"。③

综上可见，《明孝宗实录》传记在明代传记史上有其不可忽视的影响力，为了解某些明代人物提供了珍贵史料。

---

① （明）过庭训：《本朝分省人物考》卷一一六，《续修四库全书》第 533～536 册。
② 《明孝宗实录》卷六八，弘治五年十月乙卯，第 1295 页。
③ （明）焦竑：《国朝献征录》卷九一《福建建宁府张瑛传》，《四库全书存目丛书》史部第 105 册，第 170 页。

二、评价人物或更客观

《明孝宗实录》传记对传主之评价,较之其他有关传记整体上更为客观与准确。碑传类传记通常为纪念传主、宣扬其生平事迹而作,往往赞扬有余,有失客观。万斯同高度赞扬《明实录》记载人物客观准确,据实直书:"就故家长老求遗书,考问往事,旁及郡志邑乘、杂家志传之文,莫不网罗参伍,而要以实录为指归。盖实录者,直载其事与言而无可增饰者也。"①《明孝宗实录》即有此特点。

寿宁侯张峦因张皇后之缘,深受明孝宗宠爱。其本人遂借此谋取利益,或为其妻兄奏讨封赠,或乞请庄田。明孝宗曾将太监万喜等所还庄田内河间府三所给张峦,余下顺天、保定等处十所为官府守视。张峦仍不满,并乞管业,未允。②弘治四年张峦请给勋号并诰券,吏部尚书王恕极力反对,抗言:"皇后正位中宫才三年,峦即蒙恩封伯,又急有此请,恐人情惊愕,有累圣德,乞迟数年以息人言。"孝宗皇帝不从,仍加之。③从以上行为看,张峦实非安分守己之人,而其墓志铭却宣扬张峦素行俭约,并视其为勋戚之模范:"公列爵武胄中,资其清慎俭约以渐染乎勋戚之家,使之有所矜式。"④其神道碑亦赞叹道:"夙夜不忘礼接士大夫,谦谨愈甚,未尝以富贵骄人,素俭约,不肯妄费。"⑤显然为溢美之词。《明孝宗实录》张峦传则直言不讳,褒其谦恭,贬其奢纵:"峦既贵显,知敬礼士夫,待故旧皆有恩意,人多誉之。然颇自盈溢,为后来奢纵之渐云。"⑥

关于李昂巡抚江西之事,《明孝宗实录》李昂传作:"又请立行都司于会昌,以扼闽广之要,不果行。"即未能实行。而徐溥的《李公神道碑铭》却称:"即会昌立行都司以统诸卫,乃创巡检司于龙南要害地,庶保无虞,奏上皆从之。"⑦此处的"皆从之",容易让后人误以为立行都司与设巡检司二

---

① (清)方苞:《望溪先生文集》卷一二《万季野墓表》,中国书店,1991年,第163页。
② 《明孝宗实录》卷八,成化二十三年十二月己巳,第158页。
③ 《明孝宗实录》卷四八,弘治四年二月己未,第965页。
④ (明)丘濬:《推诚宣力翊运武臣特进光禄大夫柱国寿宁侯赠太保追封昌国公谥庄肃张公墓志铭》,见(明)焦竑:《国朝献征录》卷三,《四库全书存目丛书》史部第100册,第116页。
⑤ (明)徐溥:《谦斋文录》卷四《故推诚宣力翊运武臣特进光禄大夫柱国寿宁侯赠太保昌国公谥庄肃张公神道碑铭》,《文渊阁四库全书》第1248册,第655页。
⑥ 《明孝宗实录》卷六六,弘治五年八月己酉,第1265页。
⑦ (明)徐溥:《谦斋文录》卷四《右副都御史钱塘李公神道碑铭》,《文渊阁四库全书》第1248册,第657~658页。

事皆得到俞允。查《明孝宗实录》卷八可知,明孝宗未同意设立行都司,只允许设巡检司,派设参将、兵备副使统辖其地,"设分守参将、兵备副使各一员于江西赣州之会昌县"①。李昂后因在江西招怨,改总督漕运兼巡抚凤阳。《明孝宗实录》李昂传记载其"为言官所劾,寻命以本官致仕"。李昂之神道碑为传主讳,同情传主之遭遇:"以在江西时以严致怨,怨家相与腾谤,而公竟去矣,识者恨之。"此番记载尚可理解。然嘉靖《南安府志》记载李昂"升右都御史总督漕运,寻升左都御史回掌院事"②,此句显然不符合事实。李昂在总督漕运时已被迫致仕。可见有些传记为宣扬传主的事迹,会美化其人乃至歪曲史实,幸有《明孝宗实录》有所纠正。

从上文考镜《明孝宗实录》传记史源来看,很多传记参考了传主碑传中的记载,但并非一概照搬,尤其在涉及人物的评价时,大部分传记的论断较之碑传、家传更为全面中肯,不偏不倚。

两广总督邓廷瓒的传记,大部分引用吴宽所作《邓公神道碑铭》中的记载,但涉及其在贵州用兵一事,则有很大不同。其神道碑记载,"贵州黑苗乱,招抚无效,始征剿","兵至其地,号令严明,将校用命",总的评价为"处事求济,待人不疑,雅量廓如"③。《明孝宗实录》邓廷瓒传首先亦肯定其为人宽量且赞叹其军功之伟,而后将时人对其不满处亦书之:"其平日设心平易,人罕怨之者。其征贵州,功虽伟而纪律不严,部下多妄杀冒功者,人不能无议云。"④《明宪宗实录》卷一〇二记载邓廷瓒之征贵州:"廷瓒虽有才略,而性疏阔,御下不严,官军多杀良民以为贼,避难山谷及道路负贩之人遇则见杀,虽随行舆皂稍后者亦不能免,民甚冤之。"⑤又有指挥李玉等冒功案例为证据,可知《明孝宗实录》并非欺罔之语。文人因钦佩邓廷瓒以文驭武的风采,对其征贵州事或回避或宣称其被诬陷,认为"以若人而置之今日其不为众诋者几希"⑥。《明孝宗实录》邓廷瓒传记则发出了不同声音,如实描述时人的怀疑、议论,毫无隐瞒。

曾翚神道碑记载其考察官吏之事:"明年宪庙命公巡视浙江,许便宜行

---

① 《明孝宗实录》卷八,成化二十三年十二月癸酉,第161页。
② 嘉靖《南安府志》卷二六《宦迹传一》,天一阁藏明嘉靖十五年刻本。
③ (明)吴宽:《家藏集》卷七七《明故资德大夫都察院左都御史赠太子少保谥襄敏邓公神道碑铭》,《文渊阁四库全书》第1255册,第789、790页。
④ 《明孝宗实录》卷一六三,弘治十三年六月乙未,第2949页。
⑤ 《明孝宗实录》卷一〇二,弘治八年七月甲午,第1869页。
⑥ (明)廖道南:《楚纪·邓廷瓒》卷一四,《四库全书存目丛书》史部第47册,第492页。

事。公遍历郡县,问民疾苦,考吏治得失,庶官以不职黜者数百人,皆以为当。"①前文已论述《明孝宗实录》曾翚传因袭其神道碑,然而罢黜张清一事与神道碑记载不同:"(成化)六年巡视浙江,考察官吏,首去布政使张清,人颇为之不平。"②《明宪宗实录》记载,张清被罢确引起众人惋惜:"成化六年八月,巡视浙江刑部左侍郎曾翚奏罢老疾罢软贪酷官左右布政使张清、刘钺等一百九十八员……清字子澄,四川巴县人,宣德庚戌进士,授户部主事,历官至右布政使,逾年转左。清奉职廉谨,非客至罕御酒肉,云南人有青菜张之号,以其执法太严又谓之板张。浙俗侈靡,清一敦之以节俭,同僚多不堪之。至是以老疾乞致仕,人多惜之。"③可见《明孝宗实录》传记如实记载了曾翚奏请罢黜张清一事。

吴宽为已故南京国子监祭酒刘震撰墓碑铭,记作:"公为人气刚而色毅,言直而情真,与人处不诡随,遇事不合于理,咈然不从,人有善辄称之,不善必斥之,不容见。朝士好进取者尤薄其为人,故公居官始终自守,竟老于监官而无援之者。其为教,以身率先,诸生不少纵逸,日课季试必严,而公至于岁遣,历事诸司人无敢紊其序者。其居师席,望其容貌若不可亲,然笃于恩义,见寒婆者多周济之。"④《明孝宗实录》刘震传对其综合评价既褒亦贬:"震有才力,文词敏赡,尤邃于经学,为司业祭酒,能修举教事,生徒咸畏之。然性躁急,少酝藉,士少不当意者,必罗织鞭扑之,又喜受人馈遗,以故士议沸腾,卒为言官所劾云。"⑤《明孝宗实录》卷一二四记载了刘震被劾行检不修等缺点:"兵科给事中束思恭劾奏:'南京国子监祭酒刘震先任国子监司业,行检不修,今升南京祭酒,不厌众望,乞别选贤才以充其任。'"⑥《南雍志》亦称其好利:"居尝以及第自负,不喜读书而颇近利,士论颇薄之。"⑦可见《明孝宗实录》刘震传并未妄言,反而其墓碑铭将其刻薄描述成言直情真,语多失真。

太仆寺卿吴裕神道碑记载:"弘治戊申,今上御极,召三原王公代之,益加器重,复调公文选司……公性度宽绰,与人处更和易,杯酒相对醉辄

---

① (明)何乔新:《椒邱文集》卷二九《资政大夫刑部左侍郎曾公神道碑》,《文渊阁四库全书》第1249册,第437页。
② 《明孝宗实录》卷四七,弘治四年正月壬辰,第945页。
③ 《明宪宗实录》卷八二,成化六年八月癸酉,第1615页。
④ (明)吴宽:《家藏集》卷七六《明故朝议大夫南京国子监祭酒刘公墓碑铭》,《文渊阁四库全书》第1255册,第770页。
⑤ 《明孝宗实录》卷一七二,弘治十四年三月壬申,第3138页。
⑥ 《明孝宗实录》卷一二四,弘治十年四月丁亥,第2218页。
⑦ (明)黄佐:《南雍志》卷四,弘治十四年正月乙亥,《续修四库全书》第749册,第173页。

形,素不尚奇诡之行。然两冢宰皆一世名臣,公为其属,受知信任,亦足以知其为人矣。"①而《明孝宗实录》吴裕传记作:"裕少以经学有名入太学,见知于司业耿裕,故有文选之调。然为人和媚,善交结,虽居要地跻显仕无他长,士论少之。"②《明孝宗实录》卷一二五记载南京吏科给事中郎滋等以灾异劾奏"右通政吴裕之贪声素著"③,卷一七二记载刑科给事中杨褫言:"太仆寺卿吴裕器识庸陋,才力衰朽,贪缘无耻,累劾不退,臣窃耻之。"④可见,吴裕确不得同僚认可,《明孝宗实录》吴裕传之"士论少之",有据可寻。

后军都督府右都督周玉为弘治朝一员名将,然其去世后遭到弹劾,《明孝宗实录》卷一〇三记载总兵官都督同知刘宁复奏:"甘肃贼势猖獗,皆由守臣不和,长奸玩寇,不恤军士所致。"巡按御史张泰勘核得其罪,兵部劾奏:"故总兵都督周玉盗种屯田三百余顷。"孝宗下令:"周玉待其子袭职时降二级。"⑤《明孝宗实录》周玉传肯定其优点的同时,如实记载此事:"玉没后,言者劾其败军失律,及占种屯田之罪,上命俟其子袭职时降二级。玉性明伟,礼贤下士,在宣府时颇有名,后在甘肃已老有疾,又与同事者不合,故功名少损云。"⑥而倪岳作神道碑省去其占地之罪行,宣称其廉公自守,爱养士卒,且认为其为人所妒嫉:"遽处尊位,卑已下贤,为时所称……爱养士卒,抚循有恩,训练有方……平居萧然韦布,不异寒士……廉公自守,不为诡随,见理明察,洞烛物情,请谒不行,亦不容物,故人莫不敬而爱之,而亦或以致嫉云。"⑦

《明名臣袭封底簿》记载兵科给事中王廷奏称朱永难准袭爵,弘治九年六月孝宗准许朱永子朱晖准袭公爵一辈。⑧《明孝宗实录》朱永传在记述其英武风姿的同时,如实记载了其被劾之事:"永器宇弘深,治军严肃,人莫敢不用命,故征伐四出,多以捷闻。但其功亦有矫饰为之者,后子晖袭爵,给事中王廷劾奏永功多有不实,命晖仍袭公爵一辈,以后止袭侯爵

---

① (明)吴宽:《家藏集》卷七七《明故亚中大夫太仆寺卿吴公神道碑铭》,《文渊阁四库全书》第 1255 册,第 784 页。
② 《明孝宗实录》卷一七三,弘治十四年四月癸巳,第 3158 页。
③ 《明孝宗实录》卷一二五,弘治十年五月甲辰,第 2226 页。
④ 《明孝宗实录》卷一七二,弘治十四年三月丙寅,第 3137 页。
⑤ 《明孝宗实录》卷一〇三,弘治八年八月甲寅,第 1880 页。
⑥ 《明孝宗实录》卷九六,弘治八年正月壬寅,第 1765 页。
⑦ (明)倪岳:《青溪漫稿》卷二一《大明故平羌将军后军都督府右都督谥僖周公神道碑》,《文渊阁四库全书》第 1251 册,第 290 页。
⑧ 《明名臣袭封底簿》,《明代传记丛刊》第 55 册,第 399 页。

云。"①徐溥作神道碑则只言其优点,且言其保身完名:"器宇宏深,言笑不苟,内蕴莫窥其际,而莅政行法一以严,扬历既久,威望益隆,内外皆倚为重,庶几古名将风用,能树功进爵保身完名,寿考令终。"②

《明孝宗实录》卷一六四记载六科十三道交章劾奏总兵官平江伯陈锐、副总兵都督刘宁等,谓:"各官初到大同,正遇羊圈地方报有贼五十余骑抢掠,锐等议令宁领兵一万袭之,寸功无获。"上曰:"锐、宁革禄俸闲住。"③《明孝宗实录》陈锐传记载其早年声望远扬的同时,如实记载了其晚年出师无功之状况:"锐读儒书,好吟咏,早其声称一时,武臣多称重之。然不闲将略,晚年受命出师无功。"④而其墓志铭记作:"公性坦亮,器度甚伟……所至有能声,兵戎之外,历试累效……惟漕河事尤劳且久……兼尚文事,通书史,攻诗翰"⑤,对其不擅武略之事避而不谈。

史传中对某些人物的缺点亦有隐而不书者,有些可通过《明孝宗实录》相关传记来发现。如《国朝献征录》所收何琼传记,虽未注明出处,但通过稽考,可知采用了《明孝宗实录》何琼传,二者记载除有一处不同外,其余完全相同。《明孝宗实录》何琼传记载:"琼性详雅,居官无贬誉,而细行或不检云。"⑥《国朝献征录》中的何琼传却省去了"而细行或不检云"一句⑦,由此隐匿了此人之缺点。又如《明孝宗实录》徐贯传记载:"其在辽东风裁少著,而晚节颇不竞云。"⑧《本朝分省人物考》直接采用该传记,仅有一处不同,称:"其在辽东风裁益著,人咸称之。"⑨明人李建泰曾称"实录所记,止书美而不书刺,书利而不书弊"⑩,由《明孝宗实录》传记观之,其说当有欠准确。

---

① 《明孝宗实录》卷一〇九,弘治九年二月戊午,第1996页。
② (明)徐溥:《谦斋文录》卷四《故奉天翊运推诚宣力佐理武臣特进光禄大夫右柱国太师兼太子太师保国朱公追封宜平王谥武毅神道碑铭》,《文渊阁四库全书》第1248册,第659页。
③ 《明孝宗实录》卷一六四,弘治十三年七月庚午,第2985~2986页。
④ 《明孝宗实录》卷一九四,弘治十五年十二月甲寅,第3575页。
⑤ (明)李东阳:《李东阳集》文后稿卷二六《明故太傅兼太子太傅平江伯陈公墓志铭》,岳麓书社,1985年,第3册,第378页。
⑥ 《明孝宗实录》卷三一,弘治二年十月癸卯,第702页。
⑦ (明)焦竑:《国朝献征录》卷四〇,《四库全书存目丛书》第102册,第146页。
⑧ 《明孝宗实录》卷一九三,弘治十五年十一月丁亥,第3562页。
⑨ (明)过庭训:《本朝分省人物考》卷五五,《续修四库全书》第534册,第518页。
⑩ (明)李建泰:《名山藏·序》,《四库禁毁书丛刊》史部第46册,第127页。

三、可校正其他史书之误记

人物传记在明代私人著书中极为常见,《明孝宗实录》传记可校正这些史书中某些记载失误之处。

地方志类。如顾清于正德《松江府志》卷二四记载叶冕"都察院左副都御史致仕"①,而《明孝宗实录》叶冕传记作"都察院右副都御史致仕"②。查《明宪宗实录》卷一一一、成化《山西通志》卷八、《国朝列卿纪》卷一一八,皆作"都察院右副都御史"③。故《松江府志》记载有误,当据《明孝宗实录》纠正。又如刘节在《南安府志》中记载李昂"升右都御史总督漕运,寻升左都御史回掌院事"④,而《明孝宗实录》李昂传记载其任总督漕运时"为言官所劾,寻命以本官(右副都御史)致仕",未曾升任左都御史。⑤ 查《明孝宗实录》卷三七,确如《明孝宗实录》李昂传所记,以"右副都御史"致仕⑥,可知《南安府志》记载错误。

史传类。如《国朝列卿纪》以记载官员行实为主,"凡有所关,悉从采掇……传信、传疑两存"⑦。通过与《明孝宗实录》传记比对,可以发现其相关记载之错误。如《国朝列卿纪》记载叶淇"升都察院右副都御史"⑧,而《明孝宗实录》叶淇传记作"都察院佥都御史"。查《明宪宗实录》卷二五一、李东阳所撰叶淇墓志铭及潘埙撰《叶公淇传》皆记作"左佥都御史"⑨。由此可判断并纠正《国朝列卿纪》记载之误。

碑传、家传类。如林瀚为贾俊所作墓志铭中记载其"特超拜都察院右

---

① 正德《松江府志》卷二四,《四库全书存目丛书》史部第 181 册,第 729 页。
② 《明孝宗实录》卷一二,弘治元年三月癸未,第 284 页。
③ 《明宪宗实录》卷一一一,成化八年十二月丙寅,第 2156 页;成化《山西通志》卷八,《四库全书存目丛书》史部第 174 册,第 256 页;(明)雷礼:《国朝列卿纪》卷一一八,《续修四库全书》第 524 册,第 42 页。
④ 嘉靖《南安府志》卷二六《宦迹传一》,天一阁藏明嘉靖十五年刻本。
⑤ 《明孝宗实录》卷六一,弘治五年三月辛卯,第 1187 页。
⑥ 《明孝宗实录》卷三七,弘治三年四月癸巳,第 792 页。
⑦ (明)顾起元:《国朝列卿纪·序》,《续修四库全书》第 522 册,第 2~3 页。
⑧ (明)雷礼:《国朝列卿纪》卷三二,《续修四库全书》第 522 册,第 527 页。
⑨ 《明孝宗实录》卷一七八,弘治十四年八月己酉,第 3269 页;《明宪宗实录》卷二五一,成化二十年夏四月戊午,第 4241 页;(明)李东阳著,周寰宾校点:《李东阳集》文后稿卷二四《明故资政大夫太子少保户部尚书赠太子太保叶君墓志铭》,岳麓书社,1985 年,第 3 册,第 359 页;(明)潘埙《户部尚书赠太子太保叶公淇传》,见(明)焦竑:《国朝献征录》卷二八,《四库全书存目丛书》第 101 册,第 434 页。

副都御史,抚巡其地"①,而《明孝宗实录》贾俊传记作"右佥都御史"。查《明宪宗实录》卷一六九及李堂撰《太子少保工部尚书贾公遗事》,皆记作"右佥都御史"。②由此可知林瀚所撰贾俊墓志铭记载有误。

徐溥作神道碑记载唐瑜"迁山西右布政使,未行,丁外艰服阕,改云南,未几擢都察院右副都御史,巡抚甘肃"③,《明孝宗实录》唐瑜传记作"迁山西右布政使,丁母忧,服阕,改云南,寻迁左布政使,擢都察院右副都御史巡抚甘肃"④。《明宪宗实录》卷二六四:"升云南左布政使唐瑜为都察院右副都御史,巡抚甘肃。"⑤徐溥作神道碑省去"左布政使",易使读者误解为唐瑜由云南右布政使直接升右副都御史。

黄佐撰《户部左侍郎李公嗣传》记载"适苏松多事,夺情起为都察院左副都御史,巡抚其地"⑥,《明孝宗实录》李嗣传记作"擢都察院右副都御史,巡抚苏松等府"⑦。《明宪宗实录》卷二六四:"以福建左布政使李嗣为都察院右副都御史,巡抚苏松等处。"⑧故应为"右副都御史",黄佐撰《户部左侍郎李公嗣传》记载有误。

李东阳作白昂墓志铭有"弘治己酉,河决原武,改公户部右侍郎治之"⑨,《明孝宗实录》白昂传记作"河决张秋,命以户部左侍郎往治淮南北一带河道"⑩。吴宽作白昂传记作"弘治己酉河决金龙口,漕运多阻,召公往治,改户部左侍郎"⑪,《明孝宗实录》卷三〇又记载改南京兵部左侍郎白昂为户部左侍郎修治河道。⑫可见当为"户部左侍郎",李东阳作白昂墓志铭记载有误。

---

① (明)顾大韶:《皇明名臣墓铭·艮集》,《明代传记丛刊》第58册,第535页;《明孝宗实录》卷一〇一,弘治八年六月己巳,第1852页。
② 《明宪宗实录》卷一六九,成化十三年八月甲辰,第3058页;(明)李堂:《太子少保工部尚书贾公遗事》,(明)焦竑:《国朝献征录》卷五〇,《四库全书存目丛书》第102册,第585页。
③ (明)徐溥:《谦斋文录》卷四《嘉议大夫都察院右副都御史唐公神道碑铭》,《文渊阁四库全书》第1248册,第643页。
④ 《明孝宗实录》卷九二,弘治七年九月壬辰,第1688~1689页。
⑤ 《明宪宗实录》卷二六四,成化二十一年四月庚申,第4477页。
⑥ (明)黄佐:《户部左侍郎李公嗣传》,见(明)焦竑:《国朝献征录》卷三〇,《四库全书存目丛书》史部101册,第482页。
⑦ 《明孝宗实录》卷九二,弘治七年九月壬辰,第1687页。
⑧ 《明宪宗实录》卷二六四,成化二十一年夏四月乙亥,第4482页。
⑨ (明)李东阳著,周寅宾校点:《李东阳集》文后稿卷二六《明故光禄大夫柱国太子太傅刑部尚书致仕赠特进太保谥康敏白公墓志铭》,岳麓书社,1985年,第3册,第383页。
⑩ 《明孝宗实录》卷二〇一,弘治十六年七月己丑,第3741页。
⑪ (明)吴宽:《家藏集》卷五九《白康敏公家传》,《文渊阁四库全书》第1255册,第559页。
⑫ 《明孝宗实录》卷三〇,弘治二年九月庚辰,第678页。

第四节　存在的不足

《明孝宗实录》传记虽有重要价值，然细究之，仍可发现其某些不足之处。曾担任《明孝宗实录》总裁官的王鏊评论《明实录》，称："其三品以上乃得立传，亦多记出身、官阶升擢而已，间有褒贬，亦未必尽公。"①其评判虽过于苛刻，但也指出了明实录传记的一些缺点，这些缺点在《明孝宗实录》传记中也是存在的。

一、记载史实有限

《明孝宗实录》传记对所选人物有严格的品级、身份规定，皆属高官勋贵，这使其所反映的历史事实即偏重于朝政等方面，而对明孝宗一朝之思想文化、社会生活等反映较少。另外，《明孝宗实录》传记惜墨如金虽属优长，但亦有不利的一面，有些传记所反映的历史信息非常有限。

如《明孝宗实录》刘乔传仅有108字②，而李东阳为其所作神道碑有600字以上③，内容远比《明孝宗实录》刘乔传所载丰富。李东阳为刘乔撰墓志铭记载较为详细，记述了传主不同阶段的事迹：

> 成化丙戌，登进士第，知湖之归安。归安壮县，公应手剸析，狱无滞囚。苗死涝，而邻邑旱不可植，公教民市其苗，植之获再倍。每东作，躬历田野，徒步入里社，问民疾苦，默询其家丰啬、人贤不肖，赋税狱讼率视此为据，吏不得售其奸。礼葬丧俗，士家以佛斋致馈，却弗内。富民送葬，妓乐数十，则罚以示戒。癸巳，召为河南道监察御史，按广西，荔浦徭叛，檄藩司守臣平之。柳、庆、田三府多警，凡所指画，动中机会。还按京畿，稽诸司卷籍，无所纵。壬寅，擢福建按察副使，发愿摘伏，属吏畏服。有大侠私番射利盘结，下上莫能制，亟断遣之。弘治戊申，以外艰阕服，擢湖广按察使，持法甚谨。庚戌，用刑部尚书

---

① （明）王鏊：《震泽长语》卷上，《文渊阁四库全书》第867册，第205页。
② 《明孝宗实录》卷七六，弘治六年闰五月庚子，第1449页。
③ （明）李东阳著，周寅宾校点：《李东阳集》文后稿卷二〇《明故湖广布政使司左布政使刘公神道碑铭》，岳麓书社，1985年，第3册，第286~287页。

彭惠安公荐,迁右布政使。辛亥,转左布政使,则壹尚宽简,尽除苛厉,人或讦之曰:"牧道固是也。"会修三王府,极力综治,民不告怨,勘诸府狱,事皆得理。盖自筮仕至是,勤勋举职,未尝少逸间。代祀南岳,力疾以往,还至簰洲而卒。①

由上记载,我们可以了解刘乔为官廉政、断狱公允、关心民生。《明孝宗实录》刘乔传记载其仕宦履历极为简略,只述及其官职,难以了解其为官事迹:

> 成化二年进士,授浙江归安县知县,有善政,历升监察御史、福建按察副使、湖广按察使、左右布政使,承命祀南岳,至金口驿衄血暴卒。乔质朴有才干,居官早有声,及为布政则功名不逮于前时,识者多未满云。②

甚至《明孝宗实录》有些传记除传主卒时及其时官衔外,未记传主其他行实。如《明孝宗实录》卷一七七记载"福建布政司左布政使李琮卒"③,仅此一句,而李东阳作所撰李琮墓志铭内容较丰富,字数达 500 以上④。该类情形,《明孝宗实录》中还有河南布政司左布政使王琮传⑤、广西按察使吴倬传⑥、鸿胪寺左少卿岳镇传⑦等。

又如某些大臣具备入传的资格,却没有传记。工部左侍郎陈政修治黄河决口时得疾而卒。雷礼《国朝列卿纪》卷六五记载了陈政主要事迹:"陈政字以正,江西瑞州府新昌县人,天顺甲申登进士第,初授工部营缮司主事。遇事辄区处得宜。有豪右侵占畿内官地反诬邻僧者,往勘得实,皆感服。及监收薪炭,出纳公平,无敢厚取以自私者,夫役德之,将受代,争赴阙下言政不可去,遂复留一年,绩誉日著……丁未擢工部右侍郎,寻转左侍郎。是年八月宪宗升遐,奉敕营建山陵,上疏以衰老辞,不允。上念督工之勤,累遣中使以玺书下劳,并赐羊酒白金等物,及工完所以劳赐之者尤厚。己酉京师大水,奉命督修芦沟桥及内外仓厰之倾圮者。辛亥礼部灾,督工修建皆有劳赐。弘治壬子河溢汴梁之东,兰阳郓城诸县皆被其患,势迫运

---

① (明)李东阳著,周寅宾校点:《李东阳集》文后稿卷二〇《明故湖广布政司左布政使刘公神道碑铭》,岳麓书社,1985 年,第 3 册,第 286 页。
② 《明孝宗实录》卷七六,弘治六年闰五月庚子,第 1449 页。
③ 《明孝宗实录》卷一七七,弘治十四年闰七月乙未,第 3258 页。
④ (明)李东阳著,周寅宾校点:《李东阳集》文后稿卷二五《明故福建布政司使左布政使李公墓志铭》,岳麓书社,1985 年,第 3 册,第 374~375 页。
⑤ 《明孝宗实录》卷三〇,弘治二年九月己未,第 668 页。
⑥ 《明孝宗实录》卷一七五,弘治十四年六月癸未,第 3190 页。
⑦ 《明孝宗实录》卷一九〇,弘治十五年八月壬戌,第 3519 页。

道,殆不可支,议者以地兼河南、山东及南北两畿,事不统摄,宜得大臣总理,庶克有济。上命政往。又以为不兼宪职则令不肃,兼都察院右佥都御史,赐以玺书而行。政莅其境,方将度地势以图修浚,行至仪真,俄疾作,遂卒。年五十四,讣闻,上命有司谕祭,仍治葬事。"①过庭训《本朝分省人物考》卷六九征引此传。《明孝宗实录》在记述他事时,提及陈政之亡,然未予立传:"升浙江布政司左布政使刘大夏为都察院右副都御史修治决河。先是,河决张秋戴家庙,遣工部左侍郎陈政总领疏浚修筑之。政历山东河南会守臣行视水势……奏上未几政卒。"②陈政时任工部左侍郎,为正三品官,在凡例规定的立传范围内,理当立传,而终未立。

二、记载或有失误

《明孝宗实录》传记虽较其他传记错误较少,但因各种原因,如处理资料时删削不当,或未辨别所用资料之正误,或撰写时不够慎重,导致其亦有记载失误者。

(一)因省略不当导致记载不妥或失误者

有些造成记载模糊。如仅用"迁""再迁"等字眼而省略了官员升迁的具体时间,或省去了官职的"左""右"字眼,只笼统地记作"佥都御史""副都御史""布政使"等。甚至任南京官职者,有的省去"南京"字样,造成记载混乱。另外,省去官员某些官职履历,也易造成误解。

如《明孝宗实录》翟瑄传记载:"累升右都御史,上言恤刑诸事,多见嘉纳。寻升尚书,至是卒。"③李东阳撰翟瑄墓志铭记载:"弘治辛亥,迁右副都御史,入理院事……陈恤刑革弊数条,上以其深切时务,多赐采纳。丙辰,进右都御史,庚申,迁刑部尚书,皆在南京。"④比较二者之不同,《明孝宗实录》翟瑄传除了省去升迁时间外,还省去了各官职前的"南京"二字,很容易让读者误解。另外,《明孝宗实录》翟瑄传还略去翟瑄曾任右副都御史之经历,语焉不详,容易让读者误认为翟瑄任右都御史时"上言恤刑诸

---

① (明)雷礼:《国朝列卿纪》卷六五,《续修四库全书》第523册,第322页。
② 《明孝宗实录》卷七二,弘治六年二月丁巳,第1353页。
③ 《明孝宗实录》卷一七六,弘治十四年七月己卯,第3218页。
④ (明)李东阳著,周寅宾校点:《李东阳集》文后稿卷二五《明故资政大夫南京刑部尚书赠太子少保翟公墓志铭》,岳麓书社,1985年,第3册,第369页。

事"。《明孝宗实录》卷七五载有该奏疏原文,可知其确如李东阳所撰墓志铭所记,乃在翟瑄任右副都御史时所上。①

(二)官员升迁等时间记载错误、不当者

《明孝宗实录》传记中有很多将官员升迁、改调之时间记载错误者,其中有些是因袭了所据资料中的相关错误。如《明孝宗实录》曾翚传记载其成化"四年"被召为刑部左侍郎②,曾翚神道碑记载为成化"四年"③,《本朝分省人物考》卷六五、《国朝列卿纪》卷五九曾翚传记皆援引其神道碑,记作"四年",而《明宪宗实录》卷四九记为"成化三年十二月"④。《明孝宗实录》曾翚传与神道碑存在因袭关系,此错误极有可能因袭了曾翚神道碑之记载。

《明孝宗实录》传记所记时间有与其前文记载相互矛盾者。如《明孝宗实录》李应祯传记载其"弘治元年转南京尚宝司卿"⑤,而卷八记作"成化二十三年十二月"⑥;刘宣传记载其"弘治元年转左(侍郎)",而卷七记作"成化二十三年十一月"⑦;黎淳传记载其"弘治元年升南京工部尚书",而卷四记作"成化二十三年十月"⑧。这类仅隔一月或数月的时间差距,当是任命与到任时间之差别。由此反映了《明孝宗实录》编纂凡例存在一定缺陷,未明确规定时间记载之统一标准。

有些时间记载错误盖为抄本笔误造成。如《明宪宗实录》卷六七记载成化五年升"翰林院侍读学士刘吉为礼部右侍郎仍侍经筵"⑨,卷一〇八记载成化八年"升礼部右侍郎刘吉为左侍郎"⑩,卷一一五记载成化九年遣"礼部左侍郎刘吉"往祭告东岳泰山东镇沂山及东海之神⑪。刘吉于成化十四年始入内阁。《明宪宗实录》卷一四〇"成化十一年四月乙酉"记载命

---

① 《明孝宗实录》卷七五,弘治六年五月甲申,第1431页。
② 《明孝宗实录》卷四七,弘治四年正月壬辰,第946页。
③ (明)何乔新:《椒邱文集》卷二九《资政大夫刑部左侍郎曾公神道碑》,《文渊阁四库全书》第1249册,第437页。
④ 《明宪宗实录》卷四九,成化三年十二月甲寅,第1008页。
⑤ 《明孝宗实录》卷七八,弘治六年七月壬寅,第1500页。
⑥ 《明孝宗实录》卷八,成化二十三年十二月辛卯,第178页。
⑦ 《明孝宗实录》卷五三,弘治四年七月甲申,第1040页;卷七,成化二十三年十一月丙辰,第134页。
⑧ 《明孝宗实录》卷六二,弘治五年四月辛丑朔,第1201页;卷四,成化二十三年十月甲戌,第68页。
⑨ 《明宪宗实录》卷六七,成化五年五月辛卯,第1342页。
⑩ 《明宪宗实录》卷一〇八,成化八年九月甲寅,第2110页。
⑪ 《明宪宗实录》卷一一五,成化九年四月戊辰,第2226页。

"礼部左侍郎刘吉"兼翰林院学士内阁办事①,徐溥撰刘吉神道碑铭记作成化"乙未"(十一年)"始诏以本官兼学士入文渊阁参预机务"②,王世贞《弇山堂别集》卷四五记作成化"十一年"③,雷礼《国朝列卿纪》卷四四记载刘吉成化"十一年乙未(乙酉),始诏以本官兼学士入文渊阁参预机务"④。可知应将《明孝宗实录》刘吉传中成化"五年命兼翰林院学士入内阁参预机务"⑤,改为成化"十一年"。

(三)官职记载错误者

《明孝宗实录》传记中有很多因书写不慎造成官职"左""右"记载互误者。如《明孝宗实录》张鏊传记载其曾任"陕西右布政使"⑥。而《明宪宗实录》卷三记载:"升江西按察使张鏊为陕西左布政使。"⑦《明宪宗实录》卷四四记载:"升陕西左布政使张鏊为副都御史。"⑧李东阳作张鏊墓志铭、雷礼《国朝列卿纪》卷五〇亦记作"陕西左布政使"⑨。嘉靖《陕西通志》卷一九记载:"张鏊……以陕西左布政使升右副都御史巡抚宁夏。"⑩雍正《陕西通志》卷二二记载左布政使"张鏊南直华亭人"⑪。可知《明孝宗实录》张鏊传记载错误,当作"左布政使"。

另外,翰林院官职中的"侍读"与"侍讲"在《明孝宗实录》传记中或有混淆。如《明孝宗实录》周洪谟传记其"修《寰宇通志》成,升侍读仍兼赞善"⑫。而《明英宗实录》卷二六〇六记作:"升左赞善兼编修周洪谟为侍讲"⑬。卷二九〇记作:"升翰林院侍讲周洪谟为南京翰林院侍讲"⑭。徐溥所撰《故太子少保礼部尚书谥文安周公神道碑铭》、丘濬所撰《太子少保

---

① 《明宪宗实录》卷一四〇,成化十一年夏四月乙酉,第2612页。
② (明)徐溥:《谦斋文录》卷四《故特进光禄大夫柱国少师兼太子太师吏部尚书华盖殿大学士致仕赠太师谥文穆刘公神道碑铭》,《文渊阁四库全书》第1248册,第664页。
③ (明)王世贞:《弇山堂别集》卷四五《内阁辅臣年表》,中华书局,2006年,第837页。
④ (明)雷礼:《国朝列卿纪》卷四四,《续修四库全书》第522册,第706页。
⑤ 《明孝宗实录》卷八二,弘治六年十一月丁未,第1550页。
⑥ 《明孝宗实录》卷七八,弘治六年七月己未,第1508页。
⑦ 《明宪宗实录》卷三,天顺八年三月辛酉,第78页。
⑧ 《明宪宗实录》卷四四,成化三年秋七月戊辰,第900页。
⑨ (明)李东阳著,周寅宾校点:《李东阳集》文后稿卷二二《明故资德大夫正治上卿太子少保南京兵部尚书谥庄懿张公墓志铭》,岳麓书社,2008年,第1214页;(明)雷礼:《国朝列卿纪》卷五〇,《续修四库全书》第523册,第41页。
⑩ 嘉靖《陕西通志》卷一九《全陕名宦》,《中国西北稀见方志续编》第1册,第380页。
⑪ 雍正《陕西通志》卷二二《职官三》。
⑫ 《明孝宗实录》卷四八,弘治四年二月己巳,第970页。
⑬ 《明英宗实录》卷二六六,景泰七年五月丁丑,第5646页。
⑭ 《明英宗实录》卷二九〇,天顺二年四月戊寅,第6200页。

礼部尚书谥文安周公墓志铭》及雷礼《国朝列卿纪》皆记作"侍讲"①。当改"侍读"为"侍讲"。

《明孝宗实录》武臣传中容易将其"署职"脱漏。如《明孝宗实录》周玺传，记其"升都指挥佥事"②。而《明宪宗实录》卷三〇记作"署都指挥佥事"③，卷一七五记作"命府军前卫带俸署都指挥佥事周玺充左参将分守大同"④，卷二〇一记载"录威宁海子杀虏功……左参将署都指挥佥事周玺实授都指挥同知"⑤。李东阳所撰《明故征西将军镇守宁夏都督佥事周公墓志铭》、过庭训《本朝分省人物考》卷三皆记载："辛卯征北边以功擢署都指挥佥事，用荐领十二营号令，寻统五军右掖。"⑥可知《明孝宗实录》周玺传记载失误。

（四）数字、数量记载错误者

《明孝宗实录》盛颙传中记载其赈济山东，积粮至"五百余万石"⑦，而查丘濬所撰盛颙墓志铭、《国朝列卿纪》卷六〇、过庭训《本朝分省人物考》卷二七，皆作"百余万石"⑧。据《明宪宗实录》卷二五九记载，该年全国粮食之调运，"漕运京师攒运粮三百七十石，各处运纳粮四百一十八万三千六百九十九石"⑨。倾全国之力，一年的运纳粮有四百一十八万多石，而山东一省正处于旱饥之中，其赈灾余粮不可能有五百余万石之多。从而可判断《明孝宗实录》盛颙传记载有误。

---

① （明）徐溥：《谦斋文录》卷四《故太子少保礼部尚书谥文安周公神道碑铭》，《文渊阁四库全书》第1248册，第652页；（明）丘濬：《重编琼台稿》卷二三《太子少保礼部尚书谥文安周公墓志铭》，《文渊阁四库全书》第1248册，第470页；（明）雷礼：《国朝列卿纪》卷四一，《续修四库全书》第522册，第645页。
② 《明孝宗实录》卷五三，弘治四年七月己丑，第1042页。
③ 《明宪宗实录》卷三〇，成化二年五月戊寅，第593页。
④ 《明宪宗实录》卷一七五，成化十四年二月壬子，第3160页。
⑤ 《明宪宗实录》卷二〇一，成化十六年三月甲辰，第3534页。
⑥ （明）李东阳著，周寅宾校点：《李东阳集》文稿卷二八《明故征西将军镇守宁夏都督佥事周公墓志铭》，岳麓书社，2008年，第757页；过庭训：《本朝分省人物考》卷三《周玺》，《续修四库全书》第533册，第80页。
⑦ 《明孝宗实录》卷五九，弘治五年正月丁酉，第1137页。
⑧ （明）丘濬：《重编琼台稿》卷二三《明故都察院左副都御史盛公墓志铭》，《文渊阁四库全书》第1248册，第474页；（明）雷礼：《国朝列卿纪》卷六〇，《续修四库全书》第523册，第232页；（明）过庭训：《本朝分省人物考》卷二七，《续修四库全书》第533册，第358页。
⑨ 《明孝宗实录》卷五九，弘治五年正月丁酉，第1137页；（明）丘濬：《重编琼台稿》卷二三《明故都察院左副都御史盛公墓志铭》，《文渊阁四库全书》第1248册，第474页；《明宪宗实录》卷二五九，成化二十年十二月癸未，第4385页。

又如《明孝宗实录》李衍传记载其巡视山海关有功，"赐钞四百贯"①；而徐溥撰《户部尚书李公神道碑铭》记作"四千贯"，该神道碑中还记载李衍总督三边军储，还朝仍赐钞"四千贯"②。《明孝宗实录》卷二一四记载经略边关之工部左侍郎李鐩等，临行前各受"钞一千贯"③。此一行人尚未立功即赏一千贯，李衍巡视山海关立功还朝，不可能只赏赐四百贯，可知《明孝宗实录》李衍传记载错误。

（五）人名、字号等记载错误者

《明孝宗实录》齐章传记载其字为"廷璧"，而彭韶《送方伯吴公思周致仕诗序》、朱诚泳《送齐应璧鸿胪修祀礼成还朝》、焦竑《国朝献征录》卷七〇、过庭训《本朝分省人物考》卷三皆记作"应璧"④，故可判断齐章字应为"应璧"，非"廷璧"。又《明孝宗实录》韩镐传记载"镐字民澹"，《国朝献征录》卷六一、《本朝分省人物考》卷九〇均作"民瞻"，雍正《浙江通志》卷一一八亦载此人，又据校勘记"三本作瞻"⑤，可知应将《明孝宗实录》韩镐传之"澹"改作"瞻"。

（六）传主任所记载错误者

《明孝宗实录》王继传记载其曾在福建任右布政使⑥，而《明宪宗实录》卷二八七、《明孝宗实录》卷三、李濂《南京兵部尚书王公传》、《国朝列卿纪》、万历《开封府志》皆记作"山西"⑦，可知《明孝宗实录》王继传记载错

---

① 《明孝宗实录》卷九三，弘治七年十月丙寅，第1707页。
② （明）徐溥：《谦斋文录》卷四《户部尚书李公神道碑铭》，《文渊阁四库全书》第1248册，第651页。
③ 《明孝宗实录》卷二一四，弘治十七年七月癸巳，第4023页。
④ 《明孝宗实录》卷九九，弘治八年四月甲寅朔，第1811页；（明）彭韶：《彭惠安集》卷二《送方伯吴公思周致仕诗序》，《文渊阁四库全书》第1247册，第40页；（明）朱诚泳：《小鸣稿》卷五《送齐应璧鸿胪修祀礼成还朝》，《文渊阁四库全书》第1260册，第251页；（明）焦竑：《国朝献征录》卷七〇，《四库全书存目丛书》史部第104册，第8页；（明）过庭训：《本朝分省人物考》卷三，《续修四库全书》第533册，第79页。
⑤ 《明孝宗实录》卷一九五，弘治十六年正月癸未，第3589页；（明）焦竑：《国朝献征录》卷六一，《四库全书存目丛书》史部第103册，第310页；（明）过庭训：《本朝分省人物考》卷九〇，《续修四库全书》第535册，第497页；雍正《浙江通志》卷一一八，《文渊阁四库全书》第522册，第168页；《明孝宗实录校勘记》卷一九五，第665页。
⑥ 《明孝宗实录》卷一九八，弘治十六年四月乙丑，第3674页。
⑦ 《明宪宗实录》卷二八七，成化二十三年二月庚辰，第4850页；《明孝宗实录》卷三，成化二十三年九月己未，第48页；（明）李濂：《嵩渚文集》卷八四《南京兵部尚书王公传》，《四库全书存目丛书》集部第71册，第285页；（明）雷礼：《国朝列卿纪》卷三八，《续修四库全书》第522册，第609页；万历《开封府志》卷一八，日本内阁文库藏万历十三年刻本。

误,当为"山西右布政使"。

(七)传主卒月、日记载错误、不明者

《明孝宗实录》陆瑜传记载其卒于"弘治二年七月十四日"①,而何乔新所撰陆瑜神道碑、杨守阯撰《送刑部尚书谥康僖陆公挽诗序》皆记为"弘治二年九月十四日"②,可知《明孝宗实录》陆瑜传记载有误。其他还有一些错误是将卒日记为讣告到达朝廷的时间,这与凡例规定不明确有一定关联。

(八)记事错乱者

《明孝宗实录》朱奎传记载:"成化中太监黄赐事败,奎坐与赐善,调广东盐课提举,量移四川保宁府同知。"③而据《明宪宗实录》记载,朱奎该两次外调发生之时间相隔甚远,实为不同之事件:天顺八年正月,因朱奎与王纶等妄议朝政,其以尚宝司丞调为盐课提举;成化十三年五月,因黄赐事败,朱奎以尚宝司卿调为四川保宁府同知。具体情形如下:

> (天顺八年正月)壬午,典玺局局丞王纶(伦)事上于东宫……翰林侍读学士钱溥以尝奉命教内书馆,纶尝受学焉,时尚宝司丞朱奎以幼童陪读馆中,相亲昵,俱交厚。至是先帝不豫,溥意纶(伦)必典机务,预有入阁之喜,密遣奎通纶于禁中,纶因偕奎造溥家……纶降内使,发南京闲住,溥降顺德县知县,奎盐课副提举。④

> (成化十三年五月)壬午,谪尚宝司卿朱奎为四川保宁府同知,时太监黄赐以罪谪南京,奎在文华门书办,与赐善,故亦谪之。⑤

《明孝宗实录》朱奎传误将二事混为一事记载,盖因所据资料记载不明确之故。其所据林瀚撰朱奎神道碑记载:"成化丁亥进秩正卿,然眷遇日隆,而忌者乃阴挤之,遂两外调为广东副提举,为保宁府同知。"⑥该神道碑所记"两外调"发生在成化三年朱奎升为尚宝司卿之后,且言语模糊,《明

---

① 《明孝宗实录》卷二八,弘治二年七月庚午,第 615 页。
② (明)何乔新:《椒邱文集》卷二九《故荣禄大夫刑部尚书谥康僖陆公神道碑》,《文渊阁四库全书》第 1249 册,第 429 页;(明)杨守阯:《碧川文选》卷二《送刑部尚书谥康僖陆公挽诗序》,《四库全书存目丛书》集部第 42 册,第 42 页。
③ 《明孝宗实录》卷一一一,弘治九年闰三月乙亥,第 2027 页。
④ 《明宪宗实录》卷一,天顺八年正月壬午,第 29 页。
⑤ 《明宪宗实录》卷一六六,成化十三年五月壬午,第 3012 页。
⑥ (明)林瀚:《嘉议大夫大理寺卿鹤坡朱公奎神道碑》,(明)焦竑:《国朝献征录》卷二二,《四库全书存目丛书》史部第 101 册,第 179 页。

孝宗实录》朱奎传因袭其说法,将朱奎外调时间记为"成化中",且误认为朱奎因受太监黄赐牵连,先被调为广东盐课提举,后改调为四川保宁府同知,导致与史实不符。

(九)传主事迹与史实不符者

前文提及《明孝宗实录》传记评价人物或更客观,表现之一在于不若传主碑传那样一味赞扬,褒贬之词多有根据,并非凭空赞美或贬斥。但亦有不加考证,直接照搬传主碑传,造成记载失实者。《明孝宗实录》所载陆瑜传因袭了何乔新所撰神道碑,其中论述陆瑜对抗门达之事。谓锦衣卫指挥门达怙宠作威,弘农卫卒诬指挥李斌与其弟健谋反事,令门达鞫问,门达断定其为谋反,众人皆不敢有何异议,陆瑜独明其冤,曰:"法司所执者祖宗之法耳,吾何敢舍所执法枉人以灭族之罪耶?"达不从,谮公欲出反者,上知公无他,曰:"彼欲重慎耳。"及奏上,止诛斌兄弟而免其妻子。《明英宗实录》记载此事原委:"河南弘农卫指挥使李斌等坐谋反诛。先是有千户陈安者与同僚忿争相殴,诉于斌,斌不理,安衔之,欲奏陷斌。斌文致安罪捕入狱,缢杀之。安家诉冤,下巡按御史邢宥鞫之。斌惧,潜纳赂石亨。适按察使王概至京谒亨,亨托概言于宥,毋重罪斌,于是检尸者皆言安实自缢。宥乃论斌擅执军职,赎绞还职。至是校尉报斌素藏妖书,谓其弟健当有大位,欲阴结达贼为亨报仇,逮杲以闻。遂执斌等下锦衣卫狱,籍其家,门达论斌谋反。上两命廷臣会鞫之,斌、健竟凌迟处死,其连坐斩罪者二十六人,绞者二人,为奴婢者四十六人,时论冤之。"①王世贞据《明英宗实录》所载,认为"斌、健磔于市,从坐论斩者二十六人,妻子没官者四十六人,然则陆公何尝执辩,而妻子何尝免也?亦何尝止诛斌、健兄弟也?修孝庙录者以文肃碑为据,恐未确。"②可见《明孝宗实录》因袭碑传之说,有夸大之处。王世贞还认为徐有贞之狱因陆瑜而定亦非事实:"至谓瑜多平反,惟武功伯徐有贞之狱众莫能折,瑜独以有贞自撰诰词,虽经进御览,乃杂他文书取旨为罪,有贞坐重谴以去,人亦莫之惜也。按,武功以天顺元年七月下狱论死末减,谪金齿为民,陆公尚为山东左布政使。明年李文达荐之,方召为刑部尚书。今云狱成于公,何孟浪至此!"③考《明英宗实录》所载,确为天顺元年七月罢徐有贞为民④,天顺二年十月方升山东布政司左布政使陆瑜为刑

---

① 《明英宗实录》卷三二九,天顺五年六月己丑,第6770～6771页。
② (明)王世贞:《弇山堂别集》卷二八《史乘考误九》,第511页。
③ (明)王世贞:《弇山堂别集》卷二八《史乘考误九》,第511页。
④ 《明英宗实录》卷二八〇,天顺元年秋七月癸未,第6018页。

部尚书。①《明孝宗实录》陆瑜传褒扬其断狱公正之事例,有非其本人所为者,与史实不符。

又如《明孝宗实录》韩镐传记载其曾修筑海塘堤岸,不烦官民而成:"十二年升本司右布政使,海盐滨海塘岸崩塌数千丈,众议塞之,计费不赀,以民贫无所拎办。镐曰:'此事属某,当不烦官民而可成。'盖塘虽决,旧石皆坐。又今年海盐粮长当追余价数千两,行令每银若干两修塘一丈;当冲之田,亦令若干顷修塘一丈。粮长惮于出银,诚得修筑,则米谷杂货皆可雇役,况旧石之外增添不多,半岁可塞也,乃以属镐,不三月而塘成。"②而《陈壮石堤记略》记载:"弘治八年秋,潮啮长山堤,几圮,居民皇惑,将扶携徙避……事下,分守卢氏韩公镐报至,韩公疾驰视啮处,经画久图,欲易以石,鸠工庀材,诹日始事。绍兴贰守吉水罗公璞实专任焉。罗公夙夜忧悸,百物所须,百方营备,量地之远近,分人以董其役,掘去浮沙易以坚石。令行禁止,工不后期,不数月而堤迤逦垂成……是役也,患塘延袤五百二十五丈,价费五千七百缗,役夫七十万,工经始于弘治八年,成于次年。"③两段记载有多处不同。一为时间,前者为弘治十二年韩镐任右布政使时,后者记作弘治八年韩镐任参政时。二为工程所费,前者记载官民消耗极小,后者记载确切,"役夫七十万"而成。三是从《明孝宗实录》韩镐传记载看,此工役为传主负责完成,而实际上为罗璞专任。《明孝宗实录》传记将功劳系于传主一人之身,有过于夸赞传主之嫌。

三、曲笔现象之存在

《明孝宗实录》传记所载虽较之其他相关传记或更可信,但并不排除其亦有故意曲笔之处。《明孝宗实录》传记修纂者在选取材料、记述史实、判断是非、褒贬人物时,会受到主观倾向之影响,很难做到完全客观公正。尤其经本书总裁官焦芳所加工者,常有肆意歪曲史实之事发生。虽然期间有董玘等人对曲笔之处进行抵制,但仍有未尽者。

《明孝宗实录》传记之传主很多曾参与成化朝的权力斗争,如万安、刘吉、彭华、刘珝、尹旻等。据雷礼分析,"吏部尚书尹旻、左都御史王越与刘

---

① 《明英宗实录》卷二九六,天顺二年冬十月癸亥,第6302页。
② 《明孝宗实录》卷一九五,弘治十六年正月癸未,第3590页。
③ (清)查祥:《两浙海塘通志》卷三《陈壮石堤记略》,清乾隆刻本。

珝为一党,安与彭华为一党,互相诋倾"①。他们因政治立场不同,相互排斥对方,不能简单将之划分为善恶两派。《明孝宗实录》总裁官焦芳因个人好恶,偏向刘翊、尹旻一方而刻意诋毁万安、彭华一方,在撰写他们的传记时未能做到实事求是。

刘翊德才中等,而《明孝宗实录》刘珝传对其大加赞扬:"在吏部不徇私情,亦不为苛细矫激之行。"②王世贞认为此乃因刘珝对焦芳有恩之故:"夫一刘珝也,《明宪宗实录》称其附中人得罪,以至疏辞不肯终养。《明孝宗实录》称其进讲以正定国本,庐亲墓,乡党化之,号曰'仁孝里'。盖宪乃刘吉所裁,孝则焦芳改笔,珝于人,乃中人耳,吉有隙,芳有恩,故异辞也。"③又如《明孝宗实录》尹旻传评价其为官正直,擅于辨别奸伪:"凡经铨注,虽稠人小吏,既久犹识其名,奸伪无所售,而课功核实一以典例。"④而成化年间陆容所记:"旻待人不诚,多用诈术,如各司部属官之贤能者,每向人称道之,以示其知人。及推举时,却先掌科掌道官,若举部属亦先入中官之门平日所称道者。"⑤可知尹旻并未做到处处秉公办事。

有些传记如《明孝宗实录》彭华传等,则过于诋毁传主。该传语气前后截然不同,其前半部分因袭了李东阳所撰彭华墓志铭中的记载,赞其"自少资性警敏,乡人奇之,入官翰林,才名颇著……为文章严整"⑥,不想至此笔锋一转,由赞赏变为贬斥:"然为人佥谲,用数深机莫测,人与之异,或上之者,必为倾排……"并列举了其唆使罗伦劾奏李贤、授意萧彦庄弹劾李秉、交通万安并排挤尹旻等事:"是时华乡人李孜省、邓常恩方获宠,华尽为计所希恩报怨,取效旦暮。华又引万安交李、邓为倚助,安且亲于万内妃弟,华为万氏谋而寓深意,一时朝士不附者,多为所倾。如大学士刘珝之去及王恕、马文升、秦纮、刘宣、罗璟辈之相继斥逐,皆华与安同谋也。"⑦彭华为人虽有不堪之处,但以上所记未免失实。王世贞考之曰:"焦(芳)以尹龙事坐谪桂阳,云出(彭)华意,故怨之刻骨,而谤詈甚口若此。(彭)华虽由李孜省荐,生平之与尹直俱在,是非间不应至此。"⑧廖道南亦认为该传

---

① (明)雷礼:《国朝列卿纪》卷一一,《续修四库全书》第522册,第178页。
② 《明孝宗实录》卷三六,弘治三年三月己未,第778页。
③ (明)王世贞:《弇山堂别集》卷二五《史乘考误六》,第449页。
④ 《明孝宗实录》卷二三〇,弘治十六年九月庚辰,第3781页。
⑤ (明)陆容:《菽园杂记》卷八,中华书局,1997年,第103页。
⑥ (明)李东阳著,周寅宾校点:《李东阳集》文后稿卷二三《明故资善大夫太子少保礼部尚书兼翰林院学士赠资政大夫太子少保谥文思彭公墓志铭》,岳麓书社,2008年,第1231页。
⑦ 《明孝宗实录》卷一一八,弘治九年十月己卯,第2125页。
⑧ (明)王世贞:《弇山堂别集》卷二六《史乘考误七》,第462页。

记载不可尽信:"予观吉安志,谓华才识超迈,望重一时。及读国史累千百言,皆极其丑诋,又谓罗伦之逐、张元祯之劾,皆原于华,予不敢尽信。"①黄景昉认为罗伦弹劾李贤,不可能是受彭华指使:"罗伦疏,或云彭华实阴嗾之。无论伦非受嗾之人,如华性格,亦岂能规人以正者,诬不待辩。"②可见众史家皆认为《明孝宗实录》彭华传有诋诬之处,而其诋诬之源则自焦芳。

《明孝宗实录》传记中刻意诋毁传主者,不止彭华一例。如傅瀚传对传主之评论,前半部分因袭其墓志铭所载内容。墓志铭记作:"尤勤政务,每力疾视事,属纩前一日,犹削祠祭稿,心计手画,必求其当乃已,盖其性然也……与人交,义必过厚,值所倾信,终身不二,闻有善则乐道之。其识量宏裕,尤人所不易及者。<u>博学强记</u>,<u>为诗文峻整</u>有格,书法亦遒美,为时所重。"③《明孝宗实录》傅瀚传记作:"瀚嗜学强纪,处事周悉,有思致,<u>虽小不苟</u>,工书法,<u>为诗文峻整</u>,无陈俗气。"然后面笔锋一转,认为程敏政之死源于傅瀚的排挤:"初潮④欲攘取内阁之位,乃嗾同乡监生江瑢奏内阁大学士刘健、李东阳,既而恐谋泄,遂倡言瑢与学士程敏政善,且奏词决非瑢所能,而奏中排抑胜己一言又实敏政平日心事,以此激当道之怒,而敏政之狱自是始矣。敏政既死,瀚果自礼部改詹事代其位,后瀚家人忽晨见敏政入瀚室,又数见怪异,因忧悸成疾,逾年瀚竟死。由是,人始知敏政之死有自也已。是时刘健当国,既偏溺于恚怒,莫之能辩,适大学士谢迁又素憾敏政,尝发其交通太监李广,营谋入阁之私,而谕德王华亦衔敏政尝扬其主考卖题事,又都御史闵珪与迁、华皆同乡,乃嘱珪及科道数辈内外并力交攻罗织成狱,而华眇之甘心鹰犬者又不足责也。顾当时刘健、谢(迁)徒知杀人灭口以避祸,曾不思亏损国体,沦丧士气以玷科目,其为盛时风化之累,有非细故者比,此皆始于瀚争夺名位一念之私以误之也。"⑤程敏政科场之真相一直存在争议,成为明朝一大疑案,《明孝宗实录》傅瀚传将本案归咎于傅瀚,且波及刘健、谢迁,缺乏事实根据,甚至记述其因见敏政魂魄忧悸成疾而死,更不可信。王世贞分析道:"傅文穆有倾程之意,人亦知之。至于家僮鬻题事已彰著,且与刘、谢不相关。盖焦芳李南阳(李贤)门客,程其塪也,故颇为撑覆。而刘与傅皆与芳有隙,故肆其丑诋如此。"⑥

---

① (明)廖道南:《殿阁词林记》卷三,《明代传记丛刊》第18册,第241页。
② (明)黄景昉:《国史唯疑》卷四,上海:上海古籍出版社,2002年,第93页。
③ (明)李东阳著,周寅宾校点:《李东阳集》文后稿卷二五《明故资善大夫礼部尚书赠太子太保谥文穆傅公墓志铭》,岳麓书社,1985年,第3册,第368页。
④ "潮"当为"瀚"。
⑤ 《明孝宗实录》卷一八四,弘治十五年二月癸亥,第3397页。
⑥ (明)王世贞:《弇山堂别集》卷二六《史乘考误七》,第463页。

何乔新曾任弘治朝刑部尚书,断法公正,人皆知之。而《明孝宗实录》何乔新传记言其"尤长于吏事,然量颇隘,议法颇刻深",且认为何乔新曾逼父自杀:"初景泰谋易皇储草诏,大学士陈循起句云'天佑下民作之君',而窘于对,乔新父吏部尚书何文渊,适在侧,即应声曰'父有天下传之子'。迨天顺改元,与谋易者多斥,遂罢归。乔新时为刑部主事,因见黄竑、徐正处以极刑,恐祸及己,乃贻书劝其父自引决,文渊果自尽,是论耻之。"①《明英宗实录》记载何文渊自杀因自己恐惧使然:"文渊自以与议易太子首发'父有天下传于子'之言,虑有奇祸。时副都御史陈泰左迁广东按察副使,道经广昌,人有传泰来抄提文渊者,文渊惧即自经死。"②之所以有议论何乔新逼父自杀者,或因有人以此讦告,"何文渊在景泰时因言官论其贪纵,自言已有废立皇储功……上复位,文渊俱缢死。致仕知府揭稽,文渊受业弟子也,至是令人至亲发其事。并举其子南京礼部主事乔新等诸不法,云文渊之死实诸子逼以脱祸。"③明英宗令将稽等人送锦衣卫审问,结果不得而知。将此种捕风捉影之事记录于传记中,且断言传主逼父自杀之事,实为对传主之诋毁。到正德十三年八月,焦芳已死,武宗特下令追赠何乔新谥号:"乔新学行俱优,始终全德,赠太子少傅,仍与谥,公论至是始定。而先朝实录本传谓乔新议法刻深,及劝父引决以自全,盖出焦芳之曲笔云。"④王世贞认为此传应为焦芳执笔:"此亦焦泌阳怼笔也。正德中,柄史者力为辩其诬。然考之《天顺录》……有传泰来抄提文渊者,惧,即自缢死,后为人所奏,差官启樟验之,果然。则劝文渊引决之说诬,而自尽之说实也。野史以为出江渊,大概以文势考之,恐先有'父有天下传之子'而借'天降下民作之君'以对之耳,又文渊以四月卒,而黄竑、徐正以五月诛,大抵未可信。"⑤

据曾亦担任《明孝宗实录》总裁官的杨廷和追述,可知以上史家对焦芳之指控并非空穴来风。焦芳依附刘瑾,得以对《明孝宗实录》传记任意笔削,对异己者极尽诋毁,对所私者恣为溢美。其他总裁官虽对此极力反对,亦未能阻止。杨廷和称:

《孝庙实录》,焦泌阳与总裁之列,故与万文康、彭文思有怨,每言及彭,辄俚语大骂,甚至移怒于其乡人……至书将成,藉以报复,置所

---

① 《明孝宗实录》卷一九四,弘治十五年十二月庚申,第3579页。
② 《明英宗实录》卷二七七,天顺元年夏四月丁未,第5914页。
③ 《明英宗实录》卷二九三,天顺二年秋七月丁亥,第6250页。
④ 《明武宗实录》卷一六五,正德十三年八月庚寅,第3203页。
⑤ (明)王世贞:《弇山堂别集》卷二四《史乘考误五》,第434页。

厚三二人于内阁东偏所，不合者一一属之作传，而授之意，极其诡诞。如谓文康于皇亲万通为僚婿，其妻常出入禁中，大抵皆诬罔之言。诸名公卿但异己者尽枉其是非，而为之辞，所私者恣为溢美，不复顾忌。西涯、守溪见之怫然，谓："此乃万世之是非，非一人所得私也。"初亦相与辩论，久乃益厌。泌阳又私以告之逆瑾，今日入瑾耳，明日即出瑾口，信之甚笃，予知不可口舌争，不复省视。①

《明孝宗实录》传记中还有一些对传主刻意诋毁之处。如《明孝宗实录》黄孔昭传中记述有所偏离史实，且用语明显带有讥讽语气。为人方面，该传记论其处事深刻，而何乔新曾赠诗给黄孔昭，赞其人"平生鲠介独超然，扬历中朝亦有年"②。为官方面，该传认为其徇私贪婪，任吏部郎中时，"尚书尹旻选事或咨焉，多随爱憎而毁誉之"③。而吴宽作《黄公孔昭传》记载其用人"往往量其才、随其地，参之舆论，荐于天官"④。张邦奇所撰黄孔昭墓碑铭记载："凡天下州县地方善恶、政令繁简、人才贤不肖，极意搜访，耳注籍记罔不周悉，间涉请托，则未尝少徇。"⑤谢铎所撰其墓志铭记载："在职守法据例，不示恩，不卖直。"⑥李东阳为其所撰神道碑铭记载："而辞涉请托，则未尝少徇，惟守法执论，以赞其官之长。为之长者虽不尽用，亦以舆议付之，有怨亦借以自解。"⑦以上评价皆当朝名士所作，皆肯定其为官之公正。《明孝宗实录》黄孔昭传还认为其人利用假道学之名，与张元祯、谢铎、李钊等互相标榜，以钓虚名，并贬低其学问："因同类更相推重以道学之名，故人多为所欺，然所学不过记诵词章，助应对以饰外耳。"可见该传的修纂者不独厌恶黄孔昭，词连谢铎等人，甚至恶言中伤："况言论之际，作为微哂摇头之状，阴险伺人之情，识者尤甚鄙之。"⑧考后来其他文献如《吾学编》《近代名臣言行录》《皇明名臣琬琰录》《皇明献实》《今献备遗》《皇明书》《皇明史窃》《本朝分省人物考》《西园闻见录》及万历《黄岩县

---

① （明）杨廷和：《杨文忠三录》卷三，《文渊阁四库全书》第428册，第801页。
② （明）何乔新：《椒邱文集·外集》《黄岩黄孔昭》，《文渊阁四库全书》第1249册，第539页。
③ 《明孝宗实录》卷五二，弘治四年六月壬寅，第1031页。
④ （明）吴宽：《家藏集》卷五九《南京工部右侍郎黄公孔昭传》，《文渊阁四库全书》第1255册，第551页。
⑤ （明）张邦奇：《张文定公靡悔轩集》卷四《明故通议大夫南京工部右侍郎赠礼部尚书谥号文毅黄公墓碑铭》，《续修四库全书》第1337册，第8页。
⑥ （明）谢铎：《桃溪净稿》卷一四《南京工部右侍郎黄公墓志铭》，《四库全书存目丛书》集部第38册，第378页。
⑦ （明）李东阳著，周寅宾校点：《李东阳集》文稿卷二五《明故通议大夫南京工部右侍郎黄公神道碑铭》，岳麓书社，2008年，第725页。
⑧ 《明孝宗实录》卷五二，弘治四年六月壬寅，第1032页。

志》等有关黄孔昭之记载，未见与《明孝宗实录》黄孔昭传说法一致者，可知其所论述有失偏颇，未被后人认可。

总之，《明孝宗实录》传记由官修而成，修纂者多来自翰林院饱学之士，且其所见资料极为丰富，包含了档案、前朝实录、时人文集等，这些优越的条件有利于保证其编纂之质量。如崔铣在修纂《明孝宗实录》时得见前朝实录记载的有关王越之事迹，方确认时人对之多有诋毁而不公："（崔铣）入翰林，多以任术毁公（王越）者，正德初修孝皇实录得见国史，考公守边甚伟。"① 这使《明孝宗实录》传记的撰写者能全面了解传主。同时，撰写者还对资料进行了考证、筛选，保证了所记传主事迹多能符合事实，其精细的文字润色，亦提高了传记之质量。另外《明孝宗实录》综合利用各种资料，多能对人物评论相对客观，其人或平庸，或严苛招怨，或贪婪不俭，或奸邪不协人望，或为官有声，或守正不阿等，多可直书不隐，不若家传一味溢美。

《明孝宗实录》传记之缺陷亦非常明显。由于《明孝宗实录》传记为集体编纂而成，不能保证每一位编纂者都求真求实，秉笔直书，难免出现上述焦芳之类颠倒黑白之现象，亦不能保证他们都恪尽职守，谨慎处理史料。如前朝实录卷帙浩繁，传主的相关记载与其他众多内容统一按时间顺序编排成册，查找不便，而关于传主的碑传类传记则内容集中，故《明孝宗实录》传记往往舍彼用此，未加甄别，导致沿袭了碑传、家传中的某些错误，影响了《明孝宗实录》传记编纂之质量。

---

① （明）崔铣：《洹词》卷七《少保兼太子太傅都察院左都御史赠太傅谥襄敏王公神道碑》，《文渊阁四库全书》第1267册，第549~551页。

第六章 《明孝宗实录》事件记载分析

《明孝宗实录》所载事件上至国家大事,下至民间细事。而本章所论述的事件指除却其中的人物传记及诏书、奏疏中的具体内容,围绕某一事件所作的叙述,主要包括事件发生的时间、地点、原因、过程、结果、人物等要素。

具体可划分为12类:(1)举行重大礼仪与国家祭祀,如明孝宗即位礼仪及上太皇太后、皇太后尊号,册立皇后、皇太子及册封诸王等礼仪;(2)革新纪纲条令;(3)兵戎大政,包括派大军对抗外族,平定地方叛乱等事;(4)管理宗室、皇亲,主要为赐诸王府子孙名字、选择驸马等事;(5)管理文武百官,包括百官除授、朝觐、致仕、恩荫子孙,武臣子孙袭爵等事;(6)管理国家机构,如新设、改建、革罢衙门、关津、仓库、新增、新撤驿传、递运、烽堠等事;(7)管理财政及赈恤、支给边饷、因灾蠲免赋税等事;(8)处理法律案件,指差官审录狱囚、审理重大案件等;(9)文化盛事,包括编纂先朝实录及其他书籍,旌表孝子顺孙、义夫节妇;(10)外交事宜,包括遣使抚谕"四夷"及封拜赐赉、"四夷"来朝贡等事;(11)工程建设;(12)异常天象气候。

第一节 记载方式

一、详略随宜

(一)根据事件的重要性、复杂性决定详略

遇大事如册封太子、出征御敌、审理大狱等,则详其原委,此类为大书、详书;遇常例,如文武百官考满升迁、外藩朝贡回赏、遣官祭祀等,则仅概述之,此类为常书、略书。

如牵连人物较多的复杂案件记载较为详细。弘治朝著名案件莫过于满仓儿案的审理。《万历野获编》将该案件与嘉靖朝李福达一案相提并论,可见影响之大。"其时以一乐妇下贱上烦宸断,三四讯而始定,孝宗圣明不厌烦琐,如此虽不能尽快人意,以较之嘉靖初李福达一案则天渊矣。"①

该案件复杂之处在于牵连官员众多,尤其涉及东厂与刑部之较量。《明孝宗实录》用千余字篇幅记载此案。首先叙述了案发过程及第一次审讯结果:"先是彭城卫千户吴能,以其女满仓儿付张媪者鬻之,媪鬻于乐妇张氏,而给言周官人家。后张氏携女往临清居三载,复挈归,转鬻于乐工焦义,义又鬻于乐工袁璘,璘使为娼。时能已久没,有以告能妻聂氏者,聂氏往觅诸歌肆,女怨母鬻己,不复认。久之,聂氏及其子政率众攘之以归,璘赎以十金,聂氏不从,且讼于官。刑部郎中丁哲与员外郎王爵共理其事,既得实,而璘不服,哲乃重加笞楚,越数日死,女断归聂氏。刑部主事孔琦、监察御史陈玉往视璘死状,吏佯以病死报,遂付仵作瘗之。"

又叙述了该案第二次审录情况,此时东厂太监介入:"璘妻往求尸,仵作不与,遂诉冤于东厂,太监杨鹏逮聂氏及张氏等讯之,张氏妄称女乃其妹,生于临清民家者,女之言亦然,媒者遂言此非聂氏女,聂氏女先已鬻于周皇亲家。诸证人畏刑,皆如其言。鹏遂奏之,下锦衣卫狱,镇抚司奏哲苛刻偏徇,殴死无辜,爵依阿枉断,(陈)玉、(孔)琦相视不明,乞各正其罪。"

而后记述了该案的第三次审录情况,此时引起明孝宗注意:"上以事关伦理、人命,令三法司、锦衣卫务究其实。乃索女于皇亲长宁伯周彧家,或言其家本未尝买聂氏女,而聂氏、张氏各执一辞,狱久不决。复命府部大臣及科道官廷鞫之,张氏及女始吐实。都察院奏谓(丁)哲因公事殴人致死,罪当徒,(王)爵、(陈)玉、(孔)琦及聂氏、吴政并女皆不应从重罪,当杖。"

由此引发了大臣的争辩,刑部典吏徐珪上疏言丁哲断狱允当,杨鹏挟私诬陷之,最终因三法司惧于东厂之势而造成冤狱。孝宗实录详细载其言论并附于该事件记载中。

最后明孝宗作出裁断,"仍罚左都御史闵珪、右副都御史杨谧俸各三月,大理寺卿王轼、左少卿王嵩、左右寺丞王鉴之、何钧俸各一月,徐珪赎徒毕,发原籍为民。"此案件审理历经三个多月,刑科都给事中庞泮督促判决,最终判处满仓儿杖毕送浣衣局,丁哲给偿袁璘埋葬之费,发原籍为民,王爵

---

① (明)沈德符:《万历野获编》卷十八《吏役参东厂法司》,中华书局,1959年,第460页。

及孔琦、陈玉俱赎杖还职。① 此大案几经周折,《明孝宗实录》皆作详细记载,有利于对案情真相的全面了解。

而关于牵涉较小的案件,多只记载案发原因与判处结果,同样一则刑部断狱不当案,《明孝宗实录》记作:"刑部员外郎王嘉庆、主事王铨、大理寺左寺副徐谏、王章、左评事谢湖俱对品调外任。先是军人马英妻罗氏自宫其幼男马伍,同居人丁买等发之,罗氏等例当死,嘉庆等止拟杖罪。狱上,命下嘉庆等于都察院狱,都察院拟赎杖还职,上特有是命。"②

《明孝宗实录》对要记载的案件进行了详略处理,出兵征战的记载亦有详有略。如大规模战役,作战过程记载极为详细。《明孝宗实录》记载贵州米鲁及福佑等被剿事件,首先记述了各路军马统帅及进军路线:"提督军务尚书王轼至,调集官军、土兵分八道以进,轼督令都指挥李政等为中军,参将赵晟为左哨,自大盘江进,都指挥张泰、李堂为右哨,自小盘江进,都指挥崔铎、侯宇为中哨,入旧盘江,兵备副使周凤督同都指挥黄京为后哨,入砦布河,总兵官曹恺等驻盘江东岸。"

继而详细记载各路进军行程及战果:"正月左哨攻破六坠寨,斩首三十余级,贼遁过大江。二月右哨渡江击之,斩首一百八十余级,指挥刘怀等寻亦架浮桥过江解安南卫围。三月攻阿保利硬诸寨,俱破之,总兵曹恺军克阿满等寨,斩首五百余级,致仕都督王通击破芦塘等五十余寨,斩首千余级,都指挥李政破阿保等五十三寨,米鲁退,攻平夷卫及大河扼勒等堡,都御史陈金等以云南兵克之,贼遁去。福佑围乐民千户所,复战退之,破其黑松林等寨,贼奔归大寨,佥事王懋中、土官知府凤英等追之,破数寨,复走马尾笼寨。我军攻围之,米鲁谋欲宾遁,先使人觇路,为逻者所获,诸兵悉进攻,米鲁、福佑出战,凤英等临阵格杀之,余党悉平。"最后总结此次出兵结果:"是役也,凡用五月,破一千余寨,擒一百九十人,斩首四千八百余级,俘男妇一千人。捷闻,命降敕奖励轼等,升奏捷指挥王运等三人官各一级,仍各赏纻丝衣一袭,新钞一千贯。"③

镇压影响较大的群体动乱,多将其作乱过程亦详细描述。如《明孝宗实录》卷三一记载王良勾结蒙古部族一事,首先记载王良作乱的由来:"初山西崞县民王良学佛法于弥陀寺,僧李金华见人辄为好言劝谕之,忻州民李钺闻而悦之,愿为弟子,所谈皆虚幻事,从之者至数百人,遂谋不轨。"

继而记载他们的行动,密谋联合小王子部落里应外合,众人"相与言

---

① 《明孝宗实录》卷一二〇,弘治九年十二月丁酉,第 2159~2164 页。
② 《明孝宗实录》卷七五,弘治六年五月癸未,第 1431 页。
③ 《明孝宗实录》卷一八九,弘治十五年七月己丑,第 3491~3493 页。

曰：'吾佛法既为人信服，由是而取天下亦不难，但边兵密迩，虑或相挠沮，若与达虏通谋，令其犯边，因官军出御，乘间而起，事可济也。'于是良与钺撰妖书数十篇，谓皆梦中佛所授者，众皆跪拜争观，良曰：'干戈炒，干戈炒，不得水，不得了。'有一人解曰：'水居北方，达虏是也，必达虏犯边，方能了事。'良即撰表，欲上迤北小王子，请犯边，当为内应，令何志海等四人驰马负表，具旗号器械以行。至朔州胡浪庄失道，为守墩者所获，良等知事败，即集众欲攻崞县。"

最后记载了王良等人被捕之过程与结果："适巡抚都御史翟瑄等遣兵剿捕，良等率五百人奔定襄县洪泉寨山间，啸聚剽掠，州县官招抚之，不服，乃督民兵入山攻之，会大雾，贼不为备，兵至，仓卒不能敌，皆奔窜，获钺于开门峪山，良于五峰山。搜各山获百二十三人及妖书、器械、衣服、马匹颇多。瑄会镇守太监刘政及参将王升、御史吴裕等遣人槛良等五十四人至京师。会法司会官廷鞫，得其情，悉斩之，瑄、政等各赐敕奖励。"①

《明孝宗实录》对于一般动乱则只记载平叛的结果。如本书卷一七记载："初广西杨峒苗贼二千余，越兴安、全州劫掠，州县指挥佥事杨观、知府罗珣督军兵于宅尾、黄沙等处击败之，斩首一百八十七级，生擒一人，追还被虏男妇六十五人，余党奔窜。事闻，下所司知之。"②

本书卷三一记载："湖广杨峒苗贼流劫广西全州，广西镇守等官率官军讨之，斩首三百七十六级，事闻，命官军三百一人升赏有差，太监刘昶赐彩段二表里，分巡佥事陈嘉谟、桂林府知府罗珣各一表里。"③

有些只记载官军奖惩情况，本书卷二九记载："广东番禺县后山贼平。兵部议上镇巡等官功过。得旨以分巡按察司佥事周启、分守布政司右参议周宏及广州府捕盗通判李亮等，功多过少宥之，停广州右卫指挥使刘炜等俸三月。"④

(二)避免重复，前详则后略

有些事件与事件之间具有一定的联系，《明孝宗实录》前者记载详细者，后者再提及此事时，为避免重复，多记载简略。

如《明孝宗实录》记载尚古入贡引起边境纠纷之事，此事件关涉辽东守臣不职之罪。卷一七六详细记载其原委："初海西兀者前卫都督都里吉

---

① 《明孝宗实录》卷三一，弘治二年十月己酉，第705~707页。
② 《明孝宗实录》卷一七，弘治元年八月己亥，第412页。
③ 《明孝宗实录》卷三一，弘治二年十月己酉，第705页。
④ 《明孝宗实录》卷二九，弘治二年八月丙申，第652页。

次子尚古,以舍人入贡授指挥,后贡骆驼并归被虏人口,求升都督不许,止升都指挥佥事,尚古怒去绝朝贡。时入为寇,仍率兵遮绝海西诸胡之入贡者,诸胡并怒之,尚古后悔过,使五十骑叩边归款,守臣贪功遣百户至虏中招之约为求升,尚古遂率五百骑入贡至开原,守臣验放尚古等五十人赴京。泰宁卫都督猛革忒本儿等闻之大怨边将,谓:'尚古阻其贡,今反容入贡。'遂入寇辽阳,既去,仍留书于边,言'诸胡所以侵犯者实出于此',建州左右卫亦各遣人来言,尚古若诛则众怨俱解,守臣因请诛尚古或投之南荒以谢诸胡。"后兵部议遣给事中等官查勘以闻,令守臣书谕猛革忒木儿等,许令改悔自新,并归所虏人口以自赎。①

继而辽东守臣遭到科道官弹劾,《明孝宗实录》卷一七六、卷一八一皆记载弹劾总兵蒋骥、巡抚都御史陈瑶之事。② 本书后面再次涉及诸镇守巡抚官因此获罪时,则记载简略,"镇守辽东总兵定西侯蒋骥、巡抚都御史陈瑶各出陈修边杀贼之功,乞以赎罪,为兵科所驳。兵部亦言:'骥等所陈图免启衅误事之罪,请候其到京会官推问。'上曰:'蒋骥、陈瑶既以取回,准以功赎罪。骥令原府带俸,瑶待到京之日闻奏。'"③本书卷一八六只记载陈瑶最后处罚结果,避免与前文重复。"巡抚辽东都御史陈瑶以有罪行取至京,刑部请如科道所劾逮问,上宥之,命对品调外任,遂调四川叙州府知府。"④

又如总兵官李杲诱杀朵颜之事,卷一五六记载:"辽东守臣奏正月中,虏众分道入寇,我军御之,连三捷,先后斩首三百级,全胜而归。议者以为辽东兵久不振,疑其诱杀。至是朵颜三卫来贡,朝廷遣大通事指挥使杨铭等审之,具云今年三月中,辽东鲁大人差通事诱泰宁、福余两卫头目脱火乃等男妇三百余人到边互市,尽掩杀之,又领兵出境烧其毡帐车辆,死者之亲属遂来复仇,又人自虏中还者云'朵颜三卫遣三百骑与北虏脱罗干等约和谋入寇'。命都察院右副都御史顾佐按核以闻。"⑤

继而记载勘察受挫:"时都御史顾佐按事辽东久不决,而海州卫致仕知县丁矿亦奏'镇巡等官李杲、任良、张玉自知偾事已多,无所逃罪,乃使都指挥崔鉴、王玺、鲁勋等以酒食诱虏人入塞,掩杀三百余人,内男女幼稚,胡汉相半,恐启引边患,自杲等始',于是佐方追摄证佐与罪人勘核,而人畏鉴等

---

① 《明孝宗实录》卷一七六,弘治十四年七月壬子,第 3211~3212 页。
② 《明孝宗实录》卷一七六,弘治十四年七月壬戌,第 3212 页;卷一八一,弘治十四年十一月乙酉,第 3335 页。
③ 《明孝宗实录》卷一八五,弘治十五年三月丙申,第 3415~3416 页。
④ 《明孝宗实录》卷一八六,弘治十五年四月丙午,第 3422 页。
⑤ 《明孝宗实录》卷一五六,弘治十二年十一月癸酉,第 2798 页。

不敢吐实……"①尔后连续详细记载了大臣弹劾辽东守臣之事。②

最后对守臣判决结果记载简略,为避免重复,不再详述其获罪原因。"镇守辽东太监任良、总兵官李杲、巡抚都御史张玉以罪取回。仍各具疏自辩。兵部覆奏谓良等饰词奏扰请正其罪。上命杲、玉各致仕。良俟至京日别用。"③

二、追述及延记之应用

(一)追述前因,相互照应

《明孝宗实录》为编年体文献,以时记事,另外通过追述相关事件,前后有所照应。如该书卷九记载"命却琉球国入贡使臣之从浙江来者。旧例琉球二年一贡,俱从福建布政司比号,今来非正路,又非年例,故有是命"④。本书卷一二记载相关事件,追述卷九记载之事:"先是琉球国使臣皮扬那等自浙江来贡,礼部言与二年一贡例限不合,且路不当由浙江而来,请却之。至是皮扬那等复赍上本国移礼部咨……"最后决定暂且容纳。⑤

本书卷六一记载了镇守广西副总兵马俊征讨古田县"獐贼"时战死之事,"两广总镇太监王敬、总督都御史闵珪、总兵官毛锐以广西古田县獐贼为梗调兵剿之,分四哨以进,副总兵马俊一哨自临桂县入,贼伏林箐中射之,俊及参议马铉、千户王珊等俱死。"⑥卷八三记载平叛之后,兵部论列功罪,追述马俊之事"初广西副总兵马俊等死于贼,其部下领军指挥柳绍等不能救护,既而贼平,兵部列上其功罪"⑦。

(二)集中记载一事之始末

对于较复杂事件,《明孝宗实录》还采用集中叙事的方式,避免了一事散见于数年之中的弊端,使所叙史事首尾完整。如上述详细记载的满仓儿

---

① 《明孝宗实录》卷一五六,弘治十二年十一月癸酉,第2798页。
② 《明孝宗实录》卷一五七,弘治十二年十二月戊子,第2814页;卷一六一,弘治十三年四月癸巳,第2883页。
③ 《明孝宗实录》卷一六三,弘治十三年六月戊戌,第2955页。
④ 《明孝宗实录》卷九,弘治元年正月甲子,第199页。
⑤ 《明孝宗实录》卷一二,弘治元年三月戊寅,第280页。
⑥ 《明孝宗实录》卷六一,弘治五年三月辛卯,第1189页。
⑦ 《明孝宗实录》卷八三,弘治六年十二月癸酉,第1560页。

案审理时间达几个月,前后审讯三次,《明孝宗实录》集中记载于一处,使得眉目清晰。

有些选择记载于该事件结束的时间,以追述方式叙述整个事件发生发展过程。如本书卷二〇先记载"叛贼陈辅等平",继而追述了其作乱情形,以及被镇压的过程。"辅嘉兴百户,先以贩鬻私盐革见任,遂招集无赖作兵器,四出劫掠,众知而未败,县人恐之,辅知不免,乃与其父端谋率其子文武、婿邓夔等四十余人攻嘉兴府治,知府徐霖逾墙走,辅等遂劫府印及狱囚八人,库银数千两,又劫弓张局军器千户所印,执千户白鉴及其妻,因放兵掠城中金帛、妇女,挈家趋太湖,已而官兵大集,追至吴江坛丘镇败之。端等就执,余党杀伤,或赴水死,辅走至秀水陶家桥,官兵追捕急亦自刎死。事闻,下巡视浙江刑部右侍郎彭韶等核实,狱上,都察院覆奏诏端等十二人皆斩首枭令,幼者二人并妻妾子女配功臣家,财产入官,父母祖孙兄弟不限籍之同异,皆流二千里安置,仍榜示一方。"①由此比较清晰全面地叙述了此次动乱之原委。

有些则应用追述与延记相结合的方式,记载该事件发生之过程,并进一步交代事后情形。如本书卷八八记载:"(弘治七年五月)戊戌黜南京兵部郎中娄性为民。先是南京守备太监蒋琮奏性'逞威擅权,欺凌军职⋯⋯'性具疏自辩。会南京广洋卫指挥同知石文通亦奏琮'开掘聚宝山,有伤皇陵王气,及殴死商人,占役军匠,侵夺官地,私造马船诸罪'。琮又屡奏不已,株连蔓引几数百人,遂成大狱。刑部乃奏差司礼监太监赵忠,同大理寺右少卿马中锡、锦衣卫都指挥佥事杨荣会勘。至是狱具,性坐入己赃,革职为民,南京兵部主事姚玺为性补易案卷,赎徒还职,余坐罪有差⋯⋯既而(娄性)疏求复官,会司礼监官奉命刑部录囚,性就堂下膜拜,哀鸣不已,闻者皆笑之。"②本书此处除了追述娄性罢职为民的原因外,还延伸记载了娄性罢职为民后复职之事。

三、夹叙夹议,附加按语

《明孝宗实录》除了记载事件本身发生的过程与结果外,有些还记有编纂者所作的评议或按语,进一步对事件进行分析或评论。有些按语有助

---

① 《明孝宗实录》卷二〇,弘治元年十一月癸亥,第466页。
② 《明孝宗实录》卷八八,弘治七年五月戊戌,第1626~1628页。

于读者了解与本事件有关的更多信息。如寿州知州刘概、汤鼐、李文祥、邹智等因往来私交妄议朝政缺失及臣僚贤否被劾奏,且刘概被拟"造妖言罪"论斩,其他皆降黜有差。《明孝宗实录》卷二四记载此事之后,附加如下一段话:"时更化之初,言路骤开,新进之士争欲以功名自炫,互相标榜,过为讦激,而汤鼐尤甚,又多出不逊语,当道有恶之者。因刘概事并欲寘之死地,台谏皆被风旨,争为弹劾以希恩泽,蔓引甚众。法司迟疑不敢决,久之外议汹汹,乃从末减云。"①这段话直指执政者恶意陷害汤鼐等人,显然为编纂者附加,不难引发读者对事件背后涉及的人际关系的思考。

查王鏊《震泽纪闻》记载,认为汤鼐等被刘吉陷害,亦指出科道官受刘吉指使而劾奏:"会万安、尹直皆去,刘吉为首相,深忌鼐,日伺其过,鼐方与李文祥等十余人日夜号呼饮酒,高自标榜,以文祥为先锋,鼐为大将,其余皆有名目,傲然以天下为无人。时魏璋为御史,有名,吉使其客,徐鹏唉璋曰能去鼐即擢为都御史,璋乃草奏,以陈景隆为首,共论鼐狂妄。初鼐上疏直声动天下,寿州守刘概贻之书云……因馈白金为寿,鼐得书甚悦,客至辄出以示焉。璋因以此劾之,诏捕鼐与概俱下狱。时文升在都察院与吉相比,欲拟妖言惑众罪死,举朝汹汹,无敢论救者。徐溥曰'岂可使朝廷有杀谏臣之名自吾辈始',恕亦力救之,吉意稍解,乃谪戍甘肃。"②

据陈洪谟《治世余闻》记载,该事件中的人物之一邹智言事直斥内外,执政人多忌之。"己酉春知州刘概、御史汤鼐妄言朝政,忌者遂指为妖言,并捕邹下狱。彭侍郎韶辞疾,不为判案,乃得末减。"③由上可知,《明孝宗实录》此处所言汤鼐等被"当道者"排挤、法司迟疑不敢断,当有一定根据。

又如前陕西布政司右参政李瓒以朝觐考不谨,冠带闲住,遂上疏以先为大名府知府时捕盗之功,援例乞复其职致仕,得俞允。《明孝宗实录》卷一九八记载此事,且附加一段评论:"瓒自负才局,喜结纳,初为别科给事中,即以是故意。在太名益得遂所欲,人皆以为能,虽捕盗之绩有可称,然权利于民筭拆秋毫,士论少之。"④由此让读者更明确地了解此人。

山东按察司副使杨茂元因上疏劾奏都御史刘大夏、太监李兴等祭大河之神时神明示警,而被拟"奏事不实之罪",降为湖广长沙府同知。《明孝宗实录》卷九九记载此事,且进一步分析道:"初茂元病痔漏剧,自分不复能仕,乃锐欲掠名而去,将与巡按御史攻讦又谓其不足异,会李兴絷辱按察

---

① 《明孝宗实录》卷二四,弘治二年三月戊寅,第552页。
② (明)王鏊:《震泽纪闻》卷下《汤鼐》,《续修四库全书》第1167册,第491页。
③ (明)陈洪谟:《治世余闻录》下篇一,第38页。
④ 《明孝宗实录》卷一九八,弘治十六年四月癸丑,第3669页。

正官,茂元适代视篆,惧其波及,遂密遣人奏之。从父守址时在翰林,欲沮之弗得,既谪,病良愈,始复悔之。"①由此可使读者了解到杨茂元上疏的原因。

官员的升迁降黜是《明孝宗实录》事件记载中的重要部分,有些是循资论辈按常理升迁,有些则通过人情运作而上位,通过事件本身的记载很难得知后者的情况。《明孝宗实录》在记载某些官员调动降黜之后,会指出背后的操作。如顺天府府丞毕亨因公误杖人,致几日后而死。东厂官校发其事,既而科道交劾下狱,命法司、锦衣卫会鞠以闻。得旨亨降一级调外任,遂为两淮都转运盐使司同知。《明孝宗实录》记载此事,并追加评论道:"时议者谓兵科都给事中蔺琦欲代其位,嗾台谏有言,亨既降,琦果代之。"②由此可见,毕亨之降调或与蔺琦有一定关联。

弘治九年南京吏部缺尚书,吏部拟礼部左侍郎徐琼、南京吏部右侍郎梁璟名,特命礼部尚书倪岳升太子少保南京吏部尚书。《明孝宗实录》记载此事,并进一步议论道:"时琼有奥援,欲代岳,遂有是命。"③对此次非常理的任命做出了一定解释。

弘治十四年陕西临洮府知府李纪被降为长芦都转运盐使司同知,是因为巡抚都御史熊翀的奏本。《明孝宗实录》记载此事,且分析道:"纪谨慎有为,不同流俗,用是获罪,翀笃信谗谮,遂有是举。上实不知也,洮人多惜纪之去云。"④由此读者可知李纪之降黜,实为不公。

第二节　优点与价值

一、内容翔实,或为稀见

(一)某些记载较其他文献详细具体

对于弘治朝发生之事,除了《明孝宗实录》外,其他文献亦有所记载,

---

① 《明孝宗实录》卷九九,弘治八年四月辛巳,第1827页。
② 《明孝宗实录》卷八八,弘治七年五月癸丑,第1634页。
③ 《明孝宗实录》卷一一二,弘治九年四月己丑,第2038页。
④ 《明孝宗实录》卷一七三,弘治十四年四月癸卯,第3165页。

例如当时人亲历之书(以马文升《兴复哈密记》与许进的《平番始末》较为典型),又如曾经历弘治朝时代的人所作笔记或见闻录等(以陈洪谟《治世余闻》为代表),又如人物传记中所记传主事迹,又如地方志中的纪事部分,皆有所涉及。然而总体看《明孝宗实录》无疑是记载最全面且详细者。

如本章第一节所述,《明孝宗实录》中记载了大量平定动乱、除却民患之事,有些记载极为详细,包括作乱的缘由、平叛的过程与结果等。这些事件虽在其他文献中亦有提及(多见于人物传记),但重在叙述该人物所作个人贡献,对事件本身的记载较为简略。有四川马湖府土官知府安鳌屡犯重罪,后伏诛。叙州知府吴愈曾为逮捕安鳌有功,其墓志铭记载此事,称"土官安鳌以马湖叛,有诏掩捕,而叙实比壤藩臬,重臣咸会于叙。公言:'鳌轻剽无远谋,然器甲精利,兵亦蹻捷,未易攻取,不若重围困之……议未决而鳌弃城走,将纠诸夷为乱,众相顾不知所为,公徐曰:'鳌在吾彀中矣。'问故曰:'彼以郡守将兵接战胜负未可知,既离巢穴,不过一穷虏耳……'"①最终吴愈等用计擒捕安鳌。过庭训《本朝分省人物考》记载按察佥事曲锐为逮捕安鳌所做贡献,称"在四川马湖土官知府安鳌恣横行,部者多避之,锐诱执置之法,疏请改流官,州人德之。"②巡按御史张鸾墓志铭亦载其逮捕安鳌事,称"以马湖土官知府安鳌恣横有端,宜先事扑灭,而鳌果以此败,而人亦以此服公。"③

由以上文献所载擒捕安鳌事宜,只能获知安鳌向来恣横不法,大概有哪些人物曾经参与擒捕之事。至于安鳌所犯何事,为何如此大动干戈方可定其罪,逮捕后结果如何,皆不得而知。而《明孝宗实录》则记载较为详细。首先记载处斩安鳌的时间为弘治八年八月戊寅(二十八日)。继而记述了他种种恶行,苛取重赋、奸恶无道等:

> 鳌性残忍,暴虐其民,计口赋钱,岁得银以万计。其所征丝麻并板价数亦如之,每祭祀进贡则又缘以掊克。奸民王大经等左右之,土人有美妇女多淫之,将嫁必禀命于鳌,有至老不敢适人者。

甚至残害亲属众人生命:

> 尝遣沐川土民四千余人运木于大汶溪,岁暮逃归,疑为夷祥庆所诱。令叔骆率家僮杨党等百余邀于途,执而支解之,杀其从者九人,弃

---

① (明)文徵明:《甫田集》卷三〇《明故嘉议大夫河南等处承宣布政使司右参政吴公墓志铭》,《文渊阁四库全书》第1273册,第240页。
② (明)过庭训:《本朝分省人物考》卷九八《曲锐》,《续修四库全书》第535册,第650页。
③ (明)王九思:《渼陂集》卷一二《明故通议大夫刑部左侍郎张公墓志铭》,《续修四库全书》第1334册,第117页。

尸水中。祥庆即鳌妻之父也,其弟祥佐告于巡抚都御史,鳌绐骆独任其辜,又令人从旁曲证之,后惧事露,又遣党等执骆子孙及家人妇女四十二人,悉囊沙压死以灭口,骆遂瘐死狱中。鳌以祥佐尚在,必欲致之死。闻妖僧百足能为魔魅之术,乃于郊外生采割一人,依其法咒之,亦不验亡。

《明孝宗实录》记载安鳌妄杀他人性命,逼人致死等事例还有很多,在此不一一赘述。总之"土人前后遭鳌杀害者无虑数百人,冢墓遭发掘者百八十余所,庐舍遭焚毁者三百四十余家,仇家屡奏其事,下有司验治,多为之掩护、迁延,狱不能决者余二十年"。

《孝宗实录》对安鳌落网过程亦记载完整:"巡按御史张鸾,按察佥事曲锐檄叙州知府吴愈按得其实。鳌屡欲污之,而鸾、锐治之益力,鳌自度罪恶深重,私造甲胄兵戈,招土人为拒捕计,久之无肯应者,乃就擒。"最后记述安鳌及其从犯之处治情形:"都察院具狱以闻,鳌所犯凌迟罪八,斩罪十二,绞罪三,应凌迟处死,鲢等五人应斩,闰富等二人应绞,大经等四人应赎。上从之,以大经等情重律轻并家属械发边卫永远充军。"

由上可见《明孝宗实录》完整详细地记载了安鳌的罪状及逮捕、问罪过程。安鳌罪恶深重,为何能如此嚣张,迁延二十余年被治罪?《明孝宗实录》进一步作出分析与解释:"安氏自唐宋以来世据马湖,国初有安本者归附,遂命为本府知府,子孙世袭至鳌已五世矣,民苦鳌之毒而不敢言,虽缙绅仕于朝者,亦易姓名占籍他郡以避祸,至是以罪诛,一方之民若解倒悬云。"①

河南泌阳县知县冯宪得罪于唐王,过庭训《本朝分省人物考》所记河南巡抚孙需事迹中提及此事,称"泌阳县知县冯宪忤宗藩,已有旨下抚按官会讯,寻复逮赴诏狱,又疏令如反汗,殊戾旧法,孝庙皆纳其言,而寝之"②。然对于该事件之起因结果只有《明孝宗实录》进行了详细记载。首先叙述了事件的起因与经过:"初河南泌阳县知县冯宪朝于唐府,以币帛羊酒为贽,后仪宾庄士俊以事至泌阳,王命持礼币答之。宪与之宴,酒半互相讥讪,士俊起入宪私室,宪遂与其弟共殴之,诟及唐王,已复幽士俊于狱,又执其从者搒掠之,王具疏以闻。宪亦奏士俊拉用鼓吹,滥受馈遗,且诬其不法数事。"而后记载处理过程与结果:"命刑部员外郎刘瑜等往勘,瑜奏宪私用库钱置宴,又加酷刑于无辜,拟赎徒毕,送吏部降调,其诟王之罪,律所不

---

① 《明孝宗实录》卷一〇三,弘治八年八月戊寅,第1895~1897页。
② (明)过庭训:《本朝分省人物考》卷五九《孙需》,第629页。

载请自上裁。士镌①擅用鼓吹拟赎杖还职。"后刑部与都察院皆认为冯宪情重律轻,当重治。"遂命冯宪免罚赎,并家属发陕西延安卫永远充军,士镌准拟还职。"②

《明孝宗实录》与《明会典》皆记有明孝宗在位时期所制定的制度、条例。前者除了记载制度内容外,还记载了该制度制定的过程、发起者等信息。后者为专门的典章制度文献,往往只记载条例的主要内容。若要了解与某项制度相关的信息需要借助《明孝宗实录》所载内容。

如有关吏典惩罚条例的制定,万历《明会典》记载:"吏典撒泼,抗拒诬告本管官员,及犯该诓骗诈欺恐吓取财,未得入己,并偷盗自首者,俱发原籍为民。"③《明孝宗实录》记载此项条例规定于弘治元年十一月,先是记述旧例规定的情况,又描述了新近的情况:"旧例吏典犯有赃盗用印信、说事过钱、毁骂官、诬告本管官,及犯奸、诈丧、匿丧求索、恐吓听许财物,枉法不杜法,监守自盗,偷盗财物,曾充隶兵之人,俱不许入考即发为民,而近者又拟听许财物未曾入己,偷盗财物自首,及诬告、毁骂本管官者,仍发还役,俟三考满方发为民。吏部议其非便,请定为今例,从之。"④

又如对王府成员婚配年龄的规定,《明会典》记载:"弘治间令王府选择仪宾,务要年及大(十)五岁以上、人物长成俊秀者,方许具奏成婚。"⑤《明孝宗实录》卷二三记载该条例制定的经过,为了防止年幼者成婚。"晋府送所选仪宾赴京,礼部言:'内二人年尚幼,宜送本府教授处读书三年,待其长成方许成婚,且请限以年岁通行禁约。'上曰:'今后各王府选择仪宾,须年及十五以上、人物长成者,始许具奏成婚,如以幼小不称之人,朦胧选奏,其长史教授等官俱治以罪。'"⑥《明孝宗实录》按时间顺序记载事件,注重记载相关事件发生的背景与过程,较人物传记、典章制度类史籍记载更为详细。

(二)为其他文献提供史料

《明孝宗实录》之事件记载,有些不仅较其他文献详细,而且成为其他文献记载之来源。如《明孝宗实录》卷二〇四记载了一宗子逼母自杀事件,由此更确定了明律中子孙威逼父母死者之惩罚条例。现将该事件原委

---

① 当作"俊"。
② 《明孝宗实录》卷二二一,弘治十八年二月癸亥,第4156页。
③ 万历《明会典》卷一六二《滥设官吏》,第833页。
④ 《明孝宗实录》卷二〇,弘治元年十一月己卯,第476页。
⑤ 万历《明会典》卷五七《仪宾婚配》,第358页。
⑥ 《明孝宗实录》卷二三,弘治二年二月辛卯,第520页。

摘录如下:

> 初抚州人江缘一击杀其弟缘四,遗一女,其母吴氏以许嫁李氏,缘一又欲取所受聘财,母不从,缘一怒骂劫夺之,母忿而自缢。有司拟缘一骂母律绞,巡按监察御史王哲以律殴父母者尚斩,缘一手杀亲弟,逼死亲母使得全首领,情重律轻,具狱以闻。法司覆议依殴母者律论斩,决不待时,仍请后有威逼祖父母、父母死者,悉依此断。从之。①

考清编《续通典》《续文献通考》、清人薛允升编《唐明律合编》、沈家本著《历代刑法考》皆全文引用以上记载。② 该事件及所定条例在法律史具有举足轻重的作用,体现了中国古代礼法之制的沿革变化,被很多法律文献所转引,而最初则见于《明孝宗实录》之记载。

陈洪谟《治世余闻》记载了作者于弘治朝的见闻,所记诸事多其亲闻或亲历。其中一篇记载了一起台谏官纠纷事件:

> 御史张智,涞水人,称贷于盐商某颇多,因同道御史陕人刘鄈往淮扬,嘱其支盐,刘未允。智乃与盐商谋置酒于城外郑家花园,请鄈饯别且宿戒,伺酒酣出妓,令二三光棍作缉事校尉缉出,挟其必从,后如某谋,逼勒要银千两方免闻官。鄈无计,智佯曰:"我与某处商人相厚,令其出银淮杨,准其支盐就了。"鄈以为然,遂出银千两得释。智分其半,商人至淮倍获,且出入无忌,鄈虑有碍前程,遂引刀自刎而死。科道交章劾其故,乃寘智等于法。③

由上记载可见御史张智称贷于商人,无法偿还,故谋害刘鄈,胁迫刘鄈允许商人支盐,后商人至淮,百般索取致刘鄈自杀而亡。御史刘鄈自杀身亡之事在当朝引起热议,很多人为其不平。陈洪谟或有所耳闻,将此事记录下来。《明孝宗实录》卷一八九亦记载该事件,然论及事情原委则有所不同:

> 监察御史张智、刘尧④二人以同道相善,已而尧④被命两淮巡盐,托智称贷于人,智乃为言扬州富商金瑄,得白金五百两,智以百两遗尧,而匿其余。尧少之,智又为贷义官郑和三百两,而复匿其半,尧犹以母归无资,智乃以所匿金为己物贷之,冀得重息。有锦衣卫百户王观者,亦与智善,因智邀尧饮其家,乃先匿乐妇一人,及夜出之,复令一人伪

---

① 《明孝宗实录》卷二〇四,弘治十六年十月辛丑,第3790页。
② 参见(清)嵇璜《续通典》卷一一一刑、嵇璜《续文献通考》卷一三六刑考、薛允升《唐明律合编》卷一八、沈家本《历代刑法考》律令九。
③ (明)陈洪谟:《治世余闻》下编卷三,中华书局,1985年,第54页。
④ "尧"当作"鄈",下同。

为缉事校尉,直入胁尧,尧恐贷王观金赂之,以泯其事,智实知其谋而不以告也。于是尧为三人所持,既之任而三人者皆至,以盐倍偿其金,犹不厌,复为飞语以胁之,尧因悒郁成疾而死,闻者莫不诟智,而为尧不平。

于是监察御史韩普①(晋)劾智陷害其僚,而尧妻亦讼于官。明孝宗命捕王观、金瑄、郑和等及智鞫问,观亡去未获,智对簿不服,南京六科十三道官复交章劾智憸邪无耻,宜重谴以正士风。最后未能捕得王观,张智以人系无证,终得轻释。② 由上记载可见,刘尧托张智称贷于人,张智趁机隐匿入己,据部分银两为己有。设计胁迫之事由锦衣卫百户王观为之,张智知情故纵。刘尧死后,同僚御史韩晋报官,因此有两造双方供词。《明孝宗实录》所载或来源于刑部所存审讯案宗,可信性较大。王世贞所留《弇州史料》记有君臣事迹、朝野掌故等内容,其中有关御史张智与刘尧之事,全文引自《明孝宗实录》所记。③《明孝宗实录》为后人提供了较为可信之资料。

王世贞学问广博,以注重史学考证与史学批评著名,曾大胆质疑"国史",然而其史学著作中有关弘治朝事迹者很多直接引自《明孝宗实录》。以《弇山堂别集·中官考四》为例,记载了很多弘治朝宦官干政的事迹,或与文臣产生纠纷的案件。诸如掌尚宝司事左通政李溥与尚宝监奉御姜荣互相忿争斗殴事件、南京沿江芦场案引起的御史与南京太监纠纷事件(以御史姜绾与南京守备太监蒋琮互相讦奏为开端)、内使刘雄与仪真知县徐淮纠纷案、御用监太监金辅、杨雄、樊清送泾王之国沿途为非事件等皆征引《明孝宗实录》所记。

《明孝宗实录》所记为后人了解当朝之事提供了宝贵材料,有些仅见于本书。如卷一〇八记载了扰乱京城治安之事,有京师奸民马纪"夜聚诸恶少马聪等,持刀入民妇家逼而淫之,劫其财复抱持以出,诸恶少递淫于通衢至晓,异入酒肆不纳,弃而去之,为逻者所获,纪辞伏。时掌锦衣卫事都指挥佥事陈云受其家诉词,欲出之,东厂缉事官校发其事,三法司拟纪、聪等依强奸律绞并劾云罪。上以纪凶恶异常,蔑视法度,命即斩之,枭首于市,家属俱械发边卫永远充军,聪等处绞,云逮问"④。该事件之记载反映了城市生活中的一个面相,及对该类案件的司法实践,对研究法律社会史、

---

① 原文"普"当作"晋"。
② 《明孝宗实录》卷一八九,弘治十五年七月戊戌,第3497页。
③ (明)王世贞:《弇州史料》后集卷三五《台垣之玷》,《四库全书禁毁书丛刊》史部第49册,第692页。
④ 《明孝宗实录》卷一〇九,弘治九年正月甲子,第2001页。

生活史具有一定参考价值,目前仅见于《明孝宗实录》一书。

二、文字信实,可纠正其他文献错误

《明孝宗实录》所载事件多来源于当时公文、案宗、底簿等官方档案,所记诸事较为可信,同时对史实的记载准确度亦较高,一方面为后人提供了珍贵的资料,另一方面可纠正其他文献有关错误。

(一)事件中的人物记载较客观

平定地方动乱等事件往往关系到官员功过——或逃避或延误时机,或英勇对抗或立奇功——这便涉及对他们的评价问题。《明孝宗实录》多根据兵部、都察院所作的论断如实记载,如卷二十四记载百户陈辅作乱嘉兴,知府等官员因不称职而受到惩罚:"御史杨亨劾知府徐霖、守御千户白鉴并浙江左参议李昊、佥事汪山,俱下狱,拟霖等不应赎杖还职。浙江按察司复以为言,命白鉴降一级调边方,昊、山巡守不严,致盗贼纵横,难居方面,对品调别用,霖如所拟。"①

而上述官员的传记却记载他们在此次事件中立有大功。储巏为李昊撰墓志铭记载称:"升浙江布政使司参议……陈辅者,嘉兴百户,以众劫府库,公提兵分捕之,围既合,遂就擒。"②弘治《徽州府志》记载汪山"乙巳升浙江按察佥事……时有苏州卫守御嘉兴中左千户所百户陈辅,以所司御以不道,遂率众劫去府所印信官银,胁从狱囚,肆为抢掠,官不能禁。山即下令捕擒之,追还所劫印信官银,上下莫不称快。"③由上可见,或不能一概否认李昊等人在擒捕陈辅时有所作为,然他们受到御史、当地按察司弹劾,因此降职却是事实,故定有其失职之处。从他们的传记中难以得知他们失职受罚之信息,需借助《明孝宗实录》所记方可了解真相。

(二)事件的细节记载较为准确

事件记载中多包括人物、时间、事件发生的经过、结果等内容,其中涉及很多细节,如人物姓名、官职等。这些具体的信息在流传、记载过程中容

---

① 《明孝宗实录》卷二四,弘治二年三月丙寅,第543页。
② (明)储巏:《柴墟文集》卷九《中宪大夫广西太平府知府进阶亚中大夫李公墓志铭》,《四库全书存目丛书》集部第42册,第492页。
③ 弘治《徽州府志》卷八,第28页。

易出错,《明孝宗实录》所记或可纠正其他文献中该类错误。

1. 纠正人物官职错误。弘治年间,吐鲁番屡次侵犯占领哈密,弘治九年明孝宗派大军征讨,夺还哈密,对有功官员进行升赏,马文升《兴复哈密记》记作"彭清升实授都督佥事"①。许进《平番始末》记作"彭清升实授都督佥事"②。而《明孝宗实录》卷一一五记载:"录克复哈密功官军五千五百三十九人,升赏有差……副总兵都指挥佥事彭清为都指挥使。"③彭清出征前任都指挥佥事,因功骤然升官二级的可能较小。弘治十年镇守甘肃总兵官左都督刘宁还京,以彭清代之,方予升都督佥事,且为署职。《明孝宗实录》卷一二四记载:"镇守甘肃署都指挥(都督——引者注)佥事彭清引疾乞解戎务。"④本书卷一八七弘治十五年五月丁亥记载:"镇守甘肃总兵官右军都督府署都督佥事彭清卒。"⑤故可知《兴复哈密记》与《平番始末》所记彭清因收复哈密功,升为"实授都督佥事"有误,当为"都指挥使"。

2. 纠正数字错误。上述升赏收复哈密有功官军之事,马文升《兴复哈密记》记作"加陆訚俸米二十石"⑥,许进《平番始末》亦记作"加陆訚俸米二十石"⑦。而《明孝宗实录》卷一一五记载:"加镇守太监陆訚禄米岁二十四石。"⑧太监立军功,加禄米或为十二石,或为二十四石,无"二十石"之例。如弘治七年六月录平贵州"苗寇"功,赐监督军务镇守贵州太监江德禄米岁二十四石。弘治九年二月录广西杀"贼"功,加总镇太监王敬禄米岁二十四石。⑨《酌中志》记载内府衙门官"每升一级则岁加禄米十二石"⑩。可见,《兴复哈密记》与《平番始末》所记有误。当为"二十四石"。

弘治初小王子部落入贡,人数巨多,《治世余闻》称"庚戌(弘治三年)又欲一年两次入贡……于是止许照成化年间例,仍行大同镇巡官,差人伴送一千五百名进京,其余存留大同,听候给赏"⑪。而《明孝宗实录》卷四七记载"命五百人入京,余留于关以俟给赏"⑫。考之蒙古部落入贡,进京者以五百

---

① (明)马文升:《哈密记》,《续修四库全书》第433册,第255页。
② (明)许进:《平番始末》,《续修四库全书》第433册,第270页。
③ 《明孝宗实录》卷一一五,弘治九年七月己未,第2088页。
④ 《明孝宗实录》卷一二四,弘治十年四月戊寅,第2213页。
⑤ 《明孝宗实录》卷一八七,弘治十五年五月丁亥,第3446页。
⑥ (明)马文升:《哈密记》,《续修四库全书》第433册,第255页。
⑦ (明)许进:《平番始末》,《续修四库全书》第433册,第270页。
⑧ 《明孝宗实录》卷一一五,弘治九年七月己未,第2088页。
⑨ 《明孝宗实录》卷一〇九,弘治九年二月己巳,第2004页。
⑩ (明)刘若愚:《酌中志》卷一六《内府衙门职掌》,第93页。
⑪ (明)陈洪谟:《治世余闻》上篇卷一,中华书局,1985年,第6~7页。
⑫ 《明孝宗实录》卷四七,弘治四年正月乙酉,第945页。

人为例,弘治元年六月其来贡"夷人"一千五百三十九,暂验入边安置大同馆,大通事审正使、副使、头目、从人若干及分为等第赴京,其余俱留大同以礼馆待候。最终明孝宗令使臣五百人来京。①《明会典》记作:"自天顺成化以来更立数王,然皆称小王子。自是频年入贡,(弘治)元年贡使六千余人准放一千五百余人,三年三千五百人准放一千五百人,四年五千人准放一千七百余人,九年三千人准放一千人,十年六千人准放二千人。至京者以五百人为率,贡道皆由大同入居庸。"②可见,历次准入贡者一千五百人左右,而进京者恒以五百人为准。《治世余闻》所记有误。当为"五百人"。

3. 纠正时间错误。《明孝宗实录》为编年体文献,以时间为线,故诸事所记有关时间信息者较为准确。如官员升迁调任时间,吏部皆有记录,《明孝宗实录》所记当源于此,较为可信。雷礼所编《皇明大政纪》内容丰富,然有时间记载错误者,如卷一七记载"弘治元年五月以右佥都御史张鼎巡抚保定"③,查《明孝宗实录》记作"弘治元年闰正月"④。《明孝宗实录》卷一三记载弘治元年四月,巡抚直隶都御史张鼎奉例考察当地官员⑤,可知时已任保定等府巡抚,《皇明大政纪》所记"五月"有误。《皇明大政纪》卷一八记载:"弘治十五年四月,以右佥都御史刘宪巡抚宁夏。"⑥查《明孝宗实录》记作"弘治十五年六月"⑦,该年五月时,奉旨往陕西招募土兵之大理寺左寺丞刘宪回京。可见弘治十五年四月,刘宪时任大理寺左寺丞。《皇明大政纪》所记"四月"有误。

地方志中有专门记载该地官员任命之事,然时间记载亦有错误者。如万历《四川总志》记载都御史丘鼐"成化二十一年右佥都御史巡抚"⑧,查《明孝宗实录》卷二四记弘治二年三月升陕西按察司副使丘鼐为右佥都御史巡抚四川⑨,其传记记作"弘治二年,言者劾其职升太骤,进由李孜省降陕西副使,抚治汉中,寻复升右佥都御史,巡抚四川"⑩。当为"弘治二年"。

4. 纠正事件过程错误。《明孝宗实录》卷一四〇记载泗州知州许弼妻孙氏妒悍,曾携铁槌往逼妾朱氏曰:"汝不自决,即以此击汝脑裂。"朱惧以

---

① 《明孝宗实录》卷一五,弘治元年六月癸卯,第369页。
② (明)申时行等:万历《明会典》卷一七〇《北狄》,第578页。
③ (明)雷礼:《皇明大政纪》卷一七,《四库全书存目丛书》史部第8册,第392页。
④ 《明孝宗实录》卷十,弘治元年闰正月辛未,第214页。
⑤ 《明孝宗实录》卷一三,弘治元年四月甲辰,第301页。
⑥ 《皇明大政纪》卷一八,《四库全书存目丛书》,史部第8册,第450页。
⑦ 《明孝宗实录》卷一八八,弘治十五年六月辛卯朔,第3489页。
⑧ 万历《四川总志》,《四库全书存目丛书》史部199册,第226页。
⑨ 《明孝宗实录》卷二四,弘治二年三月癸亥,第540页。
⑩ 《明孝宗实录》卷一三六,弘治十一年四月甲申,第2380页。

帛自缢，后棺载以出既而复苏。① 沈德符《万历野获编》转引此事，然记作孙氏妒妾朱氏有娠，"用铁椎击其脑"，朱惧自缢死。② 事实上，孙氏携铁椎（槌）威逼朱自尽，非直接击之。《万历野获编》所记有误。

《治世余闻》记载萧山何孝子竞事迹，即何竞之父何舜宾被时任知县邹鲁谋害致死，何竞得脱。后邹鲁迁山西按察司佥事，何竞寻其复仇，伤其两目，且讼于官。经几次审讯，最终拟邹鲁斩罪，何竞为亲报仇情有可矜。《明孝宗实录》卷一七一亦详细记载此事，案发过程大体一致。然对于审理该案件的经过后者记载更加详细准确。《明孝宗实录》记载此案一共有三次判决，第一次审判："命郎中李时、给事中李举往会巡按监察御史邓璋治之……乃拟鲁故屏人服食至死律，竞比部民殴本属知县笃疾律，俱绞。"何竞母亲朱氏击登闻鼓奏诉，而邹鲁图免死亦令人讼其冤枉，于是进行第二次审判："大理寺右寺正曹廉会巡按监察御史陈铨覆勘之……乃改拟鲁造意杀人律斩，竞殴伤五品以上官加凡人二等徒三年。"至此，明孝宗认为前后两次拟罪不同，令再拟，于是有第三次判决："刑部尚书闵珪等议以后所议鲁罪与前略同，情法允当，所拟竞罪比前太轻，宜坐聚众持凶器伤人徒以上例，发边卫充军……但鲁已成笃疾，竞为父报仇。律意有在，均俟上裁。"最后得旨鲁、竞准拟。③ 以上为对该案件作出的司法判决，实际结果为"其后（邹）鲁竟以赦得免死，而（何）竞亦得释归。"

《治世余闻》作者陈洪谟虽经历过弘治朝，或亲闻此事，然对于司法审判的过程难以详知，易出现失误。该书将三次不同判决混杂，记载混乱："差给事中李举、刑部郎中李时往勘其事，拟鲁屏去人服食因而致死为首，绞罪；系笃疾，奏请何竞殴本管五品以上官，照例发口外为民。士论不平，竞复具奏。再差大理寺正曹廉勘问，乃拟鲁谋杀人造意，斩罪。余俱为从者，绞。何竞为亲报仇，情有可矜。奉闻，可之。"④由《明孝宗实录》记载可知，士论不平之处当为邹鲁情重律轻，何竞情轻律重，而指鲁、竞同拟绞罪，与情与法皆不公平。《治世余闻》将对何竞之最终判决结果，放在第一次审判时，错误。且大理寺正曹廉勘问后，拟罪结果为"竞殴伤五品以上官，加凡人二等徒三年。"《治世余闻》所载"情有可矜"甚不明晰，并误将三次审理过程记作两次。沈德符《万历野获编》记作"坐（邹）鲁屏去人服食，因

---

① 《明孝宗实录》卷一四〇，弘治十一年八月壬辰，第2435页。
② （明）沈德符：《万历野获编》补遗卷三《命妇以妒受杖》，中华书局，1959年，第896页。
③ 《明孝宗实录》卷一七一，弘治十四年二月癸巳，第3109~3112页。
④ （明）陈洪谟：《治世余闻》下篇卷四，中华书局，1985年，第61页。

而致死坐绞,但系笃疾宜别论。何竟坐殴本管五品以上官发口外为民"①,与《治世余闻》所记相似。

第三节 失误与失当

《明孝宗实录》叙事详略随宜,有些重要事件的记载不惜笔墨,时间、地点、人物等诸要素皆具备,成为了解该事件真相之珍贵资料。但其记事亦有失误、失当等不足之处,需要纠正、辨析与补充。

一、记载错误

1. 姓名记载错误。有些为姓氏错误。《明孝宗实录》卷三二记载:"(弘治二年十一月)乙丑录陕西剿除回贼功,镇守太监殴贤、巡抚都御史萧祯、总兵官都督佥事周玺及官军人等俱给赏有差。"②而《明宪宗实录》卷二八六记载:"镇守陕西太监欧贤之奏虏入庄浪也。"③《明孝宗实录》卷二七记作"陕西守臣欧贤等"④,倪岳《灾异二》中记有"镇守陕西御马监太监欧贤题称……"⑤,余子俊论地方事时亦称"陕西镇守巡抚等官方监欧贤等所奏"⑥。故可判断"殴贤"当作"欧贤"。

有些为名字错误。如有冒充孝穆皇太后宗亲者,《明孝宗实录》中多处记其为"李文贵",如本书卷四一记载:"况前日已误信李文贵等滥受官爵。"⑦本书卷五一记作"初李文贵之冒孝穆皇太后宗支"⑧,"李文贵等事败,所赐尽归之官"⑨。而本书卷四〇记载:"纪贵者亦本李姓,名父贵……

---

① (明)沈德符:《万历野获编》卷一八《雠仇人目》,中华书局,1959年,第461页。
② 《明孝宗实录》卷三二,弘治二年十一月乙丑,第714页。
③ 《明宪宗实录》卷二八六,成化二十三年春正月乙丑,第4839页。
④ 《明孝宗实录》卷二七,弘治二年六月癸丑,第601页。
⑤ (明)倪岳:《青溪漫稿》卷一二《灾异二》,影印《文渊阁四库全书》第1251册,第129页。
⑥ (明)余子俊:《余肃敏公奏议》,《本兵类·地方事》,《四库全书禁毁书丛刊》史部第57册,第582页。
⑦ 《明孝宗实录》卷四一,弘治三年八月庚寅,第854页。
⑧ 《明孝宗实录》卷五一,弘治四年五月戊寅,第1009页。
⑨ 《明孝宗实录》卷五一,弘治四年五月戊寅,第1010页。

改父贵为纪贵。"①王恕《议侍读曾彦久任隆治奏状》论及李父贵："多不知土俗民风,如李父贵等冒认皇亲,而巡抚官与布政使、按察使俱因年浅不能周知。"②《弇山堂别集》卷九三、《国朝典汇》卷一二、《皇明从信录》卷二四、《西园闻见录》卷一一〇皆记载："有李父贵者与其弟祖旺谋于田主邓璋……太监蔡用往访求无所得,里老遂妄举父贵兄弟以对。"③其兄弟二人之名,"父贵""祖旺"恰相对应,由此可判断当为"李父贵"。

又如《明孝宗实录》卷七载"南京工科给事中章应玄"④,而本条下文记作"(章)玄应"。查《明宪宗实录》卷一八五记载:"授进士王盛、章玄应南京给事中。"⑤《明宪宗实录》卷二〇八、《明孝宗实录》卷一五与卷三六、《国榷》卷四一皆记作"给事中章玄应"⑥。此人后升参议,《御祭南岳祝文》记载:"(弘治六年)湖广等处承宣布政使司左参议章玄应致祭于南岳衡山之神。"⑦《明清进士题名碑录索引》亦记作"章玄应"。由此可见此人之名当作"章玄应"。

弘治初,有嘉兴百户聚众为乱,《明孝宗实录》卷二四记作"陈黼":"初陈黼作乱嘉兴。"⑧而本书卷一四记载:"先是嘉兴伯(百)户陈辅作乱,劫库放囚。"⑨本书卷二〇亦作"陈辅":"叛贼陈辅等平,辅嘉兴百户。"⑩浙江左参议李昊曾讨平其乱,《中宪大夫广西太平府知府进阶亚中大夫李公墓志铭》中记载:"陈辅者,嘉兴百户,以众劫府库,公(李昊)提兵分捕之。"⑪《本朝分省人物考》卷一二《李昊》亦记作"陈辅"⑫。另《万历野获编》记载:"吾郡城中百户陈辅者,素以兴贩私盐为业,事发革任,所聚徒党渐众,

---

① 《明孝宗实录》卷四〇,弘治三年七月乙丑,第835页。
② (明)王恕:《王端毅奏议》卷一二《议侍读曾彦久任隆治奏状》,《文渊阁四库全书》第427册,第659页。
③ (明)王世贞:《弇山堂别集》卷九三《中官考四》,中华书局,2006年,第1178页;(明)张萱:《西园闻见录》卷一一〇《内臣中》,《续修四库全书》第1170册,第334页;(明)沈国元:《皇明从信录》卷二四,《四库全书禁毁书丛刊》史部第1册,第412页。
④ 《明孝宗实录》卷七,成化二十三年十一月丁巳,第137页。
⑤ 《明宪宗实录》卷一八五,成化十四年十二月癸巳,第3318页。
⑥ 《明宪宗实录》卷二〇八,成化十六年冬十月丙辰,第3624页;《明孝宗实录》卷一五,弘治元年六月庚子,第366页;《明孝宗实录》卷三六,弘治三年三月丙辰,第771页;《国榷》卷四一,弘治元年六月庚子,中华书局,1958年,第2569页。
⑦ (明)彭簪:《衡岳志》卷四《御祭南岳祝文》,《四库全书存目丛书》史部229册,第285页。
⑧ 《明孝宗实录》卷二四,弘治二年三月丙寅,第543页。
⑨ 《明孝宗实录》卷一四,弘治元年五月丙寅,第326页。
⑩ 《明孝宗实录》卷二〇,弘治元年十一月癸亥,第466页。
⑪ (明)储巏:《柴墟文集》卷九《中宪大夫广西太平府知府进阶亚中大夫李公墓志铭》,《四库全书存目丛书》集部第42册,第492页。
⑫ (明)过庭训:《本朝分省人物考》卷一二《李昊》,《续修四库全书》第533册,第261页。

遂思为乱。"①弘治《徽州府志》记载:"时有苏州卫守御嘉兴中左千户所百户陈辅,以所司御以不道,遂率众劫去府所印信。"②据实录校勘记此处"抱本、阁本作陈辅"③。由上可判断上述"陈黼"当作"陈辅"。

2. 地名记载错误,包括地域、地方机构名称错误等。如《明孝宗实录》卷四二记载裁革"临邑、禹城、茌萍、郓城……十二县税课局大使各一员"④。此处所记"茌萍"疑误。《明太宗实录》记作"茌平":裁革"……东昌府之茌平、高唐、恩县、巢陵九递运所"⑤,《明武宗实录》记载:"免山东德州……高唐、茌平、东阿……等州县正官朝觐。"⑥《明一统志》记作"茌平":"茌平县在(东昌府)府城东北七十里"⑦。《明孝宗实录校勘记》卷四二同条记载之校勘记称"阁本'茌萍'作'茌平'"⑧。由上可判断"茌萍"实应作"茌平"。

又如《明孝宗实录》卷四二记载"湖广美容、散毛二宣抚司……来贡"⑨。而本书卷二八、卷三四、卷一八四皆记为"湖广容美宣抚司"⑩。据《明一统志》记载,"容美宣抚司在卫城(湖广施州卫)东南二百一十里,本朝洪武四年置,后废,永乐四年复置"⑪,而无"美容宣抚司"之说。万历《明会典》记载:"……大旺安抚司以上属散毛宣抚司……椒山玛瑙长官司、五峰石宝长官司……以上属容美宣抚司。"⑫可见《明孝宗实录》卷四十二记载错误,"美容"应作"容美"。

3. 时间记载错误。有些为误记干支,如《明孝宗实录》卷四二弘治三年九月第二页下第九行记载"南京刑部左侍郎阮勤乞致仕"之事发生的日期为"丁丑",而据本卷上下文记载,此处"丁丑"前一日记为"乙卯",此后一日记为"戊午",显然"丁丑"当为"丁巳",且《国榷》卷四二将此事正记

---

① (明)沈德符:《万历野获编》卷一七《项襄毅占寇》,中华书局,1959年,第434页。
② 弘治《徽州府志》卷八《人物二·汪山》,《天一阁藏明代方志选刊》第22册,卷内第56页。
③ 《明孝宗实录校勘记》,台湾"中研院"史语所,1963年,第72页。(按:其版本校勘所用中央图书馆藏阁本,简称阁本,抱经楼本简称抱本,广方言本简称广本,"三本"即指阁本、广本、抱本。本书所引简称校勘记。)
④ 《明孝宗实录》卷四二,弘治三年九月戊寅,第878页。
⑤ 《明太宗实录》卷一三二,永乐十年九月丙午,第1627页。
⑥ 《明武宗实录》卷一八〇,正德十四年十一月癸巳,第3499页。
⑦ (明)李贤:《明一统志》卷二四,《文渊阁四库全书》第472册,第563页。
⑧ 《明孝宗实录校勘记》,第119页。
⑨ 《明孝宗实录》卷四二,弘治三年九月癸丑,第866页。
⑩ 《明孝宗实录》卷二八,弘治二年七月丙寅,第613页;卷三四,弘治三年正月庚午,第738页;卷一八七,弘治十五年五月丙子,第3442页。
⑪ (明)李贤:《明一统志》卷六六,《文渊阁四库全书》第473册,第405页。
⑫ (明)申时行等:万历《明会典》卷一二四《都司卫所》,中华书局,1989年,第641页。

于"丁巳"①。故可判断应为"丁巳"。《明孝宗实录》此处所记有误。

《明孝宗实录》卷八记载"丙申岁暮享太庙",又载:"(丙申)加吏部尚书王恕太子太保,恕上疏辞,上曰:'吏部重任,朕特起卿用典铨衡以图治理,加升职事,卿不必辞。'"②而本卷卷首记载"成化二十三年十二月丙寅朔",下卷卷首记载"弘治元年正月丙申朔",可见"丙申"当为弘治元年正月初一日,而上引《明孝宗实录》卷八却将"丙申"系于成化二十三年之岁暮,此当为误。按,《王端毅奏议》卷八记载丙申日王恕所上上引奏疏时称:"成化二十三年十二月二十九日具奏,次日奉圣旨:'吏部重任,朕特起卿用典铨衡,以图治理,加升职事,卿不必辞。'"③此记载说明王恕于成化二十三年十二月二十九日上奏此疏,明孝宗于当年当月三十日给予批复。《明孝宗实录》卷八所记时间为明孝宗下旨时间,为成化二十三年十二月三十日。查《二十史朔闰表》可知成化二十三年十二月三十日干支记日为"乙未",由此可知,《明孝宗实录》此条所记"丙申"当为"乙未"之误。

4. 官职记载错误。其中有官员隶属机构记载有误者,如《明孝宗实录》卷四四记载:"升礼科左给事中孙圭为本科都给事中。"④而据《明孝宗实录》卷一九记载孙圭在弘治元年十月,由礼科给事中升为户科左给事中⑤。本书卷三一、卷四〇皆作"户科左给事中"⑥。《国榷》卷四一记作"户科左给事中"⑦。《明孝宗实录》卷七三记载"孙圭由户科都给事中升为右参政"⑧。由此可知,孙圭所任左给事中、都给事中皆在户科,而非礼科,《明孝宗实录》卷四四记载有误。

有官职"左、右"记载错误者。如《明孝宗实录》卷七五记载:"(弘治六年)都察院左都御史白昂应诏陈言。"⑨而《明孝宗实录》卷四八记载:"升刑部左侍郎白昂为都察院右都御史。"⑩本书卷七九记载:"升都察院右都御史白昂为刑部尚书。"⑪以上皆作"右都御史",又据白昂墓志铭记载其

---

① (清)谈迁:《国榷》卷四二,弘治三年九月丁巳,第2607页。
② 《明孝宗实录》卷八,成化二十三年十二月丙申,第183页。
③ (明)王恕:《王端毅奏议》卷八《辞太子太保奏状》,《文渊阁四库全书》第427册,第584页。
④ 《明孝宗实录》卷四四,弘治三年十月乙亥,第902页。
⑤ 《明孝宗实录》卷一九,弘治元年十月丙午,第449页。
⑥ 《明孝宗实录》卷三一,弘治二年十月辛亥,第709页;卷四〇,弘治三年七月乙丑,第836页。
⑦ (清)谈迁:《国榷》卷四一,弘治二年十月辛亥,第2594页。
⑧ 《明孝宗实录》卷七三,弘治六年三月癸巳,第1373页。
⑨ 《明孝宗实录》卷七五,弘治六年五月乙酉,第1433页。
⑩ 《明孝宗实录》卷四八,弘治四年二月乙丑,第968页。
⑪ 《明孝宗实录》卷七九,弘治六年八月丙寅,第1511页。

"辛亥(弘治四年)摄都察院事,遂擢右都御史"①,且白昂未曾担任左都御史。由此可知《明孝宗实录》卷七十五记载有误,应为"右都御史白昂"。

6.史实记载错误。《明孝宗实录》卷六成化二十三年十一月甲辰记载:"开设浙江湖州府孝丰县,割安吉县之九乡及长兴县之三乡隶之。"弘治《湖州府志》卷一记载知府王珣奏疏:"将安吉县等九乡五十余里添设一县,就取彼处相应地名改称县号,照例选官置吏分符治理。其长兴县顺零、晏子、荆溪三乡割附安吉县就近管辖。"②万历《湖州府志》卷一记载:"知府王珣疏请长兴顺零等三乡附辖安吉,仍析安吉孝丰等九乡置孝丰县。"同书卷三《安吉县》记载:"弘治元年知府王珣奏割孝丰等九乡置孝丰县,复以长兴县荆溪、顺灵、晏子三乡割附安吉。"同卷《长兴县》记载:"弘治元年割县之荆溪、晏子、顺灵三乡以附安吉。"同卷《孝丰县》载"弘治元年始立为县,凡九乡共五十四里"。③据此记载可知长兴县之三乡改隶安吉县而非孝丰县。同治《长兴县志》卷一记载:"弘治元年分安吉之孝丰等九乡置孝丰县,割长兴南境顺零、晏子、荆溪三区属焉。"④三乡之属,不甚明确。而据程敏政记载当时分县之议:"割长兴之三乡隶安吉,则地之远近适宜。"⑤查同治《孝丰县志》卷一记载:"弘治元年知府王珣以安吉孝丰等九乡崎岖险远,民艰输役,奏请分县曰孝丰,以孝丰、天目、鱼池、灵奕、金石、广苕、浮玉、太平、移风九乡为所辖管"⑥,其所辖仅有原安吉县之九乡。正德二年议升安吉县为州,时孝丰县知县韩光表呈称:"臣照得该县地方原系安吉县所辖。"⑦亦未提及长兴县三乡。《大清一统志》记载:"晏子乡本属长兴,明宏(弘)治元年与荆溪、顺灵二乡共割属州界。"⑧此处"属州"乃安吉州。故《明孝宗实录》卷六所记"割长兴县三乡隶孝丰县"有误。

---

① (明)李东阳:《李东阳集》文后稿二十六《明故光禄大夫柱国太子太傅刑部尚书致仕赠特进太保谥康敏白公墓志铭》,岳麓书社,2008年,第1280~1282页。
② 弘治《湖州府志》卷一《沿革》,《四库全书存目丛书》史部第179册,第440页。
③ 万历《湖州府志》卷一《郡建》,《四库全书存目丛书》史部第191册,第18页;卷三《乡镇》,第60页、61页、63页。
④ 同治《长兴县志》,《中国方志丛书》浙江第196册,第165页。
⑤ (明)程敏政:《篁墩文集》卷一七《浙江湖州府新置孝丰县记》,《文渊阁四库全书》第1252册,第288页。
⑥ 同治《孝丰县志》卷一《沿革》,《中国方志丛书》浙江第48册,第81页。
⑦ 万历《湖州府志》卷一《郡建》,《四库全书存目丛书》史部第191册,第19页。
⑧ 《大清一统志》卷二百二十二《古迹》,《文渊阁四库全书》第479册,第124页。

二、歪曲史实

《明孝宗实录》所载事件大多客观可信,有些事件记载完毕后还附有编纂者对该事件的分析与评论,这有助于后人更深刻地了解其历史背景及当事人相关信息。然而有些评论刻意歪曲了事实真相,反而影响了《明孝宗实录》记事的准确度。

弘治元年,御马监左少监郭镛奏请预选女子于宫中,以备明孝宗选妃广衍储嗣,而谢迁上疏反对。由此,《明孝宗实录》评论此事称谢迁为谋私利,妨碍广衍储嗣之大事:

> 初郭镛请预选女子于宫中或诸王馆,读书习礼,以待服阕之日,册封二妃广衍储嗣,不为无见。而谢迁乃进此谀词献谄,以误孝庙继嗣之不广,皆此邪谋启之也。比观正德改元,即立三宫,时迁适当国柄,略无一言,论及其奸鄙之迹甚明。盖以今日之立为是,迁实不能复肆昔之邪谋矣,且古者诸侯尚一娶三姓而备九女,以广继嗣,况孝庙以万秉天子,独不得立三宫,可乎?小人图势利而不为国谋如此,识者恨之。①

此段激烈批判谢迁之言,后人多以为不公。此时明孝宗即位不久,其后来继嗣不广与谢迁此言关系甚小。王世贞认为:"泌阳(焦芳)之忿笔,盖阴刺中宫之擅夕,而讥谢公之从臾也。殊不知上春秋甫十九,中宫仅踰年,何以有擅夕之声于外,而谢已逆知权之在中宫,而从臾之?且谢以山陵未毕、谅闇尚新为词,其义甚正,胡可非也?小人哉泌阳,其无忌惮一至此!"②可见焦芳有借此发私忿之嫌,其此番论述不足信。

《明孝宗实录》在某些事件中对人物之分析有不合实际者,如弘治十一年授翰林庶吉士吴蒘为吏科给事中,戴铣为兵科给事中。《明孝宗实录》预述二人晚年结局:"二子晚年言事多矫枉过情,遂为国之厉阶,贻缙绅之祸,言官举动可不慎乎。"③吴蒘因预知自己考核当黜,诬劾马文升以

---

① 《明孝宗实录》卷一一,弘治元年二月丁巳,第259页。
② (明)王世贞:《弇山堂别集》卷二五《史乘考误》,中华书局,1985年,第454页。
③ 《明孝宗实录》卷一四四,弘治十一年闰十一月己巳,第2509页。

自救,所奏确有矫枉之处①,然戴铣则为正直敢言之人,且所言甚当。戴铣于正德朝对抗刘瑾,上疏请保留刘健、谢迁,嘉靖时御史王完曾奏请优恤戴铣:"正德间守正被害,诸臣如南京给事中戴铣以保留刘健、谢迁为民……今铣已故,当优恤。吏部覆奏得旨……铣光禄寺少卿,各赐祭一坛。"②王守仁曾因疏救戴铣等而被贬为贵州龙场驿驿丞:"降兵部主事王守仁为贵州龙场驿驿丞。时南京科道戴铣等以谏忤旨,方命锦衣卫官校挐解,未至,守仁具奏救之,下镇抚司考讯。"③可见戴铣为正义之士,非矫枉过情之人。正德年间曾有旨斥责戴铣,《明武宗实录》记载此旨或为焦芳起草,刘瑾矫诏:"戴铣、徐蕃……递相交通,彼此穿凿,曲意阿附,遂成党比,或伤残善类以倾上心,或变乱黑白以骇众听,扇动浮言,行用颇僻……以后毋蹈覆辙,自贻累辱,国有昭典,朕不轻贷,故谕。是日早朝罢,传宣群臣,跪于金水桥南,刘瑾以敕授鸿胪宣读之。其文乃瑾私人属笔,或曰焦芳为之。"④可见戴铣曾为焦芳所不容,《明孝宗实录》此处对戴铣矫枉过情之评论,需谨慎待之。

上述《明孝宗实录》中评论的真实性令人怀疑,王世贞等提出的众多证据可证其诋毁。另外,有些评议虽不能完全断定为刻意歪曲,然是否反映史实真相值得商榷,如上述提及的弘治七年南京守备司礼监太监蒋琮曾与娄性互讦,明孝宗差司礼监太监赵忠、大理寺少卿马中锡等审核此案。马中锡等查勘此案时,南京广洋卫指挥同知石文通奏蒋琮开掘聚宝山有伤皇陵王气及诸不法事。审核结果皆实。最终蒋琮因掘断聚宝山脉、打死人命,违法多端,宥死发孝陵充净军种菜。《明孝宗实录》分析此事,认为当道者为自保,才令人揭发蒋琮开掘聚宝山之事:"琮稍通书史,好延接人士,自以为人莫己,若南京科道等官忤之者多得罪,众忿疾之而莫能去也。初琮讦性,时疑二当道者庇之,扬言欲举二家不法事,二家恐,因文通欲奏琮,遂潜令增入开掘聚宝山事,始得正其罪云。"⑤

所谓"二家"盖指刘健、谢迁,此二人包庇蒋琮的可能性较小。蒋琮之

---

① (明)王世贞:《弇州史料》前集卷二七《马文升》记载:"至考察京僚,而给事中吴蕣、王盖自以躁妄与斥,因先事诬论文升及都御史戴珊,欲两持以解。"(《四库全书禁毁书丛刊》史部第49册,第138页)《明孝宗实录》记载:"初吏科给事中吴蕣言:'顷者吏部都察院奉命考察京官,而尚书马文升之子、都御史戴珊之妻妾适以赃败人或以文升之子为他人冒名……'"(《明孝宗实录》卷二一五,弘治十七年八月辛酉,第4043页)

② 《明世宗实录》卷一二,嘉靖元年三月癸丑,第424页。

③ 《明武宗实录》卷二〇,正德元年十二月乙丑,第582页。

④ 《明武宗实录》卷二四,正德二年三月辛未,第663页。

⑤ 《明孝宗实录》卷九二,弘治七年九月己丑,第1685页。

案的核实与马中锡断案得法有关，"主事娄性发其（蒋琮）奸，上两次遣官廉问，俱为所中。事经久不结，朝议再遣廷臣，人人有难色，公（马中锡）方举家，瞿重疾毅然请行。既至庭讯，琮不事刑威，惟以言诱致，尽得其情，抵琮于法。"①故上述附加按语虽然欲揭露蒋琮得以被罢的背后原因，然其所述是否属实需进一步考证。

又如弘治三年七月，焦芳时任湖广按察司副使，奏请削夺万安、彭华其官，明正其罪，然未得回复。《明孝宗实录》记载此事，称因刘健阻碍其复原职："上欲下廷臣辩明复职，内阁大学士刘健力沮，但命所司知之。"②该事件所加按语认为刘健恶意阻挠焦芳恢复原职，需待考证。弘治年间诸内阁学士皆可赞，刘健尤不任情私己，其乡人未得其奥援："刘健等在内阁，健敢于任事，东阳长于为文，迁真亮明断，可否其间，不阿不激，同寅恊恭，所以成弘治十余年之治也。刘文靖在内阁，奥马文升、许进、焦芳、李鐩皆河南人，虽同乡而不相阿比。"③焦芳因刘健曾未采纳其建议而有怨，"先为翰林谪出，后渐升用为礼部侍郎，与瑾相善。尝建言御房方略四事，刘阁老健票旨这本所言窒碍难行，芳遂衔之，屡于瑾处谮刘所短。"④由此推测上述所言可信度较小。

南京太常寺卿郑纪曾进《圣功图》以教太子。《明孝宗实录》对郑纪此举评论道："纪所上图饰以金碧，将取悦禁中，谋为宫僚，闻者耻之。"⑤郑纪在弘治朝屡屡被劾，多达十余次。⑥然嘉靖朝编纂的《明武宗实录》对其评价颇高，认为众人之劾奏多为浮言："纪姿貌英特，气象方整，为文章明白条鬯，而尤以用世之学自许……上在东宫行冠礼，纪采自周文王以来嘉言善行凡百条，各绘图作赞，名曰《圣功图》以进。在户部尤多建明，皆关钱谷大计。中间屡被论劾，盖以其家食既久，一旦复出而骤至通显，不免有积薪之议。"《四库全书提要》中所作评论，认为其人端谨，"今观集内所载诸奏疏，皆剀挚详明切中时政……盖人品端谨，殊有足重者。"⑦由上记载可见，对郑纪的评价众人存在争议，《明孝宗实录》所载其"将取悦禁中，谋为宫僚"之言是否属实，需进一步商榷。

―――――――――

① （明）孙绪：《沙溪集》卷六《资善大夫都察院左都御史东田先生马公行状》，《文渊阁四库全书》第1264册，第549页。
② 《明孝宗实录》卷四〇，弘治三年七月己未，第832页。
③ （明）陈建：《皇明通纪法传全录》卷二六，《续修四库全书》第357册，第456页。
④ （明）陈洪谟：《继世纪闻》卷一，中华书局，1985年，第72页。
⑤ 《明孝宗实录》卷一〇五，弘治八年十月壬戌，第1915页。
⑥ 《明孝宗实录》卷一九二，弘治十五年十月丁巳，第3545页。
⑦ （清）纪昀：《东园文集·提要》，《文渊阁四库全书》第1249册，第731页。

三、史实脱漏

《明孝宗实录》记载范围广泛,有些重大事件记载详细,甚至有很多为其他文献不载者,从而为后人了解相关史实提供了珍贵史料。然而其中亦有史事脱漏、应载而未载者,影响了《明孝宗实录》记载之全面性与准确性。

1. 克复哈密事。弘治六年四月土鲁番速坛阿黑麻侵袭哈密,杀头目阿木郎,劫忠顺王陕巴后,令酋长牙兰据守哈密,自称可汗,侵掠沙州等地,周边部族不安。马文升等建议用兵袭斩牙兰,收复哈密。此役由巡抚甘肃都御史许进、镇守甘肃都督同知刘宁等领之。弘治八年十二月收复哈密,虽牙兰逃逸,但亦斩首六十余级,获牛马羊只三千有奇。① 此次针对哈密的军事行动为此前所未有,令西域诸部族瞠目结舌,明朝自此军威大振,可谓弘治朝一件大事,似应详细记之。而《明孝宗实录》对此役只记载赏赐有功官军之事:"(弘治九年七月)己未,录克复哈密功官军五千五百三十九人升赏有差。加镇守太监陆訚禄米岁二十四石,升总兵官右都督刘宁为左都督,仍岁加俸一百石,巡抚左佥都御史许进为右副都御史,右少监沈让为左少监,副总兵都指挥佥事彭清为都指挥使,督饷郎中杨奇、佥事孟淮及验功御史张恕、副使李旻、佥事葛萱各给赏有差。"② 对克复哈密之过程却漏而不载,包括克复时间、出兵部署、斩获人数等皆不详。③ 按,《明孝宗实录》凡例规定"命将平反叛书,征讨边夷亦书"④,其对于战事报捷一般皆予记载,而克复哈密如此重大之事竟略而不载,从《明孝宗实录》凡例要求之角度看,《明孝宗实录》的上述记载也有不妥。

另外《明孝宗实录》对克复哈密之过程漏而不载不仅造成这段史实记载不详,还让后人产生一些误解。《明孝宗实录》只记载克服哈密之预定之策,选罕东番兵三千为前锋,汉兵三千为后援,持数日粮间道兼程,袭之。⑤ 然而关于甘肃守臣实际进攻路线与进程,只字未提,易令人误认为其按既定方略进攻。甘肃巡抚许进亲自率军收复哈密,通过其以上记载可

---

① (明)许进:《平番始末》,《续修四库全书》第433册,第269页。
② 《明孝宗实录》卷一一五,弘治九年七月己未,第2088页。
③ 其战事原委等详情见(明)许进:《平番始末》,《续修四库全书》第433册,第268~269页。
④ 《明孝宗实录》凡例,第9页。
⑤ 《明孝宗实录》卷一〇二,弘治八年七月甲午,第1866页。

见未按商定之策由捷径前行,而是仍按旧道率大军前往,且汉兵由遥制声势改为亲自上阵,反为主力。

马文升亦记载许进等辈之行与所授方略不同,且因行军缓慢,使牙兰预知之而逃去。"予乃于弘治八年请敕甘州守臣拣选精锐汉兵如前数,令分守肃州副总兵彭清统领,由南山取快捷方式驰至罕东,急调番兵齐足,乘夜兼道袭斩牙兰。而守臣贪功,乃亲率汉兵至肃州,又久驻嘉峪关外,候罕东兵不至,即命彭清由无水草常道往,牙兰预知之,皆遁去……"①

关于上述甘肃守臣用兵失误之处,《明孝宗实录》未曾提及,只记载罕东未至之事:"罕东左卫都督只克等违期不至。上命甘肃守臣诘之,只克等款服,谓原住沙爪地方因被阿黑麻劫掠,贫困,徙牧于昔儿丁之地,比我军之出,雪深迷道,调兵使者亦不得达,实不知进兵之期,守臣为奏。兵部言:'只克等之言未必皆实,然帝王之驭夷狄,惟宜以不治治之,况彼实不知进兵之期,其过可略,请仍下守臣移文谕之,俾知后戒。'从之。"②通过该记载,只能得知罕东未至一事与预期不同,无法确认其对克服哈密之役的影响。由于《明孝宗实录》漏载战局如何,未达到预期目标的原因则更不详。通过马文升与许进之记录,可补充《明孝宗实录》未载之信息,并初步可知造成上述战局的原因,当与巡抚许进等改变进兵策略与路线有一定关联。还可看出兵部与巡抚等守臣立场不同,对战果之分析各执一词,存在一定矛盾。《明史·彭清传》总结此役,称:"文升既得杨翥策,锐欲捣哈密袭牙兰,乃发罕东、赤斤暨哈密兵,令清统之为前锋,从许进潜往。行半月,抵其城下,攻克之。牙兰已先遁,乃抚安哈密遗种,全师而还。是役也,文升授方略,拟从间道往,而进仍由故道,牙兰遂逸去,斩获无几。"③

2. 郑旺造妖言案。弘治年间有名为郑旺者,怀疑其女郑金莲入宫生皇子,将为皇亲,并设法与乾清宫内使刘山相通,刘山又得知王女儿者曾入深宫,蒙混称访得郑旺之女。郑旺遂累持果食之类送入,而刘山回有衣靴布绢诸物。久之,郑旺以皇亲自居,夸其里族,后被缉事衙门以妖言访获。《明孝宗实录》记载:"王女儿实周姓,非郑旺女,而虚喝以规货利,皆出刘山之奸,拟刘山造妖言律,郑旺、妥刚、妥洪传用惑众罪皆斩,其余徒杖有差,狱上。得旨刘山交通内外,妄捏妖言,诳诱扇惑,情犯深重,其即凌迟处死,不必覆奏,仍令诸内侍往视行刑,余从所拟。"④由此可知,郑旺被拟为

---

① (明)马文升:《兴复哈密记》,《续修四库全书》第 433 册,第 255 页。
② 《明孝宗实录》卷一一七,弘治九年九月丁未,第 2110 页。
③ (清)张廷玉等:《明史》卷一七四《彭清传》,中华书局,1974 年,第 4648 页。
④ 《明孝宗实录》卷二一九,弘治十七年十二月丁丑,第 4129 页。

死刑,而事实上郑旺之死刑未被执行,只是收监,并于明武宗即位之际遇赦得还,后又被逮获,至正德二年十月方被处以极刑。① 郑旺之案涉及国本,事体重大,明孝宗对其实际处理情形如何,郑旺本人免死之事,《明孝宗实录》应载而未载。据《治世余闻》所记,该案之卷宗在刑部福建司,人多录出,其所见明孝宗批词云:"刘林(刘山)使依律决了,黄(王)女儿送浣衣局,郑某(郑金莲)已发落了,郑旺且监着。"《万历野获编》认为:"当时目击其事者所纪较国史更确。"② 在此且不论有关明武宗身世之谣言是否可信,郑旺是否果为皇亲,即仅就此案审讯与判决之实情观之,《明孝宗实录》记载模糊并有遗漏,需他文献补充之,显示出其记载之不妥。

3. 征讨贵州米鲁事。弘治年间,贵州普安州土官州判隆畅之妾米鲁作乱被平,《明孝宗实录》记载此事:"(弘治十五年七月)己丑,贵州贼妇米鲁及福佑等伏诛……提督军务尚书王轼至,调集官军土兵分八道以进……是役也,凡用五月,破一千余寨,擒一百九十人,斩首四千八百余级,俘男妇一千人。"③ 然其用兵总数及所耗人力未载。《明孝宗实录》卷一八二只提及王轼曾奏请"调广西泗城州土舍岑接,自领土兵二万来营……又行云南镇巡官移镇平夷卫,而选委谋勇官领原调汉土官兵四万,刻期过界,与播州西阳西江口三吐官之兵万五千四面夹攻"④。该记载所涉兵员数只是此役所用之一部分,据王轼墓志铭记载为总数为"十二万"⑤,蒋冕《剿平贵州夷妇米鲁构乱事略》记载:"尚书既抵贵州,以调来诸处及本处汉土官军十余万,分八哨,约云南镇守沐国公昆、巡抚陈都御史金统领所部官军分四哨,刻期并进。"⑥《弇山堂别集》记作"十万人"⑦,《名山藏》《皇明通纪法传全录》皆记作"命轼等统湖广、四川、广西、云南、贵州诸路汉土官军共十余万讨平之"⑧。《万历野获编》记为"王轼既至,乃大调汉土官兵及湖广云南各兵协剿,凡二十万人……是役也,西南驿骚十余载,两举大兵丧失文武大吏

---

① 《明孝宗实录》卷三一,正德二年冬十月己亥,第784页。
② (明)沈德符:《万历野获编》卷三《郑旺妖言》,第87页。
③ 《明孝宗实录》卷一八九,弘治十五年七月己丑,第3490页。
④ 《明孝宗实录》卷一八二,弘治十四年十二月乙丑,第3359页。
⑤ (明)李东阳:《李东阳集》文后稿二十八《明故太子太保南京兵部尚书致仕赠少保王公墓志铭》,岳麓书社,1984年,第3册,第406页。
⑥ (明)蒋冕:《剿平贵州夷妇米鲁构乱事略》,见(清)黄宗羲《明文海》卷三七九,中华书局,1987年,第3908页。
⑦ (明)王世贞:《弇山堂别集》卷六九《命将下》,第1297页。
⑧ (明)何乔远:《名山藏》卷一九典记,《续修四库全书》第426册,第17页;(明)陈建:《皇明通纪法传全录》卷二六,《续修四库全书》第357册,第446页。

数人,糜士卒金钱无算。"①以上所记人数不相统一,盖为约数,但由此可知,此役虽胜,耗费巨大,用兵至少为十余万。蒋冕感叹:"夫以一夷妇倡乱,环数千里皆为之菹醢鱼肉,至勤王师十数万,阅三四寒暑始克平之。"②《治世余闻》亦评议:"地方虽获平定,而官军损伤者亦多矣。况当时启衅,不过一二夷妇耳。守土者诚能先事预防,随机应变,决不致狂獗如是。却乃贪功好胜,不恤人言,以致滋蔓,重贻地方之患。"③

4. 修治张秋镇河决事。弘治六年黄河决口,通过阻塞张秋镇决口,筑塞黄陵冈、荆隆口等工程,河复南流。《明孝宗实录》记载:"(弘治八年二月)己卯河复南流故道。"④然对该工程所用役夫、物料之数未明确记载,只在工部左侍郎陈政奏疏中提及欲用人数:"(陈)政疏言……已集河南丁夫八万人,山东丁夫五万人,凤阳大名二府丁夫二万人,随地兴工。"⑤而据王鏊记载阻塞张秋决口"用军民凡四万余人,铁为斤一万九千有奇,竹木二万七千,薪为束六十三万,刍二百二十万欤。其役者通政司张缙、山东按察副使廖中,都指挥丁全,同知刘绲"⑥,吴道南记载"役历三时,用军民夫十有二万余人"⑦。指三役共享十二万余人。由此可知三大工程所用不菲,《明孝宗实录》漏载此信息。

另外,捕盗平乱等事件涉及很多为此做出贡献之人物,《明孝宗实录》往往只记载领军长官,有很多实际参与并立功的一般官员缺载。如《明孝宗实录》卷一八五记载:"先是湖广靖州苗贼李再万等负其险固,数流劫乡村,抚之不服,捕之则遁。至是镇守太监刘雅,总兵官永康侯徐锜,巡抚都御史闵仲宇等调汉土官军人等分哨截杀,自冬徂春,破贼寨四十余处,斩获贼首李再万等一百三十九人。"⑧嘉靖《衡州府志》卷七载:"柳州参将赵贤用计擒拿首贼李再万,斩获余级功甚伟特,当道以为诱贼非战阵功不与拟升,竟从赏格,时论惜之。"⑨可见参将赵贤对擒捕李再万有功,而《明孝宗实录》只记载了镇守太监、总兵、巡抚等最高长官,对做出实际贡献的参将赵贤只字未提。

---

① (明)沈德符:《万历野获编》卷三〇《夷妇宣淫叛弑》,第762页。
② (明)蒋冕:《剿平贵州夷妇米鲁构乱事略》,(清)黄宗羲《明文海》卷三七九,第3908页。
③ (明)陈洪谟:《治世余闻》上篇卷三,中华书局,1985年,第23页。
④ 《明孝宗实录》卷九七,弘治八年二月己卯,第1786页。
⑤ 《明孝宗实录》卷七二,弘治六年二月丁巳,第1354页。
⑥ (明)王鏊:《震泽集》卷二一《安平镇治水功完之碑》,《文渊阁四库全书》第1256册,第346页。
⑦ (明)吴道南:《吴文恪公文集》卷四,《四库全书禁毁书丛刊》集部第31册,第368页。
⑧ 《明孝宗实录》卷一八五,弘治十五年三月丁丑,第3405页。
⑨ 嘉靖《衡州府志》卷七,《天一阁藏明代方志选刊》第59册,本卷第7页。

《明孝宗实录》卷二一八记载:"广东潮州府饶平县叛贼苏孟凯等,先因家贫逋租,反诬田主不直,有司拘之,遂出亡聚众,劫掠里邑,民兵御之不利,势愈猖獗。至是分守副使涂昇率兵捕获,斩之。"①嘉靖《潮州府志》卷五记载:"倪禄,安仁人,监生,弘治十二年任县丞,追捕贼苏孟凯等死于阵。"乾隆《潮州府志》卷三八载:"苏孟凯……宏(弘)治十四年辛酉作乱,旬月间聚众千余,杀县丞倪禄,沿村劫掠,参议冯良辅,知府叶元玉督兵捕之破其巢,杀孟凯。"由此可见,除了副使涂昇有功外,参议冯良辅等亦有贡献,且县丞倪禄战死,《明孝宗实录》皆未提及。

总之,《明孝宗实录》所载事件涉及出征、平乱、御边等国防要事,兴修水利、赈济地方、蠲免税收等国计细事,还包括折断大狱、处理纠纷等复杂之事,亦涉及外交封贡、除授、考察官员等例行之事,及修书制礼、旌表孝义等文化盛事。内容极其广泛,且有记载详细者,为后人提供了珍贵的资料。

《明孝宗实录》事件记载经过了精心细致的处理,并非将所见资料简单按时间顺序排列。如选择以编年体为主,局部适当运用追述等方式,将各个环节联系较为紧密的复杂事件集中记载,脉络清晰。同时注意处理相关事件之间的关系,一方面按时间编排,一方面注意前后照应。另外个别事件记载完毕之后,附加按语,或对该事件发生的背景做一补充,或对该事件涉及的人际关系、人物品行进行剖析,或揭露影响该事件发生的背后因素,以及交代当时人对该事件的看法或议论。编纂者附加的这些按语对后人了解某些史实的真相具有重要的参考价值。然而某些编纂官借助编纂该书之便,任情褒贬,歪曲了某些史实的真相,事后所加评论有刻意诋毁有关人物者。

---

① 《明孝宗实录》卷二一八,弘治十七年十一月辛丑,第4107页。

第七章 《明孝宗实录》编纂特色及其史学价值

明代共 16 个皇帝,修有实录 13 部,《明孝宗实录》系第七部,实录修纂至此已经积累了丰富的经验,形成了明实录的修纂传统,各部实录在具体编纂时需遵循其基本的规则,编年体的体例相承相袭,坚持垂鉴后世、以史资治的编纂宗旨。除此之外,《明孝宗实录》凡例的制定到内容的编排很大程度上亦承袭了前朝实录的做法,如此保证了与前朝实录的风格基本一致。

然而每部实录既然反映的是一朝史实,必然与该朝时代特点相联系,因此编纂官在具体记述史实时会根据时代的不同稍作调整。再者,实录内容的书写随着编纂经验的积累也越来越规范化,自太祖实录至孝宗实录记载的内容更趋丰富。《明太祖实录》第三次修改后的字数约为 100.6 万字,共二百五十七卷,平均每卷约 0.39 万字。《明太宗实录》约 62.6 万字,共一百三十卷,平均每卷约 0.48 万字,且记载相当简略。《明宣宗实录》起字数增多,全书约 67 万字,共一百十五卷,平均每卷 0.58 万字。《明孝宗实录》约 116.4 万字,平均每卷 0.52 万字。此外,由于编纂成员与编纂环境的不同,列朝实录对人物的褒贬程度略有差别,如《明英宗实录》中对景泰皇帝的记载多有贬抑,《明武宗实录》中对武宗的描述无所忌讳,《明孝宗实录》因总裁官焦芳挟个人恩怨,对某些大臣及相关史实的记载存在争议,但围绕孝宗皇帝的记载以可信为主。

明代弘治、正德时期处于明朝统治的中间阶段,也是实录的编纂活动更趋成熟的阶段,《孝宗实录》一方面继承前代的基本原则,另一方面又有所创新。因此将《明孝宗实录》与前后各朝实录对比,可以发现其承前启后、继往开来的历史地位。

第一节　时代变迁与《明孝宗实录》的编纂

1487年,明孝宗即位,次年改年号弘治,《明史》称孝宗"能恭俭有制,勤政爱民,兢兢于保泰持盈之道,用使朝序清宁,民物康阜"①,在其治理下,废除了成化时期的一些弊政,政治清明,贤臣辈出,因此孝宗皇帝有"中兴令主"之称。军事上以防御为主,永乐以后边境多次内迁,明朝修建长城以防御蒙古,弘治时期继续修建边墙,建设军镇,并设置总督予以统辖。此外,社会环境也发生了较大变化,明王朝至此已经统治了一百二十年,经济逐渐恢复,社会趋向安定,政治、经济、法律等制度也随之有所调整。在此背景下,《明孝宗实录》编纂官在记载弘治一朝历史时顺应了各种变化,在内容上体现了明代中期的时代特征。

一、《进实录表》中体现的编纂特色

实录修毕后,监修、总裁等编纂官通过一定的仪式将实录进呈给皇帝,其中一个步骤需要上《进实录表》。表文一般由总裁拟定,内容除了颂扬先帝的丰功伟绩之外,还会概述编纂该实录遵循的思想与规则以及运用的主要方法,从中我们可以窥见该实录的一些编纂特点。

《明孝宗实录·进实录表》由李东阳拟撰,跟前代实录相通之处在于强调承旨纂修,利用国家所藏史料以及各曹档案而成,同时也体现了以下几个方面的变化:

1. 注重制度的革新

明初各项制度初定,彼时强调对各项制度记载的完备。《明太宗实录·进实录表》记载:"关制度者虽细不遗。"②明代历史发展到明孝宗时期很多政治、经济、法律等制度与措施有因袭,也有变革,尤其明孝宗时期制定了很多政治、法律方面的新规定。编纂官显然注意到这一特点,在《进实录表》中强调制度的沿革与变化:"凡礼乐刑政之施,以及名物度数之等,

---

① (清)张廷玉等:《明史》卷一五《孝宗本纪》,中华书局,1974年,第2册,第196页。
② 《明太宗实录·进实录表》。

经因革者详而弗厌,关劝惩者细亦不遗。"

各朝新制度往往以"令""例"的形式下达,《明太宗实录》"著为例"者未发现,"著为令"者约22条,"下不为例"者约3条,《明宣宗实录》"著为例"者约3条,"著为令"者约10条,"下不为例"者8条。《明英宗实录》开始"令"的记载有所增加,其中"著为例"者约8条①,"著为令"者约47条,"下不为例"者约26条。《明孝宗实录》中"令"与"例"的记载亦非常多,"著为例"者约9条,"著为令"者约25条,"下不为例"者约50条。

《明孝宗实录》极为注意制度的沿革变化,反映了弘治时期在制度建设上取得的成就。实录中记载的"例"分为"为例"与"不为例"两类,"为例"者包括司法惩罚条例、赏赐规定、仓粮监督、使臣进贡、宗室事务等多方面,若以后遇到同类事情如例处之。如《明孝宗实录》卷一五记载:"命岁给晋府庶人美㙉之子妇一人、使婢四人,米绢布各如例。仍命使婢过四人外者不准给,著为例。"②"不为例"者大多为特例,如破例赐诰命及葬祭、军官子弟违例袭职、特赐勋戚庄田等。如《明孝宗实录》卷二〇〇记载:"赐汝王卫辉府所属税课三分之一,不为例。"③

"著为令"者与"著为例"者相类似,同样具有法律效力。令,正是旧例规定无法适应日益变化的现实环境,由此针对新形势提出的新规定。例如官员每六年考察一次正是弘治间孝宗以"著为令"的形式所定条例。此为京察制度得以确立和完善的标志,在明代官制史上是一次重要的变革。在此之前,京官考察经历了由时间并不固定到十年举行一次的过程。据《明会典》记载:"其京官考察旧无常期,定以六年自弘治间始……正统元年奏准:两京各衙门属官、首领官,从本衙门堂上官考察。如有不才及老疾者,吏部验实具奏定夺。天顺八年奏准,每十年一次举行。"④然而《明英宗实录》中未见相应记载。

大学士高拱曾总结到弘治间逐渐形成的考察制度:

> 弘治元年,令两京五品以下官照例考察,其被黜之人有造言生事、摭拾妄奏者,发遣为民。十年,令两京官照例考察,然皆十年一行,亦未有一定之题目,一定之处分也。至弘治十七年,始令六年一次考察,遂至今为然,然事例有八目:曰科、曰贪、曰酷,为民;曰不谨、曰罢软,冠带闲住;曰老疾,致仕;曰才力不及、曰浮躁浅露,降调外任。法可谓

---

① 该数字为目前阅读实录所得,或有遗漏,故只称大约,下同。
② 《明孝宗实录》卷一五,弘治元年六月丙午,第371页。
③ 《明孝宗实录》卷二〇〇,弘治十六年六月甲子,第3724页。
④ (明)申时行等:万历《明会典》卷一三《京官考察》,中华书局,1989年,第79页。

密矣。①

《明孝宗实录》除了记载以上所提及的弘治元年、弘治十年的考察举措外,还记载了"六年一次考察"条令出台的过程,如卷一〇九记载弘治九年,吏部郎中黄宝所言:"在外诸司官员三载一考已有定例,惟在京官员考察之法不行,致贤否无别,遇缺须循资迁转,虽知匪才无由可黜,今纵不能尽如外官之例,亦须拟六年或九年一考察,庶人知砥砺,而职业修举。"孝宗命所司知之。② 卷一七七记载弘治十四年,吏部议覆南京吏部尚书林瀚等所言:"在外司府以下官俱三年一次考察,两京及在外武职官亦五年一考选,惟两京五品以下官十年始一考察,法太阔略。请如瀚等所奏,今后例六年一考察。"孝宗从之。③ 弘治十七年,吏科给事中许天锡请六年一次考察两京五品以下官,得旨"仍令两京吏部各会同都察院并各衙门堂上官从公考察,今后每六年一次,著为令"。④ 自此由十年一次考察改为六年一次考察。

2. 不再强调事功的记载

此前实录大多注重君臣"事功"的记载,不惧繁冗,如《明太宗实录·进实录表》记作"事功必备著其本末"⑤,《明宪宗实录·进实录表》记作"事功则备其始终"⑥,而《明孝宗实录·进实录表》不再强调"事功",而是首次提出"曹分类析,纲举目张"的记述方法。弘治一朝虽有中兴美誉,但与明初相比政治上趋向保守,军事上以防守为主,尽管明孝宗曾欲亲征西北,终因条件欠缺,被刘大夏等群臣谏阻而放弃。据刘大夏《宣召录》记载:

> 上曰:"永乐中,频年出塞破虏,今何不可?"大夏对曰:"皇上神武,固同于太宗皇帝,奈今之将领、兵力,远有所不逮。且在当时,如国公丘福,稍违节制,遂令数万兵俱陷虏地。况今之将,又在丘福之下。不若令各边将料敌战守,犹似得策。"时左都御史戴珊在侧,极赞予言为是。上遽曰:"微尔二人之言,朕几为人所诳!"⑦

虽然弘治年间缺少大规模的军事作战活动,但明孝宗极为重视军事防御与军队建设,先后重用余子俊、马文升、刘大夏等有军事才能的大臣担任

---

① (明)高拱:《再论考察》,(明)陈子龙等:《明经世文编》卷三〇二,第3197页。
② 《明孝宗实录》卷一〇九,弘治九年二月丙辰,第1996页。
③ 《明孝宗实录》卷一七七,弘治十四年闰七月癸未,第3244页。
④ 《明孝宗实录》卷二一三,弘治十七年六月乙亥,第4002页。
⑤ 《明太宗实录·进实录表》。
⑥ 《明宪宗实录·进实录表》。
⑦ (明)刘大夏撰,刘传贵点校:《刘大夏集》,岳麓书社,2009年,第28页。

兵部尚书，《明孝宗实录》对弘治朝所提出的军备策略以及制定的改革措施多有详细记载。如弘治初余子俊针对北部边防提出一套防御计划，将防御重点放在宣府、大同，建议各路协同防御。《明孝宗实录》卷二一记载余子俊的建议："大同一镇，以镇守总兵、副总兵、游击将军所治者为中路；阳和、天城为东路；东南乃宣府洪州城，大同左右卫、平房、威远、朔州卫，井砰堡为西路；西南乃偏头关，各有参将一员分守，如常山之蛇，首尾相应，但从来策应未有定法。今请著令，如虏寇中路，则以大同城中官军为主兵，而调东路与洪州合兵应于东，调西路与偏头关合兵应于西。寇东路则以东路官军为主兵，而大同副总兵游击及宣府游击、洪州参将各合兵于东西策应。寇西路则以西路为主兵，而大同副总兵、游击及编头关参将合兵亦如之。其应州、浑源、山阴、马邑、怀仁五城官军则或于本城，或于要害城堡分布游击，如小小寇盗，则大同游击与各路参将各以兵应之。"①马文升任兵部尚书时坚持了余子俊的防御体系，并进一步建议设总制统辖军务，《明孝宗实录》记载："乞择文职大臣谙晓韬略曾历边方者一人总制大同、宣府、陕西延绥等处军务，假以便宜之权。"②经过孝宗皇帝的一番整顿，北部边防空虚的局面在一定程度上得到改变。《明孝宗实录》尊重军事形势的变化，不再刻意宣扬皇帝戎马创业的功绩，但也成功塑造了一位励精图治的守成之君的形象。

二、文武大臣传记的调整

明代列朝实录中都记有文武大臣小传，通过记载他们的政治作为与历史功过可以显示皇帝的用人概况，这部分传记在实录中占有重要地位。然而明代各朝实录的人物传记并非统一风格，前后有所变化，包括入传的对象、撰写方式、撰写时间等都在不断调整当中。至《明孝宗实录》时，文臣传记逐渐增多。

（一）地方行政体制的演变与巡抚等传记的增多

明太祖在位时期，天下初定，对王朝产生影响的各色人物较多，《明太祖实录》所载传记并未拘泥于大臣品级。如朱元璋敌方张士诚、方国珍皆

---

① 《明孝宗实录》卷二一，弘治元年十二月丁巳，第500页。
② 《明孝宗实录》卷一七一，弘治十四年二月丁酉，第3113页。

入传,且记载详细,二人传记字数各1000字以上。另外有已被免职的官员入传,侍御史蔡哲因举荐御史犯法,受到牵连而被免职,死后记录其行实:"吴元年改授江西按察佥事,升浙江行省参政,复入为中书参政,未几出为福建参政,召为侍御史。至是以所举御史犯法为廷臣所劾,坐免官,以卒,上惜之,命赐棺归葬乡里。"①总体上,《明太祖实录》所载传记以开国功臣为主,其他一般文臣官员入传较少,即使贵为三品以上的尚书传记亦不多见。

因《明太祖实录》凡例不存,其对传记的相关规定不可考,而据其他实录凡例记载,明代列朝实录中对大臣入传的资格要求基本维持不变,自《明太宗实录》至《明孝宗实录》凡例规定的品级范围包括在京文武官三品以上,近侍五品以上,在外都司布政司按察司正官。其中近侍官有东宫官、通政使司官、翰林院官员等,在外布政司正官包括左右布政使等。具有特殊事迹者不受此限制。实录中的传记基本遵循了上述要求,但又有所出入,有些官员虽然符合标准但未必能入传。《明孝宗实录》与明初几部实录相比,外官中的布政使、按察使等传记大量减少,而挂御史头衔的巡抚等传记增多。以下为部分实录所载布政使等传记的数量:

表7-1 明代部分实录所载地方官传记表

实录名称	布政使入传人数	按察使入传人数	参政入传人数	都御史、副都御史、佥都御史等入传人数
《明太祖实录》	2	0	1	3②
《明太宗实录》	6	1	2	1
《明仁宗实录》	0	0	0	0
《明宣宗实录》	0	4	2	8③
《明英宗实录》	21	8		24
《明宪宗实录》	2	0	0	35
《明孝宗实录》	5	2	0	38
《明武宗实录》	0	0	0	42
《明世宗实录》	0	0	0	54④

---

① 《明太祖实录》卷五七,洪武三年冬十月庚辰,第1121页。
② 包括御史中丞章溢、侍御史蔡哲。
③ 包括行在江西道监察御史陈宪,曾巡按湖广、江西。
④ 其中31人只书卒,无行实。

据上表统计，除了《明英宗实录》外，布政使、按察使等外官能够入传的一直比较少见，虽然在凡例规定的范围内，但未受到编纂官的足够重视，只有寥寥数人入传，《明孝宗实录》以后外官已基本不得入传。然而官至总督、巡抚等中央派出官员的传记数量却逐渐增多，上表中的都御史、副都御史、佥都御史等大部分都有巡抚地方等经历，至《明孝宗实录》时已达到38人之多。此外，《明孝宗实录》中总督、巡抚传记不仅数量丰富，而且内容比较详细，不仅记载基本经历，还记录主要功绩。如都察院左副都御史盛顒曾巡抚山东，传记二百八十字，曰："以齐鲁荐饥，命为左副都御史往抚之。更弊政数事，积粮至五百余万石，陕西饥民更来就食，复行九则法于诸郡。"①

总督巡抚传记的增多与明代省级制度的演变有着密切关系。明初改元代的行省为都、布、按三司，宣德以后又陆续向各地派驻总督、巡抚，他们虽然名义上挂中央官员的头衔，都御史为正二品，副都御史为正三品，佥都御史为正四品，但实际上逐步成为地方最高军政长官。"其总督军务、漕运、粮储、巡抚地方等项，因事添设，无定员。或以都御史，或以副都、佥都御史，无定衔。"②若按照凡例规定在京文武大臣需三品以上方可入传，然以佥都御史入传的却不在少数，《明英宗实录》载有9人，分别是张骏、鲁穆（捕蝗于大名）、杨信民、陈诏、陈矩（镇守真定等府）、祝暹（镇守保定）、左鼎、萧启（镇守河间）、张楷（监军征闽）。《明宪宗实录》载有10人，卢祥（巡抚延绥）、徐瑄（巡抚延绥）、张纲（巡抚顺天诸郡）、丁川（巡抚延绥）、汪霖（巡抚顺天等府）、王朝远（巡抚甘肃）、邢宥（总理南畿财赋）、王浚（巡抚甘肃）、李侃（巡抚山西）、张锦（巡抚宣府）。《明孝宗实录》载有6人，分别是杨继宗（巡抚云南）、左钰（巡抚山西）、崔让（巡抚宁夏）、高崧史（巡抚贵州）、李介（巡抚宣府）、丘鼐（巡抚四川）。上述除了《明英宗实录》所载佥都御史传记记载简略，未标明是否巡抚地方外，其他大多具有巡抚经历，并且在其传记中有明确记载。可见佥都御史能够入传当与其巡抚地方有关。

《明孝宗实录》所载巡抚传记的增多继承了《明英宗实录》以来的变化，归根结底是顺应了巡抚制度的发展趋势。明人王世贞认为："各省专设（巡抚），自宣德五年始。加都御史衔，自景泰四年始。"③孙承泽《天府广记》也认为明朝巡抚制度始于宣德：

---

① 《明孝宗实录》卷五九，弘治五年正月丁酉，第1137页。
② （明）申时行等：《明会典》卷二《都察院》，第8页。
③ 《明会要》卷三四《职官六》，中华书局，1956年，第588页。

洪熙初，尝命广西布政使周幹巡视直隶、浙江。至宣德元年二月，幹还，言有司多不得人，土豪肆虐，良民苦之。乞命廷臣往来巡抚，庶民安田里。下吏部会户部、工部议，遂命广西按察使胡概为大理寺卿，同四川参政叶春巡抚直隶及浙江诸郡。此设巡抚之始。①

方志远通过研究，认为胡概自洪熙元年八月抚浙直，至宣德五年始离任还朝，将其作为明代巡抚的开端是可取的。宣德五年，赵新、赵伦、吴政、于谦、曹弘、周忱等六人分往江西、浙江、湖广、河南及山西、北直及山东、南直之苏松等地巡抚，巡抚的设置开始成为经常性的措施。② 故在实录中的体现便是巡抚传记的出现与数量是呈递增规律的。巡抚的设置作为明朝极为重要的地方治理措施自然受到皇帝的密切关注，《明孝宗实录》大量收入巡抚传记，减少布政使、按察使的传记，显示了编纂官除了依照凡例要求外，还按照政治形势作出取舍判断。

（二）文武大臣地位的变化与武臣传记撰写的简略

明代中期政治局势的变化，在《明孝宗实录》中还表现为武臣传记的撰写总体较为简略，尤其勋臣传记，较文臣更加从简，与明初几部实录情况有所不同，这从传记字数可窥见一二。兹将《明孝宗实录》与《明太宗实录》做一对比。

表 7-2 《明太宗实录》《明孝宗实录》载大臣传记情况表

《明太宗实录》所载文武大臣传记				
传主身份	100 字以下	100 至 200 字	200 至 300 字	300 字以上
文臣	18(30%)	31(51%)	7(11%)	5(8%)
勋臣	6(20%)	18(60%)	2(7%)	4(13%)
一般武臣	19(58%)	9(27%)	5(15%)	0
《明孝宗实录》所载文武大臣传记				
传主身份	100 字以下	100 至 200 字	200 至 300 字	300 字以上
文臣	12(7%)	66(40%)	55(34%)	31(19%)
勋臣	23(57%)	11(28%)	6(15%)	0
一般武臣	29(55%)	16(30%)	7(13%)	1(2%)

以上数据根据附录表4、表5、表6统计所得，由此可知《明孝宗实录》

---

① （清）孙承泽：《天府广记》卷二三《都察院》，北京出版社，1962年，第281页。
② 方志远：《明代国家权力结构及运行机制》，科学出版社，2008年，第286页。

所载文臣传记比武臣传记更为详细，从数量看所收文臣传记是武臣的 1.8 倍。200 字以上的文臣传记占所有文臣传记的 53%，300 字以上占 19%，其中一些大臣的传记接近或超过 500 字之多，内阁大学士徐溥 487 字，总制三边左都御史王越 753 字，南京工部尚书程宗 664 字，内阁大学士刘翊 583 字，吏部右侍郎兼詹事府府丞杨守陈 546 字，内阁大学士万安 922 字，兵部尚书余子俊 629 字。武臣中勋臣传记 200 字以上者只占 15%，未封爵的一般武臣 200 字以上者占 15%。武臣传记基本只记载该传主的主要升迁历程，其功绩与言行多不见记载。

《明太宗实录》所载文武臣传记情况有所不同，文臣中 200 字以上者占 19%，大部分在 100 至 200 字之间，勋臣中 200 字以上者占 20%，一般武臣 200 字以上者占 15%。《明太宗实录》整体记载比较简略，但从其内部比较来看，勋臣 200 字以上的占比较多，甚至有字数超过 400 字者，如镇远侯顾成 471 字，广宁伯刘荣 422 字。而所载尚书传记较少，且字数多在 100 字左右，如工部尚书严震直 112 字，户部尚书郁新 68 字，北京刑部尚书朱㵾 90 字，工部尚书宋礼 127 字，礼部尚书郑赐 270 字。永乐一朝重臣如太子少师姚广孝传记只 281 字，兵部尚书兼詹事府詹事金忠传有 269 字，文渊阁大学士胡广传记稍多，亦只有 348 字。在文臣中传记字数较多的反而是一些低级官员但有着较高声誉者，如江西吉安府吉水县知县钱本中 225 字，湖广辰州府同知刘叔㦛 304 字，浙江处州府知府谢子襄 332 字。

除了《明太宗实录》外，《明太祖实录》中的勋臣传记不仅数量丰富，且记载详细，内容包括征伐之功、皇帝恩赐、死后制辞等。其中封侯勋臣传记有：广德侯华高 260 字，德庆侯廖永忠 757 字，东平侯韩政 265 字，临江侯陈德 416 字，济宁侯顾时 522 字，（追封）霍山侯王简 279 字，永嘉侯朱亮祖 718 字，江阴侯吴良 430 字，蕲春侯康铎 207 字，宣德侯金朝兴 169 字，营阳侯杨璟 771 字，汝南侯梅思祖 258 字，安陆侯吴复 404 字，德庆侯廖权 104 字，巩昌侯郭子兴 288 字，六安侯王志 287 字，永城侯薛显 325 字，安庆侯仇成 348 字，南安侯俞通源 395 字，雄武侯周武 222 字，航海侯张赫 392 字，东川侯胡海 660 字，西平侯沐英 1132 字，宣宁侯曹泰只书卒，定远侯王弼只书卒。

由上可见，《明太祖实录》除个别勋臣传记在 200 字以下，以及有两位勋臣只书卒外，绝大部分传记超过 200 字，内容远比《明孝宗实录》勋臣传丰富。《明太祖实录》还记载了一些品级较低的武官，如南阳卫指挥佥事郭云于元朝号召乡人为义兵，后被徐达攻破，因英勇不屈为朱元璋所赏识，授南阳卫指挥佥事。其传记长达 440 字，其中载入制辞曰：

昔之君天下者，尤必褒崇忠义之士，故汉高祖美雍齿而斩丁公。
曩者郭云出自农家，因元之乱倡帅义兵，保障乡里，元授以官，竭心所
事，彼时中原为朕所有，云独守裕州，屡招勿从，数战不屈，势穷援绝，
终无异志。暨彼获之日，朕嘉其忠义，抚以生全，授职有司，民咸称颂。
遂特授南阳卫指挥佥事，俾镇其乡，军民乐业，深体朕怀。夫何长逝，
良用悼伤，惟存长子洪年始十三。其郭云虽无开国之功，难以世袭，然
治绩克着，忠义凛然，有足嘉尚，可以子洪入开国功臣之列，授宣武将
军、飞熊卫亲军指挥使司佥事，世袭其职。尔洪毋狎小人，勤习武事，
庶称朕委任之意，尔惟懋哉。①

另外还有汀州卫指挥佥事吴广死后入传：

广字继先，庐州合肥人。壬辰兵乱，广亦从众起，已而为敌所获，
系太平狱。未几，上兵克太平，广得释，遂从破陈野先兵，授帐前银牌
先锋。辛丑正月以功自先左锋府镇抚迁管军百户，守巢县。甲辰秋，
从丞相达复攻庐州，明年下安丰，就留广守之。戊申，命为温州卫指挥
佥事。是年秋，永嘉南溪贼啸聚为乱，广调兵讨之，贼众惧而降，广取
其首恶三人诛之，余皆释不问。洪武二年正月调守汀州，十七年以老
致仕，而以其子铭袭职，至是病卒。②

以上指挥佥事虽然官品较低，然建有军功，较一般文臣更受重视。明太
祖废除宰相制度后，提高六部尚书为正二品官，即使地位有所提高，然而仍无
法与开国功臣相比。《明太祖实录》中收入尚书传记极少，有行实的只有三
位，分别为兵部尚书单安仁(187字)、礼部尚书门克新(164字)、兵部尚书兼
太子少保唐铎(240字)，其余两位吏部尚书陈煜与吕熙只书"卒"。

《明孝宗实录》大量增加文臣传记，减省武臣传记的原因当受到了文
武大臣地位变化的影响，且这种变化是一个逐渐转变的过程。明初至明代
中期，明朝处理文武关系的态度经历了从重武轻文到崇文黜武的转变③。
洪熙、宣德以后，中央五军都督府权限逐渐缩小，众多军事事务收归兵部管
理。地方督抚设置以后，总兵等武将受文臣提督，武臣地位渐趋下降，加之
勋臣后裔多出纨绔子弟更加影响了其地位的巩固，武臣传记自然受到影
响，字数变少便在情理当中。

---

① 《明太祖实录》卷九○，洪武七年六月癸亥，第1589页。
② 《明太祖实录》卷一七六，洪武十八年十月壬寅，第2667页。
③ 陈宝良：《明代的文武关系及其演变——基于制度、社会及思想史层面的考察》，《安徽史学》2014年第2期。

三、宗室人数激增与宗室赐名记载的大幅增多

明代宗室成员需要通过一套严格的程序才能有自己的名字，首先要向朝廷请名，再由礼部官员拟定双名，最后以皇帝名义赐名，并列入玉牒。《明会典》记载："凡东宫亲王位下各拟名二十字，日后生子及孙即以上闻，付宗人府所立双名，每一世取一字为上字，其下一字临时随意选择，编入玉牒。"①宗室成员有了皇帝的赐名才能标明自己的身份被认可，方可进一步获取宗室的一系列待遇。

《明太宗实录》凡例规定："亲王之子生，已赐名者书，亲王嫡长孙生亦书。"该书卷二二记载："永乐元年八月丙午朔谷王橞第二子生赐名燨。"②另外卷二四、卷三三、卷四六、卷四七、卷五三、卷五四、卷五九、卷六四、卷七一、卷七三、卷七四、卷七五、卷八九、卷九〇、卷一〇二、卷一〇五、卷一一二、卷一一三、卷一一六、卷一一八、卷一二一、卷一二三、卷一二六、卷一二七、卷一三二、卷一三五、卷一三八、卷一四一、卷一四三、卷一四五、卷一四七、卷一五二、卷一五三、卷一五四、卷一五六、卷一五九、卷一六一、卷一六七、卷一七三、卷一七四、卷一八七、卷二一四、卷二一七、卷二二八、卷二四〇等均有宗室赐名的记载，共有 64 条，每条只记载一人之名，共 64 位，且皆为亲王之子或孙。

自《明宣宗实录》《明英宗实录》至《明宪宗实录》，随着新宗室成员的增多，宗室赐名的记载也逐渐增多，由亲王子扩展到各级将军。据粗略统计，《明英宗实录》记载约 110 条，《明宪宗实录》记载约 132 条，《明英宗实录》时出现镇国将军子、辅国将军子的赐名："正统五年九月，赐镇国将军志墲庶子名长曰公锜，次曰公铃，次曰公铠。"③"正统十四年九月，赐靖江王府辅国将军赞偕第二子名佐诚。"④每条记载的人数亦有所增加，如《明英宗实录》卷九十二记载 11 人被赐名⑤，《明宪宗实录》卷一一五记载 22 人被赐名⑥。

《明孝宗实录》时对宗室赐名的记载达到高潮，共 110 条，每条记载的

---

① （明）申时行等：《明会典》卷一《宗人府》，第 1 页。
② 《明太宗实录》卷二二，永乐元年八月丙午朔，第 405 页。
③ 《明英宗实录》卷七一，正统五年九月乙巳，第 1375 页。
④ 《明英宗实录》卷一八三，正统十四年九月戊戌，第 3583 页。
⑤ 《明英宗实录》卷九二，正统七年五月丁亥，第 1871 页。
⑥ 《明宪宗实录》卷一一五，成化九年夏四月甲申，第 2237 页。

人数大幅度增加,总数有2196人,数量惊人,居各部实录之首。如卷一二八所载共有106位宗室成员之名,卷二二一记载104人之多。① 此后实录中便不见宗室赐名的记载。《明孝宗实录》不仅频繁记载赐名,还有大量赐郡王、镇国将军、辅国将军、郡主及其仪宾等诰命冠服的记载,共244条。此外包括郡主在内的宗室成员亡故亦大量出现在《明孝宗实录》中,以郡主亡故为例,除《明英宗实录》有11条外,其他实录鲜有记载,而《明孝宗实录》有25条之多,包括徽府新郑郡主、岷府泉陵郡主、蜀府彰明郡主、淮府罗源郡主、宁府靖安郡主等。

《明孝宗实录》记载与宗室有关之事如此之多,是宗室成员数量猛增的结果,随着亲王、郡王生齿日繁,子孙越来越多,不可胜计。洪武年间初封亲王、郡王共49位,永乐年间增封亲王、郡王、将军41位②,而"正德年间,亲王30位,郡王215位,将军、中尉2700位"③,数量过冗,于是《明武宗实录》及以后的各部实录便都不再记载宗室的赐名了。

此外,随着明代宗室成员越来越多,宗室事务所出现的新问题也越来越多,国家财政负担过重,于是朝廷出台了限制宗室繁衍的政策,《明孝宗实录》卷六六记载:"礼部复会议覆奏谓:'郡王自正妃外,妾媵不得过四人,各将军不得过三人,中尉不得过二人。'从之。著为令。"④宗室生活待遇上,明太祖规定"亲王岁给禄米万石,郡王二千石,镇国将军一千石,辅国将军八百石,奉国将军六百石,镇国中尉四百石,辅国中尉三百石,奉国中尉二百石"⑤。因朝廷岁赐王府禄米数额巨大,弘治时期对禄米的支取方式有所调整,"命各王府、仪宾岁支禄米俱本色四分,折色六分。著为令"⑥。

纵观宗室人口激增的原因,与明代宗藩制度有关。明代宗室在被取消参政权利的同时赋予优越的经济地位,因此生活贪图享乐,过度纳妾。随着时间的推移,该制度的不合理之处逐渐显现出来,需要制定新的条例予以改善,以上条例的出现便是为了适应时代的变化而制定,而《明孝宗实录》将其详细记录下来,顺应了明朝统治的新情况。

---

① 《明孝宗实录》卷二二一,弘治十八年二月丙寅,第4159页。
② (明)欧阳铎《中尉女授宗女宗婿名号疏》,(明)陈子龙等:《明经世文编》卷二一二,中华书局,1962年,第2214页。
③ (明)郑晓:《今言》卷二,第165条,中华书局1984年,第94页。
④ 《明孝宗实录》卷六六,弘治五年八月癸卯,第1259页。
⑤ 《明太祖实录》卷二四二,洪武二十八年闰九月庚寅,第3517页。
⑥ 《明孝宗实录》卷九三,弘治七年十月己卯,第1714页。

四、孝宗勤政与召对记载的重视

《明孝宗实录》编纂顺应时代变化做出的调整工作还体现在凡例的撰写上，上文已提及凡例对编纂范围的扩展和对某些内容的删减适应了孝宗朝及武宗朝初期的政治形势。在此特别指出《明孝宗实录》凡例新增"凡文武大臣有宣召谕问皆书，顾命之辞备书"的规定，与明代中期孝宗皇帝勤政的关系。

召对是帝王宣召臣属并与之讨论军国大政、治国方略、文章经义等问题的政治活动，根据不同形式，遵循不同程序进行。主要有常朝召对、特召以及日讲召对等。① 在孝宗朝实录之前，太祖、太宗、英宗等实录并不缺乏对召对的记载，但在凡例中没有体现。如《明太宗实录》卷二七一记载："上召文渊阁大学士杨荣、金幼孜至幄中谕之曰：'朕昨夕三鼓，梦有若是所画神人者，告朕曰上帝好生，如是者再此，何祥也？岂天属意此寇部属乎？'荣对曰：'陛下好生恶杀，诚格于天，此举固在除暴安民，然火炎昆冈玉石俱毁，惟陛下留意。'上曰：'卿言合朕意，岂以一人有罪罚及无辜……'"②

然而通过《三朝圣谕录》《天顺日录》等与实录对比发现，《明太宗实录》《明仁宗实录》等尚有大量召对未收入，或记载比较简略。

如《明太宗实录》卷二三〇记载礼部左侍郎仪智"遇事是是非非不肯附会，尝正旦日食，上命礼部尚书吕震议免贺礼，震心以为宜贺，智力为震言不可，毋贻后悔。上闻智言，曰'是朕心也'，竟免贺"③。据杨士奇在其文集中记载，关于正旦日食是否免贺的召对内容为："鸿胪寺奏习正旦贺仪，上召礼部翰林院官问曰：'正旦日食百官贺礼可行乎？'尚书吕震对曰：'日食与朝贺之时先后不相妨。'侍郎仪智曰：'纵然同日免贺为当。'上顾问翰林诸臣：'古有日食行贺礼否？'黄淮、杨荣、金幼孜皆未有对，臣士奇对曰：'日食天变之大者，前代元正日食多不受朝，宋仁宗时，元正日食，富弼请罢宴彻乐，宰相吕夷简不从，弼曰："万一契丹行之，为中国羞。"后有自契丹回者，具言是日罢宴，仁宗深悔，今免贺诚当。'上曰：'君子爱人以

---

① 关于明代召对的相关研究，可参考安艺舟《明代召对研究——权力空间与皇权秩序》，南开大学2016年博士学位论文，第1、83页。
② 《明太宗实录》卷二七一，永乐二十二年夏五月甲申，第2452页。
③ 《明太宗实录》卷二三六，永乐十九年夏四月癸丑，第2271页。

德不以姑息,其免贺及宴。仍赐百官节钞。'"①

《明仁宗实录》卷七记载:"复大理寺右少卿虞谦为本寺卿。"②《三朝圣谕录》中记载了有关此事的君臣对话:"先是虞谦奏事,侍臣有言此当榻前密请旨,不当于朝班对众敷奏,为卖恩者。又有言其属官杨时习先导之密陈,而谦不从者,遂降谦为大理少卿,而升时习为卿。其后臣士奇独进奏事毕,未退,上问臣:'汝有欲言者否?'对曰:'有。''非虞谦乎?'对曰:'然。'上曰:'吾亦颇悔之,汝试言之。'对曰:'外间皆云时习实无先导之言,时习是臣江西人,亦亲语臣本无此言,今冒居卿位,惭惧不安。'臣又言:'谦历事三朝,皆居通显,颇为得大臣体者,且今所犯小过。'上曰:'吾之悔亦念此。'因问时习其人若何?对曰:'虽起于吏,然明习法律,公正廉洁。'上喜曰:'吾有以处之。'会吏部言交阯阙按察使,上谕尚书蹇义曰:'左迁虞谦吾过矣,复其大理卿,改杨时习交阯宪使。'"

宣宗时,都御史刘观因贪赃下狱,《三朝圣谕录下》记载了有关给刘观量刑的召对内容:

> 宣德三年十月,刘观有罪下狱……上问:"今日之贪,谁最甚者?"荣对曰:"莫甚刘观。"臣曰:"风宪所以警肃百察,宪长如此,则不肖御史皆效之。不肖御史差出四方,则不肖有司皆效之。"上抚掌叹曰:"除恶务本。"……于是,御史连章劾奏观贪赃狼藉,并奏其子辐胁制诸道,骋私灭公,皆明着实迹。上大怒,追观父子皆至,出御史章示之。既承伏,法司坐观重法,以辐同犯,免科具奏。次年四月,上召荣及士奇以奏示之,且曰:"观负朝廷,处重非过。"士奇对曰:"观诚有罪,但经事四朝,数受显任,愿姑屈法全其生。"荣亦乞贷之。上曰:"为汝二人,曲贷其死,发为边吏。"荣曰:"辱之过甚,与死等耳。"上曰:"欲父子皆贷乎?"荣曰:"子发戍边,而令观随居,恩与法两尽矣。"遂命法司发辽东。③

《明宣宗实录》记载了宣宗皇帝给刘观减刑之事,但省去了该决定的由来:"宥刘观死罪,谪其子辐辽东充军,令观随辐闲住。观为都御史贪赃狼藉,败坏宪纪……上初有闻,犹以旧臣曲容观,及御史劾奏其父子之罪,备得实状,然后发之。至是法司论观斩罪,辐应流,上曰:'刑不上大夫,观虽不善,朕终不忍加刑。命以辐及其党皆发辽东充军,俾观随其子居。'"④

---

① (明)杨士奇:《东里集·别集》卷二《圣谕录上》,《文渊阁四库全书》第1239册,第624页。
② 《明仁宗实录》卷四上,永乐二十二年十一月乙亥,第135页。
③ (明)杨士奇:《东里集·别集》卷二《圣谕录下》,《文渊阁四库全书》第1239册,第639页。
④ 《明宣宗实录》卷五六,宣德四年秋七月庚午,第1343页。

《明英宗实录》记载:"都督石彪奏巡抚大同副都御史年富违法,逮系至京,鞫问多不实,命差给事中郎中等官往覆勘,亦言其诬,遂复令富致仕。"①有关年富的处置,英宗与李贤实有详细的讨论,《英宗实录》未记载下来,查《天顺日录》可知:

> 天顺初,副都御史年富被石亨侄彪奏害,自大同逮系至京。上曰:"此人何如?"贤对曰:"行事公道,在彼能革宿弊。"上曰:"此必石彪被富沮其行事,不得遂其私耳。"贤曰:"陛下明见,真得其情,须早辨之,幸甚!"明日,上召锦衣卫指挥门达曰:"年富事情,务在推问明白。"已而进状,果多不实。贤曰:"须遣人体勘,庶不枉人。"上曰:"然。"乃遣给事中、郎中二人。上曰:"再遣武职一人同往。不然,纵得其实,彼必以为回护。"贤曰:"陛下所虑极是。"勘回,果无实状,富遂致仕而归。②

《明英宗实录》记载:"时各处告讦并采访事情,重者皆即遣锦衣卫官校籍其家,内阁臣李贤于上前言其多枉,因敕法司情重者奏请,余悉发巡按御史并所司问理,不许枉人,违者重罪不宥。"③《天顺日录》记载了李贤所言具体内容:

> 冬十一月间,上一日屏去左右,召贤从容言政治得失。贤因极言不情之弊:"往往差锦衣卫官校出外提罪人,然此辈嗜利,其势如狼虎,所过无虚,必饱其欲而后已,动以金银千百计,有司不胜其扰,略达此情。"上初不许,且曰:"今后但不可多差耳。"不意差者多左右贵近所嘱,因而谮毁,谓贤多言,彼有犯者自当其罪。上听之,从而见疏。④

召对作为明朝君臣议事的重要形式于明宪宗时一度减少,明孝宗时才逐渐恢复,一方面孝宗召对集中于弘治十四年以后,另一方面因资料来源有限,孝宗实录无法完全遵循凡例规定将所有召对记入。如刘大夏《宣召录》中所记,在孝宗实录中寥寥无几,此因刘大夏在武宗初期不愿透露孝宗时的召对信息有关。直到《明孝宗实录》已经修毕,刘大夏才凭记忆记录下二十则。故《明孝宗实录》所载召对条数远少于太祖、太宗等实录,但每条所记较为详细,可充分了解孝宗与阁臣的具体对话。如明孝宗曾召见大学士刘健、李东阳、谢迁商讨孝庄皇后(钱皇后)与孝肃皇后(周贵妃)的葬礼,李东阳《燕对录》记载此次召对内容约用 1600 余字,实录少之,但也有约 1100 字。

---

① 《明英宗实录》卷二七六,天顺元年三月壬午,第 5886 页。
② (明)李贤:《天顺日录》,《续修四库全书》第 433 册,第 197 页。
③ 《明英宗实录》卷二八九,天顺二年三月乙卯,第 6189 页。
④ (明)李贤:《天顺日录》,《续修四库全书》第 433 册,第 204 页。

《明孝宗实录》记载为：

上御西角门，朝退，遣内官召大学士刘健、李东阳、谢迁至门内暖阁素幄中，上起立曰："陵庙事须商量。"健等奏曰："昨蒙遣太监扶安谕示孝庄睿皇后葬未合礼，欲为厘正，此盛德事，臣等仰见皇上圣孝，高出前古，不胜叹慕。"上袖出裕陵图一纸，指示曰："此未合礼，昨见成化年彭时、姚夔辈奏章，先朝大臣忠厚为国如此，先帝亦甚不得已耳。"健等对曰："诚如圣谕，但今日断自圣衷则天下臣民无不痛快，垂之史册，万世有光矣。"上曰："钦天监言恐动风水，朕已面折之，今日开圹合葬，不为动风水乎？皇堂不通则天地否塞，通之则风气流行，恶得言动，惟一点诚心为之，料亦无害。"皆奏曰："皇上一念，孝诚可以格天，吉无不利。"上曰："此事不难，若祔庙之礼，尤所当讲。"健等奏曰："先年议奏已定，慈懿太后居左，今大行太皇太后居右，合祔裕陵，配享英庙，且引唐宋故事为证。臣等以此不敢轻议，其实汉以前惟一帝一后，唐始有二后，宋亦有三后并祔者。"上曰："二后已非，若三后尤为非礼，事须师古，末世鄙亵之事不足学。太皇太后鞠育朕躬，恩德深厚，朕何敢忘，但一人之私情耳。钱太后乃皇祖册立正后，我朝祖宗以来，惟一帝一后，今若并祔，乃从朕坏起，恐后来杂乱无纪极耳。且如孝穆太后，朕生身母，止尊称为皇太后，别祭于奉慈殿。今仁寿宫前殿尽宽大，意欲奉太皇太后于此，他日奉孝穆太后于后殿，岁时祭享，一如太庙，不敢少缺。"健等皆未敢应，上曰："此事却难处，仍旧则理有未安，更之则违先帝之意，又违群臣会议。会议犹可，奈先帝何。朕常思之，夜不能寐，先帝固重，而祖宗之制为尤重耳。然朕亦难于降旨，可议行之。"健等对曰："此事重大，非廷议不可。"退，乃上疏言："窃惟事莫大于送终，礼莫重于祀享。兹者，大行圣慈仁寿太皇太后鸾驭上升，山陵伊迩，祀享之礼宜预讲求。谨按成化四年间慈懿皇太后崩逝之日，群臣会议，有二后并配之文。窃闻当时先帝遇天下难处之事，群臣为委曲将顺之词，或者犹不能无疑焉。然奏议虽成于当时，而奉行则始于今日。仰惟皇上承宗祧之重，为纲常之主，所宜至详至慎，而不可少有忽焉者也。伏望特敕礼部仍会集群臣咨询众议，稽本朝祖宗之庙制，质古先圣王之训典，务合大公，允归至当，俾行之于今而无憾，垂之万世而有光。臣等不胜至愿。"上命礼部会多官稽考典制详议以闻。①

---

① 《明孝宗实录》卷二〇九，弘治十七年三月丁丑，第3886~3889页。

又如《明孝宗实录》卷二一四记载曰：

上召大学士刘健等至暖阁谕曰："刘宇在大同尽用心，近又虑及潮河川难守，欲行令凿品字窖及以所制铁子炮送与备用，亦是为国，可量与恩典，以励人心。"皆奏曰："未知圣意是何恩典？"上曰："可与赏赐。"皆应曰："诺。"上又曰："凿窖、制炮是刘宇独奏，今难独赏。吴江、陆阎亦皆用心防御辛苦，可并赏且降敕奖励之。"又曰："辽东张天祥事亦是大狱，今欲令明白。今①祥虽死，张斌尚坐死罪，昨张洪又诉冤抑。"健等皆对曰："此事乃御史举奏，法司会勘，张洪诉本又该都察院覆奏，令御史审勘矣。"上袖出东厂缉事揭帖云："已令人密访，其情如此，当时御史王献臣止凭一指挥告诱杀情词，吴一贯等亦不曾亲诣，止凭参政宁举等勘报，事多不实。今欲将一干人犯提解来京，令三法司、锦衣卫于午门前会问，方见端的。"因以揭帖付健云："将去整理。"健等退，复言："都察院本既已批出，东厂揭帖又不可施行，须待会勘至日再议。"②

李东阳《燕对录》记载：

十五日朝罢，上召："内阁来。"臣健等随至暖阁。上曰："刘宇在大同，尽用心。近又虑潮河川难守，欲行令凿品字窖及以新制铁子炮送与备用。亦是为国，可量与恩典，以励人心。"皆奏曰："未知圣意是何恩典？"上曰："升官亦难，可以赏赐。"皆应曰："诺。"臣迁曰："与敕奖励亦可。"上曰："然凿窖、制炮是刘宇独奏，今难独赏。吴江、陆阎亦皆用心防御辛苦，可并赏之。"皆应曰："诺。"上又曰："辽东张天祥事亦是大狱，今欲令明白。"臣迁对曰："张天祥已死矣。"上曰："天祥虽死，张斌尚坐死罪，昨张洪又诉冤抑。"臣健等皆对曰："此事系御史奏举，法司会勘，张洪诉本又该都察院覆奏，令巡按御史审勘矣。"上袖出东厂缉事揭帖云："已令人密访，其情如此。当时御史王献臣止凭一指挥告诱杀情词，吴一贯等亦不曾亲到彼处，止凭参政宁举等勘报，事多不实。今欲将一干人犯提解来京，令三法司、锦衣卫于午门前会问，方见端的。"皆对曰："如此固好。"上以揭帖付臣健，曰："先生辈将去整理。"臣健等退，具揭帖云："都察院本既已批出，东厂揭帖又不可批行，须待会勘至日再议。"③

这类大篇幅记载召对的内容体现了《明孝宗实录》对皇帝召见大臣议

---

① 据《明孝宗实录校勘记》"三本'今'下有'天'字，是也"，当补"天"字。
② 《明孝宗实录》卷二一四，弘治十七年七月癸卯，第4031页。
③ （明）李东阳：《燕对录》，《李东阳集·续集》，岳麓书社，2008年，第392页。

事的重视。孝宗时常召见大臣是君主亲近、信任士大夫的表现,更是勤于处理政务的表现,被视为君主美德。自明宪宗以来皇帝与大臣越发疏远,尤其明武宗为人好游乐,亲内宦远儒臣,不免引起众臣对明孝宗的景慕和赞誉。于是《明孝宗实录》编纂官通过凡例提高了召对的地位,在收录时较为详细地保留了皇帝的圣谕。《明孝宗实录》此番创新进一步美化与宣传了孝宗的美德,对后来士大夫标榜孝宗为"中兴之帝"的说法起到了重要作用。

五、赐宴、赏赉等礼仪活动记载的变化

明代注重礼治,凡重要礼仪皆记入实录,包括有宴赉等项皆书。《明宣宗实录》卷五〇记载:"大祀、庆成,大宴文武群臣及四夷朝使。"①《明宣宗实录》卷八六记载:"以郊祀庆成,大宴文武群臣及四夷朝使。"②《明英宗实录》卷七五记载:"以大祀庆成,上御奉天门大宴文武群臣及四夷朝使。"而于阙左门赐宴外夷庆贺官员的记载在《明孝宗实录》中第一次出现。

《明孝宗实录》卷九、卷二二、卷一九六、卷二二〇记载:"免庆成宴,赐分献陪祀及该宴官胙,其四夷朝使仍赐宴于阙左门之东。"③此前实录包括《明英宗实录》《明宪宗实录》皆记作"免庆成宴",无"赐宴四夷朝使"的记载。《明武宗实录》继承了《明孝宗实录》的记载,记作"免庆成晏,赐分献陪祀及该宴官胙。其四夷朝使仍赐晏于阙左门"④。

另外皇太子千秋节赐百官与外夷于阙左门的记载也第一次出现。《明孝宗实录》卷六七、卷八〇、卷九二、卷一〇四记载:"皇太子千秋节,赐百官宴于午门,天下诸司及外夷庆贺官员人等宴于阙左门。"⑤《明孝宗实录》卷一一七记载:"皇太子千秋节,文武百官早朝毕,赴文华殿行庆贺礼,赐百官宴于午门,天下诸司及外夷庆贺官员人等宴于阙左门。"⑥《明孝宗实录》卷一二九、卷一四一、卷一六六、卷一七九、卷一九一、卷二〇三记载:"皇太

---

① 《明宣宗实录》卷五〇,宣德四年春正月庚申,第1200页。
② 《明宣宗实录》卷八六,宣德七年春正月甲戌,第1981页。
③ 《明孝宗实录》卷九,弘治元年正月丁未,第187页;卷二二,弘治二年正月壬午,第507页;卷一九六,弘治十六年二月己西,第3616页;卷二二〇,弘治十八年正月丙申,第4145页。
④ 《明武宗实录》卷九,正德元年春正月庚寅,第272页。
⑤ 《明孝宗实录》卷六七,弘治五年九月壬辰,第1284页;卷八〇,弘治六年九月乙卯,第1529页;卷九二,弘治七年九月丁西,第1698页;卷一〇四,弘治八年九月甲辰,第1906页。
⑥ 《明孝宗实录》卷一一七,弘治九年九月丁卯,第2118页。

子千秋节,文武百官诣文华殿行庆贺礼,赐百官宴于午门,天下诸司及外夷庆贺官员人等宴于阙左门。"①阙左门位于午门外向东出入之门,凡九卿会议,拣选人员,集于此门,大宴群臣于此体现了明孝宗对该节日及外夷朝使的重视。

由上可见,《明孝宗实录》增加了很多关于赐宴"外夷"朝使的记载,而对于蒙古使臣赏赐情况的记载有所减略,多以"如例"记之。如卷四八记载:"迤北伯颜猛可王并瓦剌太师火儿忽力遣使臣努力等来贡,赐宴并彩段衣服等物有差,仍回赐其王及太师以下彩段衣服等物如例。"②卷一三七记载:"迤北伯颜猛可王等遣使臣赏孩来贡,赐宴并彩段绢匹等物有差,其回赐王及给赐使臣之存留边关者彩段等物并如例。"③有关赏赐建州等卫的记载亦比较简略,只书赐彩段衣服等,如卷一三二记载:"毛怜卫及建州左右卫……各来贡,赐宴并彩段衣服等物有差。"④卷一三四记载:"朵颜、泰宁、福余并海西弗提等卫女直都督指挥歹都等来贡,赐宴并彩段衣服等物有差。"⑤

明初几部实录中有关赏赉的记载有些较《明孝宗实录》更为详细,如具体到所赏物品的名称和数量,《明太祖实录》卷九〇记载:"西域撒里畏兀儿安定王卜烟帖木儿遣其府尉麻答儿千户剌尔嘉来朝,贡铠甲、刀剑等物……诏遣使赐卜烟帖木儿织锦文绮四匹,麻答儿等罗衣二袭,仍命召其酋长立为四部,给铜印曰'阿端',曰'阿真',曰'苦先',曰'帖里'。"⑥

又如《明太祖实录》卷二一〇记载:"别失八里王黑的儿火者遣其千户哈马力丁、百户斡鲁撒等来朝贡马十一匹,海青一。诏赐其王彩段十表里,哈马力丁二表里,银一百两,斡鲁撒等各二表里,银十两,钞十锭,从者各银五两,钞五锭。"⑦

《明英宗实录》卷八八记载:"命都指挥佥事陈友、王政为正使,指挥同知李全、季铎为副使,同瓦剌使臣脱木思哈等赍书赐达达可汗……赐可汗及妃蟒龙兽锦衣五件,金相盌银相盌各二,花梨紫檀木,琵琶、方三弦等乐

---

① 《明孝宗实录》卷一二〇,弘治十年九月壬戌,第2287页;卷一四一,弘治十一年九月丁巳,第2443页;卷一六六,弘治十三年九月甲戌,第3025页;卷一七九,弘治十四年九月己亥,第3309页;卷一九一,弘治十五年九月癸巳,第3532页;卷二〇三,弘治十六年九月丁亥,第3784页。
② 《明孝宗实录》卷四八,弘治四年二月乙丑,第968页。
③ 《明孝宗实录》卷一三七,弘治十一年五月乙巳,第2390页。
④ 《明孝宗实录》卷一三二,弘治十年十二月壬辰,第2339页。
⑤ 《明孝宗实录》卷一三四,弘治十一年二月辛巳,第2360页。
⑥ 《明太祖实录》卷九〇,洪武七年六月壬戌,第1586页。
⑦ 《明太祖实录》二一〇,洪武二十四年癸丑,第3131页。

器,茜红缨花毯罟、姑袍纻丝等物。赐也先纻丝夹衣、蟒龙比甲、金钑螭虎台盘、手盏金壶瓶盂子,并妃罟姑袍纻丝衣服等物。其头目五百一十三人俱赏有差。"①

明代赏赐前来朝贡使臣的物品有具体规定,《明会典》记载:"朝廷给赐番夷及官员人等……其例不一。今具列其可考者于后。洪武二十六年定凡诸番四夷朝贡人员及公侯官员人等一切给赐,如往年有例者止照其例,无例者斟酌高下等第题请定夺。"②对迤北鞑靼及瓦剌的回赐规定:"永乐九年回赐顺宁等王上等马者各彩段十表里,海青一连四表里,白狐皮二十七个四表里。宣德间回赐顺宁王及使臣人等,进马中等者每匹彩段二表里,折钞绢二匹,下等者纻丝一匹,绢八匹,折钞绢一匹,下下者绢六匹,折钞绢一匹,驼每只三表里,折钞绢十匹。"③既遵例而行,《明孝宗实录》以"如例"等形式记载赏赐"外夷"之物,避免了过分重复。

第二节 《明孝宗实录》的史学价值

《明孝宗实录》与《明太祖实录》等其他12部实录共同构成了《明实录》,其被赋予国史的性质成为记载明代历史最详细的史料,在史学史与文献学领域都取得了重要的成就。《明实录》取材于各部档案,最大程度地保留了原始史料,同时又按照时间顺序进行编纂,具备了独特的叙述方式,成为其他史籍无法取代的史书,谢贵安总结称"它不仅将编年与纪传相糅合,而且将史料与史著相结合"④。因此《明孝宗实录》在保存史料、文献编纂等方面皆具有重要的史学价值。

一、为研究孝宗一朝史实提供史料素材

《明孝宗实录》以时间为轴线,通过记录诏令、奏疏、传记、事件等形式,将明孝宗在位时期的历史有机编纂成书。从内容来看,以政治为中心,

---

① 《明英宗实录》卷八八,正统七年春正月癸未,第1769页。
② (明)申时行等:《明会典》卷一百十一《给赐二》,第592页。
③ (明)申时行等:《明会典》卷一一一《给赐二》,第593页。
④ 谢贵安:《中国实录体史学研究》,武汉大学出版社,2007年,第33页。

广泛涉及经济、军事、司法、文化等各个方面,包括官员任命与黜退、某地蠲免税收与赈济、赏赐与接见使臣、敕令编纂史书、举行科举考试、防御外敌、修建城池、处理重大案件、制定律令、派遣大臣疏浚河道、兴修水利等。故《明孝宗实录》流传开来之后,成为明代私家修史的重要史源,入清后又成为官修《明史》中有关弘治朝时段的主要史源。

《明孝宗实录》所载诏令与奏疏反映了该时期的政治、军事、法律等多个方面。这是因为弘治时期明代的行政公文制度已较为成熟,国家政务的运行可以通过诏令与奏疏体现出来。《四库全书总目》称诏令类文书"治乱得失,于是可稽。此政事之枢机,非仅文章类也"①。随着明代经世之风的兴起,至中后期"经世文类"文献的整理越来越多,《明孝宗实录》为《皇明诏制》《明经世文编》等诏令奏议集中有关孝宗时期的内容提供了原始材料。另外《明孝宗实录》传记数量居多,记载人物生平相对客观,为《国朝献征录》《本朝分省人物考》等传记类史书提供了参考资料。除了上文已经提及的传记类、奏议类典籍外,《明孝宗实录》还为正史类、编年类、笔记类、职官类、地理类、典制类等多种史书提供史源。

如编年体笔记《典故纪闻》卷一六中所记弘治时期的历史主要以《明孝宗实录》为据。作者余继登官至礼部尚书,曾负责编纂万历《明会典》,充当国史副总裁,因此有机会大量阅读明代列朝实录。《典故纪闻》主要参考的实录中所记大事,其序言称"凡关国家大政大本则书非,大事而于世为急则书,非大非急而为异闻见则书,非异而事所从起则书"。据此,《典故纪闻》记载了很多孝宗皇帝召见内阁大臣的事迹以及丘濬、李东阳、王鏊、马文升等名臣的奏疏。此外,还撰写了许多奇闻逸事,这些在《明孝宗实录》中都能找到相关记载。如《典故纪闻》卷一六记载:

> 弘治元年二月,浙江景宁县屏风山有异物成群,状如马,大如羊,其色白,数以万计,首尾相衔,徙西南石牛山浮空而去,自午至申。事闻朝廷,为减银课,汰坑冶官。②

上述异象的记载当源于《明孝宗实录》卷一六弘治元年七月戊辰:

> 以异物见景宁山中,命减浙江银课,汰坑冶官,责镇守官罪状。先是二月二十六日,浙江景宁县屏风山有异物成群,其状如马,大如羊,其色白,数以万计,首尾相衔,从西南石牛山浮空而去,自午至申乃灭。居民老幼男女无弗见者,耆老梁秉高言,正统间亦有此异,地方不宁,

---

① (清)永瑢等撰:《四库全书总目》卷五五,中华书局,1965年,第492页。
② (明)余继登:《典故纪闻》卷一六,中华书局,1981年,第280页。

本县频年旱灾,民力耗竭,复见此异,莫不震惧。①

又如《典故纪闻》卷一六记载:"世间草木花卉各有种类,弘治间四川长宁县民家楠树上生莲花,李树上生豆荚,亦大异。"②该记载见于《明孝宗实录》卷一一〇:"四川长宁县民家楠树生莲花,李树生豆荚。"③《典故纪闻》卷一六记载"弘治时苏州府崇明县民顾孟文家鸡伏卵,所出者猴头而人形,长四寸有毛能动而无声,亦毛孽也。"④见于《明孝宗实录》卷二一三所记:"苏州府崇明县民顾孟文家雌鸡伏卵,所出者猴头而人形,身长四寸,有尾活动无声。"⑤

除此之外,《典故纪闻》还参考了《明孝宗实录》中文臣小传的记载。《明孝宗实录》卷六二记载:

> 致仕南京礼部尚书黎淳卒……淳性耿介,寡与人合,患流俗奢侈,凡婚丧燕饮皆有则,其取予不苟。有门生尹华亭以红云布寄淳,不受,即书封识上曰,古之为令,拔茶植桑,今之为令,织布添花,吾不用此妖服也。淳刚简严重,有大臣体,临事议论激而不随。⑥

《典故纪闻》卷一六引用道:

> 南京礼部尚书黎淳性耿介,患流俗奢侈,凡婚丧燕饮皆有则,取予不苟。有门生尹华亭以红云布寄淳,淳不受,即书其封识上曰,古之为令,拔茶植桑,今之为令,织布添花,吾不用此妖服也。⑦

地理类,《明孝宗实录》详细记载了弘治时期的边方军情以及防御策略。明代中后期因为边关形势紧张,产生了一批记载九边军镇的史籍,包括《五边典则》《全边略记》《四镇三关志》等,这些书中很多地方都引用了《明孝宗实录》的记载。如《五边典则》卷一、卷二、卷六、卷一四、卷二〇中记载了弘治时期蓟辽、宣大、陕西、西南等地的边防情况,基本与《明孝宗实录》记载一致。兹各举一例如下:

---

① 《明孝宗实录》卷一六,弘治元年七月戊辰,第388页。
② (明)余继登:《典故纪闻》卷一六,第287页。
③ 《明孝宗实录》卷一一〇,弘治九年三月己卯朔,第2007页。
④ (明)余继登:《典故纪闻》卷一六,第293页。
⑤ 《明孝宗实录》卷二一三,弘治十七年六月丁亥,第4018页。
⑥ 《明孝宗实录》卷六二,弘治五年四月戊午,第1201页。
⑦ (明)余继登:《典故纪闻》卷一六,第283页。

《明孝宗实录》卷三〇,弘治二年九月壬申	《五边典则》卷一《蓟辽》
先是成化间以建州夷人遮杀朝鲜贡使,有旨命于辽东之东八站南别开新道,添设城堡,以便朝鲜往来。至是辽东镇巡等官奏:"凤凰城及镇东、镇夷二堡已如原拟筑完,其余三十二墩台次第修筑。瞭望操守之人止可就招集军士内摘发,不宜抽补屯军。凤凰城该拨军六百名,镇东、镇夷各三百名,俱属定辽右卫带管,仍令都指挥一人提督。其马匹就夷人贡马内给俵,不必赴京关领。"	弘治二年九月,先是成化间以建州夷人遮杀朝鲜贡使,有旨命于辽东之东八站南别开新道,添设城堡,以便朝鲜往来。至是辽东镇巡等官奏:"凤凰城及镇东、镇夷二堡已如原拟筑完,其余二十二墩台次第修筑。瞭望操守之人止可就招集军士内摘拨,不宜抽补屯军。凤凰城该拨军六百名,镇东、镇夷各三百名,俱属定辽右卫带管,仍令指挥一人提督。其马匹就夷人贡马内给俵,不必赴京关领。"

《明孝宗实录》卷一七六,弘治十四年七月丁未朔	《五边典则》卷二《蓟辽》
初虏贼驻兵塞下,攻辽阳迤东诸堡,分守副总兵孙文毅、少监刘恭率官军四千余赴之。虏窥迤西无备,乘虚拆边墙四十余道,拥八千余骑分道直入长胜诸屯堡,大肆杀掠,老弱尽死,少壮者驱挚以去,畜产禾稼荡尽,辽东大震。镇巡等官太监孙振等奏报匿不以实,巡按监察御史车梁以闻。兵部议请遣官按问文毅、恭等罪状,并核实杀虏官军人畜之数,奏闻裁处。上从之。	七月初虏贼驻兵塞下,攻辽阳迤东诸堡,分守副总兵孙文毅、少监刘恭率官军四千赴之。虏窥迤西无备,乘虚拆边墙四十余道,拥八千余骑分道直入长胜诸屯堡,大肆杀掠,老弱尽死,少壮者驱挚以去,畜产禾稼荡尽,辽东大震。镇巡等官太监孙振等奏报匿不以实,巡按监察御史车梁以闻。兵部议请遣官按问文毅等罪状,并核实杀虏官军人畜之数,奏闻裁处。上从之。

《明孝宗实录》卷一七六,弘治十四年七月乙丑	《五边典则》卷六《宣大》
监督军务太监苗逵等檄召宣府、大同等处,选逻卒二百五十人赴延绥哨探。宣府总兵官张俊持不可,逵等劾俊故违节制,请治之罪。兵部议谓"宣府逻卒止知本处乡导,延绥河套数千余里,地利夷险非素所谙悉,且俊实为地方虑,恐未可治罪"。命逵等所取逻卒发至延绥军前听用,张俊姑宥之。	监督军务太监苗逵等檄召宣府、大同等处选逻卒二百五十人赴延绥哨探。宣府总兵官张俊持不可,逵等劾俊故违节制,请治之罪。兵部议谓"宣府逻卒止知本处乡导,延绥河套数千余里,地利夷险非素所谙悉,且俊寔为地方虑,恐未可治罪"。命逵等所取逻卒发至延绥军前听用,张俊姑宥之。

《明孝宗实录》卷六,成化二十三年十一月戊戌	《五边典则》卷一四《陕西》
兵部言:"镇守甘肃都督周玉等奏称,瓦剌养罕王屡至赤斤罕东窃掠,云欲犯甘肃,近与罕慎缔亲,又遣使随哈密使臣奏欲入贡,此其情皆不可测。请各差通事,省谕罕慎辑和诸夷抚绥部落,瓦剌果欲入贡,当从旧路而进,并敕镇巡等官严为之备。"从之。	一月兵部言:"镇守甘肃都督周玉等奏称,瓦剌养罕王屡至赤斤罕东窃掠,云欲犯甘肃,近与罕慎缔亲,又遣使随哈密使臣奏欲入贡,其情叵测。请各差通事,省谕罕慎辑和诸夷抚绥部落,瓦剌果欲入贡,当从旧路而进,并敕镇巡等官严为之备。"从之。

《明孝宗实录》卷五一,弘治四年五月甲午	《五边典则》卷二〇《西南》
致仕南京工部尚书程宗赎杖还职,仍致仕。先是本邦宣慰司头目思柄劫占本司地方,宗以右副都御史奉朝命率房班苏铨抚谕之,铨受思柄金,绍①宗为之奏,设孟密安抚司,即以思柄为安抚,铨复嗾思柄焚所占木邦分地孟邦等十八寨,伪为状归之木邦,实未归也。思柄由是益横,至是本邦宣慰罕㐲法发其事,时宗以尚书致仕,巡按御史请追治其罪,狱具。上以宗处事不审,宜寘重罪,但事在革前,姑依拟赎杖云。	四年五月致仕南京工部尚书程宗赎杖还职,仍致仕。先是木邦宣慰司头目思柄劫占本司地方,宗以都御史奉朝命率序班苏铨抚谕之,铨受思柄金,给宗为之奏,设孟密安抚司即以思柄为安抚,铨复嗾思柄焚所占木邦分地孟八等十八寨,伪为状归之木邦,实未归也,思柄由是并横,至是木邦宣慰罕㧌法发其事,时宗以尚书致仕,巡按御史请追治其罪,狱具。上以宗处事不审,宜寘重罪,但事在革前,姑依拟赎杖云。

职官类,《明孝宗实录》为《馆阁漫录》《礼部志稿》等提供了史料。张元忭的《馆阁漫录》以编年体体例记载了洪武至正德时期的翰林诸事,包括翰林院出身的官员其任命、升迁、传记等以及翰林院职掌与相关制度。该书卷七、卷八参考了《明孝宗实录》中的内容。如南京礼部尚书黎淳、礼部右侍郎费闿、大学士刘吉、詹事府詹事兼侍读学士陆简、大学士丘濬、礼部尚书兼学士彭华、礼部右侍郎兼学士程敏政、国子监祭酒刘震等人的传记内容完全与《明孝宗实录》所记相同。

《礼部志稿》是明朝天启年间官修礼部志书,记载了明代礼部职掌与礼仪制度,具体包括诏谕、历官表、奏疏、列传等,并分类记载了学校、科考、宗藩、祭祀、朝贡等制度的沿革变化。其参考《明孝宗实录》的部分散见于

---

① 据《明孝宗实录校勘记》改作"绐",台湾"中研院"史语所,1962年,第140页。

各卷中，兹举朝贡、太医事例中的各一例如下：

《明孝宗实录》卷三四，弘治三年正月丙子	《礼部志稿》卷九〇《乌思藏区处》
近例乌思藏番僧三年一贡，令四川布政司比号相同，并有番王印信番字奏启，方许其法王卒止用本处僧徒袭职，不由廷授。至是辅教王遣番僧锁巴等保送大乘法王袭职入贡，乃欲自洮州而入。洮州守备官据例阻回，以其事闻。下礼部议，谓："有前例宜行洮州守备官，于锁巴内令四五人赍执勘合前往四川布政司比号，果系原降辅教王处勘合字号相同，本司宜即差人具奏，并给与印信文书，仍令回至洮州守备官再行审验。其大乘法王处所差者，许令入贡，然不许其奏请袭职。若辅教王处所差者准作弘治三年一贡，沿途量起人夫护送方物至京，如其字号不同，及有诈冒别情，宜从四川镇巡官并洮州守备官径自奏闻，以凭区处。"从之。	弘治三年议处乌思藏等处番僧三年一贡，令四川布政司比号相同，并有番王印信番字奏启，方许其法王卒止用本处僧徒袭职，不繇廷授。至是辅教王遣番僧舒巴勒保送大乘法王袭职入贡，乃欲自洮州而入。洮守备官据例阻回，以其事闻。下礼部议，谓："有前例宜行洮州守备官，于舒巴勒内令四五人赍执勘合前往四川布政司比号，果系原降辅教王处勘合字号相同，本司宜即差人具奏，并给与印信文书，仍令回至洮州守备官再行审验。其大乘法王处所差者，许令入贡，然不许其奏请袭。若辅教王处所差者准作弘治三年一贡，沿途量起人夫护送方物至京，如其字号不同，及有诈冒别情，宜从四川镇巡官并洮州守备官经自奏闻，以凭区处。"从之。

《明孝宗实录》卷六九，弘治五年十一月戊寅	《礼部志稿》卷八九《严医学考试》
礼部议覆太医院院判刘文泰之奏，请命太医院精选年二十以下，十五以上官生子弟送审本部，发本院分拨各馆习学。仍推素读儒书精医业者，不分有无官职，或三人或二人教之，本院堂上官相兼提督，四季考其怠惰者责罚，仍定三年一考，五年三考，俱令本院堂上官一员择取医官二员，率子弟赴礼部公同出题考试。果通医业准充医士，否则发回本院听习一年再试，三试不中黜退宁家。其子弟止令专习医业，不许营求科举以贰其心。若五年考试并前成材者，多其教师，无官者奏请量升一职，有官者量加旌擢。从之。	弘治四年十一月戊寅礼部议覆太医院院判刘文泰之奏，请命太医院精选年二十以下，十五以上官生子弟送审本部，发本院分拨各馆习学。仍推素读儒书精医业者，不分有无官职或三人或二人教之，本院堂上官相兼提督，四季考其怠惰者责罚，仍定三年一考，五年三考，俱令本院堂上官一员择取医官二员，率子弟赴礼部公同出题考试。果通医业准充医士，否则发回本院听习一年再试，三试不中黜退宁家。其子弟专令习医业，不许营求科举以贰其心。若五年考试并前成材者，多其教师，无官者奏请量升一职，有官者量加旌擢。从之。

明代中后期典籍参考《明孝宗实录》的还有很多,从体例看,有编年体、纪传体、方志体等,这与《明实录》在嘉靖以后大量流传有关。如王世贞曾于徐阶家中阅读过《明实录》,并认识到实录的一些缺陷,立志纂修一部明代的国史,其《弇山堂别集》等大量参考了《明实录》的记载,并在《史乘考误》中对实录记载的谬误之处进行辨析与纠正。何乔远的《名山藏》乃是一部私修国史,仿照纪传体,全书由三十七"记"组成,其中卷一至卷二九为《典谟记》,按时间顺序记载了洪武至隆庆十三朝的大事,这部分主要依据《明实录》而成。

至清代不论官修抑或私人修明史,《明实录》成为基本史源,自然包括《明孝宗实录》在内。如谈迁的编年体史书《国榷》取材于明历朝实录,同时也指出了实录的不足之处。其称实录:"见其表,其在里者已不可见。况革除之事,杨文贞(士奇)未免失实,泰陵之盛,焦泌阳(芳)又多丑正,神熹之载笔者皆宦逆阉之舍人。至于思陵十七年之忧勤惕厉,而太史遁荒,皇成烈焰,国灭而史亦随灭,普天心痛。"①万斯同修纪传体《明史稿》,肯定了《明实录》的史料价值:"少馆某所,其家有列朝实录,吾默识暗诵,未敢有一言一事之遗也。长游四方,辄就故家耆老求遗书,考问往事。旁及郡志、邑乘,私家撰述,靡不搜讨,而要以实录为指归。"②清官修《明史》即在万斯同所修基础上经王鸿绪修订,由张廷玉等人编纂而成,其史源自然离不开《明实录》。

二、正直编纂官对焦芳曲笔的抵制

《明孝宗实录》不仅为明代中后期及清代史书提供史源,在明代历朝实录中亦因内容详细而闻名,然又以曲笔而降低声誉。清代史家徐乾学评论各实录的特点道:"明之实录,洪、永两朝,最为率略。莫详于弘治,而焦芳之笔,褒贬殊多颠倒。莫疏于万历,而顾秉谦之修纂,叙述一无足采。其叙事精明而详略适中者,嘉靖一朝而已。仁、宣、英、宪胜于文皇,正德、隆庆劣于世庙,此历朝实录之大概也。"③据上文所述,《明孝宗实录》所记文臣传记、宗室赐名、召对等信息总体较洪、永两朝实录详细,而记载的可信

---

① (清)黄宗羲:《南雷文定》卷七《谈孺木墓表》,《四库全书存目丛书》集部第205册,第203页。
② (清)方苞:《望溪先生文集》卷一二《万季野墓表》,中国书店,1991年,第163页。
③ (清)徐乾学:《憺园文集》卷一四,《续修四库全书》第1412册,第490页。

度确因焦芳曲笔而受到质疑,尤其对某些历史人物的评价是非颠倒,影响了其在实录中的地位。明代众史家对此莫不深感遗憾,纷纷请求重修或校勘,并且也做了一些具体工作,通过自己的著作进行辩白,如王世贞的《史乘考误》等。

再如嘉靖年间参与编撰的董玘,建议对孝宗实录进行重新校勘,纠正其中焦芳曲笔的部分:

> 伏望特旨将内府所藏《孝宗实录》正本一并发出,仍敕总裁大学士杨某等及此时曾与纂修备谙本末者数人,逐一重为校勘。凡十八年之间,诏令之因革,治体之宽严,人才之进退,政事之失得,已据实者,无事纷更,至若出焦芳一人之私者,悉改正之。其或虽出于芳而颇得实状者,亦自不以人废,则为费不多,事亦易集,使敬皇知人之哲无为所诬,诸臣难明之迹得以自雪,而人皆知公是公非所在,不容少私。如芳者,纵或肆行于一时,而竟亦莫掩于身后,庶乎孝宗一代之书藏之中秘而传于无穷者,必可据以为信矣。不然,万世之下,安知此为芳之私笔也哉?仰惟圣明临御以来,先朝积敝厘革殆尽,惟此关系于国典者甚大,郁而未白,臣窃惜之。倪俯察愚言,恻然允纳,亦初政用慰舆情之一助也。①

这一建议得到了当时很多人的认可,"疏上,士论惬然"②。

虽然焦芳依附刘瑾,权倾朝野,控制了《明孝宗实录》的编纂,但并非所有史官皆屈从于权势,在编纂过程中,亦有很多编纂官坚持据实直书,勇于抗拒焦芳歪曲史实的行为。焦芳在成化、弘治年间不得志,因此挟私怨诬蔑很多名臣,但现在看到的《明孝宗实录》对其中一些原本受到污蔑的人物如叶盛、彭韶等记载已较为客观,董玘对此当有所贡献。"《孝庙实录》经焦芳笔,如叶盛、彭韶、何乔新等海内名卿、长者咸遭诋诬,他日刊其谬误,归之雅驯,得董玘力多。"③叶盛本人卒于成化十年,其传记存于《明宪宗实录》中,有关其事迹在《明孝宗实录》共出现六次,并未有诋毁之处。《明孝宗实录》卷二六记载镇守宣府太监孙振上奏,回忆叶盛曾巡抚宣府时买官牛千八百余具并置农具种子。卷三〇记载工部侍郎孔镛卒,其在叶盛推荐下升高州府知府。卷七五记载右军都督府都督佥事李咏卒,其曾同叶盛巡历保定等府赈济饥民擒捕盗贼。卷八〇记载左都督范瑾卒,其由叶盛推荐镇守宁夏。卷九六彭韶卒,其曾上疏请召用李秉、叶盛。卷一六八

---

① (明)董玘:《中峰集》卷二《校勘实录疏》,中华书局,2016年,第58页。
② (明)焦竑:《玉堂丛语》卷四,中华书局,1981年,第132页。
③ (明)黄景昉:《国史唯疑》卷五,《续修四库全书》第432册,第70页。

记载命叶盛之孙叶梦、叶淇为国子监生。以上当符合历史事实。

《明孝宗实录》彭韶传记亦未见诋毁之处,且详细描述了彭韶不畏权贵,将安远侯柳景依法处置的事迹。其文曰:

> 刑部尚书彭韶卒。韶,字凤仪,福建莆田县人。天顺元年进士,授刑部主事,升员外郎,尝上疏劾都御史张岐,请召用王竑、李秉、叶盛,下锦衣卫狱,都给事中毛弘等救之,得释。进郎中,又以论谏外戚、指挥周遵田土,复下锦衣卫狱,科道官交救之,得释。累升四川按察司副使、按察使,广东左布政使。时太监梁芳弟锦衣卫千户德采禽鸟进贡,扰民,韶言其状,调贵州左布政使,寻升都察院右副都御史、巡抚应天等府。召为大理寺卿,未至,以论镇守进贡害民,改右副都御史、巡抚顺天等府,兼整饬边务。升刑部右侍郎,属浙江弗靖,命往巡视,事定,因命兼左佥都御史、清理两浙盐法。还,转吏部左侍郎,时三原王恕为尚书,韶佐之,皆不徇请托,选法为清。久之,升刑部尚书,安远侯柳景镇守两广,都御史秦纮发其赃以万计,有旨逮问,韶抵景于法,革爵。景挟奥援,欲倾纮,韶力救之,景赃追至八百两,余命停追,韶复引唐宣宗元舅郑光纳官租事,请如数追纳,后以疾乞休。命给驿归,赐月米二石,岁舆隶四人。至是卒,讣闻,赠太子少保,谥惠安,赐祭葬。韶居家孝友,立朝执法不挠,其在外,理冤别蠹,恒以敦俗为意,好问学,公暇手不释卷,其志节至老不变云。①

由上可见,《孝宗实录》中对叶盛和彭韶并无诋毁,经过董玘等人的努力,焦芳笔削任意的现象得到了限制。董玘为澄清史实所做的贡献受到了《明武宗实录》修纂总裁官费宏的赞叹:"《孝宗实录》焦芳多以意毁誉其间,而武宗朝大奸相继乱政,其事纷杂,诸史官相顾不能书,董公玘于纪载详而不冗,简而能尽,又因以正前录之讹谬,归之至公,其有功于国史甚大。"②

此外,顾清不畏权贵,实事求是,"正德初还朝与修《孝庙实录》,书妖人李孜省事,焦公芳与彭文思公有隙,欲诬其附以得进,贻公以风闻书,公云据实直书史职也,他不敢与闻,焦不能敚。中官蒋琮诬逐台谏涉历既久,章疏杂沓,时逆瑾方炽,金畏触其党,莫敢涉笔,公潜披精核,尽载其实,有嫌而欲节略者,公不为动"③。虽然焦芳最后还是将一些诬陷彭华之事写入实录,但顾清在一定程度上限制了曲笔的程度,同时勇于据实披露中官

---

① 《明孝宗实录》卷九六,弘治八年正月己未,第1763页。
② (明)焦竑:《玉堂丛语》卷四,中华书局,1981年,第131页。
③ (明)焦竑:《玉堂丛语》卷四,中华书局,1981年,第131页。

蒋琮的言行。

徐穆参与编修《孝宗实录》时,"去取必当,是非不谬"①,当时不附刘瑾者大约有十几人,因此《孝宗实录》修成后,部分编纂官不仅没有得到奖赏,反而被调职,"实录成,瑾怒未解,史官当进秩者却不与,又谬谓文士不谙世故,摘其所深恶者十余人,改部属,扩充政务"②。此事《明史》认为由焦芳父子等唆使刘瑾所为:"瑾怒翰林官傲己,欲尽出之外,为张彩劝沮。及修《孝宗实录》成,瑾又持前议,彩复力沮。而芳父子与检讨段炅辈,教瑾以扩充政事为名,乃尽出编修顾清等二十余人于部曹。"③刘瑾、焦芳所深恶者,当包括在实录纂修过程中没有按其意愿去改编史实者。即所谓"出编修顾清、汪俊、王九思、徐穆、吴一鹏、李廷相、崔铣、温仁和、穆孔晖、汪伟、翟銮、易舒诰、贾咏、刘龙、陆海、李继先、董玘等于南北部属"④,美其名曰"扩充政务","实抑之"⑤。这些原本的翰林官被调往各部,仕途受到较大影响。

李东阳通过撰写《进实录表》对可疑记载保持怀疑态度。《明实录》以据实直书为编纂原则,《明孝宗实录》总裁李东阳虽然碍于刘瑾权势,对焦芳行为无力阻止,但保持信史精神,《进实录表》中曰:"疑传疑、信传信,庶以备于将来。""疑以传疑"指的是遇有不可靠、有所怀疑的史料时,宁可传疑、存疑,也不主观臆测,妄作判断。这种做法在此前实录的《进实录表》中未见强调,盖因李东阳对《明孝宗实录》中值得怀疑之处,无法凭一己之力进行澄清,以此提醒众人阅读时需保持存疑的态度。"同官李东阳等畏避其恶,皆不敢为异同,故表中有传疑传信,庶以备于将来之语云。"⑥通过李东阳自己的陈述可知其用意在于将来要重修孝宗实录:"瑾诛后,欲请于上重修之,予(杨廷和)曰:'重修恐致纷纷'。西涯(李东阳)曰:'先生忘表中之言乎?'是曰是,非曰非,岂得专于独见?疑传疑,信传信,庶以备于将来。予为此表时,意正在今日也。'"⑦

嘉靖元年,御史卢琼趁纂修《武宗实录》之际,上疏请求改撰《孝宗实

---

① (明)费宏:《费文宪公摘稿》卷一九《翰林院侍读学士徐君舜和墓表》,《续修四库全书》第1331册,第653页。
② (明)费宏:《费文宪公摘稿》卷一九《翰林院侍读学士徐君舜和墓表》,第653页。
③ (清)张廷玉等:《明史》卷三〇六《阉党传·焦芳》,中华书局,1974年,第7835页。
④ (明)何乔远:《名山藏》卷九五宦者杂记《刘瑾》,《续修四库全书》第427册。
⑤ (明)邓元锡:《皇明书》卷九《武宗毅皇帝帝纪》,《四库全书存目丛书》史部第29册,第116页。
⑥ 《明武宗实录》卷四九,正德四年夏四月壬午,第1119页。
⑦ (明)杨廷和:《杨文忠三录》卷三《视三余录》,第801页。

录》,①然而纂修实录是国家大事,实录修成非有大的政治变故一般不会重修,最终世宗亦没有同意,"孝宗录虽焦芳笔削任情,但当时大政大议及人才忠邪,天下自有公论,不必改修。其系一人一事者,令纂修官因事别白之"。晚明史家沈德符称赞世宗此举,"盖大典既定,恐改述者仍踵前辙,复任私意,上虑远矣"②。世宗并未同意重修《孝宗实录》,一方面恐重修者仍无法做到公是公非,同时也是对《孝宗实录》整体史学价值的肯定。

总之,除焦芳挟私导致个别记载不实之外,因弘治一朝政局相对平稳,孝宗皇帝深得正德君臣的一致肯定,避免了如太祖、太宗、英宗等朝的纷争,故大政大议方面的记载争议较少。此外在以董玘为首的大部分正直编纂官努力下,《明孝宗实录》的编纂总体遵循了直书实录的传统思想,保存了明孝宗时期大量原始史料,依旧是研究该段历史最重要的文献。加之《明孝宗实录》凡例增加了新的规定,记载信息量大,编撰更趋规范,在《明实录》中占据重要地位,其史学价值显而易见,似不应因焦芳所为而被过度否定。

---

① (明)沈德符:《万历野获编》补遗卷一《重修国史》,中华书局,1959年,第801页。
② (明)沈德符:《万历野获编》补遗卷一《重修国史》,中华书局,1959年,第801页。

下　编

史实记载辨误篇

《明孝宗实录》内容丰富，涉及政治、经济、军事、地理、制度、文化、宗教、社会风俗、名物、民族、中外关系等各个领域，是了解和研究孝宗时期历史最重要的资料。然而该书只有抄本传世，其文字讹、脱、衍、倒现象非常多，并有不少难辨、模糊不清之处。尤其经济、军事、法律、礼仪制度方面的专门名词，宗教、民族、中外关系中不同语言环境下的人名称谓等内容易出现讹误且难以辨别。加之实录编纂过程中亦难免出现失误，造成时间、地点等内容记载错误。上编中对某些错误记载已略有提及。不论是编纂过程中的撰写之误，还是传抄时的抄写之误，均对研究这一时期的历史造成了不良影响，甚至颠倒是非，歪曲了某些历史人物的真实面貌，影响了对历史事实的正确认知，职是之故，极有必要对其进行纠正。以上所述《明孝宗实录》错误类型繁多，致误原因亦各不相同，兹选取部分事例陈列于下。①

第八章　名称记载错误考辨

第一节　人名错误

《明孝宗实录》人名错误包括人物姓氏、名、字等错误。这些错误是因为字形相近或发音相同等原因而导致误写或误抄，亦有人名张冠李戴者。

《进孝宗实录表》页三行十一　臣锐

[原校]抱本"锐"作"铣"，是也。

[新校]按，此人负责《明孝宗实录》稽考参对。据《明武宗实录》正德

---

① 校勘说明：校勘所采用底本为1962年台湾"中研院"史语所校印本。其每一条开头所记页码和行数，是指本条所校勘的内容在史语所校印本《明孝宗实录》中的位置；页码和行数之后所写的短语，是本条校勘对象及出处。[原校]是指史语所印本的校勘记，其中抱本为抱经楼本的简称，阁本为明天一阁抄本的简称，广本为广方言馆本的简称。三本指抱本、阁本、广本。馆本为国立北平图书馆藏红格抄本的简称。中本指"中央图书馆"藏旧抄本。[新校]是本次校勘根据其他史料所作的校勘长编，末尾附以所得出的结论。其中梁本为1941年梁鸿志所影印的江苏国学图书馆藏抄本。日本内阁文库藏本即《皇明实录》全501册，为晚明时期抄本。

二年冬十月戊寅条①记载："授庶吉士崔铣、严嵩、湛若水、陆深、翟銮、徐缙为翰林院编修"②，同书正德四年夏四月壬午记载以纂修实录成，赏"编修崔铣"③，同书正德四年五月丁未记载吏部上纂修等官历俸入馆浅深及升职旧例，得旨"崔铣……以未谙事体，令量调外任。"④崔铣《太子少保吏部尚书赠太子太保谥襄毅许公神道碑》记载："戊辰，铣叨充史官，参对孝皇实录，补续缺遗……"⑤黄佐《翰林记》卷十二《稽考参对》记载："《孝宗实录》稽考参对者……编修崔铣……"⑥故"锐"当为"铣"。

《进孝宗实录表》页三行十二　　臣俊

[原校]抱本"俊"作"缙"，是也。

[新校]按，此人担任《明孝宗实录》稽考参对官，《明孝宗实录》修纂官记载"稽考参对……翰林院检讨臣……徐缙。"《明武宗实录》正德四年夏四月壬午记载以纂修实录成，赏"编修……徐缙"⑦，黄佐《翰林记》卷一二记载《孝宗实录》稽考参对者有编修"徐缙"⑧。"俊"当为"缙"。

《进孝宗实录表》页三行十二　　臣黄忠

[原校]抱本"忠"作"中"，是也。

[新校]按，此人担任《明孝宗实录》稽考参对官，《明孝宗实录》修纂官记载"稽考参对……翰林院检讨臣……焦黄中"，黄佐《翰林记》卷一二记载《孝宗实录》稽考参对者有检讨"焦黄中"⑨，《明武宗实录》正德四年夏四月壬午记载以纂修实录成，赏"检讨……焦黄中"⑩，张朝瑞《皇明贡举考》卷六第二十六页下记载"焦黄中，河南泌阳县"⑪。"忠"当为"中"。

卷七页十二上行二　　致事佥事张懋

[新校]本卷成化二十三年十一月甲子御史姜洪推荐"佥事章懋"⑫，《明宪宗实录》载成化九年五月壬辰"升南京大理寺左评事章懋……为福建按察司佥事"⑬。《明孝宗实录》成化二十三年十月戊子，工部主事林沂

---

① 以下所引《明实录》干支后均省略"条"字。
② 《明武宗实录》卷三一第二页下第二行，第770页。
③ 《明武宗实录》卷四九第九页上第四行，第1123页。
④ 《明武宗实录》卷五〇第八页上第十二行，第1149页。
⑤ （明）崔铣：《洹词》卷七，《文渊阁四库全书》第1267册，第541页上。
⑥ （明）黄佐：《翰林记》卷一二《稽考参对》，《文渊阁四库全书》第596册，第990页下。
⑦ 《明武宗实录》卷四九第九页上第四行，第1123页。
⑧ （明）黄佐：《翰林记》卷一二，《文渊阁四库全书》第596册，第990页下。
⑨ （明）黄佐：《翰林记》卷一二，《文渊阁四库全书》第596册，第990页下。
⑩ 《明武宗实录》卷四九第九页上第五行，第1123页。
⑪ （明）张朝瑞：《皇明贡举考》卷六，明万历刻本。
⑫ 《明孝宗实录》卷七第十九页上第七行，第151页。
⑬ 《明宪宗实录》卷一一六第一页下第一行，第2242页。

建议起用"致事（当作致仕——引者注）佥事章懋"①，本书弘治元年四月辛丑礼部会官议覆林沂所言"佥事章懋尚未召用"②，本书弘治十四年六月壬午"起福建按察司致仕佥事章懋为南京国子监祭酒"③。林俊《明文懿公枫山章先生行状》记作"枫山章先生讳懋……迁福建按察佥事……致仕以去"④，《国朝献征录》卷三十六黄佐记载南京礼部尚书章懋"擢福建按察佥事……疏求谢事"⑤，过庭训《本朝分省人物考》卷五三记作"章懋"⑥。当作"致仕佥事章懋"。

卷七页十二下行十一　谪戍人……黄越

[原校]抱本"越"作"钺"。

[新校]《明宪宗实录》成化十八年十一月乙卯"太监覃昌传，奉圣旨升……儒士黄钺俱鸿胪寺主簿"⑦，同书成化二十一年二月己未吏部奏列传奉升除者"鸿胪寺寺丞……黄钺"⑧，同书成化二十二年十二月甲申记载："内官熊保奉命往河南，以鸿胪寺带俸右寺丞黄钺等二十一人自随。"⑨王世贞《弇山堂别集》记载"黄钺等五人拨置害人，罪恶尤重，俱押发辽东铁岭卫充军"⑩。当以"黄钺"为是。

卷八页六下行三　镇守苏州等处署督佥事李鉊

[新校]按，原文"李"字后"鉊"或"铭"难辨。日本内阁文库藏本记载："镇守蓟州等处署都督佥事李铭言……"据《明宪宗实录》成化十五年五月癸未记载"升分守燕河营右参将都指挥佥事李铭为署都督佥事，充总兵官，镇守蓟州永平山海等处"⑪，《明宪宗实录》成化二十一年秋七月戊午记作"镇守蓟州等处总兵官署都督佥事李铭等以六月久雨……"⑫。《明孝宗实录》弘治五年三月丙申记作"镇守蓟州等处署都督佥事李铭以老乞罢"⑬。马文升《为敌情事》记载："镇守蓟州永平山海关等处内官监太监罗

---

① 《明孝宗实录》卷五第四页上第四行，第89页。
② 《明孝宗实录》卷一三第三页上第十二行，第297页。
③ 《明孝宗实录》卷一七五第一页下第十行，第3190页。
④ （明）林俊：《见素集》卷二四《明文懿公枫山章先生行状》，《文渊阁四库全书》第1257册，第276页下。
⑤ （明）焦竑：《国朝献征录》卷三六，《四库全书存目丛书》史部第101册，第719页下。
⑥ （明）过庭训：《本朝分省人物考》卷五三，《续修四库全书》第534册，第444页下。
⑦ 《明宪宗实录》卷二三四第四页下第十二行，第3984页。
⑧ 《明宪宗实录》卷二六二第二页下第十一行，第4436页。
⑨ 《明宪宗实录》卷二八五第二页下第七行，第4820页。
⑩ （明）王世贞：《弇山堂别集》卷九三《中官考四》，中华书局，1985年，第1773页。
⑪ 《明宪宗实录》卷一九〇第八页下第八行，第3390页。
⑫ 《明宪宗实录》卷二六八第三页上第二行，第4529页。
⑬ 《明孝宗实录》卷六一第十五页下第十一行，第1190页。

能题准,总兵官署都督佥事李铭手本"①。《四镇三关志》记有蓟镇镇守总兵"李铭山东人、刘福宁晋伯"②。《明孝宗实录》本条下文记载:"近奉诏例镇守官僭称总兵名目者皆改正,苏州关防乃有总兵官字,乞为改给。"据《明孝宗实录》弘治五年四月甲寅记载:"命加镇守蓟州等处宁晋伯刘福为总兵官,凡武臣不佩将军印者不得称总兵,福以伯爵出守,援例以请,从之,寻给总兵关防。"③即李铭致仕后,新任镇守蓟州刘福奏请加总兵官名目。综上,疑当作"镇守蓟州等处署都督佥事李铭",此处"李韶"查无此人,下文"苏"同改为"蓟"。

卷八页十一下行十　唐王芝北

[**原校**]"北"应作"址"。《明史·诸王表》谓唐王成化二十一年卒,误。

[**新校**]《明宪宗实录》成化二十一年夏四月己未记载"唐王芝北母妃宋氏薨"④,同书成化二十二年三月乙卯记载"赐唐王芝北折色禄米"⑤,同书成化二十一年十一月丙辰记作"唐王芝北"⑥,同书成化十八年九月丁酉记载"唐王芝北妃辛氏薨"⑦。《明孝宗实录》成化二十三年十二月戊辰载"唐王芝北……请诣阙称贺"⑧。《名山藏·典谟记》记载:"成化十三年四月封芝北为唐王。"⑨而《明英宗实录》景泰二年三月壬子记作"唐府舞阳王芝址"⑩,《明宪宗实录》成化十年十一月甲子记载"赐唐府舞阳王芝址折色禄米"⑪,同书成化十三年四月庚子记作"册封唐世子芝址为唐王"⑫。《吾学编》记作"芝址成化十三年以舞阳王嗣王,二十三年卒"⑬。《名山藏·典谟记》记作"(十二月)唐王芝址薨"⑭。《弇山堂别集》记作"唐王芝址(成化末孝庙初)"⑮,《国榷》记载:"唐王芝址薨,年五十四,谥曰庄。"⑯按,唐

---

① (明)黄训:《名臣经济录》卷四〇,《文渊阁四库全书》第444册,第212页下。
② (明)刘效祖:《四镇三关志》卷八《蓟镇职官》,《四库禁毁书丛刊》史部第10册,第457页下。
③ 《明孝宗实录》卷六二第三页下第八行,第1198页。
④ 《明宪宗实录》卷二六四第三页上第四行,第4475页。
⑤ 《明宪宗实录》卷二七六第三页下第一行,第4648页。
⑥ 《明宪宗实录》卷二七二第二页上第八行,第4587页。
⑦ 《明宪宗实录》卷二三二第一页上第九行,第3957页。
⑧ 《明孝宗实录》卷八第二页上第五行,第157页。
⑨ (明)何乔远:《名山藏》卷一六,《四库禁毁书丛刊》史部第46册,第361页上。
⑩ 《明英宗实录》卷二〇二第五页下第二行,第4326页。
⑪ 《明宪宗实录》卷一三五第二页下第十二行,第2532页。
⑫ 《明宪宗实录》卷一六五第一页下第四行,第2982页。
⑬ (明)郑晓:《吾学编》同姓诸王传卷二《唐王》,《续修四库全书》第1024册,第257页上。
⑭ (明)何乔远:《名山藏》卷一八,《四库禁毁书丛刊》史部第46册,第389页下《典谟记》。
⑮ (明)王世贞:《弇山堂别集》卷七〇,中华书局,1985年,第1316页。
⑯ (清)谈迁:《国榷》卷四一,中华书局,1958年,第2556页。

府芝辈子弟命名第三字从"土"旁。当以"芝址"为是。

卷十页十二上行十　彭网邵贤原任员外郎调知州

[原校]抱本"网"作"纲",疑是也。

[新校]据《明宪宗实录》成化二十二年二月辛丑记载:"员外郎彭纲……各坐罪有差,于是调……纲贵州永宁州知州。"①《明孝宗实录》成化二十三年十二月辛卯叙李孜省死时记载:"……兵部员外郎彭纲劾之,皆被谪。"②同书弘治七年三月乙巳记载:"升河南汝州知州彭纲为河南按察司佥事。"③《明清进士题名碑录索引》记作"彭纲",成化十一年进士④。当以"纲"字为是。

卷十一页十三上行十　镇守太监韦郎

[新校]《明孝宗实录》弘治四年六月辛亥作"镇守太监韦郎"⑤,余子俊《紧急声息事》记"辽东镇守太监等官韦郎等奏称……"⑥。而《明宪宗实录》成化十年八月甲午条载"升镇守辽东少监韦朗为太监"⑦,同书成化十四年冬十月乙卯记作"镇守辽东太监韦朗"⑧,同书成化二十年秋七月壬辰记作"辽东镇守太监韦朗"⑨,同书成化十三年夏四月辛丑、成化十六年冬十月丁巳记作"太监韦朗"⑩。余子俊《处置地方事》作"镇守辽东太监韦朗题称"⑪。倪岳《青溪漫稿》卷一二《灾异》记载"钦差镇守辽东御马监太监韦朗题"。王世贞《弇山堂别集》记作"六月,兵科都给事中吴原等劾奏辽东镇守太监韦朗……"⑫。嘉靖《辽东志》记载"韦朗,广东人,御马监太监兼监枪"⑬。"韦郎"疑当作"韦朗"。

卷十二页九下行九　监察御史陈壁

[新校]《明宪宗实录》成化二十年八月乙丑载:"实授试监察御史……

---

① 《明宪宗实录》卷二七五第十页上第一、五行,第4639页。
② 《明孝宗实录》卷八第十二页下第十一行,第178页。
③ 《明孝宗实录》卷八六第四页上第八行,第1603页。
④ 朱保炯、谢沛霖编:《明清进士题名碑录索引》,上海古籍出版社,1980年,第1365页。
⑤ 《明孝宗实录》卷五二第二页上第四行,第1027页。
⑥ (明)余子俊:《紧急声息事》,(明)黄训:《名臣经济录》卷四〇,《文渊阁四库全书》第444册,第204页上。
⑦ 《明宪宗实录》卷一三二第四页下第五行,第2492页。
⑧ 《明宪宗实录》卷一八三第六页上第七行,第3305页。
⑨ 《明宪宗实录》卷二五四第二页下第三行,第4290页。
⑩ 《明宪宗实录》卷一六五第二页上第七行,第2983页;卷二〇八第四页上第十一行,第3625页。
⑪ (明)余子俊:《处置地方事》,载《余肃敏公奏议·本兵类》。
⑫ (明)王世贞:《弇山堂别集》卷九二《中官考三》,中华书局1985年,第1765页。
⑬ 嘉靖《辽东志》卷五《官师志》,《续修四库全书》第646页,第581页。

陈壁为监察御史。"①《明孝宗实录》弘治元年闰正月己卯②、弘治元年七月甲戌③、弘治五年六月丁巳④、弘治六年三月癸巳⑤皆记为"监察御史陈璧",同书弘治十三年七月戊午记载:"升山东按察司副使陈璧……俱为按察使。"⑥《明武宗实录》正德九年十一月壬申记载:"陈璧卒。"⑦《本朝分省人物考》所载其传记作"陈璧"⑧。嘉靖《山东通志》记作"陈璧……壬辰进士,弘治三年巡按"⑨,同卷有按察副使"陈璧"。《明清进士题名碑录索引》载陈璧为山西太原左卫人,系明成化八年进士⑩。由上可判断"陈壁"疑应为"陈璧"。

卷十三页四上行十二　平阳府知府琮等

[原校]三本"琮"上有"李"字,是也。

[新校]《明孝宗实录》弘治三年五月壬戌记载"升……山西平阳府知府李琮为湖广左参政"⑪。李东阳《明故福建布政使司左布政使李公墓志铭》记载:"公姓李氏,讳琮,字义方……天顺壬午,举乡贡,甲申,登进士第……壬寅(成化十八年),擢知平阳府,庚戌(弘治三年),擢湖广布政司左参议。"⑫李濂《平阳李侯歌》记作"平阳太守李琮,弘治初莅郡,有惠政"⑬。乾隆《平阳府志》记载:"李琮,成化十九年知平阳府。"⑭由上可知,李琮曾于成化末年至弘治初任平阳府知府,当补"李"字。

卷十三页十三上行五　通政使司右通政毛纶

[原校]阁本、抱本"纶"作"伦"。

[新校]《明宪宗实录》成化二十年十二月乙亥记载:"升通政司左参议毛伦为右通政。"⑮同书成化二十一年十二月丁酉记载:"通政司右通政毛

---

① 《明宪宗实录》卷二五五第二页上第六行,第4307页。
② 《明孝宗实录》卷一〇第十页上第十一行,第221页。
③ 《明孝宗实录》卷一六第六页上第一行,第393页。
④ 《明孝宗实录》卷六四第四页下第十一行,第1236页。
⑤ 《明孝宗实录》卷七三第六页下第二行,第1374页。
⑥ 《明孝宗实录》卷一六四第三页上第十行,第2973页。
⑦ 《明武宗实录》卷一一八第五页上第二行,第2389页。
⑧ (明)过庭训:《本朝分省人物考》卷九九,《续修四库全书》第535册,第682页下。
⑨ 嘉靖《山东通志》卷十《职官》,《四库全书存目丛书》史部第188册,第39页上。
⑩ 《明清进士题名碑录索引》,上海古籍出版社,1980年,第2162页。
⑪ 《明孝宗实录》卷三八第五页上第六行,第809页。
⑫ 《李东阳集》文后稿二十五,岳麓书社,1985年,第3册,第374页。
⑬ (明)李濂:《嵩渚文集》卷四,《四库全书存目丛书》集部第70册,第396页上。
⑭ 乾隆《平阳府志》卷二〇《宦绩》,第24页。
⑮ 《明宪宗实录》卷二五九第六页下第七行,第4378页。

伦以父丧去任。"①《明孝宗实录》弘治六年闰五月庚申、弘治七年四月壬戌记作"通政使司右通政毛伦"②，同书弘治十一年九月庚戌记载："升通政司左通政毛伦为南京通政使。"③雷礼《国朝列卿纪》记南京通政使司通政使有"毛伦，顺天府蓟州镇朔卫人，成化乙未进士。"④万历《顺天府志》卷五《选举》载成化乙未科"毛伦"。《明清进士题名碑录索引》记作"毛伦"⑤。其他文献未见"毛纶"之记载。故可判断"毛纶"当为"毛伦"。

卷十五页六下行八　监察御史李鼎

[原校]三本"李"作"黎"。

[新校]《明宪宗实录》成化十八年十一月丁未记载："实授南京试监察御史……黎鼎为监察御史……鼎广西道。"⑥《明孝宗实录》弘治二年正月戊子记载："升……南京广西道监察御史黎鼎……为广西按察司佥事。"⑦同书弘治九年三月庚子记载："升……佥事刘信、黎鼎俱左参议。"⑧嘉靖《广东通志初稿·科贡》载："黎鼎，南海人，参议。"⑨雍正《广西通志》卷五十三记载左参议、按察司佥事"黎鼎"。《明清进士题名碑录索引》记作"黎鼎"⑩。"李鼎"当作"黎鼎"。

卷十六页三上行九　都督同知王英

[原校]阁本、抱本"英"作"瑛"，是也。

[新校]《明宪宗实录》成化四年春正月庚寅记载："升都督佥事王瑛……为都督同知。"⑪同书成化九年秋七月癸巳、《明孝宗实录》弘治八年四月甲子记作"都督同知王瑛"⑫。《国榷》成化二十三年十月癸未记载："左府都督同知王瑛致仕。"⑬《弇山堂别集》载因平建州董山功，"都督佥事王瑛、王铨为都督同知"⑭。嘉靖《辽东志》卷七《艺文志》记载平建州

---

① 《明宪宗实录》卷二七三第五页上第一行，第4605页。
② 《明孝宗实录》卷七六第十七页上第三行，第1479页；卷八七第一页下第三行，第1612页。
③ 《明孝宗实录》卷一四一第三页上第三行，第2441页。
④ （明）雷礼：《国朝列卿纪》卷八三，《续修四库全书》第523册，第498页下。
⑤ 《明清进士题名碑录索引》，上海古籍出版社1980年，第646页。
⑥ 《明宪宗实录》卷二三四第三页上第十一行，第3981页。
⑦ 《明孝宗实录》卷二二第七页上第八行，第517页。
⑧ 《明孝宗实录》卷一一〇第五页上第九行，第2015页。
⑨ 嘉靖《广东通志初稿》卷一九，《北京图书馆古籍珍本丛刊》第38册，第353页上。
⑩ 《明清进士题名碑录索引》，上海古籍出版社，1980年，第894页。
⑪ 《明宪宗实录》卷五〇第七页上第九行，第1027页。
⑫ 《明宪宗实录》卷一一八第二页下第六行，第2272页；《明孝宗实录》卷九九第五页下第二行，第1820页。
⑬ （清）谈迁：《国榷》卷四一，中华书局，1988年，第2552页。
⑭ （明）王世贞：《弇山堂别集》卷八〇《赏功下》，中华书局，1985年，第1527页。

乱,"以武靖侯赵辅总六军,都督王瑛、封忠副之"①。"王英"当为"王瑛"。

卷十七页三上行四　鸿胪寺少卿李燧

[原校]抱本、阁本"燧"作"鐩";卷十九第三页后十一行馆本亦作"鐩"。

[新校]《明孝宗实录》弘治十五年六月乙卯记作"工部左侍郎李燧"②。《明武宗实录》正德六年三月甲子、正德十一年十一月己丑记作"工部尚书李燧"③。《明孝宗实录》弘治十四年四月庚辰记作"工部左侍郎李鐩"④。而《明孝宗实录》弘治七年九月庚子记载:"升鸿胪寺右少卿李鐩为本寺左少卿。"⑤同书弘治八年二月丁卯记载:升"鸿胪寺左少卿李鐩为南京太仆寺少卿。"⑥同书弘治十年十月丙戌记载:"升南京太仆寺少卿李鐩为光禄寺卿。"⑦同书弘治十三年九月庚午记载:"升工部右侍郎李鐩为本部左侍郎。"⑧《明武宗实录》正德二年闰正月庚申记载:"升工部右侍郎李鐩为本部尚书。"⑨崔铣《光禄大夫柱国太子太保工部尚书赠太保谥恭敏李公神道碑》记作"公讳鐩"⑩。郭朴《工部尚书李恭敏公鐩传》记作"李鐩"⑪。《国朝列卿纪》卷六二⑫、《本朝分省人物考》卷八九⑬皆记作"李鐩"。《明清进士题名碑录索引》⑭记作"李鐩"。"李燧"当为"李鐩"。

卷十七页八上行九　成国公朱议

[原校]旧校改"议"为"仪"。

[新校]《明孝宗实录》弘治九年三月甲申记载:"南京守备太子太傅成国公朱仪卒。"⑮《明英宗实录》天顺七年十二月癸卯记载:"命成国公朱仪往南京守备。"⑯《明宪宗实录》成化十四年三月壬申、成化二十三年夏四月丁

---

① 嘉靖《辽东志》卷七《艺文志》,《续修四库全书》第646册,第652页。
② 《明孝宗实录》卷一八八第八页上第三行,第3473页。
③ 《明武宗实录》卷七三第四页上第十二行,第1609页;卷一四三第二页下第十行,第2810页。
④ 《明孝宗实录》卷一七三第一页下第六行,第3144页。
⑤ 《明孝宗实录》卷九二第六页下第六行,第1694页。
⑥ 《明孝宗实录》卷九七第三页下第十二行,第1780页。
⑦ 《明孝宗实录》卷一三〇第六页上第六行,第2305页。
⑧ 《明孝宗实录》卷一六六第三页下第十二行,第3022页。
⑨ 《明武宗实录》卷二二第七页上第十行,第619页。
⑩ (明)崔铣:《洹词》卷一一,《文渊阁四库全书》第1267册,第625页。
⑪ (明)焦竑:《国朝献征录》卷五〇,《四库全书存目丛书》第102册,第588页下。
⑫ (明)雷礼:《国朝列卿纪》卷六二,《续修四库全书》第523册,第263页上。
⑬ (明)过庭训:《本朝分省人物考》卷八九,《续修四库全书》第535册,第459页上。
⑭ 《明清进士题名碑录索引》,上海古籍出版社,1980年,第1330页。
⑮ 《明孝宗实录》卷一一〇第二页上第十行,第2009页。
⑯ 《明英宗实录》卷三六〇第四页下第三行,第7160页。

丑、《明孝宗实录》弘治元年五月甲申等皆记作"成国公朱仪"①。查徐溥《故南京守备掌南京中军都督府事太子太傅成国公赠特进光禄大夫右柱国太师谥庄简朱公神道碑铭》记作"公姓朱氏,讳仪"②。"朱议"当为"朱仪"。

卷十八页一下行二　都指挥使李杲

[原校]抱本、阁本"杲"作"杲"。

[新校]《明宪宗实录》成化二十一年五月丙辰记载:"命守备延绥陕西都指挥李杲充左参将,分守大同东路。"③同书成化二十二年夏四月辛巳记作"分守参将李杲"④,成化二十三年五月戊午记作"参将都指挥使李杲"⑤。嘉靖《宣府镇志》记作"李杲,弘治元年"任⑥。"李杲"当为"李杲"。

卷二十一页六下行十一　四川按察司按察使陈诰

[原校]三本作"张诰"。

[新校]《明宪宗实录》成化十三年闰二月丙午记载"升监察御史张诰为广东按察司副使"⑦。同书成化二十三年二月癸未升"四川副使张诰为按察使"⑧。《明孝宗实录》弘治四年正月己亥记作"贵州左布政使张诰"⑨。《明武宗实录》正德六年九月戊午记载"都察院右副都御史张诰卒"并附《张诰传》⑩。《本朝分省人物考》卷二十五记作"升广东按察司副使,改四川寻升按察使"⑪。何三畏《张中丞古庵公传》记载:"张诰字汝钦……升广东宪副,丁内外艰归,服阕,改四川升宪使,旋升贵州左布政。"⑫嘉靖《四川总志》卷一记有"按察使张诰"⑬。嘉靖《贵州通志》卷五记有"左布政使张诰"⑭。由上可知"陈诰"当作"张诰"。

卷二十二页一下行五　马文昇

[原校]旧校改"昇"为"升",第三页前八行同。

---

① 《明宪宗实录》卷一七六第六页下第三行,第3176页;《明宪宗实录》卷二八九第四页下第九行,第4886页;《明孝宗实录》卷一四第十二页上第五行,第347页。
② (明)徐溥:《谦斋文录》卷四,《文渊阁四库全书》第1248册,第660页上。
③ 《明宪宗实录》卷二六六第一页下第七行,第4500页。
④ 《明宪宗实录》卷二七七第三页上第四行,第4667页。
⑤ 《明宪宗实录》卷二九〇第六页上第十一行,第4907页。
⑥ 嘉靖《宣府镇志》卷二八《职官六·镇守总兵》,《中国方志丛书》塞北地方第19号,第318页。
⑦ 《明宪宗实录》卷一六三第一页下第五行,第2966页。
⑧ 《明宪宗实录》卷二八七第四页上第二行,第4851页。
⑨ 《明孝宗实录》卷四七第五页下第九行,第952页。
⑩ 《明武宗实录》卷七九第三页上第四行,第1725页。
⑪ (明)过庭训:《本朝分省人物考》卷二五,《续修四库全书》第533册,第514页下。
⑫ (明)何三畏:《云间志略》卷九,《四库禁毁书丛刊》史部第8册,第345页上。
⑬ 嘉靖《四川总志》卷一,《北京图书馆古籍珍本丛刊》史部42册,第32页。
⑭ 嘉靖《贵州通志》卷五,《四库全书存目丛书》史部193册,第179页上。

[新校]万历《开封府志》卷一八《人物》记作"马文昇"①。而《马端肃奏议》卷八《成造坚利甲兵以防边患事》有"臣文升任南京兵部尚书参赞机务之时……"②,同书卷一二《重明诏信老臣以慎初政事》有"老臣马文升之论列……"③。王世贞撰《吏部尚书马公文升传》④、王世贞《弇州史料》前集卷二七⑤、《本朝分省人物考》卷八五⑥皆记作"马文升"。嘉靖《辽东志》卷五《官师志》记作"马文升"⑦。《明清进士题名碑录索引》记作"马文升"⑧。当作"马文升"。

卷二十三页六下行九　漕运参将郭鋐

[原校]抱本、阁本"鋐"作"鋐"。馆本本卷第二页后一行亦作"鋐"。

[新校]日本内阁文库藏本记作"漕运参将郭鋐"。《明孝宗实录》弘治十二年二月戊申记作"镇守淮安漕运总兵都督佥事郭鋐"⑨。谢纯《漕运通志》卷三记载:"郭鋐,合肥人,弘治二年由参将充总兵官。"⑩雍正《广西通志》卷六六载郭鋐"弘治中充副总兵,镇广西永安诸路"⑪。而《明宪宗实录》成化二十二年八月己亥记有命"郭鋐充参将协同漕运"⑫。《明孝宗实录》弘治五年三月丙申记载:"命漕运参将锦衣卫带俸都指挥同知郭鋐充副总兵,镇守广西。"⑬同书弘治十七年五月癸巳载"镇守淮安漕运总兵官郭鋐"⑭。正德四年九月辛亥郭鋐小传载"丙午充漕运参将王子陞副总兵镇广西"⑮。嘉靖《广西通志》载郭鋐"弘治五年充副总兵"⑯。万历《广西通志》载郭鋐为副总兵,"弘治五年任"⑰。王琼《正德三年漕例奏》记作

---

① 万历《开封府志》卷一八,《四库全书存目丛书补编》第76册,第703页下。
② (明)马文升:《马端肃奏议》卷八《成造坚利甲兵以防边患事》,《文渊阁四库全书》第427册,第783页下。
③ (明)马文升:《马端肃奏议》卷一二《重明诏信老臣以慎初政事》,《文渊阁四库全书》第427册,第821页下。
④ (明)王世贞:《吏部尚书马公文升传》,载焦竑《国朝献征录》卷二四,《四库全书存目丛书》第101册,第250页上。
⑤ (明)王世贞:《弇州史料》前集卷二七,《四库禁毁书丛刊》史部第49册,第133页上。
⑥ (明)过庭训:《本朝分省人物考》卷八五,《续修四库全书》第535册,第398页上。
⑦ 嘉靖《辽东志》卷五《官师志》,《续修四库全书》第646册,第576页。
⑧ 《明清进士题名碑录索引》,上海古籍出版社,1980年,第1934页。
⑨ 《明孝宗实录》卷一四七第七页上第八行,第2587页。
⑩ (明)谢纯:《漕运通志》卷三,《续修四库全书》第836册,第59页下。
⑪ 雍正《广西通志》卷八,《文渊阁四库全书》第566册,第108页上。
⑫ 《明宪宗实录》卷二八一第十页上第四行,第4751页。
⑬ 《明宪宗实录》卷六一第十五页下第十行,第1190页。
⑭ 《明宪宗实录》卷二一二第六页上第一行,第3963页。
⑮ 《明武宗实录》卷五四第六页下第十一行,第1224页。
⑯ 嘉靖《广西通志》卷六《秩官》,《四库全书存目丛书》史部第187册,第79页下。
⑰ 万历《广西通志》卷七《建官》,台湾学生书局,1965年,第165页下。

"总兵官郭铉、都御史王琼奏"①。由上可判断当作"郭铉"。

卷三十二页二下行一　翰林院庶吉士程稭

[原校]抱本"稭"作"楷"。

[新校]《明宪宗实录》成化二十三年二月戊戌、成化二十三年三月乙卯皆记作"程楷"②。《明孝宗实录》弘治九年十月辛卯记载:"翰林院编修程楷丁忧服阕,复除原职。"③黄佐《翰林记》记载成化二十三年二甲"程楷"授编修④。《明清进士题名碑录索引》记作"程楷"⑤,成化二十三年进士。"程稭"当为"程楷"。

卷三十二页二下行二　石珪、毛纪俱为检讨

[原校]旧校改"珪"作"珤"。

[新校]《明宪宗实录》成化二十三年三月丁卯记载选进士"石珤"为庶吉士⑥。黄佐《翰林记》记载成化二十三年三甲"石珤"授检讨⑦。黄佐《南雍志》记载石珤被选入翰林为庶吉士,除检讨⑧。焦竑《国朝献征录》记载:"石珤,成化丁未进士,改庶吉士,授检讨。"⑨《本朝分省人物考》记载石珤"丁未(成化二十三年)同兄玠登进士,被简为庶吉士。弘治己酉(二年)授翰林院检讨"⑩。《明清进士题名碑录索引》记作"石珤"⑪。"石珪"当作"石珤"。

卷三十三页三下行六　都指挥忽加赤

[原校]抱本、阁本"忽加"作"加忽"。

[新校]《明宪宗实录》成化二十一年十一月戊午、《明孝宗实录》弘治元年正月戊申记作"野人女直都指挥加忽赤"⑫。同书弘治四年二月乙卯记作"定何(河)卫都指挥使加忽赤"⑬,同书弘治七年十二月辛巳记载:

---

① (明)黄训:《名臣经济录》卷二二,《文渊阁四库全书》第443册,第414页下。
② 《明宪宗实录》卷二八七第八页下第五行,第4860页;卷二八八第四页上第九行,第4869页。
③ 《明孝宗实录》卷一一八第七页上第三行,第2135页。
④ (明)黄佐:《翰林记》卷三"庶吉士铨法",《文渊阁四库全书》第596册,第883页上。
⑤ 《明清进士题名碑录索引》,第886页。
⑥ 《明宪宗实录》卷二八八第七页上第八行,第4875页。
⑦ (明)黄佐:《翰林记》卷三,《文渊阁四库全书》第596册,第883页上。
⑧ (明)黄佐:《南雍志》卷二〇,《续修四库全书》749册,第457页上。
⑨ (明)焦竑:《国朝献征录》卷一五,《四库全书存目丛书》史部第100册,第534页下。
⑩ (明)过庭训:《本朝分省人物考》卷七,《续修四库全书》第533册,第177页上。
⑪ 《明清进士题名碑录索引》,第373页。
⑫ 《明宪宗实录》卷二七二第三页上第九行,第4589页;《明孝宗实录》卷九第二页下第四行,第188页。
⑬ 《明孝宗实录》卷四八第三页下第四行,第964页。

"升野儿定河卫都指挥使加忽赤为都督佥事。"①当为"加忽赤"。

卷三十三页四上行十一　鸿胪寺少卿齐祐

[原校]三本"祐"作"佑"。

[新校]《明宪宗实录》成化十三年十月甲寅、成化十五年九月壬戌皆作"齐佑"②,同书成化十七年八月乙卯记载太监怀恩传旨鸿胪寺"左寺丞齐佑"升左少卿③,同书成化二十一年十二月癸未记载"鸿胪寺左少卿齐佑以母丧去任"④。《明孝宗实录》弘治元年四月甲寅载:"鸿胪寺左少卿齐佑丁忧服阕,复除原职。"⑤同书弘治三年正月辛巳载:"升鸿胪寺左少卿齐佑为尚宝司卿。"⑥王世贞《弇山堂别集》卷九《文臣国戚》记载:"宪宗女仁和公主下嫁尚宝卿齐佑子世英(当作美——引者注)。""齐祐"当作"齐佑"。

卷三十九页四上行三　浙江按察司佥事张源

[原校]广本、抱本"源"作"原"。

[新校]日本内阁文库藏本记作"浙江按察司佥事张源"。《明宪宗实录》成化二十二年九月庚申记载升南京大理寺左寺正张源洁为"浙江佥事"⑦。《明孝宗实录》弘治十年正月己巳记作"江西佥事张源洁"⑧,弘治《八闽通志》卷四八《选举》成化十一年乙未谢迁榜记有"张源洁,大理寺正"⑨,嘉靖《江西通志》卷二记载按察司佥事"张源洁,福建闽县人,由进士授寺正升"⑩。《明清进士题名碑录索引》记"张源洁"为福建闽县人,成化十一年进士⑪,而"张原"为正德九年进士⑫,另张源则为清朝进士。由上可知当为"张源洁"。

卷三十九页五下行十二　驸马都尉周璟

[原校]抱本、阁本"璟"作"景"。

[新校]日本内阁文库藏本记作"周景"。《明宪宗实录》成化四年冬十月己丑、成化四年十一月丁巳朔、《明孝宗实录》弘治三年七月乙丑均记作

---

① 《明孝宗实录》卷九五第十页上第七行,第1755页。
② 《明宪宗实录》卷一七一第三页上第十行,第3097页;卷一九四第一页下第十二行,第3420页。
③ 《明宪宗实录》卷二一八第三页上第五行,第3773页。
④ 《明宪宗实录》卷二七三第一页下第十行,第4598页。
⑤ 《明孝宗实录》卷一三第十二页第四行,第316页。
⑥ 《明孝宗实录》卷三四第八页上第九行,第749页。
⑦ 《明宪宗实录》卷二八二第十三页下第十二行,第4778页。
⑧ 《明孝宗实录》卷一二二第三页下第十行,第2172页。
⑨ 弘治《八闽通志》卷四八,《四库全书存目丛书》史部第178册,第245页。
⑩ 嘉靖《江西通志》卷二,《四库全书存目丛书》史部182册,第79页上。
⑪ 《明清进士题名碑录索引》,第462页。
⑫ 《明清进士题名碑录索引》,第516页。

"驸马都尉周璟"①,《国榷》卷四十三记载,弘治八年"十一月庚辰朔署宗人府驸马都尉周璟卒"。而《明英宗实录》天顺五年八月甲午记载:"赐重庆公主并驸马都尉周景诰命冠服……"②《明宪宗实录》成化十六年二月戊辰、成化二十二年秋七月戊午等,《明孝宗实录》弘治元年十月辛卯朔、弘治六年七月乙未等皆记作"驸马都尉周景"③,《明孝宗实录》弘治八年十一月庚辰朔载"掌宗人府事驸马都尉周景卒"④。崔铣《驸马都尉周德章传》记载:"景字德章。"⑤当作"周景"。

卷四十页二上行二　湖广按察司副使焦芳信

[原校]旧校删"信"字。

[新校]《明孝宗实录》弘治三年二月戊申调"四川按察司副使焦芳于湖广"⑥,万历《湖广总志》卷一九《秩官三》记有"湖广提刑按察司副使焦芳"⑦。《国朝献征录》卷一四《焦芳传》记载其"擢按察副使视四川学,改湖广"⑧。当为"焦芳"。

卷四十页三下行八　左军都督府都督同知陈英

[原校]三本"英"作"瑛"。

[新校]《明宪宗实录》成化十六年五月壬寅记作"后军带俸都督同知陈英"⑨。而同书成化十八年三月己丑记载:"命都督同知陈瑛管右府事。"⑩同书成化二十一年三月辛亥记作"右军都督同知陈瑛"⑪。《明孝宗实录》弘治十二年三月乙酉记作"镇守陕西右军都督府都督同知陈瑛"⑫。《明武宗实录》正德二年冬十月己丑记作"镇守延绥总兵官都督同知陈瑛"⑬。《国榷》卷四二弘治三年七月乙丑记载:"右府都督同知陈瑛镇守陕

---

① 《明宪宗实录》卷五九第一页上第四行,第1199页;《明宪宗实录》卷六〇第一页上第四行,第1217页;《明孝宗实录》卷四〇第三页下第五行,第834页。
② 《明英宗实录》卷三三一第六页上第一行,第6811页。
③ 《明宪宗实录》卷二〇〇第四页下第二行,第3512页;《明宪宗实录》卷二八〇第三页下第六行,第4720页;《明孝宗实录》卷一九第一页上第三行,第443页;《明孝宗实录》卷七八第一页上第五行,第1497页。
④ 《明孝宗实录》卷一〇六第一页上第四行,第1927页。
⑤ (明)焦竑:《国朝献征录》卷四,《四库全书存目丛书》史部第100册,第133页上。
⑥ 《明孝宗实录》卷三五第六页下第三行,第764页。
⑦ 万历《湖广总志》卷一九,《四库全书存目丛书》史部第194册,第641页下。
⑧ (明)焦竑:《国朝献征录》卷一四《焦芳传》,《四库全书存目丛书》史部第100册,第481页上。
⑨ 《明宪宗实录》卷二〇三第四页下第一行,第3558页。
⑩ 《明宪宗实录》卷二二五第六页上第六行,第3867页。
⑪ 《明宪宗实录》卷二六三第十一页下第四行,第4470页。
⑫ 《明孝宗实录》卷一四八第九页下第二行,第2614页。
⑬ 《明武宗实录》卷三一第五页下第九行,第776页。

西。""陈英"当为"陈瑛"。

卷四十一页一下行一　左军都督府都督佥事张昱

[原校]三本"昱"作"晟"。

[新校]《明孝宗实录》弘治六年十二月戊寅记载:"命左府带俸都督佥事孙贵、张晟俱见任管事。"①同书弘治十四年七月己酉记载:"左军都督府都督佥事张晟……管神威营,弘治十三年虏大举犯塞,晟统兵守居庸关。"②同书弘治十四年十二月己未记作"左军都督府故都督佥事张晟"③。方孔炤《全边略记》卷二载"居庸一带命之都督张晟"④,《国朝典汇》记载弘治十三年五月"命都督李澄守潮河川、张晟居庸关"⑤。"张昱"当作"张晟"。

卷四十一页五下行十一　尚宝司少卿吴恭

[原校]抱本、阁本"吴"作"胡"。

[新校]《明孝宗实录》弘治元年五月丁丑载"升尚宝司司丞胡恭为本司少卿"⑥,同书弘治元年九月丙子记有"尚宝司少卿胡恭"⑦,《国朝列卿纪》卷一六四《尚宝司卿年表》记作"胡恭"⑧,王世贞《弇山堂别集》卷九《乳母录文荫》记作:"恭圣夫人男胡恭,成化二年送中书习字,授中书舍人,累升尚宝司卿。"⑨"吴恭"当作"胡恭"。

卷四十二页四上行二　镇国将军钟定

[原校]旧校改"定"作"锭"。

[新校]《明英宗实录》景泰三年二月丙寅记作"西河王府镇国将军钟定"⑩,而同书正统八年十一月丙辰赐西河王第二子名"曰钟锭"⑪,同书景泰二年夏四月丁酉封"晋府西河王第二子钟锭"为镇国将军⑫,《明宪宗实录》成化十九年十二月甲申,《明孝宗实录》弘治四年九月丁丑、弘治四年

---

① 《明孝宗实录》卷八三第三页下第三行,第1562页。
② 《明孝宗实录》卷一七六第二页下第九行起,第3210页。
③ 《明孝宗实录》卷一八二第四页下第十一行,第3352页。
④ (明)方孔炤:《全边略记》,《续修四库全书》第738册,第251页上下。
⑤ (明)徐学聚:《国朝典汇》卷一七〇,《四库全书存目丛书》史部第266册,第571页下。
⑥ 《明孝宗实录》卷一四八第八页上第十一行,第339页。
⑦ 《明孝宗实录》卷一八第四页上第十二行,第433页。
⑧ (明)雷礼:《国朝列卿纪》卷一六四《尚宝司卿年表》,《续修四库全书》第524册,第421页上。
⑨ (明)王世贞:《弇山堂别集》卷九,中华书局1985年,第174页。
⑩ 《明英宗实录》卷二一三第一页上第五行,第4577页。
⑪ 《明英宗实录》卷一一〇第二页上第一行,第2217页。
⑫ 《明英宗实录》卷二〇三第九页上第八行,第4353页。

十月己酉皆记作"镇国将军钟锭"①。当作"钟锭"。

卷四十二页四上行七　礼科给事中孙儒

[新校]日本内阁文库藏本记作"礼科给事中孙孺"。《明孝宗实录》成化二十三年十一月戊戌记载："以进士郑寓等二十人为给事中……孙孺礼科。"②同书弘治元年十月戊申、弘治二年九月丙辰朔、弘治七年九月丁酉皆记作"礼科给事中孙孺"③，同书弘治六年十一月辛亥升"礼科给事孙孺……为右给事中"④。王琼《为陈愚见祛宿弊以安军民事》记作"礼科右给事中孙孺奏"⑤。《明清进士题名碑录索引》记载"孙孺为直隶凤阳人，明成化二十三年进士"⑥，无"孙儒"之记载。"孙儒"疑当作"孙孺"。

卷四十二页五上行十　掌太常寺礼部左侍郎丁永忠

[原校]抱本、阁本"忠"作"中"。

[新校]《明宪宗实录》成化二十一年十二月癸未载："升太常寺卿丁永中……为礼部左侍郎，仍掌寺事。"⑦同书成化二十二年夏四月丁丑、成化二十三年六月乙亥，《明孝宗实录》弘治二年十一月壬午均记作"掌太常寺事礼部左侍郎丁永中"⑧，《明孝宗实录》弘治七年四月壬午记载："掌太常寺事礼部左侍郎致仕丁永中卒。"⑨王恕《议给事中韩鼎等修人事以消天变奏状》载"太常寺掌寺事礼部左侍郎丁永中"⑩，《国朝列卿纪》卷一三二《太常寺卿年表》记作"丁永中"⑪，《本朝分省人物考》卷一〇六《韩鼎》条目下记载："太常卿丁永中……以黄冠起家。会神乐观董素云窃祭服售人……鼎请明正其罪。"⑫"丁永忠"当为"丁永中"。

卷四十四页五下行三　速鲁坛阿力

[新校]《明英宗实录》景泰三年十二月己丑朔、《明武宗实录》正德三

---

① 《明宪宗实录》卷二四七第五页下第十一行，第4184页；《明孝宗实录》卷五五第五页下第三行，第1078页；《明孝宗实录》卷五六第二页上第五行，第1081页。
② 《明孝宗实录》卷六第一页上第十一行，第97页。
③ 《明孝宗实录》卷一九第六页上第三行，第453页；卷三〇第一页上第二行，第665页；卷九二第六页上第四行，第1693页。
④ 《明孝宗实录》卷八二第三页下第八行，第1552页。
⑤ （明）王琼：《晋溪本兵敷奏》卷九，《续修四库全书》第476册，第33页下。
⑥ 《明清进士题名碑录索引》，第553页。
⑦ 《明宪宗实录》卷二七三第一页下第八行，第4598页。
⑧ 《明宪宗实录》卷二七七第一页上第六行，第4663页；《明宪宗实录》卷二九一第二页下第十一行，第4924页；《明孝宗实录》卷三二第五页下第七行，第720页。
⑨ 《明孝宗实录》卷八七第四页下第九行，第1618页。
⑩ （明）王恕：《王端毅奏议》卷一三，《文渊阁四库全书》第427册，第665页下。
⑪ （明）雷礼：《国朝列卿纪》卷一三二，《续修四库全书》第524册，第203页下。
⑫ （明）过庭训：《本朝分省人物考》卷一〇六，《续修四库全书》第536册，第111页下。

年十二月戊辰记作"速坛阿力王"①,《明武宗实录》正德三年六月庚寅记载:"先是哈密忠顺王卒,无嗣。土鲁番酋长速坛阿力据其城。"②同书正德九年五月己丑记载:"成化间,土鲁番速坛阿力王乘其微弱,夺金印去。"③王越《处置夷情复国土以继封爵疏》记作:"哈密自始封忠顺王,脱脱已故,王母守国,被土鲁番速坛阿力将王母并金印虏去。"④王琼《采众言定国是以便遵守疏》记载:"速坛阿力方死,阿黑麻新立。"⑤魏焕《甘肃边夷》记载:"成化九年,土鲁番速坛阿力调哈密夷众掠赤斤蒙古诸夷……掳王母金印以归。"⑥张雨《边政考》卷六:"成化间有曰速坛阿力者,'速坛'华言'王'也。"⑦疑当作"速坛阿力"。

卷四十四页七下行十一　礼科给事中胡端

[原校]阁本"端"作"瑞"。

[新校]日本内阁文库藏本记作"胡瑞"。《明孝宗实录》成化二十三年十一月戊戌记载以进士"胡瑞"为礼科给事中⑧,同书弘治二年十二月辛卯、弘治十年二月戊子、弘治十七年正月己巳及《明武宗实录》正德三年六月丁卯朔皆记作"胡瑞"⑨,杨一清《关中奏议》卷二《为添设马苑营堡以便收牧事》记载:"据陕西布政司分守关西道右参政胡瑞呈……"⑩,《国朝列卿纪》卷一二二、《本朝分省人物考》卷九一皆作"胡瑞"⑪。万历《湖广总志》卷一九《秩官三》载左参议"胡瑞"⑫,《明清进士题名碑录索引》记作"胡瑞",明成化二十年进士⑬。另有"胡端",系正统十年进士⑭,《明英宗

---

① 《明英宗实录》卷二二四第一页上第十行,第4851页;《明武宗实录》卷四五第一页下第三行,第1024页。
② 《明武宗实录》卷三九第十页上第七行,第927页。
③ 《明武宗实录》卷一一二第八页上第十行,第2291页。
④ 《明经世文编》卷六九,中华书局1962年,第584页下。
⑤ (明)孙旬辑:《皇明疏钞》卷二八,《续修四库全书》第464册,第4页上。
⑥ (明)万表辑:《皇明经济文录》卷四〇,《四库禁毁书丛刊》集部第19册,第555页上。
⑦ (明)张雨:《边政考》卷六,《续修四库全书》第738册,第141页上。
⑧ 《明孝宗实录》卷六第一页上第十一行,第97页。
⑨ 《明孝宗实录》卷三三第二页上第九行,第723页;《明孝宗实录》卷一二二第五页下第六行,第2186页;《明孝宗实录》卷二〇七第二页下第三行,第3846页;《明武宗实录》卷三九第一页上第二行,第909页。
⑩ (明)杨一清:《关中奏议》,《文渊阁四库全书》第428册,第46页上。
⑪ (明)雷礼:《国朝列卿纪》卷一二二,《续修四库全书》第524册,第91页;(明)过庭训:《本朝分省人物考》卷九一,《续修四库全书》第535册,第519页。
⑫ 万历《湖广总志》卷一九,《四库全书存目丛书》史部第194册,第636页下。
⑬ 《明清进士题名碑录索引》,第1724页。
⑭ 《明清进士题名碑录索引》,第1721页。

实录》正统十二年十二月辛巳擢进士"胡端"为监察御史①。由上可知此处当为"胡瑞"。

卷五十页三上行十　司礼监太监韦大

[原校]三本"大"作"泰",是也。

[新校]《明宪宗实录》成化二十二年十二月辛巳、成化二十三年辛未皆记作"太监韦泰"②。《明孝宗实录》弘治二年三月癸亥、弘治八年七月庚子记作"司礼监太监韦泰"③。马文升《苏民困以弭灾异事》记作"该司礼监太监韦泰传奉圣旨"④,倪岳《青溪漫稿》记作"弘治六年九月初八日该司礼监太监韦泰传奉圣旨"⑤,王恕《修省陈言奏状》记作"弘治二年七月初七日早该太监韦泰传奉圣旨"⑥。《国榷》卷四二弘治四年四月乙丑载:"敕司礼太监韦泰同法司释轻囚。""太"当为"泰"。

卷五十一页一上行十二　都御史朱旻

[原校]旧校改"朱"作"宋"。

[新校]《明宪宗实录》成化二十年六月庚辰记载"升大理寺卿宋旻为都察院右副都御史,总督两广军务兼理巡抚"⑦,同书成化二十二年六月乙亥记作"总督两广军务右都御史宋旻"⑧。《明孝宗实录》成化二十三年十一月戊戌记作"总督两广军务都察院右都御史宋旻"⑨,同书弘治三年七月辛未载"降致仕都察院右都御史宋旻为右副都御史,仍致仕"⑩,弘治十一年八月丙寅记作"致仕都察院右都御史宋旻卒"⑪。嘉靖《广西通志》卷五一记载总督"宋旻"于成化二十年以右都御史任⑫。《本朝分省人物考》《国朝列卿纪》记作"宋旻"⑬。《明清进士题名碑录索引》亦作"宋旻"⑭。当以"宋旻"为是。

---

① 《明英宗实录》卷一六一第五页下第十一行,第3134页。
② 《明宪宗实录》卷二八五第二页上第七行,第4819页;卷二八九第三页上第六行,第4883页。
③ 《明孝宗实录》卷二四第二页上第五行,第541页;卷一〇二第七页上第七行,第1871页。
④ (明)马文升:《马端肃奏议》卷四,《文渊阁四库全书》第427册,第741页上。
⑤ (明)倪岳:《青溪漫稿》卷一三《止番僧一》,《文渊阁四库全书》第1251册,第148页上。
⑥ (明)王恕:《王端毅奏议》卷一一,《文渊阁四库全书》第427册,第635页上。
⑦ 《明宪宗实录》卷二五三第五页上第九行,第4283页。
⑧ 《明宪宗实录》卷二七九第一页下第七行,第4694页。
⑨ 《明孝宗实录》卷六第一页下第九行,第98页。
⑩ 《明孝宗实录》卷四〇第七页上第一行,第841页。
⑪ 《明孝宗实录》卷一四〇第一页上第十一行,第2425页。
⑫ 嘉靖《广西通志》卷六,《四库全书存目丛书》史部187册,第76页上。
⑬ (明)过庭训:《本朝分省人物考》卷五五,《续修四库全书》第534册,第518页上;(明)雷礼:《国朝列卿纪》卷一〇七,《续修四库全书》第523册,第703页上。
⑭ 《明清进士题名碑录索引》,上海古籍出版社,第1022页。

卷五十一页一下行一　太监韦春

[原校]"春"应作"眷"。

[新校]《明孝宗实录》弘治元年闰正月甲申记载:"遣太监蔡用往广西访取孝穆皇太后亲属,仍敕总镇两广太监韦眷"①,同书弘治元年二月辛亥、弘治元年四月戊戌皆记作"广东镇守太监韦眷"②,同书弘治二年三月己巳记作"总镇两广等官太监韦眷"③。嘉靖《广西通志》卷六记载:"总镇韦眷,字效忠,内官监太监,成化二十二年至,弘治二年回京。"④倪岳《青溪漫稿》记有"镇守巡抚两广等处太监等官韦眷等题称……"⑤,王恕《议不当加升按察使陶鲁奏状》记作"总镇两广内官监太监韦眷等题"⑥。由上记载可知当为"韦眷"。本卷页一下行五"韦春"同改。

卷五十一页三下行七　黎淳之子民为国子监生

[原校]广本"民"下有"安"字。

[新校]倪岳《黎文僖公传》记载黎淳"子六……次民安,国子生……"⑦,徐溥《故南京礼部尚书谥文僖黎公神道碑铭》记作:"子男六人,民牧进士,民表户部主事,民衷,民安,国子生,民俊,民信。"⑧李东阳《明故资善大夫南京礼部尚书致仕进阶荣禄大夫谥文僖黎公先生行状》记作:"民安,国子生。"⑨当补"安"字。

卷五十二页二下行九　滕佑

[原校]阁本"佑"作"祐"。

[新校]本书弘治二年五月丁亥载授"滕祐"为监察御史⑩。同书弘治二年十月辛亥记作监察御史"滕祐",弘治四年五月癸卯记作御史"滕祐"⑪。王恕《议传奉官升职奏状》记载:"此御史滕祐有见于此,所以反复恳恳言之。"⑫当为"祐"。

---

① 《明孝宗实录》卷一〇第十二页下第五行,第226页。
② 《明孝宗实录》卷一一第八页上第十行,第251页;卷一三第二页上第六行,第295页。
③ 《明孝宗实录》卷二四第五页上第五行,第547页。
④ 嘉靖《广西通志》卷六,《四库全书存目丛书》史部187册,第75页下。
⑤ (明)倪岳:《青溪漫稿》卷一三《止夷贡一》,《文渊阁四库全书》第1251册,第145页下。
⑥ (明)王恕:《王端毅奏议》卷一一,《文渊阁四库全书》第427册,第637页下。
⑦ (明)倪岳:《青溪漫稿》卷二四《黎文僖公传》,《文渊阁四库全书》第1251册,第340页下。
⑧ (明)徐溥:《谦斋文录》卷四,《文渊阁四库全书》第1248册,第638页下。
⑨ (明)李东阳:《李东阳集》文稿卷二三,岳麓书社,1985年,第2册,第352页。
⑩ 《明孝宗实录》卷二六第七页上第七行,第591页。
⑪ 《明孝宗实录》卷三一第十五页上第四行,第709页;卷五一第一页下第二行,第1010页。
⑫ (明)王恕:《王端毅奏议》卷一三,《文渊阁四库全书》第427册,第672页下。

卷五十二页三下行十　广西按察司佥事陈加谟

[原校]旧校改"加"作"嘉"。

[新校]《明宪宗实录》成化二十二年二月己亥记载命授监察御史"陈嘉谟广西按察司试佥事"①,本书弘治四年八月丙寅记作"浙江按察司巡矿佥事陈嘉谟"②,本书弘治六年四月戊戌记载:"调浙江按察司佥事陈嘉谟于山东。"③本书弘治九年五月癸丑记载:"升山东按察司佥事陈嘉谟为本司副使。"④嘉靖《山东通志》记载按察司副使"陈嘉谟,巴县人"⑤,万历《开封府志》记载知县"陈嘉谟,巴县人"⑥,《明清进士题名碑录索引》记作"陈嘉谟",四川巴县人,成化八年进士⑦。"加"当作"嘉"。

卷五十二页五上行九　都指挥佥事王泉

[原校]三本"泉"作"杲"。

[新校]《明孝宗实录》弘治三年正月甲戌载:"铨注果勇营把总锦衣卫带俸都指挥佥事王杲于河南都司,领宣府操备班军。"⑧同书弘治十年七月乙巳载:"命河南都司署都指挥同知王杲充永平等处游击将军。"⑨同书弘治十一年闰十一月壬午记:"调永平游击将军署都指挥同知王杲于大同,仍充游击将军。"⑩刘健《黄陵冈塞河功完之碑》记载:"凡地属河南者悉用河南兵民、夫匠……都指挥佥事臣王杲分统黄陵冈。"⑪"泉"当为"杲"。

卷五十三页三上行九　大学士刘杰

[原校]三本"杰"作"吉",是也。

[新校]《明宪宗实录》成化十一年夏四月乙酉记载"命礼部左侍郎刘吉兼翰林院学士内阁办事"⑫。本书弘治五年八月癸卯记载:"少师兼太子太师吏部尚书华盖殿大学士刘吉复上疏乞致仕……特兹俞允。"⑬徐溥《故特进光禄大夫柱国少师兼太子太师吏部尚书华盖殿大学士致仕赠太师谥文穆刘公神道碑铭》记载:"乙未(成化)十一年始诏以本官兼学士入文渊

---

① 《明宪宗实录》卷二七五第七页上第三行,第4633页。
② 《明孝宗实录》卷五四第五页下第六行,第1060页。
③ 《明孝宗实录》卷七四第一页下第十二行,第1378页。
④ 《明孝宗实录》卷一一三第三页上第三行,第2053页。
⑤ 嘉靖《山东通志》卷一〇,《四库全书存目丛书》第188册,第46页下。
⑥ 万历《开封府志》卷七,《四库全书存目丛书》补编第76册,第526页下。
⑦ 《明清进士题名碑录索引》,上海古籍出版社,第2138页。
⑧ 《明孝宗实录》卷三四第五页上第六至七行,第743页。
⑨ 《明孝宗实录》卷一二七第二页上第七行,第2253页。
⑩ 《明孝宗实录》卷一四四第五页上第十一至十二行,第2515页。
⑪ (明)黄训:《名臣经济录》卷五〇,《文渊阁四库全书》第444册,第429页下。
⑫ 《明宪宗实录》卷一四〇第一页下第五至六行,第2612页。
⑬ 《明孝宗实录》卷六六第一页下第十一行,第1258页。

阁参预机务。"①《国朝列卿纪》记载:"(成化)十一年乙未,始诏以本官兼学士入文渊阁参预机务……(弘治)五年壬子,修撰张昇上疏论之,吉至是以老数上章求退,上允之。"②"刘杰"当为"刘吉"。

卷五十三页五下行十二　荣涟庶第四子曰显穗

[原校]抱本、阁本"穗"作"槥",是也。

[新校]《明孝宗实录》弘治七年四月乙丑记载:"赐……奉国将军荣涟庶第六子曰显㮚。"③同书弘治十八年二月丙寅记载:"赐……奉国将军荣涟庶第七子曰显枇。"④可见,荣涟之子名当从"木"旁,故"穗"当作"槥"。

卷五十三页六下行一　世子其源

[原校]旧校改"其"作"奇"。

[新校]《明英宗实录》景泰三年二月戊子记作"赐晋王嫡子名奇源"⑤,同书天顺三年秋七月戊子记作"封晋王嫡长子奇源为晋世子"⑥,《明宪宗实录》成化二十三年五月乙巳记作"晋世子奇源"⑦,《明孝宗实录》弘治十年四月乙亥记载:"晋世子奇源薨。"⑧《明谥纪汇编》记作"晋王奇源追封"⑨。王世贞《弇山堂别集》卷三二记作"嫡长子世子奇源"⑩。"其源"当为"奇源"。

卷五十五页一上行八　右副都御史翟暄

[原校]三本"暄"作"瑄"。

[新校]《明孝宗实录》成化二十三年十二月庚寅记载,"升南京大理寺左寺丞翟瑄为右佥都御史,巡抚山西兼提督雁门等关"⑪。同书弘治四年正月乙酉记载:"升巡抚山西都察院右佥都御史翟瑄为右副都御史,理院事。"⑫同书弘治六年五月甲申记作"都察院右副都御史翟瑄"⑬。王恕《议给事中王钦拾补治道奏状》记作:"今都察院见有右都御史白昂、右副都御

---

① (明)徐溥:《谦斋文录》卷四,《文渊阁四库全书》第1248册,第664页上。
② (明)雷礼:《国朝列卿纪》卷一一,《续修四库全书》第522册,181页上。
③ 《明孝宗实录》卷八七第二页上第九行,第1613页。
④ 《明孝宗实录》卷二二一第四页下第一至二行,第4162页。
⑤ 《明英宗实录》卷二一三第九页上第四行,第4593页。
⑥ 《明英宗实录》卷三〇五第二页下第八行,第6436页。
⑦ 《明宪宗实录》卷二九〇第一页上第十二行,第4897页。
⑧ 《明孝宗实录》卷一二四第一页上第九行,第2211页。
⑨ (明)郭良翰:《明谥纪汇编》卷一〇,《文渊阁四库全书》第651册,第506页上。
⑩ (明)王世贞:《弇山堂别集》卷三二,中华书局,1985年,第567页。
⑪ 《明孝宗实录》卷八第十二上第八行,第177页。
⑫ 《明孝宗实录》卷四七第一页下第四行,第944页。
⑬ 《明孝宗实录》卷七五第十五页上第十二行,第1431页。

史翟瑄……"①李东阳《资政大夫南京刑部尚书赠太子少保翟公墓志铭》记作"公讳瑄"②,《国朝列卿纪》卷五七、过庭训《本朝分省人物考》卷九〇、施沛《南京都察院志》卷三七皆记作"翟瑄"③。《明清进士题名碑录索引》记作"翟瑄"④。"喧"当作"瑄"。

卷五十五页二上行十　王监之

[原校]三本"监"作"鑑",是也。

[新校]《明宪宗实录》成化二十一年秋七月甲戌记载实授试监察御史"王鑑之"为监察御史⑤。《明孝宗实录》弘治二年六月庚子记作"监察御史王鑑之"⑥,同书弘治六年七月戊午记载升"监察御史王鑑之为大理寺右寺丞"⑦。《国朝列卿纪》记作"王鑑之"⑧。弘治《徽州府志》卷五载有"庚戌九月三日"即弘治三年"提学御史王鑑之"⑨。《明清进士题名碑录索引》记作"王鑑之"⑩,成化十四年进士。《本朝分省人物考》卷四九、《两浙名贤录》卷四二记作"王鑑之"⑪。顾清《明故资政大夫刑部尚书致仕远斋王公墓志铭》记载:"先生讳鑑之,字明仲。"⑫当为"王鑑之"。

卷五十五页三上行十　带俸都督同知侯谦

[原校]阁本"侯"作"緱",是也。

[新校]《明孝宗实录》弘治六年四月己酉载:"命兵部右侍郎张海,前府都督同知緱谦经略哈密。"⑬同书弘治八年二月己未记载:"兵部左侍郎张海,都督同知緱谦既被劾下狱……遂降谦为都督佥事。"成化《山西通志》卷八记载:"緱谦,山后龙山人……以功升都督佥事。"正德《大同府志》卷九记有游击将军"緱谦"⑭,嘉靖《宣府镇志》卷二八记载弘治三年"緱

---

① (明)王恕:《王端毅奏议》卷一五,《文渊阁四库全书》第427册,第696页上。
② (明)焦竑:《国朝献征录》卷四八,《四库全书存目丛书》史部第102册,第508页下。
③ (明)雷礼:《国朝列卿纪》卷五七,《续修四库全书》第523册,第176页下;(明)过庭训:《本朝分省人物考》卷九〇,《续修四库全书》第535册,第489页上;(明)施沛:《南京都察院志》卷三七,《四库全书存目丛书》补编第74册,第380页下。
④ 《明清进士题名碑录索引》,第604页。
⑤ 《明宪宗实录》卷二六八第七页下第一行,第4538页。
⑥ 《明孝宗实录》卷二七第二页上第九行,第597页。
⑦ 《明孝宗实录》卷七八第六页上第九行,第1507页。
⑧ (明)雷礼:《国朝列卿纪》卷五六,《续修四库全书》第523册,第156页上。
⑨ 弘治《徽州府志》,《四库全书存目丛书》史部第180册,第737页下。
⑩ 《明清进士题名碑录索引》,第330页。
⑪ (明)过庭训:《本朝分省人物考》卷四九,《续修四库全书》第534册,第336页下;(明)徐象梅:《两浙名贤录》卷四二《刑部尚书王明仲鑑之》,《续修四库全书》第543册,第463页下。
⑫ (明)顾清:《东江家藏集》卷三一,《文渊阁四库全书》第1261册,第731页下。
⑬ 《明孝宗实录》卷七四第八页下第一行,第1392页。
⑭ 正德《大同府志》卷九,《四库全书存目丛书》第186册,第303页上。

谦,右府都督同知佩镇朔将军印镇守"①。吴瀚《题为任情方命妨误边机事》记载:"简命兵部左侍郎张海、前军都督府都督同知缑谦,委以腹心之托,专以处置之权。"②"侯谦"当作"缑谦"。

卷五十五页五上行五　按察使樊营

[原校]旧校改"营"作"莹"。

[新校]《明孝宗实录》弘治十六年五月戊子载"南京刑部左侍郎樊营"③,同书弘治十四年十一月丁亥记载"樊荣为南京刑部左侍郎"④。而同书弘治三年十二月癸酉记载,升"平阳府知府樊莹为按察使"⑤,同书弘治八年十月戊午记载:"改南京工部右侍郎樊莹为都察院左副都御史,巡抚湖广兼赞理军务。"⑥同书弘治十四年闰七月癸巳记载:"改命巡抚湖广都察院左副都御史樊莹抚治郧阳等处。"⑦同书弘治十五年十月丙辰记作"南京刑部左侍郎樊莹"⑧。《明武宗实录》正德三年十一月癸亥记载:"南京刑部尚书樊莹卒。"⑨顾清《明故南京刑部尚书致仕赠太子少保谥清简樊公行状》记载:"公讳莹,字廷璧,姓樊氏。"⑩《本朝分省人物考》卷五五记作"樊莹"⑪。万历《应天府志》卷二四《宦绩传》记载:"樊莹,常山人,弘治五年为应天尹。"⑫《明清进士题名碑录索引》记作"樊莹"⑬,天顺八年进士。"营"当为"莹"。

卷五十五页五上行六　贵州按察司佥事李孟晊

[原校]旧校改"晊"为"晊"。

[新校]《明孝宗实录》弘治十一年十一月甲午记载:"升云南按察司副使李孟晊为陕西按察使。"⑭而《明宪宗实录》成化十七年八月辛未记载擢"李孟晊"为试监察御史⑮,同书成化二十二年二月己亥记载:"命监察御史

---

① 嘉靖《宣府镇志》卷二八《职官表》,《中国方志丛书》塞北第19号,第318页下。
② (明)黄训:《名臣经济录》卷四〇,《文渊阁四库全书》第444册,第219页下。
③ 《明孝宗实录》卷一九九第八页上第八行,第3693页。
④ 《明孝宗实录》卷一八一第三页上第九行,第3335页。
⑤ 《明孝宗实录》卷四六第十一页上第一行,第939页。
⑥ 《明孝宗实录》卷一〇五第一页下第三至四行,第1912页。
⑦ 《明孝宗实录》卷一七七第八页上第十行,第3255页。
⑧ 《明孝宗实录》卷一九二第四页下第十一行,第3544页。
⑨ 《明武宗实录》卷四四第九页上第八行,第1021页。
⑩ (明)顾清:《东江家藏集》卷二八,《文渊阁四库全书》第1261册,第675页下。
⑪ (明)过庭训:《本朝分省人物考》卷五五,《续修四库全书》第534册,第525页上。
⑫ 万历《应天府志》卷二四《宦绩传》,《四库全书存目丛书》史部203册,第605页上。
⑬ 《明清进士题名碑录索引》,第1488页。
⑭ 《明孝宗实录》卷一四三第二页上第十行,第2471页。
⑮ 《明宪宗实录》卷二一八第八页上第五行,第3783页。

李孟晖为贵州按察司试佥事。"①《明孝宗实录》弘治十四年四月戊戌记载："陕西按察使李孟晖卒。"②嘉靖《贵州通志》记有按察司佥事"李孟晖"③。《明清进士题名碑录索引》记作"李孟晖"④，为成化八年进士。"李孟睥"当为"李孟晖"。

卷五十六页一上行八　翰林侍读学士费阁

[原校]三本"阁"作"闿"，是也。

[新校]《明孝宗实录》成化二十三年十二月辛卯记载："升左春坊左谕德管国子监司业事费闿为本监祭酒。"⑤同书弘治四年八月丁卯记作"詹事府少詹事兼翰林院侍读费闿"⑥，同书弘治六年闰五月辛酉记作"礼部右侍郎费闿"⑦。同书弘治六年六月乙丑记载："礼部右侍郎费闿卒。"⑧《国朝献征录》《国朝列卿纪》记作"费闿"⑨，《本朝分省人物考》卷二九记作"费闿字廷言，号补庵，丹徒人"⑩。《明清进士题名碑录索引》记作"费闿"⑪。"阁"当作"闿"。

卷五十六页一下行五　右副都御史王维

[原校]三本"维"作"继"，是也。

[新校]《明孝宗实录》成化二十三年九月己未记载："升山西布政司右布政使王继为都察院右副都御史巡抚福建。"⑫弘治二年十一月庚午记载："命改巡抚宣府都察院右副都御史王继巡抚甘肃。"⑬弘治九年八月丁丑记作"南京兵部右侍郎王继"⑭。李濂《南京兵部尚书王公传》记载："王公继，字述之。"⑮弘治《八闽通志》卷三〇记载："王继，字述之，河南祥符人，成化二十三年以都察院右副都御史巡抚。"⑯万历《开封府志》卷一八记载：

---

① 《明宪宗实录》卷二七五第七页上第三行，第4633页。
② 《明孝宗实录》卷一七三第九页下第二行，第3160页。
③ 嘉靖《贵州通志》，《四库全书存目丛书》第193册，第182页下。
④ 《明清进士题名碑录索引》，第1225页。
⑤ 《明孝宗实录》卷八第十二页下第一行，第178页。
⑥ 《明孝宗实录》卷五四第七页上第八行，第1063页。
⑦ 《明孝宗实录》卷七六第十七页上第七行，第1479页。
⑧ 《明孝宗实录》卷七七第一页下第九行，第1482页。
⑨ (明)焦竑：《国朝献征录》卷三五《礼部右侍郎费闿传》，《四库全书存目丛书》史部第101册，第668页上；(明)雷礼：《国朝列卿纪》卷四四，《续修四库全书》第522册，第690页下。
⑩ (明)过庭训：《本朝分省人物考》卷二九，《续修四库全书》第533册，第603页下。
⑪ 《明清进士题名碑录索引》，第1858页。
⑫ 《明孝宗实录》卷三第六页下第七行，第48页。
⑬ 《明孝宗实录》卷三二第四页上第一行，第717页。
⑭ 《明孝宗实录》卷一一六第一页上第四行，第2095页。
⑮ (明)李濂：《嵩渚文集》卷八四，《四库全书存目丛书》集部第71册，第283页下。
⑯ 弘治《八闽通志》卷三〇，《北京图书馆古籍珍本丛刊》第33册，第393页下。

"王继字述之,祥符人……移镇甘肃。"①嘉靖《陕西通志》记载巡抚甘肃都御史"王继,河南祥符人"②。《明清进士题名碑录索引》记作"王继"③,为河南祥符人,成化二年进士。当作"王继"。

卷六十五页四下行十二　岷府安昌王膺铺

[**原校**]阁本"铺"作"镛"。

[**新校**]日本内阁文库藏本记作"膺铺"。据《明英宗实录》天顺四年三月丙申记载,赐名"岷府世子音垫第二子曰膺铺"④,《明宪宗实录》成化二年冬十月丁未载册封岷王"第二子膺铺为安昌王"⑤,同书成化十六年十一月甲辰记有"岷府安昌王膺铺"⑥,同书成化二十一年八月乙未记载:"岷府安昌王膺铺薨。"⑦《明谥纪汇编》卷一二记作"岷府安昌王膺铺"⑧,谥怀僖。此人当作"膺铺"。但膺铺已于成化二十一年过世。《明孝宗实录》弘治二年九月壬戌记载册封"岷府安昌怀僖王第二子彦潗为安昌王"⑨。《明武宗实录》正德九年春正月戊子记载:"岷府安昌王彦潗薨。王怀僖王第二子……弘治己酉(二年)袭封。"⑩此处疑作"彦潗",待考。

卷六十六页八下行五　辽府镇国将军恩钾以罪降庶人

[**新校**]《明孝宗实录》弘治二年九月丁丑记作"长垣王恩钾"⑪,同书弘治九年十月辛丑记作"辽府长垣王恩钾"⑫。《明武宗实录》正德八年九月甲申记载:"辽府长垣王恩钾薨……成化丁酉封长垣王,至是薨。"⑬《明孝宗实录》此处作"恩钾"有误。本条下文载"其子辅国将军宠㵢",据本书弘治五年二月戊申记载,松滋王府镇国将军"恩鏎"降庶人并家属送凤阳居住⑭。俞汝楫《礼部志稿》记载:"弘治五年八月司礼监左少监高凤题……据恩鏎告称伊男宠㵢已蒙请封辅国将军等因,到部查得恩鏎未降庶人之先,宠㵢已经奏请前职,因未出阁,故随文发遣等因覆题,奉孝宗皇帝

---

① 万历《开封府志》卷一八,《四库全书存目丛书》补编,第 76 册,第 705 页下。
② 嘉靖《陕西通志》卷一九,《中国西北稀见方志续集》第 1 册,第 382 页下。
③ 《明清进士题名碑录索引》,上海古籍出版社,第 226 页。
④ 《明英宗实录》卷三一三第五页第七至八行,第 6565 页。
⑤ 《明宪宗实录》卷三五第三页下第十行,第 694 页。
⑥ 《明宪宗实录》卷二〇九第七页下第九行,第 3652 页。
⑦ 《明宪宗实录》卷二六九第五页上第七行,第 4549 页。
⑧ (明)郭良翰:《明谥纪汇编》卷一二,《文渊阁四库全书》第 651 册,第 551 上。
⑨ 《明孝宗实录》卷三〇第三页下第三至四行,第 670 页。
⑩ 《明武宗实录》一〇八第十一页上第十二行,第 2219 页。
⑪ 《明孝宗实录》卷三〇第六页下第四行,第 676 页。
⑫ 《明孝宗实录》卷一一八第八页上第六行,第 2137 页。
⑬ 《明武宗实录》卷一〇四第四页上第九行,第 2141 页。
⑭ 《明孝宗实录》卷六〇第三页上第八行至第三页下,第 1147~1148 页。

圣旨'是。宠溙既授封在前,着太监黄观差委的当人员送回湖广该府居住'。……"①"恩钾"疑当作"恩錊",待考。

卷六十八页三下行八　兵科给事中凃旦

[原校]抱本"凃"作"塗",阁本作"余"。卷七十四第六页后一行各本作"涂"。

[新校]日本内阁文库藏本记作"凃旦"。《明孝宗实录》弘治元年十月丙辰记载,擢进士"凃旦"为兵科给事中②。本书弘治六年四月丁酉、弘治八年三月己丑记作"兵科给事中凃旦"③。本书弘治九年七月辛未记作"户科右给事中凃旦"④。丘濬《乞储养贤才奏》记作"给事中凃旦"⑤。《明清进士题名碑录索引》记作"涂旦"⑥。按,据《汉语大字典》解释,"凃"同"涂"。"凃"与"涂"可通用,宜以"涂"为准。

卷七十二页五上行十　巡抚都御史邓廷赞

[原校]阁本"赞"作"瓒",是也。

[新校]《明孝宗实录》弘治二年五月壬申记载:"升山东布政司左布政使邓廷瓒为都察院右副都御史巡抚贵州。"⑦同书弘治五年六月庚子朔记载:"命都察院右副都御史邓廷瓒巡视贵州兼提督军务。"⑧同书弘治五年十月壬戌、弘治六年正月庚寅、弘治七年三月癸巳、弘治七年五月皆记作贵州巡抚都御史"邓廷瓒"⑨。吴宽《资德大夫都察院左都御史赠太子少保谥襄敏邓公廷瓒神道碑铭》记载:"邓公,其讳廷瓒,字宗器。"⑩《本朝分省人物考》卷八〇记载:"邓廷瓒,字宗器……(弘治)二年擢右副都御史巡抚贵州。"⑪嘉靖《贵州通志》记作巡抚都御史"邓廷瓒"⑫,《明清进士题名碑录索引》记作"邓廷瓒"⑬。"赞"当作"瓒"。

---

① (明)俞汝楫:《礼部志稿》卷七九《宗室过犯》,《文渊阁四库全书》第598册,第387页上。
② 《明孝宗实录》卷一九第九页下第二行,第460页。
③ 《明孝宗实录》卷七四第一页上第十行,第1377页;卷九八第二页上第一行,第1791页。
④ 《明孝宗实录》卷一一五第八页上第六行,第2093页。
⑤ (明)丘濬:《重编琼台稿》卷七,《文渊阁四库全书》第1248册,第131页下。
⑥ 《明清进士题名碑录索引》,第1186页。
⑦ 《明孝宗实录》卷二六第三页下第八行,第584页。
⑧ 《明孝宗实录》卷六四第一页上第二行,第1229页。
⑨ 《明孝宗实录》卷六八第九页下第二行,第1304页;卷七一第五页上第一行,第1339页;卷八六第一页上第十一行,第1597页;卷八八第七页上第四行,第1633页。
⑩ (明)吴宽:《家藏集》卷七七,《文渊阁四库全书》第1255册,第789页上。
⑪ (明)过庭训:《本朝分省人物考》卷八〇,《续修四库全书》第535册,第323页上。
⑫ 嘉靖《贵州通志》卷五《宦绩》,《四库全书存目丛书》史部第193册,第175页上。
⑬ 《明清进士题名碑录索引》,第595页。

卷七十三页四下行八　太常寺少卿兼翰林院侍讲学士董钺

[**新校**]《明孝宗宝训》卷一《圣学》载"翰林院侍讲董钺"。《明孝宗实录》弘治六年三月庚辰记作"太常寺少卿兼翰林院侍讲学士董钺"①。而据《明宪宗实录》成化十八年十一月庚申记载,升"翰林院编修董越为侍读"②,《明孝宗实录》成化二十三年十一月乙卯记作"侍读董越"③。同书成化二十三年十二月庚午、同书弘治四年八月丁卯作"右春坊右庶子兼翰林院侍讲董越"④。据同书弘治六年九月壬寅记载,升"太常寺少卿兼翰林院侍讲学士董越为南京礼部右侍郎"⑤。李东阳《明故资政大夫南京工部尚书赠太子少保谥文僖董公墓志铭》载:"公讳越,字尚矩。"⑥《国朝列卿纪》卷六三、过庭训《本朝分省人物考》卷六九皆作"董越"⑦。《明清进士题名碑录索引》记作"董越",为成化五年进士⑧。"董钺"当为"董越"。

卷七十五页十七上行九　南京国子监祭酒谢译

[**原校**]旧校改"译"作"铎"。

[**新校**]屠勋《题为应制陈言事》记载建议起用"南京国子监祭酒谢铎"⑨,《明孝宗实录》弘治三年五月甲戌记载:"升翰林院侍讲谢铎为南京国子监祭酒。"⑩同书弘治四年五月甲午记载:"南京国子监祭酒谢铎以疾乞致仕,许之。"⑪《明武宗实录》正德五年十一月壬午记载谢铎"擢南京国子监祭酒"⑫。李东阳《明故通议大夫礼部右侍郎管国子监祭酒事致仕赠礼部尚书谥文肃谢公神道碑铭》记载:"公讳铎,字鸣治……庚戌(弘治三年)擢南京国子监祭酒,辛亥(四年)致仕归,荐者以十数。"⑬《南雍志》卷二〇记载:"谢铎,字鸣治……庚戌(弘治三年)擢南京国子监祭酒。"⑭"谢译"当作"谢铎"。

---

① 《明孝宗实录》卷七三第四页下第八行,第1370页。
② 《明宪宗实录》卷二三四第五页下第一行,第3986页。
③ 《明孝宗实录》卷七第四页上第七行,第121页。
④ 《明孝宗实录》卷八第二页下第七行,第158页;卷五四第七页下第三行,第1064页。
⑤ 《明孝宗实录》卷八〇第一页下第十二行至第二页上第一行,第1522~1523页。
⑥ (明)李东阳:《李东阳集》文后稿二十,岳麓书社1985年,第3册,第361页。
⑦ (明)雷礼:《国朝列卿纪》卷六三,《续修四库全书》第523册,第288页上;(明)过庭训:《本朝分省人物考》卷六九,《续修四库全书》第535册,第114页下。
⑧ 《明清进士题名碑录索引》,第1411页。
⑨ (明)屠勋:《屠康僖公文集》卷五,《四库全书存目丛书》集部第40册,第211页上。
⑩ 《明孝宗实录》卷三八第六页下第七行,第812页。
⑪ 《明孝宗实录》卷五一第四页下第十一行,第1016页。
⑫ 《明武宗实录》卷六九第十四页上第三行,第1543页。
⑬ (明)李东阳:《李东阳集》文后稿二十一,岳麓书社1985年,第3册,第299页。
⑭ (明)黄佐:《南雍志》卷二〇,《续修四库全书》第749册,第451页上。

卷七十八页五下行三　贵州石阡府知府祈顺

[新校]弘治《贵州图经志书》卷六记载石阡府知府"祁顺,字致和,广东东莞人……以江西左参政左迁本府知府"①,《明宪宗实录》成化十八年五月壬午载降江西布政司左参政"祁顺"为贵州石阡府知府②,《明孝宗实录》弘治八年正月戊申记载"升山西布政司右参政祁顺为福建右布政使"③。张元祯《江西布政使司布政使祁公顺墓志铭》记载"江西布政使祁公卒于位……公讳顺,字致和"④,费宏《明故江西左布政使祁公墓表》记载"公讳顺,字致和,姓祁氏"⑤,《本朝分省人物考》卷一一〇记载"祁顺《艺文志》字致和……左迁贵州石阡知府"⑥,张廷玉《明史》卷九七记载"祁顺《石阡府志》十卷",周瑛《翠渠摘稿》卷二《重修石阡府志序》记载"姓祁氏,名顺,字致和"。《明清进士题名碑录索引》记作"祁顺"⑦。"祈顺"疑当作"祁顺"。

卷七十九页五上行九　太监潘纪

[新校]万历《湖广总志》卷一九《秩官》记载太和山提督内臣有"潘记,思恩人,成化二十一年任"⑧,任自垣《敕建大岳太和山志》记载"皇帝敕谕内官监太监韦贵:今命尚衣监太监潘记前去与尔一同管事"⑨,《明宪宗实录》成化二十一年闰四月乙酉记有太岳太和山提督太监"潘记"⑩,《明孝宗实录》成化二十三年九月壬寅记载"提督大岳太和山潘记"不许分守地方⑪。疑当作"潘记",待考。

卷八十二页二上行三　福建布政司右参议梁芳

[原校]抱本、阁本"芳"作"方"。

[新校]据《明孝宗实录》弘治元年三月癸酉记载,升"刑部郎中梁方"为福建右参议⑫,本书弘治九年十一月已未记载升"湖广布政司右参议梁方为本司左参政"⑬,本书弘治十二年十月丁亥记载升"湖广布政司左参政

---

① 弘治《贵州图经志书》卷六,《四库全书存目丛书》第199册,第71页下。
② 《明宪宗实录》卷二二七第三页下第一行,第3890页。
③ 《明孝宗实录》卷九六第六页上第二行,第1769页。
④ (明)焦竑:《国朝献徵录》卷八六,《四库全书存目丛书》第104册,第631页上。
⑤ (明)费宏:《费文宪公摘稿》卷一九,《续修四库全书》第1331册,第654页上。
⑥ (明)过庭训:《本朝分省人物考》卷一一〇,《续修四库全书》第536册,第220页上。
⑦ 《明清进士题名碑录索引》,第1176页。
⑧ 万历《湖广总志》卷一九,《四库全书存目丛书》史部第194册,第647页。
⑨ (明)任自垣:《敕建大岳太和山志》,湖北人民出版社,1999年,第61页。
⑩ 《明宪宗实录》卷二六五第二页下第二行,第4448页。
⑪ 《明孝宗实录》卷二第七页上第九行,第21页。
⑫ 《明孝宗实录》卷一二第五页上第八行,第277页。
⑬ 《明孝宗实录》卷一一九第三页上第十行,第2143页。

梁方为云南右布政使"①,嘉靖《湖广图经志书》卷一记载左参政"梁方,广东南海县人"②,万历《湖广总志》卷二〇《秩官》记载左参政"梁方南海进士"③。《明清进士题名碑录索引》记作"梁方"④。当作"梁方"。

卷八十二页二上行十　吉字佑之

[原校]三本"佑"作"祐"。

[新校]王世贞《弇山堂别集》卷四五、俞汝楫《礼部志稿》卷四二记载"刘吉字佑之,直隶博野人"⑤,而徐溥《故特进光禄大夫柱国少师兼太子太师吏部尚书华盖殿大学士致仕赠太师谥文穆刘公神道碑铭》记作"公讳吉,字祐之"⑥,《国朝列卿纪》记载"刘吉,字祐之,直隶保定府博野县人"⑦,廖道南《殿阁词林记》记载"刘吉字祐之,直隶博野人"⑧,俞汝楫《礼部志稿》卷五六、张元忭《馆阁漫录》卷七均记载:"刘吉,字祐之,直隶博野县人。"⑨当作"祐之"。

卷八十三页三下行一　都指挥佥事杨锡

[原校]三本"锡"作"铭"。

[新校]日本内阁文库藏本记作"都指挥佥事杨名"。据《明孝宗实录》弘治元年六月甲辰记载,铨注大宁前卫"带俸都指挥佥事杨铭"于山东都司领京操班军⑩,同书弘治三年二月癸巳、弘治四年二月癸酉、弘治八年正月庚戌皆记载"山东都司都指挥佥事杨铭"⑪。"杨锡"疑作"杨铭",待考。

卷八十四页二上行五　宋儒真秀

[原校]三本"真"下有"德"字,是也。

[新校]马文升《豫教皇储以隆国本事》记作"宋儒真德秀"⑫,宋晁公

---

① 《明孝宗实录》卷一五五第一页上第五行,第2759页。
② 嘉靖《湖广图经志书》卷一,《日本藏中国罕见地方志丛刊》,第25页下。
③ 万历《湖广总志》卷二〇,《四库全书存目丛书》史部第194册,第637页上。
④ 《明清进士题名碑录索引》,第1103页。
⑤ (明)王世贞《弇山堂别集》卷四五《内阁辅臣年表》,中华书局,1985年,第837页;(明)俞汝楫:《礼部志稿》卷四二礼部左右侍郎,《文渊阁四库全书》第597册,第763页下。
⑥ (明)徐溥:《谦斋文录》卷四,《文渊阁四库全书》第1248册,第663页下。
⑦ (明)雷礼:《国朝列卿纪》卷一一,《续修四库全书》第522册,第181页上。
⑧ (明)廖道南:《殿阁词林记》卷二《华盖殿大学士文穆公刘吉》,《明代传记丛刊》第18册,第110页。
⑨ (明)俞汝楫:《礼部志稿》卷五六《侍郎刘吉》,《文渊阁四库全书》第597册,第1009页上;(明)张元忭:《馆阁漫录》卷七,《四库全书存目丛书》史部258册,第798页上。
⑩ 《明孝宗实录》卷一五第六页下第十一行,第370页。
⑪ 《明孝宗实录》卷三五第三页下第四行,第758页;卷四八第十一页下第十二行,第980页;卷九六第七页上第十一行,第1771页。
⑫ (明)马文升:《马端肃奏议》卷一,《文渊阁四库全书》第427册,第712页上。

武《郡斋读书志》卷五下记载《大学衍义》四三卷"真文忠公德秀为户部尚书日所进也。"真德秀《西山文集》卷一六载"进《大学衍义》表"①。刘克庄《后村集》卷一六八《西山真文忠公行状》记载"公讳德秀,字希元"。徐象梅《两浙名贤录》卷三《西山真希元先生》记载:"真德秀,字希元,生于西山"②。当为"真德秀"。

卷八十四页五下行二　广平府知府白明思

[原校]广本、抱本"明思"作"思明"。

[新校]《明孝宗实录》成化二十三年十二月辛卯记载升"吏部文选司郎中白思明为太仆寺少卿"③,同书弘治三年五月乙卯记载升"太仆寺少卿白思明为右佥都御史巡抚延绥"④,任巡抚乃吏部尚书王恕推举,王恕《乞休致奏状》记载:"奉圣旨:白思明升都察院右佥都御史巡抚,延绥地方。"⑤王琼《南京太仆寺少卿白公思明墓表》记载:"太仆少卿白公,讳思明,字睿之……服阕改知广平府,甲寅升南京太仆寺少卿。"⑥嘉靖《广平府志》卷九《官师志·知府》记载"白思明,进士,平定州人"⑦。《明清进士题名碑录索引》记作"白思明"⑧。"白明思"当作"白思明"。

卷八十五页四上行六　太监谢迁

[原校]三本"迁"作"铨"。

[新校]据《明孝宗实录》弘治五年三月乙酉记载"以守备万全左卫太监谢铨"代陶亮⑨。同书弘治五年十月甲辰记作"守备太监谢铨"⑩,同书弘治九年九月庚申记作"分守太监谢铨"⑪。《国榷》弘治五年三月乙酉条记作"太监谢铨"⑫。当为"谢铨"。

卷八十五页四下行四　副都御史徐徐恪

[原校]旧校删"徐"字。

[新校]本书弘治四年正月己亥记载升"河南左布政使徐恪"为"都察

---

① (宋)真德秀:《西山文集》卷一六,《文渊阁四库全书》第1174册,第241页下。
② (明)徐象梅:《两浙名贤录》卷三,《续修四库全书》第542册,第110页下。
③ 《明孝宗实录》卷八第十二页下第三行,第178页。
④ 《明孝宗实录》卷三八第一页上第九行,第801页。
⑤ (明)王恕:《王端毅奏议》卷一二《乞休致奏状》,《文渊阁四库全书》第427册,第655页。
⑥ (明)焦竑:《国朝献征录》卷七二,《四库全书存目丛书》第104册,第108页下。
⑦ 嘉靖《广平府志》卷九《官师志·知府》,《天一阁明代方志选刊》第5册,本卷第十七页。
⑧ 《明清进士题名碑录索引》,第802页。
⑨ 《明孝宗实录》卷六一第十二页下第七行,第1184页。
⑩ 《明孝宗实录》卷六八第二页上第三行,第1289页。
⑪ 《明孝宗实录》卷一一七第四页下第十二行,第2116页。
⑫ (清)谈迁:《国榷》卷四二,中华书局,1958年,第2629页。

院右副都御史"①,巡抚河南。本书弘治四年十一月壬午、弘治六年十月戊辰、弘治七年正月丁未记作"巡抚河南都御史徐恪"②。正德《姑苏志》卷五二记载:"徐恪……升都察院右副都御史,巡抚河南",弘治《常熟县志》卷四成化二年罗伦榜记作"徐恪",雍正《河南通志》卷三一记载巡抚都御史"徐恪",《明清进士题名碑录索引》记作"徐恪",直隶常熟人,成化二年进士③。当为"徐恪"。

卷八十六页二下行八　铨鏴嫡第一子

[新校]《明孝宗实录》弘治十六年七月辛巳记作"沈府镇国将军铨鏴"④。而据《皇明祖训》记载沈王位下赐名"佶幼诠勋胤"。《明宪宗实录》成化十三年夏四月己酉、《明孝宗实录》弘治十七年七月乙巳记作沈府镇国将军"诠鏴"⑤,同书弘治十七年十二月乙亥记载,册封"清源庄简王嫡第四子诠鏴为清源王"⑥,"铨鏴"疑当为"诠鏴",待考。

卷九十页四下行五　写亦亦满速儿

[原校]旧校删一"亦"字。

[新校]《明孝宗实录》弘治四年十二月甲子记载:"土鲁番速坛阿黑麻王遣使臣写亦满速儿等进贡"⑦,同书弘治五年八月辛酉记作"使臣写亦满速儿"⑧,弘治六年二月己亥记作"土鲁番使臣写亦满速儿"⑨,马文升《兴复哈密记》记作"大头目写亦满速儿",陈洪谟《治世余闻》记载:"阿黑麻先所遣大头目写亦满速儿等四十余人入贡在京师。"⑩张海《言阿黑麻事宜疏》记载:"其前次贡使写亦满速儿等一百七十二人仍旧拘留不遣。"⑪徐日久《五边典则》卷一四收录本条所记:"仍拘留其使人写亦满速儿为质。"⑫当删一"亦"字。

---

① 《明孝宗实录》卷四七第五页下第十行,第952页。
② 《明孝宗实录》卷五七第四页下第六行,第1100页;卷八一第二页上第八行,第1535页;卷八四第三页上第七行,第1577页。
③ 《明清进士题名碑录索引》,第990页。
④ 《明孝宗实录》卷二〇一第五页下第五行,第3734页。
⑤ 《明宪宗实录》卷一六五第五页下第八行,第2990页;《明孝宗实录》卷二一四第八页上第五行,第4035页。
⑥ 《明孝宗实录》卷二一九第五页下第十行,第4124页。
⑦ 《明孝宗实录》卷五八第四页下第七行,第1124页。
⑧ 《明孝宗实录》卷六六第八页上第十一行,第1271页。
⑨ 《明孝宗实录》卷七二第一页下第九行,第1344页。
⑩ (明)陈洪谟:《治世余闻》上篇卷一,中华书局1985年,第5页。
⑪ (明)陈子龙:《明经世文编》卷四九,中华书局,1962年,第385页上。
⑫ (明)徐日久:《五边典则》卷一四,《四库禁毁书丛刊》史部第26册,第321页下。

卷九十二页一下行七　　奏讦娄姓

［原校］三本"姓"作"性",是也。

［新校］《明孝宗实录》弘治元年四月丁酉记作"南京兵部主事娄性"①,同书弘治七年五月戊戌记作"南京兵部郎中娄性"②,吴宽《白康敏公家传》记作"南京兵部郎中娄性"③,王世贞《弇山堂别集》卷九三记载"奏南京兵部郎中娄性不法事"④。《明清进士题名碑录索引》记作"娄性",江西上饶人,成化十七年进士⑤。当为"娄性"。

卷九十三页七下行二　　副使杨茂先

［原校］旧校改"先"作"元"。

［新校］本卷甲戌条记作"山东按察司副使杨茂元",本书弘治六年闰五月辛酉记载:"湖广按察司副使杨茂元丁忧服阕,复除山东按察司"⑥,弘治八年四月辛巳记作"山东按察司副使杨茂元"⑦,雷礼《国朝列卿纪》卷五九、焦竑《国朝献征录》卷四六、过庭训《本朝分省人物考》卷四七皆记作"杨茂元"⑧。嘉靖《山东通志》卷一〇记作副使"杨茂元"。《明清进士题名碑录索引》记作"杨茂元"。当作"杨茂元"。

卷九十四页四上行五　　秦王秉欆

［新校］按,"秉欆"此时尚为镇国将军。《明孝宗实录》弘治五年四月丁卯记载:"赐……秦府镇国将军秉欆诰命冠服如制。"⑨同书弘治八年十一月乙未记载:"封……秦府临潼王庶长子镇国将军秉欆为临潼王。"⑩同书弘治十三年十月丁酉记载:"册封秦府临潼王秉欆为秦王。"⑪同书弘治十四年七月丁未朔记载:"秦王秉欆薨。王,临潼和僖王庶第二子,母丁氏。成化十六年生,弘治二年封镇国将军,八年袭封临潼王,弘治十三年进封秦王。"⑫何景明《雍大记》卷一八记载"秦昭王名秉欆,简王侄,临潼和僖王庶

---

① 《明孝宗实录》卷一三第一页上第七行,第 293 页。
② 《明孝宗实录》卷八八第三页下第九行,第 1626 页。
③ （明）吴宽:《家藏集》卷五九《白康敏公家传》,《文渊阁四库全书》第 1255 册,第 559 页上。
④ （明）王世贞:《弇山堂别集》卷九三,中华书局 1985 年,第 1777 页。
⑤ 《明清进士题名碑录索引》,第 1815 页。
⑥ 《明孝宗实录》卷七六第十七页上第八行,第 1479 页。
⑦ 《明孝宗实录》卷九九第九页上第一行,第 1827 页。
⑧ （明）雷礼:《国朝列卿纪》卷五九,《续修四库全书》第 523 册,第 217 页上;（明）焦竑:《国朝献征录》卷四六,《四库全书存目丛书》史部 102 册,第 421 页下;（明）过庭训:《本朝分省人物考》卷四七,《续修四库全书》第 534 册,第 259 页上。
⑨ 《明孝宗实录》卷六二第七页上第九行,第 1205 页。
⑩ 《明孝宗实录》卷一〇六第九页下第八行,第 1944 页。
⑪ 《明孝宗实录》卷一六七第三页上第十二行,第 3033 页。
⑫ 《明孝宗实录》卷一七六第一页上第四行,第 3207 页。

长子也。初封镇国将军,弘治八年乙卯十一月封临潼王,简王薨无子,王于弘治十三年庚申十月进封秦王。"①《明孝宗实录》弘治十一年六月庚辰记载:"秦王诚泳薨。王,康王庶第四子,母夫人杨氏,天顺二年生。"②何景明《雍大记》卷一八记载:"秦简王名诚泳,惠王庶长子也,成化四年戊子五月封镇安王,弘治元年戊申九月袭封秦王……享国十一年,弘治戊申(元年)至弘治戊午(十一年)。"王世贞《弇山堂别集》卷三二记载:"(秦)简王诚泳,天顺二年次妃杨氏生,弘治元年以镇安王嗣在位十一年。"③由上记载可知秦王诚泳此时在位,且其生母为杨氏。"秉櫏"疑误,待考。

卷九十四页六上行七　大学士刘捷

[原校]三本"捷"作"健",是也。

[新校]《明孝宗实录》成化二十三年十一月乙卯记载:"升詹事府少詹事刘健为礼部右侍郎兼翰林院学士,入内阁参预机务。"④贾咏《特进光禄大夫左柱国少傅兼太子太师吏部尚书华盖殿大学士赠太师谥文靖刘公健墓志铭》记载:"公讳健,字希贤,姓刘氏。"⑤徐咸《皇明名臣言行录》后集卷八记载:"刘健……仕至少师,吏部尚书华盖殿大学士。"过庭训《本朝分省人物考》卷九〇记作"刘健"⑥,陆深《俨山外集》卷六记作"少师晦庵刘公健,字希贤"。张廷玉《明史·宰辅年表》记作"刘健"⑦。"刘捷"当为"刘健"。

卷九十八页七下行二　右参政李锦

[原校]三本"锦"作"镜"。

[新校]《明孝宗实录》弘治四年四月戊申记载:"升湖广岳州府知府李镜为陕西布政司右参政。"⑧本书弘治十一年五月戊戌记载:"升河南按察司按察使李镜为浙江布政司左布政使。"⑨《本朝分省人物考》卷六〇记载:"李镜,弋阳人,登进士,历知岳州府……以河南按察转浙江布政使,卒。"⑩《明一统志》卷五一《广信府·人物》记载:"李镜,弋阳人,登进士。"⑪隆庆《岳州府志》卷一三记载:"李镜,字文明,江西弋阳人,进士,以部员外郎为

---

① (明)何景明:《雍大记》卷一八,《四库全书存目丛书》史部第184册,第154页上。
② 《明孝宗实录》卷一三八第二页下第二行,第2400页。
③ (明)王世贞:《弇山堂别集》卷三二,中华书局,1985年,第566页。
④ 《明孝宗实录》卷七第四页上第二行,第121页。
⑤ (明)焦竑:《国朝献征录》卷一四,《四库全书存目丛书》史部第100册,第463页下。
⑥ (明)过庭训:《本朝分省人物考》卷九〇,《续修四库全书》第535册,第486页上。
⑦ (清)张廷玉:《明史》,中华书局1974年版,第3339页。
⑧ 《明孝宗实录》卷五〇第一页上第三行,第999页。
⑨ 《明孝宗实录》卷一三七第一页上第六行,第2387页。
⑩ (明)过庭训:《本朝分省人物考》卷六〇,《续修四库全书》第534册,第646页上。
⑪ 《明一统志》卷五一《广信府·人物》,《文渊阁四库全书》第473册,第65页下。

知府",嘉靖《陕西通志》卷三九记载:"李镜,江西弋阳县人,己丑进士。"①《明清进士题名碑录索引》记作"李镜",江西弋阳人,成化五年进士②。"李锦"当为"李镜"。

卷一百九页八上行十二　五经博士敏

[新校]《明孝宗实录》卷九六弘治八年正月甲辰记载:"孟子五十七代孙敏奏祖庙倾圮,先年尝陈乞修葺",而卷一〇二弘治八年七月甲辰记载:"孟子五十七代孙翰林院五经博士元请赠封其父母",明代孔孟颜三氏子孙世袭五经博士起自景泰年间,张廷玉《明史》卷二八四《儒林传》记载:"希文,景泰三年授希文翰林院五经博士,子孙世袭,卒。子元,字长伯,弘治二年袭,卒。"冯云鹓《圣门十六子书》孟子书卷七记载:"五十七代孟元,字长伯,宏治二年承袭翰林院五经博士,主奉祀事。"傅维鳞《明书》卷二八记载"景泰中以孟希文为翰林院五经博士,希文生元。"《明武宗实录》卷八弘治十八年十二月壬戌记载:"礼部奏明年三月初四日,圣驾幸太学释奠先师,宜遣官给传,行取衍圣公孔闻韶及翰林院五经博士颜公鋐、孟元。"卷九六及此处"敏"似当作"元",待考。

卷一百一十一页五上行七　(朱奎)父孔易

[新校]《明经世文编》卷一六杨士奇《恭题朱孔易所受敕命后善书》记载:"宣德二年,翰林院编修臣朱孔易所受敕命四道,孔易一道。"《明英宗实录》正统六年十月壬辰记载:"升行在通政司右参议朱孔易为顺天府府丞。"③同书正统八年夏四月庚寅记载:"顺天府府丞朱孔易自称年及七十,例应致仕。"④正统十年二月己未记作"顺天府府丞朱孔易"⑤。正德《松江府志》卷一七记载:"顺天府丞,朱孔易墓在佘山。"同书卷三〇《人物七》记载:"朱孔易,华亭人……子奎,字文征。"万历《青浦县志》卷三记载:"府丞朱孔易墓在佘山东。"焦竑《国朝献征录》卷二二林瀚《嘉议大夫大理寺卿鹤坡朱公奎神道碑》记载朱奎"考讳孔晹,仕至顺天府丞"。倪涛《六艺之一录》、孙岳颁等辑《佩文斋书画谱》卷四〇卷三六二记载:"朱孔易,名寅,以字行,华亭人。"同卷记载"朱奎,字文征,孔易子。""孔易"疑当作"孔易",待考。

---

① 嘉靖《陕西通志》卷三九,《中国西北稀见方志续编》,第393页下。
② 《明清进士题名碑录索引》,第1323页。
③ 《明英宗实录》卷八四第九页下第二行,第1684页。
④ 《明英宗实录》卷一〇三第三页上第二行,第2079页。
⑤ 《明英宗实录》卷一二六第五页上第二行,第2519页。

卷一百十四页一下行十一　兵部郎中艾仆

[原校]旧校改"仆"作"璞"。

[新校]《明孝宗实录》弘治五年三月己亥记作"兵部郎中艾璞"①，同书弘治十七年三月庚辰记载："升提督誊黄通政司右通政艾璞为光禄寺卿。"②同书弘治十七年五月庚寅、弘治十八年四月丙子记作"光禄寺卿艾璞"③，《明武宗实录》弘治十八年七月乙未记载："升光禄寺卿艾璞为都察院右副都御史。"④同书正德九年七月乙酉记载："致仕都察院右副都御史艾璞卒。"⑤杨一清《右副都御史艾公璞传》记载："艾公璞，字德润，号东湖，南昌人……弘治间历迁武选郎中、通政司右通政。"⑥《本朝分省人物考》卷五七记载艾璞"（弘治）丙辰升通政司右通政提督誊黄"⑦。万历《新修南昌府志》卷一九记载："艾璞，字德润，南昌人……登成化进士，授兵部主事，累官都御史。""艾仆"当作"艾璞"。

卷一百一十八页八上行十一　新宁伯谭佑

[新校]《明宪宗实录》卷二四三成化十九年八月庚寅、卷二八三成化二十二年冬十月己亥、《明武宗实录》卷一○○正德八年五月辛未、卷一一八正德九年十一月癸未皆记作"新宁伯谭佑"。而《明宪宗实录》卷七八成化六年夏四月癸亥、卷一七六成化十四年三月壬申、《明孝宗实录》卷四弘治十八年八月甲子，卷八六弘治七年三月庚寅朔、《明武宗实录》卷一○八正德九年春正月丙戌、卷一二五正德十年五月丁亥朔等记作"新宁伯谭祐"。《明英宗实录》卷二七九天顺元年六月癸巳记载："命故新宁伯谭璟子祐袭封新宁伯"，《明功臣袭封底簿》记作"谭祐"⑧，郑汝璧《皇明功臣封爵考》卷三、李东阳《燕对录》、陈洪谟《治世余闻》上篇卷二、陆容《菽园杂记》卷九、王世贞《弇山堂别集》卷四一皆记作"谭祐"。"谭佑"与"谭祐"孰是，待考。

卷一百十九页二下行四　陕西布政司右参议李靓

[原校]三本"靓"作"瀳"，是也。

[新校]《明孝宗实录》弘治元年三月癸酉记载升"南京户部郎中李瀳"

---

① 《明孝宗实录》卷六一第十六页下第一行，第1192页。
② 《明孝宗实录》卷二○九第八页上第十二行，第3891页。
③ 《明孝宗实录》卷二一二第一页上第二行，第3953页；卷二二三第九页下第十行，第4226页。
④ 《明武宗实录》卷三第七页上第五行，第99页。
⑤ 《明武宗实录》卷一一四第八页上第五行，第2319页。
⑥ （明）焦竑：《国朝献征录》卷六一，《四库全书存目丛书》史部第103册，第316页下。
⑦ （明）过庭训：《本朝分省人物考》卷五七，《续修四库全书》第534册，第588页上。
⑧ 《明功臣袭封底簿》，《明代传记丛刊》第565册，第481页。

为河南右参议①,同书弘治六年十一月丁未记载:"河南布政司右参议李瀞丁忧服阕,复除陕西布政司。"②弘治《黄州府志》卷五《进士》记载麻城县"李瀞,己丑科进士,任陕西参政。"③雍正《河南通志》卷三一《职官·右参议》记载:"李瀞,湖广麻城人,进士。"④雍正《陕西通志》卷二二《职官·右参议》记载"李瀞"湖广麻城人⑤。当作"李瀞"。

卷一百二十四页四下行七　兵科给事中束思恭

[新校]《明孝宗实录》弘治七年十月戊辰、弘治十二年三月甲申记载"兵科给事中东思恭"⑥,雍正《陕西通志》卷六〇记载"东思恭,字进贤,华州人,弘治癸丑进士,拜兵科给事中",谈迁《国榷》卷四二记作"东思恭",张朝瑞《皇明贡举考》卷五记载"东思恭,陕西华州",徐日久《五边典则》卷二一记载"兵科给事中东思恭"⑦,《明清进士题名碑录索引》记作"东思恭",弘治六年进士⑧。"束思恭"当作"东思恭"。

卷一百二十八页二上行一　(实授试监察御史)石椂

[原校]旧校改作"石禄",抱本误作"右椂"。

[新校]《明孝宗实录》弘治九年六月己亥记载授"石禄"为试监察御史⑨,同书弘治十八年二月甲戌记载:"山西道监察御史石禄丁忧服阕,复除陕西道。"⑩正德《大名府志》卷六《官守志·知府》记载:"石禄,直隶滁州人,由进士先任行人,升山西道监察御史。"⑪当作"石禄"。

卷一百三十三页一上行九　(李介)介字守真

[原校]三本"真"作"贞"。

[新校]吕柟《泾野先生文集》卷二八记载:"李介,字守真。"而《国朝列卿纪》卷五二记载:"李介,字守贞,改字守正。"⑫李东阳《明故通议大夫兵部左侍郎兼都察院左佥都御史赠兵部尚书李公墓志铭》记载:"公讳介,

---

① 《明孝宗实录》卷一二第五页上第八行,第277页。
② 《明孝宗实录》卷八二第三页上第五行,第1551页。
③ 弘治《黄州府志》,《天一阁藏明代方志选刊》第53册,第84页上。
④ 雍正《河南通志》,《文渊阁四库全书》第536册,第149页上。
⑤ 雍正《陕西通志》,《文渊阁四库全书》第552册,第201页下。
⑥ 《明孝宗实录》卷九三第五页上第一行,第1709页;卷一四八第八页下第七行,第2612页。
⑦ (明)徐日久:《五边典则》卷二一,《四库禁毁书丛刊》史部第26册,第555页上。
⑧ 《明清进士题名碑录索引》,第1826页。
⑨ 《明孝宗实录》卷一一四第七页上第三行,第2071页。
⑩ 《明孝宗实录》卷二二一第十页上第一行,第4173页。
⑪ 正德《大名府志》卷六,《天一阁藏明代方志选刊》第3册,第45页上。
⑫ (明)雷礼:《国朝列卿纪》卷五二,《续修四库全书》第523册,第91页下。

字守贞,后改字守正。"①徐溥《故通议大夫兵部左侍郎兼都察院左佥都御史赠兵部尚书李公神道碑铭》记载:"公姓李氏,讳介,字守贞,后改字守正。"②张廷玉《明史》卷一八五《李介传》记载:"李介字守贞。"嘉靖《山东通志》卷三三记载:"李介字守正。"按,"真"与"贞"音同而误。"守真"当作"守贞"。

卷一百三十四页四下行十　轩字志昂

[新校]李东阳《明故资政大夫南京礼部尚书致仕赠太子少保童公神道碑铭》③、倪岳《明故资政大夫南京礼部尚书致仕赠太子少保童公墓志铭》④记载:"公讳轩,字士昂。"万历《应天府志》卷二七、雷礼《国朝列卿纪》卷三〇记作"士昂"⑤。疑当作"士昂"。

卷一百三十六页三下行八　江西按察司副使谈进

[原校]三本"进"作"俊"。

[新校]《明孝宗实录》弘治六年十月辛巳记载:"云南按察司佥事谈俊丁忧服阕,复除陕西按察司"⑥,《明孝宗实录》弘治七年九月丁亥记载:"升陕西按察司佥事谈俊为江西按察司副使"⑦,嘉靖《江西通志》卷二记载有按察司副使"谈俊字时英,浙江德清人,由进士历佥事升本司兵备"⑧,《明清进士题名碑录索引》记载"谈俊,浙江德清人"⑨。"谈进"当作"谈俊"。

卷一百四十页二上行十二　南京太仆寺卿张赟

[原校]三本"赟"作"贲"。

[新校]《明孝宗实录》弘治八年正月戊申记载:"升南京太仆寺少卿张赟为本寺卿。"⑩同书弘治九年六月丙子、弘治九年十月癸巳、弘治十三年七月甲戌记有"南京太仆寺卿张赟"⑪,《明武宗实录》正德八年八月甲寅记载"致仕南京太仆寺卿张赟卒"⑫。《本朝分省人物考》卷一〇七记载张赟

---

① (明)李东阳:《李东阳集》文后稿卷二二,岳麓书社,1985年,第3册,第324页。
② (明)徐溥:《谦斋文录》卷四,《文渊阁四库全书》第1248册,第669页下。
③ (明)李东阳:《李东阳集》文后稿卷一八,岳麓书社,1985年,第3册,第257页。
④ (明)倪岳:《清溪漫稿》卷二三,《文渊阁四库全书》第1251册,第330页下。
⑤ (明)雷礼:《国朝列卿纪》卷三〇,《续修四库全书》第522册,第493页上。
⑥ 《明孝宗实录》卷八一页五下行二,第1542页。
⑦ 《明孝宗实录》卷九二第一页上第二行,第1683页。
⑧ 嘉靖《江西通志》卷二,《四库全书存目丛书》史部第182册,第71页上。
⑨ 《明清进士题名碑录索引》,第179页。
⑩ 《明孝宗实录》卷九六第六页上第一行,第1769页。
⑪ 《明孝宗实录》卷一一四第一页上第六行,第2059页;卷一一八第七页上第八行,第2135页;卷一六四第十二页下第一行,第2992页。
⑫ 《明武宗实录》卷一〇三第五页下第六行,第2130页。

"弘治初擢南京光禄寺少卿,累迁通政司参议太仆寺卿"①。《南京太仆寺志》卷七记载"张贲,四川成都前卫人,成化丙戌进士,弘治八年由本寺少卿升任"②,《明清进士题名碑录索引》记作"张贲"③。当作"张贲"。

卷一百四十二页二下行八　都指挥佥事袁果

[原校]旧校改"果"作"杲"。

[新校]《明宪宗实录》成化二十年十二月丁丑记作"太原左卫指挥使袁杲"④,《明孝宗实录》弘治九年七月辛亥记作"都指挥佥事袁杲"⑤,《明武宗实录》正德二年十一月癸丑载"山西都指挥佥事袁杲先充参将,分守代州"⑥。当为"袁杲"。

卷一百四十三页五上行十　吏部尚书屠镛

[原校]旧校改"镛"作"滽"。

[新校]《明孝宗实录》弘治九年二月已西朔记载"升都察院左都御史屠滽为吏部尚书"⑦,本书弘治九年四月庚寅记作"吏部尚书屠滽"⑧,本书弘治十一年十二月壬辰载"吏部尚书屠滽以屡为科道官所劾乞致仕"⑨。《明武宗实录》正德七年十二月戊辰记载:"致仕太子太傅吏部尚书兼都察院左都御史屠滽卒。"⑩程敏政《篁墩集》卷三三《辞金诗序》记载:"公名滽,字朝宗,世家四明,今官为太子少保兼左都御史。"⑪李东阳《光禄大夫柱国太子太傅吏部尚书兼都察院左都御史致仕进阶特进荣禄大夫赠太保屠公滽神道碑铭》记作:"公讳滽,字朝宗。"⑫"屠镛"当作"屠滽"。

卷一百四十三页十四下行七　都察院右副都御史李孟赐

[原校]旧校改"赐"作"旸"。

[新校]《明孝宗实录》弘治元年三月己巳记作"礼科都给事中李孟旸"⑬,本书弘治五年二月癸丑记作"广西左布政使李孟旸"⑭,本书弘治五

---

① (明)过庭训:《本朝分省人物考》卷一〇七《张贲》,《续修四库全书》第536册,第125页下。
② (明)雷礼:《南京太仆寺志》卷七,《四库全书存目丛书》史部257册,第536页下。
③ 《明清进士题名碑录索引》,第483页。
④ 《明宪宗实录》卷二五九第六页下第十二行,第4378页。
⑤ 《明孝宗实录》卷一一五第二页上第九行,第2081页。
⑥ 《明武宗实录》卷三二第三页下第十行,第792页。
⑦ 《明孝宗实录》卷一〇九第一页上第二行,第1989页。
⑧ 《明孝宗实录》卷一一二第五页下第十二行,第2039页。
⑨ 《明孝宗实录》卷一四五第二页上第十行,第2525页。
⑩ 《明武宗实录》卷九五第七页下第二行,第2016页。
⑪ (明)程敏政:《篁墩集》卷三三《辞金诗序》,《文渊阁四库全书》第1252册,第561页。
⑫ (明)焦竑:《国朝献征录》卷二四,《四库全书存目丛书》史部第101册,第244页。
⑬ 《明孝宗实录》卷一二第二页下第五行,第272页。
⑭ 《明孝宗实录》卷六〇第五页第三行,第1152页。

年五月戊戌记作"左布政使李孟旸"①,本书弘治十三年八月辛丑记作"侍郎李孟旸"②。嘉靖《广西通志》卷六记作左布政使"李孟旸"③。《明清进士题名碑录索引》记作"李孟晹"④。当以"旸"(昜)为是。按,"晹"与"旸"形近易误。

卷一百四十四页二上行八　监察御史涂昇

[原校]旧校改作"涂昇"。

[新校]《明孝宗实录》弘治二年五月丁亥记载授"涂昇"为监察御史⑤,而《明孝宗实录》弘治六年十二月丁亥记作"巡按河南监察御史涂昇"⑥,《明孝宗实录》弘治十五年正月乙未记作"副使涂昇"⑦,嘉靖《广东通志》卷七《秩官》记有按察司副使"涂升","江西丰城人,弘治十二年任"⑧。按,"涂"古同"涂",姓氏。当作"涂(涂)昇"。

卷一百四十六页八下行三　按察使周孟忠

[原校]三本"忠"作"中",是也。

[新校]本条下文第八页下第四行记作"孟中"。《明宪宗实录》成化十四年二月辛丑记载:"升南京吏部主事周孟中为福建按察司佥事,提调学校。"⑨《明孝宗实录》弘治八年二月丁卯记载:"升广西按察司副使周孟中为本司按察使。"⑩本书弘治十二年八月乙未记载:"升浙江布政司右布政使周孟中为广东左布政使。"⑪本书弘治十五年三月丁亥记载:"广东布政司左布政使周孟中自陈老疾,乞休致。"⑫弘治《八闽通志》卷三〇记有按察司佥事"周孟中",嘉靖《广西通志》卷六记有按察使"周孟中"⑬,嘉靖《广东通志》卷七记载左布政使"周孟中,江西庐陵人,弘治十二年任"⑭。《明一统志》卷五六记作"周孟中,庐陵人"⑮,万历《吉安府志》卷一九《列传》记作"周孟中,字

---

① 《明孝宗实录》卷六三第十一页上第五行,第 1227 页。
② 《明孝宗实录》卷一六五第七页上第二行,第 3011 页。
③ 嘉靖《广西通志》卷六,《四库全书存目丛书》第 187 册,第 81 页下。
④ 《明清进士题名碑录索引》,第 1225 页。
⑤ 《明孝宗实录》卷二六第七页上第六行,第 591 页。
⑥ 《明孝宗实录》卷八三第五页下第五行,第 1566 页。
⑦ 《明孝宗实录》卷一八三第七页上第五行,第 3383 页。
⑧ 嘉靖《广东通志》卷七《秩官》,《四库全书存目丛书》史部第 189 册,第 148 页。
⑨ 《明宪宗实录》卷一七五第二页上第十二行,第 3155 页。
⑩ 《明孝宗实录》卷九七第四页上第一行,第 1781 页。
⑪ 《明孝宗实录》卷一五三第三页下第四行,第 2708 页。
⑫ 《明孝宗实录》卷一八五第五页下第一行,第 3412 页。
⑬ 嘉靖《广西通志》卷六,《四库全书存目丛书》第 187 册,第 83 页下。
⑭ 嘉靖《广东通志》卷七,《四库全书存目丛书》第 189 册,第 143 页下。
⑮ 《明一统志》卷五六,《文渊阁四库全书》第 473 册,第 156 页上。

时可,庐陵人,成化间进士",《本朝分省人物考》卷六六记作"周孟中"①,《明清进士题名碑录索引》记作"周孟中"②。当作"周孟中"。

卷一百四十八页六下行六　孟密安抚司土舍司楪

[原校]旧校改"司"作"思"。抱本"楪"作"揲"。

[新校]本条下文第六页下至第九页上皆作"思楪",本书弘治七年十一月戊戌记作"思楪"③,弘治十二年十月壬辰记作"思楪"④,徐日久《五边典则》卷二一记作"孟密安抚司土舍思楪"⑤,方孔炤《全边略记》卷七记作"孟密土舍思楪"⑥。当作"思楪"。

卷一百四十九页四上行七　兵部右侍郎杨谧

[原校]旧校改"谧"作"谥"。

[新校]《明孝宗实录》弘治十一年正月丁巳记"都察院左副都御史杨谧为兵部右侍郎"⑦,《明孝宗实录》弘治十一年十二月丙辰记有"兵部右侍郎杨谧"⑧,《明孝宗实录》弘治十三年六月辛亥记"兵部右侍郎杨谧卒"⑨。《国朝列卿纪》记载:"杨谧字文宁……(弘治)九年升都察院右副都御史管院事,十一年升兵部右侍郎,十三年卒于官。"⑩《本朝分省人物考》卷八五记载:"杨谧,字文宁,仪封人,成化五年进士……迁左副都御史,寻升兵部右侍郎。"⑪《国朝献徵录》卷四〇《兵部右侍郎杨谧传》记载:"杨谧,字文宁,河南仪封县人,成化五年进士。"⑫《弇山堂别集》卷五七记"杨谧,河南仪封人,由进士,十一年任右"。"杨谧"当作"杨谧"。

卷一百四十九页十一下行二　宣城伯卫颖

[原校]抱本"颖"作"颖"。

[新校]《明英宗实录》天顺六年冬十月己巳、《明宪宗实录》成化十年十一月丙辰记作"宣城伯卫颖"⑬。顾清《明故奉天翊卫宣力武臣特进荣禄

---

① (明)过庭训:《本朝分省人物考》,《续修四库全书》第535册,第49页下。
② 《明清进士题名碑录索引》,第2196页。
③ 《明孝宗实录》卷九四第四页下第十二行,第1726页。
④ 《明孝宗实录》卷一五五第四页下第二行,第2766页。
⑤ (明)徐日久:《五边典则》卷二一,《四库禁毁书丛刊》史部第26册,第553页上。
⑥ (明)方孔炤:《全边略记》卷七,《续修四库全书》第738册,第436页上。
⑦ 《明孝宗实录》卷一三三第二页下第八行,第2346页。
⑧ 《明孝宗实录》卷一四五第十五页上第十行,第2551页。
⑨ 《明孝宗实录》卷一六三第十六页上第一行,第2967页。
⑩ (明)雷礼:《国朝列卿纪》卷五二,《续修四库全书》第523册,第92页。
⑪ (明)过庭训:《本朝分省人物考》卷八五,《续修四库全书》第535册,第408页。
⑫ (明)雷礼:《国朝献徵录》卷四〇,《四库全书存目丛书》史部第102册,第150页。
⑬ 《明英宗实录》卷三四五第二页下第八行,第6974页;《明宪宗实录》卷一三五第一页下第五行,第2530页。

大夫柱国宣城伯卫公行状》记载:"公讳颖,字源正,松江华亭人。"①李东阳撰《宣城伯赠宣城侯谥庄勇卫公颖墓志铭》记载:"公讳颖,字源正。"②王世贞《弇山堂别集》卷三八《永乐以后功臣公侯伯年表》记作"宣城伯卫颖"③。而《明英宗实录》天顺元年十一月甲子记载:"封左都督卫颖为宣城伯"④,《明宪宗实录》成化二年六月甲子、成化三年九月辛卯记作"宣城伯卫颖"⑤。李东阳《明故奉天翊卫宣力武臣特进荣禄大夫柱国宣城伯赠宣城侯谥壮勇卫公墓志铭》记载"公讳颖,字源正"⑥,正德《松江府志》记载"颖,字源正"⑦,何三畏《云间志略》卷一〇《卫壮勇源正公传》记作"卫颖字源正"⑧,杨一清《为整理边务以备敌患事》记作"宣城伯卫颖"⑨。然《明英宗实录》天顺二年二月辛丑、《明宪宗实录》成化元年夏四月丁酉、成化三年夏四月丁未记作"宣城伯卫颖"⑩。《明孝宗实录》弘治十一年正月甲子记载:"宣城伯卫颖卒。"⑪同书弘治十一年五月乙丑记载:"命故宣城伯卫颖之子璋袭宣城伯。"⑫《明功臣袭封底簿》记作"卫颖与世袭伯爵"⑬,嘉靖《陕西通志》卷一九记作"卫颖"⑭,《雍大记》卷二五记载:"卫颖天顺中挂平羌将军印镇守甘肃。"⑮《四镇三关志》卷八《辽镇职官·武阶》记作"卫颖宣城伯"⑯,《吾学编》记作"卫颖"⑰,过庭训《本朝分省人物考》卷二五记作"卫颖"⑱。何三畏《云间志略》卷九《卫都督明德公传》记作"次(子)颖封宣城伯",《明经世文编》卷五六《捷音事疏》记作"镇守辽东总兵等官宣城伯卫颖等奏"⑲,万斯同《明史》卷二一八记作"卫颖"。《汉语大

---

① (明)顾清:《东江家藏集》卷二八,《文渊阁四库全书》第1261册,第667页下。
② (明)焦竑:《国朝献征录》卷九,《四库全书存目丛书》史部第100册,第306页上。
③ (明)王世贞:《弇山堂别集》卷三十八,中华书局,1985年,第692页。
④ 《明英宗实录》卷二八四第一页下第十行,第6084页。
⑤ 《明宪宗实录》卷三一第八页下第一行,第628页;卷四六第十二页上第七行,第967页。
⑥ (明)李东阳:《李东阳集》文后稿二十二,岳麓书社,1985年,第3册,第322页。
⑦ 正德《松江府志》卷二九,《四库存目丛书》史部第181册,第787页上。
⑧ (明)何三畏:《云间志略》卷一〇,《四库禁毁书丛刊》史部第8册,第362页下。
⑨ (明)杨一清:《关中奏议》卷一八,中华书局,2001年,第682页。
⑩ 《明英宗实录》卷二八七第七页上第四行,第6149页;《明宪宗实录》卷一六第六页上第四行,第353页;《明宪宗实录》卷四一第五页下第八行,第838页。
⑪ 《明孝宗实录》卷一三三第五页上第五行,第2351页。
⑫ 《明孝宗实录》卷一三七第五页下第五行,第2396页。
⑬ 《明功臣袭封底簿》,《明代传记丛刊》第55册,第575页。
⑭ 嘉靖《陕西通志》卷一九,《中国西北稀见方志续编》第1册,第409页上。
⑮ (明)何景明:《雍大记》卷二五《纪治》,《四库全书存目丛书》史部第184册,第223页。
⑯ (明)刘效祖:《四镇三关志》卷八,《四库禁毁书丛刊》史部第10册,第487页上。
⑰ (明)郑晓:《吾学编》卷一九《异姓诸侯传卷下》,《续修四库全书》第424册,第326页下。
⑱ (明)过庭训:《本朝分省人物考》卷二五,《续修四库全书》第533册,第509页下。
⑲ (明)陈子龙等:《明经世文编》,中华书局,1962年,第446页上。

字典》第 4375 页解释"颖"同"颖",亦同"颖",为二者俗字。疑为"颖",待考。

卷一百五十一页八下行二　南京给事中彭城

[原校]广本、抱本"城"作"诚"。

[新校]《明孝宗实录》弘治十二年十月戊戌记作"南京礼科给事中彭城"①,而本书弘治九年四月丙申记作"南京礼科给事中彭诚"②,本书弘治十三年三月辛酉记载:"升南京礼科给事中彭诚为福建按察司佥事。"③本书弘治十二年八月丙辰记作"南京给事中彭诚"④。《明清进士题名碑录索引》记作"彭诚",江西鄱阳人,弘治三年进士⑤。"彭城"当为"彭诚"。

卷一百五十三页三上行二　分守右监丞黄廷

[原校]三本"廷"作"延"。

[新校]《明孝宗实录》弘治十四年十一月乙酉记作"左监丞黄廷"⑥,而同书弘治十一年闰十一月丁丑、弘治十二年三月癸亥、弘治十二年四月己酉、弘治十四年四月庚辰、弘治十五年四月乙丑皆记作监丞"黄延"⑦。嘉靖《辽东志》卷五《官师志》记作"黄延"⑧。"廷"当作"延"。

卷一百五十七页九上行九　都指挥叶春

[原校]三本"春"作"椿"。

[新校]《明孝宗实录》卷一六二弘治十三年五月癸亥记载"虏拥众入大同左卫境",巡抚都御史洪汉劾"守备都指挥叶椿",卷一六八弘治十三年十一月乙卯记作"大同守备都指挥叶椿",《明武宗实录》卷三六正德三年三月辛丑记载"命分守延绥左参将都指挥佥事叶椿充副总兵,镇山西",卷四一正德三年八月庚午记作"赐镇守山西副总兵都指挥叶椿",同书卷六〇正德五年二月丁未记作"升镇守山西副总兵都指挥佥事叶椿为署都督佥事,充总兵官,镇守大同",卷一二四正德十年闰四月癸亥记载:"降大同总兵官署都督佥事叶椿为大同前卫指挥使"。王琼《晋溪本兵敷奏》卷五《为虏中走回男子供报夷情事》记作"大同总兵官叶椿",徐日久《五边典

---

① 《明孝宗实录》卷一五五第六页下第十一行,第 2770 页。
② 《明孝宗实录》卷一一二第七页上第五行,第 2043 页。
③ 《明孝宗实录》卷一六〇第二页上第十行,第 2869 页。
④ 《明孝宗实录》卷一五三第十三页下第四行,第 2728 页。
⑤ 《明清进士题名碑录索引》,第 1361 页。
⑥ 《明孝宗实录》卷一八一第二页下第十二行,第 3334 页。
⑦ 《明孝宗实录》卷一四四第五页上第二行,第 2513 页;卷一四八第一页下第七行,第 2598 页;卷一四九第八页下第六行,第 2632 页;卷一七三第二页上第八行,第 3145 页;卷一八六第八页上第四行,第 3433 页。
⑧ 嘉靖《辽东志》卷五《官师志》,《续修四库全书》第 646 册,第 582 页。

则》卷六《十一月提督军务都御史史琳陈备边八事》记作"大同守备都指挥叶椿",谈迁《国榷》卷四八正德五年二月丁未记载山西副总兵都指挥佥事"叶椿"为征西前将军,正德《大同府志》卷九记作总兵"叶椿"①,同书卷一二记作"制谕署都督佥事叶椿"②。"叶春"当作"叶椿"。

卷一百六十页六下行八　兵科给事中张弘志

[原校]抱本"志"作"至"。

[新校]《明孝宗实录》弘治十一年十月戊辰载授翰林院庶吉士"张弘至"为给事中③。本书弘治十二年十二月辛亥、弘治十四年十二月癸亥、弘治十七年三月丁丑记作"兵科给事中张弘至"④,何三畏《云间志略》卷九《张都谏龙山公传》记作"张弘至字时行",改庶吉士授兵科给事中。刘大夏《题应诏陈言以厘弊政事》记作"给事中张弘至"⑤。张朝瑞《皇明贡举考》卷五记弘治九年会试进士"张弘至,南直隶华亭县",《明清进士题名碑录索引》记作"张弘至"⑥。当作"张弘至"。

卷一百六十一页三下行三　韩文柄

[原校]抱本阁本"柄"作"炳"。

[新校]《明一统志·徽州府》记有"汪氏黟县韩文炳妻"⑦。弘治《徽州府志》卷一记载"贞节坊有二,一为韩文炳妻汪氏"⑧。光绪《重修安徽通志》卷二九七记作"韩文炳妻汪氏"⑨。乾隆《江南通志》卷一八五记作"韩文炳妻汪氏,黟县人"⑩。当作"炳"。

卷一百六十六页一上行六　分巡佥事徐纮

[原校]旧校改"纮"作"纮"。

[新校]《明孝宗实录》弘治十七年十一月戊戌记载:"升广东按察司佥事徐纮为云南副使。"⑪而本书弘治十年九月壬寅记载升"刑部员外郎徐纮

---

① 正德《大同府志》卷九,《四库全书存目丛书》第186册,第301页。
② 正德《大同府志》卷一二,《四库全书存目丛书》第186册,第350页。
③ 《明孝宗实录》卷一四二第二页下第十二行,第2446页。
④ 《明孝宗实录》卷一五七第十页下第五行,第2830页;卷一八二第五页下第十一行,第3354页;卷二〇九第七页下第二行,第3890页。
⑤ (明)黄训:《名臣经济录》卷三四,《文渊阁四库全书》第444册,第28页上。
⑥ 《明清进士题名碑录索引》,第420页。
⑦ 《明一统志》卷一六《徽州府》,《文渊阁四库全书》第472册,第373页。
⑧ 弘治《徽州府志》卷一,《四库全书存目丛书》史部180册,第612页下。
⑨ 光绪《重修安徽通志》卷二九七,《续修四库全书》第655册,第25页下。
⑩ 乾隆《江南通志》卷一八五,《文渊阁四库全书》第512册,第336页下。
⑪ 《明孝宗实录》卷二一八第七页下第二行,第4106页。

为广东按察司佥事"①,弘治十三年八月甲午记作"广东按察司佥事徐纮"②,弘治十七年二月癸巳朔记作"分巡佥事徐纮"③。嘉靖《广东通志初稿》卷七记"徐纮,直隶武进人,弘治十年任"④,《皇明贡举考》卷五记作"弘治三年会试……徐纮,南直隶武进县"⑤。当作"徐纮(纮)"。

卷一百六十九页一上行三　户科给事中蕞兰

[新校]《明孝宗实录》弘治五年六月辛亥、弘治十一年十月辛卯、弘治十二年八月甲午记作"户科给事中丛兰"⑥,本书弘治十四年正月己卯记作"兵科右给事中丛兰"⑦。《明经世文编》卷一○八载丛兰所作《论漕运积债之害》⑧,费宏《资德大夫正治上卿南京工部尚书赠太子少保丛公兰墓志铭》记载"讳兰,字廷秀"⑨,《本朝分省人物考》卷九八记作"丛兰"⑩。《明清进士题名碑录索引》记作"丛兰"⑪。当是。按,"丛"之繁体"叢"字与"蕞"字形近易混。

卷一百七十页十二上行四　孛罗罕

[新校]《明孝宗实录》弘治十三年六月癸巳记作"泰宁等卫故都督撒因孛罗之子孛罗罕等"⑫。而本书弘治十五年七月辛卯记作"泰宁等三卫都督孛来罕等"⑬,弘治十六年正月己丑记作"泰宁卫都督孛来罕"⑭,《明武宗实录》正德四年春正月甲寅、正德六年九月甲戌、正德七年九月己亥,《明世宗实录》嘉靖八年正月己酉、嘉靖十六年八月丁卯记作"泰宁等卫都督孛来罕等"⑮。杨廷和《请给赏进贡人疏》记作"泰宁等卫都督孛来罕

---

① 《明孝宗实录》卷一二九第一页上第十一行,第2277页。
② 《明孝宗实录》卷一六五第三页下第七行,第3004页。
③ 《明孝宗实录》卷二○八第一页上第九行,第3855页。
④ 嘉靖《广东通志初稿》卷七,《四库全书存目丛书》史部第189册,第150页。
⑤ (明)张朝瑞:《皇明贡举考》卷五,《四库全书存目丛书》史部第269册,第649页。
⑥ 《明孝宗实录》卷六四第三页下第八行,第1234页;卷一四二第十页上第四行,第2463页;卷一五三第三页上第三行,第2707页。
⑦ 《明孝宗实录》卷一七○第十二页下第九行,第3100页。
⑧ (明)陈子龙等:《明经世文编》卷一○八,中华书局,1962年,第980页上。
⑨ (明)焦竑:《国朝献征录》卷五二,《四库全书存目丛书》史部第102册,第700页下。
⑩ (明)过庭训:《本朝分省人物考》卷九八,《续修四库全书》第535册,第650页下。
⑪ 《明清进士题名碑录索引》,第1088页。
⑫ 《明孝宗实录》卷一六三第三页上第九行,第2941页。
⑬ 《明孝宗实录》卷一八九第五页上第五行,第3493页。
⑭ 《明孝宗实录》卷一九五第四页下第十二行,第3594页。
⑮ 《明武宗实录》卷四六第五页上第八行,第1051页;《明武宗实录》卷七九第六页上第四行,第1731页;《明武宗实录》卷九二第七页上第九行,第1969页;《明世宗实录》卷九七第三页下第七行,第2266页;《明世宗实录》卷二○三第五页下第一行,第4256页。

等"①。"罗"与"来"当为音译之别,统一之,疑当作"孛来罕"。

卷一百七十一页十下行一　仁和长公主子济良

[原校]三本"济"作"齐",是也。

[新校]《明孝宗实录》弘治二年十二月壬寅记载:"册皇第一妹为仁和长公主,以鸿胪寺少卿齐佑之子世美为驸马都尉。"②《明武宗实录》正德十四年六月乙亥记载:"升锦衣卫正千户齐良为指挥佥事……仁和大长公主子援例陈乞也。"③当为"齐良"。

卷一百七十二页六上行三　太仆寺卿吴格

[原校]三本"格"作"裕"。

[新校]《明孝宗实录》弘治十三年五月丁丑记作"太仆寺卿吴裕"④,本书弘治十四年四月癸巳记作"太仆寺卿吴裕"⑤,吴宽《明故亚中大夫太仆寺卿吴公神道碑铭》记载"己未始有太仆寺卿之擢"⑥。《明清进士题名碑录索引》记作"吴裕"⑦。"吴格"当作"吴裕"。

卷一百七十八页五上行四　赐岷府黎山安懿王庶第五子名曰膺鋹

[新校]《明孝宗实录》弘治十一年五月庚申记载"岷府黎山王膺鋹薨……谥曰安懿。"⑧王世贞《弇山堂别集》卷七四、郭良翰《明谥纪汇编》卷一二记作"岷府黎山王膺鋹"谥号"安懿"。黎山安懿王名曰"膺鋹"。《明孝宗实录》弘治四年十一月庚寅记载赐"岷府黎山王膺鋹第四子曰彦淮"⑨,可知黎山安懿王膺鋹之子为"彦"字辈,本书此处记载"膺鋹"疑误。

卷一百七十八页十二上行九　监督太监苗达

[原校]旧校改"达"作"逵"。

[新校]《明孝宗实录》弘治十三年六月己酉记载:"命太监苗逵监督军务。"⑩弘治十四年四月戊子记作"监督太监苗逵"⑪,弘治十四年九月辛巳记作"监督军务太监苗逵"⑫。徐日久《五边典则》卷一五记载:"兵科都给

---

① (明)杨廷和:《杨文忠三录》卷二,《文渊阁四库全书》第 428 册,第 787 页下。
② 《明孝宗实录》卷三三第四页上第十一行,第 727 页。
③ 《明武宗实录》卷一七五第三页上第四行,第 3381 页。
④ 《明孝宗实录》卷一六二第十一页下第一行,第 2932 页。
⑤ 《明孝宗实录》卷一七三第八页上第十行,第 3157 页。
⑥ (明)吴宽:《家藏集》卷七七,《文渊阁四库全书》第 1255 册,第 784 页下。
⑦ 《明清进士题名碑录索引》,第 848 页。
⑧ 《明孝宗实录》卷一三七第五页上第三行,第 2395 页。
⑨ 《明孝宗实录》卷五七第四页上第二行,第 1099 页。
⑩ 《明孝宗实录》卷一六三第十五页上第三行,第 2965 页。
⑪ 《明孝宗实录》卷一七三第六页上第九行,第 3153 页。
⑫ 《明孝宗实录》卷一七九第一页下第一行,第 3294 页。

事中屈伸等奏监督太监苗逵。"①方孔炤《全边略记》卷六记载:"兵科屈伸奏……苗逵朱晖史琳等且拾得虏毡帐器物为天兵振扬也。"②王琼《为议处边情事》记载"弘治十四年差太监苗逵……"③,《明经世文编》卷二四九所载魏焕《固原边夷》记作"太监苗逵"④,雍正《陕西通志》卷八二记作"监督太监苗逵"。按,繁体"达"字"達"与"逵"字形相近,为之误。当为"苗逵"。本卷第十二页下第三行所记"达等"亦当作"逵等"。

卷一百八十一页一上行七　谢震

[原校] 旧校改"谢"作"蔡"。

[新校]《明宪宗实录》成化二年九月丙申载:"授皇第二妹淳安长公主册命锦衣卫军士蔡诚子震为驸马都尉。"⑤《明宪宗实录》成化三年二月庚申、成化四年三月乙丑、成化四年十一月丁巳朔记作驸马都尉"蔡震"⑥。《明孝宗实录》弘治二年正月庚申朔、弘治二年七月己未、弘治三年十月己酉朔、弘治四年正月戊寅朔等记作"驸马都尉蔡震"⑦。《国朝典汇》卷一一记载:"(嘉靖)十四年驸马都尉蔡震卒。"⑧《国榷》卷三四记载:"(成化二年九月)丙申册皇妹淳安长公主、崇德长公主,驸马都尉蔡震、杨伟尚之。"⑨《国榷》卷五六记载"甲寅驸马都尉蔡震卒⑩。当作"蔡震"。

卷一百八十二页五上行九　贡踪

[原校] 旧校改"踪"作"鋾"。

[新校] 据《明宪宗实录》成化十五年冬十月甲申记作"肃府汾川王贡鋾"⑪,成化二十二年夏四月壬辰记载"进封汾川王贡鋾为肃王,贡鋾乃肃简王庶长子"⑫,《明孝宗实录》弘治五年三月戊子记作"肃王贡鋾"⑬。王世贞《弇山堂别集》卷三二记载"庶长子恭王贡鋾以成化二十三年自汾川

---

① (明)徐日久:《五边典则》卷一五,《四库禁毁书丛刊》史部第26册,第345页上。
② (明)方孔炤:《全边略记》卷六,《续修四库全书》第738册,第401页下。
③ (明)王琼:《晋溪本兵敷奏》卷五,《续修四库全书》第475册,第688页上。
④ (明)陈子龙等编:《明经世文编》卷二四九,中华书局,1962年,第2621页下。
⑤ 《明宪宗实录》卷三四第九页上第一行,第687页。
⑥ 《明宪宗实录》卷三九第十二页下第五行,第794页;卷五二第一页下第二行,第1052页;卷六〇第一页上第四行,第1217页。
⑦ 《明孝宗实录》卷二二第一页上第二行,第505页;卷二八第一页上第五行,第605页;卷四四第一页上第二行,第889页;卷四七第一页上第二行,第943页。
⑧ (明)徐学聚:《国朝典汇》卷一一,《四库全书存目丛书》史部第264册,第424页。
⑨ (清)谈迁:《国榷》卷三四,中华书局,1958年,第2220页。
⑩ (清)谈迁:《国榷》卷五六,中华书局,1958年,第3520页。
⑪ 《明宪宗实录》卷一九五第一页上第六行,第3435页。
⑫ 《明宪宗实录》卷二七七第五页上第六行,第4671页。
⑬ 《明孝宗实录》卷六一第十三页上第十二行,第1185页。

王嗣"①,《国朝典汇》卷一二四亲王谥号恭记作"肃王贡鏓"②。当作"鏓"。

卷一百八十二页十二上行一　张宦

[原校]旧校改"官"作"宦"。

[新校]《明孝宗实录》弘治九年三月丁未记载"以进士张宦为南京户科给事中"③,同书弘治十三年八月辛卯、弘治十四年四月庚子记作"南京户科给事中张宦"④,同书弘治十七年二月丙辰记载："升南京户科给事中张宦为四川布政司左参议。"⑤嘉靖《四川总志》卷一记作左参议"张宦"⑥。嘉靖《山东通志》卷一〇记载左参政"张宦,完县人"。过庭训《本朝分省人物考》卷五记作"张宦"⑦。《明清进士题名碑录索引》记作"张宦"⑧。当作"宦"。

卷一百八十二页十二下行二　左布政使林元辅

[原校]抱本、阁本"辅"作"甫",是也。

[新校]《明孝宗实录》弘治十二年九月丙戌记载："升云南布政司右布政使林元甫为陕西左布政使。"⑨正德《云南通志》卷一记作右布政使"林元甫"⑩,嘉靖《陕西通志》卷一九记作左布政使"林元甫"⑪,嘉靖《四川总志》卷一记作巡抚"林元甫"⑫。弘治《八闽通志》卷五五十一年乙未谢迁榜作"林元甫",《明清进士题名碑录索引》记作"林元甫"⑬。当作"林元甫"。

卷一百八十三页七下行五　吏部右侍郎王鏊

[原校]旧校改"鏊"作"鏊"。

[新校]《明孝宗实录》弘治十四年正月丙子记作"吏部右侍郎王鏊"⑭,《明世宗实录》嘉靖三年五月己巳记载"王鏊"传记⑮,邵宝《大明故光禄大夫柱国少傅兼太子太傅户部尚书武英殿大学士致仕赠太傅谥文恪

---

① （明)王世贞:《弇山堂别集》卷三二,中华书局,1985 年,第 572 页。
② （明)徐学聚:《国朝典汇》卷一二四,《四库全书存目丛书》史部第 266 册,第 25 页。
③ 《明孝宗实录》卷一一〇第六页上第十二行,第 2017 页。
④ 《明孝宗实录》卷一六五第二页下第一行,第 3002 页;卷一七三第十页上第七行,第 3161 页。
⑤ 《明孝宗实录》卷二〇八第九页下第七行,第 3872 页。
⑥ 嘉靖《四川总志》卷一,《北京图书馆古籍珍本丛刊》史部第 42 册,第 31 页下。
⑦ 《本朝分省人物考》卷五,《续修四库全书》第 533 册,第 114 页下。
⑧ 《明清进士题名碑录索引》,第 459 页。
⑨ 《明孝宗实录》卷一五四第十三页下第二行,第 2756 页。
⑩ 正德《云南通志》卷一,《天一阁藏明代方志选刊续编》第 70 册,第 69 页。
⑪ 嘉靖《陕西通志》卷一九,《中国西北稀见方志续编》第 1 册,第 390 页上。
⑫ 嘉靖《四川总志》卷一,《北京图书馆古籍珍本丛刊》史部第 42 册,第 24 页下。
⑬ 《明清进士题名碑录索引》,第 1619 页。
⑭ 《明孝宗实录》卷一七〇第七页上第一行,第 3089 页。
⑮ 《明世宗实录》卷三九第二页上第四行,第 987 页。

王公墓志铭》记载:"公讳鏊,字济之,姓王氏。"①王守仁《太傅王文恪公鏊传》、雷礼《国朝列卿纪》卷一二、廖道南《殿阁词林记》卷二、过庭训《本朝分省人物考》卷二〇记作"王鏊"②。《明清进士题名碑录索引》记作"王鏊"③。当作"王鏊"。

卷一百八十四页七上行三　齐也美

[原校]三本"也"作"世",是也。

[新校]《明孝宗实录》弘治二年十二月壬寅载:"册皇第一妹为仁和长公主以鸿胪寺少卿齐佑之子世美为驸马都尉。"④本书弘治三年二月戊子记载"仁和长公主及驸马都尉齐世美"⑤,本书弘治十六年七月甲申记载"驸马都尉齐世美卒"⑥。谈迁《国榷》卷四一弘治二年十二月壬寅记载:"册仁和长公主,驸马都尉齐世美尚之。"《明史》记载宪宗五女"仁和公主弘治二年下嫁齐世美"⑦。当作"齐世美"。

卷一百八十四页七下行四　建平伯高露

[原校]三本"露"作"霪",是也。

[新校]《明武宗实录》正德二年春正月甲午记作"建平伯高霪"⑧。而《明孝宗实录》弘治七年三月乙巳、弘治十一年三月丁巳、《明武宗实录》正德三年春正月丙寅记作"建平伯高霪"⑨,《明世宗实录》嘉靖十年十月辛丑记载"赐故建平伯高霪祭葬如例"⑩。《明功臣袭封底簿·建平伯》记作"高霪"⑪。高拱《题行查建平伯孙高添爵疏》记作"建平伯高霪"⑫,郑汝璧《皇明功臣封爵考》卷六建平伯记作"(高)霪嗣伯"⑬。当作"高霪"。

---

① (明)邵宝:《容春堂集》续集卷一六,《文渊阁四库全书》第1258册,第672页上。
② (明)焦竑:《国朝献征录》卷一四,《四库全书存目丛书》史部第100册,第482页下;(明)雷礼:《国朝列卿纪》卷一二,《续修四库全书》第522册,第203页下;(明)廖道南:《殿阁词林记》卷二,《文渊阁四库全书》第452册,第157页下;(明)过庭训:《本朝分省人物考》卷二〇,《续修四库全书》第533册,第411页上。
③ 《明清进士题名碑录索引》,第302页。
④ 《明孝宗实录》卷三三第四页上第十一行,第727页。
⑤ 《明孝宗实录》卷三五第一页下第七行,第754页。
⑥ 《明孝宗实录》卷二〇一第七页上第九行,第3737页。
⑦ (清)张廷玉等:《明史》卷一二一,中华书局,1974年,第3673页。
⑧ 《明武宗实录》卷二一第四页上第十二行,第601页。
⑨ 《明孝宗实录》卷八六第四页下第二行,第1604页;《明孝宗实录》卷一三五第三页下第十行,第2372页;《明武宗实录》卷三四第七页上第七行,第835页。
⑩ 《明世宗实录》卷一三一第十页下第一行,第3122页。
⑪ 《明功臣袭封底簿》,《明代传记丛刊》第55册,第528页。
⑫ (明)高拱:《高文襄公集》卷二一,《四库全书存目丛书》集部第108册,第279页下。
⑬ (明)郑汝璧:《皇明功臣封爵考》卷六,《四库全书存目丛书》史部第258册,第598页上。

卷一百八十四页八上行七　孙泰之子应袭爵袭怀宁侯

[原校]旧校删"爵"下"袭"字。

[新校]《明孝宗实录》弘治十七年闰四月丙戌及《明武宗实录》正德二年九月乙卯、正德三年六月乙亥、正德十二年六月丙寅皆作"怀宁侯孙应爵"①。《明功臣袭封底簿》记载："弘治十五年二月二十五日该本部题奉圣旨孙应爵准袭侯爵。"②郑汝璧《皇明功臣封爵考》卷五《怀宁侯》记作"孙应爵"③，谈迁《国榷》卷四四记载"庚午孙应爵嗣怀宁侯"。其名作"应爵"，"应"下"袭"字衍，当删。

卷一百八十五页五上行十　工部尚书鲁鑑

[原校]抱本、阁本"鲁"作"曾"，是也。

[新校]《明孝宗实录》弘治十三年五月丙寅记作"工部左侍郎曾鑑"④，《明孝宗实录》弘治十六年九月甲子朔记作"工部尚书曾鑑"⑤，汪循《论裁革中官疏》记载"臣近日伏阅朝报工部尚书曾鑑等题本开坐军容安攽二局添设管事内官上请裁"⑥，过庭训《本朝分省人物考》卷八二记载"曾鑑，字克明……庚申拜尚书，修诸禁门"⑦。《明清进士题名碑录索引》记作"曾鑑"⑧。当作"曾鑑"。

卷一百八十五页八上行一　浙江按察司佥事郝天诚

[原校]三本"诚"作"成"。

[新校]《明孝宗实录》弘治十年二月甲申记载升"大理寺右寺副郝天成"为浙江按察司佥事⑨。同书弘治十六年十二月丙午记作"按察司副使郝天成"⑩。嘉靖《四川总志》卷一记作按察副使"郝天成"，弘治十五年任⑪。雍正《浙江通志》卷一一八记作按察司佥事"郝天成"。张朝瑞《皇明贡举考》卷五记载成化二十年第三甲进士"郝天成，山西平定州"。《明

---

① 《明孝宗实录》卷二一一第十一页下第八行，第3948页；《明武宗实录》卷三〇第四页上第六行，第757页；《明武宗实录》卷三九第三页上第十行，第913页；《明武宗实录》卷一五〇第三页上第十一行，第2919页。

② 《明功臣袭封底簿》，《明代传记丛刊》第5册，第476页。

③ （明）郑汝璧：《皇明功臣封爵考》卷五《怀宁侯》，《四库全书存目丛书》史部258册，第538页上。

④ 《明孝宗实录》卷一六二第四页上第六行，第2917页。

⑤ 《明孝宗实录》卷二〇三第二页上第二行，第3773页。

⑥ （明）陈子龙：《明经世文编》卷一四一，中华书局，1962年，第1409页下。

⑦ （明）过庭训：《本朝分省人物考》卷八二，《续修四库全书》第535册，第353页上。

⑧ 《明清进士题名碑录索引》，第2321页。

⑨ 《明孝宗实录》卷一二二第四页下第十一行，第2184页。

⑩ 《明孝宗实录》卷二〇六第四页上第九行，第3829页。

⑪ 嘉靖《四川总志》卷一，《北京图书馆古籍珍本丛刊》第42册，第34页上。

清进士题名碑录索引》记作"郝天成"①。当作"郝天成"。

卷一百八十六页五上行一　兵科都给事戴锐

[原校]旧校"事"下增"中"字,改"锐"作"铣"。

[新校]《明孝宗实录》弘治十一年闰十一月己巳记载授翰林庶吉士"戴铣为兵科给事中"②,弘治十六年十二月乙卯记作"兵科给事中戴铣"③,弘治十七年三月庚寅记载"改兵科给事中戴铣于南京户科"④。当作"兵科给事中戴铣"。

卷一百八十六页九上行五　至周王睦㰘

[原校]三本"至"下有"是"字,是也。旧校改"㰘"作"橒"。

[新校]《明世宗实录》嘉靖十七年十一月壬申记作"周王睦㰘薨"⑤。《明孝宗实录》弘治十四年十二月甲寅记载册封"周惠王长孙镇国将军睦㰘为周王"⑥。而本书弘治十年八月壬申记载:"赐周府世子安㳅庶长子名曰睦㰘。"⑦本书弘治十二年四月壬辰记载:"命周府镇国将军睦㰘暂理府事。"⑧《明武宗实录》正德二年秋七月乙卯记作"周王睦㰘"⑨。郑晓《吾学编》同姓诸王传卷一周王记载:"安㳅世子卒,以子睦㰘嗣。"⑩万历《开封府志》卷六记作"恭王讳睦㰘",《明谥纪汇编》记作恭"周王睦㰘"⑪。"睦㰘"当作"睦㰘",补"是"字。

卷一百八十六页九上行十二　右布政使阎钲

[新校]按,原文"钲"字前"阎"或"间"难辨。《明孝宗实录》弘治八年三月丙午作"山西大同府知府间钲"⑫。同书卷一六五第一页上第四行弘治十三年八月甲申记载:"升江西布政司右参政间钲为贵州右布政使。"《明武宗实录》卷二二正德二年闰正月丙辰记作"贵州右布政使间钲死于贼难"。嘉靖《江西通志》记作右参政"间钲"⑬,嘉靖《贵州通志》卷五《宦

---

① 《明清进士题名碑录索引》,第1715页。
② 《明孝宗实录》卷一四四第二页上第一行,第2509页。
③ 《明孝宗实录》卷二〇六第六页下第五行,第3834页。
④ 《明孝宗实录》卷二〇九第十二页上第十一行,第3899页。
⑤ 《明世宗实录》卷二一八第三页上第六行,第4465页。
⑥ 《明孝宗实录》卷一八二第二页下第四行,第3348页。
⑦ 《明孝宗实录》卷一二八第二页下第四行,第2268页。
⑧ 《明孝宗实录》卷一四九第二页上第十行,第2619页。
⑨ 《明武宗实录》卷二八第六页上第九行,第723页。
⑩ (明)郑晓:《吾学编》同姓诸王传卷一,《续修四库全书》424册,第244页下。
⑪ (明)郭良翰:《明谥纪汇编》卷一〇,《文渊阁四库全书》651册,第504页上。
⑫ 《明孝宗实录》卷九八第八页上第二行,第1803页。
⑬ 嘉靖《江西通志》卷二,《四库全书存目丛书》史部第182册,第60页上。

绩》记作(右)布政使"间钲"①,《明清进士题名碑录索引》记作"间钲"。疑当作"间钲",待考。

卷一百八十六页九下行一　其子僮

[原校]三本"僮"作"潼"。

[新校]《明武宗实录》正德二年闰正月丙辰记载:"初贵州右布政使间钲死于贼难,荫子潼为国子生。"②谈迁《国榷》卷四四弘治十五年四月辛未记载:"(间钲)子潼荫国子监"。当为"潼"。

卷一百八十六页九下行二　为奸相赏似道所忌

[原校]三本"赏"作"贾",是也。

[新校]脱脱《宋史》卷四一八《江万里》记作"贾似道宣抚两浙",又载"江万里……性峭直,临事不能无言,似道常恶其轻发。"脱脱《宋史》卷四七四记载《贾似道传》。冯琦《宋史纪事本末》卷二七《贾似道要君》记载"江万里罢。时贾似道以去要君……"嘉靖《江西通志》卷八《饶州府》记"为贾似道所忌"③,《国朝典汇》卷一一九记作"宋丞相江万里为贾似道所忌"④。当作"贾似道"。

卷一百八十八页十三上行四　释伽哑塔仪

[原校]三本"仪"作"像",是也。广本、阁本"伽"作"迦"。抱本无"伽"字。

[新校]刘健《论崇佛氏疏》记作"释迦哑塔像"⑤。《明宪宗实录》成化二十二年冬十月癸酉记载传奉圣旨升灌顶大国师"释迦哑而塔"为西天佛子⑥,《明孝宗实录》弘治九年正月壬午记载传升国师"释迦哑而塔"为西天佛子⑦。其名当作"释迦哑塔",此处"仪"当作"像"。

卷一百八十九页七上行二　徵銷

[原校]三本"銷"作"鋗"。

[新校]《明英宗实录》卷二七七天顺元年夏四月甲午朔记载封镇国将军范墒庶子"徵鋗"为辅国将军⑧。本书弘治三年十一月壬寅记作"韩府辅

---

① 嘉靖《贵州通志》卷五《宦绩》,第179页上。
② 《明武宗实录》卷二二第六页下第四行,第618页。
③ 嘉靖《江西通志》卷八《饶州府》,《四库全书存目丛书》史部第182册,第364页下。
④ (明)徐学聚:《国朝典汇》卷一一九,《四库全书存目丛书》史部第265册,第873页上。
⑤ (明)陈子龙等:《明经世文编》卷五二,第402页下。
⑥ 《明宪宗实录》卷二八三第一页上第三行,第4785页。
⑦ 《明孝宗实录》卷一〇八第一页上第十行,第1975页。
⑧ 《明英宗实录》卷二七七第一页下第四行,第5900页。

国将军徵锏"①。当作"徵锏"。

卷一百八十九页七上行十　莐被命两淮巡盐

[原校]广本、阁本"莐"作"尧",下同,是也。

[新校]王世贞《弇州史料》后集卷三五《台端之玷》记作监察御史"刘尧"②。朱廷立《盐政志》(嘉靖刻本)卷九《盐官》记载:"刘尧,字象谦,陕西安定人,由进士弘治十年按治。"雍正《陕西通志》卷三〇记作弘治三年进士"刘尧",张朝瑞《皇明贡举考》(明万历刻本)卷五记作弘治三年第三甲进士"刘尧"。《明清进士题名碑录索引》记作"刘尧"③。当作"刘尧"。

卷一百九十二页一上行三　遣驸马都尉遊泰

[原校]旧校改"遊"作"游"。

[新校]《明孝宗实录》成化二十三年十月丁卯、弘治二年十月乙酉、弘治三年正月甲寅、弘治三年十一月己卯均记作驸马都尉"游泰"④,类似记载尚多。当作"游泰"。

卷一百九十二页一上行七　监察御史胡華

[原校]广本、阁本"華"作"萆",下同。

[新校]《明孝宗实录》弘治七年十二月丁丑记载实授"胡萆"为监察御史⑤,同书弘治十七年正月丁卯记载升"监察御史胡萆为广东按察司副使"⑥。《明武宗实录》正德三年十二月己卯记载升"广东按察司副使胡萆"为江西按察使⑦。嘉靖《江西通志》卷二《按察使》记载:"胡萆,字惟竣,直隶武进人,由进士授御史,历副使升。"⑧嘉靖《广东通志初稿》卷七《秩官·按察副使》记载:"胡萆,直隶武进人,进士,弘治十七年任。"⑨当作"胡萆"。

卷一百九十三页一下行十二　廉州府知府王繼

[原校]抱本"繼"作"檵",下同。

[新校]徐日久《五边典则》卷二一记载:"荐廉州府知府王继可任,从

---

① 《明孝宗实录》卷四五第五页上第一行,第913页。
② (明)王世贞:《弇州史料》后集卷三五,《四库禁毁书丛刊》史部第49册,第692页上。
③ 《明清进士题名碑录索引》,第1982页。
④ 《明孝宗实录》卷四第一页上第三行,第55页;卷三一第一页上第二行,第681页;卷三四第一页上第二行,第735页;卷四五第一页上第二行,第905页。
⑤ 《明孝宗实录》卷九五第八页上第一行,第1751页。
⑥ 《明孝宗实录》卷二〇七第二页上第十行,第3845页。
⑦ 《明武宗实录》卷四五第四页上第三行,第1029页。
⑧ 嘉靖《江西通志》卷二,《四库全书存目丛书》史部第182册,第68页上。
⑨ 嘉靖《广东通志初稿》卷七,《四库全书存目丛书》史部第189册,第148页上。

之。遂升继为副使。"①而正德《琼台志》卷一九《兵防兵备宪臣》记载:"王槛,敕兵备坐名自槛始。"同书卷四、卷一四、卷一五均记作"副使王槛",卷三二记"王槛,副使,泰和人,敕兵备坐名自槛始"。张朝瑞《皇明贡举考》(明万历刻本)卷五记载成化十七年会试有"王槛,江西泰和县"。嘉靖《广东通志初稿》卷七《秩官·按察司副使》记载:"王槛,江西泰和人,进士,弘治十六年任。"同书卷九《秩官·廉州府知府》记载:"王槛,江西泰和人,弘治十一年任。"②崇祯《廉州府志》卷七《知府》记载:"王槛,太和进士,(弘治)十一年任……升海南副使。"③《明清进士题名碑录索引》记作"王槛",江西泰和人,成化十七年进士④。当作"王槛"。

卷一百九十四页一上行四　监察御史王诏

[原校]抱本、阁本"诏"作"绍"。

[新校]《明孝宗实录》弘治十二年四月丁酉记载授"王绍"为四川道监察御史⑤。《明武宗实录》正德二年冬十月壬申记载:"升四川道监察御史王绍为山西按察司副使。"⑥《国朝典汇》卷一五八记载弘治十五年十二月"户兵二部复议御史王绍所奏禁商茶以通番马事"⑦,杨时乔《马政纪》卷一二记载"监察御史王绍奏……"⑧,"王诏"当作"王绍"。

卷一百九十四页一下行四　命工部尚书曾鉴之子法

[原校]三本"法"作"沄"。

[新校]李东阳《明故工部尚书进阶荣禄大夫致仕赠太子太保曾公墓志铭》记载"其子沄以治命乞铭……公初娶于陈生子洪,侧室滕氏生子沄,今为国子生。"⑨"法"当作"沄"。

卷一百九十六页一下行六　南京光禄寺卿杨唆

[原校]旧校改"唆"作"峻"。

[新校]《明孝宗实录》弘治十三年九月癸酉记载:"升浙江布政司左布政使杨峻为南京光禄寺卿。"⑩《明武宗实录》正德八年六月甲子记载:"南

---

① (明)徐日久:《五边典则》卷二一,《四库禁毁书丛刊》史部第26册,第571页上。
② 嘉靖《广东通志初稿》卷七,《四库全书存目丛书》史部第189册,第178页下。
③ 崇祯《廉州府志》卷七,《日本藏中国罕见地方志丛刊》,第100页上。
④ 《明清进士题名碑录索引》,第281页。
⑤ 《明孝宗实录》卷一四九第四页上第五行,第2623页。
⑥ 《明武宗实录》卷三一第一页上第二行,第767页。
⑦ (明)徐学聚:《国朝典汇》卷一五八,《四库全书存目丛书》史部第266册,第358页下。
⑧ (明)杨时乔:《马政纪》卷一二,《文渊阁四库全书》第66册,第631页下。
⑨ (明)李东阳:《李东阳集》文后稿卷二八,岳麓书社,1985年,第3册,第404~405页。
⑩ 《明孝宗实录》卷一六六第四页上第八行,第3023页。

京光禄寺卿杨峻卒。"①毛澄《南京光禄寺卿致仕进阶通议大夫杨公峻墓志铭》记载:"公讳峻,字惟高……(弘治)辛酉进南京光禄寺卿。"②《国朝列卿纪》卷一四五《南京光禄寺卿年表》记载:"杨峻,江西进贤人……弘治十三年任,十五年致仕。"③《本朝分省人物考》卷五七《杨峻》记载:"杨峻,字惟高,进贤县人……升南京光禄寺卿。"④当作"杨峻"。

卷一百九十六页一下行十二　和川王庶第九子曰俊思

[原校]旧校改"思"作"榓"。

[新校]《明孝宗实录》弘治九年七月甲子记载赐"代府和川王聪㵾庶子曰俊㯊"⑤,同书弘治十年八月壬申记载赐"和川王庶子曰俊㯊、俊楒、俊柾"⑥,同书弘治十七年二月甲午记载赐"和川王嫡第八子曰俊㭩"⑦。可见和川王聪㵾诸子名从"木"旁,当作"俊榓"。

卷一百九十七页一上行四　都御史林俊

[原校]旧校改作"林俊"。

[新校]《明孝宗实录》弘治十六年二月癸卯记载巡视江西右佥都御史林俊劾奏巡抚都御史韩邦问,"上因改俊为都察院右佥都御史,巡抚江西"⑧。同书弘治十六年三月乙酉、弘治十六年八月庚子均记作"巡抚江西都御史林俊"⑨。嘉靖《江西通志》卷二《巡抚都御史》记载韩邦问之后为"林俊,福建莆田人"⑩。当作"林俊"。

卷一百九十七页三上行三　按察司佥事李选学

[原校]三本"选"作"逊",疑是也。

[新校]《明孝宗实录》弘治六年三月丁卯记作"翰林院检讨李逊学"⑪,同书弘治十四年五月壬戌记作"浙江按察司佥事李逊学"⑫。程敏政《篁墩集》卷五五《与李逊学》记载:"久之,闻有江右提学之行,颇为骇

---

① 《明武宗实录》卷一〇一第七页下第九行,第2102页。
② (明)焦竑:《国朝献征录》卷七一,《四库全书存目丛书》史部第104册,第62页上。
③ (明)雷礼:《国朝列卿纪》卷一四五,《续修四库全书》第524册,第285页上。
④ (明)过庭训:《本朝分省人物考》卷五七,《续修四库全书》第534册,第588页下。
⑤ 《明孝宗实录》卷一一五第六页下第八行,第2090页。
⑥ 《明孝宗实录》卷一二八第三页第九行,第2270页。
⑦ 《明孝宗实录》卷二〇八第二页下第八行,第3858页。
⑧ 《明孝宗实录》卷一九六第五页下第六行,第3614页。
⑨ 《明孝宗实录》卷一九七第六页下第一行,第3642页;卷二〇二第二页上第二行,第3751页。
⑩ 嘉靖《江西通志》卷二,《四库全书存目丛书》史部第182册,第33页下。
⑪ 《明孝宗实录》卷七三第一页上第二行,1363页。
⑫ 《明孝宗实录》卷一七四第四页下第十二行,第3179页。

异。"①焦竑《国朝献征录》卷三三《礼部尚书兼翰林院学士李逊学传》②、雷礼《国朝列卿纪》卷一六记载"改陕西提学佥事"③。《本朝分省人物考》卷九二记载:"李逊学,字希贤……辛酉服阕改陕西提学迁副使。"④当为"李逊学"。

卷一百九十九页一上行三　都御史刘聦

[**原校**]阁本"聦"作"聪",下同,是也。

[**新校**]《明孝宗实录》弘治十四年十一月丙申记载:"升山东布政司左布政使刘聪为都察院右副都御史,巡抚宣府等处。"⑤同书弘治十六年十一月甲子、弘治十七年正月庚寅记载"巡抚宣府都御史刘聪"⑥。嘉靖《宣府镇志》卷二七记作"刘聪",弘治十五年以右副都御史巡抚⑦。当作"刘聪"。

卷二百页十二上行四　总兵官沐崑

[**原校**]旧校改"崐"作"崑"。

[**新校**]《明孝宗实录》卷一三〇第四页下第十一行弘治十年十月己卯记载命"指挥佥事沐崑袭其兄琮黔国公爵,仍挂印充总兵官,镇守云南"⑧。同卷第八页上第十行乙未记载"命黔国公沐崑岁支禄米三千石"⑨。同书弘治十年十一月己酉、弘治十三年十月乙巳记载"黔国公沐崑"⑩,蒋冕《黔国公谥庄襄沐公崑墓志铭》记载"公讳崑,字符中,姓沐氏"⑪。郑汝璧《皇明功臣封爵考》卷四《黔国公》记载弘治十年,"奉圣旨沐崑既该镇巡等官保勘明白,准袭黔国公,着就彼挂印,充总兵官,镇守云南地方"。何孟春《保袭祖爵疏》记载"镇守云南总兵官黔国公沐崑"⑫,同书卷六、卷七亦记载黔国公"沐崑"。正德《云南通志》卷一《宦绩·镇守总兵官》记载:"沐崑,琮侄孙,袭黔国公。"⑬当作"沐崑"。

---

① （明）程敏政:《篁墩集》卷五五《与李逊学》,《文渊阁四库全书》第1253册,第297页下。
② 《四库全书存目丛书》史部第101册,第617页上。
③ （明）雷礼:《国朝列卿纪》卷一六,《续修四库全书》第522册,第274页上。
④ （明）过庭训:《本朝分省人物考》卷九二,《续修四库全书》第535册,第532页上。
⑤ 《明孝宗实录》卷一八一第五页上第六行,第3339页。
⑥ 《明孝宗实录》卷二〇五第一页上第五行,第3809页;卷二〇七第六页上第十一行,第3853页。
⑦ 嘉靖《宣府镇志》卷二七,《中国方志丛书》塞北地方第19号,第308页上。
⑧ 《明孝宗实录》卷一三〇第四页下第十一行,第2302页。
⑨ 《明孝宗实录》卷一三〇第八页上第九行,第2309页。
⑩ 《明孝宗实录》卷一三一,第五页上第一行,第2319页;卷一六七第四页下第十一行,第3036页。
⑪ （明）焦竑:《国朝献征录》卷五,《四库全书存目丛书》史部第100册,第158页下。
⑫ （明）何孟春:《何文简疏议》卷四,《文渊阁四库全书》第429册,第95页上。
⑬ 正德《云南通志》卷一,《天一阁藏明代方志选刊续编》第70册,第58页。

卷二百页十二上行十二　马墍

[原校]阁本"墍"作"瑊"。

[新校]脱脱《宋史》卷四五一《忠义·马墍传》记载"马墍宕昌人也……墍与其兄堃特显。"佚名《昭忠录》记载"马墍，关西宕昌人，权广西经略使，守静江府，元兵至，墍死守不降，城破被执斩之。"赵景良《忠义集》卷五《广西经略马公墍》记载："马墍，关西宕昌人，权广西经略使，守静江府不降，城已破被执斩之。"嘉靖《南宁府志》卷六《秩官志》记载"马墍知邕州"。《明一统志》卷三七《岷州卫军民指挥使司人物》记载："马堃，宕昌人……马墍，堃弟，咸淳中知钦州。"①朱瞻基《五伦书》卷四六记载："马墍，咸淳中知邑州。"②当作"马墍"。

卷二百〇六页二上行四　（册封周惠王）庶第二十四子安㳻为浦江王

[原校]广本、阁本"㳻"作"泾"，是也。

[新校]《明孝宗实录》弘治十四年七月丙寅记载赐"周惠王庶第二十四子曰安㳻"③。《明世宗实录》嘉靖十一年十二月壬午记载册封"浦江怀隐王安㳻嫡第二子"为浦江王④。万历《开封府志》卷六《藩封》记载"浦江怀隐王，讳安㳻，薨，子睦柑嗣。"郭良翰《明谥纪汇编》卷一二记载"周府浦江王安㳻"谥怀隐⑤，王世贞《弇山堂别集》卷三四记载"浦江怀隐王安㳻惠二十四子"⑥，《国朝典汇》卷一二四记载"浦江王安㳻"谥怀隐⑦。当作"安㳻"。

卷二百〇八页一上行七　知府余经不之禁

[原校]抱本"余"作"徐"，"之"作"知"。

[新校]嘉靖《惠州府志》卷二《秩官·知府》记载"俞经"⑧，葛寅亮《金陵梵刹志》卷一五记载《草堂寺缘起记略》署名为"明惠州知府海陵俞经"⑨，《明清进士题名碑录索引》记载"俞经"南京留守左卫籍，成化十一年进士⑩。"余经"当作"俞经"。

卷二百二十二页一下行十　杨全为贵州左布政使

[原校]三本"杨"作"汤"，是也。

---

① 《明一统志》卷三七，《文渊阁四库全书》第472册，第936页上。
② （明）朱瞻基：《五伦书》卷四六，《续修四库全书》第936册，第196页上。
③ 《明孝宗实录》卷一七六第十一页上第二行，第3227页。
④ 《明世宗实录》卷一四五第六页上第十二行，第3371页。
⑤ （明）郭良翰：《明谥纪汇编》卷一二，《文渊阁四库全书》第651册，第551页下。
⑥ （明）王世贞：《弇山堂别集》卷三四，中华书局1985年，第608页。
⑦ （明）徐学聚：《国朝典汇》卷一二四，《四库全书存目丛书》史部第266册，第36页上。
⑧ 嘉靖《惠州府志》卷二，《日本藏中国罕见地方志丛刊》，第25页上。
⑨ （明）葛寅亮：《金陵梵刹志》卷一五，天津人民出版社，2007年，第298页。
⑩ 《明清进士题名碑录索引》，第2297页。

[新校]《明孝宗实录》弘治十二年三月乙丑记载"升湖广按察司副使汤全为本司按察使"①,同书弘治十六年十二月己未载升"湖广按察司按察使汤全"为云南右布政使②。《明武宗实录》卷一五正德元年秋七月甲申记载"以贵州左布政使汤全为都察院右副都御史,巡抚湖广"。正德《云南通志》卷一《宦绩》记载右布政使"汤全,完之,直隶华亭县人"③。嘉靖《贵州通志》卷五《宦绩》记载左布政使"汤全,华亭人"④。当作"汤全"。

第二节 地名错误

地名错误涉及行政区域诸如省、府、州、县等,军事防御区域诸如军镇、卫所、关隘等,以及地理名称如山川、河流等。

卷五页六上行一 苏州府许墅镇钞关

[原校]抱本"许"作"浒",是也。

[新校]《明孝宗实录》弘治八年正月丙午记载:"户部言苏州府浒墅镇钞关所收船料余银六百两有奇。"⑤刘煜然《浒墅镇钞关部使题名记》、郑若曾《江南经略》卷二下《浒墅险要说》均作"今议设浒墅镇营其北"⑥,同治《苏州府志》(清光绪九年刊)卷二九作"浒墅镇"。顾炎武《天下郡国利病书·苏上》记载:"郊聚浒墅镇,在县西北二十五里南北运道之要冲。"⑦当作"浒墅镇"。

卷七页六下十二 德胜门外

[原校]抱本"门"下有"土城"二字。

[新校]据《明武宗实录》弘治十八年九月辛丑记载孝宗敬皇帝梓宫发引祔享仪注"步送至德胜门土城外,俟祭毕而还"⑧,《明孝宗实录》弘治十七年四月壬寅孝肃太皇太后梓宫发引至卒哭仪注、《明武宗实录》正德十

---

① 《明孝宗实录》卷一四八第二页上第三行,第2599页。
② 《明孝宗实录》卷二〇六第七页下第十行,第3836页。
③ 正德《云南通志》卷一,《天一阁藏明代方志选刊续编》第70册,第69页。
④ 嘉靖《贵州通志》卷五,《四库全书存目丛书》史部193册,第179页上。
⑤ 《明孝宗实录》卷九六第五页上第七行,第1767页。
⑥ (明)黄训:《名臣经济录》卷二四,《文渊阁四库全书》443册,第475页上;(明)郑若曾:《江南经略》卷二下,《文渊阁四库全书》第728册,第118页上。
⑦ (清)顾炎武:《天下郡国利病书》,《续修四库全书》595册,第661页下。
⑧ 《明武宗实录》卷五第十一页下第十一行,第172页。

三年六月乙亥孝贞太皇太后梓宫发引至祔庙仪注皆记载"(梓宫出)百官俱衰服步送至德胜门土城外,祭毕而还"①。按,"土城"指德胜门外所筑北城垣。疑当补"土城"。

卷八页四下行十二　云鹤庆军民府推官于大节

[原校]抱本"云"下有"南"字,是也。

[新校]《明宪宗实录》成化十七年九月戊寅条记载:"调监察御史于大节为云南鹤庆军民府推官。"②《明宪宗实录》成化十年四月壬午记载:"云南鹤庆军民府地震。"③《明一统志》记作"鹤庆军民府"隶云南④。当补"南"字,以"云南"为是。

卷九页三下行九　抚治勋阳等处

[原校]三本"勋"作"郧",是也。

[新校]《明孝宗实录》弘治二年六月戊申记作"抚治郧阳等处都御史郑时奏"⑤,同书弘治九年十月辛卯记载"调抚治郧阳都察院右副都御史沉晖巡抚湖广"⑥。陶承庆《文武诸司衙门官制》卷三湖广省郧阳府、万历《明会典·督抚建置》记载:"成化十二年以郧襄流民遣都御史安抚,因奏立郧阳行都司并府卫,割陕西之汉中……设都御史,提督抚治之。"⑦"勋阳"当为"郧阳"。

卷九页五下行十一　从姚州路来者

[原校]抱本、阁本"姚"作"洮",是也。

[新校]《礼部志稿》卷九〇《申饬勘合限制》记载:"别差番僧也舍星吉等从洮州路来者,乃冒诈之徒。"按,姚州位于云南境内,据《大明一统志·姚安军民府》记载,"唐武德初置姚州都督府,以其民多姓姚故名……本朝改路为府,后又改姚安军民府"⑧。本卷乙卯条记载升"云南姚州判官刘昂为四川叙州府知府"。本书此处当为"洮州"。

卷十页十一下行八　欲将抚湖抽分厂解京银

[原校]三本作"芜湖",是也。

---

① 《明孝宗实录》卷二一〇第七页上第九行,第3913页;《明武宗实录》卷一六三第五页上第九行,第3135页。
② 《明宪宗实录》卷二一九第一页下第十行,第3786页。
③ 《明宪宗实录》卷一二七第九页下第十一行,第2430页。
④ 《明一统志》卷八七,《文渊阁四库全书》第473册,第832页上。
⑤ 《明孝宗实录》卷二七第三页上第五行,第599页。
⑥ 《明孝宗实录》卷一一八第七页上第四行,第2135页。
⑦ (明)陶承庆:《文武诸司衙门官制》卷三,《续修四库全书》第748册,第518页上;万历《明会典》卷二〇九,中华书局,1989年,第1041页上。
⑧ 《大明一统志》卷八七,《文渊阁四库全书》第472册,第830页下。

[新校]本卷庚寅条记载:"取回浙江、芜湖、荆州等处抽分监察御史。"《明宪宗实录》成化十七年冬十月乙巳记载:"各处运粮浅船每岁浙江、湖广、芜湖三处抽分厂,支银一万二千两修造。"①万历《明会典》卷二〇一器用下载,嘉靖九年"芜湖抽分厂银四千七百八十两"②,谢纯《漕运通志》卷八《造补焚溺运船》记作"芜湖抽分厂节年拖欠银三万七千八百七十八两"③。孙承泽《天府广记》卷二一抽分记载:"成化二十年四月,令南道御史同本部差官往杭州、荆州、芜湖抽分,事久复专差工部司官。"查无"抚湖"抽分厂,当为"芜湖"。

卷十页十二下行九　龙堂村

[原校]三本"堂"作"塘"。

[新校]田汝成《田叔禾小集》卷八记载:"孝穆皇太后父……贺县龙塘村人。"④徐弘祖《徐霞客游记》第三册下二十六日条记载:"转而东得龙塘村,村踞岗脊之中。"光绪《香山县志》卷四《舆地》记载:"有龙塘村,前为龙潭。"当为"龙塘村"。

卷十一页九下行六　临青卫河提举司

[原校]三本"青"作"清",是也。

[新校]万历《明会典》卷二〇〇《造浅船遮洋船则例》记作"临清卫河提举司"⑤。《皇明辅世编》卷三记载:"河南、山东、北直隶运船,临清卫河提举司造。"⑥谢纯《漕运通志》卷三、陶承庆《文武诸司衙门官制》卷二载"卫河提举司,在临清州"⑦。按,弘治二年设临清州,"青"为"清"之误,当为"临清"。

卷十二页八下行六　提督紫荆□马诸关

[原校]旧校"荆"下增"倒"字。

[新校]按,此乃叶冕所任巡抚保定等府兼提督紫荆等关之职,查《明孝宗实录》弘治十年九月丁未彭谊传载"进右佥都御史提督紫荆、倒马等关"⑧。《四镇三关志》卷八《职官考·文秩》载:"成化八年,改副都御史或

---

① 《明宪宗实录》卷二二〇第二页上第六行,第3803页。
② 万历《明会典》卷二〇一,中华书局,1989年,第1014页下。
③ (明)谢纯:《漕运通志》卷八,《续修四库全书》第836册,第126页上。
④ (明)田汝成:《田叔禾小集》卷八,明嘉靖四十二年田艺蘅刻本。
⑤ 万历《明会典》卷二〇〇,中华书局,1989年,第1005页下。
⑥ (明)唐鹤徵:《皇明辅世编》卷三,《续修四库全书》第524册,第556页上。
⑦ (明)谢纯:《漕运通志》卷三,《续修四库全书》第836册,第63页;(明)陶承庆:《文武诸司衙门官制》卷二,《续修四库全书》第748册,第469页上。
⑧ 《明孝宗实录》卷一二九第二页上第十一行,第2279页。

金都御史一员抚视保定等六府,兼提督紫荆等关边务。"①同卷又载真保巡抚"叶冕",又,同书卷二记载真保镇形胜,有"紫荆关""倒马关""龙泉关"等。《国朝列卿纪》卷一百十八"杨璇"下记载:"至成化八年,据居庸关中分命二巡抚,于是有提督紫荆、倒马、龙泉等关,巡抚保定、真定、河间、大名、顺德、广平六府之命。"②商辂《商文毅疏稿·减省官员疏》记有"巡抚真定、保定及提督紫荆、倒马关"③。此处所缺字当为"倒"。

卷十三页十三下行五　陕西河洲

[原校]抱本、阁本"洲"作"州",是也。

[新校]《明一统志》卷三七记作"河州卫军民指挥使司"④,万历《明会典》卷一二四载陕西都司下辖"河州卫,旧军民指挥使司"⑤。"河洲"当为"河州"。

卷十四页一上行九　可通甘宁者

[原校]三本"宁"作"涼",是也。

[新校]马文升《马端肃奏议》卷九《豫防边患以保重地事》载"且陕西路通甘涼止有兰州浮桥一道"⑥。《明一统志》卷三七记作"涼州卫,在(陕西行)都司城东南五百里"⑦。《汉语大字典》解释"涼"字用作古州名,"涼"同"凉",《玉篇·冫部》:"凉,俗涼字。"古籍中多作"涼",今通用作"凉"。当作"涼"。

卷十四页十五上行八　南至仪真、瓜州一带

[原校]抱本、阁本"州"作"洲"。

[新校]《明孝宗实录》弘治五年九月己巳朔记作"抵瓜州水路"⑧,同书弘治十三年十月戊申、《明宪宗实录》成化九年三月丙申皆记作"仪真、瓜州"⑨。据《中国古今地名大辞典》所记"瓜州"为古地名,位于甘肃,而"瓜洲"位于江苏江都县南四十里江滨,地当运河之口⑩。查《明一统志·

---

① (明)刘效祖:《四镇三关志》卷八《职官考·文秩》,《四库禁毁书丛刊》史部第10册,第448页上。
② (明)雷礼:《国朝列卿纪》卷一一八,《续修四库全书》第524册,第42页上。
③ (明)商辂:《商文毅疏稿·减省官员疏》,《文渊阁四库全书》第427册,第422页下。
④ 《明一统志》卷三七,《文渊阁四库全书》第472册,第936页上。
⑤ 万历《明会典》卷一二四,中华书局,1989年,第638页下。
⑥ (明)马文升:《马端肃奏议》卷九,《文渊阁四库全书》第427册,第796页上。
⑦ 《明一统志》卷三七,《文渊阁四库全书》第472册,第939页上。
⑧ 《明孝宗实录》卷六七第一页下第三行,第1276页。
⑨ 《明孝宗实录》卷一六七第七页上第九行,第3041页;《明宪宗实录》卷一一四第一页下第十二行,第2208页。
⑩ 谢寿昌编:《中国古今地名大辞典》,商务印书馆,1931年,第237~238页。

扬州府》记载："李绂……挑扬州瓜洲、仪真运河。"①谢纯《漕运通志·公署》记作"瓜洲漕运行府"②，嘉靖《南畿志·水利》记作"瓜洲"③，康熙《扬州府志·漕运》记载："仪真上下江口及瓜洲便河皆由江达淮。"④此处当为"瓜洲"。

卷十七页七下行五　仪真地方罗肆桥

[原校]阁本"肆"作"四"。

[新校]《明宪宗实录》成化十一年十二月辛卯记作"仪真县罗四桥"⑤。而隆庆《仪真县志·水利》下载："成化十年，工部提河郎中郭升建议置仪真外河罗泗、通济、向水、东关四闸。"⑥又载："翰林学士钱溥有记……撤罗泗桥石为闸身。"董斯张《吴兴艺文补》卷六八《代张鸿胪卿上河道疏》记作"仪真县罗泗桥"，吴道南《吴文恪公文集》卷八记载，成化十一年十二月辛卯初工郎中郭升奏："罗泗桥旧有通江河港……此港可置三闸。"⑦谢纯《漕运通志·闸》记载"临江闸一名罗泗桥闸南"⑧，顾炎武《天下郡国利病书》记载成化十年春二月，"撤罗泗桥，建通江、通济、向水、里河口四闸"，成化二十二年，"开通江闸复罗泗桥"。傅泽洪《行水金鉴》卷一一一记载，弘治元年八月丁巳，南京守备太监蒋琮奏："扬州仪真地方罗泗桥旧有通江港，可开闸放船。"⑨由上可见，应作"泗"，本条及阁本所记疑误。

卷二十四页八上行十　滨州

[原校]旧校改为"宾州"。

[新校]《明一统志》卷二二记载"滨州"隶属山东布政司⑩，同书卷八三记载"宾州"隶属广西柳州府⑪。曹学佺《广西名胜志》卷五记载广西柳州府领"宾州"⑫。嘉靖《广西通志》卷三记作"宾州"⑬。《国榷》卷四一弘治二年三月戊寅记载"广西宾州大雨雹"。当为"宾州"。

---

① 《明一统志》卷一二，《文渊阁四库全书》第472册，第292页上。
② （明）谢纯：《漕运通志》卷三，《续修四库全书》第836册，第64页下。
③ 嘉靖《南畿志》卷三，《四库全书存目丛书》第190册，第158页上。
④ 康熙《扬州府志》卷一二，《四库全书存目丛书》史部第214册，第781页下。
⑤ 《明宪宗实录》卷一四八第三页下第三行，第2714页。
⑥ 隆庆《仪真县志》卷七，《天一阁藏明代方志选刊》第15册，卷七，第6页。
⑦ （明）吴道南：《吴文恪公文集》卷八，《四库禁毁书丛刊》集部第31册，第409页下。
⑧ （明）谢纯：《漕运通志》卷二，《续修四库全书》第836册，第32页上。
⑨ （清）傅泽洪：《行水金鉴》卷一一一，《文渊阁四库全书》第581册，第645页下。
⑩ 《明一统志》卷二二，《文渊阁四库全书》第472册，第510页上。
⑪ 《明一统志》卷八三，《文渊阁四库全书》第473册，第752页上。
⑫ （明）曹学佺：《广西名胜志》卷五，《续修四库全书》第735册，第76页上。
⑬ 嘉靖《广西通志》卷三，《四库全书存目丛书》史部187册，第47页下。

卷三十页四上行九　使本邦侵地可复

[原校]旧校改"本"作"木"。

[新校]本条上文载"木邦、孟密累岁仇杀"①,又载"孟密逼凌木邦"②。李贤《明一统志》卷八七记作"木邦军民宣慰使司",万历《明会典》卷一六《州县二》记作"木邦军民宣慰使司"③。"本"为"木"之误,当作"木邦"。

卷三十一页一上行五　守备洮州

[原校]抱本、阁本"桃"作"洮",是也。

[新校]何景明《雍大记·考异》记作"洮州卫"④,《明一统志》卷三七记作"洮州卫军民指挥使司"⑤,万历《明会典》卷一二四《都司卫所》⑥记载陕西都司下载"洮州卫"。当为"洮州"。

卷三十一页四上行一　嘉梅

[原校]三本作"嘉眉",是也。

[新校]《明一统志》卷七一载"眉州"隶四川⑦,同书卷八〇记载广东潮州府程乡县,宋时称"梅州",明废⑧。万历《四川总志》卷一五记作"眉州"⑨。此处当作"眉"。

卷三十一页十二下行六　达司蛮长官司

[原校]抱本"蛮"上"司"字作"思"。

[新校]曹学佺《蜀中广记》卷三二记有"达恩蛮长官司"。万历《明会典·朝贡四·西戎下》记载:"达思蛮长官司旧来朝贡,至正统十年以后止,弘治二年复来。"⑩陶承庆《文武诸司衙门官制》卷一《西域诸国》记作"达思蛮长官司"⑪。《明英宗实录》景泰三年秋七月庚子、《明孝宗实录》弘治十二年二月戊午、《明武宗实录》正德元年二月乙卯皆记作"达思蛮长官司"⑫。"达司蛮"可改为"达思蛮"。

---

① 《明孝宗实录》卷三〇第四页上第一行,第671页。
② 《明孝宗实录》卷三〇第四页上第三行,第671页。
③ 万历《明会典》卷一六,中华书局,1989年,第108页上。
④ (明)何景明:《雍大记》卷六,《四库全书存目丛书》史部第184册,第40页上。
⑤ 《明一统志》卷三七,《文渊阁四库全书》第472册,第932页下。
⑥ 万历《明会典》卷一二四,中华书局,1989年,第638页下。
⑦ 《明一统志》卷七一,《文渊阁四库全书》第473册,第506页上。
⑧ 《明一统志》卷八〇,《文渊阁四库全书》第473册,第696页下。
⑨ 万历《四川总志》卷一五,《四库全书存目丛书》史部第199册,第548页上。
⑩ 万历《明会典》卷一〇八,中华书局,1989年,第582页下。
⑪ (明)陶承庆:《文武诸司衙门官制》卷一,《续修四库全书》第748册,第432页下。
⑫ 《明英宗实录》卷二一八第五页上第三行,第4703页;《明孝宗实录》卷一四七第十一页上第二行,第2595页;《明武宗实录》卷一〇第二页上第十二行,第303页。

卷三十二页三上行十二　江华县崇化乡

[新校]弘治《永州府志》卷二记载："从化乡，在（江华）县东。"①嘉靖《湖广图经志书·永州府·坊巷》记载江华县下辖"从化乡"②，康熙《永州府志》卷一所载江华县四境图有"从化乡"③。上引文献未见"崇化乡"之记载。疑当作"从化乡"，待考。

卷三十四页四下行六　建料砖厂于长家湾

[新校]《本朝分省人物考》卷五〇、《国朝列卿纪》记载陈雍"授工部主事，修通州仓，兼理张家湾砖料厂，原在土桥，改迁水次"④。万历《明会典》卷一九〇记载明代仅设四处砖厂，"凡砖厂委官，张家湾、临清二处，工部各委差主事一员提督收放砖料，仪真、瓜洲二处从南京工部定委"⑤。万历《顺天府志》卷二《营建志》记载"料砖厂在张家湾"。梁本、日本内阁文库藏本皆记作"张家湾"。"长家湾"疑当作"张家湾"。

卷三十四页八下行十二　合赖涡二水而入于淮者

[原校]三本"赖"作"颖"，是也。

[新校]本条上文载"一经尉氏等县合颖水下涂山入于淮"。白昂《论河道疏》、傅泽洪《行水金鉴》皆记作"合颖涡二水"⑥。《明一统志》卷七记载："颖水……本朝洪武八年，黄河分决合流经颖州北门外，宣德五年西北淤塞，俗称小河。"⑦当为"颖"。

卷三十六页五上行六　分巡仓梧

[原校]旧校改"仓"作"苍"。

[新校]万历《明会典》卷二一〇记载广西按察司分巡"桂林道、苍梧道、左江道、右江道"⑧，同书卷一二八记载"苍梧兵备一员……兼管分巡"。《明一统志》卷八四记载"苍梧县"为梧州府附郭⑨。嘉靖《广西通志》卷二二公署记作"广西按察司分巡苍梧道"⑩。当作"苍梧"。

---

① 弘治《永州府志》卷二，《天一阁明代方志选刊续编》第64册，第154页。
② 嘉靖《湖广图经志书》卷一三，《日本藏中国罕见地方志丛刊》上册，书目文献出版社，1991年，第1105页。
③ 康熙《永州府志》卷一，《日本藏中国罕见地方志丛刊》上册，第18页。
④ （明）过庭训：《本朝分省人物考》卷五〇，《续修四库全书》第534册，第340页上；（明）雷礼：《国朝列卿纪》卷六三，《续修四库全书》第523册，第298页下。
⑤ 万历《明会典》卷一九〇，中华书局，1989年，第963页下。
⑥ （明）陈子龙等：《明经世文编》卷八〇，中华书局，1962年，第708页上；（清）傅泽洪：《行水金鉴》卷二〇，《文渊阁四库全书》第580册，第340页下。
⑦ 《明一统志》卷七，《文渊阁四库全书》第472册，第186页下。
⑧ 万历《明会典》卷二一〇，中华书局，1989年，第1053页上。
⑨ 《明一统志》卷八四，《文渊阁四库全书》第473册，第769页上。
⑩ 嘉靖《广西通志》卷二二，《四库全书存目丛书》史部第187册，第264页上。

卷四十八页三下行四　野儿定何卫

［原校］旧校改"何"作"河"。

［新校］嘉靖《辽东志》卷九《外志》、万历《明会典》卷一二五《东北诸夷》、王圻《续文献通考》卷二二六《舆地考·奴儿干都司》记作"野儿定河卫"①。《明孝宗实录》弘治元年正月戊申、弘治七年十二月辛巳皆记作"野儿定河(卫)"②。当作"野儿定河卫"。

卷五十页五下行一　协守松藩

［原校］抱本、阁本"藩"作"潘",是也。

［新校］《明孝宗实录》弘治四年五月戊寅"四川松潘卫"③,同书弘治四年八月己巳记载:"增设四川成都府通判官一员专驻松潘监收粮料。"④而《明宪宗实录》成化十六年三月丙午记载:"升永清左卫署指挥使邹伦为署都指挥佥事,命充右参将协守松潘等处。"⑤《明一统志》卷七三记作"松潘等处军民指挥使司"⑥,万历《明会典·镇戍二·四川》记有"协守松潘东路""协守松潘南路"⑦,万历《四川总志》卷一八记作"松潘等处军民指挥使司"⑧。当为"松潘"。

卷五十一页三上行七　南甸陇川千崖

［原校］旧校改"千"作"干"。

［新校］《明一统志》卷八七、万历《大明会典·州县二·云南承宣布政使司》、《续文献通考·舆地考》均记作"干崖宣抚司",谢肇淛《滇略》卷九《夷略》记载:"南甸、干崖、陇川,所谓三宣也。"正德《云南通志》卷一四记作"干崖宣抚司"⑩。当作"干崖"。

卷五十一页五下行一　本邦宣慰司

［原校］抱本、阁本作"木",下同,是也。

［新校］《明宪宗实录》卷二二九成化十八年秋七月庚午"起右副都御

---

① 万历《明会典》卷一二五,中华书局,1989 年,第 645 页下。
② 《明孝宗实录》卷九第二页下第四行,第 188 页;卷九五第十页上第六行,第 1755 页。
③ 《明孝宗实录》卷五一第一页下第四行,第 1010 页。
④ 《明孝宗实录》卷五四第八页上第八行,第 1065 页。
⑤ 《明宪宗实录》卷二〇一第七页上第九行,第 3535 页。
⑥ 《明一统志》卷七三,《文渊阁四库全书》第 473 册,第 552 页下。
⑦ 万历《明会典》卷一二七,中华书局,1989 年,第 657 页上。
⑧ 万历《四川总志》卷一八,《四库全书存目丛书》史部第 199 册,第 603 页上。
⑨ 《明一统志》卷八七,《文渊阁四库全书》第 473 册,第 848 页下;万历《大明会典》卷一六,中华书局,1989 年,第 108 页上;(明)王圻《续文献通考》卷二三一。
⑩ 正德《云南通志》卷一四,《天一阁藏明代方志选刊续编》第 70 册,第 589 页。

史程宗勘处云南木邦夷情",《明一统志》卷八七记作"木邦军民宣慰司"①,正德《云南通志》卷一四记作"木邦军民宣慰使司"②。当为"木邦"。本页下行四、行五"本邦"同改。

卷五十一页五下行四　孟邦等十八寨

[原校]抱本、阁本"邦"作"八"。

[新校]徐日久《五边典则》卷二〇记载"焚所占木邦分地孟八等十八寨"③。正德《云南通志》卷一四记载木邦军民宣慰司"旧名孟都,一名孟邦"④。此处乃木邦分地,"孟邦"当为"孟八"。

卷五十二页一上行七　广东广德州

[原校]旧校改作"德庆"。

[新校]方孔炤《全边略记》卷八、徐日久《五边典则》卷二〇皆记载:"六月广东德庆州等处猺贼邓饭主作乱。"⑤《国榷》卷四二记载:"六月戊申广东德庆州猺贼平。"⑥《明一统志》卷八一记载德庆州隶属广东肇庆府。嘉靖《广东通志》卷六《沿革》记载肇庆府领"德庆州"⑦。而据《明一统志》、嘉靖《广德州志》记载广德州"直隶京师"⑧。当作"德庆州"。

卷五十二页四下行七　直隶莱水县人

[原校]抱本、阁本"莱"作"涞",是也。

[新校]杨守陈《送福建按察使张公腾霄之任序》记载:"吾同年张公腾霄,世家易之涞水。"⑨戴铣《资政大夫太子少保兵部尚书谥懿简张公鹏传》、《本朝分省人物考》卷四记载:"张鹏,字腾霄,号拙庵,世为保定涞水人。"⑩《国朝列卿纪》卷四七记作:"张鹏,字腾霄,直隶保定府涞水人。"⑪《明一统志》卷二记载"涞水县"隶属保定府⑫。当作"涞水"。

---

① 《明一统志》卷八七,《文渊阁四库全书》第473册,第845页下。
② 正德《云南通志》卷一四,《天一阁藏明代方志选刊续编》第70册,第574页。
③ (明)徐日久:《五边典则》卷二〇,《四库禁毁书丛刊》史部第26册,第541页上。
④ 正德《云南通志》卷一四,《天一阁藏明代方志选刊续编》第70册,第574页。
⑤ (明)方孔炤:《全边略记》卷八,《续修四库全书》第738册,第474页;(明)徐日久:《五边典则》卷二〇,《四库全书禁毁书丛刊》,第541页。
⑥ (清)谈迁:《国榷》卷四二,中华书局,1958年,第2619页。
⑦ 嘉靖《广东通志》卷六,《四库全书存目丛书》史部189册,第121页上。
⑧ 《明一统志》卷一七,《文渊阁四库全书》第472册,第385页。
⑨ (明)杨守陈:《杨文懿公文集》卷一三,《四库未收书辑刊》第5辑,第17册,第501页下。
⑩ (明)焦竑:《国朝献征录》卷三八,《四库全书存目丛书》史部第102册,第52页上;(明)过庭训:《本朝分省人物考》卷四,《续修四库全书》533册,第103页。
⑪ (明)雷礼:《国朝列卿纪》卷四七,《续修四库全书》第522册,第776页。
⑫ 《明一统志》卷二,《文渊阁四库全书》第472册,第43页上。

第八章　名称记载错误考辨　313

卷五十五页一上行十二　桂梧浔南柳庆六府

[原校]三本"废"作"庆",是也。

[新校]《明一统志》卷八三载"柳州府"①,同书卷八四载"庆远府"②,此处乃柳庆两府。嘉靖《广西通志》卷一记载"庆远府"③。当作"庆"。

卷五十六页一下行五　广西遣远府

[原校]三本"遣"作"庆",是也。

[新校]《明孝宗实录》弘治六年五月戊寅记作"广西庆远府"④,曹学佺《广西名胜志》卷六记载"庆远府在省城西南六百里"⑤,《明一统志》卷八四记作"庆远府"⑥,嘉靖《广西通志》卷一记作"庆远府"⑦。当为"庆远府"。

卷七十二页二上行三　秋胡崖口

[原校]广本"胡"作"湖"。

[新校]日本内阁文库藏本记作"秋湖崖口"。嘉靖《许州志》卷一《山川》记载:"秋湖在州东二十五里,一名东湖,湖本二合为㶏水经其中。"⑧万历《开封府志》卷四记载:"秋湖在许州东二十五里。"⑨雍正《河南通志》卷一九记作"秋湖"⑩。当作"秋湖"。

卷八十二页五上行一　乞命河南于墓所

[原校]三本"南"下有"府"字,是也。

[新校]本条上文载范仲淹墓在"河南府城东南"。《国朝典汇》卷一一九记载"其体魄所藏之处不可独缺,乞命本府于墓所建祠"⑪,所言本府即指河南府。徐溥《谦斋文录》卷二收录《河南府修范文正公祠墓记》⑫。当补"府"字,作"河南府"。

卷八十三页三上行三　广东顺县民余昌

[原校]三本"顺"下有"德"字,是也。

[新校]黄佐《广州人物传》卷二〇记载顺德县民"余昌妻新会陈氏",

---

①　《明一统志》卷八三,《文渊阁四库全书》第473册,第751页下。
②　《明一统志》卷八四,《文渊阁四库全书》第473册,第759页下。
③　嘉靖《广西通志》卷一,《四库全书存目丛书》第187册,第20页下。
④　《明孝宗实录》卷七五第十二页上第六行,第1425页。
⑤　(明)曹学佺:《广西名胜志》卷六,《续修四库全书》第735册,第79页上。
⑥　《明一统志》卷八四,《文渊阁四库全书》第473册,759页下。
⑦　嘉靖《广西通志》卷一,《四库全书存目丛书》史部第187册,第20页下。
⑧　嘉靖《许州志》卷一,《天一阁藏明代方志选刊》第47册,第8页上。
⑨　万历《开封府志》卷四,《四库存目补编》第76册,第485页上。
⑩　雍正《河南通志》卷一九,《文渊阁四库》第535册,第534页下。
⑪　(明)徐学聚:《国朝典汇》卷一一九,《四库全书存目丛书》史部第265册,第872页下。
⑫　(明)徐溥:《谦斋文录》卷二,《文渊阁四库全书》第1248册,第579页。

涂山《明政统宗》卷一六记载旌表"陈氏顺德县余昌妻"。嘉靖《广东通志》卷四疆域记载广州府"顺德县"①。《明一统志》卷七九记载"顺德县在（广州）府城西八十里"②。当补"德"字，作"顺德县"。

卷八十四页四下行九　镇守卫指挥等郭英

[原校]广本、抱本"守"作"朔"，三本"等"作"使"，是也。

[新校]《明孝宗实录》弘治十一年十月己巳记载："升镇朔卫指挥使郭英为署都指挥佥事。"③《四镇三关志·建置考》记载："镇朔卫领五千户所于蓟州。"④万历《顺天府志》卷二《营建志》记载："镇朔卫在（蓟）州东南。"当作"镇朔卫指挥使"。

卷八十五页三下行六　虏入古口

[原校]广本、抱本"古"下有"北"字，是也。

[新校]《明孝宗实录》弘治五年三月乙酉记载："升燕山右卫指挥佥事王志为署都指挥佥事充右参将分守密云古北口。"⑤《国榷》卷四二弘治七年二月丁丑条记作"虏入古北口"⑥。《明一统志》卷一《顺天府》记载："古北口在密云县东北一百二十里。"⑦万历《顺天府志》卷二《营建志·密云县》记作"古北口"。当补"北"字。

卷八十六页三上行七　婺源县

[原校]旧校改"婺"作"婺"。

[新校]《明一统志》卷一六记载："婺源县在（徽州）府城西南二百里。"⑧弘治《徽州府志》卷一记作"婺源县"，程敏政《篁墩集》收录《徽州府婺源县重建庙学记》⑨。当作"婺源"。

卷八十七页五下行三　丰润县

[原校]旧校改"涧"作"润"。

[新校]《明孝宗实录》弘治六年五月癸酉记作"丰润县加南等社庄田以五百顷赐衡王管业"⑩，《明一统志》卷一记载："丰润县在（蓟）州城东南

---

① 嘉靖《广东通志》卷四，《四库全书存目丛书》史部第189册，第74页下。
② 《明一统志》卷七九，《文渊阁四库全书》第473册，第663页下。
③ 《明孝宗实录》卷一四二第二页上第六行，第2447页。
④ （明）刘效祖：《四镇三关志》卷一，《四库禁毁书丛刊》史部第10册，第43页下。
⑤ 《明孝宗实录》卷六一第十二页下第九行，第1184页。
⑥ 《国榷》卷四二，中华书局1958年，第2655页。
⑦ 《明一统志》卷一，《文渊阁四库全书》第472册，第20页下。
⑧ 《明一统志》卷一六，《文渊阁四库全书》第472册，第370页下。
⑨ （明）程敏政：《篁墩集》卷一八，《文渊阁四库全书》第1252册，第309页下。
⑩ 《明孝宗实录》卷七五第七页下第十二行，第1416页。

一百九十里。"①万历《顺天府志》卷一《地理志·疆域》记有"丰润县"②。当作"丰润县"。

卷八十九页七上行三　思南府印江长官司

[新校]梁本记作"思南府印江长官司"。万历《明会典》卷一六《州县·思南府》记载："印江县旧为印江长官司,弘治七年改设。"③而同书卷三七《金银诸课》记有"除贵州思印江长官司原额水银课"。嘉靖《思南府志》卷一《沿革》记作"改思印江长官司为印江县"④,同卷《印江》记作"废思印江长官司,弘治间土官张鹤龄以不法奏革,司改为县治。"⑤嘉靖《贵州通志》卷一记载"弘治六年改思印江长官司为印江县"⑥,《明一统志》卷八八记作"思南府思印江长官司"⑦,顾炎武《肇域志》卷四六记载："印江县府东三十里,墙四百九十丈,旧为思印江长官司。"顾祖禹《读史方舆纪要》卷一二二《贵州三》记载："元置思邛江等处长官司,属思州军民安抚司,后讹邛为印,明初因之。"⑧张廷玉《明史·地理志》卷四六志第二十二记载："(印江县)本思印江长官司,元属思南宣慰司,永乐十二年三月属府,弘治七年六月改为印江县。"⑨《土官底簿》卷下《镇远府同知》记载："何斌……故祖何九升任思印江长官司正长官。"⑩同书卷下《思南宣慰使司司狱》记载"曹克敬思南宣慰使司思印江长官司土民"⑪。"印江长官司"疑当作"思印江长官司",待考。

卷九十三页七上行二　决口西南开越河一道

[新校]梁本记作"越河"。王鏊《安平镇治水功完之碑》记载"始于上流开月河,长可三里"⑫。李东阳《安平镇减水石坝记》记作"乃于上流西岸疏为月河三里许,塞决口九十余丈"⑬。嘉靖《山东通志》卷一三记作"乃于西岸稍南凿月河,长三里"。按,"月河"与"越河"疑可通用。

---

① 《明一统志》卷一,《文渊阁四库全书》第472册,第10页下。
② 万历《顺天府志》卷一,《四库存目丛书》史部第208册,第19页上。
③ 万历《明会典》卷一六,中华书局,1989年,第109页上。
④ 嘉靖《思南府志》卷一,《天一阁藏明代方志选刊》第67册,第3页下。
⑤ 嘉靖《思南府志》卷一,第28页下。
⑥ 嘉靖《贵州通志》卷一,《四库全书存目丛书》史部193册,第24页上。
⑦ 《明一统志》卷八八,《文渊阁四库全书》第473册,第859页下。
⑧ (清)顾祖禹:《读史方舆纪要》卷一二二,中华书局,2005年,第5308页。
⑨ (清)张廷玉等:《明史》卷四六,中华书局,1974年,第1210页。
⑩ 《土官底簿》,《文渊阁四库全书》第599册,第414页。
⑪ 《土官底簿》,第418页下。
⑫ (明)王鏊:《震泽集》卷二一,《文渊阁四库全书》第1256册,第345页下。
⑬ (明)李东阳:《李东阳集》文后稿五,岳麓书社,1985年,第3册,第69页。

卷九十六页七上行四　甘凉左副总兵张怀

[原校]阁本"凉"作"肃"。

[新校]日本内阁文库藏本记作"甘凉左副总兵"。徐日久《五边典则》卷一四记载："甘凉左副总兵张怀老疾难任。"①《明孝宗实录》弘治三年七月庚午记载："命分守马兰峪左参将署都指挥佥事张怀充左副总兵协守甘肃地方。"②同书弘治八年八月甲寅记作"协守甘州都指挥张怀"③。万历《明会典·镇戍一》记载甘肃设协守一员，甘州左副总兵④。此处待考。

卷九十七页四下行八　衮州府

[原校]阁本"衮"作"兖"，是也。

[新校]嘉靖《山东通志》卷二记作"兖州府"，《明一统志》卷二三记作"兖州府"⑤，万历《明会典·州县一》记作"兖州府领州四、县二十三"⑥。《天一阁藏明代方志续编》收录有万历《兖州府志》。傅泽洪《行水金鉴》卷二一记载："弘治八年二月甲戌，山东兖州府推官丁伯通上疏言三事。"⑦当作"兖州府"。

卷九十七页六下行十一　兰阳考成

[原校]三本"成"作"城"，是也。

[新校]《明孝宗实录》弘治五年八月庚戌记载："河南兰阳、考城，山东曹县、郓城等处俱被淹没。"⑧李东阳《宿州符离桥月河记》记载"泛滥于兰阳、仪封、考城、归德"⑨，刘天和《治河疏》记载："兰阳县之铜瓦厢，考城县之蔡家口，各筑添月堤。"⑩嘉靖《归德志》记作"考城县"⑪。《明一统志》卷二七记作"归德府考城县"⑫，万历《明会典·州县二》记载归德府旧为州，设考城县⑬。当为"考城"。

卷九十九页一上行三　□安县人

[原校]旧校"安"上增"东"字。

---

① （明）徐日久：《五边典则》卷一四，《四库禁毁书丛刊》史部第26册，第327页下。
② 《明孝宗实录》卷四〇第六页下第六行，第840页。
③ 《明孝宗实录》卷一〇三第一页下第九行，第1880页。
④ 万历《明会典》卷一二六，中华书局，1989年，第655页下。
⑤ 《明一统志》卷二三，《文渊阁四库全书》第472册，第530页上。
⑥ 万历《明会典》卷一五，中华书局，1989年，第97页下。
⑦ （清）傅泽洪：《行水金鉴》卷二一，《文渊阁四库全书》第580册，第352页上。
⑧ 《明孝宗实录》卷六六第五页下第十行，第1266页。
⑨ （明）李东阳：《李东阳集》文稿十二，岳麓书社，1985年，第2卷，第172页。
⑩ （明）陈子龙：《明经世文编》卷一五七，中华书局，1962年，第1581页上。
⑪ 嘉靖《归德志》，《天一阁藏明代方志续编》第60册。
⑫ 《明一统志》卷二七，《文渊阁四库全书》第472册，第670页下。
⑬ 万历《明会典》卷一六，中华书局，1989年，第100页上。

[新校]万历《顺天府志》卷五《人物志》成化丙戌科有齐章①,《明清进士题名碑录索引》记载齐章系"燕山左卫(直隶滦州)"人②。光绪《顺天府志》卷二六《冢墓》记载太常卿齐章墓在东安县二里东储邨③。由上记载可知,齐章为顺天府"东安县"人,当补"东"字。

卷九十九页一下行十　杨城昆承等湖

[新校]日本内阁文库藏本记作"杨城",《明宣宗实录》记作"太湖、傍山、杨城、昆承",而吴道南《吴文恪公文集》卷一〇收录该奏疏记作"导太湖水散入淀山、阳城、昆承等湖泖",下同,记作"泄阳城湖水各注于江海"。沈岱《吴江水考增辑》卷四记作"引太湖之水散入淀山、阳城、昆承等湖",万历《明会典·浙西诸水》记作"导太湖之水散入淀山、阳城、昆承等湖"④,万斯同《明史》卷九四记作"导太湖之水散入淀山、阳城、昆承等湖泖"。归有光《三吴水利录·郏亶书二篇》记载:"今苏州除太湖外,有常熟、昆承二湖,昆山阳城湖,长洲沙湖,是四湖自有定名。"⑤正德《姑苏志》卷一〇记载:"昆山之水皆自阳城湖而入。"《明一统志·苏州府》记载:"阳城湖在府城东北二十里。"⑥按:今作"阳","杨城"与"阳城"孰是,待考。

卷一百一页二上行七　乌斯藏番僧

[原校]广本"斯"作"思"。

[新校]《明一统志》卷八九《外夷·西番》、王圻《续文献通考》卷二二八《舆地考》记作"乌思藏都指挥使司"⑦,万历《明会典》卷一〇八《朝贡四·西戎下》记载"乌思藏西番古吐番地"⑧,《西番考》记载:洪武六年,"置乌思藏、朵甘二指挥使司"。葛寅亮《金陵梵刹志》卷一载"护持朵甘思乌思藏诏"⑨。"斯"与"思"为音译之别,当以"乌思藏"为准。

卷一百一十六页七下行五　辽府凤凰城

[原校]阁本"府"作"东",是也。

[新校]嘉靖《辽东志》卷三记载"凤凰城堡官军四百一十五员"⑩。魏

---

① 万历《顺天府志》卷五,《四库全书存目丛书》第208册,第195页下。
② 《明清进士题名碑录索引》,第12页。
③ 光绪《顺天府志》卷二六,《续修四库全书》第684册,第7页下。
④ 万历《明会典》卷一九九,中华书局,1989年,第1000页上。
⑤ (明)归有光:《三吴水利录》卷一,《文渊阁四库全书》第576册,第520页上。
⑥ 《明一统志》卷八,《文渊阁四库全书》第472册,第213页上。
⑦ 《明一统志》卷八九,《文渊阁四库全书》第473册,第879页下;(明)王圻:《续文献通考》卷二二八《舆地考》。
⑧ 万历《明会典》卷一〇八,中华书局,1989年,第581页下。
⑨ (明)葛寅亮:《金陵梵刹志》卷一,《续修四库全书》第718册,第428页下。
⑩ 嘉靖《辽东志》卷三,《续修四库全书》第646册,第551页。

焕《巡边总论·辽东经略》记载:"朝鲜在我朝为不侵不叛之臣,自汤站抵辽阳六百余里,皆连营野宿,故东胡时出劫掠,乃设凤凰城以防卫之。"①谈迁《国榷》卷四三记载"(弘治九年八月)壬寅辽东凤凰城天鼓鸣"②。当作"辽东"。

卷一百十九页二下行八　虏入宣府四海治堡

[原校]旧校改"治"作"冶"。

[新校]《明孝宗实录》弘治二年正月丙戌记载宣府"四海冶堡密迩山陵"③,同书弘治七年十二月乙丑记载:"镇守宣府太监孙振奏虏入怀来四海冶堡。"④《明一统志》卷五记载万全都司有"四海冶堡"⑤。嘉靖《宣府镇志》卷一一《城堡考》记载宣府东路有"四海冶堡"⑥,万历《明会典》卷一二六《镇戍一》记载东路怀来永宁参将所属"四海冶堡"⑦,当作"四海冶"。

卷一百二十四页二下行二　分守镇蕃右参将都指挥佥事马荣

[原校]阁本"蕃"作"番",是也。

[新校]《明孝宗实录》弘治八年五月甲午记载:"马荣充右参将暂分守镇番。"⑧同书弘治九年三月辛巳记载:"罚镇番领哨都指挥佥事李钦及分守参将马荣俸各两月。"⑨《明一统志》卷三七记载"镇番卫在(陕西)行都司城东五百五十里。"⑩万历《明会典》卷一二六《镇戍一·甘肃》记载:"镇番参将旧设,后改为守备。"⑪当作"镇番"。

卷一百三十一页二上行三　(奄克孛剌等)见在答峪寄住

[原校]广本、抱本"答"作"苦",是也。

[新校]徐日久《五边典则》卷一四记载:"(奄克孛剌等)见在苦峪寄住。"⑫当作"苦峪"。

卷一百三十九页四下行八　陆氏直隶旌归县民

[原校]抱本、阁本"归"作"德",是也。

---

① (明)陈子龙:《明经世文编》卷二四八,中华书局,1962年,第2614页。
② (清)谈迁:《国榷》卷四三,中华书局,1958年,第2696页。
③ 《明孝宗实录》卷二二第五页下第十二行,第514页。
④ 《明孝宗实录》卷九五第三页上第十二行,第1741页。
⑤ 《明一统志》卷五,《文渊阁四库全书》第472册,第150页下。
⑥ 嘉靖《宣府镇志》卷一一,《中国方志丛书》塞北地方第一九号,第91页下。
⑦ 万历《明会典》卷一二六,中华书局,1989年,第652页上。
⑧ 《明孝宗实录》卷一〇〇第三页下第五行,第1838页。
⑨ 《明孝宗实录》卷一一〇第一页上第四行,第2007页。
⑩ 《明一统志》卷三七,《文渊阁四库全书》第472册,第939页下。
⑪ 万历《明会典》卷一二六,中华书局,1989年,第655页下。
⑫ (明)徐日久:《五边典则》卷一四,《四库禁毁书丛刊》史部第26册,第333页上。

[新校]嘉靖《宁国府志》卷八陆氏张友深妻属"旌德"县,乾隆《江南通志》卷一八五记载"张友深妻陆氏旌德人"。当作"旌德县"。

卷一百五十九页二上行六　文川县加渴瓦等寺

[原校]阁本"文"作"汶",是也。

[新校]万历《明会典》卷一〇八记载:"弘治以后,另贡加渴瓦寺,茂州汶川县地方,成化六年奉敕本处住坐。"①曹学佺《蜀中广记》卷三二《边防记》记载"汶川加渴瓦寺"②。雍正《四川通志》卷一九记载"汶川属加渴瓦寺"③。李贤《明一统志》卷六七记载成都府下辖"汶川县"④。嘉靖《四川通志》卷三《成都府》记载"汶川县"⑤。当改作"汶川"。

卷一百六十页五上行十一　延安游击将军

[原校]三本"安"作"绥"。

[新校]《明孝宗实录》弘治十三年十月丙午记有"延绥游击将军都指挥佥事李祥"⑥,同书弘治十四年五月癸酉记作"前延绥游击将军李祥"⑦,同书弘治十五年七月戊子记载"命延绥游击将军都指挥使李祥充副总兵分守凉州"⑧。万历《明会典》卷一二六记载延绥游击将军两员⑨。雍正《陕西通志》卷二二记作"延绥游击将军"。当作"延绥"。

卷一百六十页六上行十　提督北直学校

[原校]三本"直"下有"隶"字,是也。

[新校]《本朝分省人物考》卷七〇记载授陈纪"监察御史提督北直学校"⑩,《明宪宗实录》成化二十年秋七月丁酉记载"命监察御史陈纪提调北直隶学校"⑪。当补"隶"字。

卷一百六十四页十三上行三　巡抚挟西都御史熊翀

[原校]阁本"挟"作"陕",是也。

[新校]《明孝宗实录》弘治十年八月乙亥记载:"升巡抚山东都察院右

---

① 万历《明会典》卷一〇八,中华书局,1989年,第582页。
② 《蜀中广记》卷三二,《文渊阁四库全书》第591册,第427页下。
③ 雍正《四川通志》卷一九,《文渊阁四库全书》第560册,第90页上。
④ 《明一统志》卷六七,《文渊阁四库全书》第473册,第412页下。
⑤ 嘉靖《四川通志》卷三,《北京图书馆古籍珍本丛刊》第42册,第51页。
⑥ 《明孝宗实录》卷一六七第六页下第六行,第3040页。
⑦ 《明孝宗实录》卷一七四第七页下第七行,第3186页。
⑧ 《明孝宗实录》卷一八九第三页下第八行,第3490页。
⑨ 万历《明会典》卷一二六,中华书局,1989年,第655页上。
⑩ (明)过庭训:《本朝分省人物考》卷七〇,《续修四库全书》第535册,第130页上。
⑪ 《明宪宗实录》卷二五四第四页上第三行,第4293页。

佥都御史熊翀为左(右)副都御史巡抚陕西。"①同书弘治十三年四月乙巳、弘治十三年五月辛酉记作"巡抚陕西都御史熊翀"②,本书弘治十三年五月乙亥记作"巡抚陕西都察院右副都御史熊翀"③。嘉靖《陕西通志》卷一九记载熊翀"以都察院右副都御史巡抚陕西"④。喻时《资政大夫南京户部尚书熊公翀墓志铭》记载"无何而升副都御史节镇陕西"⑤,《国朝列卿纪》卷三四记载"十年升右副都御史巡抚陕西"⑥。当为"陕西"。

卷一百六十五页四上行二　大忠词

[原校]三本"词"作"祠",是也。

[新校]嘉靖《潮州府志》卷四记载:"大忠祠,在双忠祠左,祀宋丞相文天祥。"倪岳《青溪漫稿》补遗记作"厓山大忠祠"。嘉靖《广东通志初稿》卷三记载:"四年冬十月,建大忠祠全节庙于厓山。"⑦《明孝宗实录》弘治十一年七月壬戌记载:"比岁布政使刘大夏始议立庙于大忠祠之上。"⑧当作"大忠祠"。

卷一百八十页九上行六　四川黎州马

[原校]三本"马"下有"湖"字,是也。

[新校]曹学佺《蜀中广记》卷一五记作"马湖府",《明一统志》卷七〇记作"马湖府"⑨,嘉靖《四川总志》卷一〇记作"马湖府"⑩。当补"湖"字。

卷一百八十页九上行八　芦氏

[原校]旧校改"芦"作"卢"。

[新校]《明一统志》卷二九记载:"卢氏县在(河南)府城西南三百四十里。"⑪雍正《河南通志》卷三记作"卢氏县",万历《明会典》卷一六《州县》记作河南府"卢氏县"⑫。当为"卢氏"。

卷一百八十一页三下行七　兆州

[原校]三本"兆"作"洮",是也。

---

① 《明孝宗实录》卷一二八第四页上第十行,第2271页。
② 《明孝宗实录》卷一六一第八页上第九行,第2895页;卷一六二第二页下第八行,第2914页。
③ 《明孝宗实录》卷一六二第九页下第十行,第2928页。
④ 嘉靖《陕西通志》卷一九,《中国西北方志续编》第1册,第378页上。
⑤ (明)焦竑:《国朝献征录》卷三一,《四库全书存目丛书》史部第101册,第527页上。
⑥ (明)雷礼:《国朝列卿纪》卷三四,《续修四库全书》第522册,第554页下。
⑦ 嘉靖《广东通志初稿》卷三,《四库全书存目丛书》史部189册,第64页。
⑧ 《明孝宗实录》卷一三九第七页上第十一行,第2417页。
⑨ 《明一统志》卷七〇,《文渊阁四库全书》第473册,第492页上。
⑩ 嘉靖《四川总志》卷一〇,《北京图书馆古籍珍本丛刊》第42册,第209页上。
⑪ 《明一统志》卷二九,《文渊阁四库全书》第472册,第725页上。
⑫ 万历《明会典》卷一六,中华书局1989年,第100页上。

[新校]嘉靖《雍大记》卷六记载:"国朝洪武四年归附,十二年西平侯沐英统兵开设洮州卫军民指挥使司,隶陕西都司。"①嘉靖《陕西通志》卷四记作"洮州卫",乾隆《甘肃通志》卷三上记作"洮州卫,洪武四年置,属陕西"。李贤《明一统志》卷三七记作"洮州卫军民指挥使司"②。当作"洮州"。

卷一百八十四页七上行十　西淮运司

[原校]三本"西"作"两",是也。

[新校]万历《明会典》卷三二《盐法一》记作"两淮都转运盐使司"③,又称"两淮运司",王圻《续文献通考》卷二四《征榷考·盐法》记作"两淮都转运盐使司"。嘉靖《惟扬志》卷九《盐政志》记载:"两淮都转运盐使司……移建于府城大东门外。"《明一统志》卷一二《扬州府·公署》记作"两淮都转运盐使司在(扬州)府城东"④,谈迁《国榷》卷二记载元至正二十六年二月己巳"置两淮都转运盐使司凡二十九场"⑤。当作"两淮"。

卷一百八十九页七下行十一　北滕州

[原校]旧校改"滕"作"胜"。

[新校]万历《明会典》卷一六《云南》记作"北胜州"⑥。《明一统志》卷八七记作"北胜州"⑦。正德《云南通志》卷一二记作"北胜州"⑧。谈迁《国榷》卷四四弘治十五年七月己亥记作"云南澜沧卫及北胜州皆地震有声"⑨。按,"胜"字繁体"勝"与"滕"字形近,明朝境内无"北滕州",当以"北胜州"为是。

卷一百九十四页一下行五　井宿西扇壮第一星

[原校]旧校改"壮"作"北"。

[新校]《明孝宗实录》弘治五年二月己酉记载"昏刻月犯井宿西扇北第二星"⑩,同书弘治十年正月癸丑记载"夜月犯井宿西扇北第二星"⑪,弘治十年七月乙丑记载"月犯井宿西扇北第二星"⑫。当作"西扇北"。

---

① 嘉靖《雍大记》卷六,《四库全书存目丛书》史部第184册,第40页。
② 《明一统志》卷三七,《文渊阁四库全书》第472册,第932页。
③ 万历《明会典》卷三二,中华书局,1989年,第226页下。
④ 《明一统志》卷一二,《文渊阁四库全书》第472册,第284页上。
⑤ (清)谈迁:《国榷》卷二,中华书局,1958年,第323页。
⑥ 万历《明会典》卷一六,中华书局,1989年,第108页上。
⑦ 《明一统志》卷八七,《文渊阁四库全书》第473册,第841页下。
⑧ 正德《云南通志》卷一二,《天一阁藏明代方志选刊续编》第70册,第495页。
⑨ (清)谈迁:《国榷》卷四四,中华书局,1958年,第2788页。
⑩ 《明孝宗实录》卷六〇第四页上第四行,第1149页。
⑪ 《明孝宗实录》卷一二一第一页下第七行,第2168页。
⑫ 《明孝宗实录》卷一二七第六页第三行,第2262页。

卷一百九十四页一下行七　（发军民）五万于花马地增修营堡

[原校]旧校改"地"作"池"。

[新校]徐日久《五边典则》卷一五、徐学聚《国朝典汇》卷一五九记载"王珣请发陕西军民五万于花马池增修营堡"①，嘉靖《宁夏新志》卷三记载"正统八年置花马池营"，当作"花马池"。

卷一百九十五页一下行一　（松潘）镇守副总兵节制东西二路

[原校]三本"西"作"南"。

[新校]《明宪宗实录》成化十五年九月辛未记载："松潘东南二路番夷相杂。"②万历《明会典》卷一二七《镇戍》记载四川有协守二员"协守松潘东路左参将旧驻小河……协守松潘南路右参将旧设驻札茂州"，俱听分守副总兵节制③。同页行四记载："今东路与南路参将悉听节制。"当作"东南"。

卷一百九十六页十上行五　守备湖武岗都指挥荀铠

[原校]三本"湖"下有"广"字，是也。广本、抱本"岗"作"冈"。

[新校]《明一统志》卷六三记载"武冈州在（宝庆）府城西南二百八十里"④，本书弘治十二年十一月戊寅记载"命镇远卫都指挥佥事荀铠守备武冈"⑤，弘治十四年六月癸巳记载"先是湖广武冈州苗贼窃发，有旨令守备都指挥荀铠以下俱俟捕事宁速问"⑥。当作"湖广武冈"。

卷一百九十八页十下行四　巡抚陕西

[新校]《明孝宗实录》成化二十三年九月己未记载"升山西布政司右布政使王继为都察院右副都御史巡抚福建"⑦，弘治二年三月辛未记载"命……巡抚福建右副都御史王继巡抚宣府"⑧，弘治二年十一月庚午记载"命改巡抚宣府都察院右副都御史王继巡抚甘肃"⑨。李濂《南京兵部尚书王公传》记载："弘治庚戌，上以哈密为甘肃藩篱，其城为土鲁番所据，攘其王印，乃敕公巡抚甘肃。"⑩《国朝列卿纪》卷三八记载王继"升右副都御史

---

① （明）徐日久：《五边典则》卷一五，《四库禁毁书丛刊》史部第 26 册，第 354 页上；（明）徐学聚：《国朝典汇》卷一五九，《四库全书存目丛刊》史部第 266 册，第 371 页下。
② 《明宪宗实录》卷一九四第五页下第一行，第 3428 页。
③ 万历《明会典》卷一二七，中华书局，1989 年，第 657 页。
④ 《明一统志》卷六三，《文渊阁四库全书》第 473 册，第 343 页上。
⑤ 《明孝宗实录》卷一五六第六页下第九行，第 2802 页。
⑥ 《明孝宗实录》卷一七五第四页上第二行，第 3195 页。
⑦ 《明孝宗实录》卷三第六页下第七行，第 48 页。
⑧ 《明孝宗实录》卷二四第六页上第九行，第 549 页。
⑨ 《明孝宗实录》卷三二第四页上第一行，第 717 页。
⑩ （明）李濂：《嵩渚文集》卷八四，《四库全书存目丛书》集部第 71 册，第 285 页。

巡抚福建,弘治三年改抚宣府,又改甘肃"①。由上记载可知,王继未曾巡抚陕西。本书此处记载"陕西"疑误。

卷一百九十九页二上行二　如延官军至期有碍

[原校]三本"延"下有"宁"字,是也。

[新校]同页行一记载令"延宁镇巡等官"选三千人分布三处,徐日久《五边典则》卷一五记载刘胜所奏事,作"如延宁官军至期有碍"②。当作"延宁官军"。

卷二百页十二下行二　（孝穆皇太后忌辰）遣驸马都尉蔡震祭戊陵

[原校]旧校改"戊"作"茂"。

[新校]据《明孝宗实录》弘治元年年六月庚申、弘治二年六月乙卯、弘治三年六月己酉、弘治四年六月癸酉、弘治五年六月丁卯等记载,孝穆皇太后忌辰,上遣驸马都尉"祭茂陵"③。万历《明会典》卷八九《奉慈殿》记载:"孝穆皇太后……奉迁茂陵。"④王鏊《震泽集》卷一《赋诗》有诗题曰:"恭送孝穆皇太后梓宫迁祔茂陵。"⑤当作"茂陵"。

卷二百〇一页一上行十　赞画太同兵略都察院照磨李晟

[原校]旧校改"太"作"大"。

[新校]《明孝宗实录》弘治十年五月戊辰记载:"升……李晟为都察院照磨令赞画边策……方今大同有警,请照武举人员事例,令晟于总兵官神英处赞画方略。"⑥同书弘治十三年六月甲午记载"都察院照磨兼大同赞画李晟"⑦,《本朝分省人物考》卷九六、张萱《西园闻见录》卷七四均记载李晟为"都察院照磨往参谋大同军事"⑧。当作"大同"。

卷二百〇一页一上行十一　李晟既迁湖广勋阳府同知

[原校]三本"勋"作"郧",是也。

[新校]过庭训《本朝分省人物考》卷九六、张萱《西园闻见录》卷七四

---

① （明）雷礼:《国朝列卿纪》卷三八,《续修四库全书》第 522 册,第 609 页上。
② （明）徐日久:《五边典则》卷一五,《四库禁毁书丛刊》史部第 26 册,第 356 页下。
③ 《明孝宗实录》卷一五第十二页下第七行,第 382 页;卷二七第四页上第十二行,第 601 页;卷三九第五页下第十二行,第 828 页;卷五二第六页上第十二行,第 1035 页;卷六四第六页下第七行,第 1240 页。
④ 万历《明会典》卷八九,中华书局,1989 年,第 513 页上。
⑤ （明）王鏊:《震泽集》卷一,《文渊阁四库全书》第 1256 册,第 134 页下。
⑥ 《明孝宗实录》卷一二五第五页上第一行,第 2233 页。
⑦ 《明孝宗实录》卷一六三第四页下第九行,第 2944 页。
⑧ （明）过庭训:《本朝分省人物考》卷九六,《续修四库全书》第 535 册,第 613 页下;（明）张萱:《西园闻见录》卷七四,《续修四库全书》第 1169 册,第 658 页上。

均记载李晟"迁郧阳府同知"①，王世贞《弇州史料》后集卷三五《李晟言兵》记载"（弘治）十五年迁郧阳府抚民同知"②。当作"郧阳府"。

卷二百一十八页一下行三　（裁革）灊山太湖宿松三县税课司

[原校]抱本、阁本作"潜山"。

[新校]《明一统志》卷一四记载安庆府下辖"潜山县"③。万历《明会典》卷一三八记载安庆府下有"潜山县天堂寨巡检司"④。嘉靖《南畿志》卷四〇记载安庆府下有"潜山县"⑤，同卷《建牧》记载潜山县下有"税课局大使一人"⑥。当作"潜山"。

卷二百二十二页一上行八　抚治勋阳都察院右副都御史

[原校]三本"勋"作"郧"，是也。

[新校]《明孝宗实录》弘治十四年十一月壬辰记载："升大理寺左少卿王鑑之为都察院右副都副史抚治郧阳等处。"⑦《明武宗实录》弘治十八年六月甲戌记载："改提督抚治郧阳右副都御史王鑑之巡抚湖广赞理军务。"⑧过庭训《本朝分省人物考》卷四九记载王鑑之"抚治郧阳等处，振肃纲纪"⑨。嘉靖《湖广图经志书》卷一抚治郧阳都御史记有"王鑑之"，浙江山阴县人⑩。万历《郧阳府志》卷二四《宦绩》记载："王鑑之，字明仲，山阴人，抚郧，风纪振扬。"⑪当作"郧阳"。

第三节　官职名称错误

官职记载错误包括官名、职务、差役称谓以及头衔等名称错误。

---

① （明）过庭训：《本朝分省人物考》卷九六，《续修四库全书》第535册，第613页下；（明）张萱：《西园闻见录》卷七四，《续修四库全书》第1169册，第658页上。
② （明）王世贞：《弇州史料》后集卷三五，《四库禁毁书丛刊》史部第49册，第701页下。
③ 《明一统志》卷一四，《文渊阁四库全书》第472册，第331页上。
④ 万历《明会典》卷一三八，中华书局，1989年，第705页下。
⑤ 嘉靖《南畿志》卷四〇，《四库全书存目丛书》史部第190册，第556页上。
⑥ 嘉靖《南畿志》卷四〇，《四库全书存目丛书》史部第190册，第561页上。
⑦ 《明孝宗实录》卷一八一第四页上第二行，第3337页。
⑧ 《明武宗实录》卷二第二十一页下第二行，第78页。
⑨ （明）过庭训：《本朝分省人物考》卷四九，《续修四库全书》第534册，第337页上。
⑩ 嘉靖《湖广图经志书》卷一，《日本藏中国罕见地方志丛刊》，第20页下。
⑪ 万历《郧阳府志》卷二四，台湾学生书局，1987年，第583页。

《明孝宗实录修纂官》页一行八　詹事府掌府资善大夫吏部尚书翰林院学士梁储

［原校］抱本"府"下有"事"字，是也。

［新校］《明武宗实录》正德五年九月戊午记作"梁储为吏部尚书及掌詹事府事"①，同书正德三年三月辛亥记作"吏部尚书兼翰林院学士掌詹事府事梁储"②。当作"掌府事"。

《明孝宗实录修纂官》页一行十二　翰林院修馔臣顾鼎臣

［原校］"馔"应作"撰"。抱本作"侍讲"。

［新校］《明武宗实录》正德四年夏四月壬午载"以纂修实录成，赏修撰顾鼎臣"③，《明武宗实录》正德四年五月壬子载吏部拟升纂修官，其中升"修撰顾鼎臣为侍讲"④，黄佐《翰林记》卷一二《纂修》记作"修撰顾鼎臣"⑤，过庭训《本朝分省人物考》卷二一记载"弘治进士第一，授翰林修撰，未几孝庙上宾，以修实录成升侍讲"⑥。按，由上可知顾鼎臣纂修实录时为修撰，书成后升为侍讲。抱本记载亦误，当作"修撰"。

《明孝宗实录修纂官》页二行一　翰林院检讨征侍郎汪伟

［原校］抱本"侍"作"仕"，是也。

［新校］万历《明会典》卷六《散官》记载"从七品，初授从仕郎，升授征仕郎"⑦，万历《明会典》卷一〇《资格》记载"翰林院检讨为从七品官"⑧，《明武宗实录》正德四年夏四月壬午记载以纂修实录成赏"检讨汪伟"⑨。汪伟任翰林院检讨，当为"征仕郎"。

《明孝宗实录修纂官》页二行三　翰林院检讨臣湛若水翟銮徐缙景旸

［原校］抱本作"编修"，是也。

［新校］《明武宗实录》正德二年冬十月戊寅"授庶吉士崔铣……湛若水……翟銮、徐缙为翰林院编修"⑩，同书正德三年三月癸亥"授第一甲进士……景旸（旸）……为编修"⑪，同书卷四九第九页上正德四年夏四月壬

---

① 《明武宗实录》卷六七第三页下第八行，第1472页。
② 《明武宗实录》卷三六第四页上第十行，第861页。
③ 《明武宗实录》卷四九第九页上第一行，第1123页。
④ 《明武宗实录》卷五〇第九页下第七行，第1152页。
⑤ （明）黄佐：《翰林记》卷一二，《文渊阁四库全书》第596册，第990页上。
⑥ （明）过庭训：《本朝分省人物考》卷二一，《续修四库全书》第533册，第433页上。
⑦ 万历《明会典》卷六，中华书局，1989年，第34页下。
⑧ 万历《明会典》卷一〇，中华书局，1989年，第66页上。
⑨ 《明武宗实录》卷四九第九页上第二行，第1123页。
⑩ 《明武宗实录》卷三一第二页下第二行，第770页。
⑪ 《明武宗实录》卷三六第七页下第十二行至第八页上第二行，第868~869页。

午以纂修实录成,赏"编修崔铣、湛若水、翟銮、徐缙、景旸"①。黄佐《翰林记》卷一二《稽考参对》记有"编修崔铣、湛若水、翟銮、徐缙、景旸"②。"检讨"当为"编修"。

《明孝宗实录修纂官》页二行四　（翰林院检讨臣）段炅易舒诰穆孔晖张邦奇焦黄中胡缵宗

[新校]据《明武宗实录》,正德二年冬十月戊寅"升……段炅、穆孔晖、易舒诰、张邦奇为检讨"③,同书正德三年三月癸亥"二甲第一名焦黄中、三甲第一名胡缵宗俱为检讨"④,同书正德四年夏四月壬午载以纂修实录成,赏"检讨段炅、易舒诰、穆孔晖、张邦奇、焦黄中、胡缵宗"⑤,《翰林记》卷一二《稽考参对》记作"检讨段炅、易舒诰、穆孔晖、张邦奇、焦黄中、胡缵宗"⑥。按,上条四人前已改为"编修",故本条"段炅"前当补"翰林院检讨臣"。

卷六页六上行十一　通政司参议陈琬

[新校]《明宪宗实录》卷二九〇第七页上第八行成化二十三年五月辛酉记作"升……左参议陈琬右通政"⑦,《明孝宗实录》成化二十三年十月癸巳"六科十三道交章劾奏……右通政陈琬"⑧,同书弘治元年二月丙辰记载命"右通政陈琬"等分祀祖陵⑨,同书弘治元年六月甲辰记载南京户科给事中方向等劾奏"右通政陈琬躐取通显"⑩。按本条为监察御史缪樗奏疏中内容,其上疏前陈琬已升任右通政,仍记作"参议"不妥。

卷八页七上行十　工部侍郎陈政

[原校]抱本"部"下有"右"字,是也。

[新校]《明宪宗实录》成化二十三年二月乙亥记作"命工部右侍郎陈政代左侍郎贾俊董修皇贵妃万氏坟茔"⑪,同书成化二十三年八月己卯记作"命工部左侍郎陈政提督修理京师及通州仓厫"⑫,《明孝宗实录》成化二十三年九月辛亥记作"工部左侍郎陈政提督军夫人匠营造（茂陵）"⑬,同书

---

① 《明武宗实录》卷四九第九页上第四行,第1123页。
② （明）黄佐:《翰林记》卷一二,《文渊阁四库全书》第596册,第990页。
③ 《明武宗实录》卷三一第二页下第三行,第770页。
④ 《明武宗实录》卷三六第八页上第一行,第869页。
⑤ 《明武宗实录》卷四九第九页上第四行,第1123页。
⑥ （明）黄佐:《翰林记》卷一二,《文渊阁四库全书》第596册,第990页。
⑦ 《明宪宗实录》卷二九〇第七页上第八行,第4909页。
⑧ 《明孝宗实录》卷五第六页下第六行,第94页。
⑨ 《明孝宗实录》卷一一第十页上第九行,第255页。
⑩ 《明孝宗实录》卷一五第六页下第四行,第370页。
⑪ 《明宪宗实录》卷二八七第二页上第二行,第4847页。
⑫ 《明宪宗实录》卷二九三第四页上第一行,第4973页。
⑬ 《明孝宗实录》卷三第一页上第四行,第37页。

弘治元年四月丁巳记载赏赐督工"工部左侍郎陈政"①,《国朝列卿纪》卷六五、《本朝分省人物考》卷六九记载陈政"丁未擢工部右侍郎,寻转左侍郎,是年八月宪宗升遐,奉敕营建山陵"②。抱本记载错误,当为"左侍郎"。

卷八页十三上行五　致仕副都御史刘敷为左都御史

[新校]《明宪宗实录》成化二十三年二月壬午记载:"致仕左副都御史刘敷行取至京,升都察院右都御史。"③《明孝宗实录》成化二十三年九月癸丑记载"都察院右都御史刘敷"奏乞致仕,六科十三道交章劾奏"右都御史刘敷"④,同书成化二十三年十一月癸卯记载"罢都察院右都御史刘敷,以科道论列也。敷前已致仕,复因李孜省起用"⑤。焦竑《国朝献征录》卷六七《李孜省传》记作"致仕副都御史刘敷为右都御史"⑥,《国朝列卿纪》卷七二刘敷、《本朝分省人物考》卷六五《刘敷》皆记载"致仕归,二十二年起升右都御史"⑦,万历《吉安府志》卷一九记载刘敷"引疾归,再起进右都御史掌院事"。当作"右都御史"。

卷八页十三上行七　李和为南京户部左侍郎

[新校]焦竑《国朝献征录》卷六七《李孜省传》记作"李和为南京户部左侍郎"⑧,何乔远《名山藏》卷九三《臣林杂记》记载李孜省事,"李和为南京吏部左侍郎"⑨。而《明宪宗实录》成化二十一年十一月癸亥记载:"太监韦泰传奉圣旨升通政司左通政李和为南京户部右侍郎。"⑩同书成化二十三年秋七月戊申记载:"南京户部右侍郎李和卒……成化丙午升南京户右侍郎,踰年卒。"⑪《国朝列卿纪》卷三七、《本朝分省人物考》卷八九"李和"条皆记作"传旨迁和为南京户部右侍郎"⑫。"左侍郎"似当为"右侍郎"。

---

① 《明孝宗实录》卷一三第十三页上第九行,第317页。
② (明)雷礼:《国朝列卿纪》卷六五,《续修四库全书》第523册,第322页下;(明)过庭训:《本朝分省人物考》卷六九,《续修四库全书》第535册,第109页下。
③ 《明宪宗实录》卷二八七第三页下第八行,第4850页。
④ 《明孝宗实录》卷三第四页上第二行,第43页。
⑤ 《明孝宗实录》卷六第四页下第四行,第104页。
⑥ (明)焦竑:《国朝献征录》卷六七,《四库全书存目丛书》史部第103册,第657页下。
⑦ (明)雷礼:《国朝列卿纪》卷七二,《续修四库全书》第523册,第399页下;(明)过庭训:《本朝分省人物考》卷六五刘敷,《续修四库全书》第535册,第40页下。
⑧ (明)焦竑:《国朝献征录》卷六七,《四库全书存目丛书》史部第103册,第657页下。
⑨ (明)何乔远:《名山藏》卷九三《臣林杂记》,《四库禁毁书丛刊》史第48册,第102页上。
⑩ 《明宪宗实录》卷二七二第四页上第十行,第4591页。
⑪ 《明宪宗实录》,卷二九二第六页上第十行,第4947页。
⑫ (明)雷礼:《国朝列卿纪》卷三七,《续修四库全书》第522册,第600页下;(明)过庭训:《本朝分省人物考》卷八九,《续修四库全书》第535册,第457页上。

卷八页十三上行十　大理寺卿张锦

[新校]《明宪宗实录》成化二十三年春正月戊辰记载:"升……大理寺右少卿张锦……为都察院右副都御史。"①《明孝宗实录》弘治十四年闰七月乙未张锦传记记作"累迁大理左右寺丞右少卿,未几进都察院右副都御史"②。《国朝列卿纪》卷五九记载张锦"二十一年升大理寺右少卿,二十三年升都察院右副都御史"③。《本朝分省人物考》卷一〇五"张锦"记作"累迁右少卿,宪庙知名,凤阳有重狱,特命之往,寻擢都察院右副都御史"④。可见张锦未曾担任大理寺卿,当作"大理寺右少卿"。

卷八页十三页上行十一　南京国子祭酒刘宣

[新校]《明宪宗实录》成化十八年五月辛巳记载升"南京太常寺少卿刘宣为本寺卿掌国子监事"⑤,同书成化二十一年秋七月己巳记载"南京掌国子监事太常寺卿刘宣奏"⑥,同书成化二十一年八月辛巳记载"南京掌国子监事太常寺卿刘宣子秉常援例乞入为国子监生"⑦,成化二十二年冬十月庚寅记载"调……南京太常寺卿刘宣吏部……右侍郎"⑧,《明孝宗实录》弘治四年七月甲申记载"十七年(十八年)进本寺卿掌国子监事"⑨,李东阳《明故南京工部尚书刘公墓志铭》记作"壬寅(十八年),进本寺(太常寺)卿兼掌国子监事"⑩,《本朝分省人物考》卷六五记作"进本寺卿掌国子监事"⑪。按,刘宣虽掌南京国子监事,但未担任国子监祭酒,官职为太常寺卿。当作"南京掌国子监事太常寺卿"。

卷九页三下行六　五品灵台郎高钟为监副

[原校]三本"品"作"官",是也。

[新校]《明宪宗实录》成化二十三年八月庚午记载:"南京钦天监五官挈壶正高钟以通历数取至京,升钦天监五官灵台郎。"⑫《诸司职掌·钦天监》记作"五官灵台郎各八员"⑬,万历《明会典·吏部二·钦天监》记作

---

① 《明宪宗实录》卷二八六第七页上第一行,第4841页。
② 《明孝宗实录》卷一七七第九页上第十二行,第3257页。
③ (明)雷礼:《国朝列卿纪》卷五九,《续修四库全书》第523册,第212页下。
④ (明)过庭训:《本朝分省人物考》卷一〇五,《续修四库全书》第536册,第98页上。
⑤ 《明宪宗实录》卷二二七第二页上第八行,第3887页。
⑥ 《明宪宗实录》卷二六八第六页上第一行,第4535页。
⑦ 《明宪宗实录》卷二六九第一页上第十二行,第4541页。
⑧ 《明宪宗实录》卷二八三第六页上行四,第4795页。
⑨ 《明孝宗实录》卷五三第二页下第六行,第1040页。
⑩ (明)李东阳:《李东阳集》文稿二十九,岳麓书社,1985年,第2册,第428页。
⑪ 《本朝分省人物考》卷六五,《续修四库全书》第535册,第39页下。
⑫ 《明宪宗实录》卷二九三第二页上第四行,第4969页。
⑬ 《诸司职掌》,《续修四库全书》第748册,第587页上。

"五官灵台郎四员,旧八员"①。当作"五官灵台郎"。

卷十页五上行五　监仓守备兵备等官

[原校]三本"仓"作"鎗",是也。

[新校]霍翼《军政条例类考·官军干预书办》记作"分守、监枪、守备等官"②,嘉靖《辽东志》卷五《官师志》记作"监枪内臣"③。陈子龙《明经世文编》卷六四马文升《为会集廷臣计议御房方略以绝大患事疏》记作"宣府监枪、分守、守备内臣八员,大同监枪、分守、守备六员"。万历《明会典》卷一二六《镇戍一》记作"镇守之下又有分守、守备、监枪诸内臣"④。当以"监枪(即鎗)"为是。

卷十页十五上行十一　令该日视班巡视御史

[原校]三本"视"作"侍";抱本、阁本"巡视御史"作"御史巡视",是也。

[新校]马文升《陈言振肃风纪裨益治道事》记作"仍令每日侍班御史巡看"⑤,俞汝楫《覆奏四事疏》记作"令该日侍班御史巡视"⑥。当作"侍班御史巡视"。

卷十页十六上行十　署都指挥同知

[原校]抱本、阁本无"都"字,是也。

[新校]本条记载:"升锦衣卫署都指挥同知刘良为实授指挥同知",《明宪宗实录》成化十三年五月己卯记载"武成后卫带俸署指挥同知刘良……俱于锦衣卫管事"⑦。同书成化十九年二月庚午记载:"太监怀恩传奉圣旨升锦衣卫……署指挥同知刘良实授指挥佥事,仍署同知。"⑧《明孝宗实录》成化二十三年九月甲子记载命"署指挥同知刘良"俱供事如故⑨。当删"都"字。

卷十页十六上行十二　台柴夫工价

[原校]三本"台"作"抬",是也。

[新校]马文升《陈言振肃风纪裨益治道事》节财用一节奏称:"及抬柴

---

① 万历《明会典》卷二,中华书局,1989年,第12页下。
② (明)霍翼:《军政条例类考》卷一,《续修四库全书》第852册,第24页上。
③ 嘉靖《辽东志》卷五《官师志》,《续修四库全书》第646册,第582页上。
④ 万历《明会典》卷一二六,中华书局,1989年,第648页下。
⑤ (明)马文升:《马端肃奏议》卷三,《文渊阁四库全书》第427册,第735页下。
⑥ (明)俞汝楫:《礼部志稿》卷四五,《文渊阁四库全书》第597册,第847页下。
⑦ 《明宪宗实录》卷一六六第八页上第七行,第3011页。
⑧ 《明宪宗实录》卷二三七第一页上第八行,第4023页。
⑨ 《明孝宗实录》卷三第九页上第一行,第53页。

夫工价银两等项……量加减省。"①万历《明会典》卷二〇六《夫役·抬柴夫》记载此条为"弘治元年奏准每名月征银一两四钱"②。刘大夏《会议救荒弭盗疏》记作："惜薪司抬柴夫每名出银十两亦足雇役，不宜加取。"③当为"抬柴夫"。

卷十一页二下行八　江西都司指挥佥事谢智

[原校]三本"司"下有"都"字，是也。

[新校]《明宪宗实录》成化十六年十一月己亥记载：铨注"武成后卫带俸署都指挥佥事谢智于江西都司。"④同书成化二十二年冬十月戊寅记载："命江西都司署都指挥佥事谢智守备南安、赣州二府。"⑤同书成化二十二年九月辛酉、《明孝宗实录》弘治元年正月己未均记作"署都指挥佥事谢智"⑥。《明宪宗实录》成化二十一年冬十月甲申记作"守备南赣指挥佥事戴贤及都指挥佥事谢智"⑦，同书成化二十三年八月戊辰朔记作"分守都指挥谢智"⑧。嘉靖《赣州府志》卷七《守备都司》记载谢智前任守备皆以都指挥佥事任⑨。康熙《江西通志》卷四七《秩官》载谢智任"都指挥佥事"。当以"署都指挥佥事"更确，可略称为"都指挥佥事"。

卷十一页二下行十二　分守右参将都督佥事田广

[新校]《明宪宗实录》成化十九年二月戊寅记载命"都指挥使田广充左参将分守庄浪等处"⑩，同书成化二十二年二月癸未记载"升分守庄浪等处左参将都指挥使田广为都督佥事"⑪，同书成化二十二年三月辛亥记作"分守庄浪、西宁等处左参将都指挥使田广"⑫，同书成化二十二年六月丙申记作"分守庄浪左参将田广"⑬。《明孝宗实录》成化二十三年十月癸巳记载"罢分守庄浪左参将右军都督府都督佥事田广"传升职⑭，同书弘治元

---

① （明）马文升：《马端肃奏议》卷三，《文渊阁四库全书》第427册，第736页上。
② 万历《明会典》卷二〇六，中华书局，1989年，第1028页上。
③ 《明经世文编》卷七九，中华书局，1962年，第702页下。
④ 《明宪宗实录》卷二〇九第七页上第二行，第3651页。
⑤ 《明宪宗实录》卷二八三第二页上第八行，第4787页。
⑥ 《明宪宗实录》卷二八二第十四页上第九行，第4779页；《明孝宗实录》卷九第六页下第八行，第196页。
⑦ 《明宪宗实录》卷二七一第二页上第四行，第4575页。
⑧ 《明宪宗实录》卷二九三第一页下第七行，第4968页。
⑨ 嘉靖《赣州府志》卷七，《天一阁藏明代方志选刊》第38册，本卷第五十三页下。
⑩ 《明宪宗实录》卷二三七第三页下第四行，第4028页。
⑪ 《明宪宗实录》卷二七五第二页下第七行，第4624页。
⑫ 《明宪宗实录》卷二七六第二页上第三行，第4645页。
⑬ 《明宪宗实录》卷二七九第九页上第七行，第4709页。
⑭ 《明孝宗实录》卷五第七页上第五行，第95页。

年五月癸未记载"降分守庄浪左参将都指挥使田广为都指挥佥事"①。魏焕《皇明九边考》卷九《甘肃镇·保障考》载"分守庄浪左参将一员,驻札庄浪地方"②。可见分守庄浪者为左参将,此处疑当为"左参将"。

卷十一页七上行七　左副都御史马文升

[原校]抱本"左"作"右"。抱本、阁本无"副"字,无"副"字是也。

[新校]《明孝宗实录》成化二十三年十一月乙巳记载"改南京兵部尚书马文升为都察院左都御史"③,同书弘治元年正月辛酉、弘治元年闰正月己巳、弘治元年五月甲子朔、弘治元年八月壬子皆作"都察院左都御史马文升"④。《弇州史料》前集卷二七、《国朝献征录》卷二四《吏部尚书马公文升传》、何乔远《名山藏》卷六八记载马文升"改都察院左都御史"⑤,邓元锡《皇明书》卷二二⑥、过庭训《本朝分省人物考》卷八五记载马文升弘治初召为"左都御史"⑦。当作"左都御史"。

卷十一页十上行十一　户科给事中王珣

[原校]三本"科"下有"右"字。

[新校]《明孝宗实录》成化二十三年十月戊子记载升"王珣……为右给事中"⑧,同书弘治元年闰正月丙寅朔、同书弘治元年七月戊子皆作"户科右给事中王珣"⑨。本条省略"右"字,宜补。

卷十一页十四下行十一　詹事府少詹事兼翰林院侍读学士汪谐

[新校]《明孝宗实录》弘治四年四月丙辰记作"詹事府少詹事兼翰林院侍读学士汪谐"⑩,而同书成化二十三年十一月乙卯记载升"右庶子汪谐、左谕德程敏政俱少詹事兼侍讲学士"⑪。同书弘治元年三月戊子、弘治三年二月己丑、弘治四年八月丁卯皆记作"詹事府少詹事兼翰林院侍讲学

---

① 《明孝宗实录》卷一四第十一页上第八行,第345页。
② (明)魏焕:《皇明九边考》卷九,《四库全书存目丛书》史部第226册,第92页上。
③ 《明孝宗实录》卷六第四页下第十一行,第104页。
④ 《明孝宗实录》卷九第七页上第七行,第197页;卷一○第三页上第四行,第207页;卷一四第一页上第二行,第325页;卷一七第六页下第九行,第420页。
⑤ (明)王世贞:《弇州史料》前集卷二七,《四库禁毁书丛刊》史部第49册,第134页下~135页上;(明)焦竑:《国朝献征录》卷二四,《四库全书存目丛书》史部第101册,第252页上。
⑥ (明)邓元锡:《皇明书》卷二二,《续修四库全书》第316册,第137页下。
⑦ (明)过庭训:《本朝分省人物考》卷八五,《续修四库全书》第535册,第399页上。
⑧ 《明孝宗实录》卷五第四页下第一行,第90页。
⑨ 《明孝宗实录》卷一○第一页上第七行,第203页;卷一六第十一页上第一行,第403页。
⑩ 《明孝宗实录》卷五○第二页下第五行,第1002页。
⑪ 《明孝宗实录》卷七第四页上第三行,第121页。

士汪谐"①。同书弘治十二年十一月己未汪谐传记载:"上登极升詹事府少詹事兼侍讲学士。"②李东阳《明故嘉议大夫礼部右侍郎兼翰林院学士赠礼部尚书汪公墓志铭》、《国朝列卿纪》卷一五皆载"以侍从恩擢詹事府少詹事兼翰林侍讲学士"③。廖道南《殿阁词林记》卷五记载礼部侍郎兼学士汪谐"孝宗登极,进少詹事兼侍讲学士"④。"侍读学士"疑当为"侍讲学士"。

卷十二页四下行十　工部议复兵部尚书马文升所陈

[新校]马文升该奏疏载于《明孝宗实录》卷一一弘治元年二月丙辰条:"都察院左都御史马文升言……乞命所司每船一艘加银二十两。"据同书卷六成化二十三年十一月乙巳记载:"改南京兵部尚书马文升为都察院左都御史。"卷二三弘治二年二月乙卯记载:"升都察院左都御史马文升为兵部尚书。"雷礼《皇明大政纪》卷一七、陈建《皇明通纪法传全录》卷二五载"(弘治二年二月)以左都御史马文升为兵部尚书",徐学聚《国朝典汇》卷一三七载"(弘治二年二月)以都御史马文升为兵部尚书"。此处"兵部尚书"似不妥。

卷十三页四上行九　吏部尚书刘宣

[原校]抱本、阁本"尚书"作"侍郎",是也。

[新校]《明宪宗实录》成化二十二年冬十月庚寅载:"调南京太常寺卿刘宣吏部……俱右侍郎。"⑤同书成化二十三年五月乙卯记作"吏部侍郎刘宣",成化二十三年六月甲午记作"吏部右侍郎刘宣"⑥,《明孝宗实录》成化二十三年十一月丙辰载升"吏部右侍郎刘宣为本部左侍郎"⑦,同书弘治四年七月甲申刘宣传记载"二十二年召为吏部右侍郎,弘治元年转左,三年进南京工部尚书"⑧,且刘宣未曾担任吏部尚书一职。又查李东阳《明故南京工部尚书刘公墓志铭》记载:"弘治戊申(元年)今上皇帝特进左侍郎,庚戌(三年)进南京工部尚书。"⑨徐溥《南京工部尚书刘公传》记载:"弘治戊

---

① 《明孝宗实录》卷一二第九页下第五行,第286页;卷三五第一页下第十一行,第754页;卷五四第七页上第六行,第1063页。
② 《明孝宗实录》卷一五六第一页上第十一行,第2791页。
③ (明)李东阳:《李东阳集》卷二四,岳麓书社,1985年,第3册,第347页;(明)雷礼:《国朝列卿纪》卷一五,《续修四库全书》第522册,第262页下。
④ (明)廖道南:《殿阁词林记》卷五,《文渊阁四库全书》第452册,第211页下。
⑤ 《明宪宗实录》卷二八三第六页上第四行,第4795页。
⑥ 《明宪宗实录》卷二九第四页上第四行,第4903页;卷二九一第七页下第二行,第4934页。
⑦ 《明孝宗实录》卷七第十页下第十一行,第134页。
⑧ 《明孝宗实录》卷五三第二页下第七行,第1040页。
⑨ (明)李东阳:《李东阳集》卷二九,岳麓书社,1985年,第3册,第429页。

申,今上嗣位,再进左侍郎,公以渐衰求闲,始拜南京工部尚书。"①由上可知,当为"侍郎"。

卷十三页十二上行八　白珍为署都指挥佥事充左参将分守松潘东路

[新校]《明孝宗实录》弘治二年三月甲戌记载"令白珍协守小河安绵等处"②,同书弘治四年八月庚午载"协守左参将白珍"③。嘉靖《四川总志》卷一、万历《四川总志》卷三《秩官》记载参将"白珍"协守(松潘)东路④。万历《明会典》卷一二七《镇戍二》记载四川设"协守松潘东路左参将,旧驻小河"⑤。"分守"不等同于"协守",此处所记不妥。

卷十四页一下行五　嘉兴伯户陈辅作乱

[原校]三本"伯"作"百",是也。

[新校]储巏《中宪大夫广西太平府知府进阶亚中大夫李公墓志铭》载:"陈辅者嘉兴百户,以众劫府库,公(李昊)提兵分捕之。"⑥沈德符《万历野获编》卷一七《项襄毅占寇》载:"吾郡城中百户陈辅者,素以兴贩私盐为业,事发革任,所聚徒党渐众,遂思为乱。"⑦弘治《徽州府志·人物二·汪山》载:"时有苏州卫守御嘉兴中左千户所百户陈辅。"⑧此处当作"百户"。

卷十四页十上行一　太常寺右少卿李介

[原校]抱本、阁本"常"作"理",卷十一第十页前十行亦作"理",作"理"是也。

[新校]王恕《调除官员奏状》记载:"十五日奉圣旨大理寺右少卿李介升本寺左少卿。"⑨《明宪宗实录》成化二十三年五月丙辰记载:"升……大理寺右寺丞李介本寺右少卿。"⑩《明孝宗实录》弘治元年五月己丑记载:"升大理寺左少卿李介为都察院左佥都御史,巡抚宣府。"⑪同书弘治十一年正月戊午所载李介传记,记载其曾任"大理寺丞左右少卿"⑫,未曾在太常寺任职。故"太常寺"当为"大理寺"。

---

① (明)徐溥:《谦斋文录》卷三,《文渊阁四库全书》第1248册,第634页。
② 《明孝宗实录》卷二四第六页下第十一行,第550页。
③ 《明孝宗实录》卷五四第八页下第四行,第1066页。
④ 嘉靖《四川总志》卷一,《北京图书馆古籍珍本丛刊》第42册,第38页下;万历《四川总志》卷三,《四库全书存目丛书》史部199册,第242页。
⑤ 万历《明会典》卷一二七,中华书局,1989年,第657页上。
⑥ (明)储巏:《柴墟文集》卷九,《四库全书存目丛书》集部第42册,第492页。
⑦ (明)沈德符:《万历野获编》卷一七,中华书局,1959年,第434页。
⑧ 弘治《徽州府志》卷八,《天一阁藏明代方志选刊》第22册,第56页。
⑨ (明)王恕:《王端毅奏议》卷八,《文渊阁四库全书》第427册,第607页。
⑩ 《明宪宗实录》卷二九○第五页上第八行,第4905页。
⑪ 《明孝宗实录》卷一四第十五页下第八行,第354页。
⑫ 《明孝宗实录》卷一三三第一页上第十二行,第2343页。

卷十四页十上行四　都察院右副都御史边镛

[新校]《明宪宗实录》成化二十二年冬十月庚寅记载升"右佥都御史边镛"为"左副都御史"①,同书成化二十三年二月乙酉、《明孝宗实录》弘治元年正月丙申、弘治二年七月甲戌、弘治二年九月乙丑皆记作"都察院左副都御史边镛"②,同书弘治十四年二月乙酉边镛传记载:"升都察院右佥都御史……迁左副都御史。"③《国朝列卿纪》卷六〇、《本朝分省人物考》卷六皆记载"迁左副都御史管院事"④,王恕《议都御史边镛保治奏状》记载:"都察院左副都御史边镛奏……弘治元年正月二十一日具题。"⑤按,边镛从右佥都御史迁为左副都御史,未曾担任右副都御史。当作"左副都御史"。

卷十四页十五下行一　右副都御史孙洪卒

[新校]本页下行四记载"进右都御史巡抚河南……寻命致仕",《明宪宗实录》成化十七年夏四月乙卯记载升"巡抚河南左副都御史孙洪为右都御史"⑥,同书成化十七年冬十月壬戌记作"巡抚河南右都御史孙洪"⑦,成化十九年三月甲辰记载"下巡抚河南右都御史孙洪于锦衣卫狱"⑧,虽入狱,但未记载降其职衔。查嘉靖《山东通志》卷三三《人物六》孙洪传记作:"升副都御史,赈抚流民咸得其宜。"⑨由上所引,疑当为"右都御史"。

卷十七页二下行四　守祖庶人

[原校]广本"祖"下有"陵"字,是也。

[新校]《明孝宗实录》卷一四弘治元年五月己丑记载:"仍以守祖庶人照庶民婚姻丧葬定与表里羊酒及衣食棺椁之费。"⑩俞汝楫《礼部志稿》卷七六《给庶人婚资》记作"守祖庶人"⑪。王世贞《弇山堂别集》卷三四记载"平乐王安泛,惠第五子,年三十一以罪废为庶人,送凤阳守祖陵。"⑫似皆

---

① 《明宪宗实录》卷二八三第六页上第六行,第4795页。
② 《明宪宗实录》卷二八七第四页下第八行,第4852页;《明孝宗实录》卷九第五页上第一行,第193页;《明孝宗实录》卷二八第九页下第八行,第622页;《明孝宗实录》卷三〇第五页上第四行,第673页。
③ 《明孝宗实录》卷一七一第二页下第六行,第3104页。
④ (明)雷礼:《国朝列卿纪》卷六〇,《续修四库全书》第523册,第233页上;(明)过庭训:《本朝分省人物考》卷六,《续修四库全书》第533册,第138页下。
⑤ (明)王恕:《王端毅奏议》卷七,《文渊阁四库全书》第427册,第587页。
⑥ 《明宪宗实录》卷二一四第五页上第六行,第3721页。
⑦ 《明宪宗实录》卷二二〇第五页下第三行,第3810页。
⑧ 《明宪宗实录》卷二三八第三页下第三行,第4040页。
⑨ 嘉靖《山东通志》卷三三,《四库存目丛书》史部188册,第365页下。
⑩ 《明孝宗实录》卷一四第十六页上第三行,第355页。
⑪ (明)俞汝楫:《礼部志稿》卷七六,《文渊阁四库全书》第598册,第325页上。
⑫ (明)王世贞:《弇山堂别集》卷三四,中华书局,1985年,第607页。

通,待考。

卷十七页五上行四　左春坊庶子张昇

[原校]抱本、阁本"坊"下有"左"字,是也。

[新校]《明孝宗实录》卷一一第八页上第七行弘治元年二月辛亥"升左春坊左谕德张昇为左庶子"①。罗玘《太子太保礼部尚书张公墓志铭》记载张昇历"左春坊左赞善、左谕德、左庶子"②,《国朝列卿纪》卷一八、《本朝分省人物考》卷六一张昇记作"弘治元年起复,升左庶子"③。当补"左"字。

卷十八页一上行二　总督漕运兼巡按凤阳等处左副都御史秦纮

[新校]《明孝宗实录》弘治元年二月壬寅记载:"升福建布政司左布政使秦纮为都察院左副都御史,总督漕运兼巡抚凤阳等处。"④万历《明会典·督抚兵备》记载:"总理漕运兼提督军务巡抚凤阳等处兼管河道一员。"⑤王世贞《卿贰表序》记作"总督漕运兼巡抚凤阳等处都御史"⑥,夏言《议凤阳府不当筑城疏》记作"总督漕运兼巡抚凤阳等处地方"⑦。梁本记作"巡抚凤阳"。"巡按"当改作"巡抚"。

卷十九页五下行五　侍读学士程敏政

[原校]阁本"读"作"讲"。

[新校]《本朝分省人物考》"程敏政"下记"丁未,孝庙践祚,叙进宫臣,迁詹事府少詹事兼翰林院侍读学士,充日讲官"⑧,张元忭《馆阁漫录》卷七记作"詹事府少詹事兼翰林侍读学士程敏政"⑨。而《明孝宗实录》成化二十三年十一月乙卯载升程敏政"少詹事兼侍讲学士"⑩,同书弘治元年闰正月戊辰载命"詹事府少詹事兼翰林院侍讲学士等官程敏政等为纂修官"⑪,同书弘治元年二月辛酉记有经筵官"詹事府少詹事兼翰林院侍读学士汪谐、程敏政"⑫,焦竑《国朝献征录》卷三五《礼部右侍郎兼翰林院学士

---

① 《明孝宗实录》卷一一第八页上第七行,第251页。
② (明)罗玘:《圭峰集》卷一七,《文渊阁四库全书》第1259册,第237页下。
③ (明)雷礼:《国朝列卿纪》卷一八,《续修四库全书》第522册,第298页上;(明)过庭训:《本朝分省人物考》卷六一,《续修四库全书》第534册,第673页上。
④ 《明孝宗实录》卷一一第五页上第十一行,第245页。
⑤ 万历《明会典》卷一二八,中华书局,1989年,第662页下。
⑥ (明)王世贞:《弇州史料》前集卷二,《四库禁毁书丛刊》史部第48册,第453页下。
⑦ (明)陈子龙:《明经世文编》卷二〇三,中华书局,1962年,第2133页上。
⑧ (明)过庭训:《本朝分省人物考》卷三六,《续修四库全书》第533册,第724页上。
⑨ (明)张元忭:《馆阁漫录》卷七,《四库全书存目丛书》史部第258册,第787页上。
⑩ 《明孝宗实录》卷七第四页上第四行,第121页。
⑪ 《明孝宗实录》卷一〇第二页下第九行,第206页。
⑫ 《明孝宗实录》卷一一第十四页下第十行,第264页。

程敏政传》记作"孝宗皇帝践祚,进詹事府少詹事兼翰林院侍讲学士"①,程敏政《篁墩文集》卷一〇《奏考正祀典》记载"詹事府少詹事兼翰林院侍讲学士臣程敏政谨奏",且记载奏疏处理时间为"弘治元年八月初三日"②。故可确定此处当为"侍讲学士"。

卷十九页七下行十　太医院判施钦

[新校]《明孝宗实录》成化二十三年九月丁未记载礼科等科给事中韩重等上疏弹劾施钦,明孝宗命将其降为"院使"③。同书弘治二年九月壬戌载"院使施钦",同书弘治四年正月庚子、弘治十一年四月己巳皆记作太医院"院使施钦"④,同书弘治十一年十月壬午载"升太医院院使施钦为通政使司右通政"⑤。王恕《论御医王玉不当升俸奏状》亦作"院使施钦"⑥。由上可知"院判"当作"院使",且"医"下当补"院"字。

卷十九页九上行六　张琳为本司布政使

[原校]三本"司"下有"右"字,是也。

[新校]《明孝宗实录》弘治四年正月庚子记载"升……江西右布政使张琳……为本司左布政使"⑦。李东阳《明故资政大夫都察院右都御史赠太子太保左都御史史公神道碑铭》记载史琳"去史为张姓七世矣,公始请于朝复旧姓"⑧,可知史琳即张琳;又载"孝宗朝历迁左右布政使"。雷礼《国朝列卿纪》卷六五、过庭训《本朝分省人物考》卷四九皆记载史琳于"弘治戊申(元年)升右布政使,辛亥(四年)转左布政使"⑨。当补"右"字。

卷二十一页一下行六　右副都御史

[原校]旧校改"右"为"左"。

[新校]《明英宗实录》景泰四年冬十月庚子记作"左副都御史王竑",同书景泰五年二月丁未记作"左副都御史王竑",同书天顺五年秋七月戊午记载"起王竑为左副都御史俱参赞军务"⑩。丘濬《重编琼台稿》卷二四

---

① (明)焦竑:《国朝献征录》卷三五,《四库全书存目丛书》史部第101册,第669页上。
② (明)程敏政:《篁墩文集》卷一〇,《文渊阁四库全书》第1252册,第169页下。
③ 《明孝宗实录》卷二第十页下第十二行,第28页。
④ 《明孝宗实录》卷三〇第三页下第十一行,第670页;卷四七第六页上第五行,第953页;卷一三六第一页上第八行,第2375页。
⑤ 《明孝宗实录》卷一四二第六页下第三行,第2456页。
⑥ (明)王恕:《王端毅公奏议》卷一四,《文渊阁四库全书》第427册,第679页上。
⑦ 《明孝宗实录》卷四七第六页上第一行,第953页。
⑧ (明)李东阳:《李东阳集》文后稿十九,岳麓书社,1985年,第3册,第275页。
⑨ (明)雷礼:《国朝列卿纪》卷六六,《续修四库全书》第523册,第327页上;(明)过庭训:《本朝分省人物考》卷四九,《续修四库全书》第534册,第327页上。
⑩ 《明英宗实录》卷二三四第六页下第四行,第5112页;卷二三八第十页上第八行,第5195页;卷三三〇第十页上第九行,第6795页。

《明故进阶荣禄大夫兵部尚书致仕王公神道碑铭》记载:"甲戌(景泰五年)入觐特升左副都御史。"①《国朝列卿纪》卷四七记载王竑"景泰二年奉命总督漕运,寻进左副都御史"②。当为"左副都御史"。

卷二十一页一下行十一　荐修撰岳正给事中张宁清黄

[新校]本条所记发生在成化时,而此时张宁任"都给事中",《明英宗实录》天顺七年九月甲戌记载"升礼科掌科给事中张宁为本科都给事中"③。丘濬《重编琼台稿》卷二四《明故进阶荣禄大夫兵部尚书致仕王公神道碑铭》记载:"会理军职贴黄缺官,公荐修撰岳正、都给事中张宁。"④焦竑《国朝献征录》卷三八《兵部尚书王公竑传》记作"及荐修撰岳正、都给事中张宁"⑤,《国朝列卿纪》卷一一岳正传记作"清理贴黄,与都给事中张宁名并上"⑥。万斯同《明史》卷二二七记作:"兵部誊黄缺官,竑偕诸大臣举修撰岳正、都给事中张宁。"当为"都给事中"。

卷二十二页七上行九　户部尚部兼谨身殿大学士刘珝

[原校]抱本作"尚书",是也。

[新校]《明宪宗实录》卷一七三成化十三年十二月丁酉、卷一七五成化十四年二月戊申记作"户部尚书兼翰林院学士刘珝",同书卷一八一成化十四年八月丁酉、卷二〇六成化十六年八月丁巳记作"户部尚书兼文渊阁大学士刘珝",同书卷二三五成化十八年十二月辛未记载"手敕升太子少保户部尚书刘珝为太子太保兼谨身殿大学士"。徐溥《光禄大夫柱国太子太保户部尚书兼谨身殿大学士赠太保谥文和刘公珝神道碑铭》记作:"明年特诏以本职兼学士入文渊阁典机务,遂拜户部尚书仍兼学士……进太子太保兼谨身殿大学士,尚书如故。"⑦"尚部"当作"尚书"。

卷二十三页五上行三　阴阳医官僧道官

[原校]广本、抱本"官"作"学",是也。

[新校]《明宪宗实录》成化十一年秋七月戊申朔、成化十七年春正月庚寅、《明孝宗实录》弘治十三年七月乙亥、《明武宗实录》正德三年三月甲

---

① (明)丘濬:《重编琼台稿》卷二四,《文渊阁四库全书》第 1248 册,第 499 页上。
② (明)雷礼:《国朝列卿纪》卷四七,《续修四库全书》第 522 册,第 768 页上。
③ 《明英宗实录》卷三五七第三页下第七行,第 7122 页。
④ (明)丘濬:《重编琼台稿》卷二四,《文渊阁四库全书》第 1248 册,第 500 页上。
⑤ (明)焦竑:《国朝献征录》卷三八,《四库全书存目丛书》史部第 102 册,第 47 页下。
⑥ (明)雷礼:《国朝列卿纪》卷一一,《续修四库全书》第 522 册,第 174 页上。
⑦ (明)焦竑:《国朝献征录》卷一四,《四库全书存目丛书》史部第 100 册,第 452 页。

子、正德七年闰五月庚辰皆记作"阴阳医学僧道官"①。杨一清《关中奏议》卷九《为预处储蓄以安边固本事》亦记作"阴阳医学僧道官"②。《明宪宗实录》成化十一年八月庚辰载"僧道阴阳医官"③。万历《明会典》卷一三二《各镇通例》④、《万历会计录》卷二六《俸粮》记作"阴阳医官"。上引所记乃表述之异。此处当作"阴阳医学僧道官"。

卷二十三页八下行七　锦衣卫千户韦瑛

[**原校**]抱本、阁本"瑛"作"英"。

[**新校**]《明宪宗实录》成化十九年十二月甲戌记作"西厂百户韦英"⑤，吕柟《资善大夫南京户部尚书正谊先生雍公泰墓志铭》记载"千户韦英"⑥。而《明孝宗实录》弘治七年六月己卯记作"千户韦瑛"⑦，李东阳《李东阳集》文后稿十一《余肃敏公传》记作"锦衣百户韦瑛"，《明宪宗实录》成化十三年五月丁卯朔记载"百户韦瑛承太监汪直风旨"⑧，同书成化二十年十一月壬辰载"万全右卫百户韦瑛有罪伏诛，瑛先任锦衣卫从太监汪直用事"⑨，《明孝宗实录》弘治十五年八月庚戌载"锦衣卫百户韦瑛用事西厂"⑩，商辂《修政弭灾疏》称"百户韦瑛系无藉小人……夤缘投西厂"⑪，方鹏《昆山人物志》卷四《陆容》记载"锦衣百户韦瑛掩捕乡民十余械系京师告变"⑫，陆容《菽园杂记》卷一〇记载"百户韦瑛者，尝为太监汪直羽翼"⑬。由上判断疑当为"百户韦瑛"。

卷二十四页八下行八　抚治郧阳右副都御史郑时

[**新校**]梁本记作"右副都御史"。而《明孝宗实录》卷九弘治元年正月甲寅记载："升贵州布政司左参政郑时为都察院左副都御史，抚治勋阳等处。"同书卷四〇弘治三年七月癸酉记载："升巡抚湖广都察院左副都御史

---

① 《明宪宗实录》卷一四三第一页下第十一行，第2648页；《明宪宗实录》卷二一一第二页上第六行，第3677页；《明孝宗实录》卷一六四第十二页下第六行，第2992页；《明武宗实录》卷三六第九页上第六行，第871页；《明武宗实录》卷八八第三页上第八行，第1883页。
② （明）杨一清：《杨一清集·关中奏议》卷九，中华书局，2001年，第311页。
③ 《明宪宗实录》卷一四四第一页上第十二行，第2655页。
④ 万历《明会典》卷一三二，中华书局，1989年，第678页上。
⑤ 《明宪宗实录》卷二四七第三页下第五行，第4180页。
⑥ （明）焦竑：《国朝献征录》卷三一，《四库全书存目丛书》史部第101册，第534页下。
⑦ 《明孝宗实录》卷八九第八页上第二行，第1651页。
⑧ 《明宪宗实录》卷一六六第一页上第六行，第2997页。
⑨ 《明宪宗实录》卷二五八第三页下第七行，第4358页。
⑩ 《明孝宗实录》卷一九〇第六页上第六行，第3509页。
⑪ （明）商辂：《商文毅疏稿》，《文渊阁四库全书》第427册，第450页上。
⑫ （明）方鹏：《昆山人物志》卷四，《四库全书存目丛书》补编第93册，第551页下。
⑬ （明）陆容：《菽园杂记》卷一〇，中华书局，1985年，第124页。

郑时为南京兵部左侍郎。"同书卷一五三弘治十二年八月辛丑郑时传载："弘治初，复升左副都御史，抚治郧阳。"雷礼《国朝列卿纪》卷五三①、过庭训《本朝分省人物考》卷三四记载"升左副都御史抚治郧阳"，《国朝献征录》卷四八《刑部尚书郑公时传》载"弘治改元上嘉其忠荩，召为左副都御史"②。按，郑时先任右副都御史巡抚陕西，此处似将二官职混淆而误记，疑当作"左副都御史"。

卷二十四页九上行十　佥都官

[原校]三本"都"作"书"，是也。

[新校]王恕《王端毅奏议》卷一〇《会议攒运粮储行移奏状》记载"都察院佥书官吏通该查究提问"③，又载明孝宗批复"刑科都察院经该佥书官吏偏向不公"。当为"佥书官"。

卷二十八页一上行六　侍读董越

[原校]抱本"读"作"讲"。

[新校]李东阳《李东阳集》文后稿二十五《明故资政大夫南京工部尚书赠太子少保谥文僖董公墓志铭》载"寻以登极恩进右庶子兼侍读"，雷礼《国朝列卿纪》卷六三载"弘治改元迁右庶子兼侍读"。而同书卷七成化二十三年十一月乙卯记载升"侍读董越、侍讲王臣俱右庶子兼侍讲"。同书卷八成化二十三年十二月庚午、卷五四弘治四年八月丁卯皆记作"右春坊右庶子兼翰林院侍讲董越"。同卷辛未条记载："升……侍讲董越俱为太常寺少卿兼侍讲学士。"本书卷一八七弘治十五年五月乙亥载董越："上（孝宗）即位，进右春坊右庶子兼侍讲。"廖道南《殿阁词林记》卷五《董越》记载"弘治改元迁右庶子兼侍讲"，过庭训《本朝分省人物考》卷六九记作"侍讲"。《成宗康靖大王实录二》记载二月癸亥，远接使徐琮驰启曰："正使左（右）春坊右庶子兼翰林侍讲董越，年五十八。"④按，盖因董越于明宪宗时期曾任侍读，此处阁本、抱本及董越墓志铭等所记当以"读"为"讲"之误。当为"侍讲"。

卷二十八页二上行六　左春坊右赞善张元祯

[新校]《明孝宗实录》弘治元年七月丙寅记载"升翰林院编修张元祯为左春坊左赞善"⑤，同书弘治三年九月丙子、弘治四年八月丁卯记作"左

---

① （明）雷礼：《国朝列卿纪》卷五三，《续修四库全书》第 523 册，第 112 页下；（明）过庭训：《本朝分省人物考》卷三四，《续修四库全书》第 533 册，第 682 页下。
② （明）焦竑：《国朝献征录》卷四八，《四库全书存目丛书》史部第 102 册，第 507 页下。
③ （明）王恕：《王端毅奏议》卷一〇，《文渊阁四库全书》第 427 册，第 628 页下。
④ 吴晗：《朝鲜实录中的中国史料》，中华书局，1980 年，713 页。
⑤ 《明孝宗实录》卷一六第一页下第七行，第 384 页。

春坊左赞善张元祯"①。王鏊《嘉议大夫吏部左侍郎兼翰林院学士张公神道碑》记载:"弘治初召同修宪宗实录,公惠然而起,至则进春坊左赞善。"②郑晓《吾学编》卷二〇《太常卿张公》载"召修宪宗实录,进左赞善"③,雷礼《国朝列卿纪》卷一六、过庭训《本朝分省人物考》卷五七记作"左春坊左赞善"④。万历《明会典》卷二《官制一》记载左春坊下设"左赞善二员"⑤。疑为"左赞善"。

卷二十九页五上行九　马价养马

[原校]三本"价"作"甲",是也。

[新校]本条下文页五上行十载"殷实之家为马甲"。《国朝典汇》卷一五七兵部载此奏疏,记作"国初令马甲养马"⑥,清朱奇龄《续文献通考》卷一三三兵考记作"国初专责马甲养马"。可见当为"马甲"。

卷三十一页一下行十　尚诣奏请升座

[原校]三本"诣"作"仪",是也。

[新校]《明宪宗实录》成化二十三年夏四月辛未上皇太后徽号礼仪载"尚仪奏请升座"⑦,万历《明会典》卷四三《中宫正旦冬至命妇朝贺仪》所载礼仪与本条所记朝贺礼仪同,记作"尚仪奏请升座"⑧,清朱奇龄《续文献通考补》卷六《太后受贺仪》记作"尚仪奏请升座"。当为"尚仪"。

卷三十一页九下行一　升讲官

[原校]旧校改作"升侍讲"。

[新校]《明宪宗实录》成化三年秋七月丁丑记载"升翰林院编修杨守陈为侍讲,以九年秩满也"⑨,程敏政《篁墩文集》卷五〇《杨文懿公传》、何乔新《椒邱文集》卷三〇《嘉议大夫吏部右侍郎兼詹事府丞谥文懿杨公墓志铭》记载"成化丁亥以考绩升侍讲""成化二年升侍讲"⑩,王鏊《思轩文集》卷一三《吏部右侍郎兼詹事府丞赠礼部尚书谥文懿杨公神道碑铭》记

---

① 《明孝宗实录》卷四二第六页上第二行,第875页;卷五四第七页上第十行,第1063页。
② (明)王鏊:《震泽集》卷二二,《文渊阁四库全书》第1256册,第354页下。
③ (明)郑晓:《吾学编》卷二〇,《续修四库全书》第424册,第545页下。
④ (明)雷礼:《国朝列卿纪》卷一六,《续修四库全书》第522册,第270页下;(明)过庭训:《本朝分省人物考》卷五七,《续修四库全书》第534册,第581页上。
⑤ 万历《明会典》卷二《官制一》,中华书局,1989年,第9页下。
⑥ (明)徐学聚:《国朝典汇》卷一五七《兵部》,《四库全书存目丛书》史部第266册,第352页下。
⑦ 《明宪宗实录》卷二八九第二页下第六行,第4882页。
⑧ 万历《明会典》卷四三,中华书局,1989年,第309页下。
⑨ 《明宪宗实录》卷四四第六页上第十二行,第907页。
⑩ (明)程敏政:《篁墩文集》卷五〇,《文渊阁四库全书》第1253册,第192页上;(明)何乔新:《椒邱文集》卷三〇,《文渊阁四库全书》第1249册,第462页。

载"丁亥编修九载满,升侍讲"①。当为"侍讲官"。

卷三十一页十一下行五　授礼科事

[原校]三本"科"下有"给"字,"事"下有"中"字,是也。

[新校]《明英宗实录》景泰七年五月丁丑记载以纂修《寰宇通志》成命"何琮"为给事中,礼科②。焦竑《国朝献征录》卷四〇《兵部左侍郎何琮传》记作"预修《寰宇通志》,授礼科给事中"③,《国朝列卿纪》卷五二、《本朝分省人物考》卷四二记作"礼科给事中"④。当为"礼科给事中"。

卷三十二页二上行五　户部员外郎陈瑗

[新校]《明孝宗实录》弘治二年七月戊寅记载户部尚书李敏奏:"河间、永平二府近被水灾,请分遣郎中陈瑗等往赈之。"⑤同书弘治三年九月甲子记作"户部郎中陈瑗"⑥,吴宽《家藏集》卷七七《明故通议大夫都察院右副都御史陈公神道碑铭》、李濂《嵩渚文集》卷八四《副都御史陈公传》、过庭训《本朝分省人物考》卷八六记载陈瑗"丁未(成化二十三年)擢广西司员外郎,弘治戊申(元年)署山东司郎中,庚戌(三年)实授"⑦。《国榷》卷四一弘治二年七月戊寅记作"户部郎中陈瑗"。按,陈瑗时任户部署郎中,虽尚未实授,此处仍称"员外郎"似不妥。

卷三十二页二下行十　总镇都御史

[原校]三本"都"上有"两广"二字。

[新校]徐溥《论占城安南事宜疏》载"宪宗皇帝屡敕总镇两广都御史为之区处"⑧,桂萼《广东图序》载"总镇两广太监、总兵、都御史"⑨。按,此处乃"总镇两广太监"与"总督两广都御史"连称,习称"总镇两广都御史"。

卷三十三页一上行九　擢云南右布政使

[新校]《明宪宗实录》成化二十一年九月壬申载"升陕西按察使罗明为云南左布政使"⑩,同书成化二十三年春正月戊辰升"云南左布政使罗

---

① (明)王僎:《思轩文集》,《续修四库全书》第1329册,第547页。
② 《明英宗实录》卷二六六第五页上第四行,第5647页。
③ (明)焦竑:《国朝献征录》卷四〇,《四库全书存目丛书》史部第102册,第146页下。
④ (明)雷礼:《国朝列卿纪》卷五二,《续修四库全书》第523册,第90页;(明)过庭训:《本朝分省人物考》卷四二,《文渊阁四库全书》第534册,第124页上。
⑤ 《明孝宗实录》卷二八第十二页下第八行,第628页。
⑥ 《明孝宗实录》卷四二第四页上第八行,第871页。
⑦ (明)吴宽:《家藏集》卷七七,《文渊阁四库全书》第1255册,第787页;(明)李濂:《嵩渚文集》卷八四,《四库全书存目丛书》集部第71册,第286页上;(明)过庭训:《本朝分省人物考》卷八六,《续修四库全书》第535册,第410页上。
⑧ (明)陈子龙等:《明经世文编》卷六五,中华书局,1962年,第553页上。
⑨ (明)陈子龙等:《明经世文编》卷一八二,中华书局,1962年,第1865页下。
⑩ 《明宪宗实录》卷二七〇第八页上第十二行,第4569页。

明"等俱为都察院右副都御史①,《国朝列卿纪》卷六五、《本朝分省人物考》卷七三记作"云南左布政使"②,嘉靖《延平府志·人物志》卷二记作"云南左布政使",雍正《云南通志》卷一八记载左布政使"罗明南平人"。由上可知疑当为"左布政使"。

卷三十三页六上行三　以功历升都督同知佩征西前将军印充总兵官镇守大同

[新校]《明英宗实录》天顺元年二月辛亥记载"命右都督李文佩征西前将军印,充总兵官,镇守大同"③,同书天顺元年秋七月戊子封"右军右都督李文为高阳伯"④。《明宪宗实录》成化十四年秋七月庚辰记载李文"初从(李)英征安定、曲先等处,授西宁卫指挥佥事,历升右都督,镇守大同,以军功封高阳伯"⑤。《明功臣袭封底簿》记载李文"任右府右都督,统领官军擒杀达贼"⑥。本条所记"都督同知"疑误,李文当以"右都督"佩征西前将军印,镇守大同。

卷三十四页七上行十一　刑科给事中赵竑

[原校]三本"科"下有"左"字。

[新校]《明宪宗实录》成化二十二年二月丙戌记载"擢进士……赵竑……为给事中"⑦,《明孝宗实录》成化二十三年十月戊子记载升赵竑为"右给事中"⑧,同书弘治二年九月戊午记载升刑科右给事中赵竑为"本科左给事中"⑨,同书弘治四年三月己亥记载"刑科左给事中赵竑"⑩。当补"左"字。

卷三十四页八下行三　户部侍郎白昂

[原校]三本"部"下有"左"字。

[新校]《明孝宗实录》弘治二年九月庚辰记载改"南京兵部左侍郎白昂为户部左侍郎,修治河道"⑪。《本朝分省人物考》卷二七记载白昂弘治

---

① 《明宪宗实录》卷二八六第六页下第十二行,第4841页。
② (明)雷礼:《国朝列卿纪》卷六五,《续修四库全书》523册,第326页;(明)过庭训:《本朝分省人物考》卷七三,《续修四库全书》第535册,第924~925页。
③ 《明英宗实录》卷二七五第十一页下第八行,第5850页。
④ 《明英宗实录》卷二八〇第十七页下第七行,第6022页。
⑤ 《明宪宗实录》卷一八〇第七页上第八行,第3243页。
⑥ 《明功臣袭封底簿》,《明代传记丛刊》第55册,第319页。
⑦ 《明宪宗实录》卷二七五第三页上第十行,第4625页。
⑧ 《明孝宗实录》卷五第四页下第一至二行,第90页。
⑨ 《明孝宗实录》卷三〇第一页下第八行,第666页。
⑩ 《明孝宗实录》卷四九第七页下第八行,第996页。
⑪ 《明孝宗实录》卷三〇第七页下第七行,第678页。

初"改户部左侍郎治河"①。吴宽《家藏集》卷五九《白康敏公家传》记载："弘治己酉(二年)河决金龙口，漕运多阻，召公往治，改户部左侍郎。"②傅泽洪《行水金鉴》卷二○记作"改南京兵部侍郎白昂为户部左侍郎，修治河道"③。此处省略"左"字虽不为误，然宜补"左"字。

卷三十六页一下行一　俱为左参议

[原校]抱本、阁本"左"作"右"。

[新校]《明孝宗实录》弘治八年九月乙酉记载"升浙江布政司右参议韩镐为本司左参政"④，同书弘治十六年正月癸未韩镐卒，小传记载其升浙江右参议，弘治八年升本司左参政⑤，万历《四川总志》卷三记载参议"黄文琰，福门人，进士，弘治三年任右"⑥。可知当作"右参议"。

卷三十七页二上行五　贵州都司佥事管事

[原校]三本"事"作"书"，是也。

[新校]《明会典》卷一一八《升除》记作"各都司掌印佥书"⑦，"佥书"为都司军政官之一。如《明孝宗实录》弘治二年十一月辛未记载"命铨注金吾左卫带俸署都指挥同知康渊、都指挥佥事吴升于大宁都司，俱佥书管事"⑧，同书弘治五年四月丁未记载"铨注密云后卫都指挥佥事毛政于山东都司，济阳卫都指挥佥事单禺于江西都司，俱佥书管事"⑨。"佥事"当作"佥书"。

卷三十七页四下行十二　六安州学士

[原校]三本"士"作"生"，是也。

[新校]万斯同《明史》卷三九二记载"张时厚，六安州学正"，嘉庆《大清一统志》卷一三三、光绪《重修安徽通志》卷二四六记载"张时厚，六安诸生"，乾隆《江南通志》卷一六二记载"张时厚，六安人"。"学士"疑当作"学生"。

卷三十八页二下行三　监察谢莹

[原校]三本"察"下有"御史"二字，是也。抱本"莹"作"瑩"，阁本作

---

① （明）过庭训：《本朝分省人物考》卷二七，《续修四库全书》第533册，第560页下。
② （明）吴宽：《家藏集》卷五九，《文渊阁四库全书》第1255册，第559页上。
③ （清）傅泽洪：《行水金鉴》卷二○，《文渊阁四库全书》第580册，第338页下。
④ 《明孝宗实录》卷一○四第一页下第十行，第1900页。
⑤ 《明孝宗实录》卷一九五第二页下第二行，第3590页。
⑥ 万历《四川总志》卷三，《四库全书存目丛书》史部199册，第233页下。
⑦ 万历《明会典》卷一一八，中华书局，1989年，第615页上。
⑧ 《明孝宗实录》卷三二第四页上第四行，第717页。
⑨ 《明孝宗实录》卷六二第三页上第四行，第1197页。

"䒺"。

[新校]《明孝宗实录》弘治十七年四月丙申记载"升山西按察司副使谢䒺为陕西按察使"①,《明宪宗实录》成化二十二年八月乙亥记载实授试监察御史"谢䒺"为监察御史②。《明孝宗实录》弘治七年六月乙酉记载"升监察御史谢䔄为云南按察司副使"③。《明武宗实录》正德三年九月庚戌记载"升广东右布政使谢䔄为本司左布政使"④。嘉靖《广东通志》卷七《秩官》记载右布政使"谢䔄,直隶祁门人"⑤,弘治《徽州府志》卷六《选举·科第》记载成化十七年辛丑科"谢䔄"⑥,《明清进士题名碑录索引》记作"谢䔄"⑦。当作"监察御史谢䔄(䒺)"。

卷三十八页三上行一　领班都指挥使

[原校]抱本、阁本无"使"字。

[新校]日本内阁文库藏本记作"领班都指挥"。本条下文第三页下第七行记作"领班都指挥",本书弘治十五年十月乙丑记"各都司京操官军以都指挥领之,有指挥等官分领"⑧。按,领班官并非皆以都指挥使任,多以都指挥佥事任,如本书弘治四年六月丙寅记载:"命宣府领班操备河南都司都指挥佥事王泉佐理本司军政。"⑨本书弘治六年五月丙子记载:"铨注燕山前卫都指挥佥事丁玉于大宁都司领班京操。"⑩本书弘治十年九月丁巳记载:"命领班操备大同山西都司都指挥佥事马麟于本司佥书管事。"⑪本书弘治十二年三月壬申记载:"命河南都司领班京操都指挥佥事徐鼐管本司军政。"⑫有以都指挥同知任者,本书弘治八年八月戊午记载:"铨注羽林前卫带俸都指挥同知郁忠于陕西都司,领班备御。"⑬此处当作"都指挥"。

卷三十八页四上行二　本部就令验委官

[原校]三本"委"上有"军"字,是也。

---

① 《明孝宗实录》卷二一〇第二页下第五行,第3904页。
② 《明宪宗实录》卷二八一第二页上第三行,第4735页。
③ 《明孝宗实录》卷八九第八页下第七行,第1652页。
④ 《明武宗实录》卷四二第四页下第一行,第976页。
⑤ 嘉靖《广东通志》卷七,《四库全书存目丛书》史部189册,第144页上。
⑥ 弘治《徽州府志》卷六,《天一阁藏明代方志选刊》第29册,本卷第33页。
⑦ 《明清进士题名碑录索引》,第128页。
⑧ 《明孝宗实录》卷一九二第十页上第九行,第3555页。
⑨ 《明孝宗实录》卷五二第五页上第八行,第1033页。
⑩ 《明孝宗实录》卷七五第十一页上第八行,第1423页。原文"丁"记作"王",误。
⑪ 《明孝宗实录》卷一二九第三页下第五行,第2282页。
⑫ 《明孝宗实录》卷一四八第四页上第四行,第2603页。
⑬ 《明孝宗实录》卷一〇三第二页下第一行,第1882页。

[新校]《明孝宗实录》弘治十四年闰七月丁亥记载户科给事中蔚春等言:"验军委官之设,所以革私占弊……"①,万历《明会典》卷一一九《考选》记作"兵部验军委官"②,同书卷一三四《京营》载"(嘉靖)四年令点营科道并验军委官备查营官军"③。当为"验军委官"。

卷四十页一下行五　俱为左参议

[原校]阁本"左"作"右"。

[新校]《明孝宗实录》弘治七年三月甲辰记载:"四川布(政)司右参议陈睿丁忧服阕复除湖广布政司。"④同书弘治十三年十月丁未记载:"升湖广布政司右参议陈睿为贵州左参政。"⑤万历《湖广总志》卷一九《秩官三》记载"陈睿"任湖广布政司右参议⑥。《明孝宗实录》弘治六年七月己未记载:"调福建布政司右参议任榖于广东。"⑦嘉靖《广东通志》卷七《秩官》记载任榖任广东布政司右参议⑧。故此处当为"右参议"。

卷四十一页二上行五　布政司吴櫍

[原校]三本"司"作"使",是也。

[新校]《明宪宗实录》成化二十年十二月甲戌载"升陕西右布政使吴櫍为左布政使"⑨,同书成化二十三年春正月戊辰载"陕西左布政使吴櫍"⑩。《明孝宗实录》弘治四年四月戊午记载:"降南京都察院右副都御史吴櫍为山西布政司左参政。坐前任陕西布政时以赈济余银挪移支用也。"⑪嘉靖《陕西通志》卷一九记载左布政使"吴櫍",以本司右布政使升⑫。由上可知吴櫍曾任陕西布政使。

卷四十一页四上行二　右军都督府致仕都督同知袁彬

[原校]三本"右"作"左"。

[新校]《明宪宗实录》成化二十一年六月壬辰记载"调前军都督同知袁彬于左府管事"⑬,同书成化二十三年夏四月辛卯载"左府都督同知袁彬

---

① 《明孝宗实录》卷一七七第四页上第一行,第3247页。
② 万历《明会典》卷一一九,中华书局,1989年,第616页下。
③ 万历《明会典》卷一三四,中华书局,1989年,第690页下。
④ 《明孝宗实录》卷八六第四页上第十二行,第1603页。
⑤ 《明孝宗实录》卷一六七第七页上第一行,第3041页。
⑥ 万历《湖广总志》卷一九,《四库全书存目丛书》第194册,第637页上。
⑦ 《明孝宗实录》卷七八第六页下第八行,第1508页。
⑧ 嘉靖《广东通志》卷七,《四库全书存目丛书》史部第189册,第147页上。
⑨ 《明宪宗实录》卷二五九第六页下第一行,第4378页。
⑩ 《明宪宗实录》卷二八六第六页下第十二行,第4840页。
⑪ 《明孝宗实录》卷五〇第二页下第六行,第1002页。
⑫ 嘉靖《陕西通志》卷一九,《中国西北稀见方志续编》第1册,第390页上。
⑬ 《明宪宗实录》卷二六七第三页上第一行,第4517页。

乞致仕,许之"①。同书成化二十三年二月甲申记作"左府都督同知袁彬"②。《国榷》卷四二弘治三年八月辛卯条记载"许前左府都督同知袁彬次子袭都指挥佥事一辈"③。当为"左军都督府"。

卷四十一页五上行六　督写武臣黄诰积劳升通政司左参议

[新校]《明宪宗实录》成化三年六月癸卯记载"升南京通政司左参议徐世英为本司右通政"④。而《明英宗实录》天顺元年十二月丙申记载:"升中书舍人徐世英为通政司右参议专理清黄。"⑤同书天顺二年六月壬戌记载:"调通政使司带俸右参议徐世英于南京通政使司。"⑥王㒜《思轩文集》卷一九《通政使司左通政徐公墓志铭》记载徐世英"天顺初兵部奏举提督武臣贴黄,满九载升通政使司右参议,未几调南京通政司,再满九载升右通政"⑦。《国朝列卿纪》卷八九《南京通政司左右参议行实》载徐世英"天顺四年任右参议"⑧。由上,徐世英提督武臣贴黄后升任通政司右参议,不久即调南京,未曾担任北京通政司左参议。此处"左参议"疑当为"右参议"。

卷四十一页五下行八　孙继先五军营团子手

[原校]旧校改"团"作"围"。

[新校]《明孝宗实录》弘治五年四月戊申记载"调五军围子手坐营应城伯孙继先管鼓勇营"⑨。万历《明会典》卷一四二《侍卫》记作"五军围子手"⑩。张卤《预上京营五论以大振戎机疏》记载:"国初京师军制……名曰五军营,又以大营围子手幼官舍人及千二四营附之。"⑪当为"围子手"。

卷四十二页一上行二　蒋云汉为福建布政使

[原校]三本"建"下有"右"字,是也。

[新校]《明孝宗实录》弘治五年七月辛巳记载:"升福建布政司右布政使蒋云汉为本司左布政使。"⑫同书弘治五年正月壬辰记作"右布政使蒋云

---

① 《明宪宗实录》卷二八九第八页上第十二行,第4893页。
② 《明宪宗实录》卷二八七第四页下第三行,第4852页。
③ (清)谈迁:《国榷》卷四二,中华书局,1958年,第2607页。
④ 《明宪宗实录》卷四三第三页下第九行,第876页。
⑤ 《明英宗实录》卷二八五第二页上第八行,第6101页。
⑥ 《明英宗实录》卷二九二第二页下第九行,第6234页。
⑦ (明)王㒜:《思轩文集》卷一九,《续修四库全书》第1329册,第622页上。
⑧ (明)雷礼:《国朝列卿纪》卷八九,《续修四库全书》第523册,第520页下。
⑨ 《明孝宗实录》卷六二第三页上第七行,第1197页。
⑩ 万历《明会典》卷一四二,中华书局,1989年,第729页下。
⑪ 《明经世文编》卷三六五,中华书局,1962年,第3939页上。
⑫ 《明孝宗实录》卷六五第二页下第十二行,第1244页。

汉"①。《本朝分省人物考》卷一〇八《蒋云汉》记载："弘治元年改广东，未几迁福建右布政。"②当为"右布政使"，补"右"字。

卷四十二页五上行八　按察司陶鲁

[原校]广本、阁本"司"作"使"，是也

[新校]《明宪宗实录》成化二十一年十一月丙辰记载："升广东按察司副使陶鲁为湖广按察使。"③《明孝宗实录》弘治四年六月戊申、弘治四年十一月戊子、弘治八年五月甲申记作"按察使陶鲁"④，同书弘治五年二月己巳记载"给管广东岭西道湖广按察司按察使陶鲁诰命"⑤。湛若水《湖广布政使兼广东按察司副使节庵陶公鲁墓碑》、过庭训《本朝分省人物考》卷一一三皆记载陶鲁"升湖广按察使"⑥。当作"按察使"。

卷四十三页三下行五　礼科右给事中韩鼎

[新校]《明孝宗实录》弘治二年九月戊午记载升"礼科右给事中韩鼎"为本科左给事中⑦。同书弘治三年六月己丑"礼科左给事中韩鼎上疏"⑧，同书弘治三年八月乙巳记载："礼科左给事中韩鼎言，王者承宗庙、奉社稷，莫先于立大本，以系人心，大本者何，储副是也。"⑨同书弘治三年九月辛酉记载："礼科左给事中韩鼎等亦以为言。"⑩过庭训《本朝分省人物考》卷一〇六记载其因先进言选妃而进左给事中："上感其言，优诏答之。进左给事中。"⑪疑以"左给事中"为是。

卷四十五页一上行八　（天顺）七年升左通政

[新校]焦竑《国朝献征录》卷二八《户部尚书刘昭传》援引实录记作"（天顺）七年升左通政"⑫。《国朝列卿纪》卷八五记载刘昭"成化八年任通政司右通政，九年转左，十年升工部右侍郎"⑬。据《明英宗实录》天顺七

---

① 《明孝宗实录》卷五九第一页下第十一行，第 1132 页。
② （明）过庭训：《本朝分省人物考》卷一〇八，《续修四库全书》第 536 册，第 176 页上。
③ 《明宪宗实录》卷二七二第二页上第五行，第 4587 页。
④ 《明孝宗实录》卷五二第一页上第十一行，第 1025 页；卷五七第五页下第五行，第 1102 页；卷一〇〇第一页上第五行，第 1833 页。
⑤ 《明孝宗实录》卷六〇第九页上第三行，第 1159 页。
⑥ （明）焦竑：《国朝献征录》卷九九，《四库全书存目丛书》史部第 105 册，第 634 页上；（明）过庭训：《本朝分省人物考》卷一一三，《续修四库全书》第 536 册，第 304 页下。
⑦ 《明孝宗实录》卷三〇第一页下第七行，第 666 页。
⑧ 《明孝宗实录》卷三九第三页上第八行，第 823 页。
⑨ 《明孝宗实录》卷四一第七页下第七行，第 862 页。
⑩ 《明孝宗实录》卷四二第三页下第十行，第 870 页。
⑪ （明）过庭训：《本朝分省人物考》卷一〇六，《续修四库全书》第 536 册，第 111 页下。
⑫ （明）焦竑：《国朝献征录》卷二八，《四库全书存目丛书》史部第 101 册，第 432 页下。
⑬ （明）雷礼：《国朝列卿纪》卷八五，《续修四库全书》第 523 册，第 507 页上。

年夏四月丙寅载"(升)通政司……右参议刘昭为右通政。"①《明宪宗实录》成化八年十一月戊午载:"升通政司右通政刘昭为左通政。"②《国榷》天顺七年四月丙寅条载升"通政司左右参议杨穟、刘昭为左右通政"③。可知此处"左通政"当为"右通政"。

卷四十六页十下行八　鸿寺卿齐章

[原校]抱本、阁本"鸿"下有"胪"字,是也。

[新校]《明宪宗实录》成化二十二年十二月壬午记载:"升鸿胪寺少卿齐章为本寺卿。"④《明孝宗实录》弘治元年二月丙辰记作"鸿胪寺卿齐章"⑤。万历《明会典》卷二《官制一·京官》记作"鸿胪寺"⑥。当补"胪"字。

卷四十七页五下行八　山东巡抚都御史钱钺

[新校]《明孝宗实录》弘治三年九月甲戌记载"升巡抚山东都察院右佥都御史钱钺为右副都御史,巡抚河南"⑦,弘治三年十二月庚戌记作"河南巡抚都御史钱钺"⑧,弘治四年正月辛卯记载"调巡抚河南都察院右副都御史钱钺为南京光禄寺卿"⑨。《明会典》卷三九《行粮马草》记作:"(弘治)四年革中都留守司各都司并南直隶卫所京操官军沿途口粮。"⑩据本条上文所记"旧例中都留守司及各都司卫所京操官军沿途关给口粮,至是有以冒支抵罪",若钱钺时任山东巡抚,则此奏疏于五个月之前所上,与"至是"有所矛盾。"山东巡抚都御史"疑误。

卷四十八页十上行九　起为右副都御史巡抚保定等府

[新校]《明宪宗实录》成化二十一年六月癸未记载"起养病兵部右侍郎李敏,改都察院左副都御史巡抚保定等府"⑪,同书成化二十一年十一月甲戌记载"命巡抚保定等府左副都御史李敏总督漕运兼巡抚凤阳等处"⑫,同书成化二十三年春正月戊辰记载"升巡抚凤阳等处都察院左副都御史李

---

① 《明英宗实录》卷三五一第二页上第十行,第7047页。
② 《明宪宗实录》卷一一〇第十页上第十行,第2153页。
③ (清)谈迁:《国榷》卷三三,中华书局,1958年,第2149页。
④ 《明宪宗实录》卷二八五第二页上第十行,第4819页。
⑤ 《明孝宗实录》卷一一第十页上第十行,第255页。
⑥ 万历《明会典》卷二,中华书局,1989年,第11页下。
⑦ 《明孝宗实录》卷四二第五页下第十一行,第874页。
⑧ 《明孝宗实录》卷四六第一页上第七行,第919页。
⑨ 《明孝宗实录》卷四七第二页上第八行,第945页。
⑩ 万历《明会典》卷三九,中华书局,1989年,第282页上。
⑪ 《明宪宗实录》卷二六七第一页下第四行,第4514页。
⑫ 《明宪宗实录》卷二七二第五页下第十二行,第4594页。

敏为户部尚书"①。《国朝列卿纪》卷三二、张良知《资政大夫户部尚书赠太子少保谥恭靖李公敏传》载"改左副都御史巡抚保定等府兼提督紫荆等关"②。汤斌《拟明史稿》卷一二《李敏列传》记作"起左副都御史巡抚保定诸府"。"右副都御史"当为"左副都御史"。

卷五十页三上行一　都指挥使康永三千营坐营

[原校]抱本、阁本"坐"下"营"字作"司",是也。

[新校]万历《明会典》卷一三四《京营》记载:"三大营管操官曰提督各哨分管官,曰坐营,曰坐司,俱兵部奏请于公侯伯都督都指挥内推选……三千营提督内臣二员,武臣二员,掌号头官二员,坐司官五员。"③《明孝宗实录》弘治五年二月丁卯记载"命武进伯朱洁三千营坐司管操"④,同书弘治六年四月辛丑记载"命广宁伯刘佶三千营坐司管操"⑤,同书弘治十五年三月辛巳记载"调神机营坐营南宁伯毛良于三千营坐司管操"⑥。三千营分五司,此处当为"坐司"。

卷五十页五上行十一　梁储丁忧服阕升本院侍读

[原校]抱本、阁本"读"作"讲"。

[新校]《明孝宗实录》弘治四年八月丁卯记作"侍读"梁储⑦,同书弘治十一年十二月壬辰朔记载"命司经局洗马梁储兼翰林院侍讲充正使"⑧。同书弘治十三年十月甲辰记载"升司经局洗马兼翰林院侍讲梁储为本院学士"⑨。《国朝列卿纪》卷一二、《本朝分省人物考》卷一一〇记载梁储"弘治辛亥服阕,进侍讲"⑩。"侍读"当为"侍讲"。

卷五十一页三下行十一　内阁制敕房办事太常寺少卿龙暹

[原校]抱本、阁本作"书办"。

[新校]本书弘治七年八月乙酉、弘治八年二月乙丑记作"内阁制敕房书办太常寺卿龙暹"⑪。本书弘治十二年六月己亥记载:"内阁制敕房书办

---

① 《明宪宗实录》卷二八六第六页下第八行,第4840页。
② (明)雷礼:《国朝列卿纪》卷三二,《续修四库全书》第522册,第526页下;(明)焦竑:《国朝献征录》卷二十八,《四库全书存目丛书》史部第101册,第433页上。
③ 万历《明会典》卷一三四,中华书局,1989年,第685页上下。
④ 《明孝宗实录》卷六〇第八页下第七行,第1158页。
⑤ 《明孝宗实录》卷七四第五页上第二行,第1385页。
⑥ 《明孝宗实录》卷一八五第三页下第五行,第3408页。
⑦ 《明孝宗实录》卷五四第七页上第十行,第1063页。
⑧ 《明孝宗实录》卷一四五第二页下第一行,第2526页。
⑨ 《明孝宗实录》卷一六七第四页下第九行,第3036页。
⑩ (明)雷礼:《国朝列卿纪》卷一二,《续修四库全书》第522册,第211页上;(明)过庭训:《本朝分省人物考》卷一一〇,《续修四库全书》第523册,第224页上。
⑪ 《明孝宗实录》卷九一第九页上第五行,第1681页;卷九七第三页下第二行,第1780页。

致仕太常寺卿龙遅卒……授中书舍人，直内阁制敕房办事。"①万历《明会典》卷一三《京官考察》记作"凡翰林院讲读以下官并内阁书办"②，李默《吏部职掌·考察册数》记作"十一翰林院内阁书办四夷馆制诰敕两房官"。"办事"当作"书办"。

卷五十一页四下行一　杨澄为都察院左佥都御史

[**原校**]广本"左"作"右"。

[**新校**]《国榷》卷四二弘治四年五月壬辰记作"大理寺左少卿杨澄为左佥都御史，提督雁门等关兼巡抚山西"。而《明武宗实录》正德三年六月丙申记载"致仕都察院右佥都御史杨澄卒"③。《国朝列卿纪》卷一二二记作"以都察院右佥都御史巡抚"④，《本朝分省人物考》卷一〇九杨澄记载"升右佥都御史巡抚山西兼提督雁门等关"⑤，嘉靖《三关志·官师考》记载巡抚杨澄任"右佥都御史"⑥。"左佥"当为"右佥"。

卷五十一页五下行二　房班

[**原校**]三本"房"作"序"，是也。

[**新校**]《明宪宗实录》成化十九年九月己亥记作"序班苏铨"⑦，同书成化二十年秋七月己酉记载"升赏云南抚夷官军……序班苏铨升鸿胪寺主簿"⑧，何乔新《椒邱文集》卷二〇《都宪程公平蛮录》记载："（程宗）公丁内艰家居，服阕未起复，上遣序班苏铨捧敕谕、符验、关防授公于家"⑨徐日久《五边典则》卷二〇记载"率序班苏铨抚谕之"⑩。当为"序班"。

卷五十三页三下行七　寻充左参郎分守阳和

[**原校**]三本"郎"作"将"，是也。

[**新校**]《明宪宗实录》成化十四年二月壬子记载"命府军前卫带俸署都指挥佥事周玺充左参将，分守大同"⑪，同书成化十六年三月甲辰记载"左参将署都指挥佥事周玺实授都指挥同知"⑫。而李东阳《明故征西将军

---

① 《明孝宗实录》卷一五一第五页上第七行，第2667页。
② 万历《明会典》卷一三，中华书局1989年，第80页上。
③ 《明武宗实录》卷三九第十三页下第一行，第934页。
④ （明）雷礼：《国朝列卿纪》卷一二二，《续修四库全书》第524册，第86页上。
⑤ （明）过庭训：《本朝分省人物考》卷一〇九，《续修四库全书》第536册，第190页下。
⑥ 嘉靖《三关志·官师考》，《续修四库全书》第738册，第734页上。
⑦ 《明宪宗实录》卷二四四第四页上第十行，第4133页。
⑧ 《明宪宗实录》卷二五四第六页下第十行，第4298页。
⑨ （明）何乔新：《椒邱文集》卷二〇，《文渊阁四库全书》1249册，第324页上。
⑩ （明）徐日久：《五边典则》卷二〇，《四库禁毁书丛刊》史部第26册，第541页上。
⑪ 《明宪宗实录》卷一七五第四页下第三至四行，第3160页。
⑫ 《明宪宗实录》卷二〇一第六页下第九行，第3534页。

镇守宁夏都督佥事周公墓志铭》记载："戊戌（成化十四年）敕充右参将，分守阳和。"①当以"左参将"为是。

卷五十三页三下行八　再进署都指挥佥事

[原校]旧校改"指挥"作"督"。

[新校]本条上文载"以威宁海子功进（都指挥）同知"，再进当为"都督佥事"。《明宪宗实录》成化十八年六月壬寅记载升"（周）玺署都督佥事"②，成化十九年十二月丁亥记载"录大同宣府累次战功实授……副总兵官署都督佥事周玺为都督佥事"③。李东阳《明故征西将军镇守宁夏都督佥事周公墓志铭》记载："壬寅（成化十八年）以黑石崖功署都督佥事。"④此处"都指挥"当作"都督"。

卷五十五页一上行八　凉州协守副署都指挥同知文锦

[新校]《明孝宗实录》弘治五年二月壬寅朔记载"以协副文钟（锦）已升充参将，免提问"⑤。而本书成化二十三年十月乙酉记载"命府军前卫署都指挥同知文锦分守凉州"⑥。《明宪宗实录》成化十五年六月丁亥记作"分守凉州副总兵都督同知赵英"⑦，《明孝宗实录》弘治十二年二月辛卯朔记作"分守凉州副总兵都指挥佥事熊冈"⑧，《明武宗实录》正德十年闰四月辛酉记载总督甘肃等处军务左都御史彭泽陈言"镇番守备宜属分守凉州副总兵"⑨。万历《明会典》卷一二六《镇戍一》记载甘肃分守五员："凉州右副总兵、庄浪左参将……"⑩刘效祖《四镇三关志》卷七《制疏考》记载总督尚书许论上疏："马兰、燕河二区既称难守，合无照依凉州副总兵分守事例，改为马兰谷分守副总兵，燕河营分守副总兵。"⑪本条所记"协守副"疑误。

卷五十五页一上行十一　左副都御史萧祯

[原校]三本"左"作"右"。

[新校]《明孝宗实录》弘治元年二月壬寅记载升"河南左布政使萧祯

---

① （明）李东阳：《李东阳集》文稿二十八，岳麓书社，1985年，第2册，第403页。
② 《明宪宗实录》卷二二八第二页下第一行，第3904页。
③ 《明宪宗实录》卷二四七第九页上第三至五行，第4191页。
④ （明）李东阳：《李东阳集》文稿二十八，岳麓书社，1985年，第2册，第403页。
⑤ 《明孝宗实录》卷六〇第一页上第六行，第1143页。
⑥ 《明孝宗实录》卷五第三页下第十行，第87页。
⑦ 《明宪宗实录》卷一九一第一页上第四行，第3393页。
⑧ 《明孝宗实录》卷一四七第一页下第一行，第2576页。
⑨ 《明武宗实录》卷一二四第二页上第三至四行，第2483页。
⑩ 万历《明会典》卷一二六，中华书局，1989年，第655页下。
⑪ （明）刘效祖：《四镇三关志》卷七，《四库禁毁书丛刊》史部第10册，第290页下。

为右副都御史"①。同书弘治三年二月丙午记作"巡抚陕西右副都御史萧祯"②,同书弘治三年四月丙申记载敕"巡抚陕西都察院右副都御史萧祯"③。倪岳《青溪漫稿》卷一二《灾异二》记载"巡抚陕西都察院右副都御史萧祯"④。雍正《陕西通志》卷五一《名宦二》记载:"萧祯字彦祥,泰和人,进士,历官巡抚陕西右副都御史。"吴宽《明故资善大夫南京工部尚书萧公神道碑铭》记载:"会陕西缺大臣巡抚,朝廷即以公为都察院右副都御史,赐敕得以便宜行事。"⑤当为"右副都御史"。

卷六十页八下行八　都指挥同知周宗

[原校]抱本、阁本无"同知"二字。

[新校]正德《大同府志》卷九记载守备阳和卫"曹绅,都指挥,弘治元年任",守备大同右卫"周宗"⑥。《明宪宗实录》成化十九年十二月甲子记载:"山西都指挥佥事陈怀、曹绅守备天城、阳和等处,坐不能御虏,问拟戍边。命俱宥之,怀、绅各降一级。"⑦《明孝宗实录》弘治二年九月丁巳、弘治三年六月丁未记作"守备都指挥曹绅"⑧。《明孝宗实录》弘治八年十一月辛卯载"命山西行都司都指挥同知曹绅充右参将,分守延绥东路"⑨。是否"周宗""曹绅"此时皆为都指挥同知,待考。

卷六十五页三上行十二　右参将绳律

[新校]《明孝宗实录》弘治六年三月乙亥记作"右参将绳律"⑩。而同书弘治二年八月庚戌记载虏入宣府赤城等墩,兵部请治"分守左参将绳"⑪。同书弘治四年六月戊辰记载录古北口羊川墩等处杀贼功,"左参将绳律"拟以功赎罪⑫。同书弘治五年六月丁未记载虏入宣府小白阳堡等处,守臣劾"分守左参将绳律"⑬。同书弘治八年二月戊午记载分守独石马营"左参将都指挥佥事绳律"以贪虐不职为巡按御史所劾⑭,同书弘治八年

---

① 《明孝宗实录》卷一一第五页上第十二行至第五页下第一行,第245~246页。
② 《明孝宗实录》卷三五第六页上第一行,第763页。
③ 《明孝宗实录》卷三七第三页上第四行,第793页。
④ (明)倪岳:《青溪漫稿》,《文渊阁四库全书》第1251册,第130页上。
⑤ (明)吴宽:《家藏集》卷七七,《文渊阁四库全书》第1255册,第779页上。
⑥ 正德《大同府志》卷九,《四库全书存目丛书》史部186册,第305页上。
⑦ 《明宪宗实录》卷二四七第一页上第三行,第4175页。
⑧ 《明孝宗实录》卷三〇第一页下第五行,第666页;卷三九第五页下第五行,第828页。
⑨ 《明孝宗实录》卷一〇六第八页上第十二行,第1941页。
⑩ 《明孝宗实录》卷七三第二页下第九行,第1366页。
⑪ 《明孝宗实录》卷二九第十一页下第二行,第660页。
⑫ 《明孝宗实录》卷五二第六页上第二行,第1035页。
⑬ 《明孝宗实录》卷六四第三页下第一行,第1234页。
⑭ 《明孝宗实录》卷九七第二页上第二行,第1777页。

五月丙申载"虏数入宣府龙门所等处,前左参将绳律以去任贷之"①。嘉靖《宣府镇志》卷二八记载成化二十一年绳律由东路参将调任分守北路参将②。疑当作"左参将"。

卷六十五页六下行四　右通政郑纪

[新校]《明孝宗实录》弘治四年正月丁酉记载南京吏科给事中邵諴等言"左通政郑纪"不协士论③,同书弘治五年四月丁未记作"南京通政使司左通政郑纪"④。《明武宗实录》正德三年十一月癸卯所载郑纪传、《本朝分省人物考》卷七四《郑纪》、《国朝献征录》卷三一《南京户部尚书郑纪》皆记载"改南京左通政"⑤。《国朝列卿纪》卷三四记载郑纪"改南京通政司左通政"⑥。当作"左通政"。

卷七十二页三上行六　提督仓场户部左侍郎秦民悦

[新校]《明孝宗实录》弘治四年十一月庚寅记载:"升整饬蓟等处边备都察院右副都御史秦民悦为户部右侍郎,提督仓场。"⑦同书弘治七年十二月甲子记作"户部右侍郎秦民悦"⑧,同卷己巳记载"改户部右侍郎秦民悦为吏部右侍郎"⑨。《明武宗实录》正德七年三月辛亥秦民悦传记载"其年(弘治四年)迁户部右侍郎,甲寅(七年)改吏部右侍郎"⑩。雷礼《国朝列卿纪》卷三四记载秦民悦"召为户部右侍郎,提督仓场,六年回理部事,七年改吏部"⑪。过庭训《本朝分省人物考》卷三四《秦民悦》记作"其年迁户部右侍郎,甲寅改吏部右侍郎"⑫。由上记载可知秦民悦未曾任户部左侍郎,此处"左侍郎"当作"右侍郎"。

卷七十九页一上行十一　侍读学士吴宽

[原校]阁本"读"作"讲"。

[新校]钱谷《吴都文粹续集》卷四一《明故资善大夫礼部尚书兼翰林

---

① 《明孝宗实录》卷一〇〇第四页上第四行,第1839页。
② 嘉靖《宣府镇志》卷二八,《中国方志丛书》塞北第19号,第324页上。
③ 《明孝宗实录》卷四七第五页上第四至五行,第951页。
④ 《明孝宗实录》卷六二第一页下第七行,第1194页。
⑤ 《明武宗实录》卷四四第五页上第一行,第1013页;(明)过庭训:《本朝分省人物考》卷七四,《续修四库全书》第535册,第212页下;(明)雷礼:《国朝献征录》卷三一,《四库全书存目丛书》史部第101册,第526页下。
⑥ (明)雷礼:《国朝列卿纪》卷三四,《续修四库全书》第522册,第554页上。
⑦ 《明孝宗实录》卷五七第五页下第十行,第1102页。
⑧ 《明孝宗实录》卷九五第二页下第八行,第1740页。
⑨ 《明孝宗实录》卷九五第五页上第五行,第1745页。
⑩ 《明武宗实录》卷八五第五页下第七行,第1828页。
⑪ (明)雷礼:《国朝列卿纪》卷三四,《续修四库全书》第522册,第555页上。
⑫ (明)过庭训:《本朝分省人物考》卷三四,《续修四库全书》第533册,第683页上。

院学士掌詹事府事加赠太子太保谥文定吴公墓志铭》记载"进詹事府少詹事兼侍读学士，出为吏部右侍郎"。而《明孝宗实录》弘治六年三月庚辰记作"詹事府少詹事兼翰林院侍讲学士吴宽"①，王鏊《资善大夫礼部尚书兼翰林院学士赠太子太保谥文定吴公神道碑》记载"预修宪宗实录成，进詹事府少詹事兼侍讲学士，擢吏部右侍郎"②，雷礼《国朝列卿纪》卷一六、过庭训《本朝分省人物考》卷二〇《吴宽》记载其"弘治三年，预修宪宗实录成，进少詹兼侍讲学士，六年擢吏部右侍郎"③，黄佐《翰林记》卷一三"修书升赏"记载升吴宽为少詹事兼侍讲学士④。当作"侍讲"。

卷七十九页五上行三　侯瓚兵部尚书参赞机务

［原校］三本"兵"上有"南京"二字，是也。

［新校］本书弘治十年七月丙辰记载："南京工部尚书侯瓚以老疾乞致仕。"⑤徐学聚《国朝典汇》卷一三七记载弘治六年八月"以侯瓚为南京兵部尚书"⑥。雷礼《国朝列卿纪》卷四九《南京兵部尚书年表》记载"侯瓚……弘治六年任，九年致仕"⑦。当补"南京"二字。

卷八十三页五上行六　潘辰为翰林院侍诏

［新校］《明孝宗实录》弘治九年闰三月甲子记载"翰林院待诏潘辰"⑧，同书弘治十五年十一月庚午记载"升翰林院待诏潘辰为本院典籍"⑨，日本内阁文库藏本亦作"待诏"。黄佐《翰林记》卷一七《待诏》记有"潘辰"⑩，李默《吏部职掌·举用人材》载"弘治年，儒士潘辰以廷臣荐举钦授翰林院待诏"，徐象梅《两浙名贤录》卷四二《太常寺少卿潘时用辰》载"弘治癸丑，唐府尹珣、王给事纶、夏给事昂，交荐其学行于朝，授翰林院待诏"⑪，梁储《郁洲遗稿》卷二《诰敕官疏》记载潘辰"钦蒙除授本院待诏，历升典籍"⑫。"侍诏"疑当作"待诏"。

---

① 《明孝宗实录》卷七三第四页下第八行，第1370页。
② （明）王鏊：《震泽集》卷二二，《文渊阁四库全书》第1256册，第353页上。
③ （明）雷礼：《国朝列卿纪》卷一六，《续修四库全书》第522册，第269页上；（明）过庭训：《本朝分省人物考》卷二〇，《续修四库全书》第533册，第410页上。
④ （明）黄佐：《翰林记》卷一三，《文渊阁四库全书》第596册，第1004页上。
⑤ 《明孝宗实录》卷一二七第五页下第九行，第2260页。
⑥ （明）徐学聚：《国朝典汇》卷一三七，《四库全书存目丛书》史部第266册，第170页下。
⑦ （明）雷礼：《国朝列卿纪》卷四九，《续修四库全书》第523册，第30页上。
⑧ 《明孝宗实录》卷一一一第三页下第九行，第2024页。
⑨ 《明孝宗实录》卷一九三第一页上第四行，第3557页。
⑩ （明）黄佐：《翰林记》卷一七，《文渊阁四库全书》第596册，第1048页上。
⑪ （明）徐象梅：《两浙名贤录》卷四二，《续修四库全书》史部第543册，第468页下。
⑫ （明）梁储：《郁洲遗稿》卷二，《文渊阁四库全书》第1256册，第551页下。

卷八十四页二上行十二　命备红城子堡都指挥同知

[原校]三本"命"下有"守"字,是也。

[新校]《明孝宗实录》弘治二年七月乙酉记载:"命庄浪都指挥佥事鲁麟守备红城子堡。"①徐廷章《边方事宜》记作"守备红城子堡都指挥使鲁鉴"②,万历《明会典》卷一二六记载甘肃设守备十一员,其中有"红城子堡"③。"备"当作"守备",补"守"字。

卷八十五页三下行四　命指挥等官支林等

[新校]《明孝宗实录》弘治二年十一月庚申记载铨注金吾右卫带俸都指挥佥事支林于甘肃行都司领军④。本书弘治七年十二月壬戌记载虏入甘州平虏堡等处杀掠人畜,"把总都指挥支林……俱下巡按监察御史逮问"⑤。当为"都指挥"。

卷八十五页三下行十　复王越为都察院右都御史

[原校]阁本"右"作"左"。

[新校]《明孝宗实录》弘治九年闰三月丁卯记载"召致仕都察院左都御史王越掌都察院事"⑥,同书弘治十一年十二月壬辰朔记载王越"(弘治)七年复左都御史致仕"⑦。李东阳《明故光禄大夫柱国少保兼太子太傅都察院左都御史总制陕西三边军务赠太傅谥襄敏王公墓志铭》记载"甲寅(七年)复左都御史致仕"⑧。崔铣《洹词》卷七《少保兼太子太傅都察院左都御史赠太傅谥襄敏王公神道碑》记载"甲寅复左都御史致仕"⑨。王世贞《弇州史料》前集卷二六《威宁伯王公越传》记载:"弘治初赦还乡,寻上书自列冤状,会有为左右之者,得复左都御史致仕。"⑩当为"左都御史"。

卷八十五页四上行六　命罚分守

[原校]三本"守"下有"参将"二字,是也。

[新校]《明宪宗实录》成化二十年冬十月乙亥记载"命……都指挥佥事杨彪俱充右参将……分守顺圣川等处"⑪。《明孝宗实录》弘治五年三月

---

① 《明孝宗实录》卷二八第十七页下第七行,第638页。
② (明)陈子龙等:《明经世文编》卷七〇,中华书局,1962年,第591页上。
③ 万历《明会典》卷一二六,中华书局,1989年,第656页上。
④ 《明孝宗实录》卷三二第二页上第三行,第713页。
⑤ 《明孝宗实录》卷九五第二页下第四行,第1740页。
⑥ 《明孝宗实录》卷一一一第四页下第二行,第2026页。
⑦ 《明孝宗实录》卷一四五第一页下第十行,第2524页。
⑧ (明)李东阳:《李东阳集》文后稿卷二三,岳麓书社,1985年,第3册,第338页。
⑨ (明)崔铣:《洹词》卷七,《文渊阁四库全书》第1267册,第550页下。
⑩ (明)王世贞:《弇州史料》前集卷二六,《四库禁毁书丛刊》史部第49册,第126页上。
⑪ 《明宪宗实录》卷二五七第七页上第八行,第4349页。

辛未朔记作"分守右参将杨彪"①,同书弘治五年七月乙亥记作"宣府分守右参将杨彪"②,同书弘治九年七月乙卯、弘治十年九月乙丑记作"分守参将杨彪"③。《宣府镇志·职官表二》记作"分守南路参将杨彪"④。"分守"当为"分守参将"。

卷八十六页三下行五　河南布政司右参政李浚

[新校]《明孝宗实录》弘治三年二月丁未记载:"升吏部郎中张宪、工部郎中李浚俱为布政司左参政。"⑤同书弘治八年七月已丑记载:"升山西布政司左参政李浚为湖广右布政使。"⑥雍正《河南通志》卷三一记载弘治朝布政司左参政有"李浚,江南武进人,进士"。"右参政"当为"左参政"。

卷八十七页四上行六　卫所佥事

[原校]三本"事"作"书",是也。

[新校]本条下文第四页上第九行载:"其佥书军政首领官勿论。"《明宪宗实录》成化十年八月辛亥记载户部会议:"南京及各都司卫所屯种子粒年终不完及经一年之上,都司卫所佥书首领官及按察司管屯官俱有住俸事例。"⑦同书成化十六年十一月壬辰载:"卫所佥书首领并管屯官一体停俸。"⑧万历《明会典》卷四一《月粮》记作"本卫掌印佥书首领官吏"⑨。按,卫所佥书官负责卫所军政。"佥事"当为"佥书"。

卷八十八页八上行四　右佥都御史杨谧

[新校]《明孝宗实录》卷八八弘治七年五月乙卯记载"命巡抚宣府都察院右佥都御史杨谧本院治事",同书记载杨谧"复进都察院右佥都御史,奉敕巡抚宣府"⑩。雷礼《国朝列卿纪》卷七六记载其"(弘治)三年升都察院右佥都御史,巡抚宣府地方"。《国朝献征录》卷四〇《兵部右侍郎杨谧传》、《本朝分省人物考》卷八六记作"右佥都御史"。而《明孝宗实录》弘治七年十月戊辰、弘治九年三月癸巳记作"都察院左佥都御史杨谧"⑪,同

---

① 《明孝宗实录》卷六一第一页上第五行,第1161页。
② 《明孝宗实录》卷六五第二页上第四行,第1243页。
③ 《明孝宗实录》卷一一五第五页上第四行,第2087页;卷一二九第七页下第七行,第2290页。
④ 嘉靖《宣府镇志》卷二八,《中国方志丛书》塞北地方19号,第324页上。
⑤ 《明孝宗实录》卷三五第六页上第九行,第763页。
⑥ 《明孝宗实录》卷一〇二第三页下第三行,第1864页。
⑦ 《明宪宗实录》卷一三二第八页上第十二行,第2499页。
⑧ 《明宪宗实录》卷二〇九第三页下第二行,第3644页。
⑨ 万历《明会典》卷四一,中华书局,1989年,第288页上。
⑩ 《明孝宗实录》卷一六三,弘治十三年六月辛亥,第2967页。
⑪ 《明孝宗实录》卷九三第四页下第十一行,第1708页;卷一一〇第四页下第九行,第2014页。

书弘治九年四月庚辰记载"升都察院左佥都御史杨谧为左副都御史"①。吕柟《泾野先生文集》卷二八记载"弘治三年以左佥都御史巡抚宣府"②。《国榷》弘治二年七月丁丑记载"大理寺右少卿杨谧为左佥都御史,巡抚宣府"③。嘉靖《宣府镇志》卷二七《职官表一》记载杨谧"以左佥都御史巡抚"④,同书卷三四《名宦传》记作"以左佥都御史巡抚"⑤。"右佥"与"左佥"孰是,待考。

卷八十九页八上行二　千户韦瑛

[新校]《明宪宗实录》成化十三年二月丁丑记载该事:"(杨)晔潜至京营解主于锦衣百户韦瑛家。瑛绐晔尽得其所投营解情,因倾取其赀执送西厂……韦瑛本一市井无赖……从征延绥,冒功升百户。"⑥按,(杨)晔事发生之时,"韦瑛"职为"百户",且据所见文献记载其未曾升任千户,相关论证见本书前述卷二三第八页下第七行条之辨析。"千户"疑当为"百户"。

卷九十页三下行八　工部左侍郎徐贯兼都察院左佥都御史

[新校]吴道南《吴文恪公文集》卷一七记载"命工左侍郎徐贯兼左佥都御史,理浙西诸郡水道"。而《明孝宗实录》弘治八年四月甲寅朔记载"工部侍郎徐贯兼都察院右佥都御史,奉命往治苏松等处水道"⑦。张国维《吴中水利全书》卷一二《敕谕》记"弘治七年皇帝敕谕工部左侍郎徐贯兼都察院右佥都御史"⑧,同书卷一八《杨循吉浚河志略》载"孝宗皇帝乃以工部左侍郎徐贯兼都察院右佥都御史"⑨。张岱《石匮书》卷二九记载:"弘治七年,命工部左侍郎徐贯(兼)右佥都御史,理浙西诸郡水利。"孙承泽《天府广记》卷二一《水利》记载:"工部侍郎徐贯兼都察院右佥都御史,奉命往治苏松等处水道。"谈迁《国榷》卷四二乙丑记载"敕工部左侍郎徐贯兼右佥都御史,理江南浙西水利"。由上可知,"左佥"当为"右佥"。

卷九十二页四上行十一　户部左侍郎秦民悦

[新校]《明孝宗实录》弘治四年十一月庚寅记载:"升整饬蓟等处边备都察院右副都御史秦民悦为户部右侍郎,提督仓场。"⑩同书弘治七年十二

---

① 《明孝宗实录》卷一一二第一页上第三行,第2031页。
② (明)吕柟:《泾野先生文集》卷二八,《续修四库全书》第1338册,第131页上。
③ (清)谈迁:《国榷》卷四二,中华书局,1958年,第2606页。
④ 嘉靖《宣府镇志》卷二七,《中国方志丛书》塞北地方第19号,第307页上。
⑤ 嘉靖《宣府镇志》卷三四,《中国方志丛书》塞北地方第19号,第416页。
⑥ 《明宪宗实录》卷一六二第二页下第一行,第2958页。
⑦ 《明孝宗实录》卷九九第一页上第七行,第1811页。
⑧ (明)张国维:《吴中水利全书》卷一二,《文渊阁四库全书》第578册,第362页上。
⑨ (明)张国维:《吴中水利全书》卷一二,《文渊阁四库全书》第578册,第674页上。
⑩ 《明孝宗实录》卷五七第五页下第十行,第1102页。

月甲子记载"户部右侍郎秦民悦上漕运事宜"①,同卷己巳记载"改户部右侍郎秦民悦为吏部右侍郎"②。《明武宗实录》正德七年三月辛亥秦民悦传记记载"其年(弘治四年)迁户部右侍郎,甲寅改吏部右侍郎"③。雷礼《国朝列卿纪》卷三四记载秦民悦"召为户部右侍郎提督仓场,六年回理部事,七年改吏部"④。过庭训《本朝分省人物考》卷三四记载秦民悦"其年迁户部右侍郎,甲寅改吏部右侍郎"⑤。由上记载可知秦民悦似未曾任户部左侍郎,此处"左侍郎"疑当作"右侍郎"。

卷九十五页五下行六　南京刑部尚时郑时

[原校]阁本"时"作"书",是也。

[新校]《明孝宗实录》弘治四年正月乙酉记载:"升南京兵部左侍郎郑时为南京刑部尚书。"⑥同书弘治六年正月辛卯、弘治七年四月辛酉、弘治七年十月丁巳记作"南京刑部尚书郑时"⑦,同书弘治十二年八月辛丑记载"致仕南京刑部尚书郑时卒"⑧。焦竑《国朝献征录》卷四八《南京刑部尚书郑时传》、过庭训《本朝分省人物考》卷三四记载:"(弘治)四年进南京刑部尚书。"⑨当作"刑部尚书"。

卷九十七页三上行八　礼部左侍郎

[原校]抱本"左"作"右"。

[新校]本条下文戊辰条第四页上第三行记作"礼部右侍郎兼翰林院侍读学士李东阳"。本书弘治七年八月己巳记载"得旨李东阳升礼部右侍郎兼翰林院侍读学士,专管诰敕"⑩。本书弘治十年二月丁丑、弘治十年三月戊申记作"礼部右侍郎兼翰林院侍读学士李东阳"⑪。《明武宗实录》正德十一年秋七月己亥记载:"(弘治)七年,大学士徐溥等奏文臣诰敕当如旧专官撰拟,遂擢礼部右侍郎兼侍读学士,以领其事。"⑫杨一清《特进光禄

---

① 《明孝宗实录》卷九五第二页下第八行,第1740页。
② 《明孝宗实录》卷九五第五页上第五行,第1745页。
③ 《明武宗实录》卷八五第五页下第七行,第1828页。
④ (明)雷礼:《国朝列卿纪》卷三四,《续修四库全书》第522册,第555页上。
⑤ (明)过庭训:《本朝分省人物考》卷三四,《续修四库全书》第533册,第683页上。
⑥ 《明孝宗实录》卷四七第一页下第五行,第944页。
⑦ 《明孝宗实录》卷七一第五页上第三行,第1339页;卷八七第一页上第三行,第1611页;卷九三第一页上第五行,第1701页。
⑧ 《明孝宗实录》卷一五三第六页上第六行,第2713页。
⑨ (明)焦竑:《国朝献征录》卷四八,《四库全书存目丛书》史部第102册,第508页上;(明)过庭训:《本朝分省人物考》卷三四,《续修四库全书》第533册,第682页下。
⑩ 《明孝宗实录》卷九一第四页下第七行,第1672页。
⑪ 《明孝宗实录》卷一二二第三页上第十行,第2181页;卷一二三第二页上第七行,第2195页。
⑫ 《明武宗实录》卷一三九第七页上第五行,第2745页。

大夫左柱国少师兼太子太师吏部尚书华盖殿大学士赠太师谥文正李公东阳墓志铭》记载"甲寅(弘治七年),内阁荐升礼部右侍郎兼侍读学士,专管诰敕"①。清法式善《明李文正公年谱》记载"弘治七年,四十八岁,擢礼部右侍郎,专管内阁诰敕"②。当为"右侍郎"。

卷一百页三上行一　酉阳宣抚司土官宣抚马徽

[新校]《明孝宗实录》弘治二年正月癸酉记作"石柱宣抚司宣抚马徽"③,同书弘治五年五月癸酉、弘治五年十月丙午记作"四川石砫宣抚司土官宣抚马徽"④,《明武宗实录》正德元年夏四月乙丑记作"四川石柱宣抚司宣抚马徽"⑤。《明孝宗实录》弘治七年十一月癸卯、《明武宗实录》正德元年二月甲戌记载"四川酉阳宣抚司宣抚冉舜臣"⑥。林俊《大垭捷音》记载"会拨石砫宣抚马徽土舍马龙兵到江津"⑦。本条记载疑误,当或为"石柱宣抚司土官宣抚马徽"或为"酉阳宣抚司土官宣抚冉舜臣"。

卷一百二页三下行九　都督同知刘宁为左都督

[新校]《明孝宗实录》弘治九年二月甲戌记载:"镇守甘肃总兵官右都督刘宁以疾辞任,不许。"⑧同书弘治九年七月己未记载:"录克复哈密功……升总兵官右都督刘宁为左都督。"⑨同书弘治十七年五月丁酉刘宁传记载:"充左参将、左副总兵,擢右都督,寻转左。"⑩黄光昇《昭代典则》卷二二记载:"论哈密功升……刘宁为左都督。"马文升《兴复哈密记》记作:"至于镇守太监陆誾、总兵官右都督刘宁……有功升赏请上裁之……刘宁升左都督,加俸米一百石。"许进《平番始末》记载收复哈密后"刘宁升左都督,加俸米一百石"。刘宁先升右都督,收复哈密后才升为左都督,此处疑当为"右都督"。

卷一百二页八下行七　顾福为河南布政司右参议

[原校]广本、抱本"议"作"政"。

[新校]李东阳《明故河南布政司右参政进阶嘉议大夫顾君墓表》记作

---

① (明)李东阳:《李东阳集·附录》,第453页。
② (明)李东阳:《李东阳集·附录》,第512页。
③ 《明孝宗实录》卷二二第二页下第二行,第508页。
④ 《明孝宗实录》卷六三第一页上第十二行,第1207页;卷六八第三页上第十行,第1291页。
⑤ 《明武宗实录》卷一二第八页下第二行,第378页。
⑥ 《明孝宗实录》卷九四第五页下第十行,第1728页;《明武宗实录》卷一○第十四页上第三行,第327页。
⑦ (明)万表:《皇明经济文录》卷二七,《四库禁毁书丛刊》集部第19册,第252页下。
⑧ 《明孝宗实录》卷一○九第九页上第七行,第2005页。
⑨ 《明孝宗实录》卷一一五第五页下第四至六行,第2088页。
⑩ 《明孝宗实录》卷二一二第七页下第四行,第3966页。

"迁知吉安府,擢河南布政司右参政,分司南阳"①,《本朝分省人物考》卷二一"顾福"记作"迁知吉安府,擢河南布政司右参政"②,张萱《西园闻见录》卷五记作"历官河南参政"③。雍正《河南通志》卷三一记载顾福任"右参政"④。《国榷》弘治八年七月庚子记作"吉安知府顾福为河南布政司右参政南阳抚民"⑤。"参议"当为"参政"。

卷一百四页五上行五　山东右布政使吴珉

[新校]《明孝宗实录》弘治四年三月辛丑记载升"山东右布政使吴珉为本司左布政使"⑥。同书弘治九年八月辛卯记载升"山东左布政使吴珉"为都察院右副都御史⑦。而治理张秋河则在弘治六年,参见同书弘治六年二月丁巳记载"升浙江布政司左布政使刘大夏为都察院右副都御史,修治决河"⑧。王鏊《安平镇治水功完之碑治河记》载:"弘治二年河势北徙,六年夏遂决黄陵冈,溃张秋堤。"⑨此时吴珉已升任左布政使。嘉靖《山东通志》卷一〇《职官》记载"左布政使吴珉以本司右布政使任"⑩。此处当作"左布政使"。

卷一百六页九上行一　原兼佥都御史

[原校]广本、抱本"佥"上有"左"字,是也。

[新校]日本内阁文库藏本记作"左佥都御史"。而《明孝宗实录》弘治五年八月乙卯记载:"以两浙灾,命都察院右佥都御史张文昭巡视赈济……既而文昭丁母忧,复命户部左侍郎吴原兼右佥都御史,往代之。"⑪同书弘治六年六月丙戌记载:"户部左侍郎兼都察院右佥都御史吴原还自浙江,上巡视赈济事迹。"⑫何乔远《名山藏》卷一八《典谟记》记载"命户部左侍郎吴原兼右佥都御史,巡视赈济浙江"⑬。《国榷》弘治五年八月乙卯记载:"两浙灾,右佥都御史张文昭巡视赈济,文昭丧母,改户部左侍郎吴原兼右

---

① (明)李东阳:《李东阳集》文后稿十七,岳麓书社,1985年,第3册,第243页。
② (明)过庭训:《本朝分省人物考》卷二一,《续修四库全书》第533册,第421页上。
③ (明)张萱:《西园闻见录》卷五,《明代传记丛刊》116册,第432页。
④ 雍正《河南通志》卷三一,《文渊阁四库全书》第536册,第144页下。
⑤ (清)谈迁:《国榷》卷四三,中华书局,1958年,第2678页。
⑥ 《明孝宗实录》卷四九第八页上第四行,第997页。
⑦ 《明孝宗实录》卷一一六第二页上第十二行,第2097页。
⑧ 《明孝宗实录》卷七二第六页下第一行,第1354页。
⑨ (明)王鏊:《震泽集》卷二一,《文渊阁四库全书》第1256册,第345页下。
⑩ 嘉靖《山东通志》卷一〇,《四库全书存目丛书》史部188册,第41页下。
⑪ 《明孝宗实录》卷六六第七页上第一至第三行,第1269页。
⑫ 《明孝宗实录》卷七七第六页下第四行,第1492页。
⑬ (明)何乔远:《名山藏》卷一八,《四库禁毁书丛刊》史部第46册,第392页下。

佥都御史往。"①以上所记为"右佥都御史"，原校疑误，本条省去"右"字亦不为误，待考。

卷一百九页八下行十　右通政张璞

[新校]《明孝宗实录》弘治八年五月辛卯记载"通政使司左通政张璞丁忧服阕，复除原职"②，卷一一九弘治九年十一月乙丑记作"左通政张璞"③，卷一三七弘治十一年五月辛酉记载"通政使司左通政张璞以疾乞归"④。雷礼《国朝列卿纪》卷八五《通政司左右通政行实》记载张璞为"成化戊戌进士，十九年任通政司右参议，弘治二年升左通政"⑤。当作"左通政"。

卷一百九页九上行五　左参议

[新校]乾隆《贵州通志》卷四九记载："林壁，字世南，成化戊戌进士，授工部主事，历郎中，改礼部，升贵州右参议，卒于官。"嘉靖《贵州通志》、弘治《贵州图经新志》未见相关记载。《明孝宗实录》弘治九年二月壬申记载"升贵州布政司左参议韩镛为陕西右参政"⑥。同书弘治九年二月甲寅记载升"兵部郎中费瑄俱为布政司右参议……瑄贵州"⑦。待考。

卷一百十一页五上行十　（朱奎）提举

[新校]《明宪宗实录》天顺八年正月壬午记载处理王纶与钱溥事，降谪有差"奎盐课副提举"⑧。《本朝分省人物考》卷二五记载朱奎"眷遇日隆而忌者益阴挤之，遂两外调为广东副提举"⑨。林瀚《嘉议大夫大理寺卿鹤坡朱公奎神道碑》记载"眷遇日隆而忌者乃阴挤之，遂两外调为广东副提举"⑩。当作"副提举"。

卷一百十五页一下行一　（冯俊）寻升江西布政使

[原校]三本"布"上有"左"字。

[新校]《明宪宗实录》成化二十一年闰四月癸未记载升"湖广按察司副使冯俊"为广东按察使⑪，同书成化二十三年二月戊寅记载升"广东按察

---

① （清）谈迁：《国榷》卷四二，中华书局，1958年，第2634页。
② 《明孝宗实录》卷一〇〇第二页下第四行，第1836页。
③ 《明孝宗实录》卷一一九第四页上第三行，第2145页。
④ 《明孝宗实录》卷一三七第五页上第九行，第2395页。
⑤ （明）雷礼：《国朝列卿纪》卷八五，《续修四库全书》第523册，第507页下。
⑥ 《明孝宗实录》卷一〇九第八页下第十一行，第2004页。
⑦ 《明孝宗实录》卷一〇九第三页上第八至九行，第1993页。
⑧ 《明宪宗实录》卷一第十五页上第一行，第29页。
⑨ （明）过庭训：《本朝分省人物考》卷二五，《续修四库全书》第533册，第511页。
⑩ （明）焦竑：《国朝献征录》卷二二，《四库全书存目丛书》史部第101册，第179页。
⑪ 《明宪宗实录》卷二六五第一页下第五行，第4486页。

使冯俊"为山西左布政使①。本条所记"江西布政使"疑误。

卷一百十五页一下行八　（杜铭历升）工部刑部左右侍郎

[原校]广本、抱本无"右"字。

[新校]《明宪宗实录》成化九年八月己卯记载升"湖广左布政使杜铭为户部右侍郎"②，同书成化九年十一月癸丑记载"升户部右侍郎杜铭为工部左侍郎"③。同书成化十年六月癸亥记载"改工部左侍郎杜铭于刑部"④。杨廷和《资政大夫刑部尚书致仕杜公铭行状》、过庭训《本朝分省人物考》卷一〇七记载杜铭在"成化八年（当作九年——引者注）召为户部右侍郎，比至京升工部左侍郎，未几转刑部"⑤。当补"户部"，作"户部工部刑部左右侍郎"。或删"右"字，作"工部刑部左侍郎"。

卷一百十六页一上行三　翰林院侍读学士谢迁

[原校]抱本、阁本"读"作"讲"。

[新校]《明孝宗实录》弘治四年八月辛未记载升左庶子兼侍读"谢迁"为少詹兼侍讲学士⑥，同书弘治七年六月庚午记载"詹事府少詹事兼翰林院侍讲学士谢迁"⑦，弘治八年二月乙丑记载"少詹事兼翰林院侍讲学士谢迁入内阁参预机务"⑧，弘治八年十月己巳记载"詹事府少詹事兼翰林院侍讲学士谢迁"升本府詹事仍兼旧职⑨，弘治九年二月乙卯记载"命詹事府詹事兼翰林院侍讲学士谢迁"为会试考试官⑩。《本朝分省人物考》卷四九记载谢迁在"（弘治）辛亥实录成"之后，"升詹事府少詹事兼翰林院侍讲学士"⑪。"侍读"当作"侍讲"。

卷一百十七页一上行六　（冯贯）寻改大理卿

[原校]抱本"理"下有"寺"字。

[新校]《明宪宗实录》卷二八三成化二十二年冬十月庚寅记载右副都御史冯贯"改大理寺卿"。徐溥《故资德大夫南京工部尚书冯公神道碑铭》

---

① 《明宪宗实录》卷二八七第二页上第十二行，第4847页。
② 《明宪宗实录》卷一一九第十一页上第十行，第2303页。
③ 《明宪宗实录》卷一二二第五页下第七行，第2356页。
④ 《明宪宗实录》卷一二九第二页上第七行，第2449页。
⑤ （明）焦竑：《国朝献征录》卷四四，《四库全书存目丛书》史部第102册，第327页上；（明）过庭训：《本朝分省人物考》卷一〇七，《续修四库全书》第536册，第121页下。
⑥ 《明孝宗实录》卷五四第九页上第二行，第1067页。
⑦ 《明孝宗实录》卷八九第五页下第九行，第1646页。
⑧ 《明孝宗实录》卷九七第三页上第九行，第1779页。
⑨ 《明孝宗实录》卷一〇五第五页下第二行，第1920页。
⑩ 《明孝宗实录》卷一〇九第三页上第十二行，第1993页。
⑪ （明）过庭训：《本朝分省人物考》卷四九，《续修四库全书》第534册，第334页下。

记载"又改大理寺卿"①。当补"寺"字,作"大理寺卿"。

卷一百十八页五上行六　管河左通政张缙

[新校]《明孝宗实录》弘治七年十二月壬申记载"升山东布政司左参政张缙为通政司右通政,提调沙河至德州河道"②,弘治十三年八月壬辰"升提督河道通政司右通政张缙为都察院右佥都御史"③。过庭训《本朝分省人物考》卷九九记载"甲寅功成,遂升(张缙)通政司右通政"④。"左通政"应为"右通政"。

卷一百二十四页二上行四　镇守甘肃署都指挥佥事彭清

[新校]《明孝宗实录》弘治九年七月己未记载升"都指挥佥事彭清为都指挥使"⑤,同书弘治十年三月壬子记载"升副总兵都指挥使彭清为都督佥事"⑥,弘治十五年五月丁亥记载"镇守甘肃总兵官右军都督府署都督佥事彭清卒……(弘治九年)升署都督佥事,镇甘肃"⑦。"署都指挥"疑当作"署都督"。

卷一百二十五页二上行二　绥德卫指挥佥事傅钊

[原校]三本"卫"下有"都"字。

[新校]《明孝宗实录》弘治九年四月壬午记载"分守宁夏都指挥佥事傅钊"⑧,同书弘治十三年五月丙寅记载"命绥德卫都指挥佥事傅钊充副总兵,协守宁夏"⑨。杨一清《关中奏议》卷二《为处置各边马匹事》记作"弘治十三年宁夏都指挥傅钊奏改招商中纳马价"⑩。嘉靖《宁夏新志》卷三记载:"傅钊,榆林卫人,弘治二年以都指挥分守。"⑪康熙《延绥镇志》卷四人物志记载:"傅钊,绥德人……解大同围有功授都指挥佥事,协守宁夏。"⑫"指挥"当作"都指挥"。

卷一百二十八页四上行十　熊翀为左副都御史

[新校]《明孝宗实录》弘治十三年五月乙亥记作"巡抚陕西都察院右

---

① (明)徐溥:《谦斋文录》卷四,《文渊阁四库全书》第1248册,第667页上。
② 《明孝宗实录》卷九五第五页上第九行,第1745页。
③ 《明孝宗实录》卷一六五第三页上第十一行,第3003页。
④ (明)过庭训:《本朝分省人物考》,《续修四库全书》第535册,第681页下。
⑤ 《明孝宗实录》卷一一五第五页下第八行,第2088页。
⑥ 《明孝宗实录》卷一二三第四页上第四行,第2199页。
⑦ 《明孝宗实录》卷一八七第五页下第七至九行,第3446页。
⑧ 《明孝宗实录》卷一一二第一页上第八行,第2032页。
⑨ 《明孝宗实录》卷一六二第四页上第八行,第2917页。
⑩ (明)杨一清:《杨一清集》,中华书局,2001年,第61页。
⑪ 嘉靖《宁夏新志》卷三,《续修四库全书》第649册,第154页下。
⑫ 康熙《延绥镇志》卷四,《四库全书存目丛书》史部第227册,第409页下。

副都御史"①。《明武宗实录》正德五年十一月壬戌熊翀传记作"进右副都御史巡抚陕西"②。嘉靖《陕西通志》卷一九记载熊翀"以都察院右副都御史巡抚陕西"③。雷礼《国朝列卿纪》卷三四记载"十年升右副都御史,巡抚陕西"④。当为"右副都御史"。

卷一百二十九页二上行十二　（彭谊）迁工部右侍郎

［新校］《明宪宗实录》成化三年十二月甲寅记载升"山东左布政使彭谊为工部左侍郎"⑤。同书成化四年夏四月戊申记载"改工部左侍郎彭谊为右副都御史"⑥。丘濬《赠都宪彭公致政还岭海序》记载彭谊"以工部左侍郎改右副都御史"⑦。雷礼《国朝列卿纪》卷六五记载"升工部左侍郎,四年改右副都御史"⑧。黄佐《广州人物传》卷一五记载彭谊"升工部左侍郎,未几改右副都御史"。当作"左侍郎"。

卷一百三十页二下行六　南京翰林院侍读学士曾彦

［原校］阁本"读"作"讲"。

［新校］《明孝宗实录》弘治六年十月戊子记载:"升左春坊左谕德曾彦为南京翰林院侍读学士。"⑨黄佐《翰林记》卷一七《南京掌院题名记》载:"曾彦,弘治七年任南京侍读学士,食正五品俸,十年致仕。"⑩雷礼《国朝列卿纪》卷二二记载"曾彦……弘治七年以侍讲学士掌院事,十年致仕"⑪。待考。

卷一百三十三页一上行十二　（李介）弘治初升都察院右佥都御史巡抚宣府

［新校］《明孝宗实录》弘治元年五月己丑记载:"升大理寺左少卿李介为都察院左佥都御史,巡抚宣府。"⑫同书弘治二年三月乙丑记载:"召巡抚宣府左佥都御史李介回京理院事。"⑬李东阳《明故通议大夫兵部左侍郎兼都察院左佥都御史赠兵部尚书李公墓志铭》记载:"再迁都察院左佥都御

---

① 《明孝宗实录》卷一六二第九页下第十一行,第2928页。
② 《明武宗实录》卷六九第四页上第二行,第1523页。
③ 嘉靖《陕西通志》卷一九,《中国西北方志续编》第1册,378页上。
④ （明）雷礼:《国朝列卿纪》卷三四,《续修四库全书》第522册,第554页下。
⑤ 《明宪宗实录》卷四九第八页下第四行,第1008页。
⑥ 《明宪宗实录》卷五三第六页下第一行,第1076页。
⑦ （明）丘濬:《重编琼台会稿》卷一四,《文渊阁四库全书》第1248册,第282页下。
⑧ （明）雷礼:《国朝列卿纪》卷六五,《续修四库全书》第523册,第320页上。
⑨ 《明孝宗实录》卷八一第七页上第三行,第1545页。
⑩ （明）黄佐:《翰林记》卷一七,《文渊阁四库全书》第596册,第1054页下。
⑪ （明）雷礼:《国朝列卿纪》卷二二,《续修四库全书》第522册,第353页上。
⑫ 《明孝宗实录》卷一四第十五页下第八行,第354页。
⑬ 《明孝宗实录》卷二四第二页上第九行,第541页。

史,巡抚宣府。"①徐溥《故通议大夫兵部左侍郎兼都察院左佥都御史赠兵部尚书李公神道碑铭》记载:"升都察院左佥都御史,巡抚宣府。"②刘健《兵部尚书贞庵李公介墓表》记载:"宣府巡抚官缺员,吏部以公名闻,特命改都察院左佥都御史,往莅之。"③吕柟《泾野先生文集》卷二八记载:"弘治元年,以左佥都御史巡抚是地。"④"右佥"当作"左佥"。

卷一百三十四页六下行十一　马文升加少傅兼太子太傅

[原校]抱本"傅"作"保"。

[新校]《明孝宗实录》弘治十一年十月戊子记载"少保兼太子太傅兵部尚书马文升"⑤,弘治十二年十月庚寅记载"少保兼太子太傅兵部尚书马文升"⑥,弘治十三年六月甲午记载"有旨加文升少傅兼太子太傅"⑦,《明武宗实录》卷六四正德五年六月壬辰记载"戊午皇太子出阁,加少保兼太子太傅"。《国朝献征录》卷二四《吏部尚书马公文升传》记载"皇太子出阁讲学,再进少保太子太傅"⑧。当作"少保"。

卷一百三十六页一上行十二　(张淮弘治元年升江西按察司佥事、四川按察使)陕西布政司

[原校]三本"西"下有"左"字,"司"作"使",是也。

[新校]《明孝宗实录》弘治九年正月丙午记载:"复除四川布政司左布政使张淮于陕西。"⑨同书弘治九年五月庚戌记载:"升陕西布政司左布政使张淮为都察院右副都御史。"⑩当作"陕西左布政使"。

卷一百三十六页一下行八　兵科给事中杨瑛等奏

[原校]广本"科"下有"都"字。

[新校]《明孝宗实录》弘治七年七月癸巳记载"升兵科左给事中杨瑛"为都给事中⑪。同书弘治十年六月己卯记载"兵科都给事中杨瑛"⑫,同书弘治十一年十月乙丑记载"升兵科都给事中杨瑛为太仆寺少卿"⑬。当作

---

① (明)李东阳:《李东阳集》文后稿卷二二,岳麓书社,1985年,第3册,第325页。
② (明)徐溥:《谦斋文录》卷四,《文渊阁四库全书》第1248册,第670页上。
③ (明)焦竑:《国朝献征录》卷四〇,《四库全书存目丛书》史部第102册,第149页上。
④ (明)吕柟:《泾野先生文集》卷二八,《续修四库全书》第1338册,第131页上。
⑤ 《明孝宗实录》卷一四二第九页上第七行,第2461页。
⑥ 《明孝宗实录》卷一五五第二页上第二行,第2761页。
⑦ 《明孝宗实录》卷一六三第三页下第五行,第2942页。
⑧ (明)焦竑:《国朝献征录》卷二四,《四库全书存目丛书》史部第101册,第253页。
⑨ 《明孝宗实录》卷一〇八第六页上第五行,第1985页。
⑩ 《明孝宗实录》卷一一三第二页下第五行,第2051页。
⑪ 《明孝宗实录》卷九〇第一页下第九行,第1654页。
⑫ 《明孝宗实录》卷一二六第三页上第十一行,第2241页。
⑬ 《明孝宗实录》卷一四二第一页上第十行,第2445页。

"都给事中"。

卷一百三十六页二上行四　陕西按察司仰昇

[原校]三本"司"下有"按察使"三字,是也。

[新校]《明孝宗实录》弘治七年十二月丁丑记载:"升陕西按察司副使仰昇为本司按察使。"①同书弘治十一年十月辛卯记载:"升陕西按察司按察使仰昇为河南布政司右布政使。"②当作"按察司按察使"。

卷一百四十二页九上行二　(升)巡抚山东都察院左佥都御史钱钺俱为右副都御史

[新校]《明孝宗实录》弘治三年九月甲戌记载"升巡抚山东都察院右佥都御史钱钺为右副都御史,巡抚河南"③,弘治四年正月辛卯记载"调巡抚河南都察院右副都御史钱钺为南京光禄寺卿"④,本书弘治八年五月庚寅记载"改南京光禄寺卿钱钺为太仆寺卿"⑤,弘治十年五月甲辰记作"太仆寺卿钱钺"⑥。《明武宗实录》正德二年三月癸酉钱钺传记载:"进右副都御史巡抚河南,寻调南京光禄寺卿,转太仆寺卿。丁忧服阕,再以副都御史巡抚贵州。"⑦雷礼《国朝列卿纪》卷一一四记载钱钺"(弘治)九年补太仆寺卿,十一年八月升巡抚贵州"⑧。按,钱钺曾任山东巡抚,然升任贵州巡抚前任太仆寺卿,此处仍记作"巡抚山东都察院左佥都御史"似不妥。

卷一百四十三页五下行一　右副都御史彭礼

[新校]《明孝宗实录》弘治十年十月庚辰记载:"改提督易州山厂工部右侍郎彭礼为都察院左副都御史,巡抚苏松等处兼总理粮储。"⑨本书弘治十三年九月乙丑记作"巡抚直隶总督粮储都察院左副都御史彭礼"⑩,本书弘治十四年五月乙亥记作"巡抚南直隶左副都御史彭礼"⑪,本书弘治十五年九月庚寅记作"巡抚南直隶都察院左副都御史彭礼"⑫。雷礼《国朝列卿纪》卷一〇〇、过庭训《本朝分省人物考》卷六六记作"改都察院左副都御

---

① 《明孝宗实录》卷九五第七页下第十一行,第1750页。
② 《明孝宗实录》卷一四二第十页上第三行,第2463页。
③ 《明孝宗实录》卷四二第五页下第十一行,第874页。
④ 《明孝宗实录》卷四七第二页上第八行,第945页。
⑤ 《明孝宗实录》卷一〇〇第二页上第十行,第1835页。
⑥ 《明孝宗实录》卷一二五第一页下第六行,第2226页。
⑦ 《明武宗实录》卷二四第七页下第十一行,第664页。
⑧ (明)雷礼:《国朝列卿纪》卷一一四,《续修四库全书》第524册,第7页上。
⑨ 《明孝宗实录》卷一三〇第五页上第十行,第2303页。
⑩ 《明孝宗实录》卷一六六第一页下第十一行,第3018页。
⑪ 《明孝宗实录》卷一七四第八页上第一行,第3187页。
⑫ 《明孝宗实录》卷一九一第四页下第六行,第3532页。

史,总督苏松粮储"①。王世贞《弇山堂别集》卷九三转引本书所记,记作"奉旨疏上交结李广之人……左副都御史彭礼"②。当为"左副都御史"。

卷一百四十三页十四上行六　绥德卫指挥佥事陶祯

[原校]阁本"指"上有"都"字,是也。

[新校]《明孝宗实录》弘治五年正月戊戌记载:"命陕西都司都指挥使陶祯充右副总兵,分守凉州。"③弘治九年正月丙午记作"分守凉州右副总兵都指挥使陶祯"④,弘治十五年十一月癸巳记作"命陕西都司故都指挥佥事陶祯之子辅袭原职绥德卫指挥使"⑤。当为"都指挥佥事"。

卷一百四十三页十四上行八　左副都御史陈道

[新校]《明孝宗实录》弘治八年十二月辛酉记载:"升陕西布政司左布政使陈道为都察院右副都御史巡抚河南。"⑥弘治十七年二月壬寅记载陈道弘治间累升"都察院右副都御史巡抚河南"⑦。刘健《南京刑部尚书陈公道神道碑》记载:"乙卯进都察院右副都御史,奉敕巡抚河南。"⑧"左副都御史"疑当作"右副都御史"。

卷一百四十五页十三下行十　六年升都督佥事

[新校]《明宪宗实录》成化六年八月甲子记"升都指挥同知许宁为署都督佥事"⑨。同书成化十年六月甲子记载录延绥等处战功,"命总兵官署都督佥事许宁实授,仍升署都督同知"⑩。此处疑应补"署"字,作"署都督佥事"。

卷一百四十六页三上行十　右佥都御史顾佐

[原校]旧校改"右"作"左"。

[新校]《明武宗实录》正德十一年冬十月乙卯记载:"升右佥都御史提督雁门三关……寻改南京提督操江,进右副都御史。"⑪雷礼《国朝列卿纪》卷三三、过庭训《本朝分省人物考》卷一七记载:"八年进右佥都御史,巡

---

① (明)雷礼:《国朝列卿纪》卷一〇〇,《续修四库全书》第523册,第610页下;(明)过庭训:《本朝分省人物考》卷六六,《续修四库全书》第535册,第55页下。
② (明)王世贞:《弇山堂别集》卷九三,中华书局,1985年,第1780页。
③ 《明孝宗实录》卷五九第五页下第十二行,第1140页。
④ 《明孝宗实录》卷一〇八第六页上第十二行,第1985页。
⑤ 《明孝宗实录》卷一九三第四页下第六行,第3564页。
⑥ 《明孝宗实录》卷一〇七第三页下第十一行,第1954页。
⑦ 《明孝宗实录》卷二〇八第五页上第二行,第3863页。
⑧ (明)焦竑:《国朝献征录》卷四八,《四库全书存目丛书》史部第102册,第510页上。
⑨ 《明宪宗实录》卷八二第九页上第五行,第1609页。
⑩ 《明宪宗实录》卷一二九第二页上第八行,第2449页。
⑪ 《明武宗实录》卷一四二第二页上第十行,第2787页。

山西。九年改南京都察院,提督操江。"①施沛《南京都察院志》卷三八记载:"八年进右佥都御史,巡抚山西提督雁门诸关,九年改南京都察院提督巡江,十一年改都察院。"而本书弘治八年二月庚辰记载:"升大理寺左少卿顾佐为都察院左佥都御史,提督雁门等关兼巡抚山西。"②本书弘治九年十月辛卯记载:"调巡抚山西都察院左佥都御史顾佐南京都察院管事。"③本书弘治十一年二月己巳记载:"改南京都察院左佥都御史顾佐为都察院左佥都御史。"④王鏊《资善大夫户部尚书赠太子太保顾公神道碑文》记载:"拜大理少卿,寻进左佥都御史,巡抚山西提督雁门诸关,改南京都察院提督巡江"⑤。当为"左佥都御史"。

卷一百四十七页九上行四　弘治元年升右参政

[新校]《明孝宗实录》弘治元年十二月丙申记载:"(升)江西右参议李蕙为本司左参政。"⑥同书弘治三年十二月癸酉记作"江西左参政李蕙"⑦,吴宽《明故资德大夫都察院右都御史李公神道碑铭》、《国朝列卿纪》卷一〇一记载李蕙"弘治戊申擢本司左参政"⑧。《本朝分省人物考》卷四〇记载李蕙"弘治初转左参政"⑨,嘉靖《江西通志》卷二记载"左参政"李蕙由本司右参议升任⑩。当为"左参政"。

卷一百四十八页十上行三　大理左寺评事

[原校]阁本"左寺"作"寺左",是也。

[新校]焦竑《国朝献征录》卷四九《南京刑部左侍郎阮勤传》记载:"授南京大理寺左评事"⑪,雷礼《国朝列卿纪》卷六〇记载阮勤"授大理评事"⑫,过庭训《本朝分省人物考》卷一〇一《阮勤》记载"授大理寺评事"⑬。当作"大理寺左评事"。

---

① (明)雷礼:《国朝列卿纪》卷三三,《续修四库全书》第 522 册,第 536 页下;(明)过庭训:《本朝分省人物考》卷一七,《续修四库全书》第 533 册,第 354 页下。
② 《明孝宗实录》卷九七第七页上第四行,第 1787 页。
③ 《明孝宗实录》卷一一八第七页上第二行,第 2135 页。
④ 《明孝宗实录》卷一三四第一页上第六行,第 2353 页。
⑤ (明)王鏊:《震泽集》卷二三,《文渊阁四库全书》第 1256 册,第 366 页上。
⑥ 《明孝宗实录》卷二一三第三页上第九行,第 487 页。
⑦ 《明孝宗实录》卷四六第十一页上第一行,第 939 页。
⑧ (明)吴宽:《家藏集》卷七七,《文渊阁四库全书》第 1255 册,第 786 页上;(明)雷礼:《国朝列卿纪》卷一〇一,《续修四库全书》第 523 册,第 629 页下。
⑨ (明)过庭训:《本朝分省人物考》卷四〇,《续修四库全书》第 534 册,第 78 页下。
⑩ 嘉靖《江西通志》卷二,《四库全书存目丛书》第 182 册,第 58 页上。
⑪ (明)焦竑:《国朝献征录》卷四九,《四库全书存目丛书》史部第 102 册,第 548 页下。
⑫ (明)雷礼:《国朝列卿纪》卷六〇,《续修四库全书》第 523 册,第 232 页下。
⑬ (明)过庭训:《本朝分省人物考》卷一〇一,《续修四库全书》第 536 册,第 9 页上。

卷一百五十二页六下行九　进南京兵部尚书

[新校]本条上文载"致仕南京刑部尚书郑时卒"。弘治四年正月乙酉记载"升南京兵部左侍郎郑时为南京刑部尚书"①。《国朝献征录》卷四八记载"进（南京）兵部侍郎，寻转司寇"②。嘉靖《延平府志》卷四作"迁至南京刑部尚书"。雷礼《国朝列卿纪》卷五七记作"进南京刑部尚书"③。当为"南京刑部尚书"。

卷一百五十二页十一上行五　宣慰司彭仕珑彭世麒

[原校]三本"司"作"使"，是也。

[新校]《明孝宗实录》弘治元年二月甲子记作"湖广保靖宣慰使司宣慰使彭仕珑"④，本书弘治五年十月丙午记作"湖广永顺宣慰司土官宣慰使彭世麒"⑤，本书弘治七年十一月癸卯记作"湖广永顺宣慰使司宣慰使彭世麒"⑥。光绪《湖南通志》卷一七二《人物志》记载彭世麒弘治中为"永顺宣慰使"。当为"宣慰使"。

卷一百五十三页二下行二　升广东左布政使韩邦问为都察院左副都御史

[新校]谈迁《国榷》卷四四记载"癸巳广东左布政使韩邦问为左副都御史，巡抚江西"⑦。而《明武宗实录》正德元年春正月戊戌记作"巡抚河南右副都御史韩邦问"⑧，正德元年二月记载"乙亥改巡抚河南右副都御史韩邦问为南京大理寺卿"⑨。雷礼《国朝列卿纪》卷五九《韩邦问》记载："己未升都察院右副都御史巡抚江西。"⑩雷礼《皇明大政纪》卷一七记载"以右副都御史韩邦问镇抚南赣等处"⑪。徐象梅《两浙名贤录》卷二四《刑部尚书韩大经邦问》记载："晋副都御史，巡抚江西……未几起巡抚河南。"⑫谈迁《国榷》卷四六记作"巡抚河南右副都御史韩邦问"⑬，同卷又载"乙亥巡

---

① 《明孝宗实录》卷四七第一页下第五行，第944页。
② （明）焦竑：《国朝献征录》卷四八，《四库全书存目丛书》史部第102册，第507页下。
③ （明）雷礼：《国朝列卿纪》卷五七，《续修四库全书》第523册，第175页下。
④ 《明孝宗实录》卷一一第十六页上第三行，第267页。
⑤ 《明孝宗实录》卷六八第三页上第九行，第1291页。
⑥ 《明孝宗实录》卷九四第五页下第十行，第1728页。
⑦ （清）谈迁：《国榷》，中华书局，1958年，第2739页。
⑧ 《明武宗实录》卷九第五页上第十一行，第279页。
⑨ 《明武宗实录》卷一〇第十四页上第七行，第327页。
⑩ （明）雷礼：《国朝列卿纪》卷五九，《四库全书存目丛书》史部第93册，第643页下。
⑪ （明）雷礼：《皇明大政纪》卷一七，《四库全书存目丛书》史部第8册，第434页上。
⑫ （明）徐象梅：《两浙名贤录》卷二四，《四库全书存目丛书》史部第113册，第715页上。
⑬ （清）谈迁：《国榷》，中华书局，1958年，第2852页。

抚河南右副都御史韩邦问为南京大理寺卿"①。汤斌《拟明史稿》卷一九记作"弘治十二年进都察院右副都御史，巡抚江西"。万斯同《明史》卷二六七《林俊》记作"巡抚右副都御史会稽韩邦问"。嘉靖《江西通志》卷二《命使》记载："韩邦问，浙江会稽县人，由进士累官都察院右副都御史，巡抚江西。"②"左副都御史"当作"右副都御史"。

卷一百五十三页十三上行一　转广西右参政河南右布政司擢右副都御史

[**原校**]三本"司"作"使"，是也。

[**新校**]《明孝宗实录》弘治十年十二月癸未记载"升广西布政司右参政徐镛为河南右布政使"③。《国朝献征录》之都察院右副都御史徐镛传、雷礼《国朝列卿纪》卷一〇一、过庭训《本朝分省人物考》卷七六徐镛均记作"河南右布政使"④。当作"布政使"。

卷一百五十四页五下行七　詹事府少詹事兼侍读学士

[**新校**]《明宪宗实录》成化十年冬十月癸卯记载："左春坊左庶子兼翰林院侍讲徐溥服阕至京，诏升詹事府少詹事兼翰林院侍讲学士。"⑤吴俨《光禄大夫柱国少师兼太子太师吏部尚书华盖殿大学士赠特进左柱国太师谥文靖徐公溥行状》记载"升詹事府少詹事兼侍讲学士"⑥。李东阳《明故光禄大夫柱国少师兼太子太师吏部尚书华盖殿大学士赠特进左柱国太师谥文靖徐公墓志铭》记作"擢詹事府少詹事兼侍讲学士"⑦。廖道南《殿阁词林记》记载"擢少詹事兼侍讲学士"⑧。雷礼《国朝列卿纪》记载"升少詹事兼侍讲学士"⑨。当作"侍讲学士"。

卷一百五十五页十四上行十一　太常寺卿仍旧办事

[**新校**]《明孝宗实录》弘治十四年十二月丁未记作"文华殿办事太常寺少卿张骏"⑩。《明武宗实录》正德四年秋七月戊申记载"礼部尚书致仕

---

① (清)谈迁：《国榷》，中华书局，1958年，第2855页。
② 嘉靖《江西通志》卷二，《四库全书存目丛书》史部182册，第33页。
③ 《明孝宗实录》卷一三二第四下第十二行，第2334页。
④ (明)焦竑：《国朝献征录》卷五九，《四库全书存目丛书》史部103册，第225页；(明)雷礼：《国朝列卿纪》卷一〇一，《续修四库全书》第523册，第630页上；(明)过庭训：《本朝分省人物考》卷七六，《续修四库全书》第535册，第253页下。
⑤ 《明宪宗实录》卷一三四第五页下第五行，第2522页。
⑥ (明)吴俨：《吴文肃摘稿》卷四，《文渊阁四库全书》1259册，第425页下。
⑦ (明)李东阳：《李东阳集》文后稿二十四，岳麓书社，1985年，第3册，第344页。
⑧ (明)廖道南：《殿阁词林记》卷二，《文渊阁四库全书》第452册，第149页上。
⑨ (明)雷礼：《国朝列卿纪》卷一一，《续修四库全书》第522册，第185页下。
⑩ 《明孝宗实录》卷一八二第一页上第十一行，第3345页。

张骏卒……历验封员外郎、山东参议、太常少卿、光禄卿"①。何三畏《云间志略》卷八《张宗伯南山公传》记载"张骏……升太常少卿"②。当作"太常寺少卿"。

卷一百五十六页十上行六　守备蔚州署都指挥佥事温和

[原校]阁本无"署"字。

[新校]《明孝宗实录》弘治十一年十一月戊午记载"命大同中屯卫指挥佥事温和守备蔚州,以都指挥体统行事"③。本书弘治十五年五月丙申记载"铨注大同中屯卫带俸都指挥佥事温和于山东都司,管理军政"④。本书此处所记"署都指挥"疑误,待考。

卷一百六十三页六下行十　遂进左都御史

[新校]《明孝宗实录》弘治七年六月己卯记载"录平贵州苗寇功……升提督军务巡抚右副都御史邓廷瓒为右都御史"⑤。吴宽《明故资德大夫都察院左都御史赠太子少保谥襄敏邓公神道碑铭》记载"遂进右都御史,贵州既无事,召公还,掌南京都察院事"⑥。雷礼《国朝列卿纪》卷一〇七记载"进右都御史,贵州既无事,八年召还,掌南京都察院事"⑦。郑晓《吾学编》名臣记卷二五"以右副都御史召入台,未几出镇梧州两广。"⑧本页下第十一行又载"升左都御史"。可知本书此处当作"右都御史"。

卷一百六十三页十五下行十二　兵科给事中柴昇

[原校]三本"给"上有"都"字。

[新校]《明孝宗实录》弘治八年四月甲戌记载"升工科左给事中柴昇为都给事中"⑨,同书弘治十三年四月己酉记载"工科都给事中柴昇丁忧服阕,复除兵科"⑩,同书弘治十三年七月庚申记作"兵科都给事中柴昇"⑪。雷礼《国朝列卿纪》卷四二记载"历工科右左给事中兵科都给事"⑫。当以"都给事中"为是。

---

① 《明武宗实录》卷五二第五页上第九行,第1191页。
② （明）何三畏:《云间志略》卷八,《四库禁毁书丛刊》史部第8册,第317页下。
③ 《明孝宗实录》卷一四三第十八页下第六行,第2504页。
④ 《明孝宗实录》卷一八七第九页下第九行,第3454页。
⑤ 《明孝宗实录》卷八九第七页下第二至五行,第1650页。
⑥ （明）吴宽:《家藏集》卷七七,《文渊阁四库全书》第1255册,第790页上。
⑦ （明）雷礼:《国朝列卿纪》卷一〇七,《续修四库全书》第523册,第705页上。
⑧ （明）郑晓:《吾学编》,《续修四库全书》424册,第584页上。
⑨ 《明孝宗实录》卷九九第六页下第十一行,第1822页。
⑩ 《明孝宗实录》卷一六一第十页上第九行,第2899页。
⑪ 《明孝宗实录》卷一六四第四页上第十一行,第2975页。
⑫ （明）雷礼:《国朝列卿纪》卷四二,《续修四库全书》第522册,第669页上。

卷一百六十四页十五上行一　左侍郎董越

[新校]《明孝宗实录》弘治六年九月壬寅记载"升……太常寺少卿兼翰林院侍讲学士董越为南京礼部右侍郎"①，弘治十三年四月乙未记作"南京礼部右侍郎董越"②，弘治十五年五月乙亥董越传记作"迁南京礼部右侍郎，至工部尚书卒"③。李东阳《明故资政大夫南京工部尚书赠太子少保谥文僖董公墓志铭》、过庭训《本朝分省人物考》卷六九皆记作"董越癸丑擢南京礼部右侍郎……拜南京工部尚书"④。雷礼《国朝列卿纪》卷六三记载董越"六年擢南京礼部右侍郎，十三年升南京工部尚书"⑤。当以"右侍郎"为是。

卷一百七十二页八下行十一　升右春坊大谕德管国子监司业事

[原校]三本"大"作"右"，是也。

[新校]《明孝宗实录》弘治元年正月记载"升翰林院侍讲刘震为右春坊右谕德，管国子监司业事"⑥。吴宽《明故朝议大夫南京国子监祭酒刘公墓碑铭》记载"弘治戊申（元年）为今上之初，会国子缺司业……乃擢公右谕德，管司业事"⑦。雷礼《国朝列卿纪》卷一六〇记载"弘治元年戊申，会国子缺司业，擢右谕德，管司业事"⑧。"大谕德"当作"右谕德"。

卷一百七十四页二上行十一　致仕左都督马仪

[新校]《明孝宗实录》弘治三年七月庚申记载命"右军都督府右都督马仪挂镇朔将军印，充总兵官镇守宣府"⑨。本书弘治十年二月癸酉记载"罢镇守宣府总兵官右都督马仪"⑩，本书弘治十三年三月己卯记载"命冠带闲住右军都督府右都督马仪为都督同知，致仕"⑪。马仪未曾升至左都督，以都督同知致仕，此处仍作"都督"疑误。

卷一百八十页一上行八　十一年加太子少保

[新校]《明孝宗实录》弘治十一年二月丙申（三十日）记载"宁晋伯刘

---

① 《明孝宗实录》卷八〇第二页上第一行，第1523页。
② 《明孝宗实录》卷一六一第二页下第三行，第2884页。
③ 《明孝宗实录》卷一八七第二页下第十一行，第3440页。
④ （明）李东阳：《李东阳集》文后稿二十五，岳麓书社，1985年，第3册，第362页；（明）过庭训：《本朝分省人物考》，《续修四库全书》第535册，第115页上。
⑤ （明）雷礼：《国朝列卿纪》卷六三，《续修四库全书》第523册，第288页下。
⑥ 《明孝宗实录》卷九第二页上第四行，第187页。
⑦ （明）吴宽：《家藏集》卷七六，《文渊阁四库全书》第1255册，第770页下。
⑧ （明）雷礼：《国朝列卿纪》卷一六〇，《续修四库全书》第524册，第402页下。
⑨ 《明孝宗实录》卷四〇第三页上第五行，第833页。
⑩ 《明孝宗实录》卷一二二第一页上第五行，第2177页。
⑪ 《明孝宗实录》卷一六〇第六页下第三行，第2878页。

福加太子太保"①。《明功臣袭封底簿》记作"弘治十一年二月三十日,奉敕加太子太保"②。当为"太子太保"。

卷一百八十页三上行二　太子太保

[新校]《明孝宗实录》弘治九年四月己丑记载"特命礼部尚书倪岳升太子少保南京吏部尚书"③。李东阳《明故资德大夫正治上卿太子少保吏部尚书赠荣禄大夫少保谥文毅倪公墓志铭》记载"忽有南京吏部之命,加太子少保以行"④,吴宽《倪文毅公家传》记载"丙辰俄加太子少保,改南京吏部尚书"⑤。疑当为"太子少保"。

卷一百八十页三下行五　赠光禄大夫

[新校]李东阳《明故资德大夫正治上卿太子少保吏部尚书赠荣禄大夫少保谥文毅倪公墓志铭》⑥、王鏊《故太子少保吏部尚书赠荣禄大夫少保谥文毅倪公行状》、吴宽《倪文毅公家传》皆记作"荣禄大夫"⑦。万历《明会典》卷七记载"从一品初授荣禄大夫,升授光禄大夫"。此处所赠"少保"为从一品,初授疑当以"荣禄大夫"为是,待考。

卷一百八十一页二上行四　右副都御史总督两广

[原校]旧校删"副"字。

[新校]《明孝宗实录》弘治十五年十月丁卯记作"总督两广军都察院右都(御)史潘蕃"⑧,弘治十七年六月丁丑记载"升右都御史潘蕃为左都御史"⑨,《明武宗实录》正德十一年六月戊寅潘蕃传记载"以右都御史总督两广"⑩。当作"右都御史"。

卷一百八十二页十上行一　提督军务太监苗逵

[新校]《明孝宗实录》弘治十四年四月戊子记载赐苗逵敕"特命尔监督军务,保国公朱晖挂印充总兵官,都御史史琳提督军务"⑪。本书弘治十四年九月辛巳记作"敕监督军务太监苗逵、总兵保国公朱晖、提督军务右都

---

① 《明孝宗实录》卷一三四第七页上第五行,第2365页。
② 《明代传记丛刊》第55册,第67页。
③ 《明孝宗实录》卷一一二第四页下第五行,第2038页。
④ (明)李东阳:《李东阳集》文后稿二十四,岳麓书社,1985年,第3册,第355页。
⑤ (明)吴宽:《家藏集》卷五九,《文渊阁四库全书》第1255册,第555页下。
⑥ 《李东阳集》文后稿二十四,岳麓书社,1985年,第3册,第356页。
⑦ (明)王鏊:《震泽集》卷二五,《文渊阁四库全书》第1256册,第390页上;(明)吴宽:《家藏集》卷五九,《文渊阁四库全书》第1255册,第557页下。
⑧ 《明孝宗实录》卷一九二第十页下第七行,第3556页。
⑨ 《明孝宗实录》卷二一三第六页下第八行,第4004页。
⑩ 《明武宗实录》卷一三八第七页上第二行,第2731页。
⑪ 《明孝宗实录》卷一七三第六页第三行,第3154页。

御史史琳"①,雍正《陕西通志》卷八二弘治十三年八月记作"征虏大将军总兵保国公朱晖、提督军务都御史史琳及监督太监苗逵"。当作"监督"。

卷一百八十四页七上行八　广东按察司刘洪

[原校]旧校改"司"作"使"。

[新校]《明孝宗实录》弘治十二年七月丙寅记载"升浙江按察司副使刘洪为广东按察使"②。嘉靖《广东通志》卷七记载按察司按察使"刘洪"③。当作"按察使"。

卷一百八十五页四上行八　充右参将分守庄浪

[原校]三本"右"作"左"。

[新校]《明宪宗实录》成化十六年五月壬午"敕分守庄浪署都督同知鲁鉴充左参将兼守西宁地方"④,同书成化十七年十二月庚戌记载"署都督同知鲁鉴为左参将"⑤,成化十九年二月戊寅记载"命分守庄浪等处左参将署都督同知鲁鉴充甘肃副总兵"⑥。谈迁《国榷》卷三九戊寅记作"分守庄浪左参将署都督同知鲁鉴"⑦。当作"左参将"。

卷一百八十五页五上行十　都察院右都御史戴珊

[原校]抱本、阁本"右"作"左"是也。

[新校]《明孝宗实录》弘治十三年九月壬申、弘治十五年六月癸卯、弘治十八年正月己酉记作"都察院左都御史戴珊"⑧,李东阳《明故资德大夫正治上卿都察院左都御史赠太子太保谥恭简戴公墓志铭》记载"庚申(十三年)复召为左都御史,公益自检律,务持风纪"⑨。过庭训《本朝分省人物考》卷五九记载戴珊"十三年召改左都御史,掌院事"⑩。当为"左都御史"。

卷一百八十六页一上行三　湖广布政司参议夏昂

[原校]三本参上有"右"字,是也。

[新校]《明孝宗实录》弘治七年十月庚辰记载升"礼科左给事中夏昂

---

① 《明孝宗实录》卷一七九第一页下第一行,第3294页。
② 《明孝宗实录》卷一五二第二页下第七行,第2684页。
③ 嘉靖《广东通志》卷七,《四库全书存目丛书》第189册,第147页上。
④ 《明宪宗实录》卷二〇三第一页上第二行,第3551页。
⑤ 《明宪宗实录》卷二二二第二页下第五行,第3826页。
⑥ 《明宪宗实录》卷二三七第三页下第三行,第4028页。
⑦ (清)谈迁:《国榷》卷三九,中华书局,1958年,第2471页。
⑧ 《明孝宗实录》卷一六六第四页上第五行,第3023页;卷一八八第二页上第十二行,第3461页;卷二二〇第三页下第十一行,第4148页。
⑨ (明)李东阳:《李东阳集》文后稿二十七,岳麓书社,1985年,第3册,第399页。
⑩ (明)过庭训:《本朝分省人物考》卷五九,《续修四库全书》第534册,第625页下。

为湖广右参议"①,万历《湖广总志》卷一九记作"右参议"夏昂②。宜补"右"字。

卷一百八十六页一上行四　四川右参议

[原校]三本"右"作"左"。

[新校]《明孝宗实录》弘治六年八月乙亥记载升"户部郎中沙璧为四川左参议"③,嘉靖《四川总志》卷一记载"沙璧"弘治七年任"左参议"④。当为"左参议"。

卷一百八十七页十下行四　总陕西军务尚书

[原校]三本"总"下有"制"字,是也。

[新校]《明孝宗实录》弘治十四年九月甲辰记作"总制陕西固原等处军务"⑤,本书弘治十五年二月壬子记作"总制陕西军务户部尚书"⑥,本书弘治十六年二月己亥记作"总制陕西军务户部尚书"⑦,本书弘治十六年三月乙酉记作"总制陕西军务户部尚书"⑧。杨一清《关中奏议》卷七《为陈情乞恩辞免总制重任事》记作"杨一清总制陕西、延绥、宁夏、甘肃等处边务"⑨。万表《为调集各路军马防御虏寇事》记作"该总制陕西三边军务兵部尚书王琼"⑩。嘉靖《陕西通志》卷一九记作"总制",称秦纮"弘治十五年以户部尚书兼左副都御史总制陕西三边军务"⑪。当作"总制",补"制"字。

卷一百八十八页五上行十一　都察右副都御史王宗彝

[原校]三本"察"下有"院"字,旧校删"副"字。

[新校]《明孝宗实录》弘治十三年九月庚申记载"升兵部右侍郎兼都察院左佥都御史王宗彝为都察院右都御史"⑫,本书弘治十三年十一月丁丑记载"召经略边务都察院右都御史王宗彝回京"⑬,本书弘治十五年三月

---

① 《明孝宗实录》卷九三第八页上第二行,第1715页。
② 万历《湖广总志》卷一九,《四库全书存目丛书》史部第194册,第637页上。
③ 《明孝宗实录》卷七九第二页上第十一行,第1513页。
④ 嘉靖《四川总志》卷一,《北京图书馆古籍珍本丛刊》史部第42册,第31页下。
⑤ 《明孝宗实录》卷一七九第十页上第一行,第3311页。
⑥ 《明孝宗实录》卷一八四第三页下第十行,第3392页。
⑦ 《明孝宗实录》卷一九六第三页上第一行,第3609页。
⑧ 《明孝宗实录》卷一九七第七页上第一行,第3643页。
⑨ (明)杨一清:《杨一清集》,中华书局,2001年,第219页。
⑩ (明)万表:《皇明经济文录》卷三九,《四库禁毁书丛刊》集部第19册,第545页下。
⑪ 嘉靖《陕西通志》卷一九,《中国西北稀见方志续编》第1册,第375页上。
⑫ 《明孝宗实录》卷一六六第一页下第七行,第3018页。
⑬ 《明孝宗实录》卷一六八第五页上第十二行,第3055页。

辛巳记载"提督辽东军务都察院右都御史王宗彝乞还京"①。焦竑《国朝献征录》卷三六《礼部尚书王宗彝传》记作"晋右都御史,虏犯辽东,以宗彝提督军务"。当为"右都御史"。

卷一百八十八页五上行十一　户部右侍郎李孟旸

[原校]旧校"右"改作"左"。

[新校]《明孝宗实录》弘治十三年七月丙子记载"升户部右侍郎李孟旸为本部左侍郎"②,本书弘治十四年十月乙丑记作"户部左侍郎李孟阳(旸——引者注)"③,本书弘治十五年四月戊申记作"户部左侍郎李孟旸"④。雷礼《国朝列卿纪》卷三六《李孟旸》记载"升南京户部右侍郎改北,十三年转左"⑤。王世贞《弇山堂别集》卷五五《户部左右侍郎》记载"李孟旸,河南睢州人,由进士十一年任右,十三年转左"⑥。当为"户部左侍郎"。

卷一百八十九页三上行四　陕西右参政

[新校]《明宪宗实录》成化九年十一月甲午记载"升兵科给事中梁璟为陕西布政司左参政"⑦。李东阳《明故资政大夫南京户部尚书致仕梁公神道碑铭》记作"陕西布政司左参政"⑧。雷礼《国朝列卿纪》卷三〇记作"历陕西左参政"⑨。《本朝分省人物考》卷九九记载"擢陕西布政司左参政"⑩。当为"左参政"。

卷一百九十页五上行十二　户部左侍郎陈清

[原校]三本"左"作"右"。

[新校]《明孝宗实录》弘治十四年闰四月戊子记载"升抚治郧阳等处都察院右副都御史陈清为户部右侍郎,提督仓场"⑪,弘治十七年五月庚戌记载"户部左侍郎王俨、右侍郎陈清"⑫,弘治十七年八月甲戌记作"户部右侍郎陈清"⑬。雷礼《国朝列卿纪》卷三八记载陈清"十四年升户部右侍郎,

---

① 《明孝宗实录》卷一八五第三页下第三行,第3408页。
② 《明孝宗实录》卷一六四第十二页下第十一行,第2992页。
③ 《明孝宗实录》卷一八〇第五页下第四行,第3322页。
④ 《明孝宗实录》卷一八六第三页上第九行,第3423页。
⑤ (明)雷礼:《国朝列卿纪》卷三六,《续修四库全书》第522册,第589页上。
⑥ (明)王世贞:《弇山堂别集》卷五五,中华书局,1985年,第1026页。
⑦ 《明宪宗实录》卷一二二第一页下第二行,第2348页。
⑧ (明)李东阳:《李东阳集》文后稿十八,岳麓书社,1985年,第3册,第261页。
⑨ (明)雷礼:《国朝列卿纪》卷三〇,《续修四库全书》第522册,第493页上。
⑩ (明)过庭训:《本朝分省人物考》卷九九,《续修四库全书》第535册,第680页下。
⑪ 《明孝宗实录》卷一七七第五页上第七行,第3249页。
⑫ 《明孝宗实录》卷二一二第十三页下第九行,第3978页。
⑬ 《明孝宗实录》卷二一五第六页下第十一行,第4054页。

总督仓储"①。当作"右侍郎"。

卷一百九十页十二下行九　都察院右副都御史王轼

[新校]《明孝宗实录》弘治十四年七月癸亥记载:"命南京户部尚书王轼兼都察院左副都御史,往贵州提督军务。"②《明武宗实录》正德元年十一月辛卯王轼传记作:"时贵州米鲁叛,虏镇守内臣,杀方面等官,轼兼左副都御史,率兵剿平之。"③雷礼《国朝列卿纪》卷三四记作"十六年命兼左副都御史,提督贵州军务"④。李东阳《明故太子太保南京兵部尚书致仕赠少保王公墓志铭》记载:"值米鲁之乱势甚炽,特命公兼左副督御史统本镇……"⑤当为"左副都御史"。

卷一百九十二页一下行九　(张悦)历升江西按察司佥事浙江提调学校副使四川按察司丁忧服阕改湖广按察司使

[原校]旧校改"司"作"使"。

[新校]《明宪宗实录》成化六年十二月己未记载:"调江西按察司佥事张悦于浙江提调学校。"⑥同书成化十一年二月戊申记载升"浙江按察司佥事张悦"为四川按察司副使⑦,同书成化十四年春正月庚寅"升四川按察司副使张悦"为本司按察使⑧。正德《松江府志》卷二九记载:"张悦字时敏……历刑部主事员外郎,迁江西按察佥事,改浙江提督学校,升四川副使,湖广按察使。"⑨曹时中《资政大夫太子少保南京兵部尚书赠太子太保谥庄简张公悦墓志铭》记作:"成化己丑,转佥江西,政声丕著,知公者以学行俱优,荐统两浙学政……两转而为四川按察使,丁太夫人忧终丧,补湖广。"⑩过庭训《本朝分省人物考》卷二五《张悦》记载:"升江西佥事,持大体,不事苛察,寻改浙江提学……成化十四年升四川副使。"⑪张悦所任乃江西、浙江佥事,四川副使,按察使,疑当作"佥事,四川按察司副使、按察使"。待考。

---

① (明)雷礼:《国朝列卿纪》卷三八,《续修四库全书》第522册,第609页上。
② 《明孝宗实录》卷一七六第九页下第五行,第3224页。
③ 《明武宗实录》卷一九第四页上第十行,第565页。
④ (明)雷礼:《国朝列卿纪》卷三四,《续修四库全书》第522册,第553页下。
⑤ (明)李东阳:《李东阳集》文后稿二十八,岳麓书社,1985年,第3册,第406页。
⑥ 《明宪宗实录》卷八六第五页上第三行,第1665页。
⑦ 《明宪宗实录》卷一三八第六页上第五行,第2593页。
⑧ 《明宪宗实录》卷一七四第七页上第七行,第3149页。
⑨ 正德《松江府志》卷二九,《四库全书存目丛书》史部181册,第794页上。
⑩ (明)焦竑:《国朝献征录》卷四二,《四库全书存目丛书》史部第102册,第224页下。
⑪ (明)过庭训:《本朝分省人物考》卷二五,《续修四库全书》第533册,第512页下。

卷一百九十二页一下行十　进都察院佥都御史

[原校]抱本"佥"上有"右"字。

[新校]《明宪宗实录》成化二十年六月丁丑记载"升湖广按察使张悦为右佥都御史"①，同书成化二十二年八月甲午、成化二十三年三月壬子记载"右佥都御史张悦"②，同书成化二十三年秋七月丙寅记载"升右佥都御史张悦为工部右侍郎"③。本条省略"右"字不为误，可补"右"字。

卷一百九十三页二上行十二　詹事府兼学士等官吴宽等

[原校]抱本、阁本无"府"字，是也。

[新校]徐学聚《国朝典汇》卷二八记载"詹事等官吴宽等各带一束大红衣三袭"④，张元忭《馆阁漫录》卷八记载"詹事兼学士等官吴宽等各带一束大红衣三袭"⑤。当作"詹事"。

卷一百九十四页六上行四　杨一清为都察院右副都御史

[原校]广本"右"作"左"。

[新校]日本内阁文库藏本记作"左副都御史"。雷礼《国朝列卿纪》卷一二七记载杨一清"以右副都御史督理马政"⑥，过庭训《本朝分省人物考》卷一一四"杨一清"下记作"马政废弛，乃迁右副都御史督理茶马"⑦。而《明世宗实录》嘉靖九年九月甲寅杨一清传记载"升左副都御史，督理陕西茶马"⑧。谢纯《杨文襄公事略》记载："入为太常少卿，迁南京太常卿，荐升左副都御史，督理陕西茶马。"⑨杨一清《关中奏议》卷一记作"督理马政都察院左副都御史杨一清题"⑩。当为"左副都御史"。

卷一百九十六页一下行八　镇守贵州都指挥使颜玉

[原校]抱本、阁本无"使"字。

[新校]《明孝宗实录》弘治十五年三月甲申记载："升分守松潘署都指挥佥事颜玉为署都督佥事……充总兵官，镇守贵州。"⑪同书弘治十七年八

---

① 《明宪宗实录》卷二五三第四页下第四行，第4282页。
② 《明宪宗实录》卷二八一第八页上第二行，第4747页；二八八第三页下第一行，第4868页。
③ 《明宪宗实录》卷二九二第十四页下第十二行，第4964页。
④ （明）徐学聚：《国朝典汇》卷二八，《四库全书存目丛书》史部第264册，第675页下。
⑤ （明）张元忭：《馆阁漫录》卷八，《四库全书存目丛书》史部第259册，第16页下。
⑥ （明）雷礼：《国朝列卿纪》卷一二七，《续修四库全书》第524册，第147页下。
⑦ （明）过庭训：《本朝分省人物考》卷一一四，《续修四库全书》第536册，第316页下。
⑧ 《明世宗实录》卷一一七第八页下第十二行，第2778页。
⑨ （明）谢纯：《杨文襄公事略》，民国云南丛书本。
⑩ （明）杨一清：《杨一清集》，中华书局2001年，第1页。
⑪ 《明孝宗实录》卷一八五第四页上第五行，第3409页。

月壬戌记载"贵州总兵官署都督佥事颜玉"①。"都指挥使"疑误。

卷一百九十六页八下行八　陈璚为南京都察院右副都御史

[原校]抱本、阁本"右"作"左"。

[新校]《明武宗实录》弘治十八年十一月壬辰记作"南京都察院左副都御史陈璚"②，同书正德元年九月丙戌陈璚传记载"再升南京都察院左副都御史兼管操江"③。过庭训《本朝分省人物考》卷二〇记载陈璚"再升南京都察院左副都御史兼管操江"④。雷礼《国朝列卿纪》卷七七记作"南京都察院左佥都御史、左副都御史"⑤。当为"左副都御史"。

卷一百九十六页十一下行十二　山西右参政

[新校]焦竑《国朝献徵录》卷五九《都察院右副都御史刘瑀传》征引本书，记作"山西右参政"⑥。而《明宪宗实录》成化二十年二月辛酉记载升直隶苏州府知府刘瑀为山西布政司"左参政"⑦，成化二十二年六月乙酉记载"(山西)布政司左参政刘瑀降四川保宁府知府"⑧。当以"左参政"为是。

卷二百〇一页九上行一　南京都察院右佥都御史

[原校]三本"右"作"左"。

[新校]《明宪宗实录》成化十七年三月丙子记载："升南京大理寺右少卿白昂为南京都察院左佥都御史兼督巡江"⑨，同书成化十七年十一月壬午记载"南京都察院左佥都御史白昂九年考满，升本院右副都御史仍兼督巡江"⑩。李东阳《明故光禄大夫柱国太子太傅刑部尚书致仕赠特进太保谥康敏白公墓志铭》、王鏊《光禄大夫柱国太子太傅刑部尚书谥康敏白公行状》、吴宽《白康敏公家传》皆记作"南京都察院左佥都御史"⑪。"右佥"当作"左佥"。

卷二百〇一页九下行三　右副都御史

[新校]王鏊《光禄大夫柱国太子太傅刑部尚书谥康敏白公行状》记作

---

① 《明孝宗实录》卷二一五第二页下第五行，第4046页。
② 《明武宗实录》卷七第七页下第九行，第222页。
③ 《明武宗实录》卷一七第四页上第七行，第511页。
④ (明)过庭训：《本朝分省人物考》卷二〇，《续修四库全书》第533册，第414页下。
⑤ (明)雷礼：《国朝列卿纪》卷七七，《续修四库全书》第523册，第458页上。
⑥ (明)焦竑：《国朝献徵录》卷五九，《四库全书存目丛书》史部第103册，第198页下。
⑦ 《明宪宗实录》卷二四九第一页下第七行，第4212页。
⑧ 《明宪宗实录》卷二七九第五页上第四行，第4701页。
⑨ 《明宪宗实录》卷二一三第一页上第三行，第3697页。
⑩ 《明宪宗实录》卷二二一第二页下第六行，第3816页。
⑪ (明)李东阳：《李东阳集》文后稿二十六，岳麓书社，1985年，第3册，第383页；(明)王鏊：《震泽集》卷二五，《文渊阁四库全书》第1256册，第393页上；(明)吴宽：《家藏集》卷五九，《文渊阁四库全书》第1255册，第558页下。

"右副都御史"①。而《明孝宗实录》弘治四年二月乙丑记作"(升)刑部左侍郎白昂为都察院右都御史"②,弘治六年八月丙寅记载"升都察院右都御史白昂为刑部尚书"③。李东阳《明故光禄大夫柱国太子太傅刑部尚书致仕赠特进太保谥康敏白公墓志铭》、吴宽《白康敏公家传》皆记作"右都御史"④。当作"右都御史"。

卷二百〇二页十下行八　成化十一年复召还宿卫

[新校]《明宪宗实录》成化十一年三月戊午记载:"应城伯孙继先既得罪夺爵,复连章奏辩不已。至是给事中参驳其妄奏之罪,都察院请逮治如律,诏宥之。"⑤《明功臣袭封底簿》记载:"天顺七年差往南京左府管事,成化九年七月内,准都察院咨该南京都察院等衙门,会问得孙继先犯该受财枉法满贯绞罪,题奉钦依'是孙继先贪暴僭妄,难再任用,革了爵,着闲住'。成化十三年十二月内,又准都察院咨该孙继先累奏复爵,本院覆题奉圣旨……'本难宽宥,但念他祖勋爵,着冠带闲住与半俸。'"⑥据上,本书此处所记时间成化十一年时,其尚未复爵。待考。

卷二百〇二页十一上行二　左佥都御史

[新校]《明孝宗实录》弘治十一年二月己卯记载"升南京大理寺右寺丞魏绅为都察院右佥都御史,提督雁门等关兼巡抚山西"⑦。《明武宗实录》正德元年春正月丁未记载"进都察院右佥都御史,巡抚山西"⑧。何乔新《巡抚山西都察院右佥都御史魏绅祭文》记载"戊午擢都察院右佥都御史,巡抚山西"⑨。《国榷》卷四三记载"壬戌巡抚山西左佥都御史魏绅为右副都御史,巡抚应天","己卯南京大理寺右寺丞魏绅为右佥都御史,提督雁门等关兼巡抚山西"。当作"右佥都御史"。

卷二百〇三页一上行七　浙江布政司右参政欧信

[原校]阁本"右"作"左"。

[新校]《明孝宗实录》弘治十二年八月戊戌记载"升户部郎中欧信为

---

① (明)王鏊:《震泽集》卷二五,《文渊阁四库全书》第1256册,第393页上。
② 《明孝宗实录》卷四八第五页下第五行,第968页。
③ 《明孝宗实录》卷七九第一页上第十行,第1511页。
④ (明)李东阳:《李东阳集》卷八六文后稿二十六,岳麓书社,1985年,第3册,第384页;(明)吴宽:《家藏集》卷五九,《文渊阁四库全书》第1255册,第559页下。
⑤ 《明宪宗实录》卷一三九第三页上第二行,第2599页。
⑥ 《明功臣袭封底簿》,《明代传记丛刊》第55册,第504~505页。
⑦ 《明孝宗实录》卷一三四第三页下第五行,第2358页。
⑧ 《明武宗实录》卷九第十三页下第三行,第296页。
⑨ (明)何乔新:《椒邱文集》外集,《文渊阁四库全书》第1249册,第555页上。

浙江布政司左参政"①。《明武宗实录》正德元年九月庚寅记载"右副都御史欧信卒。信字孚先，顺天府蓟州人……历浙江参政"②。雍正《浙江通志》卷一一八记载左参政"欧信，蓟州人"。过庭训《本朝分省人物考》卷二《欧信》记载"欧信字孚先，蓟州人……历浙江参政"。雷礼《国朝列卿纪》卷一二五记载欧信"顺天府蓟州人……升浙江左参政"③。当作"左参政"。

卷二百〇七页五上行七　致仕户部右侍郎许进

[新校]《明孝宗实录》弘治十一年十月丁丑记载"升户部右侍郎许进为本部左侍郎"④，同书弘治十三年四月乙巳记载"户部左侍郎许进兼都察院左佥都御史提督军务"⑤，嘉靖《辽东志》卷五《官师志》记载许进"拜户部左侍郎，火筛入寇，兼佥都御史提督宣大，操法益急，权豪甘心，行取回京，寻命致仕"⑥。过庭训《本朝分省人物考》卷九〇记载："丁巳转户部右侍郎……戊午转左侍郎……六月二日奉旨以参劾将官不与监督同议，行取回京。寻言者讪其畏怯，婴城日守，无功罢职，致仕。"⑦景旸《资德大夫正治上卿太子少保吏部尚书赠太子太保许公进墓志铭》记载"丁巳召为户部右侍郎，进左侍郎"⑧。"右侍郎"当作"左侍郎"。

卷二百一十一页十一下行四　礼部左侍郎王华

[新校]《明孝宗实录》弘治十七年五月己亥记作"礼部右侍郎王华"⑨。《明武宗实录》正德元年二月丁丑记作"礼部右侍郎王华"⑩，同书正德元年五月辛巳记载"升礼部右侍郎王华为本部左侍郎"⑪。按，王华此时尚未升任左侍郎。"左侍郎"当为"右侍郎"。

卷二百一十二页九上行十三　户部左侍郎郑纪

[新校]《明孝宗实录》弘治九年十一月甲辰记载"升南京太常寺卿郑纪为南京户部右侍郎"⑫，同书弘治十四年五月乙亥、弘治十七年七月丙

---

① 《明孝宗实录》卷一五三第四页上第四行，第2709页。
② 《明武宗实录》卷一七第五页上第一行，第513页。
③ （明）雷礼：《国朝列卿纪》卷一二五，《续修四库全书》第524册，第113页上。
④ 《明孝宗实录》卷一四二第四页下第八行，第2452页。
⑤ 《明孝宗实录》卷一六一第八页上第六行，第2895页。
⑥ 嘉靖《辽东志》卷五，《续修四库全书》第646册，第604页下。
⑦ （明）过庭训：《本朝分省人物考》卷九〇，《续修四库全书》第535册，第492页下。
⑧ （明）焦竑：《国朝献征录》卷二四，《四库全书存目丛书》史部第101册，第257页上。
⑨ 《明孝宗实录》卷二一二第九页上第三行，第3969页。
⑩ 《明武宗实录》卷一〇第十六页下第十二行，第332页。
⑪ 《明武宗实录》卷一三第一页上第六行，第389页。
⑫ 《明孝宗实录》卷一一九第一页上第四行，第2139页。

申、弘治十七年八月壬戌皆记作"南京户部右侍郎郑纪"①。《明武宗实录》正德三年十一月癸卯、过庭训《本朝分省人物考》卷七四、焦竑《国朝献征录》卷三一记作"升南京太常寺卿南京户部右侍郎,久之进本部尚书"②。"左侍郎"当为"右侍郎"。

卷二百一十三页六下行十二　左参将高瑛

[新校]《明孝宗实录》弘治十一年二月戊寅记载:"命扬州等处总督备倭武成中卫带俸署都指挥佥事高瑛充右参将,分守燕河营等处。"③同书弘治十四年四月丁亥记载:"先是虏犯蓟州马兰谷……罚分守右参将高瑛俸一月。"④本书弘治十六年七月癸酉⑤记载:"分守燕河营等处右参将署都指挥高瑛,分守马兰峪等处右参将指挥白琮各坐虏入境。"当为"右参将"。

卷二百一十五页一上行三　万全都指挥佥事陈雄

[新校]《明孝宗实录》弘治十七年七月庚寅记载召"宣府闲住都指挥同知陈雄"赴京待用⑥,同书⑦弘治十七年十二月丁卯记载命"都指挥同知陈雄扬威营"坐营。《明武宗实录》弘治十八年五月庚戌记载"都指挥同知陈雄"⑧。"佥事"疑当作"同知"。

卷二百一十九页二上行四　都察院右副都御史阎仲宇

[新校]《明孝宗实录》弘治十七年七月甲午记载"命都察院左副都御史阎仲宇往大同宣府,通政使司右参议熊伟往居庸等关"⑨。《明武宗实录》小传记载"寻升都察院右副都御史,巡抚湖广……晋左副都御史,未几命督理宣大边储"⑩。雷礼《国朝列卿纪》卷四八记载"召理院事,进左副都"⑪。"右副都御史"似应为"左副都御史"。

卷二百二十一页一上行十　山东右参政崔岩

[新校]《明孝宗实录》弘治十一年十月癸酉记载"升户部郎中崔岩为

---

① 《明孝宗实录》卷一七四第七页下第十二行,第3186页;卷二一四第三页下第十一行,第4026页;卷二一五第二页下第三行,第4046页。
② 《明武宗实录》卷四四第五页上第一行,第1013页;(明)过庭训:《本朝分省人物考》卷七四,《续修四库全书》第535册,第212页上;(明)焦竑:《国朝献征录》卷三一,《四库全书存目丛书》史部第101册,第526页下。
③ 《明孝宗实录》卷一三四第三页下第四行,第2358页。
④ 《明孝宗实录》卷一七三第五页下第十至十二行,第3152页。
⑤ 《明孝宗实录》卷二○一第三页第四行,第3730页。
⑥ 《明孝宗实录》卷二一四第一页上第四行,第4021页。
⑦ 《明孝宗实录》卷二一九第三页下第九行,第4120页。
⑧ 《明武宗实录》卷一第十六页下第二行,第32页。
⑨ 《明孝宗实录》卷二一四第二页下第十行,第4024页。
⑩ 《明武宗实录》卷九一第五页上第六至九行,第1943页。
⑪ (明)雷礼:《国朝列卿纪》卷四八,《续修四库全书》第523册,第8页下。

山东布政司左参政"①。同书弘治十五年七月戊戌记载"山东布政司左参政崔岩丁忧服阕,复除原任"②。嘉靖《山东通志》卷一〇《左参政》记载:"崔岩,郴州人,进士,户部郎中升任。"胡直《工部左侍郎崔公岩传》记载:"擢山东左参政……未几丁外艰,壬戌服阕,复原任。"③雷礼《国朝列卿纪》卷六五《工部左右侍郎行实》记载:"崔岩,字民瞻,湖广郴州人……(弘治)五年升山东左参政。"④当以"左参政"为是。

卷二百二十三页一下行二　南京行行司左副秦文

[**原校**]三本作"行人司左司副",是也。

[**新校**]过庭训《本朝分省人物考》卷五四《秦文》、焦竑《国朝献征录》卷九二郑度《河南左参政秦先生文墓志》载"(弘治)二年授南京行人司行人,三年转司副"⑤。徐象梅《两浙名贤录》卷三六《河南左参政秦从简文》载"授南京行人司行人,转司副"⑥。当作"行人司寺副"。

第四节　机构名称错误

包括行政、军事等各衙门,庙宇等宗教机构或场所名称错误,以及官员隶属机构错误。

卷七页十三下行九　运盐司

[**原校**]抱本作"盐运司"。

[**新校**]《明孝宗实录》弘治七年五月戊戌记载"给晋王钟铉河东运盐司食盐岁五十引"⑦,而同书成化二十三年九月壬寅记载即位诏中称"各处盐运司"⑧,据《诸司职掌·盐法》记载有"两浙盐运司""福建盐运司""山东盐运司""两淮盐运司"等。《大明律》卷八记作"凡守御官司及盐运司",万历《明会典》卷七《吏员》记作"盐运司"⑨,毕自严《度支奏议边饷

---

① 《明孝宗实录》卷一四二第三页上第二行,第2449页。
② 《明孝宗实录》卷一八九第七页上第八行,第3497页。
③ (明)焦竑:《国朝献征录》卷五一,《四库全书存目丛书》史部第102册,第639页上。
④ (明)雷礼:《国朝列卿纪》卷六五,《续修四库全书》第523册,第330页下。
⑤ (明)过庭训:《本朝分省人物考》卷五四,《续修四库全书》第534册,第501页下;(明)焦竑:《国朝献征录》卷九二,《四库全书存目丛书》史部第105册,第213页下。
⑥ (明)徐象梅:《两浙名贤录》卷三六,《续修四库全书》第543册,第301页下。
⑦ 《明孝宗实录》卷八八第二页上第十一行,第1623页。
⑧ 《明孝宗实录》卷二第四页上第一行,第15页。
⑨ 万历《明会典》卷七,中华书局,1989年,第49页上。

司》卷九记作"各盐运司旧课银"。当为"盐运司"。

卷七页十九下行八　灵宫

[原校]抱本作"灵济宫",是也。

[新校]姜洪《陈言疏》记载"去岁灵济宫修造甫毕"①。《明宪宗实录》成化二十二年九月戊申记载"太监韦兴奏灵济宫重建已成"②。刘侗《帝京景物略》卷四记作"灵济宫"。当补"济"字。

卷九页二上行七　瞿云寺西天佛子大国师班卓儿藏卜遣禅师桑尔加端竹等

[新校]日本内阁文库藏本记作"瞿云寺"。《明孝宗实录》弘治十五年三月戊子记有"陕西瞿云寺"③。《明宪宗实录》成化二十二年春正月戊辰记载"班着儿者,瞿昙寺灌顶大国师班卓儿藏卜之徒也"④,同书成化二十二年冬十月庚寅载"升西宁卫瞿昙寺灌顶大国师班卓儿藏卜西天佛子"⑤。《明孝宗实录》弘治二年十二月癸巳载"令瞿昙寺番僧完卜工葛领占袭其叔班卓儿藏卜灌顶国师职"⑥。以上记载班卓儿藏卜为瞿昙寺番僧。《明宪宗实录》成化十二年十一月辛酉有"西宁瞿昙寺禅师桑尔加端竹等"⑦,同书成化十五年十二月辛酉载"瞿昙寺禅师剌麻桑尔加端竹等并商州等簇番人着的等各来朝贡马"⑧。以上记载桑尔加端竹为瞿昙寺番僧。《明太祖实录》洪武二十六年二月壬寅载:"西宁番僧三剌贡马,先是三剌为书招降罕东诸部,又创佛刹于碾白南川以居其众。至是始来朝,因请护持及寺额,上赐名曰'瞿昙寺'。"⑨万历《明会典》卷一一二《给赐三》载:"陕西洮岷等处番僧到京并存留,每人赏折衣彩段一表……内瞿昙寺到京禅师加番僧衣一套。"⑩乾隆《甘肃通志》卷一二载"瞿昙寺在碾伯县南四十里,明洪武二十年建"。康敷镕《青海志》卷三寺院记作"瞿昙寺"。按,"瞿昙"为早期对释迦牟尼本姓的一种音译。"雲"与"曇"形近,"云"疑当作"昙"。

卷九页七下行三　大慈延福宫

[原校]广本"慈"下有"恩"字,是也。

---

① (明)陈子龙等:《明经世文编》卷一二二,中华书局,1962年,第1176页上。
② 《明宪宗实录》卷二八二第二页上第五行,第4755页。
③ 《明孝宗实录》卷一八五第五页下第五行,第3412页。
④ 《明宪宗实录》卷二七四第三页下第十行,第4616页。
⑤ 《明宪宗实录》卷二八三第六页上第八行,第4795页。
⑥ 《明孝宗实录》卷三三第二页下第四行,第724页。
⑦ 《明宪宗实录》卷一五九第六页上第六行,第2913页。
⑧ 《明宪宗实录》卷一九八第二页下第五行,第3478页。
⑨ 《明太祖实录》卷二二五第三页下第九行,第3300页。
⑩ 万历《明会典》卷一一二,中华书局1989年,第597页上。

［新校］日本内阁文库藏本记作"大慈延福宫"。《明孝宗实录》成化二十三年十一月庚戌记作"御制大慈延福宫碑"①，同书弘治十年九月庚申记载命以"昌平县庄地赐大慈延福宫凡一百五十顷"②。万历《顺天府志》卷二《寺观》记载大兴县"大慈延福宫，有敕建碑"③。钱大昕《潜研堂集》诗集卷五记载："中秋后五日同钱坤一侍讲王琴德、舍人曹来殷、蒋渔村二庶常过大慈延福宫。"于敏中《日下旧闻考》卷四八记载"大慈延福宫在思城坊齐化门大街，明成化中建，以奉天地水府三元之神"。《增御制重修三官神庙碑记》记载："思城坊有旧庙，直眸途者所颜榜曰大慈延福宫，所奉神曰三官之神，是明成化十八年建也。"由上，当为"大慈延福宫"，广本疑误。

卷十页十七上行十二　万命都指挥佥事杨荣

［原校］三本"命"作"全"，是也。

［新校］《明宪宗实录》成化十八年十二月庚寅记作"升美峪千户所带俸指挥杨荣为万全署都指挥佥事"④。《明孝宗实录》弘治三年四月壬辰记载"命万全都司都指挥同知杨荣充左参将，分守庄浪"⑤。陶承庆《文武诸司衙门官制》卷一记载"万全都司"⑥。当为"万全"。

卷十五页一上行三　子斌袭定僚卫指挥使

［原校］抱本、阁本"僚"作"辽"，疑是也。广本作"边"。

［新校］梁本记为"定辽卫"。据魏焕《皇明九边考》卷二《辽东镇·疆域》记载"洪武四年置定辽卫，八年改为辽东都司。"⑦《明一统志》卷二五、嘉靖《辽东志》卷一记载辽东都指挥使司下辖"定辽中、左、右、前、后卫"⑧等。"定边卫"据《明一统志》卷一记载，"在通州治西南，洪武三十五年添设"⑨。又据黄训《名臣经济录》卷五一记载漕河军卫中有"定边卫"。其他文献中未见"定僚卫"之记载。"僚"与"辽"形近，此处"僚"或为"辽"之误，待考。

卷二十页二上行三　改襄阳卫竹山守御千户所

［新校］顾祖禹《读史方舆纪要》卷七九记载："竹山守御千户所在竹山

---

① 《明孝宗实录》卷六第八页下第六行，第112页。
② 《明孝宗实录》卷一二九第五页下第三行，第2286页。
③ 万历《顺天府志》卷二，《四库全书存目丛书》史部第208册，第66页下。
④ 《明宪宗实录》卷二三五第十一页下第十行，第4012页。
⑤ 《明孝宗实录》卷三七第二页下第二行，第792页。
⑥ （明）陶承庆：《文武诸司衙门官制》卷一，《续修四库全书》第748册，第451页上。
⑦ （明）魏焕：《皇明九边考》卷二，《四库全书存目丛书》史部第226册，第29页下。
⑧ 《明一统志》卷二五，《文渊阁四库全书》第472册，第615页上；嘉靖《辽东志》卷一，《续修四库全书》第646册，第470页。
⑨ 《明一统志》卷一，《文渊阁四库全书》第472册，第18页上。

县东,成化八年置,俱属郧阳卫。"①万历《郧阳府志》卷一《沿革》记载"成化十二年都御史原杰因房、竹去襄郡旷远……以郧县城置郧阳府……竹溪县……郧西县并郧、房、竹山、上津凡六县仍隶"②,同书卷一五《兵政》记载"竹山守御千户所"成化八年设③。万历《襄阳府志》卷二三《兵政》记载仅"均州守御千户所(弘治十四年以前)原隶属襄阳卫"④,未记载竹山守御千户所。《明宪宗实录》成化七年十一月辛酉记载:"襄阳府竹山县城孤民少……乞敕兵部分调襄阳卫全伍军二百户,远安所全伍正军三百户,选调都司所属正副千户三员,百户五员创立公署。"⑤同书成化十二年十二月己丑记载:"开设湖广郧阳府,即其地设湖广行都司卫所及县。"⑥同书卷一六一成化十三年春正月戊午记载分隶"襄阳、安陆、郧阳七卫及德安、房县、均州、长宁、夷宁、枝江、远安、竹山八所于湖广行都司"⑦。由上可知竹山守御千户所位于竹山县境内,初设时似隶属襄阳卫,成化十二年设郧阳府及郧阳卫,此时竹山县改隶之,竹山守御千户所当亦改隶郧阳卫。此处所记"襄阳卫"疑误,待考。

卷二十三页四下行五　保定涿易良乡等仓

[原校]抱本"易"作"州",是也。

[新校]李贤《明一统志》卷一记载"涿州"隶属顺天府,同书卷一记载"良乡县隶属顺天府",同书卷二载"易州"隶属保定府。万历《顺天府志》卷一《疆域》载"涿州""良乡县"⑧。弘治《易州志》卷一《建制沿革》记载易州隶属保定府⑨。嘉靖《山东通志》卷八《田赋》记作"涿州常盈仓""保定府易州仓"等。由上可见涿州、良乡与保定府无隶属关系,此处当为并列三仓,分别为保定、涿州、良乡等仓。

卷二十三页五下行四　番禺县之狮子岭(巡检司)

[新校]梁本记作"狮子岭"。而嘉靖《广东通志初稿》卷六《沿革》记载从化县"以横潭旧治为狮岭巡检司"⑩,康熙《从化县志·建置沿革》载

---

① (清)顾祖禹:《读史方舆纪要》卷七九,中华书局,2005年,第3743页。
② 万历《郧阳府志》卷一,第100页。
③ 万历《郧阳府志》卷一五,第487页。
④ 万历《襄阳府志》卷二三,《四库全书存目丛书》史部211册,第370页下。
⑤ 《明宪宗实录》卷九八第九页下第七行,第1878页。
⑥ 《明宪宗实录》卷一六〇第四页上第八行,第2925页。
⑦ 《明宪宗实录》卷一六一第二页上第十行,第2949页。
⑧ 万历《顺天府志》卷一,《四库全书存目丛书》史部208册,第18页下、19页上。
⑨ 弘治《易州志》卷一,《天一阁藏明代方志选刊》第7册,本卷第5页。
⑩ 嘉靖《广东通志初稿》卷六,《四库全书存目丛书》史部189册,第118页下。

"狮岭巡检司"①,道光《广东通志》卷一三一《建置略七》载"狮岭巡检司署在县西南横潭街"②。万历《明会典》卷一三九《关津二》记载广东"狮岭巡检司"③,《文武诸司衙门官制》卷四记载番禺县"狮岭巡检司"④。或可作"狮岭",待考。

卷二十三页五下行四　南海县之慕德里（巡检司）

[新校]万历《明会典》卷一三九《关津二》记载慕德里巡检司隶"番禺县"⑤,清《番禺县志》卷一七《建置略四》载"慕德里司"⑥。嘉靖《广东通志初稿》卷一〇《公署》记载番禺县属巡检司"慕德里"⑦,而南海县所属巡检司中无慕德里巡检司。光绪《广州府志》卷六五《建置略二》记载:"慕德里巡检司署在(番禺)县北江村津头社河边。"⑧可见慕德里巡检司原隶番禺县。故本条所记疑误。

卷三十四页四下行九　刘大夏为广西右布政使

[原校]三本"西"作"东"。

[新校]《明孝宗实录》弘治五年三月辛巳记载"升广东布政司右布政使刘大夏为浙江左布政使"⑨。《明武宗实录》正德十一年五月庚戌其传记载"弘治己酉擢广东右布政使"⑩。《刘忠宣公年谱》卷二记载其任"广东右布政使"⑪。嘉靖《广东通志》卷七《秩官》记作右布政使"刘大夏,湖广华容人"⑫。"广西"当作"广东"。

卷三十六页一上行七　永宁宣府等司

[原校]三本"府"作"抚",是也。

[新校]《明一统志》卷七二记载四川境内有永宁宣抚司⑬。万历《明会典》卷一六《州县二》记作播州宣慰使司领"永宁宣抚司"⑭。嘉靖《四川总志》卷一四记作"永宁宣抚司"。曹学佺《蜀中广记》卷三六记作"永宁宣

---

① 康熙《从化县志》,《中国方志丛书》华南地方第 194 号,第 51 页。
② 道光《广东通志》卷一三一,《续修四库全书》第 672 册,第 90 页。
③ 万历《明会典》卷一三九,中华书局,1989 年,第 717 页下。
④ 《文武诸司衙门官制》,《续修四库全书》第 748 册,第 543 页下。
⑤ 万历《明会典》卷一三九,中华书局,1989 年,第 717 页下。
⑥ 清《番禺县志》卷一七,《中国方志丛书》华南地方第 48 号,第 205 页上。
⑦ 嘉靖《广东通志初稿》卷一〇,《四库全书存目丛书》第 189 册,第 195 页上。
⑧ 光绪《广州府志》卷六五,《中国方志丛书》华南地方第 1 号,第 105 页上。
⑨ 《明孝宗实录》卷六一第十二页上第六行,第 1183 页。
⑩ 《明武宗实录》卷一三七第八页上第十二行至第八页下第一行,第 2714 页。
⑪ (明)刘大夏:《刘大夏集》卷七,岳麓书社,2009 年,第 122 页。
⑫ 嘉靖《广东通志》卷七,《四库全书存目丛书》史部第 189 册,第 144 页上。
⑬ 《明一统志》卷七二,《文渊阁四库全书》第 473 册,第 545 页上。
⑭ 万历《明会典》卷一六,中华书局,1989 年,第 103 页下。

抚司"。当作"宣抚等司"。

卷三十八页二下行十　京畿总兵官

[原校]三本"畿"作"营",是也。

[新校]《明宪宗实录》天顺八年冬十月甲辰、同书成化六年春正月壬午及《明孝宗实录》弘治十三年五月甲寅朔记作"京营总兵营"①,《明孝宗实录》弘治十七年六月辛巳记作"京营总兵官"②。万历《明会典》卷一三四《营政通例》记作"仍用印信关防,设京营总兵官提督三营一员"③。当为"京营"。

卷三十八页六下行五　万命都司都指挥佥事张澄

[原校]三本"命"作"全",是也。

[新校]《明孝宗实录》弘治十一年八月辛卯记作"万全都司都指挥佥事张澄"④,《明武宗实录》正德三年五月壬戌记作"万全都指挥佥事张澄"⑤。当为"万全都司"。

卷四十八页二上行五　见营大庙后殿

[原校]阁本"大"作"太"。

[新校]日本内阁文库藏本记作"太庙后殿"。本卷壬子记载"以营建太庙后殿,遣保国公朱永、工部尚书贾俊董其役。"同书弘治四年四月辛亥记载"太庙后殿之建"⑥,弘治四年五月丁丑记载"拨京营官军营建太庙后殿"⑦,弘治五年五月癸酉记载"营建太庙后殿落成"⑧。倪岳《青溪漫稿》卷一一《礼仪一》记载"宪宗纯皇帝神主升祔,太庙后殿未及营建"⑨。按,"大"与"太"可通用,宜以"太庙"为准。

卷五十一页三下行十二　御药方太监覃文

[原校]阁本"方"作"房",是也。

[新校]王恕《王端毅奏议》卷一三《议太医院缺官奏状》记作"掌御药房司设监太监覃文"⑩,马文升《马端肃奏议》卷一二《追究庸医用药非宜明

---

① 《明宪宗实录》卷一〇第九页下第八行,第224页;《明宪宗实录》卷七五第一页上第十二行,第1437页;《明孝宗实录》卷一六二第一页上第四行,第2911页。
② 《明孝宗实录》卷二一三第七页下第九行,第4006页。
③ 万历《明会典》卷一三四,中华书局,1989年,第688页上。
④ 《明孝宗实录》卷一四〇第六页上第五行,第2435页。
⑤ 《明武宗实录》卷三八第五页上第十行,第903页。
⑥ 《明孝宗实录》卷五〇第二页上第五行,第1001页。
⑦ 《明孝宗实录》卷五一第一页上第四行,第1009页。
⑧ 《明孝宗实录》卷六三第一页上第十一行,第1207页。
⑨ (明)倪岳:《青溪漫稿》卷一一,《文渊阁四库全书》第1251册,第105页下。
⑩ (明)王恕:《王端毅奏议》卷一三,《文渊阁四库全书》第427册,第668页上。

正其罪事》记载"设御药房于内府"①，刘若愚《酌中志》卷一六《内府衙门职掌》记作"御药房提督太监正副二员"②。万历《明会典》卷二二四《太医院》记载："凡本院院使、院判、御医，日于内府御药房，分两班轮直供事。"③王圻《续文献通考》卷九一《职官考》记载"内府又有御药房"。当为"御药房"。

卷五十三页一下行六　都运盐使司同知

[原校]三本"运"上有"转"字，是也。

[新校]万历《明会典》卷四《官制三·外官》记载："各都转运盐使司，正官运使一员，同知一员。"④当补"转"字。

卷五十三页三上行十一　岷州卫大崇教事

[原校]抱本、阁本"事"作"寺"。

[新校]《明英宗实录》景泰七年三月甲戌记作"陕西岷州卫大崇教寺"⑤，《明宪宗实录》成化二十年五月丙午、《明武宗实录》正德十年五月乙未皆记作"岷州大崇教寺"⑥。欧阳铎《陕西番僧乞拨军匠护敕寺疏》记载"陕西都司岷州卫大崇教寺番僧"⑦，乾隆《甘肃通志》卷一二记作"大崇教寺在岷州东北四十里，明宣德元年敕建"。当为"大崇教寺"。

卷五十七页五下行十二　山西道监察御史何钧

[原校]三本"西"作"东"。

[新校]《明宪宗实录》成化十八年九月庚戌记载实授试监察御史"何钧"为山东道监察御史⑧。当作"山东道"。

卷六十三页六下行九　与夫藏在内阁每朝又各一部

[原校]阁本"阁"作"府"，是也。

[新校]丘濬《重编琼台稿》卷七《请访求遗书奏》记载"与藏在内府每帝又各有一部而已"⑨。《明经世文编》所载丘濬《访求遗书疏》及《礼部志

---

① （明）马文升：《马端肃奏议》卷一二，《文渊阁四库全书》第427册，第819页上。
② （明）刘若愚：《酌中志》卷一六，北京古籍出版社，1994年，第127页。
③ 万历《明会典》卷二二四，中华书局，1989年，第1104页下。
④ （明）王圻：《续文献通考》卷九一，中华书局，1989年，第21页下。
⑤ 《明英宗实录》卷二六四第二页上第八行，第5619页。
⑥ 《明宪宗实录》卷二五二第七页上第九行，第4269页；《明武宗实录》卷一二五第一页下第十一行，第2500页。
⑦ （明）陈子龙等：《明经世文编》卷二一二，中华书局，1962年，第2220页上。
⑧ 《明宪宗实录》卷二三二第三页上第十行至第三页下第一行，第3961~3962页。
⑨ （明）丘濬：《重编琼台稿》卷七，《文渊阁四库全书》1248册，第148页下。

稿》所载丘濬《隆重图书疏》均记作"藏在内阁"①。而本条上文已载"内阁所藏者……",此处当作"内府"。

卷六十八页一上行八　神机营右腋坐营

[原校]阁本"腋"作"掖",是也。

[新校]万历《明会典》卷一三四记载神机营"左掖坐营内臣一员、武臣一员……右掖坐营内臣一员、武臣一员"②。陆容《菽园杂记》卷五、陈全之《蓬窗日录》卷三记载神机营之制"若神机营,后征交趾得其神枪火箭之法,因立是营,亦有中军、左右掖、左右哨"。本书弘治十一年十一月甲辰记作"神机营右掖坐营"③,"右腋"当作"右掖"。

卷七十九页四下行二　该输万石仓粮

[原校]三本"石"作"全",是也。

[新校]嘉靖《山东通志》卷八《田赋·夏税》记载山东布政司所征小麦有输往"万全广盈仓",同卷《秋粮》记载所征粟米有输往"万全广盈仓"。当作"万全仓"。

卷八十三页五上行五　值郊坛斋暂免饮福

[原校]抱本、阁本无"坛"字。

[新校]倪岳《青溪漫稿》卷八《甲寅正月四日受誓戒恭陪庙祀和李学士西涯韵末尾》记载"时以方始郊斋诏罢饮福受胙之礼"④。按:"甲寅"即弘治七年,"郊斋"乃"郊祀斋居"之意,每年南郊祭祀天地,各官暂居斋宫,"郊坛"则为祭祀天地之场所。当作"郊斋"。

卷八十四页一下行四　鍾鼓司

[原校]旧校改"鍾"作"鐘"。

[新校]马文升《豫教皇储以隆国本事》记作"鐘鼓司"⑤,陈子龙《明经世文编》卷六二、唐鹤徵《皇明辅世编》卷三收录该奏疏,记作"鐘鼓司"⑥。刘若愚《酌中志》卷一六记载"鐘鼓司掌印太监一员……"⑦《汉语大字典》

---

① (明)陈子龙等:《明经世文编》卷七六,中华书局,1962年,第652页下;(明)俞汝楫:《礼部志稿》卷四六,《文渊阁四库全书》第597册,第862页下。
② 万历《明会典》卷一三四,中华书局,1989年,第685页下。
③ 《明孝宗实录》卷一四三第十三页上第三行,第2493页。
④ (明)倪岳:《青溪漫稿》卷八,《文渊阁四库全书》第1251册,第67页下。
⑤ (明)马文升:《马端肃奏议》卷一,《文渊阁四库全书》第427册,第711页下。
⑥ (明)陈子龙等:《明经世文编》卷六二,中华书局,1962年,第505页上;(明)唐鹤徵:《皇明辅世编》卷三,《续修四库全书》第524册,第560页下。
⑦ (明)刘若愚:《酌中志》卷一六,北京古籍出版社,1994年,第107页。

解释"鐘",专指佛寺悬挂的钟①。而同书解释"鍾"无此意,专指酒器、乐器②。当作"鐘"(即"钟")。

卷八十五页一下行七　前军都府都督同知吴英

[原校]三本"都"下有"督"字,是也。

[新校]《明孝宗实录》弘治十三年十二月甲辰记作"前军都督府带俸都督同知吴英"③。万历《明会典》卷二二七《五军都督府》记作"前军都督府"④。当补"督"字。

卷八十七页三下行三　陕西布政司左布政使沈晖

[新校]《明武宗实录》正德十三年九月辛亥沈晖传记记载:"明年转江西左布政使,甲寅(弘治七年——引者注)升都察院右副都御史抚治郧。"⑤《明孝宗实录》弘治四年五月丁丑记载升"广西布政司右布政使沈晖为江西左布政使"⑥。沈晖升任右副都御史后,本条下文第五页上第三行乙酉条记载:"升福建布政司右布政使叶萱为江西左布政使。"同书弘治三年五月壬戌记载"升浙江布政司左参政王衡为陕西左布政使"⑦。同书弘治七年六月甲戌记载"黜陕西左布政使王衡为民"⑧。嘉靖《江西通志》记载左布政使"沈晖""叶萱"⑨。嘉靖《陕西通志》卷一九《职官》记载左布政使"王衡""汪进"等,无"沈晖"之记载⑩。由上可知此时陕西左布政使另有其人,此处似当为"江西",待考。

卷九十四页三上行九　浙江宁海卫

[原校]阁本"宁海"作"海宁",误。

[新校]嘉靖《山东通志》卷一一《兵防》记载:"宁海卫在州治西,洪武二年置备御所,十年改为卫。"⑪万历《明会典》卷一二四《都司卫所》《诸司职掌》皆记载浙江都司下设"海宁卫",山东都司下设"宁海卫"⑫。《明一

---

① 《汉语大字典》,四川辞书出版社、崇文书局,2010年,第4258页。
② 《汉语大字典》,四川辞书出版社、崇文书局,2010年,第4232页。
③ 《明孝宗实录》卷一六九第八页上第三行,第3071页。
④ 万历《明会典》卷二二七,中华书局,1989年,第1114页下。
⑤ 《明武宗实录》卷一六六第三页下第十二行,第3212页。
⑥ 《明孝宗实录》卷五一第一页上第二行,1009页。
⑦ 《明孝宗实录》卷三八第五页上第五行,第809页。
⑧ 《明孝宗实录》卷八九第六页上第十二行至第六页下第一行,第1647~1648页。
⑨ 嘉靖《江西通志》,《四库全书存目丛书》史部第182册,第53页下。
⑩ 嘉靖《陕西通志》卷一九,《中国西北稀见方志续编》第1册,第390页上。
⑪ 嘉靖《山东通志》卷一一,《四库全书存目丛书》史部第188册,第64页。
⑫ 万历《明会典》卷一二四,中华书局,1989年,第637页上;《诸司职掌》,《续修四库全书》第748册,第718页上、下。

统志》卷二五记载登州府公署有"宁海卫"①,同书卷三九记载嘉兴府公署"海宁卫在海盐县治西"②。嘉靖《嘉兴府图记》卷三《邦制》记载"海宁卫,城内东北隅"。同书卷一九《列女》记载:"刘玺妻陆氏,名妙端,海盐人……夫亡,守节四十余年,弘治初诏表其门。"同书同卷记载:"胡继海妻骆氏,名玉润,海盐人,继海死玉……孀居六十余年,寿至八十,弘治初诏表其间。"疑当为"海宁卫"。

卷九十四页四上行一　通政使左通政

[原校]广本、抱本"使"作"司",是也。阁本作"使司"。

[新校]按:"通政司""通政使司"皆可。如本书弘治五年四月丁未记作"南京通政使司左通政郑纪"③,同书弘治六年七月丙午记作"南京通政司左通政郑纪"④。本条所记"通政使"当改作"通政司"。

卷九十四页六下行六　平奚卫指挥使

[原校]阁本"奚"作"溪",是也。

[新校]《明孝宗实录》弘治四年十月癸丑记载:"(命)平溪卫指挥使洪福守备靖州等处。"⑤《诸司职掌》记载湖广都司下设"平溪卫"⑥,《明一统志》卷六五记载"平溪卫在沅州城西南一百六十里"⑦,万历《明会典》卷一二四记作湖广都司下"平溪卫"⑧。万历《湖广总志》卷一三记作"平溪卫"⑨。当改"奚"为"溪"。

卷九十六页七上行十　中都留守

[原校]三本"守"下有"司"字,是也。

[新校]《明孝宗实录》弘治五年二月戊辰、弘治六年正月甲申、弘治六年十二月丙子皆记作"中都留守司都指挥佥事徐贤"⑩。当补"司"字。

卷一百六页六下行十二　良乡县磁家务店巡检司

[新校]万历《明会典》卷一三八《关津一》记载"房山县磁家务巡检司

---

① 《明一统志》卷二五,《文渊阁四库全书》第472册,第600页上。
② 《明一统志》卷三九,《文渊阁四库全书》第472册,第976页上。
③ 《明孝宗实录》卷六二第一页下第七行,第1194页。
④ 《明孝宗实录》卷七八第三页上第十一行,第1501页。
⑤ 《明孝宗实录》卷五六第三页下第一行,第1084页。
⑥ 《诸司职掌》,《续修四库全书》第748册,第721页上。
⑦ 《明一统志》卷六五,《文渊阁四库全书》第473册,第374页下。
⑧ 万历《明会典》卷一二四,中华书局,1989年,第641页上。
⑨ 万历《湖广总志》卷一三,《四库全书存目丛书》第194册,第519页下。
⑩ 《明孝宗实录》卷六〇第八页下第十一行,第1158页;卷七一第三页下第六行,第1336页;卷八三第三页上第十二行,第1561页。

(新添)"①。万历《顺天府志》卷二《营建志》记载房山县"磁家务巡检厅",同书卷四《政事志》记载房山县磁家务巡检一员。陶承庆《文武诸司衙门官制》卷一载有"房山县磁家务巡检司"②。雍正《畿辅通志》卷二六记载房山县有"磁家务巡检司",在磁家务,知县马永亨建。同书卷四〇记载磁家务在房山县北二十里有巡司。疑为"房山县磁家务巡检司"。

卷一百十二页二下行七　东山仑河泊所

[原校]阁本"东山"作"山东"。

[新校]嘉靖《湖广图经志书》卷五记载孝感县"东山沧河泊所在县东一十里"③,万历《大明会典》卷三六各河泊衙门记载孝感县"东山沧河泊所,万历七年革"④。万历《湖广总志》卷一三记载"东山沧河泊所"在孝感县东⑤。疑当作"东山沧"。

卷一百十八页二上行三　掌锦衣卫镇抚司事指挥佥事韩璟……在宣抚司颇能自守

[原校]三本"宣"作"镇",是也。

[新校]《明宪宗实录》成化二十二年七月丁巳记载命锦衣卫副千户"韩璟"于镇抚司理刑⑥。《明孝宗实录》弘治五年三月乙未记载锦衣卫镇抚司"韩璟"乞改授卫镇抚职衔⑦。当作"镇抚司"。

卷一百十九页一上行九　至若军中大旗六军视为进退者

[原校]阁本"军中"作"中军"。

[新校]同页第七行记载:"京营开操而中军大旗悬曳不起。"沈德符《万历野获编》卷二九《弘治异变》记载弘治九年十月"京营开操,中军大旗曳之不起"⑧。当作"中军"。

卷一百二十二页二下行四　龙虎山上清宫神药观祖师殿

[原校]旧校改"药"作"乐"。

[新校]徐溥《奏为视朝事》、张元忭《馆阁漫录》卷八、陈子龙《明经世文编》卷六五徐溥《论时政疏》、张廷玉《明史》卷一八一《徐溥传》均记作

---

① 万历《明会典》卷一三八,中华书局,1989年,第703页上。
② (明)陶承庆:《文武诸司衙门官制》卷一,《续修四库全书》第748册,第445页上。
③ 雍正《畿辅通志》卷二六,《日本藏中国罕见地方志丛刊》,第427页上。
④ 万历《明会典》卷三六,中华书局,1989年,第262页下。
⑤ 万历《湖广总志》卷一三,《四库全书存目丛书》史部第194册,第510页上。
⑥ 《明宪宗实录》卷二八〇第三页下第三行,第4720页。
⑦ 《明孝宗实录》卷六一第十五页上第十一行,第1189页。
⑧ (明)沈德符:《万历野获编》卷二九,中华书局,1959年,第740页。

"神乐观"①。当作"神乐观"。

卷一百二十五页一上行四　静乐县闹㴖驿

[原校]阁本"㴖"作"泥"。会典与馆本同。

[新校]万历《明会典》卷二二记载山西布政使司有"闹泥驿仓"②。陶承庆《文武诸司衙门官制》卷二记载崞县有"闹泥驿"③。张泰阶《北征小草》卷八有"过闹泥驿"、卷一〇有"闹泥驿道中"。而梁本记作"闹㴖驿"。成化《山西通志》卷四记载："闹㴖驿属静乐县。"④万历《明会典》卷一四五水马驿记载山西崞县"闹㴖驿"⑤，廖希颜《三关志》地里总考记载宁武关"东南五十里为闹㴖驿"⑥，佚名《大明官制》卷二记载崞县有"闹㴖驿"。按，"㴖"同"泥"，此处似不误，待考。

卷一百四十五页八下行五　山西副使刘宇俱为按察使宇本司

[新校]《明孝宗实录》弘治十三年六月甲午记作"山东按察司按察使刘宇"⑦，同卷戊申条记载："（升）山东按察使刘宇为都察院右参（佥）都御史巡抚大同。"⑧《明武宗实录》正德七年五月癸酉记载刘宇"转广东按察副使，寻改山西，升山东按察使"⑨。嘉靖《山东通志》卷一〇记载按察使"刘宇"。《明史》卷三〇六记载刘宇"累迁山东按察使"⑩。雍正《山西通志》所载按察使无"刘宇"此人。此处所记"本司"即"山西按察司"，疑误。

卷一百五十页八上行十　甲子等库

[原校]阁本"子"作"字"，是也。

[新校]万历《明会典》卷三〇《库藏·内府库》记作"甲字库"⑪，刘若愚《酌中志》卷一六《内府衙门职掌》记作"甲字库"⑫，张学颜《万历会计录》卷一《岁入》记作"甲字库"，何士晋《工部厂库须知》卷三记作"甲字库"。当作"甲字"。

---

① （明）徐溥：《谦斋文录》卷一，《文渊阁四库全书》第1248册，第535页上；（明）张元忭：《馆阁漫录》卷八，《四库全书存目丛书》第259册，第2页下；（明）陈子龙等：《明经世文编》卷一五，中华书局，1962年，第551页下；（清）张廷玉等：《明史》卷一八〇，中华书局，1974年，第4806页。
② 万历《明会典》卷二二，中华书局，1989年，第144页下。
③ （明）陶承庆：《文武诸司衙门官制》卷二，《续修四库全书》第748册，第475页上。
④ 成化《山西通志》卷四，《四库全书存目丛书》史部第174册，第96页下。
⑤ 万历《明会典》卷一四五，中华书局，1989年，第743页。
⑥ （明）廖希颜：《三关志》，《续修四库全书》第738册，第695页上。
⑦ 《明孝宗实录》卷一六三第四页下第八行，第2944页。
⑧ 《明孝宗实录》卷一六三第十三页下第十一行，第2962页。
⑨ 《明武宗实录》卷八七第十一页下第一行，第1878页。
⑩ （清）张廷玉等：《明史》卷三〇六，中华书局，1974年，第7837页。
⑪ 万历《明会典》卷三〇，中华书局，1989年，第220页下。
⑫ （明）刘若愚：《酌中志》卷一六，北京古籍出版社，1994年，第115页。

卷一百五十五页十六下行一　车骑铺巡检司

[新校]嘉靖《彰德府志》卷三《建置志》记作"车骑巡检司在州北三十里冈上"①。万历《明会典》卷一三九《关津》记载"彰德府磁州车骑关巡检司"②。顾炎武《肇域志》卷二八《河南府》记载"车骑关巡检司在(磁)州北三十里"。雍正《河南通志》卷一一《巡检司六》记作"曰车骑关……"③。张廷玉《明史》卷四二记载磁州"北有车骑关巡检司"④。似当为"车骑关巡检司"。

卷一百六十二页九下行十一　熊翀为兵部右侍郎

[新校]《明武宗实录》正德五年十一月壬戌记作熊翀"庚申(弘治十三年)升工部右侍郎"⑤。《明孝宗实录》弘治十三年七月辛酉记载升"工部右侍郎熊翀"为本部左侍郎⑥,同书弘治十三年九月丙寅记载"改工部左侍郎熊翀为兵部左侍郎"⑦。嘉靖《陕西通志》卷一九记载熊翀"升工部右侍郎"⑧。《国朝献征录》卷三一喻时《资政大夫南京户部尚书熊公翀墓志铭》记载:"是年以工部右侍郎召……行间改兵部左侍郎。"⑨"兵部"当为"工部"。

卷一百七十一页十上行十　济川卫指挥佥事王喜

[原校]抱本、阁本"川"作"州"。

[新校]万历《明会典》卷一二四记载南京见设卫所"济川卫"⑩。同书卷一二四都司卫所记作"济州卫"。守备山海关者多从济州卫指挥中选任,如《明孝宗实录》弘治元年六月庚子载命"济州卫指挥同知申宁守备山海关,以都指挥体统行事"⑪。当作"济州卫"。

卷一百七十五页一上行四　户科给事中丛兰

[新校]《明孝宗实录》弘治十三年十二月壬午记载升"户科给事中丛兰"为兵科右给事中⑫,弘治十四年正月己卯记作"兵科右给事中丛兰"⑬。

---

① 嘉靖《彰德府志》卷三,《天一阁藏明代方志选刊》第45册,第10页。
② 万历《明会典》卷一三九,中华书局,1989年,第714页下。
③ 雍正《江南通志》卷一一,《文渊阁四库全书》第535册,第311页上。
④ (清)张廷玉等:《明史》卷四二,中华书局,1974年,第992页。
⑤ 《明武宗实录》卷六九第四页上第三行,第1523页。
⑥ 《明孝宗实录》卷一六四第五页上第一行,第2977页。
⑦ 《明孝宗实录》卷一六六第二页上第一行,第3019页。
⑧ 嘉靖《陕西通志》卷一九,《中国西北方志续编》第1册,378页上。
⑨ (明)焦竑:《国朝献征录》卷三一,《四库全书存目丛书》史部第101册,第527页下。
⑩ 万历《明会典》卷一二四,中华书局,1989年,第644页上。
⑪ 《明孝宗实录》卷一五第五页上第八行,第367页。
⑫ 《明孝宗实录》卷一六九第一页上第三行,第3057页。
⑬ 《明孝宗实录》卷一七〇第十二页下第九行,第3100页。

加之本书此处丛兰所奏为选军之事,"户科"当为"兵科"。

卷一百七十五页八下行十　兵杖局成造神器

[原校]三本"杖"作"仗",是也。

[新校]万历《明会典》卷一九三《军器军装二》记作"兵仗局"①。刘若愚《酌中志》卷一六记作"兵仗局掌印太监一员"②。郑晓《吾学编》卷六六《皇明百官述卷下》记载:"凡局六,曰兵仗局,掌御用兵器并督造刀甲等。"③本书弘治十三年六月丙午记作"命兵仗局造神臂弓及飞枪等军器"④。马文升《成造坚利甲兵以防边患事》记作"奏准行移内府兵仗局成造"⑤。当作"兵仗局"。

卷一百八十五页四下行八　原职金吾左卫指挥使

[原校]抱本、阁本"左"作"右"。

[新校]《明武宗实录》正德三年五月丙寅记作"金吾右卫指挥使卢英"⑥,同书正德六年十二月庚寅记作"金吾右卫署都指挥佥事卢英"⑦,同书正德十年五月辛丑记作"金吾右卫署都指挥佥事卢英"⑧。《明宪宗实录》成化二年春正月己酉记作"金吾右卫带俸都指挥佥事卢钦"⑨,成化十九年冬十月丁卯记作"金吾右卫带俸都指挥使卢钦"⑩。当为"金吾右卫"。

卷一百八十八页十上行四　江西布政司左布政使孙需

[新校]《明孝宗实录》弘治十三年九月甲戌记载:"升浙江按察司按察使孙需为浙江布政司左布政使。"⑪此时江西左布政使由周宏担任,本书弘治十三年九月己巳记载:"升四川布政司右布政使周宏……为左布政使,宏江西。"⑫后周宏丁忧离任,弘治十五年六月丁巳记载升"江西布政司右布政林泮为本司左布政使"⑬。雍正《浙江通志》卷一一八记载左布政使"孙需,字孚吉,德兴人"。嘉靖《江西通志》卷三记载左布政使中无孙需此

---

① 万历《明会典》卷一九三,中华书局,1989年,第976页上。
② (明)刘若愚:《酌中志》卷一六,北京古籍出版社,1994年,第110页。
③ (明)郑晓:《吾学编》卷六六,《续修四库全书》第425册,第153页下。
④ 《明孝宗实录》卷一六三第十三页下第六行,第2962页。
⑤ (明)马文升:《马端肃奏议》卷八,《文渊阁四库全书》第427册,第783页上。
⑥ 《明武宗实录》卷三八第七页上第二行,第907页。
⑦ 《明武宗实录》卷八二第七页上第二行,第1779页。
⑧ 《明武宗实录》卷一二五第五页上第七行,第2507页。
⑨ 《明宪宗实录》卷二五第三页上第十行,第485页。
⑩ 《明宪宗实录》卷二四五第三页上第三行,第4153页。
⑪ 《明孝宗实录》卷一六六第五页上行四,第3025页。
⑫ 《明孝宗实录》卷一六六第三页下第七行,第3022页。
⑬ 《明孝宗实录》卷一八八第八页上第十一行,第3473页。

人①。费宏《费文宪公摘稿》卷一六《资政大夫南京吏部尚书赠太子太保谥清简孙公需传》、焦竑《国朝献征录》卷二七《资政大夫南京吏部尚书赠太子太保谥清简孙公需传》、过庭训《本朝分省人物考》卷五九记载孙需："弘治庚申(十三年)升浙江左布政使……第治行又首及公,还浙未浃旬,擢都察院右副都御史,巡抚河南。"②嘉靖《江西通志》卷九《饶州府·人物》记载孙需历任"浙江左布政使,弘治壬戌升右副都御史"③。按,孙需为江西饶州府人,似不可就任江西左布政使一职,此处疑当为"浙江布政司"。

卷一百九十四页一下行九　常驻其地方户员外郎徐键
[**原校**]旧校改"方户"作"户部"。
[**新校**]徐日久《五边典则》卷一五、徐学聚《国朝典汇》卷一五九记载新募之兵"常驻其地,户部员外郎徐键……"④当作"户部"。

第五节　庙号、封号等称号错误

本节涉及的称号类包括庙号、封号、谥号、王府名称、宗教人物称号等。

卷八页一下行九　熙宗以下神位
[**原校**]抱本作"熙祖",是也。
[**新校**]《明太祖实录》洪武元年春正月乙亥记作:"皇祖考尊号曰裕皇帝,庙号熙祖。"⑤本条第一页下第四行记载:"熙祖皇帝以下御座各以次递迁。"万历《明会典》卷八七《奉祧》记载"弘治十八年奉祧熙祖居左第一室"⑥。夏言《会议九庙规制疏》记载"德祖居中,懿祖居东第一庙,熙祖居西第一庙,仁祖居东第二庙"⑦。"熙宗"为明太祖祖父之庙号,当为"熙祖"。

卷十一页十三下行三　秦府镇国安王
[**原校**]旧校删"国"字。

---

① 嘉靖《江西通志》卷三,《四库全书存目丛书》史部第182册,第54页上。
② (明)费宏:《费文宪公摘编》卷一六,明嘉靖刻本;(明)焦竑:《国朝献征录》卷二七,《四库全书存目丛书》史部第101册,第387页上;(明)过庭训:《本朝分省人物考》卷五九,《续修四库全书》第534册,第629页上。
③ 嘉靖《江西通志》卷九,《四库全书存目丛书》史部第182册,第416页下。
④ (明)徐日久:《五边典则》卷一五,《四库禁毁书丛刊》史部第26册,第354页上;(明)徐学聚:《国朝典汇》卷一五九,《四库全书存目丛书》史部第266册,第371页下。
⑤ 《明太祖实录》卷二五第二页下第一行,第480页。
⑥ 万历《明会典》卷八七,中华书局,1989年,第505页下。
⑦ (明)陈子龙等:《明经世文编》卷二〇三,中华书局,1962年,第2126页上。

[新校]《明宪宗实录》成化四年五月戊辰载"秦王庶长子诚泳为镇安王"①。郑晓《吾学编·同姓诸王传》卷一、焦竑《国朝献征录》卷一载:"诚泳,成化四年以镇安王嗣,在位十一年卒。"②此处乃秦府镇安王,当删"国"字。

卷十二页六下行五　江州王府

[原校]旧校改"州"为"川"。

[新校]《明宪宗实录》成化七年二月丙寅记作"岷府江川恭惠王庶长子镇国将军音垼为江川王。"③同书成化十年九月丙寅记载:"岷王音垽奏,镇国将军音垫以兄江川王迁居宝庆府,乞仍留武冈州守故父恭惠王坟茔。"④同书成化十六年夏四月壬子载封"惠恭王庶第二子镇国将军音垫为江川王"⑤。《明一统志》卷六三《宝庆府》记有"江川王府"⑥,无"江州王"之记载。当为"江川王府"。

卷十二页七下行十一　赐晋府辅国将军成铿

[新校]据《皇明祖训·礼仪》载宗室命名晋王位下为"济美钟奇表",代王位下为"逊仕成聪俊"⑦。《明孝宗实录》弘治十四年丙寅载代辅国将军"成铿庶长子曰聪澹"⑧,同书弘治四年十一月乙未载:"赐代府辅国将军成鉾、成钅丫……晋府辅国将军奇濞、奇浅、奇溾……诰命冠服如制。"⑨郭良翰《明谥纪汇编》卷一一记载"代府灵丘王成钗(弘治)"⑩,同书卷一二记载"代府饶阳王成鏊(成化)"⑪,同书同卷记作"代府昌化王成锾(正德)"⑫。故此处"晋府"疑作"代府"。

卷十三页六下行八　金玉关真君

[原校]三本"关"作"阙",是也。

[新校]本条下文(页三处)记作"金玉阙"。俞汝楫《礼部志稿》卷八四《会议厘正神祀》、张萱《西园闻见录》卷一〇六《毁淫祠》、张九功《正祀

---

① 《明宪宗实录》卷五四第四页上第八行,第1097页。
② (明)郑晓:《吾学编》,《续修四库全书》第424册,第241页下;(明)焦竑:《国朝献征录》卷一,《四库全书存目丛书》史部第100册,第16页下。
③ 《明宪宗实录》卷八八第四页上第十二行,第1713页。
④ 《明宪宗实录》卷一三三第三页上第六行,第2507页。
⑤ 《明宪宗实录》卷二〇二第一页上第七行,第3539页。
⑥ 《明一统志》卷六三,《文渊阁四库全书》第473册,第345页上。
⑦ 《皇明祖训》,《四库全书存目丛书》史部264册,175页下至176页上。
⑧ 《明孝宗实录》卷一七六第十一页下第十二行,第3228页。
⑨ 《明孝宗实录》卷五七第十一页下第六行,第1114页。
⑩ (明)郭良翰:《明谥纪汇编》,《文渊阁四库全书》第651册,第522页下。
⑪ (明)郭良翰:《明谥纪汇编》,《文渊阁四库全书》第651册,第549页上。
⑫ (明)郭良翰:《明谥纪汇编》,《文渊阁四库全书》第651册,第533页下。

典疏》、谈迁《国榷》弘治元年四月庚戌记载"有金玉阙真君、元君神父、神母之祭"①。由上可知,当为"金玉阙真君"。

卷十三页十二上行四　丰伯曹振提督操江

[原校]三本"丰"下有"润"字,是也。

[新校]程敏政《赠丰润伯曹公奉敕总南京操江兵序》记载:"弘治纪元之岁……而操江之帅阙用,廷臣公议,命丰润伯曹公赐玺书以行。"②《明功臣袭封底簿》记载:"(天顺四年)丰润伯曹义病故,子曹璘先故,由璘庶长男曹振袭封。"③《明英宗实录》天顺四年秋七月戊寅记载:"命故丰润伯曹义孙振袭封丰润伯。"④《明孝宗实录》弘治二年五月壬申载"掌南京前军都督府事丰润伯曹振卒"⑤,同书弘治三年二月庚子记载"命故丰润伯曹振之子恺袭伯爵"⑥。郑汝璧《皇明功臣封爵考》卷五《丰润伯曹义传》载"(曹义)子麟先卒,麟庶子振嗣伯"⑦。由上可判断当为"丰润伯"。

卷十五页十上行三　谥曰靖僖

[新校]《国榷》弘治元年六月癸丑载:"辽府衡阳王豪墭薨,年五十三,谥靖僖。"⑧而郭良翰《明谥纪汇编》卷一一记载衡阳王豪墭谥"僖靖"⑨,《弇山堂别集》卷七四亦记作"僖靖"⑩。《明孝宗实录》弘治四年四月庚申记作"辽府衡阳王恩鐟薨,王,僖靖王长子"⑪,同书弘治五年十月己酉记载册封"辽府衡阳僖靖王孙宠淹为衡阳王"⑫。由上可知,疑作"僖靖"。

卷十六页五上行一　吉王聪注

[新校]按:《皇明祖训》"聪"字为代府名下宗室成员命名所用。查《明宪宗实录》成化十三年九月甲申"吉王见浚之国"⑬,《明孝宗实录》弘

---

① (明)俞汝楫:《礼部志稿》卷八四,《文渊阁四库全书》第598册,第510页下;(明)张萱:《西园闻见录》卷一〇六,《明代传记丛刊》第124册,第822页;(明)张九功:《正祀典疏》,《四库禁毁书丛刊》史部第7册,第483页下;(清)谈迁:《国榷》卷四一,中华书局,1958年,第2566页。
② (明)程敏政:《篁墩文集》卷二七,《文渊阁四库全书》第1252册,第475页。
③ 《明功臣袭封底簿》,《明代传记丛刊》第55册,第58页。
④ 《明英宗实录》卷三一七第一页下第十二行,第6608页。
⑤ 《明孝宗实录》卷二六第三页下第十行,第584页。
⑥ 《明孝宗实录》卷三五第五页上第六行,第761页。
⑦ (明)郑汝璧:《皇明功臣封爵考》卷五,《四库全书存目丛书》史部258册,第511页上。
⑧ (清)谈迁:《国榷》卷四一,中华书局,1958年,第2569页。
⑨ (明)郭良翰:《明谥纪汇编》卷一一,《文渊阁四库全书》第651册,第530页下。
⑩ (明)王世贞:《弇山堂别集》卷七四,中华书局,1985年,第1405页。
⑪ 《明孝宗实录》卷五〇第三页上第二行,第1003页。
⑫ 《明孝宗实录》卷六八第四页上第三行,第1293页。
⑬ 《明宪宗实录》卷一七〇第七页下第九行,第3086页。

治四年二月辛酉载"吉王见浚"①，焦竑《国朝献征录》卷二记载吉王见浚"嘉靖六年卒"②。《明宪宗实录》成化十九年九月戊申记载册封代王"第四子聪注为吉阳王"③。《明谥纪汇编》卷一一载"代府吉阳王聪注"④。《弇山堂别集》卷七二、《国朝典汇》卷一二四皆记作"代府吉阳王聪注"⑤。当补"阳"字。

卷二十六页六下行二　周府临江王

[原校]旧校改"江"为"汝"。

[新校]《明英宗实录》天顺三年秋七月戊子载"周王第十三子子砖为临汝王"⑥。《明一统志》卷二六《开封府·藩封》载"临汝王府"⑦。俞汝楫《礼部志稿》卷七三《王封禄秩》记载周府"临汝王"⑧。王圻《续文献通考》卷一四九《皇明郡王谥》记作"周临汝王子专弘治中谥端懿"⑨。其他文献中未见周府郡王中称"临江王"者。当为"临汝王"。

卷三十页三上行十一　（安瀰）安定王

[新校]王世贞《弇山堂别集》卷七四记作"周府安定王安瀰"⑩。《明孝宗实录》弘治四年十月壬子记作"定王安瀰薨"⑪，《国榷》弘治四年十月壬子记载"周府定安王安瀰薨"。而《明孝宗实录》弘治三年十一月丁未记作"定安王安㴦"⑫，万历《开封府志》卷六记载"定安怀简……安瀰"。郭良翰《明谥纪汇编》卷一二怀简记作"周府定安王安瀰"⑬，王圻《续文献通考》卷一四九《谥法考》记作"周定安王安瀰"。⑭"安定王"当作"定安王"，"安瀰"与"安㴦"孰是待考。

卷三十页六下行三　封瑾顶国师

[原校]广本、阁本"瑾"作"灌"，是也。

---

① 《明孝宗实录》卷四八第四页上第七行，第 965 页。
② （明）焦竑：《国朝献征录》卷二，《四库全书存目丛书》史部第 100 册，第 82 页上。
③ 《明宪宗实录》卷二四四第六页下第二行，第 4138 页。
④ （明）郭良翰：《明谥纪汇编》卷一一，《文渊阁四库全书》第 651 册，第 528 页上。
⑤ （明）王世贞：《弇山堂别集》卷七二，中华书局，1985 年，第 1369 页；（明）徐学聚：《国朝典汇》卷一二四，《四库全书存目丛书》史部第 266 册，第 30 页下。
⑥ 《明英宗实录》卷三〇五第二页下第九行，第 6436 页。
⑦ 《明一统志》卷二六，《文渊阁四库全书》第 472 册，第 634 页上。
⑧ （明）俞汝楫：《礼部志稿》卷七三，《文渊阁四库全书》第 598 册，第 237 页上。
⑨ （明）王圻：《续文献通考》卷一四九，《续修四库全书》第 765 册，第 34 页下。
⑩ （清）谈迁：《国榷》卷四二，中华书局，1958 年，第 1425 页。
⑪ 《明孝宗实录》卷五六第二页下第一行，第 1082 页。
⑫ 《明孝宗实录》卷四五第七页上第九行，第 917 页。
⑬ （明）郭良翰：《明谥纪汇编》，《文渊阁四库全书》第 651 册，第 550 页下。
⑭ （明）王圻：《续文献通考》卷一四九，《续修四库全书》第 765 册，第 35 页上。

[新校]《明一统志·外夷·西番》、万历《明会典·属番》记作"蕃僧有封灌顶国师"①。王圻《续文献通考》卷二三七《四裔考·西夷》记作"灌顶国师"。当作"灌顶国师"。

卷三十三页五上行六　潞成王

[新校]李贤《明一统志》卷二一记载藩封有"潞城王府",《明孝宗实录》弘治三年七月庚申记载"代府潞城王仕堞薨"②,同书弘治五年十月己西记载册封"代府潞城安简王嫡长子成鏋为潞城王"③,正德《大同府志》卷三《宗藩》记载"潞城王府"在府治东南④。当为"潞城王"。

卷三十五页九下行八　代府镇国将军钟铴奇浥奇澫

[新校]《明孝宗实录》弘治三年三月乙丑记载赐"晋府镇国将军奇澫"冠命诰服⑤,同书弘治五年四月甲子记载赐"晋府镇国将军奇浥嫡长子名"⑥,《明宪宗实录》成化十年三月丁亥记载赐"方山王钟铤、镇国将军钟铴……奇浥"诰命冠服⑦。根据《皇明祖训》,钟、奇皆为代王位下排名,方山王等人属晋府,"代府"当作"晋府"。

卷三十六页二上行二　沂国宗圣公庙祀

[新校]郭子章《圣门人物志》卷一二记载"宗圣曾子旧封郕国宗圣公,述圣子思子旧封沂国述圣公",宗圣公墓在嘉祥县。费宏《资政大夫南京工部尚书张公宪墓志铭》记载张宪任山东参政时,见"宗圣公墓在嘉祥芜秽弗治",命有司修葺⑧。述圣公墓则在曲阜,陈镐《阙里志》卷四记载"子思墓在宣圣墓相去数十步"⑨,李贤《明一统志》卷二三记载"子思墓,在宣圣墓南"⑩,冯云鹓《圣门十六子书》子思子书卷五记载"述圣子思子墓在先圣墓南相去数十步,墓前有碑镌沂国述圣公墓",谈迁《国榷》卷四二记载"给嘉祥曾子庙田十六顷有奇,复其徭"。"沂国宗圣公"疑误,似当作"郕国宗圣公",待考。

---

① 《明一统志》卷八九,《文渊阁四库全书》第473册,第879页上;万历《明会典》卷一二五,中华书局1989年,第647页下。
② 《明孝宗实录》卷四〇第三页上第一行,第833页。
③ 《明孝宗实录》卷六八第四页上第六行,第1293页。
④ 正德《大同府志》卷三,《四库全书存目丛书》史部第186册,第239页下。
⑤ 《明孝宗实录》卷三六第六页下第六行,第782页。
⑥ 《明孝宗实录》卷六二第六页上第十一行,第1203页。
⑦ 《明宪宗实录》卷一二六第一页下第十一行,第2398页。
⑧ (明)焦竑:《国朝献征录》卷五二,《四库全书存目丛书》史部第102册,第692页上。
⑨ (明)陈镐:《阙里志》卷四,明嘉靖刻本。
⑩ 《明一统志》卷二三,《文渊阁四库全书》第472册,第540页下。

卷三十七页三下行十　仁宗淳皇帝

[原校]三本"宗"作"祖",是也。

[新校]万历《明会典》卷八九《忌辰》记载仁祖淳皇帝忌辰为"四月十六日"①。《明太祖实录》洪武元年春正月乙亥载"皇考尊号曰淳皇帝庙号仁祖"②。《明孝宗实录》弘治元年四月己酉记载"仁祖淳皇帝忌辰,上祭奉先殿"③,同书弘治二年四月甲辰记载"仁祖淳皇帝忌辰,上祭奉先殿"④。当作"仁祖"。

卷三十八页四下行十一　恭夫人坟墓

[原校]三本"恭"下有"慎"字,是也。

[新校]王恕《议修芦沟河官不当升职奏状》记作"造恭慎夫人坟茔"⑤,《明宪宗实录》成化十九年五月丙辰记载"赠宫人韩氏为恭慎夫人,命内官赐祭工部造坟"⑥。当为"恭慎"。

卷四十一页五下行八　应承伯孙继先

[原校]旧校改"承"作"城"。

[新校]《明英宗实录》景泰七年八月甲寅、《明英宗实录》天顺六年十二月庚午、《明宪宗实录》成化十一年三月戊午、《明孝宗实录》弘治二年七月辛酉、《明孝宗实录》弘治十六年八月辛酉均记作"应城伯孙继先"⑦。《明功臣袭封底簿》记作"应城伯"⑧。郑汝璧《皇明功臣封爵考》卷三记载应城伯记载孙继先"景泰三年四月二十二日袭爵"⑨。当作"应城伯"。

卷四十二页四上行六　襄成伯李鏙

[新校]《明名臣袭封底簿》记作"襄城伯"⑩,弘治二年六月李鏙袭封伯爵。《明孝宗实录》弘治三年四月丙午、弘治八年三月丁未、弘治十一年

---

① 万历《明会典》卷八九,中华书局,1989年,第512页上。
② 《明太祖实录》卷二九第二页下第二行,第480页。
③ 《明孝宗实录》卷一三第六页下第二行,第304页。
④ 《明孝宗实录》卷二五第四页下第十二行,第566页。
⑤ (明)王恕:《王端毅奏议》卷一二,《文渊阁四库全书》第427册,第653页上。
⑥ 《明宪宗实录》卷二四〇第五页下第二行,第4070页。
⑦ 《明英宗实录》卷二六九第四页下第十行,第5702页;《明英宗实录》卷三四七第二页下第六行,第6994页;《明宪宗实录》卷一三九第三页上第二行,第2599页;《明孝宗实录》卷二八第一页下第九行,第606页;《明孝宗实录》卷二〇二第十页下第五行,第3768页。
⑧ 《明名臣袭封底簿》,《明代传记丛刊》第55册,第503页。
⑨ (明)郑汝璧:《皇明功臣封爵考》卷三,《四库全书存目丛书》史部第258册,第423页下至第424页上。
⑩ 《明名臣袭封底簿》,《明代传记丛刊》第55册,第491页。

五月壬寅记作"襄城伯李黼"①。郑汝璧《皇明功臣封爵考》卷三记作"襄城伯"②,程敏政《太子太保襄城侯李公寿诗序》载其祖上"受封襄城伯"③。当为"襄城伯"。

卷四十二页四上行十一　宁津怀王

[原校]阁本、抱本"怀"下有"康"字,是也。

[新校]《明孝宗实录》弘治四年四月甲寅记载:"代府宁津王聪㴲薨,王怀康王嫡长子。"④同书弘治九年十一月乙丑记作"代府宁津怀康王"⑤,郭良翰《明谥纪汇编》卷一二载"代府宁津王成鏒"谥号"怀康"⑥,王世贞《弇山堂别集》卷三五记载"宁津怀康王成鏒",王圻《续文献通考》卷一四九记载"宁津王成冬(鏒)成化中谥怀康"⑦,《国朝典汇》卷一二四载宁津王成鏒谥号"怀康"⑧。当为"怀康王"。

卷四十二页四上行十一　聪㴲为宁王

[原校]三本"宁"下有"津"字,是也。

[新校]《明孝宗实录》弘治四年四月甲寅记载"代府宁津王聪㴲"⑨,王世贞《弇山堂别集》卷三五载宁津"怀庄王聪㴲"⑩。按,此处乃代府下郡王,当补"津"字。

卷四十五页三上行三　庆成王府临颖县主

[原校]阁本"颖"作"颍",是也。

[新校]《明英宗实录》正统五年三月庚申记作"临颖县主"⑪,万历《开封府志》卷九《口赋》记作"临颖县"。而《明英宗实录》正统十一年五月戊子载"周府临颍县主"⑫,《明孝宗实录》弘治三年二月辛亥载"庆府临颍郡主并仪宾毛伟"⑬。万历《开封府志》卷三沿革记作"临颖县",《明一统志》

---

① 《明孝宗实录》卷三七第五页下第六行,第798页;卷九八第八页上第七行,第1803页;卷一三七第二页上第一行,第2389页。
② (明)郑汝璧:《皇明功臣袭爵考》卷三,《四库全书存目丛书》史部258册,第415页。
③ (明)程敏政:《篁墩文集》卷二五,《文渊阁四库全书》第1252册,第444页上。
④ 《明孝宗实录》卷五〇第二页上第九行,第1001页。
⑤ 《明孝宗实录》卷一一九第四页上第七行,第2145页。
⑥ (明)郭良翰:《明谥纪汇编》卷一二,《文渊阁四库全书》第651册,第550页上。
⑦ (明)王圻:《续文献通考》卷一四九,《续修四库全书》第765册,第38页下。
⑧ (明)徐学聚:《国朝典汇》卷一二四,《四库全书存目丛书》史部266册,第36页上。
⑨ 《明孝宗实录》卷五〇第二页上第九行,第1001页。
⑩ (明)王世贞:《弇山堂别集》卷三五,中华书局,1985年,第619页。
⑪ 《明英宗实录》卷六五第八页下第二行,第1252页。
⑫ 《明英宗实录》卷一四一第六页下第十行,第2794页。
⑬ 《明孝宗实录》卷三五第九页上第八行,第769页。

卷二六记载"临颍县在(许)州城南六十里"①。当作"临颍"。

卷四十七页二上行三　谥曰忠懿

[原校]抱本、阁本"忠"作"惠"。

[新校]嘉靖《宁夏新志》卷一记作"安化惠懿王",郭良翰《明谥纪汇编》卷一二记载"庆府安化王秩炵"谥"惠懿"②,焦竑《国朝献征录》卷一《庆王传》记载:"秩炵,庆靖王第四子,永乐十九年封安化王,谥惠懿。"③王圻《续文献通考》卷一四九、王世贞《弇山堂别集》卷三五④记作"惠懿"。当为"惠懿"。

卷五十页一下行十　镇国将军成鍢

[原校]三本"镇"作"辅"。广本、抱本"鍢"作"鍚",阁本作"锚"。

[新校]《明宪宗实录》成化十年三月戊子载"赐潞城王仕𡒄弟镇国将军仕均……第五子名成锚"⑤。《明孝宗实录》弘治十四年七月丙寅载赐代府辅国将军"成鍢嫡长子曰聪淹"⑥,同书弘治五年四月甲子记载赐"乐昌王府辅国将军成鍢第二子名曰聪㶇"⑦。同书弘治七年十一月己丑记载赐"代府奉国将军聪溁诰命冠服如制"⑧。由上可见当为"辅国将军","鍢"与"鍚"孰是,待考。

卷五十一页五下行十　恭让皇后

[原校]三本"皇"上有"章"字,是也。

[新校]《明英宗实录》天顺七年闰七月甲子记作"恭让诚顺康穆静慈章皇后"⑨。万历《明会典》卷四四《忌辰朝仪》记载"十一月初五日恭让章皇后忌辰"⑩,郭良翰《明谥纪汇编》卷四记作"恭让章皇后"⑪。郑晓《吾学编·大政记》卷七记载:"(天顺七年)七月尊谥静慈仙师胡氏为恭让章皇后。"⑫当补"章"字。

---

① 《明一统志》卷二六,《文渊阁四库全书》第427册,第630页下。
② (明)郭良翰:《明谥纪汇编》卷一二,《文渊阁四库全书》第651册,第533页上。
③ (明)焦竑:《国朝献征录》卷一,《四库全书存目丛书》史部第100册,第43页上。
④ (明)王世贞:《弇山堂别集》卷三五,中华书局,1985年,第623页。
⑤ 《明宪宗实录》卷一二六第二页上第六行,第2399页。
⑥ 《明孝宗实录》卷一七六第十一页下第十一行,第3228页。
⑦ 《明孝宗实录》卷六二第六页下第四行,第1204页。
⑧ 《明孝宗实录》卷九四第二页下第二行,第1722页。
⑨ 《明英宗实录》卷三五五第四页上第六行,第7097页。
⑩ 万历《明会典》卷四四,中华书局,1989年,第313页下。
⑪ (明)郭良翰:《明谥纪汇编》卷四,《文渊阁四库全书》第651册,第486下。
⑫ (明)郑晓:《吾学编》卷七,《续修四库全书》第424册,第175页下。

卷五十一页六上行三　赵府浴川王

[原校]旧校改"浴"作"洛"。

[新校]《明英宗实录》景泰元年十一月丁卯记载封"赵王第五子祁钅翁为洛川王"①,《明宪宗实录》成化二十一年八月丙午记载封"赵府洛川靖懿王嫡长子见渥为洛川王"②,郭良翰《明谥纪汇编》卷一二记载"赵府洛川王见渥"③。何乔远《名山藏》卷三九记载:"洛川王祁钅翁,钅翁薨子见渥嗣,渥薨,子佑架嗣。"王世贞《弇山堂别集》卷七三《康定》记载"赵府洛川王佑架(架)"④。王圻《续文献通考》卷一四九记载:"赵洛川王祁长成化中谥靖懿,靖懿王子见屋正德末谥荣恪。"⑤《明一统志》卷二八下载"洛川王府"⑥。"浴川"当为"洛川"。

卷五十一页六上行四　炅丘王府辅国将军成钺

[原校]阁本作"灵川"。

[新校]日本内阁文库藏本记作"灵丘王府"。《明孝宗实录》弘治十三年七月壬戌载代府"辅国将军成钺"⑦,《明武宗实录》正德四年二月乙丑记作"灵丘王府镇国(辅国)将军成钺"⑧,同书正德五年春正月甲戌记作"灵丘王府辅国将军成钺"⑨。《山西通志》卷四记载:"灵丘王府……代简王第六王子分封。"⑩赵敏《大明灵丘荣顺王墓志铭》记作"代府灵丘王实系太祖高皇帝一世孙代简王之六子"⑪。而"灵川王"则为沈王世系。《国朝献征录》卷一《沈王传》载"铨钵初封灵川王,谥恭懿"⑫。王圻《续文献通考》卷一四九《谥法考》记作"沈灵川王"⑬。本条"炅"字误,当为"灵"。

卷五十五页四下行八　赐曲王府辅国将军奇溤

[原校]旧校改"赐"作"阳"。

[新校]《明孝宗实录》弘治十二年正月乙丑记作晋府辅国将军"奇

---

① 《明英宗实录》卷一九八第十页下第一行,第4216页。
② 《明宪宗实录》卷二六九第七页上第七行,第4553页。
③ (明)郭良翰:《明谥纪汇编》卷一二,《文渊阁四库全书》第651册,第544下。
④ (明)王世贞:《弇山堂别集》卷七三,中华书局,1985年,第1397页。
⑤ (明)王圻:《续文献通考》卷一四九,《续修四库全书》第765册,第43页下。
⑥ 《明一统志》卷二八,《文渊阁四库全书》第472册,第690页。
⑦ 《明孝宗实录》卷一六四第五页下第一行,第2978页。
⑧ 《明武宗实录》卷四七第一页下第三行,第1062页。
⑨ 《明武宗实录》卷五九第三页下第五行,第1310页。
⑩ 《山西通志》卷四,《四库全书存目丛书》史部第174册,第82页下。
⑪ (明)焦竑:《国朝献征录》卷一,《四库全书存目丛书》史部第100册,第39页下。
⑫ (明)焦竑:《国朝献征录》卷一,《四库全书存目丛书》史部第100册,第56页下。
⑬ (明)王圻:《续文献通考》卷一四九,《续修四库全书》第765册,第42页下。

馮"①。晋王位下有"阳曲王",据成化《山西通志》卷四记载:"阳曲王府在平阳府城内。"《明一统志》卷二〇记作"阳曲王府"②,俞汝楫《礼部志稿》卷七三记载晋府分封郡王"阳曲王"③。可知"赐曲"当作"阳曲"。

卷五十五页五下行五　汝正府于河南之卫辉

[原校]三本"正"作"王",是也。

[新校]《明孝宗实录》弘治十一年闰十一月丙子记载:"免河南中牟、原武等县首领官明年朝觐,以巡抚等官奏修治汝王府第也。"④焦竑《国朝献征录》卷二、郑晓《吾学编·同姓诸王传》卷三记载:"汝王祐梈封卫辉弘治十四年之国。"⑤王圻《续文献通考》卷一四八记载:"汝王讳祐亨(梈),宪宗第十一子。"当为"汝王府"。

卷六十三页八上行三　卫圣安僖夫人

[新校]《明孝宗实录》弘治六年四月丙申记载改杨荣为锦衣卫都指挥佥事管事,"荣,卫圣恭僖夫人之侄也"⑥,同书弘治八年三月己丑记载赐杨荣祭葬"以荣姊保母卫圣恭僖夫人恩也"⑦,同书弘治十六年八月丙申记载"升锦衣卫指挥使杨玉为都指挥佥事,仍旧管事,玉之姑卫圣恭僖夫人,上保母也"⑧,罗玘《圭峰集》卷一三《故内官监太监白公墓道碑》记载白江曾预营"卫圣恭僖夫人"冢⑨。当作"卫圣恭僖夫人"。

卷六十六页二下行二　周府清河王同镏

[新校]《明宪宗实录》成化十二年三月壬戌记载册封"周王第七子同镛(当作镏)为河清王"⑩,《明孝宗实录》弘治四年五月乙未记载赐周府河清王庶长子名曰"安沈"⑪,同书弘治七年三月壬子记载"周府河清王同镏薨,王懿王第七子"⑫。万历《开封府志》卷六记载"河清昭和王讳同镏",郭良翰《明谥纪汇编》卷一一记载"周府河清王同镏"谥昭和⑬,王世贞《弇

---

① 《明孝宗实录》卷一四六第二页下第二行,第2560页。
② 《明一统志》卷二〇,《文渊阁四库全书》第472册,第450页上。
③ (明)俞汝楫:《礼部志稿》卷七三,《文渊阁四库全书》第598册,第236页下。
④ 《明孝宗实录》卷一四四第三页下第十行,第2512页。
⑤ (明)焦竑:《国朝献征录》卷二,《四库全书存目丛书》史部第100册,第92页上;(明)郑晓:《吾学编》卷三,《续修四库全书》第424页,第269页下。
⑥ 《明孝宗实录》卷七四第一页第三行,第1377页。
⑦ 《明孝宗实录》卷九八第二页上第六行,第1791页。
⑧ 《明孝宗实录》卷二〇二第一页第五行,第3749页。
⑨ (明)罗玘:《圭峰集》卷一三,《文渊阁四库全书》第1259册,第178页上。
⑩ 《明宪宗实录》卷一五一第六页下第四行,第2765页。
⑪ 《明孝宗实录》卷五一第五页下第十一行,第1018页。
⑫ 《明孝宗实录》卷八六第六页上第七行,第1607页。
⑬ (明)郭良翰:《明谥纪汇编》卷一一,《文渊阁四库全书》第651册,第518页下。

山堂别集》卷三四《周府》记载"河清昭和王同镠",卷七十二记载"周府河清王同镠"①,俞汝楫《礼部志稿》卷七三记载周府下有"河清王"②。当作"河清王"。

卷六十六页七上行八　上高王府瑞昌王宸

[新校]《明宪宗实录》天顺八年九月戊午记载册封"宁王庶长子觐均为上高王"③,本书弘治五年十月己酉记载"册封宁府上高王觐钧为宁王"④,本书弘治七年十月戊辰册封"宁府庶长子镇国将军宸濠为上高王"⑤。按,"宸瀫"为瑞昌王,与上高王同为郡王。据《礼部志稿》卷七三记载宁府下郡王有"瑞昌王"⑥。疑当作"宁府瑞昌王",待考。

卷六十七页二上行十　韩府镇国将军徵错徵镰徵钚

[新校]《明孝宗实录》弘治元年二月庚申、弘治二年九月庚辰记作"韩府辅国将军徵镰"⑦,同书弘治元年三月丙戌记作"辅国将军徵镰"⑧,同书弘治元年六月丁未、弘治三年十月甲戌记作"韩府辅国将军徵错"⑨,同书弘治十二年十二月戊子记载韩府"辅国将军徵错嫡第六子曰偕潏,徵镰庶第六子曰偕浑,徵钚嫡长子曰偕潮"⑩。三人皆是辅国将军。"镇国"当作"辅国"。

卷六十八页十下行六　赵府汤滋王

[原校]广本"滋"作"阴",是也。

[新校]李贤《明一统志》卷二八、陶承庆《文武诸司衙门官制》卷二、俞汝楫《礼部志稿》卷七三皆记载赵府下有"汤阴王府"⑪,未见汤滋王相关记载。《明孝宗实录》弘治元年九月丙子记载册"赵府汤阴庄僖王嫡长子见准为汤阴王"⑫,同书弘治二年二月丙辰记作"赵府汤阴王庶长子名曰祐

---

① (明)王世贞:《弇山堂别集》卷三四,中华书局,1985年,第606页;卷七二,第1354页。
② (明)俞汝楫:《礼部志稿》卷七三,《文渊阁四库全书》第598册,第237页上。
③ 《明宪宗实录》卷九第一页下第十一行,第194页。
④ 《明孝宗实录》卷六八第三页下第十行,第1292页。
⑤ 《明孝宗实录》卷九三第五页上第十二行,第1709页。
⑥ (明)俞汝楫:《礼部志稿》卷七三,《文渊阁四库全书》第598册,第241页上。
⑦ 《明孝宗实录》卷一一第十三页下第四行,第262页;卷三〇第七页下第五行,第678页。
⑧ 《明孝宗实录》卷一二第八页下第八行,第284页。
⑨ 《明孝宗实录》卷一五第七页下第七行,第372页;卷四四第七页下第四行,第902页。
⑩ 《明孝宗实录》卷一五七第一页下第十行,第2812页。
⑪ (明)李贤:《明一统志》卷二八,《文渊阁四库全书》第472册,第690页下;(明)陶承庆:《文武诸司衙门官制》卷二,《续修四库全书》第748册,第496页下;(明)俞汝楫:《礼部志稿》卷七三,《文渊阁四库全书》第598册,第239页上。
⑫ 《明孝宗实录》卷一八第四页下第五行,第434页。

橡"①。当作"汤阴王"。

卷六十八页十下行八　唐府……汤阴王

[新校]按,汤阴王属赵府,见上条校勘所述。《明孝宗实录》弘治三年三月戊寅记载赐唐府"荡阴王庶长子曰弥镶、嫡次子曰弥锷"②,同书弘治十二年十二月丁酉记载赐"唐府荡阴王芝坯长子弥锷、镇国将军弥鏊"诰命冠服③。陶承庆《文武诸司衙门官制》卷二、俞汝楫《礼部志稿》卷七三皆记载唐府有郡王"荡阴王"④,郭良翰《明谥纪汇编》卷一一记作"唐府荡阴王芝坯"⑤。疑作"荡阴王"。

卷七十四页十下行七　王源故父镇为阜国

[原校]广本、抱本"国"下有"公"字,是也。

[新校]费宏《明故太傅瑞安侯赠太师谥荣靖王公墓志铭》记载"追封其父阜国公"⑥,郑汝璧《皇明功臣封爵考》卷七瑞安伯王源记载"加赠镇阜国公"⑦,《明史》卷三〇〇《外戚》记载王镇"弘治六年追封阜国公"⑧,当作"阜国公"。

卷七十四页十下行八　母段氏封阜国夫人

[新校]费宏《明故太傅瑞安侯赠太师谥荣靖王公墓志铭》记载追封其母"阜国太夫人"⑨,李东阳《封阜国太夫人王母段氏合葬墓志铭》记载"正德庚午十一月十二日王母阜国太夫人卒"⑩。当补"太"字,作"阜国太夫人"。

卷八十三页三下行十一　楚府沿山县君

[原校]抱本、阁本"沿"作"铅",是也。

[新校]铅山县属江西广信府,嘉靖《江西通志》卷一〇广信府记作"铅山县"⑪,《明一统志》卷五一记载"铅山县在(广信)府城南八十里"⑫。嘉靖《广信府志》卷一《地舆志》记作"铅山县"⑬,同书卷九《职官志》城池记

---

① 《明孝宗实录》卷二三第九页下第十行,第536页。
② 《明孝宗实录》卷三六第九页上第九行,第787页。
③ 《明孝宗实录》卷一五七第六页上第九行,第2821页。
④ (明)陶承庆:《文武诸司衙门官制》卷二,《续修四库全书》第748册,第499页上;(明)俞汝楫:《礼部志稿》卷七三,《文渊阁四库全书》第598册,第239页上。
⑤ (明)郭良翰:《明谥纪汇编》卷一一,《文渊阁四库全书》第651册,第518页下。
⑥ (明)费宏:《费文宪公摘稿》卷一七,《续修四库全书》第1331册,第621页上。
⑦ (明)郑汝璧:《皇明功臣封爵考》卷七,《四库全书存目丛书》史部第258册,第610页上。
⑧ (清)张廷玉:《明史》卷三〇〇,中华书局,1974年,第7673页。
⑨ (明)费宏:《费文宪公摘稿》卷一七,《续修四库全书》第1331册,第621页上。
⑩ (明)李东阳:《李东阳集》文后稿卷三〇,岳麓书社,1985年,第3册,第432页。
⑪ 嘉靖《江西通志》卷一〇,《四库全书存目丛书》史部182册,第427页上。
⑫ 《明一统志》卷五一,《文渊阁四库全书》第473册,第54页下。
⑬ 嘉靖《广信府志》卷一,《四库全书存目丛书》史部185册,第664页下。

载"铅山县城"①。疑作"铅山"。

卷八十三页六下行九　（周府）镇国将同鉏

［原校］"将"下应有"军"字。

［新校］《明英宗实录》天顺五年四月甲午记载赐"原武王庶第二子曰同鉏"②,《明孝宗实录》弘治十二年十二月戊子记载"镇国将军同鉏"③,当作"镇国将军"。万历《明会典》卷五五《封爵》记载："（郡王）次嫡庶子俱授镇国将军,镇国将军之子授辅国将军。"④当补"军"字。

卷八十五页四上行十一　辅将军成链

［原校］三本"辅"下有"国"字,是也。

［新校］《明孝宗实录》弘治六年七月己未、弘治十二年十二月戊子均记作"辅国将军成链"⑤。万历《明会典》卷五五《封爵》记载"镇国将军之子授辅国将军"⑥。当补"国"字。

卷八十六页七上行七　永康公主

［原校］广本、抱本"康"下有"长"字,是也。

［新校］《明孝宗实录》弘治六年五月甲戌记载："册封皇第二妹为永康长公主。"⑦《明武宗实录》弘治十八年十二月甲寅记载加封"永康长公主"为大长公主⑧,王世贞《弇山堂别集》卷三六记载："弘治六年（宪宗）第二女永康长公主下嫁驸马崔元。"⑨当补"长"字。

卷八十八页一上行五　沈王长子勋溱

［原校］抱本"溱"作"添"。

［新校］《明宪宗实录》成化十四年三月癸未"赐沈府沁源王诠钟长子名曰勋溱"⑩,《明孝宗实录》弘治五年七月丙申、弘治六年三月甲子记作"沁源王长子勋溱"⑪,《明武宗实录》正德十一年冬十月丙辰记载"沈府沁源荣靖王嫡长子勋溱为沁源王"⑫,郭良翰《明谥纪汇编》卷一二记载"沁源

---

① 嘉靖《广信府志》卷九,《四库全书存目丛书》史部第 186 册,第 31 页下。
② 《明英宗实录》卷三二七第七页下第一行,第 6748 页。
③ 《明孝宗实录》卷一五七第二页上第十一行,第 2813 页。
④ 万历《明会典》卷五五,中华书局,1989 年,第 346 页上。
⑤ 《明孝宗实录》卷七八第六页下第一行,第 1508 页;卷一五七第二页上第五行,第 2813 页。
⑥ 万历《明会典》卷五五,中华书局,1989 年,第 346 页上。
⑦ 《明孝宗实录》卷七五第十页上第七行,第 1421 页。
⑧ 《明武宗实录》卷八第一页下第一行,第 236 页。
⑨ （明）王世贞：《弇山堂别集》卷三六,中华书局,1985 年,第 651 页。
⑩ 《明宪宗实录》卷一七六第九页上第十二行,第 3181 页。
⑪ 《明孝宗实录》卷六五第六页下第六行,第 1252 页;卷七三第六页下第九行,第 1374 页。
⑫ 《明武宗实录》卷一四二第三页上第十一行,第 2789 页。

王勋溱"谥康僖①,何乔远《名山藏》卷三八《沈王》记载"沁源王……子勋溱嗣"②。王世贞《弇山堂别集》卷三五《沁源王》记载"康僖王勋溱嗣"③。本条所记"勋溱"当不误,"沈王长子"疑不妥,当为"沈府沁源王长子"。

卷九十三页五上行十一　为章王妃

[原校]三本"为"下有"宜"字,是也。

[新校]《明孝宗实录》弘治元年九月丙子记载"郑府郑王第八子见㴂为宜章王"④,同书弘治十一年五月庚申记载"郑府宜章王见㴂薨"⑤,郭良翰《明谥纪汇编》卷一二"怀顺"记载"郑府宜章王见㴂"⑥,《名山藏》卷三九《分藩记四》记载郑简王十子"宜章王见㴂"⑦。当为"宜章王"。

卷九十四页四上行五　杨氏为惠王次妃

[原校]抱本"惠"上有"秦"字。

[新校]按,亲王谥号前通常加封号以别他王。如《明宪宗实录》成化十年三月庚戌记载"封韩王偕𣲘生母郭氏为韩惠王次妃"⑧,《明武宗实录》正德元年六月丁巳记载"代王奏请进封祖母夫人王氏为代惠王次妃"⑨。当补"秦"字。

卷一百一十四页三上行三　成鈩薨……谥曰安靖

[原校]明史诸王表作"靖安"。

[新校]郭良翰《明谥纪汇编》卷一一记载代府枣强王成鈩谥曰"靖安"⑩,王世贞《弇山堂别集》卷三五记载"枣强靖安王成鈩"⑪,本书弘治十一年十月壬午记载"命给代府枣强靖安王妃苏氏并幼子女食米岁五十石"⑫,同书弘治十五年正月丙戌记载赐"代府枣强靖安王嫡长子曰聪滋"⑬,同书弘治十七年十二月乙亥记载"代府枣强靖安王嫡长子聪滋为枣强王"⑭。"安靖"当作"靖安"。

---

① (明)郭良翰:《明谥纪汇编》卷一二,《文渊阁四库全书》第651册,第540页下。
② (明)何乔远:《名山藏》卷三八,《四库禁毁书丛刊》史部第46册,第671页下。
③ (明)王世贞:《弇山堂别集》卷三五,中华书局,1985年,第630页。
④ 《明孝宗实录》卷一八第四页下第十二行,第434页。
⑤ 《明孝宗实录》卷一三七第五页上第一行,第2395页。
⑥ (明)郭良翰:《明谥纪汇编》卷一二,《文渊阁四库全书》第651册,第551页上。
⑦ (明)何乔远:《名山藏》卷三九,《四库禁毁书丛刊》史部第46册,第685页上。
⑧ 《明宪宗实录》卷一二六第七页下第五行,第2410页。
⑨ 《明武宗实录》卷一四第二页上第五行,第419页。
⑩ (明)郭良翰:《明谥纪汇编》卷一一,《文渊阁四库全书》第651册,第530页。
⑪ (明)王世贞:《弇山堂别集》卷三五,中华书局,1985年,第619页。
⑫ 《明孝宗实录》卷一四二第六页下第五行,第2456页。
⑬ 《明孝宗实录》卷一八三第二页下第十行,第3374页。
⑭ 《明孝宗实录》卷二一九第五页第二行,第4124页。

卷一百一十九页四下行四 （锺镒）天顺二年进封庆城王

[原校]阁本"城"作"成"，是也。本页后二行"城"亦当作"成"。

[新校]《明英宗实录》卷二九一天顺二年五月辛丑记载"庆成恭僖王子镇国将军锺镒袭封庆成王"①，同书二九三天顺二年秋七月甲寅记载"庆成王锺镒"②，《明宪宗实录》卷二六七成化二十一年六月乙巳记载"庆成王锺镒"③，郭良翰《明谥纪汇编》卷一二记载"晋府庆成王锺镒"④，《国朝典汇》卷一二四记载谥号温穆有"庆成王锺镒"⑤，《弇山堂别集》卷七四记载温穆"庆成王锺镒"⑥。当作"庆成王"。

卷一百二十二页六上行十　宁府弋阳王觐镤薨

[原校]旧校改"戈"作"弋"，下同。

[新校]《明英宗实录》卷二九二天顺二年六月丙子记载赐"弋阳王子曰觐镤"⑦，《明宪宗实录》卷二二成化元年冬十月庚辰记载"命故弋阳王子觐镤袭封弋阳王"⑧，《明宪宗实录》卷一一六成化九年五月己卯记载"宁府弋阳王觐镤母妃刘氏薨"⑨，郭良翰《明谥纪汇编》卷一一记载"宁府弋阳王觐镤"谥僖顺⑩，《明一统志》卷四九记载宁府藩封有"弋阳王府"⑪，嘉靖《江西通志》卷一记载弋阳王府有"僖顺王觐镤"。当作"弋阳"。

卷一百三十七页二上行一　（李黼）大保兼太子太傅襄城侯瑾之子

[新校]《明宪宗实录》成化二十二年冬十月己亥记载：加"襄城侯李瑾"太保兼太子太傅⑫，同书成化二十三年五月庚戌记载：给襄城侯李瑾"太保兼太子太傅诰命"⑬，《明孝宗实录》弘治二年三月癸亥记载"太保兼太子太保襄城侯李瑾卒"⑭。"大保"当作"太保"。

卷一百三十八页二下行二　（诚泳）康王庶第四子

[新校]《明英宗实录》景泰六年秋七月辛丑记载："秦王志洁薨……谥

---

① 《明英宗实录》卷二九一第五页下第六行，第6216页。
② 《明英宗实录》卷二九三第十页下第十一行，第6268页。
③ 《明宪宗实录》卷二六七第四页上第七行，第4519页。
④ （明）郭良翰：《明谥纪汇编》卷一二，《文渊阁四库全书》第651册，第534页。
⑤ （明）徐学聚：《国朝典汇》卷一二四，《四库全书存目丛书》史部第266册，第31页下。
⑥ （明）王世贞：《弇山堂别集》卷七四，第1404页。
⑦ 《明英宗实录》卷二九二第七页下第八行，第6244页。
⑧ 《明宪宗实录》卷二二第一页上第十二行，第429页。
⑨ 《明宪宗实录》卷一一六第六页上第十一行，第2251页。
⑩ （明）郭良翰：《明谥纪汇编》卷一一，《文渊阁四库全书》第651册，第531页上。
⑪ 《明一统志》卷四九，《文渊阁四库全书》第473册，第6页下。
⑫ 《明宪宗实录》卷二八三第七页下第六行，第4798页。
⑬ 《明宪宗实录》卷二九〇第二页下第十一行，第4900页。
⑭ 《明孝宗实录》卷二四第一页下第十行，第540页。

曰康。"①《皇明祖训》记载秦王位下为"尚志公诚秉"。《明宪宗实录》成化四年五月戊辰记载册封"秦王庶长子诚泳为镇安王"②。《明宪宗实录》成化二十二年二月庚子记载："秦王公锡薨，王，康王之长子……谥曰惠。"③《明孝宗实录》弘治元年九月丙子记载："册封秦府秦惠王庶长子镇安王诚泳为秦王。"④何景明《雍大记》卷一八《纪运》记载："秦简王名诚泳惠王庶长子也。"⑤焦竑《国朝献征录》卷一郑晓《秦王传》记载："惠王四子，长诚泳"⑥。疑当作"惠王庶长子"。

卷一百四十五页十五上行六　庆成温穆王

[原校]阁本"穆"作"和"，误。

[新校]《明孝宗实录》弘治九年十一月乙丑载："晋府庆城（成）王锺镒薨……谥曰温穆。"⑦王世贞《弇山堂别集》卷七四记载晋府庆成王锺镒谥"温穆"⑧，郭良翰《明谥纪汇编》卷一二记载"晋府庆成王锺镒"谥号为"温穆"⑨。当作"温穆"，阁本误。

卷一百六十八页三下行四　永寿侯

[原校]三本"寿"作"康"，是也。

[新校]《明孝宗实录》弘治三年四月丙午、弘治五年十月己酉、弘治七年十月丙辰、弘治八年四月戊辰皆记作"永康侯徐锜"⑩。《明孝宗实录》弘治十五年三月甲午记载："永康侯徐锜卒。锜直隶合肥县人，成化十八年袭祖安爵。"⑪程文德《程文恭公遗稿》卷一九《永康侯爱葵徐公墓志铭》记载："始祖忠……进爵永康侯，赠蔡国公，谥忠烈。忠生安袭侯，镇守山东。安生昌，蚤世。昌生锜袭侯，弘治间奉敕充总兵官。"何乔远《名山藏》卷四一记载："永康侯……成化十八年孙锜嗣。"⑫王世贞《弇山堂别集》卷三八记载："永康侯……孙锜嗣，弘治十五年薨。"⑬徐日久《五边典则》卷二一记

---

① 《明英宗实录》卷二五六第八页下第九行，第5524页。
② 《明宪宗实录》卷五四第四页上第八行，第1097页。
③ 《明宪宗实录》卷二七五第七页下第一行，第4634页。
④ 《明孝宗实录》卷一八第四页下第四行，第434页。
⑤ （明）何景明：《雍大记》卷一八，《四库全书存目丛书》史部第184册，第153页下。
⑥ （明）焦竑：《国朝献征录》卷一，《四库全书存目丛书》史部第100册，第16页下。
⑦ 《明孝宗实录》卷一一九第四页下第二行，第2146页。
⑧ （明）王世贞：《弇山堂别集》卷七四，中华书局，1985年，第1404页。
⑨ （明）郭良翰：《明谥纪汇编》卷一二，《文渊阁四库全书》第651册，第534页上。
⑩ 《明孝宗实录》卷三七第五页上第十一行，第797页；卷六六第四页下第七行，第1264页；卷九三第一页上第二行，第1701页；卷九三第四页下第七行，第1708页。
⑪ 《明孝宗实录》卷一八五第六页下第四行，第3414页。
⑫ （明）何乔远：《名山藏》卷四一，《续修四库全书》第426册，第329页。
⑬ （明）王世贞：《弇山堂别集》卷三八，中华书局，1985年，第675页。

作"湖广镇巡官永康侯徐錡"①。当作"永康侯"。

卷一百八十一页二上行一　郑信王

[原校]旧校改"信"作"僖"。

[新校]《明孝宗实录》卷一五四弘治十二年九月癸亥记载"追封故郑世子见滋为郑王谥曰僖"。何乔远《名山藏》卷三九《郑王》记作"世子见滋追封僖"②。王世贞《弇山堂别集》卷七〇记载"僖……追封郑王见滋"③。徐学聚《国朝典汇》卷一二四记载"僖……郑王见滋"④。郑晓《今言》卷四记作"见滋卒……赠其父世子郑僖王"⑤。当作"僖"。

卷一百八十二页二上行十一　兴宁伯

[原校]旧校改"宁"作"安"。

[新校]《明孝宗实录》卷九三弘治七年十月戊辰、卷一一九弘治九年十一月乙丑、卷一三〇弘治十年十月辛未、卷一六三弘治十三年六月壬寅记作"兴安伯徐盛"⑥，本书卷二〇八弘治十七年二月癸丑记载"兴安伯徐盛卒，盛，湖广大冶县人，成化中袭伯爵"⑦。归有光《震川集》卷二八《兴安伯世家》记载"子贤嗣为兴安伯，贤卒子盛嗣"⑧。王世贞《弇山堂别集》卷三八记载"兴安伯徐祥……盛嗣弘治十七年薨"⑨。郑汝璧《皇明功臣封爵考》卷三记作"兴安伯……徐盛准袭伯爵"⑩，谈迁《国榷》卷三八记载成化十六年十一月甲申"徐盛嗣兴安伯徐贤子"⑪。当作"兴安伯"。

卷一百八十二页十二下行六　郡阳温穆王无嫡子庶子七人

[原校]旧校改"郡"作"郿"。

[新校]《明孝宗实录》弘治七年十一月甲辰记载"秦府郿阳王诚泓薨……谥曰温穆"⑫。《明武宗实录》正德三年十二月庚辰记载："初郿阳温穆王诚泓薨无嗣，其庶弟诚汾诚澮皆许袭未命而卒。"⑬《明宪宗实录》成化

---

① （明）徐日久：《五边典则》卷二一，《四库禁毁书丛刊》史部第26册，第568页。
② （明）何乔远：《名山藏》卷三九，《续修四库全书》第426册，第291页。
③ （明）王世贞：《弇山堂别集》卷七〇，中华书局，1985年，第1320页。
④ （明）徐学聚：《国朝典汇》卷一二四，《四库全书总目丛书》史部第266册，第26页上。
⑤ （明）郑晓：《今言》卷四，中华书局，1984年，第193页。
⑥ 《明孝宗实录》卷九三第四页下第九行，第1708页；卷一一九第四页上第二行，第2145页；卷一三〇第一页上第十行，第2295页。
⑦ 《明孝宗实录》卷二〇八第九页上第五行，第3871页。
⑧ （明）归有光：《震川集》卷二八，《文渊阁四库全书》第1289册，第397页。
⑨ （明）王世贞：《弇山堂别集》卷三八，中华书局，1985年，第683页。
⑩ （明）郑汝璧：《皇明功臣封爵考》卷三，《四库全书存目丛书》史部第258册，第410页。
⑪ （清）谈迁：《国榷》卷三八，中华书局，1958年，第2440页。
⑫ 《明孝宗实录》卷九四第六页上第二行，第1729页。
⑬ 《明武宗实录》卷四五第四页上第九行，第1029页。

七年十一月庚戌记载:"秦府郿阳王公镗薨……谥曰惠恭。"①郭良翰《明谥纪汇编》卷一二记载秦府郿阳王公镗谥"惠恭"②,郑晓《吾学编·同姓诸王传》卷一《秦王传》记作"公镗郿阳惠恭王"③。《明宪宗实录》成化十二年三月壬戌记载"册封秦府郿阳惠恭王庶长子镇国将军诚泓为郿阳王"④。本书弘治十二年八月甲辰记载:"秦府郿阳王诚浍薨,王惠恭王庶子……弘治十二年封郿阳王未受册薨。"⑤本条此处乃诚泓、诚浍之父,当为"郿阳惠恭王"。

卷一百八十八页十三上行六　宋太宗之赞孔颜

[原校]广本、阁本"宗"作"祖"。

[新校]陈子龙编《明经世文编》卷五二收录刘健该疏,记作"宋太祖"⑥。《宋史全文》卷一宋太祖记载建隆三年六月辛卯记作"上自赞孔颜"。李焘《续资治通鉴长编》卷三记载太祖建隆三年六月"上自赞孔颜"。当为"宋太祖"。

卷一百九十一页一下行七　祭政惠王于西山

[原校]三本"政"作"岐",是也。

[新校]《明孝宗实录》弘治十五年二月己未记载:"岐惠王祐棆坟成。"⑦同书弘治十五年八月辛亥记载:"给岐惠王守坟者五户。"⑧万历《明会典》卷九〇陵寝记作"岐惠王"⑨。张廷玉《明史》卷一一九记载:"岐惠王祐棆,宪宗第五子。"⑩当作"岐惠王"。

卷一百九十六页一下行十　潘府镇国将军铨鍱

[原校]三本"潘"作"沈",是也。

[新校]《明孝宗实录》弘治十四年正月壬子记载"赐沈府镇国将军诠鍱嫡第一子名曰勋溗"⑪,万斯同《明史》卷三九四《列女》记载"长治王氏镇国将军诠鍱继室也"。万历《明会典》卷一记载沈王位下"俉幼诠勋

---

① 《明宪宗实录》卷九八第三页上第五行,第1865页。
② (明)郭良翰:《明谥纪汇编》卷一二,《文渊阁四库全书》第651册,第533页上。
③ (明)郑晓:《吾学编》卷一四,《续修四库全书》第424册,第241页下。
④ 《明宪宗实录》卷一五一第六页上第二行,第2765页。
⑤ 《明孝宗实录》卷一五三第七页下第四行,第2716页。
⑥ 《明经世文编》卷五二,第402页下。
⑦ 《明孝宗实录》卷一八四第五页下第四行,第3396页。
⑧ 《明孝宗实录》卷一九〇第九页上第三行,第3515页。
⑨ 万历《明会典》卷九〇,中华书局,1989年,第515页下。
⑩ (清)张廷玉等:《明史》卷一一九,中华书局,1974年,第3641页。
⑪ 《明孝宗实录》卷一七〇第一页下第四行,第3078页。

胤"①。"沈"字繁体"瀋"与"潘"因字形相近而误,当以"沈府"为是。

卷二百〇一页一上行八　文孝文皇后

[原校]三本"文"作"仁",是也。

[新校]《明太宗实录》永乐五年冬十月甲午记载册谥大行皇后曰"仁孝皇后"②。同书永乐八年秋七月己巳记为"仁孝皇后忌辰"③。《明孝宗实录》弘治十三年七月丙辰、弘治十四年七月庚戌、弘治十七年七月壬辰记载"仁孝文皇后忌辰"④。万历《明会典》卷八九《忌辰》记载"仁孝文皇后,七月初四日"⑤。当作"仁孝"。

卷二百〇三页一上行五　临普县君

[原校]旧校改"普"作"晋"。

[新校]李贤《明一统志》卷二〇《平阳府》记载:"临晋县在(蒲州)州城东北九十里。"⑥成化《山西通志》卷一《郡县·沿革》记载蒲州下有"临晋县"⑦,同书卷二记"临晋县在(蒲州)州城东北九十里"⑧。万历《明会典》卷一六《户部》记载平阳府所领州县有"临晋县"⑨。当作"临晋县君"。

卷二百一十三页一上行六　(襄王祐材)谥曰怀惠

[新校]郭良翰《明谥纪汇编》卷一〇、徐学聚《国朝典汇》卷一二四记载襄王祐材谥曰"怀"⑩,《明史》卷一一九记载"怀王祐材"⑪,焦竑《国朝献征录》卷二《襄王传》记载:"祐材……(弘治)十七年卒,谥怀。"⑫"怀惠"疑当作"怀",待考。

---

① 万历《明会典》卷一,中华书局,1989 年,第 1 页下。
② 《明太宗实录》卷七二第三页下第五行,第 1006 页。
③ 《明太宗实录》卷一〇六第一页下第五行,第 1368 页。
④ 《明孝宗实录》卷一六四第二页下第一行,第 2972 页;卷一七六第三页上第二行,第 3211 页;卷二一四第一页上第九行,第 4021 页。
⑤ 万历《明会典》卷八九,中华书局,1989 年,第 512 页上。
⑥ (明)李贤:《明一统志》卷二〇,《文渊阁四库全书》第 472 册,第 443 页下。
⑦ 成化《山西通志》卷一,《四库全书存目丛书》第 174 册,第 19 页上。
⑧ 成化《山西通志》卷二,《四库全书存目丛书》第 174 册,第 29 页上。
⑨ 万历《明会典》卷一六,中华书局,1989 年,第 98 页下。
⑩ (明)郭良翰:《明谥纪汇编》卷一〇,《文渊阁四库全书》第 651 册,第 509 页上;(明)徐学聚:《国朝典汇》卷一二四,《四库全书存目丛书》史部第 266 册,第 26 页下。
⑪ (清)张廷玉等:《明史》卷一一九,中华书局,1974 年,第 3629 页。
⑫ (明)焦竑:《国朝献征录》卷二,《四库全书存目丛书》史部第 100 册,第 72 页下。

第六节　族名、国名错误

包括各少数民族族名及分支部落名称。
卷六页一下行五　屡至赤斤东窃掠
[**原校**]抱本"斤"下有"罕"字,是也。
[**新校**]赤斤、罕东分别为两卫名。《五边典则》卷一四记载"屡至赤斤、罕东窃掠"①。《明宪宗实录》成化十八年夏四月癸丑记载"赤金(斤)、罕东二卫兵将,犒以牛酒,令助罕慎"②。《明孝宗实录》成化二十三年九月丙寅记载"并赏劳赤斤、罕东等处效劳夷兵"③。杨一清《为整理边务以备虏患事》记载:"赤斤、罕东、哈密等卫夷人皆当国初开创之时率众来降。"④林希元《应诏陈言边患疏》记载:"我太宗皇帝又设哈密国、蒙古赤斤、罕东等卫以为甘肃藩蔽。"⑤万历《明会典》卷一〇七《西戎上》记载西域七卫"曰赤斤蒙古、曰曲先、曰罕东"⑥,方孔炤《全边略记》卷五《甘肃略》⑦、陈建《皇明通纪法传全录》卷一四永乐二年五月记作文皇初设关外七卫"曰赤斤蒙古、曰曲先、曰罕东"⑧。当补"罕"字。
卷二十二页三上行十一　河乐出乩如斯兰
[**原校**]旧校改"河"为"阿","如"为"加"。
[**新校**]马文升《为驱虏寇出套以防后患事疏驱虏出套》记作"成化四年虏酋阿乐出、乩加斯兰"⑨,马文升《西征石城记》记作"脱脱卜花王寇辽东,阿乐出寇陕西。"郑晓《吾学编》名臣记卷一六《太傅马端肃公》记载"又破虏阿乐出、乩加思兰"⑩。《明宪宗实录》成化八年春正月癸卯记载巡抚陕西左副都御史马文升奏"虏酋乩加思兰纠合阿罗出部落度河犯边"⑪。

---

① (明)徐日久:《五边典则》卷一四,《四库禁毁书丛刊》史部第 26 册,第 307 页下。
② 《明宪宗实录》卷二二六第四页上第十二行,第 3877 页。
③ 《明孝宗实录》卷三第九页上第十行,第 53 页。
④ 《明经世文编》卷一一七,中华书局,1962 年,第 1115 页上。
⑤ 《明经世文编》卷一六三,中华书局,1962 年,第 1648 页下。
⑥ 万历《明会典》卷一〇七,中华书局,1989 年,第 579 页上。
⑦ (明)何乔远:《名山藏》卷一〇九,《续修四库全书》第 738 册,第 365 页上。
⑧ (明)陈建:《皇明通纪法传全录》卷一四,《续修四库全书》第 357 册,第 226 页上。
⑨ 《明经世文编》卷六三,中华书局,1962 年,第 524 页下。
⑩ (明)郑晓:《吾学编》名臣记卷一六,《续修四库全书》第 424 册,第 510 页下。
⑪ 《明宪宗实录》卷一〇〇第三页上第六行,第 1933 页。

同书成化六年秋七月戊寅载"虏寇阿罗出等久屯河套"①。同书成化六年八月辛未载"虏酋阿罗出等久住河套"②。上引所记此二人姓名"阿乐出"与"阿罗出","乩加斯兰"与"乩加思兰"为音译区别,皆可。此处当以"阿乐出""乩加斯兰"为准。

卷三十二页一上行五　失占等族番人

[原校]抱本、阁本"失"作"尖"。

[新校]《明宪宗实录》成化十二年十一月辛酉记载"尖占等簇番人"来进贡③,同书成化二十一年三月甲午亦记载"尖占等簇"番人来朝贡④,《明孝宗实录》弘治九年十二月辛卯记载陕西"尖占"等族来贡⑤。"失占"当作"尖占"。

卷八十五页五上行十二　东风、王家山、哈多等族

[原校]三本"风"作"峰"。

[新校]《明宣宗实录》宣德八年春正月庚午记载"陕西文县东峰、四头平等簇"⑥,本书弘治十一年九月丙申记作"东峰等族"⑦。当为"东峰"。

卷九十七页二下行八　哈密卫秃兀儿夷人

[新校]日本内阁文库藏本记作"哈密卫委兀儿"。徐日久《五边典则》卷一四记作:"二月先是镇守甘肃太监傅恩等奏,哈密卫秃兀儿夷人乩儿的乩党土鲁番为恶。"⑧方孔炤《全边略记》卷五记载:"初哈密寄住夷人有三种,一曰回回,二曰秃兀儿,三曰哈剌灰。"《明孝宗实录》弘治七年十月甲申记载:"初哈密寄住夷人有三种一曰回回,二曰委兀儿,三曰哈剌灰。"⑨马文升《兴复哈密记》记作:"哈密国回回、畏兀儿、哈剌灰三种番夷同居一城。"⑩杨一清《为处置属番以安边徼以杜边患事》记作:"肃州寄住畏兀儿、哈剌灰二种夷人。"⑪洪钧《元史译文证补·地理志》记载:"《元史》屡见畏吾儿,亦作畏兀儿……畏吾儿即唐之回纥。"由上,此处"秃"疑为"委"之误,疑当作"畏兀儿"或"委兀儿"。

---

① 《明宪宗实录》卷八一第一页上第八行,第1573页。
② 《明宪宗实录》卷八二第十页上第十一行,第1611页。
③ 《明宪宗实录》卷一五九第六页上第七行,第2913页。
④ 《明宪宗实录》卷二六三第六页下第三行,第4460页。
⑤ 《明孝宗实录》卷一二第四页下第五行,第2156页。
⑥ 《明宣宗实录》卷九八第三页上第三行,第2207页。
⑦ 《明孝宗实录》卷一四一第一页下第七行,第2438页。
⑧ (明)徐日久:《五边典则》卷一四,《四库禁毁书丛刊》史部第26册,第328页上。
⑨ 《明孝宗实录》卷九三第八页下第九行,第1716页。
⑩ (明)马文升:《兴复哈密记》,《续修四库全书》第433册,第254页上。
⑪ (明)杨一清:《杨一清集》卷一八,中华书局,2001年,第670页。

第七节　其他名称错误

包括书名、建筑物、各类名物等名称错误。

卷十一页三下行五　太成门

[**原校**]抱本、阁本"太"作"大",是也。

[**新校**]《明太祖实录》洪武十五年五月壬戌、《明太宗实录》永乐四年三月辛卯朔、《明英宗实录》正统九年三月辛亥朔、《明宪宗实录》成化元年二月丙戌记作"大成门"①。万历《明会典》卷一八七庙宇记载:"文庙正殿七间旧称大成殿今题曰'先师庙'……大成门今题曰'庙门'。"②当为"大成门"。

卷十一页四上行十　欞星门

[**原校**]旧校改为"欞星门"。

[**新校**]《明英宗实录》景泰二年十一月乙亥记载:"命修南京国子监大成殿两庑斜廊欞星门号房。"③《明武宗实录》正德元年春正月丙午、《明世宗实录》嘉靖元年正月甲戌均记作"欞星门"④。《明太祖实录》记载:"重建国子监孔子庙成……靈星门三。"⑤《明太宗实录》永乐四年三月辛卯朔、《明英宗实录》正统九年三月辛亥朔皆记作"灵星门"⑥。而据陈镐《阙里志》卷六《礼乐》记载:"嘉靖元年三月初七日视学俱依弘治年幸学仪注,是日上至欞星门外,即降辇步入,礼毕仍步出欞星门外。"⑦万历《明会典》卷五一《视学·万历四年续定》记作"驾至欞星门外"⑧,《明一统志》卷一《京师·文庙》载"外有欞星门"⑨。地方学校亦建有"棂星门",杨荣《大同府

---

① 《明太祖实录》卷一四五第二页下第八行,第 2276 页;《明太宗实录》卷五二第一页上第十一行,第 771 页;《明英宗实录》卷一一四第一页上第十一行,第 2287 页;《明宪宗实录》卷一四五页下第二行,第 314 页。
② 万历《明会典》卷一八七,中华书局,1989 年,第 945 页下。
③ 《明英宗实录》卷二一○第一页下第四行,第 4512 页。
④ 《明武宗实录》卷九第十一页上第四行,第 291 页;《明世宗实录》卷一○第十五页下第十一行,第 390 页。
⑤ 《明太祖实录》卷二五五洪武三十年九月乙未第五页上第五行,第 3685 页。
⑥ 《明太宗实录》卷五二第一页下第一行,第 772 页;《明英宗实录》卷一一四第一页下第九行,第 2288 页。
⑦ (明)陈镐:《阙里志》卷六,明嘉靖刻本。
⑧ 万历《明会典》卷五一,中华书局,1989 年,第 336 页下。
⑨ 《明一统志》卷一,《文渊阁四库全书》第 472 册,第 7 页上。

重修庙学记》载"櫺星门"①。李东阳《镇原县庙学重修记》记载"前有戟门又前有櫺星门"②,何乔新《椒邱文集》卷二八《新城县重修庙学碑》记载"建櫺星门"③。宋李诫《营造法式》卷六记载:"乌头门其名有三,一曰'乌头大门',二曰'表楬',三曰'阀阅',今呼为'櫺星门'。"按,櫺星门之称似始于宋代,"櫺"与"欞"皆同"棂",此处宜作"櫺星门"。

卷二十四页九上行十一　为孝阴骘

[原校]三本"孝"作"善",是也。

[新校]《明太宗实录》永乐十七年三月丁巳记载:"《为善阴骘》书成。"④杨士奇《文渊阁书目》卷一记作"《为善阴骘》一部一册",黄佐《南雍志》卷一七《经籍考》记载"《为善阴骘》一百八十本"⑤,王圻《续文献通考》卷一七二《经籍考》记载"(永乐)十七年庚午三月《为善阴骘》书成,是书一百八十本"⑥。当为《为善阴骘》。

卷三十二页二上行六　浦苇芦柴

[原校]三本"浦"作"蒲",是也。

[新校]《明宪宗实录》成化十一年十一月癸丑载"采办葛秸、荆条、蒲草、芦苇、芦柴"等物⑦,程敏政《瀛东别业赋并序》记载"湖泊中多菰蒲、苇芦"⑧,当作"蒲"。

卷三十六页三下行一　江都大堰

[原校]抱本"江都"作"都江",是也。

[新校]本条上文载"成都府灌县旧有都江大堰",王鏊《送刘世熙任四川金宪序》记作:"巡抚右佥都御史丘鼎言……成都有江大堰,凿自秦守李冰。"⑨吴道南《吴文恪公文集》卷一○郡国水利记载"丘齎言灌县都江大堰汉李冰所凿"⑩。此乃"都江堰",当作"都江"。

卷三十九页四上行四　芦州柴课

[原校]抱本"州"作"洲",是也。

[新校]万历《应天府志》卷三《郡纪下》记载:"(弘治)三年工部奏准

---

① 成化《山西通志》卷一三,《四库全书存目丛书》史部第174册,第456页下。
② (明)李东阳:《李东阳集》文稿十二,岳麓书社,1985年,第2册,第167页。
③ (明)何乔新:《椒邱文集》卷二八,《文渊阁四库全书》第1249册,第425页下。
④ 《明太宗实录》卷二一○第一页下第一行,第2128页。
⑤ (明)杨士奇:《文渊阁书目》卷一,《续修四库全书》第749册,第416页下。
⑥ (明)王圻:《续文献通考》卷一七二,《续修四库全书》第765册,第378页下。
⑦ 《明宪宗实录》卷一四七第五页上第九行,第2699页。
⑧ (明)程敏政:《篁墩文集》卷六○,《文渊阁四库全书》第1253册,第361上。
⑨ (明)王鏊:《震泽集》卷一○,《文渊阁四库全书》第1256册,第247页下。
⑩ (明)吴道南:《吴文恪公文集》卷一○,《四库禁毁书丛刊》集部第31册,第433页上。

将府属芦洲起科纳课。"①万历《明会典》卷一七《田土》记载："（嘉靖）十二年令各抚按官清查边江滨海草场、涂田、滩地、山场、湖荡、芦洲、沙洲并寺观田地。"②《明孝宗实录》弘治元年闰正月乙亥记载："南京自镇江至九江一带俱有芦洲。"③由上可知"芦洲"为靠近水边一种种植芦苇等植物的土地类型，当作"洲"。

  卷四十八页七上行六　　著疑辩录

  [原校]旧校改"辩"作"辨"。

  [新校]徐溥《故太子少保礼部尚书谥文安周公神道碑铭》记作"疑辩录"④，《玉堂丛语》卷一记载周洪谟"于圣经贤传大有裨益，积久得三百四事，粹以成帙，名《疑辩录》。"⑤黄佐《南雍志》卷四记作"疑辨录"⑥，黄虞稷《千顷堂书目》卷三《经解类》记作"经书《疑辨录》"。当为"辨"。

  卷五十一页八上行十二　　于案

  [原校]三本"于"作"牲"，是也。

  [新校]徐一夔《明集礼》卷一《吉礼·祭器》记载"牲案各一"，《太常续考》卷一《木器》记载"牲案十五件"。当作"牲案"。

  卷九十一页一下行二　　通鉴钢目

  [原校]旧校改"钢"作"纲"。

  [新校]晁公武《郡斋读书志》卷五上记载"《资治通鉴纲目》五十九卷，晦庵先生朱文公所编"，陈振孙《直斋书录解题》卷四载"《通鉴纲目》五十九卷，侍讲新安朱熹元晦撰"。《明英宗实录》景泰六年秋七月乙亥记载敕谕续修《宋元通鉴纲目》："自周威烈王至梁唐晋汉周五代事，书于朱文公《通鉴纲目》，亦天下后世之公论所在。"⑦当作"纲目"。

  卷九十七页一上行十　　以所著太学衍义补进

  [原校]旧校改"太"作"大"。

  [新校]丘濬撰《大学衍义补》收入清编《四库全书》中，今可见影印《文渊阁四库全书》本丘濬《重编琼台稿》卷七收录《进大学衍义补奏》。何乔新《赠特进左柱国太傅谥文庄丘公墓志铭》记其"作《大学衍义补》"⑧。

---

① 万历《应天府志》卷三，《四库全书存目丛书》史部第203册，第325页上。
② 万历《明会典》卷一七，中华书局，1989年，第115页下。
③ 《明孝宗实录》卷一〇第八页下第二行，第218页。
④ （明）徐溥：《谦斋文录》卷四，《文渊阁四库全书》第1248册。
⑤ （明）焦竑：《玉堂丛语》卷一，中华书局，1981年，第24页。
⑥ （明）黄佐：《南雍志》卷四，《续修四库全书》第749册，第151页下。
⑦ 《明英宗实录》卷二五六第一页下第一行，第5510页。
⑧ （明）何乔新：《椒邱文集》卷三〇，《文渊阁四库全书》第1249册，第457页下。

陈仁锡《无梦园遗集》卷一记作"《大学衍义补序》"。当为《大学衍义补》。

卷二百一十二页一上行六　用荔技圆眼至一百十斤以上

［**原校**］旧校改"技"作"枝"。

［**新校**］朱国祯《涌幢小品》卷二《果品》记载"用荔枝圆眼一百十斤以上"①，孙承泽《春明梦余录》卷二七记载筵宴祭祀"用荔枝圆眼一百二十斤以上"②。当作"荔枝"。

---

① （明）朱国祯：《涌幢小品》卷二，《续修四库全书》第1172册，第614页下。
② （明）孙承泽：《春明梦余录》卷二七，北京出版社，2018年，第427页。

第九章　时间记载错误考辨

第一节　记载错误者

包括具体年月日错误、时间段错误以及具有时间意义的表述错误等。

卷二页十四下行四　（成化）十一年擢太仆寺少卿

[新校]《明宪宗实录》成化十一年二月戊子记载："升刑科左给事中雷泽为本科都给事中。"①又成化十二年八月癸酉记载："刑科都给事中雷泽等上言当罪道坚而宥存德。"②又成化十三年九月己巳记载："升刑科都给事中雷泽为太仆寺少卿。"③雷礼《国朝列卿纪》卷一四五、过庭训《本朝分省人物考》卷九九皆记载："成化十一年升刑科都给事中，十六年升南京太仆寺少卿。"④疑为"十三年"。

卷十页十五下行五　成化年奏准每年不过十万

[原校]三本作"成化元年"，是也。

[新校]《明宪宗实录》成化元年六月己卯记载："命光禄寺今后一应祭祀筵宴等项俱循旧例，每年买办牲口不许过十万。"⑤俞汝楫《覆奏四事疏》记作"成化元年奏准每年不过十万"⑥。当为"成化元年"。

卷十三页十一下行五　并二、八月山川坛

[原校]抱本无"八"字。

[新校]日本内阁文库藏本记作"二、八月"，倪岳《青溪漫稿》卷一一

---

① 《明宪宗实录》卷一三八第二页上第九行，第 2585 页。
② 《明宪宗实录》卷一五六第一页下第八行，第 2844 页。
③ 《明宪宗实录》卷一七〇第一页下第九行，第 3074 页。
④ （明）雷礼：《国朝列卿纪》卷一四五，《续修四库全书》第 524 册，第 287 页；（明）过庭训：《本朝分省人物考》卷九九，《续修四库全书》第 535 册，第 679 页上。
⑤ 《明宪宗实录》卷一八第一页上第四行，第 371 页。
⑥ （明）俞汝楫：《礼部志稿》卷四五，《文渊阁四库全书》第 597 册，第 848 页上。

《祀典三》、陈九德《皇明名臣经济录》卷一二《会题正祀典事》记载:"每岁南郊大祀坛八月山川坛俱有合祀之礼。"①查《明孝宗实录》所载"祭太岁风云雷雨岳镇海渎山川等神"皆在八月,无二月祭祀山川之事。万历《明会典》卷八一《郊祀》记载:"(洪武二十一年)太岁、风云、雷雨、岳镇、海渎、山川、月将、城隍诸神初俱春秋二祭,至是亦停春祭,惟每岁八月中旬择日于山川坛及帝王庙祭之。"②由上可知,洪武初年有山川之神春秋二祭,后改为每年仅于八月祭祀,此处抱本误。

卷十四页十一上行一　故南京光禄寺卿秦崇之子隆

[新校]《明孝宗实录》弘治四年八月戊申记载:"应天府府尹秦崇卒。"③同书弘治三年正月壬申记载:"升南京大仆寺卿秦崇为应天府府尹。"④焦竑《国朝献征录》卷七五《应天府尹秦崇传》记载:"(秦崇)弘治三年迁应天府尹,明年八月卒。"⑤雷礼《国朝列卿纪》卷一四一《秦崇》记载:"弘治五年(三年)升应天府尹。"⑥万历《应天府志》卷六《历官表中》记载秦崇于弘治三年任府尹⑦。按,本条所记时间为弘治元年五月,由上记载可知此时秦崇尚未故去,据《明宪宗实录》成化二十一年冬十月乙未记载:"南京光禄寺卿秦崇以忧去任。"⑧又据《明孝宗实录》弘治元年四月丙辰记载:"南京光禄寺卿秦崇丁忧服阕,改南京太仆寺卿。"⑨可知此时秦崇离任南京光禄寺,"故"改为"前"字似更妥,待考。

卷十四十二下行十　唐靖王永乐二十一年八月袭封

[新校]郑晓《吾学编》卷二《同姓诸王传》、焦竑《国朝献征录》卷二《唐王传》记载:"琼烃永乐十九年嗣,宣德元年卒,谥靖。"⑩《藩献记》卷三《唐藩》记载:"(唐靖王)永乐十九年嗣,时年十九……永乐二十一年入朝京师,五日之间凡三接见。"⑪而《明太宗实录》永乐二十一年八月辛酉记

---

① (明)倪岳:《青溪漫稿》卷一一,《文渊阁四库全书》第1251册,第123页下;(明)陈九德:《皇明名臣经济录》卷一二,《四库禁毁书丛刊》史部第9册,第207页下。
② 万历《明会典》卷八一,中华书局,1989年,第461页上。
③ 《明孝宗实录》卷五四第一页上第九行,第1051页。
④ 《明孝宗实录》卷三四第三页下第七行,第740页。
⑤ (明)焦竑:《国朝献征录》卷七五,《四库全书存目丛书》史部第104册,第190页。
⑥ (明)雷礼:《国朝列卿纪》卷一一四,《续修四库全书》第524册,第270页上。
⑦ 万历《应天府志》卷六,《四库全书存目丛书》史部203册,第354页上。
⑧ 《明宪宗实录》卷二七一第四页上第五行,第4579页。
⑨ 《明孝宗实录》卷一三第十三页上第二行,第317页。
⑩ (明)郑晓:《吾学编》卷二,《续修四库全书》第424册,第257页;(明)焦竑:《国朝献征录》卷二,《四库全书存目丛书》史部第100册,第59页。
⑪ (明)朱谋㙔:《藩献记》,《北京图书馆古籍珍本丛刊》史部第19册,第766页上。

载:"封唐定王长子琼炟(烃)为唐王。"①《明宣宗实录》宣德元年冬十月辛酉朔记载:唐靖王"永乐二十一年八月袭封"②。"二十一年"似可信,待考。

卷十四页十二下行十　宣德元年九月薨

[新校]《明宣宗实录》宣德元年冬十月辛酉朔记载:"唐王琼烃薨……谥曰靖。"③《藩献记》卷三《唐藩》记载:"(唐靖王)宣德元年十月朔王薨。"④可见,"九月"当为"十月"。

卷十五页三下行十一　居丧十年

[原校]三本"丧"作"三"。

[新校]《明政统宗》卷一六记载:"郝氏,榆次郑铨聘,未婚夫亡,守节侍养翁姑三十余年弥励。"⑤可见当为"居三十年"。

卷十五页四上行二　年六十有一

[新校]据《明孝宗实录》弘治元年六月丁酉"襄王奇镛传记"条记载:"宣德四年生,弘治元年卒。"⑥当寿"六十"。王世贞《弇山堂别集》卷三三记载:"(祁镛)以成化十五年嗣,在位十年,以弘治元年薨,寿六十。"⑦本条记载疑误。

卷十六页一下行九　(丙寅)吏部言湖广沔阳州判官吴杰

[新校]王恕《议丁忧起复官补任奏状》记载:"弘治元年六月二十七日具题,次日奉圣旨'是'。"⑧本条所载上疏时间为弘治元年七月丙寅(初五),与王恕奏议集所载明孝宗批复时间相差六日,待考。

卷二十页三下行六　戊戌宁府乐安王奠迭薨

[原校]抱本、阁本"戌"作"辰",是也。

[新校]据本条上下文记载,此处"戊戌"前一日记作"丁卯",后一日记作"己巳"。《国榷》卷四一将此事记于"戊辰"⑨。当为"戊辰"。

卷二十一页一下行七　(天顺)四年复起仍原职

[新校]《明英宗实录》天顺五年秋七月戊午记载:"起王竑为左副都御史俱参赞军务。竑天顺初罢为民,至是特复其职用之。"⑩丘濬《明故进阶

---

① 《明太宗实录》卷二六二第二页上第八行,第2395页。
② 《明宣宗实录》卷二二第一页上第二行,第571页。
③ 《明宣宗实录》卷二二第一页上第三行,第571页。
④ (明)朱谋㙔:《藩献记》卷三,《北京图书馆古籍珍本丛刊》史部第19册,第766页下。
⑤ 《明政统宗》卷一六,《四库禁毁书丛刊》史部第2册,第476页下。
⑥ 《明孝宗实录》卷一五第四页上第一行,第365页。
⑦ (明)王世贞:《弇山堂别集》卷三三,中华书局,1985年,第584页。
⑧ (明)王恕:《王端毅奏议》卷九,《文渊阁四库全书》第427册,第610页下。
⑨ (清)谈迁:《国榷》卷四一,中华书局,1958年,第2577页。
⑩ 《明英宗实录》卷三三〇第十页上第九行,第6795页。

荣禄大夫兵部尚书致仕王公神道碑铭》记载："辛巳（天顺五年）敌寇庄浪，起公以旧官参赞军务。"①何景明《雍大记》卷二九记载："天顺辛巳（五年）虏寇庄浪，起竑经略西事。"②尹守衡《皇明史窃》卷五一记载："天顺五年虏寇河西，以旧官起。"③张廷玉《明史》卷一七七记作"天顺五年"用李贤荐，起王竑故官④。"四年"疑为"五年"。

卷二十三页八上行三　辛亥太子太保兵部尚书余子俊卒

[新校]据本条所记，余子俊卒于弘治二年二月二十三日，而李东阳《余肃敏公传》记作"己酉二月二十二日卒"⑤，丘濬《余肃敏公传》记载"卒时己酉二月二十二日"⑥，即弘治二年二月二十二日，较之本条所记早一日，待考。

卷三十一页十一下行十二　特加正二品俸逾月卒

[新校]《国朝列卿纪》卷五二记载：何琮"孝宗即位二年加俸，阅月而卒。"⑦徐象梅《两浙名贤录》卷二四《兵部左侍郎何文璧琮》记载："弘治初，历三考迁，会尚书无缺，特加正二品俸，仍旧职仅逾月，卒于官。"⑧而《明孝宗实录》弘治元年十月乙未记载："升兵部左侍郎何琮俸二级，以九年秩满也。"⑨加俸时间为"弘治元年十月四日"，何琮卒于"弘治二年十月十九日"，二者相差一年有余。本条所记"逾月卒"与之不符，疑误。

卷三十六页四上行一　（己未）大学士刘珝卒

[新校]据徐溥《光禄大夫柱国太子太保户部尚书兼谨身殿大学士赠太保谥文和刘公珝神道碑铭》记载："公既归六年，为弘治庚戌三月六日以疾卒。"⑩本条所记时间为弘治三年三月己未（七日），较之晚一日，待考。

卷三十六页四下行八　家居十余年

[新校]本条上文记载："二十一年，奸人李孜省辈左道乱政……是年（成化二十一年）以亲老乞归，赐赉甚厚。"至其卒年（弘治三年）仅六年。徐溥《光禄大夫柱国太子太保户部尚书兼谨身殿大学士赠太保谥文和刘公

---

① （明）丘濬：《重编琼台稿》卷二四，《文渊阁四库全书》第1248册，第499页下。
② （明）何景明：《雍大记》卷二九，《四库全书存目丛书》史部184册，第251页上。
③ （明）尹守衡：《皇明史窃》卷五一，上海古籍出版社，1996年，第222页。
④ （清）张廷玉等：《明史》卷一七七，中华书局，1974年，第4709页。
⑤ （明）李东阳：《李东阳集》文后稿卷一一，岳麓书社，1985年，第3册，第166页。
⑥ （明）丘濬：《重编琼台稿》卷二〇，《文渊阁四库全书》第1248册，第401页上。
⑦ （明）雷礼：《国朝列卿纪》卷五二，《续修四库全书》第523册，第90页。
⑧ （明）徐象梅：《两浙名贤录》卷二四，《续修四库全书》第542册，第704页下。
⑨ 《明孝宗实录》卷一九第一页下第三行，第444页。
⑩ （明）焦竑：《国朝献征录》卷一四，《四库全书存目丛书》史部第100册，第452页上。

珥神道碑铭》记载:"公既归六年,为弘治庚戌三月六日以疾卒,享年六十五。"①当为"六年"。

卷三十八页三上行九　本身在操一二年者

[原校]三本"二"下有"十"字,是也。

[新校]本条下文(本页第十一行)记载:"自后每三年一更,以均劳逸。"可知此处当为"一二十年"。

卷三十九页一上行十至页二上行一　(甲申)"吏部议覆南京吏部尚书王恕等所奏"至"其余准议"

[新校]王恕《议南京吏部尚书王恕等修省奏状》记载:"弘治三年三月初八日具题,初十日奉圣旨'南京户、工二部各添尚书一员……其余准议。'"②本条所记时间为弘治三年六月甲申(三日),较上引王恕奏议集所载时间晚近三个月。雷礼《皇明大政纪》卷一七记载:"(弘治二年六月)南京吏部尚书王恕疏时政八事,下部议行之。"③本条所记"弘治三年六月甲申"疑误,待考。

卷四十二页一下行七　天顺中迁南京大理丞

[新校]《明宪宗实录》成化四年春正月庚寅记载:"论平建州房寇功……孙珂、崔让为南京大理寺左右寺丞。"④《国朝列卿纪》卷一二九记载:"(崔让)成化四年以征辽东功升南京大理寺丞。"⑤王世贞《弇山堂别集》卷八〇《赏功考下》记载:成化中平董山功,升"崔让为南京大理寺右寺丞"⑥。嘉靖《辽东志》卷七《艺文志》记载成化年间征建州事:"监察御史孙珂、崔让、吕雯、边镛纪功督阵……汉番京边官军伍万余众,以成化丁亥(三年)秋九月二十有四日分道并进。"⑦成化三年,崔让仍任监察御史。由上记载可知,"天顺中"疑为"成化中"。

卷四十二页二下行九　丁丑南京刑部左侍郎阮勤乞致仕

[原校]旧校改"丑"作"巳"。

[新校]本条所记前一日记作"丙辰",后一日记作"丙午",且《国榷》卷四二记载:"丁巳,南京刑部左侍郎阮勤致仕。"⑧当作"丁巳"。

---

① (明)焦竑:《国朝献征录》卷一四,《四库全书存目丛书》史部第100册,第452页上。
② (明)王恕:《王端毅奏议》卷一一,《文渊阁四库全书》第427册,第645页下。
③ (明)雷礼:《皇明大政纪》卷一七,《续修四库全书》第354册,第234页。
④ 《明宪宗实录》卷五〇第七页上第十二行,1027页。
⑤ (明)雷礼:《国朝列卿纪》卷一二九,《续修四库全书》第524册,第179页。
⑥ (明)王世贞:《弇山堂别集》卷八〇,中华书局,1985年,第1528页。
⑦ 嘉靖《辽东志》卷七,《续修四库全书》第646册,第653页。
⑧ (清)谈迁:《国榷》卷四二,中华书局,1958年,第2607页。

卷四十三页一上行十　癸未授安昌伯钱承宗推诚宣力武臣荣禄大夫柱国安昌伯

[新校]《明功臣袭封底簿》记载:"弘治三年三月十一日本部题节该奉钦依钱承宗准给诰券追封三代,并本身封号等项都照王源例与他,封推诚宣力武臣荣禄大夫柱国安昌伯,食禄一千石,子孙世袭。"①本条所记时间为弘治三年闰九月癸未(四日),较之《明功臣袭封底簿》所记时间迟近七个月。本条所记或为命下之日,待考。

卷四十四页二上行五　乙卯太子太保吏部尚书王恕等言

[新校]王恕《又再论工完乞恩奏状》记载:"弘治三年十月初五日具题,初七日奉圣旨'这以后事朕自有处置'。"②本条所记时间为弘治三年十月乙卯(六日),与《王端毅奏议》所记时间有异,待考。

卷四十五页一上行十一　二十三年改户部尚书

[新校]《明宪宗实录》成化二十二年八月己亥记载:"调工部尚书刘昭于户部。"③《国榷》成化二十二年八月己亥记载"工部尚书刘昭改户部"④,《国朝列卿纪》卷六二记载刘昭"二十二年改户部尚书"⑤,王世贞《弇山堂别集》卷四八《户部尚书表》记载:"刘昭……成化二十二年任,二十三年致仕。"⑥由上可知当为"二十二年"。

卷四十八页四下行十　成化二年下嫁仪宾王宪

[新校]王世贞《弇山堂别集》卷三六记作"成化二年"⑦,而《明宪宗实录》成化五年十一月己亥记载:"以郕府固安郡主下嫁仪宾王宪。"⑧《明宪宗实录》成化十一年三月辛未彭时传记记载:"(成化)五年冬无雪,言三事,因及景皇帝女固安郡主处西内,年及笄,遂得下嫁。"⑨谈迁《国榷》卷三五成化五年十一月己亥记载:"郕府固安郡主适仪宾王宪。"⑩沈德符《万历野获编》卷五《仪宾牙牌》记载:"景皇帝女固安郡主以成化六年下嫁王宪。"⑪由以上记载可判断,当为"成化五年"。

---

① 《明功臣袭封底簿》,《明代传记丛刊》第55册,第205页。
② (明)王恕:《王端毅奏议》,《文渊阁四库全书》第427册,第663页上。
③ 《明宪宗实录》卷二八一第十页上第五行,第4751页。
④ (清)谈迁:《国榷》卷四〇,中华书局,1958年,第2526页。
⑤ (明)雷礼:《国朝列卿纪》卷六二,《续修四库全书》第523册,第260页。
⑥ (明)王世贞:《弇山堂别集》卷四八,中华书局,1985年,第898页。
⑦ (明)王世贞:《弇山堂别集》卷三六,中华书局,1985年,第651页。
⑧ 《明宪宗实录》卷七三第四页下第一行,第1416页。
⑨ 《明宪宗实录》卷一三九第六页上第五行,第2605页。
⑩ (清)谈迁:《国榷》卷三五,中华书局,1958年,第2277页。
⑪ (明)沈德符:《万历野获编》卷五,中华书局,1959年,第130页。

卷四十八页十下行十一　至太仆寺少卿仅三月而卒

[新校]本条上文（第十页下第十行）记载：（弘治四年二月）"壬申（二十六日）太仆寺少卿李鉴卒"。《明孝宗实录》弘治四年正月甲午（十七日）记载："升兵部郎中李鉴为太仆寺少卿。"①二者相距仅月余，本条所记"三月"疑有误。

卷五十二页三下行十一　（壬寅）南京工部右侍郎黄孔昭卒

[新校]张邦奇《明故通议大夫南京工部右侍郎赠礼部尚书谥文毅黄公墓碑铭》根据黄孔昭孙黄绾所作行实记载："弘治辛亥（四年）六月十七日，南京工部右侍郎黄公卒于官。"②李东阳《明故通议大夫南京工部右侍郎黄公神道碑铭》记载："偶得热疾，三日遽卒，辛亥六月十七日也。"③《国榷》弘治四年六月壬戌条记载："南京工部右侍郎黄孔昭卒。"④按，本条记作"壬寅"，其上文记载前一日为"庚申"，下文记载后一日为"癸亥"，据干支记日法，本书此处应为"壬戌"，即弘治四年六月十七日，正是黄孔昭卒之日。"壬寅"当为"壬戌"。

卷五十三页二下行六　十七年进本寺卿掌国子监事

[新校]过庭训《本朝分省人物考》卷六五记载：刘宣"十七年进本寺卿，掌国子监事"⑤。而《明宪宗实录》成化十八年五月辛巳记载："升南京太常寺少卿刘宣为本寺卿。"⑥李东阳《明故南京工部尚书刘公墓志铭》记载："壬寅（成化十八年）进本寺卿兼掌国子监事。"⑦徐溥《南京工部尚书刘公传》记载："壬寅（成化十八年）改除进本寺卿，掌国子祭酒事。"⑧雷礼《国朝列卿纪》卷六三记载：刘宣"十八年壬寅服除，进本寺卿，寻掌国子祭酒事"⑨。卢上铭《辟雍纪事》（明崇祯刻本）卷八记载："（壬寅）四月升南太常少卿刘宣为本寺卿，掌南京国子监事。""十七年"当为"十八年"。

卷五十三页二下行八　弘治元年

[新校]李东阳《明故南京工部尚书刘公墓志铭》记载："弘治戊申（元年），今上皇帝特进左侍郎。"⑩徐溥《谦斋文录》卷三《南京工部尚书刘公

---

① 《明孝宗实录》卷四七第二页下第十行，第946页。
② （明）张邦奇：《张文定公靡悔轩集》卷四，《续修四库全书》第1337册，第8页下。
③ （明）李东阳：《李东阳集》文稿卷二五，岳麓书社，1985年，第2册，第370页。
④ （清）谈迁：《国榷》卷四二，中华书局，1958年，第2619页。
⑤ （明）过庭训：《本朝分省人物考》卷六五，《续修四库全书》第535册，第39页下。
⑥ 《明宪宗实录》卷二二七第二页上第八行，第3887页。
⑦ （明）李东阳：《李东阳集》卷四九文稿二十九，岳麓书社，1985年，第2册，第428页。
⑧ （明）徐溥：《谦斋文录》卷三，《文渊阁四库全书》第1248册，第634页上。
⑨ （明）雷礼：《皇朝列卿纪》卷六三，《续修四库全书》第523册，第286页。
⑩ （明）李东阳：《李东阳集》文稿二十九，岳麓书社，1985年，第2册，第429页。

传》记载:"弘治戊申,今上嗣位,再进左侍郎。"①雷礼《国朝列卿纪》卷六三记作:"弘治戊申,孝庙嗣位,再进左侍郎。"②而《明孝宗实录》成化二十三年十一月丙辰记载,升"吏部右侍郎刘宣为本部左侍郎"③。本书此处当承刘宣墓志碑铭之误。当为"成化二十三年"。

卷六十二页五上行九　弘治元年升南京工部尚书

[新校]徐溥《谦斋文录》卷四《故南京礼部尚书谥文僖黎公神道碑铭》、《国朝列卿纪》卷四二皆记载黎淳于"弘治戊申(元年)始擢南京工部尚书"④。倪岳《青溪漫稿》卷二四《黎文僖公传》记载:"今上登极,擢南京工部尚书。"⑤李东阳《明故资善大夫南京礼部尚书致仕进阶荣禄大夫谥文僖黎公先生行状》记作"今上始擢为南京工部尚书。"⑥《明孝宗实录》成化二十三年十月甲戌记载,升"南京吏部左侍郎黎淳为南京工部尚书"⑦。按,上引墓铭等所记黎淳升任南京工部尚书时间在弘治改元前后,"成化二十三年十月"为命下之日,当以其为准。

卷六十五页一上行四　成化初巡按山西

[新校]《明宪宗实录》天顺八年十一月丙辰记载:"巡按山西监察御史艾福奏黜老疾庸懦不谨官太原府通判冯顺等八十员。"⑧成化《山西通志》卷八记载:"艾福,湖广襄阳人,由进士除河南道监察御史,天顺八年差代。"⑨当作"天顺八年"。

卷七十五页一上行四　成王十三年袭封灵丘王

[原校]三本"王"作"化",是也。

[新校]《明宪宗实录》成化十三年夏四月庚子记载册封"灵丘荣顺王嫡长子仕㙉为灵丘王"⑩。当作"成化"。

卷七十八页二下行七　(壬寅)致仕南京太仆寺少卿李应祯卒

[新校]吴宽《明故中顺大夫南京太仆寺少卿致仕李公墓碑铭》记载:

---

① (明)徐溥:《谦斋文录》卷三,《文渊阁四库全书》第1248册,第634页上。
② (明)雷礼:《国朝列卿纪》卷六三,《续修四库全书》第523册,第286页。
③ 《明孝宗实录》卷七第十页下第十一行,第134页。
④ (明)徐溥:《谦斋文录》卷四,《文渊阁四库全书》第1248册,第638页上;(明)雷礼:《国朝列卿纪》卷四二,《续修四库全书》第522册,第663页下。
⑤ (明)倪岳:《青溪漫稿》,《文渊阁四库全书》第1251册,第339页下。
⑥ (明)李东阳:《李东阳集》文稿卷二三,岳麓书社,1985年,第2册,第351页。
⑦ 《明孝宗实录》卷四第七页下第三行,第68页。
⑧ 《明宪宗实录》卷一一第五页上第八行,第237页。
⑨ 成化《山西通志》卷八,《四库全书存目丛书》史部第174册,第251页下。
⑩ 《明宪宗实录》卷一六五第一页下第六行,第2982页。

"南京太仆寺少卿李公致仕之二年,为弘治癸丑七月九日,以疾卒于吴城。"①文林《南京太仆寺少卿李公墓志铭》记载:"弘治癸丑七月九日,南京太仆寺少卿长洲李公卒。"②本条所记七月壬寅,即七月十日,或为讣告到京之日。应为"辛丑"。

卷七十八页二下行九　弘治元年转南京尚宝司卿

[新校]《明孝宗实录》成化二十三年十二月辛卯记载:升"南京兵部职方司郎中李应祯为南京尚宝司卿"③。文林《南京太仆寺少卿李公墓志铭》记载:"弘治戊申(元年),改南京尚宝司卿。"④成化二十三年十二月或为任命的时间,弘治元年或为接到圣旨的时间。待考。

卷八十二页二下行五　(成化)二十年升户部尚书兼谨身殿大学士

[新校]徐溥《故特进光禄大夫柱国少师兼太子太师吏部尚书华盖殿大学士致仕赠太师谥文穆刘公神道碑铭》记载:"甲辰(成化二十年)转户部尚书兼谨身殿大学士。"⑤而《明宪宗实录》成化二十一年二月丁巳记载,释奠先师孔子"遣太子太保、礼部尚书兼武英殿大学士刘吉行礼"⑥。同书成化二十一年十二月甲申记载:"改太子太保、礼部尚书刘吉为户部尚书兼谨身殿大学士。"⑦疑当作"二十一年",待考。

卷八十二页二下行六　弘治改元升少傅兼太子太师

[新校]徐溥《故特进光禄大夫柱国少师兼太子太师吏部尚书华盖殿大学士致仕赠太师谥文穆刘公神道碑铭》记载:"丁未(成化二十三年)宪宗登遐,今上即位,再进少傅兼太子太师吏部尚书大学士如故。"⑧《明孝宗实录》成化二十三年十一月乙卯记载:吏部少保"刘吉升少傅兼太子太师"⑨。同书弘治元年正月甲寅记载:监察御史汤鼐弹劾"少傅刘吉"⑩。雷礼《国朝列卿纪》卷一一记载:刘吉于"二十三年丁未孝宗即位,再进少傅兼太子太师、吏部尚书、大学士如故"⑪。可见当在弘治改元之前刘吉即已升少傅。此处当作"(成化)二十三年孝宗即位"。

---

① (明)吴宽:《家藏集》卷七六,《文渊阁四库全书》第1255册,第758页下。
② (明)文林:《文温州集》卷八,《四库全书存目丛书》集部第40册,第353页上。
③ 《明孝宗实录》卷八第十二页下第四行,第178页。
④ (明)文林:《文温州集》卷八,《四库全书存目丛书》集部第40册,第353页下。
⑤ (明)徐溥:《谦斋文录》卷四,《文渊阁四库全书》第1248册,第664页上。
⑥ 《明宪宗实录》卷二六二第一页下第十一行,第4434页。
⑦ 《明宪宗实录》卷二七三第一页下第十二行,第4598页。
⑧ (明)徐溥:《谦斋文录》卷四,《文渊阁四库全书》第1248册,第664页上。
⑨ 《明孝宗实录》卷七第三页下第十二行,第120页。
⑩ 《明孝宗实录》卷九第四页下第一行,第192页。
⑪ (明)雷礼:《国朝列卿纪》卷一一,《续修四库全书》第522册,第181页下。

卷八十三页二上行七　（表荣）十四封为世孙

[原校]阁本"四"下有"年"字,是也。

[新校]《明宪宗实录》成化十五年十二月己卯记载:"晋王为其世孙表荣"乞翼善冠①。按:表荣于成化三年生,成化十五年尚未满十四岁。当补"年"字,作"十四年"。

卷八十五页四上行八　（庚辰）命故建平伯高进之侄霶袭平伯

[新校]《明功臣袭封底簿》记载:"弘治七年二月二十七日本部题,奉圣旨准他（高霶）袭。"②本条记载时间为弘治七年二月庚辰（二十日）。待考。

卷八十九页七下行十　（己卯）陈音卒

[新校]郑纪《奉议大夫南京太常寺卿愧斋陈公行状》记载陈音"卒于弘治甲寅（七年）六月二十有二日"③,李东阳《明故嘉议大夫南京太常寺卿陈公神道碑铭》记载"卒以甲寅六月二十五日"④,倪岳《嘉议大夫南京太常寺卿愧斋陈先生神道碑》记载:"弘治甲寅六月二十有六日,南京太常寺卿莆田陈先生以疾卒于长安西街之第。"⑤本条所记时间为"弘治七年六月己卯（二十二日）",与陈音行状记载一致。待考。

卷九十页六上行八　十九年五军营左掖管操

[新校]《明宪宗实录》成化十六年十一月壬辰记载:"命泰宁侯陈桓……坐五军等营,桓左掖。"⑥"十九年"与"十六年"孰是,待考。

卷九十二页八下行五　丁酉皇太子千秋节

[原校]旧校改"丁"作"己"。

[新校]《明孝宗实录》弘治四年九月丁酉（二十四日）记载:"皇长子生。"⑦同书弘治十八年五月庚寅记载,明孝宗言:"弘治四年九月二十四日诞生皇子厚照。"⑧由上可知,皇子朱厚照生辰为九月二十四日。另,"丁酉"日又载:"南京刑部尚书致仕张瑄卒。"童轩《资政大夫南京刑部尚书观庵张公瑄墓志铭》记载:"（张瑄）卒于弘治甲寅七年九月二十四日。"⑨又

---

① 《明宪宗实录》卷一九八第七页下第三行,第 3488 页。
② 《明功臣袭封底簿》,《明代传记丛刊》第 55 册,第 529 页。
③ （明）郑纪:《东园文集》卷一二,《文渊阁四库全书》第 1249 册,第 847 页下。
④ （明）李东阳:《李东阳集》文后稿十八,岳麓书社,1985 年,第 3 册,第 252 页。
⑤ （明）倪岳:《青溪漫稿》卷二二,《文渊阁四库全书》第 1251 册,第 286 页。
⑥ 《明宪宗实录》卷二〇九第三页下第六行,第 3644 页。
⑦ 《明孝宗实录》卷五五第四页下第七行,第 1076 页。
⑧ 《明孝宗实录》卷二二四第四页上第九行,第 4243 页。
⑨ 《皇明名臣琬琰录》卷二〇,《明代传记丛刊》第 44 册,第 604 页。

见弘治七年九月丙戌为朔,则本月二十四日当为"己酉"。本条前两日所记日期为"丁未",后两日所记日期为"辛亥",据干支纪日法推算,亦当为"己酉"。

卷九十四页七上行十一　命故泰宁侯

[原校]三本"命"上有"己酉"二字。

[新校]《明功臣袭封底簿》记载:"(陈桓)妻李氏奏要将庶长男陈璇袭爵,(弘治七年)本年十一月二十四日本部题奉圣旨准他袭。钦此。"①郑汝璧《皇明功臣封爵考》卷二记载:"陈璇袭爵本年十一月二十四日。"②按,弘治七年十一月丙戌为朔,二十四日则为己酉。谈迁《国榷》卷四二记载:"(弘治七年十一月)己酉陈璇嗣泰宁侯陈桓子。"③当补"己酉"。

卷九十六页三上行十一　(己未)刑部尚书彭韶卒

[新校]何乔新《赠太子少保彭惠安公祠堂碑》记载:"弘治八年正月十有三日,刑部尚书彭公以疾卒于家。"④王恕《刑部尚书彭公祠堂记》记载:"乙卯(弘治八年)正月十有三日终于家。"⑤林俊《明资善大夫太子少保刑部尚书彭惠安公神道碑》记载:"弘治乙卯,资善大夫、刑部尚书致仕彭公从吾终于家,正月十一日也。"⑥本条所记日期为"己未",而其后一日记为"丙申",据天干地支记日法,当为"乙未",即弘治八年正月十一日。由上引彭韶墓碑铭可知,彭韶卒日有两种说法,兹待考。今改"己未"为"乙未"。

卷九十六页四下行四　十九年移镇宁夏

[新校]《明宪宗实录》成化二十年秋七月丁亥记载:"调宣府总兵官周玉于宁夏,以神英代之。"⑦嘉靖《宁夏新志》卷二《国朝主将》记载:"周玉,右都督,成化二十年镇守,号令严密。"⑧嘉靖《陕西通志》卷三九《名宦》记载:宁夏总兵"周玉,成化二十年以都督镇守"⑨。"十九年"当为"二十年"。

卷九十六页八下行三　成化二年袭爵

[新校]《明宪宗实录》成化元年六月丁酉(二十一日)记载:"命故怀柔伯施聚子鉴袭爵,给禄米一千一百石本色折色中半兼支。"⑩《明功臣袭

---

① 《明功臣袭封底簿》,《明代传记丛刊》第55册,第414页。
② (明)郑汝璧:《皇明功臣封爵考》,《四库全书存目丛书》史部第258册,第382页上。
③ (清)谈迁:《国榷》卷四二,中华书局,1958年,第2666页。
④ (明)何乔新:《椒邱文集》卷二八,《文渊阁四库全书》第1249册,第426页上。
⑤ (明)王恕:《王端毅文集》卷一,《四库全书存目丛书》集部第36册,第175页下。
⑥ (明)林俊:《见素集》卷一九,《文渊阁四库全书》第1257册,第201页下。
⑦ 《明宪宗实录》卷二五四第一页下第一行,第4288页。
⑧ 嘉靖《宁夏新志》卷二,《续修四库全书》第649册,第97页上。
⑨ 嘉靖《陕西通志》卷二,《中国西北稀见方志续编》第1册,第405页下。
⑩ 《明宪宗实录》卷一八第二页下第四行,第374页。

封底簿》记载:"(施荣)成化元年正月病故,本年六月初三日男鉴袭爵。"①郑汝璧《皇明功臣封爵考》卷五记载:施荣"成化元年正月病故,本年六月初三日男施鉴袭爵"②。谈迁《国榷》卷三四成化元年六月丁酉记载"施鉴嗣怀柔伯"③。"二年"当为"元年"。

卷九十六页八下行四　明年奉敕坐五军中营

[原校]三本"中"下有"军"字,是也。

[新校]《明宪宗实录》成化三年五月癸未记载:"(命)怀柔伯施鉴、都督佥事昌英坐五军营。"④按,本条上文"成化二年"当改作"成化元年",故本条此处"明年"当明确标明为"三年"。

卷九十六页八下行四　十二年转围子手营

[新校]《明宪宗实录》成化十三年夏四月乙巳记载:"复怀柔伯施鉴爵,于左府带俸。"⑤同书成化十六年十一月壬辰记载:命怀柔伯施鉴坐五军等营,施鉴围子手营。⑥《明功臣袭封底簿》记载:"成化八年六月内为违法害众事……发去贵州立功。成化十一年十一月初八日……既遇敕准复爵。成化十三年四月内兵部题准照旧带俸朝参,送五军营长川差操,不许管军管事。"⑦由上记载可知,成化十二年施鉴复爵不久,至十三年复俸,仍未能管军。"十二年"疑当为"十六年"。

卷一百七页四上行十　天顺六年使交南还升本部右侍郎

[新校]《明英宗实录》天顺元年二月庚申记载:"升户部郎中薛远为本部右侍郎。"⑧徐溥《故南京兵部尚书致仕进阶荣禄大夫薛公神道碑铭》记载:"天顺改元,以公使交趾还,进本部右侍郎。"⑨王鏊《荣禄大夫南京兵部尚书薛公神道碑》记载:"天顺改元,以公使交南还,进本部右侍郎。"⑩雷礼《国朝列卿纪》卷六五记载:"天顺改元,使交南还,进本部右侍郎。"⑪"天顺六年"疑当为"天顺元年"。

---

① 《明功臣封底簿》,《明代传记丛刊》第55册,第63页。
② (明)郑汝璧:《皇明功臣封爵考》,《四库全书存目丛书》史部258册,第512页上。
③ (清)谈迁:《国榷》卷三四,中华书局,1958年,第2192页。
④ 《明宪宗实录》卷四二第五页下第一行,第864页。
⑤ 《明宪宗实录》卷一六五第四页下第十二行,第2988页。
⑥ 《明宪宗实录》卷二〇九第三页下第七行,第3644页。
⑦ 《明功臣袭封底簿》,《明代传记丛刊》第55册,第63页。
⑧ 《明英宗实录》卷二七五第十六页上第八行,第5859页。
⑨ (明)徐溥:《谦斋文录》卷四,《文渊阁四库全书》第1248册,第644页下。
⑩ (明)王鏊:《震泽集》卷二一,《文渊阁四库全书》第1256册,第349页下。
⑪ (明)雷礼:《国朝列卿纪》卷六五,《续修四库全书》第523册,第319页下。

卷一百七页四上行十二　成化六年

[新校]《明宪宗实录》成化元年春月庚午记载："命户部右侍郎薛远整饬两广军饷。"①同书成化二年十一月乙酉记载："以两广平贼功升……户部右侍郎薛远为左侍郎，加正二品俸。"②同书成化三年八月癸卯记载："升户部左侍郎薛远为本部尚书，总理京储。"③徐溥《故南京兵部尚书致仕进阶荣禄大夫薛公神道碑铭》记载："成化元年，兵讨两广蛮獠，以公督饷……贼平，升左侍郎二品俸……三年进尚书，总督京储。"④王鏊《荣禄大夫南京兵部尚书薛公神道碑》记载："成化初，兵讨两广叛獠，公以户部侍郎往调兵食……贼平，升左侍郎，二品俸。"⑤由上记载可知，当为"成化元年"。

卷一百七页四下行二　（成化）十六年以被论劾致仕

[新校]徐溥《故南京兵部尚书致仕进阶荣禄大夫薛公神道碑铭》、王鏊《荣禄大夫南京兵部尚书薛公神道碑》皆记载："（成化）十五年有诏起公南京兵部尚书参预军务，是年冬以疾辞，不允。明年正月诏许致仕。"⑥而《明宪宗实录》成化十五年十二月乙亥记载："南京兵部尚书薛远亦令致仕，俱赐敕以归。"⑦按，《明宪宗实录》所记较之薛远神道碑等所记早一个月，概成化十六年正月为薛远接到"致仕"命令的时间，本书此处承薛远碑传之说，当以"成化十五年十二月"为确。

卷一百九页四下行八　（十七年）命世袭公爵给诰券

[新校]徐溥《故奉天翊运推诚宣力佐理武臣特进光禄大夫右柱国太师兼太子太师保国朱公追封宣平王谥武毅神道碑铭》记载："辛丑（十七年）战海东山有功，赐世袭公爵，再给诰券。"⑧《明宪宗实录》成化二十三年六月丁丑记载："给太傅兼太子太师保国公朱永世袭公爵诰券。"⑨《明功臣袭封底簿》记载："成化十七年三月内征剿大同地方贼人一十名，斩获首级一百一十一颗……兵部题奉钦依朱永与世袭。成化二十三年六月本爵奏请世袭公爵诰券，与他封天翊卫推诚宣力……诰券。"⑩由上记载可知，袭

---

① 《明宪宗实录》卷一三第六页下第十二行，第286页。
② 《明宪宗实录》卷三六第五页上第四行，第713页。
③ 《明宪宗实录》卷四五第四页下第九行，第930页。
④ （明）徐溥：《谦斋文录》卷四，《文渊阁四库全书》第1248册，第644页下。
⑤ （明）王鏊：《震泽集》卷二一，《文渊阁四库全书》第1256册，第350页上。
⑥ （明）徐溥：《谦斋文录》卷四，《文渊阁四库全书》第1248册，第644页下；（明）王鏊：《震泽集》卷二一，《文渊阁四库全书》第1256册，第350页上。
⑦ 《明宪宗实录》卷一九八第六页上第八行，第3485页。
⑧ （明）徐溥：《谦斋文录》卷四，《文渊阁四库全书》第1248册，第659页下。
⑨ 《明宪宗实录》卷二九一第三页上第十行，第4925页。
⑩ 《明功臣袭封底簿》，《明代传记丛刊》第55册，第399页。

公爵时间为成化十七年,给诰券时间为成化二十三年。非同时。

卷一百十七页一上行四　丙午……冯贯卒

[新校]同页第二行记载"甲辰朔",则丙午当是初三。徐溥《故资德大夫南京工部尚书冯公神道碑铭》记载:"(冯贯)抵家一月而卒,九月二日也,寿六十有四。"①二者有一日之差,待考。

卷一百十七页三下行九　三年命还镇云南

[新校]倪岳《明故镇守云南总兵官征南将军太子太傅黔国公赠特进光禄大夫右柱国太师谥武僖沐公墓志铭》记载:"丁亥(三年)三月,命还镇云南,如祖宗故事。"②而《明宪宗实录》成化二年十二月丙寅记载:"命黔国公沐琮佩征南将军印,充总兵官,镇守云南。"③待考。

卷一百十八页五上行九　(甲申)致仕南京户部尚书潘荣卒

[新校]徐溥《资善大夫南京户部尚书致仕潘公神道碑铭》记载:"(潘荣)弘治丙辰十月十八日终于正寝,寿七十有八。"④本条所记时间为弘治九年十月甲申(十一日)。待考。

卷一百二十七页一下行四　(恩铈)弘治六年袭封沅陵王

[新校]嵇璜《钦定续文献通考》卷二〇八《封建考》记载:"恩铈,弘治六年袭,十年薨。"⑤而《明孝宗实录》弘治五年十月己酉记载:册封"沅陵昭安王嫡长子恩铈为沅陵王"⑥。待考。

卷一百三十三页一下行一　(李介于弘治)六年升兵部右侍郎

[新校]《明孝宗实录》弘治七年五月乙巳记载:升"都察院左佥都御史李介为兵部右侍郎"⑦。李东阳《明故通议大夫兵部左侍郎兼都察院左佥都御史赠兵部尚书李公墓志铭》记载:"甲寅(弘治七年)擢兵部右侍郎。"⑧雷礼《国朝列卿纪》卷五二《兵部左右侍郎年表》记载:"李介,山东高密人……弘治七年右,八年左。"⑨"六年"疑作"七年"。

卷一百三十四页五上行三　十一年致仕

[新校]《明孝宗实录》弘治十年十一月戊戌朔⑩、李东阳《明故资政大

---

① (明)徐溥:《谦斋文录》卷四,《文渊阁四库全书》第1248册,第667页上。
② (明)倪岳:《青溪漫稿》卷二三,《文渊阁四库全书》第1251册,第334页下。
③ 《明宪宗实录》卷三七第十三页下第一行,第748页。
④ (明)徐溥:《谦斋文录》卷四,《文渊阁四库全书》第1248册,第650页上。
⑤ (清)嵇璜:《钦定续文献通考》卷二〇八,《文渊阁四库全书》第630册,第917页上。
⑥ 《明孝宗实录》卷六八第四页上第四行,第1293页。
⑦ 《明孝宗实录》卷八八第六页上第七行,第1631页。
⑧ (明)李东阳:《李东阳集》文后稿卷二二,岳麓书社,1985年,第3册,第325页。
⑨ (明)雷礼:《国朝列卿纪》卷五二,《续修四库全书》第523册,第79页上。
⑩ 《明孝宗实录》卷一三一第一页上第二行,第2311页。

夫南京礼部尚书致仕赠太子少保童公神道碑铭》记作："南京礼部尚书童轩复以老疾乞致仕,且请给诰命,许之。""丁巳(十年)再乞归,语益加切,上乃许之。"①倪岳《明故资政大夫南京礼部尚书致仕赠太子少保童公墓志铭》记载："弘治丁巳秋,南京礼部尚书童公秩满三载,以疾弗任,朝谒具疏恳乞休致,上不许。至冬复以为请,词益加切,乃许之。"②"十一年"疑当作"十年"。

卷一百三十八页二下行三　（诚泳成化）十年进封秦王

[新校]《明宪宗实录》成化十年夏四月戊午、成化十三年闰二月戊申、成化十六年冬十月甲子记作"秦王公锡"③。同书成化二十二年二月庚子记载："秦王公锡薨,王,康王之长子……谥曰惠。"④《明孝宗实录》弘治元年九月丙子记载："册封秦府秦惠王庶长子镇安王诚泳为秦王。"⑤何景明《雍大记》卷一八《纪运》记载："秦简王名诚泳,惠王庶长子也……弘治元年戊申九月袭封秦王。"⑥郑晓《秦王传》记载："秦简王,讳诚泳,乃惠王庶第一子,弘治元年袭封。"⑦当作"弘治元年"。

卷一百四十二页二上行十　成化十三年进士

[新校]正德《大名府志》卷八《登用志》记载："张璞,成化戊戌(十四年)科。"⑧雷礼《国朝列卿纪》卷八五记载:张璞"直隶大名府滑县人,成化戊戌进士。"⑨《明清进士题名碑录索引》记载张璞登"成化十四年戊戌科"⑩。"十三年"当为"十四年"。

卷一百四十五页十四上行一　弘治五年以言者交荐升署都指挥使

[新校]《明孝宗实录》弘治十年七月辛亥记载："兵科给事中杨瑛等……(荐)羽林卫指挥同知许宁可代其任。兵部覆奏……许宁累经战阵,名望尤著,见今闲住,俱俟缺奏请简用。上是其议,许宁即查缺起用。"⑪同卷弘治十年七月丙辰记载："升羽林左卫指挥同知许宁为署都指

---

① （明）李东阳：《李东阳集》文后稿卷一八,岳麓书社,1985年,第258页。
② （明）倪岳：《青溪漫稿》卷二三,《文渊阁四库全书》第1251册,第330页上。
③ 《明宪宗实录》卷一二七第一页下第二行,第2414页;卷一六三第一页下第八行,第2966页;卷二〇八第五页上第五行,第3627页。
④ 《明宪宗实录》卷二七五第七页下第一行,第4634页。
⑤ 《明孝宗实录》卷一八第四页下第四行,第434页。
⑥ （明）何景明：《雍大记》卷一八,《四库全书存目丛书》史部第184册,第153页下至154页上。
⑦ （明）焦竑：《国朝献征录》卷一,《四库全书存目丛书》史部第100册,第17页上。
⑧ 正德《大名府志》卷八,《天一阁藏明代方志选刊》第3册,本卷第4页上。
⑨ （明）雷礼：《国朝列卿纪》卷八五,《续修四库全书》第523册,第504页上。
⑩ 《明清进士题名碑录》,上海古籍出版社,1980年,第2471页。
⑪ 《明孝宗实录》卷一二七第四页上第八行,第2257页。

挥使,坐营管操。"①当为"弘治十年"。

卷一百五十一页二下行十　是冬被劾去任

[新校]本条上文记载:"二十三年秋,孝宗皇帝践阼,进詹事府少詹事。"此处"是冬",乃成化二十三年冬。而本书弘治元年十月戊申记载得旨"程敏政、王臣念旧侍从官,亦令致仕。"②弘治《徽州府志》卷七、《国朝列卿纪》卷一五、过庭训《本朝分省人物考》卷三六记载:"(程敏政)弘治戊申(元年)……俄御史魏璋以暧昧之言中之,诏致仕。"③当为"弘治元年十月"。

卷一百五十七页四下行九　(癸巳)致仕南京大理寺卿夏时正卒

[新校]杨守阯《大明南京大理寺卿夏公神道碑铭》记载:"弘治十二年十二月甲午(九日),南京大理寺致仕夏公卒于杭州私第。"④本条所记时间为弘治十二年十二月癸巳(八日)。待考。

卷一百六十三页四上行六　成化二年升右副都御史

[新校]《明宪宗实录》成化三年六月癸卯记作"刑部郎中王克复"⑤,同书成化二十二年九月甲辰记载:"升江西左布政使王克复为都察院右副都御史,巡抚苏松等处。"⑥雷礼《国朝列卿纪》卷三〇《王克复》记载:"二十二年升都察院右副都御史,总督苏松粮储。"⑦当为"成化二十二年"。

卷一百七十八页三上行八　一十三年被劾致仕

[原校]旧校改"一"作"二"。

[新校]《明宪宗实录》成化二十三年春正月庚申记载"谢昹"令致仕⑧。当作"二十三年"。

卷一百八十七页五下行九　七年升署都督佥事

[新校]本条上句载"八年充副总兵协守甘肃",此处记作"七年"有误。查《明孝宗实录》弘治十年三月壬子记载:"升副总兵都指挥使彭清为(署)都督佥事,挂印充总兵官,镇守甘肃。"⑨同书弘治九年七月己未记载:"副

---

① 《明孝宗实录》卷一二七第六页上第一行,第2261页。
② 《明孝宗实录》卷一九第六页上第一行,第453页。
③ 弘治《徽州府志》卷七,《天一阁藏明代方志选刊》,第22册,本卷第68页;(明)雷礼:《国朝列卿纪》卷一五,《续修四库全书》第522册,第266页上;(明)过庭训:《本朝分省人物考》卷三六,《续修四库全书》第533册,第725页下。
④ (明)杨守阯:《碧川文选》卷八,《四库全书存目丛书》集部第42册,第118页上。
⑤ 《明宪宗实录》卷四三第四页上第三行,第877页。
⑥ 《明宪宗实录》卷二八二第一页上第九行,第4753页。
⑦ (明)雷礼:《国朝列卿纪》卷三〇,《续修四库全书》第522册,第492页下。
⑧ 《明宪宗实录》卷二八六第四页上第十二行,第4835页。
⑨ 《明孝宗实录》卷一二三第四页上第四行,第2199页。

总兵都指挥佥事彭清为都指挥使。"①当为"十年"。

卷一百八十八页一上行二　弘治十五年六月辛卯朔

[新校]《明孝宗实录》卷一八七所记最后一条日期为"庚子"日②。本条下一条所记日期为"壬寅"。据天干地支记日法，本书此处当作"辛丑"。据陈垣编《二十史朔闰表》记作弘治十五年六月为"辛丑"朔③。故"辛卯"当改作"辛丑"。

卷一百九十四页四上行一　甲寅太傅兼太子太傅平江伯陈锐卒

[新校]《明功臣袭封底簿》记作"弘治十五年十二月十六日病故"④，李东阳《明故太傅兼太子太傅平江伯陈公墓志铭》记作"居闲二年而卒，是为壬戌十二月十五日"⑤。本条所记时间为弘治十五年十二月十六日。考异。

卷一百九十五页一上行九　祭酉孟春享太庙

[原校]旧校改"祭"作"癸"。

[新校]正月初五日为孟春祭太庙之日，如《明孝宗实录》弘治十年正月丁未、弘治十二年正月乙丑、弘治十四年正月甲寅均记载初一为正旦节，初五"孟春享太庙"⑥。本条己巳(初一)为正旦节，因此"癸酉"(初五)当为孟春。当作"癸酉"。

卷二百〇一页九下行八　(己丑)致仕南京国子监祭酒罗璟卒

[新校]李东阳《明故朝列大夫南京国子监祭酒罗公墓志铭》记作"癸亥(十六年)七月二十六日卒"⑦。本条记作弘治十六年七月己丑(二十五)日。待考。

卷二百〇二页一上行十二　十八年八月初五日起至初七日止

[原校]抱本、阁本"八"作"六"。

[新校]徐乾学《读礼通考》卷七六《亲王丧仪·申懿王》引孝宗实录，记作"弘治十六年八月初五日起至初七日止辍朝三日"⑧。此为申王丧礼仪注，故当于本月举行。"十八年"当作"十六年"。

---

① 《明孝宗实录》卷一一五第五页下第八行，第2088页。
② 《明孝宗实录》卷一八七第十页下第二行，第3456页。
③ 陈垣：《二十史朔闰表》，上海古籍出版社，1956年，第172页。
④ 《明功臣袭封底簿》，《明代传记丛刊》第55册，第487页。
⑤ (明)李东阳：《李东阳集》文后稿卷二六，岳麓书社，1985年，第3册，第378页。
⑥ 《明孝宗实录》卷一二一第一页上第十一行，第2167页；一四六第一页下第十一行，第2558页；卷一七〇第二页下第十一行，第3080页。
⑦ (明)李东阳：《李东阳集》文后稿二十七，岳麓书社，1985年，第3册，第403页。
⑧ (明)徐乾学：《读礼通考》卷七六，《文渊阁四库全书》第113册，第749页下。

卷二百〇二页六下行十一　成化十二年陆卿

[原校]三本"陆"作"升"是也,"化"下有"二"字。

[新校]《明宪宗实录》成化二十二年夏四月庚辰记载升"太常寺少卿任道逊升本寺卿"①。当为"二十二年升"。

卷二百〇二页六下行十二　弘治二年致仕

[新校]《明孝宗实录》成化二十三年十月己巳记载:"太常寺卿任道逊乞致仕,许之。"②谈迁《国榷》成化二十三年十月己巳记载:"太常寺卿任道逊被劾,许致仕。"③吴宽《明故通议大夫资治尹太常寺卿任公墓志铭》记载:"弘治戊申(元年),年六十六,上疏请老,赐致仕而归。"④当为成化二十三年十月。

卷二百一十页四下行九　(弘治十七年四月辛丑)至是浚攻破田州府

[新校]范景文《昭代武功编》卷七《姚中丞诛岑猛》记作"弘治十五年十月浚猛攻陷田州"⑤,陈建《皇明通纪法传全录》卷二六记载:"十一年七月,浚入田州,杀李蛮。十五年十月,浚陷田州,猛走免。"⑥高岱《鸿猷录》卷一五《诛灭岑猛》记载"十五年十月浚袭攻陷田州"⑦,田汝成《炎徼纪闻》卷一《岑猛》记载:"是年七月,浚入田州,杀李蛮。十五年十月,浚陷田州。"⑧以上皆记作"弘治十五年十月",本条所记"弘治十七年四月"疑误,待考。

卷二百一十三页一上行四　(祐材)成化十五年生

[原校]抱本、阁本作"十年",是也。

[新校]本条下文记载:"(祐材)至是薨,年三十一。"⑨王世贞《弇山堂别集》卷三三记载:"怀王祐材……(弘治)十七年薨,寿三十一。"⑩谈迁《国榷》卷四五记载:"祐材薨,年三十一。"⑪弘治十七年(1504)薨,则生年为成化十年(1474),当作"十年"。

---

① 《明宪宗实录》卷二七七第二页上第六行,第4665页。
② 《明孝宗实录》卷四第二页下第六行,第58页。
③ (清)谈迁:《国榷》卷四一,中华书局,1958年,第2550页。
④ (明)吴宽:《家藏集》卷六四,《文渊阁四库全书》第1255册,第620页下。
⑤ (明)范景文:《昭代武功编》卷七,《续修四库全书》第389册,第585页。
⑥ (明)陈建:《皇明通纪法传全录》卷二六,《续修四库全书》第357册,第452页。
⑦ (明)高岱:《鸿猷录》卷一五,《续修四库全书》第389册,第396页。
⑧ (明)田汝成:《炎徼纪闻》卷一,《文渊阁四库全书》第352册,第605页。
⑨ 《明孝宗实录》卷二一三第一页上第五行,第3993页。
⑩ (明)王世贞:《弇山堂别集》卷三三,中华书局,1985年,第585页。
⑪ (清)谈迁:《国榷》卷四五,中华书局,1958年,第2816页。

第二节　记载模糊不清者

　　除了以上时间记载错误者,《明孝宗实录》中还有时间记载不甚明确者,以下所列并不属于错误,姑且根据文集等资料进行分析与说明。
　　卷八页十四上行二　（癸巳）致仕南京兵部尚书王恕疾愈至京复辞吏部尚书之命
　　[新考]本条下文载:"上曰:'卿年德老成,久为人望所属,特兹简任,不允所辞。'"据王恕《辞吏部尚书奏状》记载:"十二月初一日至于华阴县,复奉改臣吏部尚书之命,续蒙圣恩不允臣辞,令臣前来。今臣已到……至成化二十三年十一月（十二月）二十七日具奏,次日奉圣旨:'卿年德老成,久为人望,特兹简任,不允所辞。'钦此。"①故本条所记时间成化二十三年十二月癸巳(二十八日)疑为明孝宗下旨时间。
　　卷十一页十二下行五　（庚申）太子太保吏部尚书王恕言
　　[新考]据王恕《论释奠礼奏状》记载:"具本弘治元年二月二十五日奏,奉圣旨'礼部看了来说。钦此。'次日礼部覆奏,奉圣旨:'分献官拜礼准行,其余只照旧。'钦此。"②按,本条所记时间为弘治元年二月庚申(二十六日),故可判断,当为王恕接到圣旨的时间。
　　卷十三卷十二页一上行九　戊辰太子太保吏部尚书王恕言
　　[新考]据王恕《再论释奠礼奏状》记载:"弘治元年三月初三日具题,次日奉圣旨:'这本礼部便会詹事府、国子监、翰林院、春坊官详议来说。'钦此。该礼部等衙门官会议具题,奉圣旨是……"③陈镐《阙里志》卷一二《会议奠礼奏本》(明嘉靖刻本)记载:"缘节该奉钦依'礼部便会官详议来说。'事理未敢擅便等因具题,奉旨是……弘治元年三月初五日。"本条所记时间为弘治元年三月戊辰(初四日),当为王恕上疏后接到圣旨的时间。
　　卷十七页三上行六至页四上行十一　"（癸卯）礼科给事中张九功言"至"上是之"
　　[新考]查倪岳《青溪漫稿》卷一一《祀典一》记载:"弘治元年七月二十四日奉圣旨:'这本所言,礼部会各部、都察院、通政司、大理寺、詹事府、

---

① （明）王恕:《王端毅奏议》卷七,《文渊阁四库全书》第 427 册,第 584 页上。
② （明）王恕:《王端毅奏议》卷八,《文渊阁四库全书》第 427 册,第 601 页。
③ （明）王恕:《王端毅奏议》卷八,《文渊阁四库全书》第 427 册,第 603 页下。

国子监、翰林院、春坊科道官详议来说。'"又载:"弘治元年八月初十日题奏,本月十二日奉圣旨:'是,从祀诸贤都照旧不动。'"①可见,本条所载时间弘治元年八月癸卯(十二日)为明孝宗最终下旨时间。

卷二十页九下行一至页九下行三　"(甲申)太子太保吏部尚书王恕自言"至"上复勉留之"

[新考]王恕《乞休致奏状》记载:"弘治元年十一月二十四日具奏,次日奉圣旨:'卿受重托,当勉图报称,毋以疾求退,不准休致。'"又,卷一〇《再乞休致奏状》记作:"弘治元年十一月二十七日具奏,二十九日奉圣旨:'前日卿乞休致,已不准了,不必固辞,该部知道。'"②按,本条涉及王恕两次上疏,而所记时间为弘治元年十一月甲申(二十四日),当为明孝宗第一次回复的时间。

卷二十八页二上行七　(壬戌)吏部覆奏长随何鼎所言

[新考]据王恕《议何鼎陈言重官爵奏状》记载:"弘治二年七月初五日具题,次日奉圣旨'是'。"③可见本条所记时间"弘治二年七月壬戌(六日)"为明孝宗批复奏疏的时间。

卷二十八页十四上行十二至页十六上行七　"(癸未)太子太保吏部尚书王恕等以灾异言"至"奏上俱从之"

[新考]王恕《修省陈言奏状》记载:"弘治二年七月二十七日具题,次日奉圣旨'都准行'。"④本条所记此奏疏系于弘治二年七月癸未(二十七日),当为王恕上奏时间。

卷二十八页十六上行九　(癸未)兵部覆奏

[新考]马文升《题覆兴举马政事》记载:"弘治二年七月二十五日兵部题为兴举马政事……具题本部尚书马等奏,奉圣旨'准议'。"⑤本条所记时间为弘治二年七月癸未(二十七日),当为明孝宗批复奏疏的时间。

卷二十九页六上行二　(辛卯彭韶)绘盐场景物及灶户艰辛之状为八图以进上嘉纳之诏复言六事

[新考]彭韶《为进呈盐场图册事》记载:"具本专差驿丞杨启亲赍,谨题请旨,弘治二年六月初三日,七月十五日奉圣旨'户部知道'。钦此。钦遵。当日内官取册进入讫。"⑥可知,该图于弘治二年六月初三日上呈,本

---

① (明)倪岳:《青溪漫稿》卷一一,《文渊阁四库全书》第1251册,第107页。
② (明)王恕:《王端毅奏议》卷一〇,《文渊阁四库全书》第427册,第623页。
③ (明)王恕:《王端毅奏议》卷一〇,《文渊阁四库全书》第427册,第634页上。
④ (明)王恕:《王端毅奏议》卷一一,《文渊阁四库全书》第427册,第635页上。
⑤ (明)黄训:《皇明名臣经济录》卷三五,《文渊阁四库全书》第444册,第48页。
⑥ (明)彭韶:《彭惠安集》卷一,《文渊阁四库全书》,第1247册,第15页。

年七月十五日送达。而本条所记时间为"弘治二年八月六日"，当为彭韶复上疏之事相关时间。

卷三十三页二下行九　丙申命故广宁伯刘璇之子佶袭伯爵

[新考]《明功臣袭封底簿》记载："本年(弘治二年)十二月初三日，本部题奉钦依刘佶准袭伯爵。钦此。"①而本条记载袭封时间为弘治二年十二月丙申(十三日)，该时间或为降旨时间。

卷三十八页四下行八至页五上行五　"壬戌修筑卢沟桥成"至"上从其言命给赏有差"

[新考]据王恕《议修芦沟河官不当升职奏状》记载："弘治三年五月初十日具题，次日奉圣旨'是。潘俊等不准升，都加与赏赐。'"②本条所记时间为弘治三年五月壬戌(十一)日，当为明孝宗下旨时间。

卷三十八页五下行四　乙丑太子太保吏部尚书王恕乞致仕不允

[新考]王恕《乞休致奏状》记载："弘治三年五月十二日具奏，十四日奉圣旨'白思明已发落了，王恕不准休致。'"③本条所记时间为弘治三年五月乙丑(十四日)，当为明孝宗下旨时间。

卷三十八页八上行三　戊寅命故安顺伯薛瑶之子昂袭燕山右卫指挥使

[新考]《明功臣袭封底簿》记载："弘治三年五月十四日，题奉钦依'薛昂着袭指挥使。'"④本条所记时间为弘治三年五月戊寅(二十七日)，或为命下之日。

卷三十九页二上行十至页二下行二　"乙酉太子太保吏部尚书王恕"至"不必深辩所辞不允"

[新考]据王恕《再乞休致奏状》记载："弘治三年五月三十日具奏，六月初一日奉圣旨：'卿年虽老，精力未衰，岂可求去！不准。'"⑤王恕《又再乞休致奏状》记载："弘治三年六月初三日具奏，次日奉圣旨：'卿但尽心职务，不必深辩，所辞不允。'"⑥本条所记时间为弘治三年六月乙酉(四日)，当为明孝宗批复王恕第二次休致的时间。另，本条所记第一次上疏内容："人无全才，用人者聪明有限，且天下士怨乎不以者甚多，臣愿早避贤路，庶

---

① 《明功臣袭封底簿》，《明代传记丛刊》第55册，第535页。
② (明)王恕：《王端毅奏议》卷一二，《文渊阁四库全书》第427册，第653页。
③ (明)王恕：《王端毅奏议》卷一二，《文渊阁四库全书》第427册，第656页上。
④ 《明功臣袭封底簿》，《明代传记丛刊》第55册，第135页。
⑤ (明)王恕：《王端毅奏议》卷一二，《文渊阁四库全书》第427册，第656页下。
⑥ (明)王恕：《王端毅奏议》卷一二，《文渊阁四库全书》第427册，第657页下。

不误天下事。"①然据王恕《再乞休致奏状》记载："臣之聪明有限，所以不能皆如其意……不敢久于其职者，惟恐谬用非才，以误天下之事，尤恐不得志之士怨乎不以，而罪及乎身，然臣固不敢厚诬天下之人。"②似当为第二次上疏之内容，即本条所记"恕复上疏乞休致"之内容。

卷四十二页三上行九　（庚申）兵部尚书马文升言

[新考]按，本卷第一页上第四行载"（庚戌）兵部尚书马文升奏"。据马文升《勤恤小民以固邦本事》所载，以上二者为马文升所上同一奏疏所述不同内容，且记载"弘治三年八月二十五日"上奏③。故本条所记时间弘治三年九月十一日（庚申）及上文弘治三年九月一日（庚戌）皆当明孝宗批复之时间。

卷四十三页一下行十二　（丙戌）礼部尚书耿裕等奏

[新考]倪岳《灾异二》记载："弘治三年闰九月初五日具题，本月初七日奉圣旨'是。钦此。'"④本条所记时间为弘治三年润九月丙戌（七日），当为明孝宗批复该奏疏之时间。

卷四十五页二上行八　乙酉太子太保吏部尚书王恕以衰老乞致仕

[新考]王恕《乞恩休致奏状》记载："弘治三年十一月初六日具奏，次日奉圣旨：'卿年虽老，精力未衰，宜复职管事，不允退休。'"⑤本条所记时间为弘治三年十一月乙酉（七日），当为明孝宗批复奏疏时间。

卷四十六页八下行四　己巳吏部覆奏

[新考]王恕《议给事中韩鼎等修人事以消天变奏状》记载："弘治三年十二月十七日具题，本月二十二日奉圣旨……"⑥本条所记时间为弘治三年十二月二十二日，当明孝宗批复时间。

卷五十一页三下行十三至页四上行九　"（辛卯）御药房"至"不允"

[新考]据王恕《议太医院缺官奏状》记载："弘治四年五月初八日，司设监太监覃文于乾清宫奏奉圣旨'着御医徐生……'。弘治四年五月十五日具题，次日奉圣旨：'你每既这等说不必会选，徐生曾用药有效升院判。'"⑦本条所记时间为弘治四年五月辛卯（十六日），当为明孝宗第二次批复吏部奏疏时间。

---

① 《明孝宗实录》卷三九第二页上第十一行，第821页。
② （明）王恕：《王端毅奏议》卷一二，《文渊阁四库全书》第427册，第657页上。
③ （明）马文升：《马端肃奏议》卷四，《文渊阁四库全书》第427册，第746页上。
④ （明）倪岳：《青溪漫稿》卷一二，《文渊阁四库全书》第1251册，第132页上。
⑤ （明）王恕：《王端毅奏议》卷一三，《文渊阁四库全书》第427册，第664页下。
⑥ （明）王恕：《王端毅奏议》卷一三，《文渊阁四库全书》第427册，第667页上。
⑦ （明）王恕：《王端毅奏议》卷一三，《文渊阁四库全书》第427册，第670页上。

卷五十一页八上行七至页八上行十一 "(癸卯)吏部尚书王恕复疏乞致仕"至"勿为过虑"

［新考］王恕《乞休致奏状》记载："弘治四年五月二十七日具奏,次日奉圣旨:'卿朝廷老臣,克副倚任,年数虽高,精力未衰,不允休致。吏部知道。'钦此。"①王恕《再乞休致奏状》记载:"弘治四年五月二十九日具奏,三十日奉圣旨:'览奏具悉卿意,卿得持正辅佐朝廷,朕心自知,勿为过虑,以老固辞,不允休致,吏部知道。'钦此。"②本条记载王恕两次上疏,时间为弘治四年五月癸卯(二十八日),当为明孝宗批复王恕首次乞休疏的时间。

卷五十二页二下行七 (乙卯)吏部尚书王恕等言

［新考］王恕《议传奉官升职奏状》记载:"弘治四年六月初九日具题,日奉圣旨:'是。杜昌等具奏烦扰,希求复职,本当拿问,且都饶这遭,着仍旧办事。'"③本条所记时间为弘治四年六月乙卯(十日),当为明孝宗批复奏疏时间。

卷六十三页二上行八至页七下行十二 "(辛巳)内阁大学士丘濬言"至"上纳之"

［新考］丘濬《请访求遗书奏》记作"弘治壬子(五年)五月十二"上奏④。本条所记时间为弘治五年五月辛巳(十二日),当为丘濬上疏时间。

卷七十八页五下行六 戊午先是太子少保兵部尚书马文升言……礼部覆议……从之

［新考］马文升《马端肃奏议》卷五记作"弘治六年七月十七日具题"⑤,倪岳《祀典二》记作弘治六年"七月二十四于奉天门题奏,二十六日奉圣旨'是'"⑥。本条记载时间为弘治六年七月戊午(二十六日),当为明孝宗批复时间。

卷一百二页七上行五至页八上行九 "庚子先是"至"上曰卿等言是"庚子

［新考］据倪岳《朝觐三·为传奉事》记载:"弘治八年七月二十日,该司礼监太监邓敏传奉圣旨:'圣祖母圣慈仁寿太皇太后年高,念叔崇王,欲得一见,便写敕差官取来。该衙门知道。'钦此……弘治八年七月二十二日

---

① (明)王恕:《王端毅奏议》卷一三,《文渊阁四库全书》第427册,第670页下。
② (明)王恕:《王端毅奏议》卷一三,《文渊阁四库全书》第427册,第671页下。
③ (明)王恕:《王端毅奏议》卷一三,《文渊阁四库全书》第427册,第672页下。
④ (明)丘濬:《重编琼台稿》卷七,《文渊阁四库全书》第1248册,第144页上。
⑤ (明)马文升:《马端肃奏议》卷五,《文渊阁四库全书》第427册,第752页下。
⑥ (明)倪岳:《青溪漫稿》卷一一,《文渊阁四库全书》第1251册,第117页上下。

具题,本日奉圣旨:'卿等说的是,但朕承顺圣祖母之意,已有旨取王来了罢。'"①本条所记时间为弘治八年七月庚子(二十日),当为初次接到圣旨时间。"上曰:'卿等言是。'"则发生于本年本月二十二日。

卷一百三页七下行六　丁丑太子太保兵部尚书马文升奏

[新考]据马文升《灾异事》记载:"弘治八年八月二十一日题。"②本条所记时间为弘治八年八月丁丑(二十七日),或为明孝宗给予批复时间,待考。

卷一百五十五页二上行二至本页上行四　"庚寅少保兼太子太傅兵部尚书马文升自陈衰老乞致仕"至"文升再疏申请复勉留不允"　庚寅

[新考]据马文升《恳乞天恩容令休致以保晚节事》记载:"弘治十二年十月初六日奏。"且追述其第一次乞休疏内容:"乞放归田里以终余年等因具本奏,奉圣旨:'卿宿望老臣,方隆委任,岂可遽求休致,宜尽心职务,不允所辞。'钦此。"③故弘治十二年十月初六当为马文升第二子乞休时间,本条所记时间为弘治十二年十月庚寅(四日),当为明孝宗批复马文升第一次上疏时间。

卷一百五十五页十四上行五　丙辰少保兼太子太傅兵部尚书马文升复乞致仕

[新考]据马文升《复乞天恩怜悯衰疾容令休致以全晚节事》记载:"弘治十二年十月二十八日奏。"④本条所记时间为弘治十二年十月丙辰(三十日),疑为明孝宗批复奏疏时间。

卷一百六十四页十四下行六　辛巳致仕南京国子监祭酒谢铎辞起用之命不允命吏部仍促之赴任

[新考]谢铎《在途再乞养病致仕疏》记载,谢铎于弘治十三年五月十一日至绍兴府,撰写该奏疏。⑤谢铎《再乞辞免礼部职名疏》记载:"臣于弘治十三年四月内钦奉召命……本年七月二十九日奉圣旨:'谢铎不准辞还,行文去催他着上紧来。'吏部知道。钦此。"⑥本条记载时间为弘治十三年七月辛巳(二十九日),疑为明孝宗批复奏疏时间。

卷一百六十五页七下行十　(己酉)吏部尚书倪岳至京

[新考]据倪岳《辞职疏二》记载,倪岳"于八月二十六日到京朝见,随

---

① (明)倪岳:《青溪漫稿》卷一三,《文渊阁四库全书》第1251册,第144~145页。
② (明)马文升:《马端肃奏议》卷六,《文渊阁四库全书》第427册,第762页。
③ (明)马文升:《马端肃奏议》卷八,《文渊阁四库全书》第427册,第781页。
④ (明)马文升:《马端肃奏议》卷八,《文渊阁四库全书》第427册,第782页。
⑤ (明)谢铎:《桃溪净稿》卷二五,《四库全书存目丛书》集部第38册,第442页下。
⑥ (明)谢铎:《桃溪净稿》卷二六,《四库全书存目丛书》集部第38册,第444页下。

将原奉敕书亲赍进缴……"①。本条所记时间为弘治十三年八月己酉(十九日),疑为明孝宗批复倪岳辞职疏之时间,非至京时间。

卷一百六十八页五上行十二　　己卯礼部右侍郎管国子监祭酒事谢铎承召至京复辞新命

[新考]谢铎《再乞辞免礼部职名疏》记载:"为此具本亲赍谨具奏闻……弘治十三年十一月二十八日该通政司官进,十二月初一日奉圣旨:'谢铎学行端谨,望誉素著,特兹擢用,不允所辞。吏部知道。'钦此。"②本条所记时间为弘治十三年十一月己卯(二十九日),或为进呈奏疏时间,待考。

---

① (明)倪岳:《青溪漫稿》卷一三,《文渊阁四库全书》第1251册,第155页。
② (明)倪岳:《青溪漫稿》卷一三,《四库全书存目丛书》集部第38册,第445页上。

第十章　数字记载错误考辨

卷十页二上行七　纵火焚贼庐舍民以火死者百四十五人

[新校]《明宪宗实录》成化二十二年六月乙酉记载,潞城县知县王浚纵令"县民遂领贼属妇女三十六人拥入城南土窑中,悉熏死之"①。又记载,王浚临命叹曰:"三十口人命,吾不经意,吾死当矣。"②烧死人数待考。

卷十页十五下行二　二千六百八十五斤

[原校]三本"六百八"作"八百六"。

[新校]俞汝楫《覆奏四事疏》记作"又增至二千八百六十五斤"③。当为"八百六十五斤"。

卷三十一页二下行九　相去二千七④百余里

[原校]抱本、阁本"二"作"三"。

[新校]《明一统志》卷六⑤、陶承庆《文武诸司衙门官制》卷一记作应天府"自府治至京师三千四百四十五里"⑥。此处当为"三千"。

卷三十六页一下行五　二千里以下者

[原校]旧校改"千"作"十"。

[新校]万历《明会典》卷二二《预备仓》、万斯同《明史》卷一〇〇、夏燮《明通鉴》卷三六均记作"十"⑦。本条上下文记作十里以下、三十里以下、五十里以下,此处当为"二十里以下"。

卷三十九页三下行五　军马二万千

[原校]抱本、阁本"二万千"作"万二千",是也。

[新校]徐日久《五边典则》卷六记载:"命新宁伯谭祐选军马万二千练

---

① 《明宪宗实录》卷二七九第四页下第七行,第4700页。
② 《明宪宗实录》卷二七九第四页下第十二行,第4700页。
③ (明)俞汝楫:《礼部志稿》卷四五,《文渊阁四库全书》597册,第847页下。
④ 《明孝宗实录校勘记》"七"作"九",误。
⑤ 《明一统志》卷六,《文渊阁四库全书》第472册,第157页下。
⑥ (明)陶承庆:《文武诸司衙门官制》卷一,《续修四库全书》第748册,第455页下。
⑦ 万历《明会典》卷二二,中华书局,1989年,第153页上;(清)万斯同:《明史》卷一〇〇,《续修四库全书》第325册,第635页上;(清)夏燮:《明通鉴》卷三六,中华书局,1959年,第1435页。

习以待。"①《国朝典汇》卷一五一亦记作"军马万二千"②。当作"万二千"。

卷四十八页八下行六　知府土兵不下四五千万

[新校]周洪谟《安中国定四夷十事疏》记作"土兵不下四十万"③。《国榷》弘治四年二月己巳记作"今广西左右两江土兵不下四五十万"④，汤斌《拟明史稿》卷一九《周洪谟列传》记作"今广西左右两江知府土兵不下四十万"。"千"当作"十"。

卷五十三页三下行十二　年才四十有七

[新校]李东阳《明故征西将军镇守宁夏都督金事周公墓志铭》记载："辛亥（弘治四年）七月十五日，年止四十有二。"⑤待考。

卷五十五页二下行六　有二更者不出

[原校]抱本、阁本"二"作"三"，无"者"字，是也。

[新校]本条下文载"潜入别号求人改作者"，此处当删"者"字。《礼部志稿》卷七一《奏革科场弊》记作"有三更不出潜入别号求人改作者"⑥。是否为三更，待考。

卷六十二页一上行十二　死者三十人

[原校]三本"三十"作"十三"。

[新校]王恕《王端毅奏议》卷一五《乞贷御史李兴处死奏状》记载："李兴巡按陕西，因公殴死一十三命……其所伤虽有此数人。"⑦焦竑《国朝献征录》卷六五《李兴传》⑧、过庭训《本朝分省人物考》卷九〇⑨记载"今之所伤虽有数人"。当作"十三"。

卷六十五页一上行四　考核官庶黜不职者九十人

[新校]《明宪宗实录》天顺八年十一月丙辰记载："巡按山西监察御史艾福奏黜老疾、庸懦、不谨官太原府通判冯顺等八十员。"⑩此处人数待考。

卷六十七页一上行四　起运凤阳粮八万石

[原校]广本、抱本"万"下有"余"字。

---

① （明）徐日久：《五边典则》卷六，《四库禁毁书丛刊》史部第 25 册，第 679 页下。
② （明）徐学聚：《国朝典汇》卷一五一，《四库全书存目丛书》史部第 266 册，第 296 页上。
③ （明）陈子龙：《明经世文编》卷四四，中华书局，1962 年，第 337 页上。
④ （清）谈迁：《国榷》卷四二，中华书局，1958 年，第 2615 页。
⑤ （明）李东阳：《李东阳集》文前稿卷二八，岳麓书社，1985 年，第 2 册，第 404 页。
⑥ （明）俞汝楫：《礼部志稿》卷七一，《文渊阁四库全书》第 598 册，第 213 页下。
⑦ （明）王恕：《王端毅奏议》卷一五，《文渊阁四库全书》第 427 册，第 693 页上。
⑧ （明）焦竑：《国朝献征录》卷六五，《四库全书存目丛书》史部第 103 册，第 568 页下。
⑨ （明）过庭训：《本朝分省人物考》卷九〇，《续修四库全书》第 535 册，第 496 页下。
⑩ 《明宪宗实录》卷一一第五页上第八行，第 237 页。

[新校]谈迁《国榷》弘治五年九月己巳记载"淮扬起运凤阳粮八万余石"①。当补"余"字。

卷七十页七上行八　运纳米麦共一十五百二万一千七十五石

[原校]广本、抱本"十"作"千",是也。

[新校]《明孝宗实录》成化二十三年十二月丙申记载"各处运纳米麦共一千五百二万一千七十五石"②,弘治元年十二月己未记载"各处运纳米麦共一千五百五万二千七十五石"③,弘治二年十二月癸丑记载"各处运纳米麦共一千五百二万一千七十五石"④。当作"千"。

卷七十六页十二下行二　秩满升俸二级

[新校]《明孝宗实录》弘治三年十二月辛亥记载,升工部右侍郎掌通政使司事谢宇"俸一级"⑤,以九年秩满也。此处"升俸二级"待考。

卷八十一页一下行八　以山东存留粮十四万石

[原校]阁本无"四"字。

[新校]本条上文记载"前此以江西灾伤暂改起运粮十万石作存留之数",而以山东存留粮借为改兑,所改兑之数亦当作"十万石",当删"四"字。

卷八十三页八上行四　各处运纳米麦共一十五百二万

[原校]旧校改"十"作"千"。

[新校]《明孝宗实录》成化二十三年十二月丙申记载"各处运纳米麦共一千五百二万一千七十五石"⑥,弘治元年十二月己未记载"各处运纳米麦共一千五百五万二千七十五石"⑦,弘治二年十二月癸丑记载"各处运纳米麦共一千五百二万一千七十五石"⑧,弘治三年十二月丙子记载"各处运纳米麦共一千五百二万一千五十五石"⑨。当作"千"。

卷八十五页一上行十二　前后杀十人

[原校]广本、抱本"杀"下有"数"字,是也。

[新校]本条下文(第一页下第一行)记载:"所杀至数十人,罪难轻

---

① (清)谈迁:《国榷》卷四二,中华书局,1958年,第2635页。
② 《明孝宗实录》卷八第十五页下第七行,第184页。
③ 《明孝宗实录》卷二一第十一页下第八行,第504页。
④ 《明孝宗实录》卷三三第六页下第九行,第732页。
⑤ 《明孝宗实录》卷四六第二页上第一行至第二行,第504页。
⑥ 《明孝宗实录》卷八第十五页下第七行,第184页。
⑦ 《明孝宗实录》卷二一第十一页下第八行,第504页。
⑧ 《明孝宗实录》卷三三第六页下第九行,第732页。
⑨ 《明孝宗实录》卷四六第十二页下第五行,第942页。

贷。"《明孝宗宝训》卷三《正法》记作"数十人"①,朱国祯《涌幢小品》卷三二记作"前后杀数十人"②。当为"数十人"。

卷九十五页十一上行五　一十五百二万

[原校]抱本"十"作"千",是也。

[新校]《明孝宗实录》弘治元年十二月己未记载"运纳米麦共一千五百五万……"③,弘治二年十二月癸丑、弘治三年十二月丙子、弘治四年十二月辛未、弘治五年十二月丙寅皆记载"运纳米麦共一千五百二万……"④。当为"一千"。

卷一百三页七下行八　今日田亩什税四五

[新校]马文升《灾异事》记载:"什一而税,古之常制,今之田亩十税八九。"⑤按,"十税八九"与"什税四五"皆为约数,说明赋税之重。但程度似不同,待考。

卷一百四页一上行六　二百十四石

[原校]广本、抱本无"百"字。

[新校]徐溥《治水记》记载:"比复命于朝工若曰河决既塞越惟尔二三臣之劳,尔(李)兴赐岁禄二十四石……"⑥李东阳《安平镇减水坝记》记载:"更命镇为安平,赐(李)兴岁禄二十四石。"⑦顾炎武《天下郡国利病书·山东上》记载:"命太监李兴岁加禄米二十四石。"⑧按,太监有功,岁加禄米或为十二石,多者为二十四石。当改作"二十四石"。

卷一百六页九上行二　给米谷三十万石

[新校]《明孝宗实录》弘治六年六月丙戌记载:"户部左侍郎兼都察院右佥都御史吴原还自浙江,上巡视赈济事迹,凡措置米谷三十一万五千六百九十五石有奇。"⑨(雍正)《浙江通志》卷一四八《吴原传》援引本书吴原传记,作"三十万石"。此处待考。

卷一百七页十三上行八　一十五百二万

[原校]旧校改"十"作"千"。

---

① 《明孝宗宝训》卷三,台湾"中研院"史语所校印本,1962年,第273页。
② (明)朱国祯:《涌幢小品》卷三二,《续修四库全书》第1173册,第468页下。
③ 《明孝宗实录》卷二一第十一页下第八行,第504页。
④ 《明孝宗实录》卷三三第六页下第九行,第732页;卷四六第十二页下第五行,第942页;卷五八第七页下第八行,第1130页;卷七〇第七页上第八行,第1329页。
⑤ (明)马文升:《马端肃奏议》卷六,《文渊阁四库全书》第427册,第759页。
⑥ 嘉靖《山东通志》卷一三《漕河碑记》,《四库全书存目丛书》史部第188册,第88页。
⑦ (明)谢纯:《漕运通志》卷一〇,《续修四库全书》第836册,第171页下。
⑧ 顾炎武:《天下郡国利病书》,《续修四库全书》第596册,第333页上。
⑨ 《明孝宗实录》卷七七第六页下第四行,第1492页。

[新校]参见《明孝宗实录》卷七〇第七页上第八行条校勘长编。《明孝宗实录》成化二十三年十二月丙申记载"各处运纳米麦共一千五百二万一千七十五石"①,弘治元年十二月己未记载"各处运纳米麦共一千五百五万二千七十五石"②,弘治二年十二月癸丑记载"各处运纳米麦共一千五百二万一千七十五石"③。当作"千"。

卷一百十四页六上行二　长枪四根折造斩马刀一把

[新校]马文升《修饬武备以防不虞事》、马文升《修饬武备以防不虞事》、黄光升《昭代典则》卷二二弘治九年六月、张萱《西园闻见录》卷七三皆记载"长枪四根折造斩马刀二把"④。"一把"疑作"二把"。

卷一百三十四页二下行十一　请于三关择精二千充游兵

[原校]三本"精"下有"兵"字,是也。抱本"二"作"三"。

[新校]徐日久《五边典则》卷六记载弘治十一年二月李介上奏:"请于三关择精兵三千充游兵。"⑤疑作"精兵三千"。待考。

卷一百三十七页一上行四　(南京户部署员外郎事主事贾瓘下狱)上命降二级调外任(招远县知县)

[原校]阁本"二"作"三"。

[新校]李默《吏部职掌》记载"员外郎"属从五品,"知县"乃正七品。当作"三级"。

卷一百五十四页十三下行三　二十四顷有奇

[原校]广本作"四十二"。

[新校]嘉靖《河间府志》卷八《财赋志·官庄》记载青县有"崇真宫庄田三十顷二十亩"⑥。《明孝宗实录》弘治十二年五月丁卯记载:"先是有旨建崇真宫于直隶兴济县,至是赐之庙户六及青县地七十顷五十亩。"⑦此处田亩数待考。

卷一百六十八页五上行四　库房十三间

[原校]三本"十三"作"三十"。

---

① 《明孝宗实录》卷八第十五页下第七行,第184页。
② 《明孝宗实录》卷二一第十一页下第八行,第504页。
③ 《明孝宗实录》卷三三第六页下第十行,第732页。
④ (明)马文升:《马端肃奏议》卷七,《文渊阁四库全书》第427册,第774页下;(明)陈九德:《皇明名臣经济录》卷一五,《四库全书存目丛书》史部第9册,第259页上;(明)黄光升《昭代典则》卷二二,《续修四库全书》第351册,第639页上;(明)张萱:《西园闻见录》卷七三,《明代传记丛刊》第122册,第244页。
⑤ (明)徐日久:《五边典则》卷六,《四库禁毁书丛刊》史部第25册,第683页下。
⑥ 嘉靖《河间府志》卷八,《天一阁藏明代方志选刊》第1册,本卷第23页下。
⑦ 《明孝宗实录》卷一五〇第二页下第七行,第2644页。

[新校]万历《明会典》卷二〇《黄册》记载"每一大造库房三十间"①。《明英宗实录》天顺六年夏四月乙酉记载"增盖南京后湖贮册库房三十间"②,《明世宗实录》嘉靖十六年十月丙寅记载南京户科给事中曹迈等奏"后湖收贮天下黄册,每一大造则必添造库房三十间"③。此处当作"三十"。

卷一百七十七页十三上行三　数十万计

[原校]中本"十"作"千"。

[新校]刘健《论财用疏》记载:"宗藩贵戚求讨田土、占夺盐利,动亦数千万计。"④唐鹤徵《皇明辅世编》卷二记作"数千万计"⑤。"十万"当作"千万"。

卷一百九十四页四上行七　岁增食禄百

[原校]抱本"百"下有"两"字。

[新校]日本内阁文库藏本记作"岁增食禄百",李东阳《明故太傅兼太子太傅平江伯陈公墓志铭》记载:"比还朝,加太保兼太子太傅,增岁禄二百石。"⑥此处待考。

---

① 万历《明会典》卷二〇,中华书局,1989年,第144页上。
② 《明英宗实录》卷三三九第三页下第七行,第6902页。
③ 《明世宗实录》卷二〇五第四页下第一行,第4282页。
④ (明)陈子龙:《明经世文编》卷五二,中华书局,1962年,第401页上。
⑤ (明)唐鹤徵:《皇明辅世编》卷二,《续修四库全书》第524册,第527页上。
⑥ (明)李东阳:《李东阳集》文后稿卷二六,岳麓书社,1985年,第3册,第378页。

第十一章　讹、脱、衍、倒等文字书写与传抄错误

第一节　讹　字

包括笔画书写错误,以及同音字、形近字等误用。

《进孝宗实录表》页三行七　昭又

[原校]抱本"又"作"文",是也。

[新校]李东阳《进孝宗实录表》记作"昭文"①。当作"文"。

卷四页八下行十一　蛇行

[原校]抱本"行"作"形"。

[新校]日本内阁文库藏本记作"蛇形",《明宪宗实录》成化二十一年春正月甲申朔、《皇明通纪法传全录》成化二十一年正月朔记载流星"尾迹化白气,曲曲如蛇形"②,《明宪宗实录》天顺八年二月壬子记载夜东方有流星"尾迹化苍白云气,如蛇形"③,《明孝宗实录》弘治元年八月戊申记载:"南方流星……尾化白云气,曲曲如蛇形,良久散。"④当作"蛇形"。

卷五页四上行四　致事佥事章懋

[原校]抱本"事"作"仕"。

[新校]林俊《见素集》卷二四《明文懿公枫山章先生行状》记载:"迁福建按察佥事……致仕以去。"⑤过庭训《本朝分省人物考》卷五三《章懋》记载:"迁福建按察司佥事,三年疏致仕去。"⑥"致事"当为"致仕"。

---

① (明)李东阳:《李东阳集》文后稿卷九,岳麓书社,1985年,第3册,136页。
② 《明宪宗实录》卷二六〇第一页上第六行,第4387页;《皇明通纪法传全录》卷二四,《续修四库全书》第357册,第411页上。
③ 《明宪宗实录》卷二第十四页上第三行,第59页。
④ 《明孝宗实录》卷一七第六页上第四行,第419页。
⑤ (明)林俊:《见素集》卷二四,《文渊阁四库全书》第1257册,第276页下。
⑥ (明)过庭训:《本朝分省人物考》卷五三,《续修四库全书》第534册,第444页下。

卷五页七下行六　上遗书各王府

［原校］抱本"遗"作"贻"。

［新校］梁本、日本内阁文库藏本记作"贻书"，《明孝宗实录》成化二十三年九月戊申条记载"以即位贻书宗室亲王"①，又弘治五年三月戊寅条记载"以册立皇太子贻书天下各王府"②。按，"贻书"有通信之意。当作"贻书"。

卷七页十五上行一　请旨革传升品秩

［原校］抱本"旨"作"止"，是也。按，本条上文记载因裁革传升官有降级不当者，故兵部奏请止革其传升品秩还其原职。据文意，当为"止"。

卷九页一下行四　省祭

［原校］三本"祭"作"察"，是也。

［新校］文林《文温州集》卷三《陈言圣政十事·察几微以检身心》记载；"万事几微之不察，则爵赏刑罚有时而失节。"③据本条文意，要及时审查细微，使善者必行而恶者必禁。当为"省察"。

卷九页一下行六　人臣

［原校］三本"人"作"大"，是也。

［新校］文林《文温州集》卷三记载："伏望陛下择休休之大臣居于左右，任以辅弼，则自能进贤退不肖矣。"④当为"大臣"。

卷九页三上行二　加会试

［原校］阁本、抱本"加"作"如"，是也。

［新校］唐鹤徵《皇明辅世编》卷二记载："（余子俊）上言四事一均选法，谓人材之生不以地拘，今铨司多以美官私所厚，请如会试分南北中三等均任之，不得有所偏。"⑤王恕《议尚书余子俊均选法奏状》记载："会试三等之数为则，均平铨除，如吏部大约南数该几员，北数该几员，中数该几员，着为定例。"⑥《明英宗实录》景泰五年春正月辛未记载："礼部奏：永乐间，会试取人，不拘额数，不分南北中；宣德、正统间，定额数，分南北中。"⑦陈循《送萧教谕赴长洲序》记载："正统元年之春，余忝预考礼部会试，是时有司奏定以四方分为南北中三等取士。"⑧雷礼《皇明大政纪》卷九记载："（宣

---

① 《明孝宗实录》卷二第十一页下第九行，第 30 页。
② 《明孝宗实录》卷六一第十一页上第五行，第 1181 页。
③ （明）文林：《文温州集》卷三，《四库全书存目丛书》集部第 40 册，第 305 页。
④ （明）文林：《文温州集》卷三，《四库全书存目丛书》集部第 40 册，第 306 页。
⑤ （明）唐鹤徵：《皇明辅世编》卷二，《续修四库全书》第 524 册，第 521 页上。
⑥ （明）王恕：《王端毅奏议》卷七，《文渊阁四库全书》第 427 册，第 591 页上。
⑦ 《明英宗实录》卷二三七第五页下第三行，第 5166 页。
⑧ （明）陈循：《芳洲文集》卷三，《四库全书存目丛书》集部第 31 册，第 143 页下。

德二年二月）是科始分南北中卷取士。"①由上可知，会试分南北中卷之做法在宣德、正统年间已施行。本条当记作"如会试"。

卷九页三上行五　敛散之法

[原校]馆本"法"原作"去"，今据三本改正。

[新校]唐鹤徵《皇明辅世编》卷二记作"敛散之法"②。当为"敛散之法"。

卷十页五下行二　危微之办

[原校]旧校改"办"为"辨"。

[新校]杨守陈《讲学听政事》记作"危微之辩"③。杨守陈《题讲学听政事》记作"帝王之全道理欲危微之辨何自而明"④。按，繁体"办"字与"辨"字形近易混，当以"辨"为是。

卷十页十五上行四　存炤

[原校]旧校改"炤"为"照"，作"炤"盖避明武宗讳。

[新校]倪岳《青溪漫稿》记载："有寺观去处，通查给度过僧道共若干，备造文册送部存照。"⑤当为"存照"。

卷十页十五上行五　炤额

[原校]旧校改"炤"为"照"。

[新校]倪岳《青溪漫稿》记载："不足之日，方许所在官司照依额内名缺起送。"⑥"炤额"当为"照额"。

卷十三页三下行五　窘撼以死

[原校]广本、抱本"窘"作"捃"，是也。

[新校]万斯同《明史》卷二四七《林沂传》记载："如广东布政陈选清介正直，见诬中官，横为附阿小人捃撼致死。"⑦撼有"拾""取"之意，"捃"亦为"取"意，当是。

卷十三页八下行十二　须更化二龙

[原校]旧校改"更"为"曳"。

[新校]倪岳《青溪漫稿》记作"委身龙潭，须臾化二青龙"⑧。当改作

---

① （明）雷礼：《皇明大政纪》卷九，《续修四库全书》第353册，第670页上。
② （明）唐鹤徵：《皇明辅世编》卷二，《续修四库全书》第524册，第521页上。
③ （明）张瀚：《皇明疏议辑略》卷五，《续修四库全书》第462册，第614页上。
④ （明）万表：《皇明经济文录》卷二，《四库禁毁书丛刊》集部第18册，第356页。
⑤ （明）倪岳：《青溪漫稿》卷一三，《文渊阁四库全书》第1251册，第150页下。
⑥ （明）倪岳：《青溪漫稿》卷一三，《文渊阁四库全书》第1251册，第150页下。
⑦ （清）万斯同：《明史》卷二四七，《续修四库全书》第328册，第345页。
⑧ （明）倪岳：《青溪漫稿》卷一一，《文渊阁四库全书》第1251册，第123页上。

"曳"。

卷十三页九上行六　道家为

[原校]三本"为"作"谓",是也。

[新校]倪岳《青溪漫稿》记作"道家谓"①。当作"谓"。

卷十三页九下行七　岁时刻望

[原校]三本"刻"作"朔",是也。

[新校]倪岳《青溪漫稿》记作"每月朔望"②。当以"朔望"为是。

卷十三页十一上行五　俱令本官收贮

[原校]阁本、抱本"官"作"宫",是也。

[新校]倪岳《青溪漫稿》、陈九德《皇明名臣经济录》卷一二《会题正祀典事》记载:"各遣本宫住持致祭一次……在京者听令本宫住持庙户人等于每年应换之日会同道录司掌印官依期更换,如法收贮,不必焚化。"③按,本宫代指本庙宇宫观。当为"宫"。

卷十三页十一下行三　若祀人鬼然哉

[原校]三本"哉"作"者",是也。

[新校]据倪岳《青溪漫稿》记载:"若祀人鬼,国朝洪武三年诏去封号。"④"者"似通。据原校改。

卷十四页三上行九　固为难失

[原校]三本"失"作"识",是也。

[新校]《皇明祖训·祖训首章》记载:"人之奸良,固为难识。"⑤《明太祖实录》洪武六年十一月壬寅、娄性《皇明政要》卷九《辩贤邪第十八》记载:"上谕皇太子、诸王曰:'用人之选,当知奸良,人之奸良,固为难识。'"⑥可见当以"识"为是。

卷十四页三下行二　内官之要

[原校]广本、抱本"内"上有"御"字,是也。

[新校]日本内阁文库藏本记作"内官之要",《皇明祖训·内官》记作

---

① (明)倪岳:《青溪漫稿》卷一一,《文渊阁四库全书》第1251册,122页上。
② (明)倪岳:《青溪漫稿》卷一一,《文渊阁四库全书》第1251册,第124页上。
③ (明)倪岳:《青溪漫稿》卷一一,《文渊阁四库全书》第1251册,第127页上;(明)陈九德:《皇明名臣经济录》卷一二,《四库禁毁书丛刊》史部第9册,第210页下。
④ (明)倪岳:《青溪漫稿》卷一一,《文渊阁四库全书》第1251册,123页下。
⑤ 《皇明祖训》,《四库全书存目丛书》史部第264册,169页上。
⑥ 《明太祖实录》卷八六第一页上第十二行,第1523页;(明)娄性:《皇明政要》卷九,《续修四库全书》第424册,第59页下。

"内官"①。本页下第四行记载:"陛下试思所以慎国政、御内官者,果不违于祖训欤?"按,本条援引《皇明祖训》条目,记为"内官",下文因行文所需记作"御内官"。似不必补"御"字。

卷十四页六下行十　秉以心

[原校]三本"以"作"是",是也。

[新校]俞汝楫《国丧停止赐宴疏》记载:"秉是心以往,何忧天下之不治。"②当作"秉是心"。

卷十四页九上行九　不合成宪者不行

[原校]三本"不行"作"勿行"。

[新校]日本内阁文库藏本记作"勿行",本条下文第九页上第十一行载"矫伪作聪明者勿任",第九页下第一行载"颠倒是非者勿从"。故"勿行"似更合文意。

卷十五页四上行六　内畜奸谋

[原校]阁本、抱本"畜"作"蓄",是也。

[新校]徐学聚《国朝典汇》卷一〇七、唐鹤徵《皇明辅世编》卷二记载该条"外称纳贡而内蓄奸谋"③。"蓄"当是。

卷十五页四下行一　即令禁约

[原校]三本"令"作"行"。

[新校]日本内阁文库藏本记作"即行",《国朝典汇》卷一〇七、唐鹤徵《皇明辅世编》卷二皆记作"即行禁约"④。"即令"当作"即行"。

卷十五页八上行六　其将师亦有生事扰人

[原校]旧校改"师"作"帅"。

[新校]黄瑜《双槐岁钞》卷一〇、张萱《西园闻见录》卷七六《筹边翊治十策》皆记作"亦有将帅生事,百端扰索"⑤。当为"帅"。

卷十六页八下行一　人君不以王道致君

[原校]三本"人君"作"人臣",是也。

[新校]黄训《名臣经济录》卷八、张瀚《皇明疏议辑略》卷一、孙旬《皇

---

① 《皇明祖训》,《四库全书存目丛书》史部第264册,第180页上。
② (明)俞汝楫:《礼部志稿》卷五〇,《文渊阁四库全书》第597册,第941页上。
③ (明)徐学聚:《国朝典汇》卷一〇七,《四库全书存目丛书》史部第265册,第714页上;(明)唐鹤徵:《皇明辅世编》卷二,《续修四库全书》第524册,第521页上。
④ (明)徐学聚:《国朝典汇》卷一〇七,《四库全书存目丛书》史部第265册,第714页上;(明)唐鹤徵:《皇明辅世编》卷二,《续修四库全书》第524册,第521页上。
⑤ (明)黄瑜:《双槐岁钞》卷一〇,中华书局1999年,第207页;(明)张萱:《西园闻见录》卷七六,《明代传记丛刊》第122册,第471页。

明疏钞》卷三所载张元祯此疏皆作"臣"①。"人君"当作"人臣"。

卷十七页四上行九　神谋圣断之所祥定

[原校]三本"谋"作"谟",阁本、抱本"祥"作"详",是也。

[新校]倪岳《祀典一》记载:"太祖高皇帝之神谟圣断,万世所当遵守者也。"②当作"神谟""详定"。

卷十七页七上行十　大同各边军

[原校]三本"边"作"卫",是也。

[新校]本条下文记载:"每岁七八月间人采草六十束输之于官。""边军"似不通,据方孔炤《全边略记》卷二《大同略》记载:"旧例:卫军每七八月间,人采草六十束,输之于官。"③徐日久《五边典则》卷六记作"大同各卫军"④。"各边军"应作"各边卫军"或"各边卫"。

卷二十一页四上行六　各岁岁贡生员

[原校]三本"岁岁"作"处岁",是也。

[新校]《礼部志稿》卷四五《覆奏三事疏》记作"各处岁贡生员"⑤。繁体"处"与"岁"字形相近,此处"岁岁"当为"处岁"之误。

卷二十一页九上行十一　宣府太监总兵管官

[原校]抱本、阁本"管"作"等",是也。抱本"府"下有"大同"二字。

[新校]徐日久《五边典则》卷六⑥、方孔炤《全边略记》卷二⑦皆记载:"故宣府太监、总兵等官,亦各自为营。"当作"宣府太监总兵等官"。

卷二十一页九下行二　镇总管官

[原校]三本"管"作"等",是也。

[新校]徐日久《五边典则》卷六⑧、方孔炤《全边略记》卷二⑨皆记作"镇总等官"。当为"等"字。

卷二十二页三上行九　今边墙住牧

[原校]三本"今"作"近",是也。

---

① （明）黄训:《名臣经济录》卷八,《文渊阁四库全书》第443册,第134页下;（明）张翰:《皇明疏议辑略》卷一,《续修四库全书》第462册,第534页上;（明）孙旬:《皇明疏钞》卷三,《续修四库全书》第463册,第335页下。
② （明）倪岳:《青溪漫稿》卷一一,《文渊阁四库全书》第1251册,第114页下。
③ （明）方孔炤:《全边略记》卷二,《续修四库全书》第738册,第248页上。
④ （明）徐日久:《五边典则》卷六,《四库禁毁书丛刊》史部第25册,第678页上。
⑤ （明）俞汝楫:《礼部志稿》卷四五,《文渊阁四库全书》第597册,第849页上。
⑥ （明）徐日久:《五边典则》卷六,《四库禁毁书丛刊》史部第25册,第679页上。
⑦ （明）方孔炤:《全边略记》卷二,《续修四库全书》第738册,第248页下。
⑧ （明）徐日久:《五边典则》卷六,《四库禁毁书丛刊》史部第25册,第679页上。
⑨ （明）方孔炤:《全边略记》卷二,《续修四库全书》第738册,第248页下。

[新校]马文升《为驱虏寇出套以防后患事疏(驱虏出套)》记载"虏贼俱在河套近边墙居住"①,徐日久《五边典则》卷一四②记载"近边墙住牧"。"今边"当为"近边"。

卷二十二页五上行十　不辩曲直

[原校]抱本"不"下有"便"字。阁本"辩"作"辨"。

[新校]余继登《典故纪闻》卷一六记载:"以同僚不和不分曲直概行黜罢。"③此处乃不加辨别之意,似当作"不辨曲直"。

卷二十三页七上行六　居人岁供税银

[原校]三本"税"作"租"。

[新校]日本内阁文库藏本记作"租银",王世贞《弇山堂别集》卷九三记作"租银"④,本条下文第七页上第八行记载"岁额租课复责偿诸人相承"。可知此处乃所交租课,税银当为"租银"。

卷二十四页四上行十　而安益阴厚之

[原校]广本、抱本"益"作"亦"。

[新校]日本内阁文库藏本记作"益阴厚之",焦竑《国朝献征录》卷一三《少师兼太子太师吏部尚书华盖殿大学士万安传》亦记作"安益阴厚之"⑤。此处"益"似不误,待考。

卷二十八页十六上行三　役满官带

[原校]三本作"冠带",是也。

[新校]王恕《修省陈言奏状》记载:"系农民佥充,役满赴部冠带办事。"⑥"官带"当为"冠带"。

卷二十九页五下行四　卖甚老弱

[原校]三本"甚"作"其",是也。

[新校]《国朝典汇》卷一五七《兵部》记作"卖其老弱"⑦。"甚"当为"其"。

卷二十九页五下行四　送内府公用

[原校]抱本、阁本"公"作"供"。

---

① (明)陈子龙等:《明经世文编》卷六三,中华书局,1962年,第524页。
② (明)徐日久:《五边典则》卷一四,《四库禁毁书丛刊》史部第26册,第309页。
③ (明)余继登:《典故纪闻》卷一六,中华书局,1981年,第281页。
④ (明)王世贞:《弇山堂别集》卷九三,中华书局,1985年,第1775页。
⑤ (明)焦竑:《国朝献征录》卷一三,《四库全书存目丛书》史部第100册,第450页上。
⑥ (明)王恕:《王端毅奏议》卷一一,《文渊阁四库全书》第427册,第637页下。
⑦ (明)徐学聚:《国朝典汇》卷一五七,《四库全书存目丛书》史部第266册,第352页下。

[新校]《国朝典汇》卷一五七《兵部》载此奏疏,记作"送内府供用"①。胡世宁《陈言时政边备疏》称:"今财赋所出比旧无增,而内府供用不知比旧加几倍矣。"②当为"供用"。

卷三十页八上行二　从便别图

[原校]三本"别"作"改",是也。

[新校]谢肇淛《北河纪》卷三《命户部侍郎白昂治河敕》、傅泽洪《行水金鉴》卷二〇《河水》③记作"改图"。"别图"当作"改图"。

卷三十二页五上行十　五军右液

[原校]三本"液"作"掖",是也。

[新校]《明太宗实录》永乐二十年夏五月癸酉、徐学聚《国朝典汇》卷三皆记载营制:"大营居中,营外分驻五军,建左哨、右哨、左掖、右掖以总之。"④万历《明会典》卷一三四记载京营之制,五军营有中军"左掖右掖左哨右哨官"⑤。"右液"当为"右掖"。

卷三十四页四上行三　俱宜逮治具琮与绾

[新校]傅维鳞《明书》卷一五九《蒋琮传》记载:"俱宜逮治,且琮与绾等讦奏,词所连及者百余人。"⑥梁本记作"且琮与绾"。本条所记"具"似不通,"具"当改作"且"。

卷三十六页七上行八　必教子有方

[原校]三本"子"作"之",是也。

[新校]钱福《钱太史鹤滩稿》卷六、张朝瑞《皇明贡举考》卷五、屈大均《广东文选》卷七均记载"教之有方",与本条上文"养之有道"相对应。当作"之"。

卷三十七页三上行十　盖击乎官之得人

[原校]阁本"击"作"系",是也。

[新校]龙文彬《明会要》卷六二收有该敕"系乎官之得人与否"。按,"击"的繁体字作"擊",与"系"的繁体字"繫"字形相近。此处当以"系"为是。

---

① (明)徐学聚:《国朝典汇》卷一五七,《四库全书存目丛书》史部第266册,第352页下。
② (明)胡世宁:《胡端敏奏议》卷一,《文渊阁四库全书》第428册,第562页下。
③ (明)谢肇淛:《北河纪》卷三,《文渊阁四库全书》第576册,第595页上;(清)傅泽洪:《行水金鉴》卷二〇,《文渊阁四库全书》第580册,第338页下。
④ 《明太宗实录》卷二四九第二页下第六行,第2324页;(明)徐学聚:《国朝典汇》卷三,《四库全书存目丛书》史部第264册,第314页下。
⑤ 万历《明会典》卷一三四,中华书局,1989年,第685页上。
⑥ (清)傅维鳞:《明书》卷一五九,《四库全书存目丛书》史部第40册,第344页下。

卷三十八页二下行二　务传询众论

[原校]三本"传"作"博",是也。

[新校]王恕《乞休致奏状》记载圣旨:"今后吏部会推官员,务要博询众论,不许偏执。"①当作"博询"。

卷四十二页一下行一　合具奏者为之具奏

[原校]抱本、阁本"为"作"与"。

[新校]马文升《勤恤小民以固邦本事》所记此奏疏:"一应科差当停止者径自斟酌停止,当具奏定夺者明白具奏。"②梁本记作"与之具奏"。本条上文载"合停止者与之停止",相应此处当作"与之"。

卷四十三页一下行十一　奏天下诸司奏报

[原校]三本"天"上"奏"字作"据",是也。

[新校]《礼部志稿》卷四七《大灾异加省疏》记作"比来据天下诸司奏报"③。当为"据"。

卷四十六页九下行四　是失利威也

[原校]三本"利"作"刑",是也。

[新校]彭韶《论午朝事宜疏》记作"无所忌惮是失刑威也"④。当作"刑"。

卷四十八页九下行三　各洞酋长

[原校]三本"洞"作"峒"。

[新校]周洪谟《安中国定四夷十事疏》记作"各峒"⑤,本条上文(第九页下第一行)载"湖广溪峒诸蛮"。此处当作"峒"。

卷五十页三下行三　见监狱罪囚

[原校]抱本、阁本"狱"作"问",是也。

[新校]《明宪宗实录》成化十二年秋七月壬辰记作"所见监问罪囚逐一审录"⑥,《明孝宗实录》弘治元年四月甲寅载"将见监问罪囚笞罪无干证者释之"⑦,《明孝宗实录》卷二五弘治二年四月庚戌载"将见监问罪囚笞罪无干证者宥之"⑧。《皇明诏令》卷一七《谕内臣审录在京罪囚敕》载"(弘

---

① (明)王恕:《王端毅奏议》卷一二,《文渊阁四库全书》第 427 册,第 655 页上。
② (明)马文升:《马端肃奏议》卷四,《文渊阁四库全书》第 427 册,第 745 页下。
③ (明)俞汝楫:《礼部志稿》卷四七,《文渊阁四库全书》第 597 册,第 876 页下。
④ (明)陈子龙等:《明经世文编》卷八〇,中华书局,1962 年,第 712 页上。
⑤ (明)陈子龙等:《明经世文编》卷四四,中华书局,1962 年,第 337 页下。
⑥ 《明宪宗实录》卷一五五第十二页下第六行,第 2840 页。
⑦ 《明孝宗实录》卷一三第十二页下第一行,第 316 页。
⑧ 《明孝宗实录》卷二五第六页下第五行,第 570 页。

治四年四月三十日)将见监问罪囚逐一从公审录"①。当为"见问"。

卷五十一页四上行六　无同内臣推举事例

[原校]三本"举"作"选"。

[新校]本条上文(第四页上第四行)记载圣旨:"既有前例吏部仍会礼部太医院同御药房太监推选。"王恕《议太医院缺官奏状》记载:"今命臣等公同御药房太监推选前项官员,非敢不遵,但本部自祖宗朝以来并无公同内臣推选官员事例。"②"推举"当作"推选"。

卷五十一页四下行三　臣为守备与臣爵等者

[原校]广本、阁本"为"作"惟",是也。

[新校]本条上文(第四页下第二行)载"掌南京左军都督府事魏国公徐俌"。本书弘治九年闰三月戊午载"命魏国公徐俌南京守备"③。可知此时徐俌未任南京守备,"为"字有误。

卷五十一页五下行三　绍宗为之奏

[原校]广本、抱本"绍"作"绐",是也。

[新校]徐日久《五边典则》卷二〇记载:"(苏)铨受思柄金,绐宗为之奏。"④按,据《玉篇·糸部》:"绐,欺也。""绐"有欺诈、欺骗之意,当作"绐"。

卷五十一页七下行四　降职供事

[原校]三本"职"作"级",是也。

[新校]王恕《议传奉官升职奏状》记载:"杜昌等俱由杂流奔竞请托乞恩传奉……后虽降级仍存供事。"⑤《明孝宗实录》成化二十三年十月丙子记载:"杜昌降中书舍人……仍旧办事。"⑥《明孝宗实录》弘治十一年四月丙寅朔记载:"初大理寺右寺丞杜昌……以传升降级,至是乞复原职。许之。"⑦"降职"当为"降级"。

卷五十一页八上行六　徐生以升用矣

[原校]三本"以"作"已",是也。

[新校]王恕《议传奉官升职奏状》记载:"今既奉成命'徐生已升了罢'。"⑧当作"已"。

---

① 《皇明诏令》卷一七,《续修四库全书》第457册,第376页上。
② (明)王恕:《王端毅奏议》卷一三,《文渊阁四库全书》第427册,第669页下。
③ 《明孝宗实录》卷一一一第三页上第三行,第2023页。
④ (明)徐日久:《五边典则》卷二〇,《四库禁毁书丛刊》史部第26册,第541页上。
⑤ (明)王恕:《王端毅奏议》卷一三,《文渊阁四库全书》第427册,第672页上至下。
⑥ 《明孝宗实录》卷四第十二页上第七行,第77页。
⑦ 《明孝宗实录》卷一三六第一页上第三行,第2375页。
⑧ (明)王恕:《王端毅奏议》卷一三,《文渊阁四库全书》第427册,第672页上。

卷五十二页一下行一　至云孚太山

[原校]三本"太"作"大",是也。

[新校]徐日久《五边典则》卷二〇记作"至云孚大山"①。"太山"当作"大山"。

卷五十二页三上行二　常效劳春官

[原校]旧校改"常"作"尝","官"改作"宫"。

[新校]张大复《昆山人物传》卷五记载:"(陆釴)充文华殿讲官,公在选中敷纳详明,仪度庄饬。"②方鹏《昆山人物志》(嘉靖刻本)卷三《文学》记作"孝庙在储宫选侍讲读",王鏊《姑苏志》(正德)卷五二记载:"孝宗皇帝在东宫,釴侍讲读,进退闲雅,敷奏明邕,最为得体。"③当为"尝效劳春官"。

卷五十三页二下行八　赏官遘

[原校]旧校改"赏"作"偿"。

[新校]李东阳《明故南京工部尚书刘公墓志铭》记载:"划奸弊、稽出纳、偿官遘数千而羡倍之。"④当为"尝"。

卷五十三页三上行四　宣例举旧制

[原校]三本"例"作"历",是也。

[新校]李东阳《明故南京工部尚书刘公墓志铭》记载:"公历举旧制,某官坐某所。"⑤王时槐《南京工部尚书刘公宣传》记载:"庆成宴坐次未定,佥曰须决之刘太常。宣历举旧制以对,遂为定规。"⑥过庭训《本朝分省人物考》卷六五《刘宣》记载:"宣历举旧制某官坐某所。"⑦当为"历"。

卷五十三页三下行九　虏囚亦思马因

[原校]阁本"囚"作"酋",是也。

[新校]李东阳《明故征西将军镇守宁夏后军都督金事周公墓志铭》记作"北边亦思马因大举入寇"⑧,周玺墓志铭记作"虏酋亦思马因"⑨,《本朝分省人物考》卷三《周玺》记作"虏酋亦思马因"⑩。"虏囚"当作"虏酋"。

---

① (明)徐日久:《五边典则》卷二〇,《四库禁毁书丛刊》史部第26册,第541页下。
② (明)张大复:《昆山人物传》卷五,《续修四库全书》第541册,第605页下。
③ 正德《姑苏志》卷五二,《文渊阁四库全书》第493册,第996页下。
④ (明)李东阳:《李东阳集》文稿二十九,岳麓书社,1985年,第2册,第429页。
⑤ (明)李东阳:《李东阳集》文稿二十九,岳麓书社,1985年,第2册,第429页。
⑥ (明)焦竑:《国朝献征录》卷五二,《四库全书存目丛书》史部第102册,第685页。
⑦ (明)过庭训:《本朝分省人物考》卷六五,《续修四库全书》第535册,第40页上。
⑧ (明)李东阳:《李东阳集》文稿二十八,岳麓书社,1985年,第2册,第403页。
⑨ (明)焦竑:《国朝献征录》卷一〇八,《四库全书存目丛书》史部第106册,第276页下。
⑩ (明)过庭训:《本朝分省人物考》卷三,《续修四库全书》第533册,第80页下。

卷五十三页五上行五　　各州柴课

[原校]抱本、阁本"州"作"洲",是也。

[新校]此处乃"芦洲"所产芦柴,万历《明会典》卷二〇八《南京工部》记载:"弘治元年,奏准沿江一带芦洲……其余有人曾告承佃而旧额洲场坍塌者,即将新佃柴课依数凑补。"①当作"各洲"。

卷五十五页一下行二　　务持文体

[原校]三本"文"作"大",是也。

[新校]李东阳《明故嘉议大夫南京兵部右侍郎王公神道碑铭》记载:"拜工科给事中,论事持大体,不为顾忌。"②过庭训《本朝分省人物考》卷七记载王诏"论事务持大体"③。当为"大体"。

卷五十五页一下行三　　议为不当以卑废尊

[原校]三本"为"作"谓",是也。

[新校]李东阳《明故嘉议大夫南京兵部右侍郎王公神道碑铭》记载"时议谓不当以卑废尊"④,过庭训《本朝分省人物考》卷七《王诏》记作"时议谓不当以卑废尊"⑤。当作"谓"。

卷五十五页一下行三　　祀有丧不祭

[原校]三本"祀"作"礼",是也。

[新校]李东阳《明故嘉议大夫南京兵部右侍郎王公神道碑铭》记载:"公上疏言:'礼有丧不祭,无以则移日,候释服行之。'"⑥过庭训《本朝分省人物考》卷七《王诏》记作"礼有丧不祭则移日请俟释服"⑦。"祀"当作"礼"。

卷五十五页一下行四　　然议祀者不能屈

[原校]三本"祀"作"礼",是也。

[新校]过庭训《本朝分省人物考》卷七《王诏》记载:"虽不果行,然议礼者不能屈。"⑧"议祀"当作"议礼"。

卷五十五页一下行四　　典问列

[原校]三本作"与同列",是也。

[新校]李东阳《明故嘉议大夫南京兵部右侍郎王公神道碑铭》记载:

---

① 万历《明会典》卷二〇八,中华书局,1989年,第1038页上。
② (明)李东阳:《李东阳集》文稿卷三〇,岳麓书社,1985年,第2册,第444页。
③ (明)过庭训:《本朝分省人物考》卷七,《续修四库全书》第533册,第174页上。
④ (明)李东阳:《李东阳集》文稿卷三〇,岳麓书社,1985年,第2册,第444页。
⑤ (明)过庭训:《本朝分省人物考》卷七,《续修四库全书》第533册,第174页上。
⑥ (明)李东阳:《李东阳集》文稿卷三〇,岳麓书社,1985年,第2册,第444页。
⑦ (明)过庭训:《本朝分省人物考》卷七,《续修四库全书》第533册,第174页上。
⑧ (明)过庭训:《本朝分省人物考》卷七,《续修四库全书》第533册,第174页上。

"选都给事中,尝与六科偕奉事,辞极剀直。"①过庭训《本朝分省人物考》卷七《王诏》记载王诏"与同列会奏"②。当以"与同列"为是。

卷五十五页一下行五　而斥都御史王越

[原校]三本"斥"作"黜"。

[新校]李东阳《明故嘉议大夫南京兵部右侍郎王公神道碑铭》记载:"而黜都御史一人,有赞之者。"③过庭训《本朝分省人物考》卷七《王诏》记作"黜都御史一人"④。当以"黜"为是。

卷五十五页一下行九　躬冒厄险触炎瘴

[原校]广本"厄"作"危"。

[新校]李东阳《明故嘉议大夫南京兵部右侍郎王公神道碑铭》记载:"躬冒戏险,触炎瘴,平反甚众。"⑤过庭训《本朝分省人物考》卷七记载:"(王诏)奉诏录囚,躬冒危险,触炎瘴,平反甚众。"⑥按,"厄"有险要、险厄之意,此处似皆可,待考。

卷五十五页二上行一　仪冠魁岸

[原校]三本"冠"作"观",是也。

[新校]李东阳《明故嘉议大夫南京兵部右侍郎王公神道碑铭》记作"公体貌魁伟"⑦,过庭训《本朝分省人物考》卷七记载王诏"仪观魁岸"⑧。当作"观"。

卷五十五页二上行一　历官险要

[原校]抱本、阁本"险"作"显",是也。

[新校]李东阳《明故嘉议大夫南京兵部右侍郎王公神道碑铭》记载:"(王诏)虽历显要,清俭如平生。"⑨过庭训《本朝分省人物考》卷七记载:"(王诏)历官显要,清约如寒生。"⑩"险要"当作"显要"。

卷五十五页二上行十二　奸伪益溢

[原校]三本"溢"作"滋",是也。

[新校]《礼部志稿》卷七一《奏革科场弊》记载:"明年又当乡试,不先

---

① (明)李东阳:《李东阳集》文稿卷三〇,岳麓书社,1985年,第2册,第445页。
② (明)过庭训:《本朝分省人物考》卷七,《续修四库全书》第533册,第174页上。
③ (明)李东阳:《李东阳集》文稿卷三〇,岳麓书社,1985年,第2册,第445页。
④ (明)过庭训:《本朝分省人物考》卷七,《续修四库全书》第533册,第174页上。
⑤ (明)李东阳:《李东阳集》文稿卷三〇,岳麓书社,1985年,第2册,第445页。
⑥ (明)过庭训:《本朝分省人物考》卷七,《续修四库全书》第533册,第174页上。
⑦ (明)李东阳:《李东阳集》文稿卷三〇,岳麓书社,1985年,第2册,第445页。
⑧ (明)过庭训:《本朝分省人物考》卷七,《续修四库全书》第533册,第174页下。
⑨ (明)李东阳:《李东阳集》文稿卷三〇,岳麓书社,1985年,第2册,第445页。
⑩ (明)过庭训:《本朝分省人物考》卷七,《续修四库全书》第533册,第174页下。

革正，将恐奸伪益溢。"①"溢"当作"滋"。

卷六十一页五上行五　该管人役

[原校]三本及诏制"役"作"员"。

[新校]孔贞运《皇明诏制》卷六、《皇明诏令》卷一七、雷礼《南京太仆寺志》卷一均记载"交收该管人员"②。当作"人员"。

卷六十一页五上行八　蒲草麦稳

[原校]广本"稳"作"穗"，是也。

[新校]孔贞运《皇明诏制》卷六记作"蒲草麦稳"③，佚名《皇明诏令》卷一七记载"蒲草麦穗"④。本书此处因形近，"穗"误作"稳"。

卷六十一页五上行十二　高头滦白榜

[原校]抱本"滦"作"漂"。诏制无"滦"字。

[新校]日本内阁文库藏本记作"高头滦白榜等纸"，孔贞运《皇明诏制》卷六、《皇明诏令》卷一七记作"高头白榜等纸"⑤。刘麟《清惠集》卷五《根究节年拖欠工料补还借过官银疏》记载"顺天府办解白榜等纸料"，潘季驯《潘司空奏疏》卷七《协济站钱疏》记载"抄造白榜等纸"。待考。

卷六十一页八下行八　有罪仍加抚恤

[原校]三本诏制"罪"作"司"，是也。

[新校]孔贞运《皇明诏制》卷六、《皇明诏令》卷一七记载"有司仍加抚恤"⑥，道光《广东通志》卷一八七亦记载弘治五年诏颁布的抚恤诏书"有司仍加抚恤"⑦。当作"有司"。

卷六十一页十一上行四　欣抃

[原校]抱本、阁本"抃"作"忭"。

[新校]李春芳《贻安堂集》卷二《瑞谷贺表》记载"臣等无任欣跃庆忭之至"，同卷《灵雨应祈贺表》记载"臣无任欣喜欢忭之至"⑧，郭应聘《郭襄

---

① （明）俞汝楫：《礼部志稿》卷七一，《文渊阁四库全书》第 598 册，第 213 页上。
② （明）孔贞运：《皇明诏制》卷六，《续修四库全书》第 458 册，第 204 页上；《皇明诏令》卷一七，《续修四库全书》第 457 册，第 378 页下；（明）雷礼：《南京太仆寺志》卷一，《四库全书存目丛书》第 251 册，第 500 页下。
③ （明）孔贞运：《皇明诏制》卷六，《续修四库全书》第 458 册，第 204 页上。
④ 佚名：《皇明诏令》卷一七，《续修四库全书》第 457 册，第 378 页下。
⑤ （明）孔贞运：《皇明诏制》卷六，《续修四库全书》第 458 册，第 204 页上；佚名：《皇明诏令》卷一七，《续修四库全书》第 457 册，第 378 页下。
⑥ （明）孔贞运：《皇明诏制》卷六，《续修四库全书》第 458 册，第 208 页上；《皇明诏令》卷一七，《续修四库全书》第 457 册，第 381 页上。
⑦ 道光《广东通志》卷一八七，《续修四库全书》第 673 册，第 161 页上。
⑧ （明）李春芳：《贻安堂集》卷二，《四库全书存目丛书》集部 113 册，第 57 页上、157 页下。

靖公遗集》卷六《庆贺仁圣皇太后疏》《庆贺慈圣皇太后疏》《庆贺皇后疏》均记载"臣无任欣忭踊跃之至"①，为贺表中常用语。当作"忭"。

卷六十二页一下行一　酷暴过期

[原校]抱本、阁本"期"作"甚"，是也。

[新校]王恕《王端毅奏议》卷一五《乞贷御史李兴处死奏状》记载："今陛下欲处以死是恶其用刑太重……敢有酷暴如李兴的必处死不饶。"②当作"甚"。

卷六十二页二上行七　章服礼乐又以僭用

[原校]广本、抱本"以"作"似"，是也。

[新校]郑纪《东园集》卷三《修明祀典疏》记载："易其王爵加以帝号固也，不然则仍其王爵冕服章疏改为九数，勿使王者而僭天子之礼亦可也。"③俞汝楫《礼部志稿》卷四六《议祀典三事疏》记载"又已僭用"④。当为"似"。

卷六十三页一下行八　懿祖庙状幔仪物

[原校]三本"状"作"床"，是也。

[新校]万历《明会典》卷八七《奉祧》记作"各庙神主衣冠床幔仪物以次递迁"⑤。当作"床"。

卷六十三页二下行七　广构于民间

[原校]三本"构"作"购"，是也。

[新校]丘濬《重编琼台稿》卷七《请访求遗书奏》记载："既平元都，得其馆阁秘藏而又广购于民间。"⑥当作"购"。

卷六十三页五下行八　内阁开者目录

[原校]三本"者"作"去"，是也。

[新校]丘濬《请访求遗书奏》、《明经世文编》所载丘濬《访求遗书疏》、《礼部志稿》所载丘濬《隆重图书疏》均记作"内阁开去目录"⑦。当作"去"。

---

① （明）郭应聘：《郭襄靖公遗集》卷六，《续修四库全书》第1349册，第153页下、154页上、154页下。
② （明）王恕：《王端毅奏议》卷一五，《文渊阁四库全书》第427册，第693页下。
③ （明）郑纪：《东园集》卷三，《文渊阁四库全书》第1249册，第750页上。
④ （明）俞汝楫：《礼部志稿》卷四六，《文渊阁四库全书》第597册，第866页。
⑤ 万历《明会典》卷八七，中华书局，1989年，第505页下。
⑥ （明）丘濬：《重编琼台稿》卷七，《文渊阁四库全书》第1248册，第144页上。
⑦ （明）丘濬：《重编琼台稿》卷七，《文渊阁四库全书》第1248册，第147页下；（明）陈子龙：《明经世文编》卷七六，中华书局，1962年，第651页下；（明）俞汝楫：《礼部志稿》卷四六，《文渊阁四库全书》第597册，第861页下。

卷六十三页六上行四　断石以为室

[原校]抱本、阁本"断"作"斲"。

[新校]丘濬《请访求遗书奏》、《礼部志稿》所载丘濬《隆重图书疏》均记作"斲石"①。按,"斲"有砍削之意。当作"斲"。

卷六十三页六上行八　一但

[原校]抱本作"一旦",是也。

[新校]梁本记作"一旦",丘濬《请访求遗书奏》、《明经世文编》所载丘濬《访求遗书疏》、《礼部志稿》所载丘濬《隆重图书疏》均记作"一旦有不测之事"②。两者意义似可通。依上述所引当作"一旦"。

卷六十三页六上行九　治体之功

[原校]抱本作"休治事功"。广本、阁本"之"作"事"。

[新校]梁本记作"休治事功",丘濬《请访求遗书奏》、《明经世文编》所载丘濬《访求遗书疏》、《礼部志稿》所载丘濬《隆重图书疏》均记载"一代治体事功"③。"之"当作"事"。

卷六十三页六下行二　我朝得国之政

[新校]梁本记作"我朝得国之正",丘濬《请访求遗书奏》、《明经世文编》所载丘濬《访求遗书疏》、《礼部志稿》所载丘濬《隆重图书疏》均记载"我朝得国之正"④。"政"疑作"正"。

卷六十四页一上行十一　监收库料

[原校]三本"库"作"厨"。

[新校]王世贞《弇山堂别集》卷二五记载:"余尝见彭疏,谓监收厨料,见光禄寺制造皇坛器用。"⑤当作"厨"。

卷六十四页一下行一　陛下即凡若此数

[原校]广本、抱本"即"下有"位"字,是也。抱本"数"作"类"。

---

① （明）丘濬:《重编琼台稿》卷七,《文渊阁四库全书》第1248册,第147页下;（明）俞汝楫:《礼部志稿》卷四六,《文渊阁四库全书》第597册,第861页下。

② （明）丘濬:《重编琼台稿》卷七,《文渊阁四库全书》第1248册,第148页上;（明）陈子龙:《明经世文编》卷七六,中华书局,1962年,第652页上;（明）俞汝楫:《礼部志稿》卷四六,《文渊阁四库全书》第597册,第862页上。

③ （明）丘濬:《重编琼台稿》卷七,《文渊阁四库全书》第1248册,第148页上;（明）陈子龙:《明经世文编》卷七六,中华书局,1962年,第652页上;（明）俞汝楫:《礼部志稿》卷四六,《文渊阁四库全书》第597册,第862页上。

④ （明）丘濬:《重编琼台稿》卷七,《文渊阁四库全书》第1248册,第148页上;（明）陈子龙:《明经世文编》卷七六,中华书局,1962年,第652页下;（明）俞汝楫:《礼部志稿》卷四六,《文渊阁四库全书》第597册,第862页上。

⑤ （明）王世贞:《弇山堂别集》卷二五,中华书局,1985年,第455页。

[新校]王世贞《弇山堂别集》卷二五记载彭程所上疏"陛下即位凡若此类"。① 当补"位"字,"数"待考。

卷六十四页二上行六　皮张纸札布绢之类

[原校]抱本"札"作"劄"。

[新校]万历《明会典》卷一七九"收买纸劄"条皆记作"纸劄"②。按,"劄"通"札",皆有"书信、公文"之意。然作"纸"用,多记作"劄"。此处原文繁体疑作"劄"。

卷六十四页三上行八　庶卿之后学有所赠企

[原校]抱本、阁本"卿"作"乡",是也。

[新校]本条上文载:"今龙溪县实(陈)淳生长之乡,旧有祠宇岁久圮坏,近乡人移建府城内,更乞赐额。""卿"当作"乡"。

卷六十六页六上行十一　皆乐于趋事则工役完而人不怨

[新校]梁本记作"工役完",而谢肇淛《北河纪》卷三、傅泽洪《行水金鉴》卷二〇均记作"工易完而人不怨"③。"役"待考。

卷七十二页七下行五　否则改正之

[新校]谢肇淛《北河纪》卷三《命副都御史刘大夏治河敕》、傅泽洪《行水金鉴》卷二〇皆记载"否者改正之"④,与上句"当者绪续之"相称。故"否则"疑作"否者"。

卷七十二页八上行九　糜财用于不赀

[原校]抱本、阁本"糜"作"糜",是也。

[新校]傅泽洪《行水金鉴》卷二〇记作"靡财用"⑤。谢肇淛《北河纪》卷三《命副都御史刘大夏治河敕》记作"糜财用于不赀"⑥。按,"糜"有耗费之意,也作"靡"。据义义"靡"亦当作"糜"。

卷七十二页八下行六　以计窘之

[原校]旧校改"窘"作"窘"。

[新校]唐鹤徵《皇明辅世编》卷二《王端毅恕》记载:"(王恕)疑(丘)

---

① (明)王世贞:《弇山堂别集》卷二五,中华书局,1985年,第455页。
② 万历《明会典》卷一七九,中华书局,1989年,第912页下。
③ (明)谢肇淛:《北河纪》卷三,《文渊阁四库全书》第576册,第596页上;(清)傅泽洪:《行水金鉴》卷二〇,《文渊阁四库全书》第580册,第342页上。
④ (明)谢肇淛:《北河纪》卷三,《文渊阁四库全书》第576册,第596页下;(清)傅泽洪:《行水金鉴》卷二〇,《文渊阁四库全书》第580册,第343页下。
⑤ (清)傅泽洪:《行水金鉴》卷二〇,《文渊阁四库全书》第580册,第344页上。
⑥ (明)谢肇淛:《北河纪》卷三,《文渊阁四库全书》第576册,第597页上。

潴,故以计窘之,求去盆力。"①据《汉语大字典》解释,"窘"有困迫之意,通"窘"。本书此处宜改为通用字"窘"。

卷七十三页四上行十　善古之御天下者

[原校]抱本、阁本"善"作"盖",是也。

[新校]张朝瑞《皇明贡举考》卷五收录该敕,记作"盖古之御天下者"②。据文义"善"亦当作"盖"。

卷七十四页一上行十一　自后相陈遂为故事

[原校]三本"陈"作"承",是也。

[新校]张元忭《馆阁漫录》卷七转引该奏疏,记作"自后相承遂为故事"③。据文义"相陈"亦当作"相承"。

卷七十四页二下行十　人马至其国人钞掠

[原校]广本、抱本"人"作"中",是也。

[新校]徐日久《五边典则》卷一四记载"至其国中抄掠"④。据文义"国人"当作"国中"。

卷七十四页三下行三　即告苦峪

[原校]三本"告"作"送",是也。

[新校]徐日久《五边典则》卷一四记载:"若哈密夷众挈家来奔,即送苦峪,令都督奄克孛剌管束。"⑤当作"送"。

卷七十四页六上行十　后生晚学不复讲问前项故事

[原校]三本"项"作"贤"。

[新校]朱熹《晦庵集》卷二〇《代同安县学职事乞立苏丞相祠堂状》、李清馥《闽中理学渊源考》卷一二《同安苏氏家世学派》记载:"后生晚学不复讲闻前贤风节学问源流。"⑥"前项"当作"前贤"。

卷七十四页六下行十　是以成之才弃而不用

[新校]《谦斋文录》所载徐溥《奏为考选庶吉士事》、《经世文编》所载徐溥《论选庶吉士疏》、俞汝楫《礼部志稿》卷七二《考选庶吉士》、张元忭

---

① (明)唐鹤徵:《皇明辅世编》卷二,《续修四库全书》第524册,第551页下。
② (明)张朝瑞:《皇明贡举考》卷五,《四库全书存目丛书》史部第269册,第655页下。
③ (明)张元忭:《馆阁漫录》卷七,《四库全书存目丛书》史部第258册,第796页上。
④ (明)徐日久:《五边典则》卷一四,《四库禁毁书丛刊》史部第26册,第315页下。
⑤ (明)徐日久:《五边典则》卷一四,《四库禁毁书丛刊》史部第26册,第316页上。
⑥ (宋)朱熹:《晦庵集》卷二〇,《文渊阁四库全书》第1143册,第391页;(清)李清馥:《闽中理学渊源考》卷一二,《文渊阁四库全书》第460册,第194页。

《馆阁漫录》卷七皆记作"是已成之才弃而不用"①。"以成"疑作"已成"。

卷七十四页六下行十一　分拨各卫门办事

[原校]广本、抱本"卫"作"衙",是也。

[新校]徐溥《奏为考选庶吉士事》、《经世文编》所载徐溥《论选庶吉士疏》、俞汝楫《礼部志稿》卷七二《考选庶吉士》、张元忭《馆阁漫录》卷七皆记作"分拨各衙门办事"②。"各卫门"当作"各衙门"。

卷七十五页三上行十一　坛场湖荡

[新校]梁本记作"坊场湖荡",而《明孝宗实录》成化二十三年九月壬寅孝宗即位诏规定记载"各处地土山场湖荡"③,万历《明会典》卷一七、秦金《安楚录》卷二均记载各地"山场湖荡"之事④。"坛"字待考。

卷七十五页三下行一　仍依吏部考察

[原校]三本"依"作"从"。

[新校]黄佐《翰林记》卷五《考满》、廖道南《殿阁词林记》卷一八《奏续》记载:"弘治元年,令翰林院官亦从吏部考察。"⑤据文义"仍依"亦当作"仍从"。

卷七十五页八下行五　其已惩未解价银

[原校]三本"惩"作"征",是也。

[新校]耿裕《应诏陈八事》、俞汝楫《礼部志稿》卷四五《陈八事疏》皆记作"其已征未解价银"⑥。此乃已征收而未解部价银。据文义"已惩"当作"已征"。

卷七十五页十下行八　诠注后军都督府

[原校]抱本、阁本"诠"作"铨",是也。

---

① (明)徐溥:《谦斋文录》卷一,《文渊阁四库全书》第1248册,第536册上;(明)陈子龙:《明经世文编》卷六五,中华书局,1962年,第550页上;(明)俞汝楫:《礼部志稿》卷七二,《文渊阁四库全书》第598册,第231页下;(明)张元忭:《馆阁漫录》卷七,《四库全书存目丛书》史部第258册,第796页上。

② (明)徐溥:《谦斋文录》卷一,《文渊阁四库全书》第1248册,第536页上;(明)陈子龙:《明经世文编》卷六五,中华书局,1962年,第550页下;(明)俞汝楫:《礼部志稿》卷七二,《文渊阁四库全书》第598册,第232页下;(明)张元忭:《馆阁漫录》卷七,《四库全书存目丛书》史部第258册,第796页上。

③ 《明孝宗实录》卷二第四页下第七行,第16页。

④ 万历《明会典》卷一七《田土》,中华书局,1989年,第115页下;(明)秦金:《安楚录》卷二《为乞天恩苏民困计处钱粮以济兵荒急用事》,《续修四库全书》第433册,第385页上。

⑤ (明)黄佐:《翰林记》卷五,《文渊阁四库全书》第596册,第898页下;(明)廖道南《殿阁词林记》卷一八,《文渊阁四库全书》第452册,第357页上。

⑥ (明)陈子龙:《明经世文编》卷四四,中华书局,1962年,第340页下;(明)俞汝楫:《礼部志稿》卷四五,《文渊阁四库全书》第597册,第851页上。

[新校]按,据《汉语大字典》,"铨"有"选授官职"之意,"诠"有"选择"之意①。两者似皆可,然使用"铨注"者多,当以通用者为准。

卷七十五页十六下行十　两京内外问刑衙问

[原校]旧校改"问"作"门"。

[新校]屠勋《屠康僖公文集》卷五《为应制陈言疏》记作"两京内外问刑衙门"②。"衙问"当作"衙门"。

卷七十五页十七上行七　收授银钱

[原校]三本"授"作"受",是也。

[新校]屠勋《屠康僖公文集》卷五《题为应制陈言事》记载"收受"囚人银钱在库③。"收授"当作"收受"。

卷七十六页四上行七　徒费财货

[原校]抱本"财货"作"货财"。

[新校]李东阳《应诏陈言奏》记载"徒费赀财"④,《明经世文编》所载李东阳《应诏陈言疏》记作"徒费货财"⑤,何乔远《名山藏》卷七〇《李东阳》记作"徒费资财"⑥。"财货"待考。

卷七十六页四下行六　何所逸哉

[原校]广本、抱本"逸"作"益",是也。

[新校]李东阳《应诏陈言奏》、《明经世文编》所载李东阳《应诏陈言疏》记载"何所益哉"⑦。当作"益"。

卷七十六页四下行八　停止之诏或遽移于陈情

[原校]广本、抱本"情"作"请"。

[新校]李东阳《应诏陈言奏》记载"或遽移于陈情"⑧,《明经世文编》所载李东阳《应诏陈言疏》记载"或遽移于陈请"⑨。据上下文,"陈情"当作"陈请"。

卷七十六页九上行十二　地将无名

[原校]三本"名"作"民",是也。

---

① 《汉语大字典》,第4199、3907页。
② (明)屠勋:《屠康僖公文集》卷五,《四库全书存目丛书》集部第40册,第208页下。
③ (明)屠勋:《屠康僖公文集》卷五,《四库全书存目丛书》集部第40册,第210页下。
④ (明)李东阳:《李东阳集》卷一九,岳麓书社,1985年,第2册,第281页。
⑤ (明)陈子龙:《明经世文编》卷五四,中华书局,1962年,第430页上。
⑥ (明)何乔远:《名山藏》卷七〇,《四库禁毁书丛刊》史部第46册,第361页上。
⑦ (明)李东阳:《李东阳集》卷一九,岳麓书社,1985年,第2册,第282页;(明)陈子龙:《明经世文编》卷五四,中华书局,1962年,第439页上。
⑧ (明)李东阳:《李东阳集》卷一九,岳麓书社,1985年,第2册,第283页。
⑨ (明)陈子龙:《明经世文编》卷五四,中华书局,1962年,第430页下。

[新校]徐日久《五边典则》卷二〇①、汪森《粤西诗文载·文载》卷五所载周琦《条陈地方利病疏》记载"地将无民"。"无名"当作"无民"。

卷七十七页五上行六　恂恂不能谐谑

[原校]三本"能"作"事",是也。

[新校]焦竑《国朝献征录》卷一〇九《锦衣卫指挥使钱通》记载钱通"恂恂不事谐谑"②。据文义"不能"当作"不事"。

卷七十八页三下行五　合抵价抵商

[原校]三本"价"下"抵"字作"招",是也。抱本"合"作"令"。

[新校]郑纪《东园文集》卷二《救荒五事》记载:"诸场仓盐乞无余积,若低估募商,则数十万粮可朝乎而夕至矣。"③"募商"与"招商"同。据原校改作"招商"。

卷七十八页三下行七　荐新品物船支

[原校]三本"支"作"只",是也。

[新校]郑纪《东园文集》卷二《备荒五事》记载:"今除见运船只外,至上厂改造之时,每卫只存督运官乘坐一只大船不动,其余只用半料成造,量装粮米二百石,每船用军六名撑驾,可与民船一般行走,每石米只用加耗米五斗,剩米二斗就发该县常平仓收贮,以便赈济。"④"船支"当为"船只"。

卷七十八页五下行十二　今本州北岳庙趾犹存

[新校]梁本记作"庙趾",马文升《马端肃奏议》卷五《厘正祀典事》记载"今本州北岳庙址犹存"⑤,倪岳《青溪漫稿》卷一一《祀典二·为厘正祀典事》记载"今本州北岳庙迹犹存"⑥,徐学聚《国朝典汇》卷一一七记作"庙址"⑦。据《汉语大字典》解释"趾"有踪迹之意,且通"址"。似不为误。此处待考。

卷七十九页二下行二　平地壅塞

[原校]三本"塞"作"积"。

[新校]倪岳《青溪漫稿》卷一二《灾异八》、俞汝楫《礼部志稿》卷八八

---

① (明)徐日久:《五边典则》卷二〇,《四库禁毁书丛刊》史部第266册,第543页上。
② (明)焦竑:《国朝献征录》卷一〇九,《四库全书存目丛书》第106册,第302页下。
③ (明)郑纪:《东园文集》卷二,《文渊阁四库全书》第1249册,第744页上。
④ (明)郑纪:《东园文集》卷二,《文渊阁四库全书》第1249册,第747页下。
⑤ (明)马文升:《马端肃奏议》卷五,《文渊阁四库全书》第427册,第752页上。
⑥ (明)倪岳:《青溪漫稿》卷一一,《文渊阁四库全书》第1251册,第115页下。
⑦ (明)徐学聚:《国朝典汇》卷一一七,《四库全书存目丛书》史部第265册,第861页上。

均记作"平地壅积"①。"壅塞"当作"壅积"。

卷七十九页四上行九　其所守其可取云

[原校]三本"其"作"有",是也。

[新校]焦竑《国朝献征录》卷六四《南京都察院左都御史黄绂》记载"所守有可取云"②。据文义"其可取"当作"有可取"。

卷七十九页四下行十　用酷刑致残人民

[原校]三本"民"作"命",是也。

[新校]戴金《皇明条法事类纂》卷四八《文武官将犯该笞杖罪囚酷刑致死数多捏作因公等项法司比附上请例》记载:"原问官肆其酷暴,辄便重加鞭挺,致死人命数多。"③孙承泽《天府广记》卷二〇《禁酷》记载:"弘治六年五月刑部奏:自今文武官因公考讯轻罪而用酷刑致残人命。"④"人民"当作"人命"。

卷七十九页四下行十　傍引医证

[新校]李东阳《李东阳集》文前稿卷一九《应诏陈言奏》记作"旁引医证"⑤,戴金《皇明条法事类纂》卷四八《文武官将犯该笞杖罪囚酷刑致死数多捏作因公等项法司比附上请例》记作"旁引医证捏作病死"⑥,孙承泽《天府广记》卷二〇《禁酷》记载"旁引医证"⑦。"傍引"疑作"旁引",待考。

卷八十一页一下行五　山东近年增改充粮米

[原校]广本、抱本"充"作"兑",是也。

[新校]谢纯《漕运通志》卷八记载,总兵官郭鈜、都御史张伟奏:"弘治年间,因山东灾伤,复将改兑粮米九万二千石,仍令官军赴临德二仓支运。"⑧"改充粮米"当作"改兑粮米"。

卷八十一页二下行六　素有才谋不避难险

[原校]三本"难"作"艰",是也。

[新校]徐恪《地方事》记载:"右参政朱瑄素有才谋,不避艰难。"⑨徐

---

① (明)倪岳:《青溪漫稿》卷一一,《文渊阁四库全书》第1251册,第135页下;(明)俞汝楫:《礼部志稿》卷八八,《文渊阁四库全书》第598册,第586页上。
② (明)焦竑:《国朝献征录》卷六四,《四库全书存目丛书》史部第103册,第514页下。
③ (明)戴金:《皇明条法事类纂》卷四八,日本古典研究会影印本,1966年,第370页。
④ (明)孙承泽:《天府广记》卷二〇,北京古籍出版社,1984年,第270页。
⑤ (明)李东阳:《李东阳集》文前稿卷一九,岳麓书社,1985年,第2册,第287页。
⑥ (明)戴金:《皇明条法事类纂》卷四八,日本古典研究会影印本,1966年,第370页。
⑦ (明)孙承泽:《天府广记》卷二〇,北京古籍出版社,1984年,第270页。
⑧ (明)谢纯:《漕运通志》卷八,《续修四库全书》第836册,第106页下。
⑨ (明)万表:《皇明经济文录》卷二三,《四库禁毁书丛刊》集部第19册,第176页下。

恪《地方五事疏》记载:"抚民右参政朱瑄素有才谋,不避艰险,委之专理其事。"①傅泽洪《行水金鉴》卷一一一记载:"尔素有才谋,不避艰险,可委专理。"②"难险"当作"艰险"。

卷八十一页二下行十一　以杜分争

[原校]阁本"分"作"纷",是也。

[新校]徐恪《地方事》、徐恪《地方五事疏》、傅泽洪《行水金鉴》卷一一一均记载"斟酌验亩分水以杜纷争"③。"分争"当作"纷争"。

卷八十一页六上行六　(沽头尝设主事)近因革出

[原校]三本"出"作"去",是也。

[新校]傅泽洪《行水金鉴》卷一一一记载屠勋所上之言,记作"(沽头)尝设主事管理,人以为便,近因革去……"④。"革出"当作"革去"。

卷八十二页三上行二　恩遇最甚

[原校]三本"甚"作"盛",是也。

[新校]焦竑《国朝献征录》卷一四征引《明孝宗实录》、俞汝楫《礼部志稿》卷五六《侍郎刘吉》、张元忭《馆阁漫录》卷七皆记载刘吉"恩遇最盛"⑤。"最甚"当作"最盛"。

卷八十三页三下行六　赈恤穷困

[原校]三本作"困穷"。

[新校]《明孝宗宝训》卷三《修省》记载弘治六年十二月孝宗令"赈恤困穷"⑥,谈迁《国榷》卷四二记载孝宗令"恤困穷"⑦。"穷困"当作"困穷"。

卷八十四页一上行十二　醇谨老诚颇知书史

[新校]马文升《马端肃奏议》卷一《豫教皇储以隆国本事》记作"为今之计,必选醇谨老成、颇知书史宫人……"⑧陈子龙《明经世文编》卷六二、唐鹤徵《皇明辅世编》卷三、万斯同《明史》卷二三八、张廷玉《明史》卷一八

---

① (明)陈子龙:《明经世文编》卷八二,中华书局,1962年,第725页下。
② (清)傅泽洪:《行水金鉴》卷一一一,《文渊阁四库全书》第581册,第649页上。
③ (明)万表:《皇明经济文录》卷二三,《四库禁毁书丛刊》集部第19册,第176页下;(明)陈子龙:《明经世文编》卷八二,中华书局,1962年,第725页下;(清)傅泽洪:《行水金鉴》卷一一一,《文渊阁四库全书》第581册,第649页上。
④ (清)傅泽洪:《行水金鉴》卷一一一,《文渊阁四库全书》第581册,第649页上。
⑤ (明)焦竑:《国朝献征录》卷一四,《四库全书存目丛书》史部第100册,第　页上;(明)俞汝楫:《礼部志稿》卷五六,《文渊阁四库全书》第597册,第1009页下;(明)张元忭:《馆阁漫录》卷七,《四库全书存目丛书》史部第258册,第798页下。
⑥ 《明孝宗宝训》卷三,台湾"中研院"史语所校印本,1962年,第248页。
⑦ (清)谈迁:《国榷》卷四二,中华书局,1958年,第2653页。
⑧ (明)马文升:《马端肃奏议》卷一,《文渊阁四库全书》第427册,第711页下。

二《马文升传》收录该奏疏，皆记作"老成"①。本条下文（第一页下第七行）记作"老成内臣"，下文（第一页下第十一行）记作"德才老诚"。按，二者皆可通，然意不同，此处作"老成"似更妥，待考。

卷八十四页一下行九　使之穷理正心

[原校]广本、抱本"之"作"知"，是也。

[新校]马文升《马端肃奏议》卷一《豫教皇储以隆国本事》记载："使知穷理正心、修己治人之道。"②唐鹤徵《皇明辅世编》卷三收录该奏疏，记作"使知"③。另据马文升《马端肃奏议》卷一记载："至于八岁，教之诵诗读书，凡尊尊亲亲之等，仁民爱物之则，无不启知，端其趋向。及其渐长建立宫僚……自此日出春宫讲论经书，涵养德性，使知穷理正心、修己治人之道。"④可知，"使知穷理正心、修己治人之道"在设立宫僚教授讲读之后，而非八岁诵读诗书之时，前后顺序有所差别。朱熹《四书章句集注·大学章句序》记载："人生八岁，则自王公以下，至于庶人之子弟，皆入小学，而教之以洒扫、应对、进退之节，礼乐、射御、书数之文。及其十有五年……皆入大学，而教之以穷理、正心、修己、治人之道。"⑤此句当在"涵养德性"之后。"使之"当作"使知"。

卷八十四页一下行十　及设立官僚之时

[原校]旧校改"官"作"宫"。

[新校]马文升《马端肃奏议》卷一《豫教皇储以隆国本事》记作"及其渐长建立宫僚之时"⑥，唐鹤徵《皇明辅世编》卷三收录该奏疏并记作"宫僚"⑦。按，"宫僚"乃东宫官，"官僚"当作"宫僚"。

卷八十四页六上行六　不许于原卫告之

[原校]三本"之"作"支"，是也。

[新校]按，本条所记乃支取俸粮之规定。万历《明会典》卷三九《俸给·凡在外文武官俸》记载："（成化）十三年，令在京都指挥选调各都司管事，愿分俸养亲者，以本色三分之一存原卫，二分并折色在任关支。"又："弘

---

① （明）马文升：《马端肃奏议》卷一，中华书局，1962年，第505页上；（明）唐鹤徵：《皇明辅世编》卷三，《续修四库全书》第524册，第560页下；（清）万斯同：《明史》卷二三八，《续修四库全书》第328册，第248页上；（清）张廷玉：《明史》卷一八二，中华书局，1974年，第4841页。
② （明）马文升：《马端肃奏议》卷一，《文渊阁四库全书》第427册，第712页上。
③ （明）唐鹤徵：《皇明辅世编》卷三，《续修四库全书》第524册，第560页下。
④ （明）马文升：《马端肃奏议》卷一，《文渊阁四库全书》第427册，第712页上。
⑤ （宋）朱熹：《四书章句集注·大学章句》，中华书局，1983年，第1页。
⑥ （明）马文升：《马端肃奏议》卷一，《文渊阁四库全书》第427册，第712页上。
⑦ （明）唐鹤徵：《皇明辅世编》卷三，《续修四库全书》第524册，第560页下。

治三年,令在京武职选调在外都司,官俸通行随任关支。"①同书卷一一八《勋禄》记载:"凡在京都指挥等官推选各都司管事,其有愿留俸粮养亲者,兵部行移户部查照各都司该得本等俸粮,并以三分为率,止存一分原卫关支,其余二分并折色俱在见任都司关支。"②《明孝宗实录》弘治三年六月丁亥记载:"户部奏京卫带俸都指挥等官铨注外任者,其本色俸粮俱随任关支,不得以分禄养亲为辞,请于在京支给。从之。"③"告之"当为"告支"。

卷八十五页一下行三　仍榜于天下知之

[原校]三本"于"作"谕",是也。

[新校]涂山《明政统宗》卷一六记作"榜谕天下"④,朱国祯《涌幢小品》卷三二记作"仍榜谕天下知之"⑤。当为"榜谕"。

卷八十六页一上行九　顺天等抚地方

[原校]三本"抚"作"府",是也。

[新校]《明孝宗实录》弘治七年十二月己未、弘治八年二月甲戌记载"巡抚顺天等府都御史屠勋"⑥。顾清《东江家藏集》卷二八《故刑部尚书致仕东湖屠公行状》记载:"甲寅擢都察院右副都御史,巡抚顺天等府兼整饬边备。"⑦万历《明会典》卷一二八《督抚兵备》记载:"整饬蓟州等处边备兼巡抚顺天等府地方一员。"⑧"抚"当为"府"。

卷八十六页六下行二　复其原职

[原校]三本作"复除原任"。

[新校]按,官员丁忧服阕复职,多记作"复除原职",或记作"复除原任"。《明孝宗实录》弘治元年三月己巳记载:"福建按察司副使刘乔丁忧服阕复除原职。"⑨同书弘治元年九月辛酉朔记载:"翰林院检讨杨时畅丁忧服阕,复除原职。"⑩同书弘治六年十一月己亥记载:"掌鸿胪寺事礼部左侍郎贾斌丁忧服阕,复除原任。"⑪同书弘治十一年十月丙子记载:"广东按

---

① 万历《明会典》卷三九,中华书局,1989年,第279页上。
② 万历《明会典》卷一一八,中华书局,1989年,第614页上。
③ 《明孝宗实录》卷三九第三页上第二行,第823页。
④ (明)涂山:《明政统宗》卷一六,《四库禁毁书丛刊》史部第2册,第492页上。
⑤ (明)朱国祯:《涌幢小品》卷三二,《续修四库全书》第1173册,第469页上。
⑥ 《明孝宗实录》卷九五第一页下第八行,第1738页;卷九七第五页下第十行,第1784页。
⑦ (明)顾清:《东江家藏集》卷二八,《文渊阁四库全书》第1261册,第673页下。
⑧ 万历《明会典》卷一二八,中华书局,1989年,第661页上。
⑨ 《明孝宗实录》卷一二第二页下第十一行,第272页。
⑩ 《明孝宗实录》卷一八第一页上第二行,第427页。
⑪ 《明孝宗实录》卷八二第一页下第一行,第1548页。

察司佥事欧阳旵丁忧服阕,复除原任。"①未见"复其原职"之说。此处据原校改。

卷八十六页六下行十二　既而天明

[原校]抱本、阁本"明"作"鸣",疑是也。

[新校]本条下句载"有声如鼓"。万斯同《明史》卷三七《流陨》记载:"(弘治)七年三月丙辰,山西解州有星大如杯,俄散为五,各长数尺,既而天鸣,声如鼓。""明"当作"鸣"。

卷八十七页四上行八　有屯种官家

[原校]广本、抱本"种"作"粮",阁本无"官"字。

[新校]万历《明会典》卷一八记载:"(弘治)六年题准各都司卫所屯田子粒违限年终不完者,先将都司及卫所管屯并有屯粮官员之家截日住支俸粮。"②王圻《续文献通考》卷一五记载此条令,记作"都司及卫所管屯并有屯粮官员之家"③。当为"有屯粮官家"。

卷八十九页一上行九　頟数

[原校]旧校改"頟"作"额"。

[新校]倪岳《青溪漫稿》卷一三《止给度一》记载:"待后各处额数不足之日,方许所在官司照依额内名缺起送赴部。"④当作"额数"。

卷八十九页三下行二　辅导黄储

[原校]三本"黄"作"皇",是也。

[新校]《礼部志稿》卷四八《辅导太子疏》记载该奏疏,作"慎选端人辅导皇储"⑤。"黄储"当作"皇储"。

卷八十九页四上行十一　狼河欲约匈奴

[原校]抱本、阁本"河"作"何",是也。

[新校]张海《安边方略疏》、徐日久《五边典则》卷一四收录该奏疏,皆记作"昔狼何欲约匈奴绝汉"⑥。班固《汉书》卷六九《赵充国传》记载:"狼何果遣使至匈奴藉兵,欲击鄯善、敦煌以绝汉道。""狼河"当为"狼何"。

卷八十九页四下行三　则虏情前之

[新校]梁本记作"则虏情前知",张海《安边方略疏》、徐日久《五边典

---

① 《明孝宗实录》卷一四二第四页下第五行,第2452页。
② 万历《明会典》卷一八,中华书局,1989年,第122页上。
③ (明)王圻:《续文献通考》卷一五,《续修四库全书》第762册,第87页上。
④ (明)倪岳:《青溪漫稿》卷一三,《文渊阁四库全书》第1251册,第150页下。
⑤ (明)俞汝楫:《礼部志稿》卷四八,《文渊阁四库全书》第597册,第907页下。
⑥ (明)陈子龙等:《明经世文编》卷四九,中华书局,1962年,第384页上;(明)徐日久:《五边典则》卷一四,《四库禁毁书丛刊》史部第26册,第320页上。

则》卷一四收录该奏疏,并记载:"俟时而动则虏情前知,庙算先定矣。"①"前之"当为"前知"。

卷八十九页四下行七　专仰贡马为生

[新校]梁本记作"专仰贡路为生",张海《安边方略疏》、徐日久《五边典则》卷一四收录该奏疏,此处记作"此虏专仰贡路为生"②。汤斌《拟明史稿》卷一四《张海传》记载其言:"此贼专仰贡路为生,可以计屈未可兵破。"按,"贡路"含义更广,除获得明朝赏赐外,尚有贸易之事。"贡马"疑作"贡路"。

卷八十九页五上行一　则古振国威

[原校]三本"古"作"内",是也。

[新校]梁本记作"内振",张海《安边方略疏》、徐日久《五边典则》卷一四记载:"则内振国威,外定祸乱,哈密可复矣。"③本条下句为"外定祸乱",则此处相应记载"古"当为"内"。

卷八十九页五上行四　增筑塄墙

[原校]抱本、阁本"塄"作"墩",疑是也。

[新校]梁本记作"墩墙",张海《安边方略疏》、徐日久《五边典则》卷一四记载:"或当筑墩墙,或当修理壕堑。"④"塄墙"当作"墩墙"。

卷九十二页六上行二　勉力事功

[原校]三本"力"作"立"。

[新校]倪岳《青溪漫稿》卷一二《灾异》记作"镇巡等官通行所属痛加修省,勉立事功"⑤。"勉力"当作"勉立"。

卷九十二页七下行七　禁伐边山材木

[原校]抱本"材"作"林"。

[新校]马文升《马端肃奏议》卷七《禁伐边山林以资保障事》记载:"该管官旗军民人等俱不许擅自入山将应禁林木砍伐贩卖,违者取问如律。"⑥陈子龙《明经世文编》卷六三收录马文升此疏,记作"为禁伐边山林

---

① (明)陈子龙等:《明经世文编》卷四九,中华书局,1962年,第384页上;(明)徐日久:《五边典则》卷一四,《四库禁毁书丛刊》史部第26册,第320页上。

② (明)陈子龙等:《明经世文编》卷四九,中华书局,1962年,第384页下;(明)徐日久:《五边典则》卷一四,《四库禁毁书丛刊》史部第26册,第320页上。

③ (明)陈子龙等:《明经世文编》卷四九,中华书局,1962年,第384页下;(明)徐日久:《五边典则》卷一四,《四库禁毁书丛刊》史部第26册,第320页下。

④ (明)陈子龙等:《明经世文编》卷四九,中华书局,1962年,第384页下;(明)徐日久:《五边典则》卷一四,《四库禁毁书丛刊》史部第26册,第320页下。

⑤ (明)倪岳:《青溪漫稿》卷一二,《文渊阁四库全书》第1251册,第138页下。

⑥ (明)马文升:《马端肃奏议》卷七,《文渊阁四库全书》第427册,第777页下。

木以资保障事"①。按，"材木""林木"似可通用，据马文升奏疏，则"材木"宜改作"林木"，待考。

卷九十三页二下行二　并群牧所随侍臣

[原校]三本"臣"作"官"，是也。

[新校]《明孝宗实录》弘治六年五月壬申兵部尚书马文升等言："止令原选仪卫司群牧所官军校尉随侍。"②万历《明会典》卷一《宗人府》记载："凡亲王出府，兵部奏拨仪卫司群牧所等衙门官军旗校人等随侍。"③"随侍臣"当作"随侍官"。

卷九十三页二下行三　所拨军效

[原校]三本"效"作"校"，是也。

[新校]万历《明会典》卷一四四《力士校尉》记载："凡亲王府校尉，弘治六年令亲王出府行锦衣卫拨随侍校尉六百名……（弘治）七年奏准亲王随侍校尉至就国之日，听以一半从行于附近卫所拨军余补数。"④本卷又载："（正德）十五年，令各府原额军校逃故者照例勾取。""军效"当作"军校"。

卷九十三页六上行六　守御都指挥同知

[原校]三本"御"作"备"。

[新校]《明宪宗实录》成化二十二年十二月辛巳记载，命都指挥"史瑾守备山丹"⑤。《明孝宗实录》弘治四年三月甲申记作"守备山丹都指挥同知史瑾"⑥。"守御"当作"守备"。

卷九十四页一下行十　挨次选表

[原校]旧校改"表"作"俵"。

[新校]本条下文（第二页上第三行）记载："仍禁约管马官交俵之弊及应俵不俵、不应俵而俵者。"万历《明会典》卷一五〇《京府寄牧》记载："顺天府所属州县寄养各处起解备用马匹，照孳牧儿马事例论粮分俵。"⑦"选表"当作"选俵"。

卷九十四页二上行九　北有贺兰之俭

[原校]旧校改"俭"作"险"。

[新校]方孔炤《全边略记》卷六收录兵部覆奏卢钦所言："北有贺兰之

---

① （明）陈子龙：《明经世文编》卷四九，中华书局，1962年，第527页下。
② 《明孝宗实录》卷七五第五页上第七行，第1411页。
③ 万历《明会典》卷一，中华书局，1989年，第2页上。
④ 万历《明会典》卷一四四，中华书局，1989年，第734页下。
⑤ 《明宪宗实录》卷二八五第二页上第九行，第4819页。
⑥ 《明孝宗实录》卷四九第五页上第十一行，第991页。
⑦ 万历《明会典》卷一五〇，中华书局，1989年，第770页下。

险,南有黄河之阻。"①徐日久《五边典则》卷一四亦记载:"北有贺兰之险,南有黄河之阻。"②当作"险"。

卷九十四页五上行四　会奏议遣

[原校]旧校改"奏议"作"议奏"。

[新校]徐日久《五边典则》卷二〇记载,弘治七年十一月"巡抚云南都御史张诰等会奏议遣"③。涂山《明政统宗》卷一六记载孟乃寨迎罕弄法以归事,记作"会奏议遣"④。张廷玉《明史》卷三一五《云南土司三·木邦》记载:"巡抚张诰等会奏议遣文武大员诣孟密。"⑤原校所改当是,当作"议奏"。

卷九十四页五下行十一　贵州往苗功

[原校]阁本"往"作"征",是也。

[新校]《明孝宗实录》弘治七年八月庚申记载:"贵州镇巡等官奏近者剿平苗贼土官宣慰彭世麒、杨爱等皆与有劳。"⑥张廷玉《明史》卷三一二记载:"弘治七年,宣抚冉舜臣以征贵州叛苗功乞升职。"⑦当为"征剿"之意,"往"改作"征"。

卷九十五页四下行十　仍左验收入

[原校]阁本"收"作"放",是也。

[新校]徐日久《五边典则》卷一四收录该奏疏:"此后如天方国或撒马儿罕使臣来贡,仍左验放入。"⑧"收入"当作"放入"。

卷九十五页六上行六　未可即也命工部集议

[原校]三本"也"作"已",是也。

[新校]傅泽洪《行水金鉴》卷二一记载:"以黄陵冈工程未可即已,命工部集议以闻。"⑨按,"已"有停止之意。"即也"当作"即已"。

卷九十五页九下行七　仍守大同宣府守臣

[原校]三本"大"上"守"字作"命",是也。

[新校]徐日久《五边典则》卷一四记载:"仍命大同宣府守臣于本镇各精兵一千,令都指挥一员领之。"⑩"仍守"当作"仍命"。

---

① (明)方孔炤:《全边略记》卷六,《续修四库全书》第738册,第400页下。
② (明)徐日久:《五边典则》卷一四,《四库禁毁书丛刊》史部第26册,第324页上。
③ (明)徐日久:《五边典则》卷一四,《四库禁毁书丛刊》史部第26册,第545页下。
④ (明)涂山:《明政统宗》卷一六,《四库禁毁书丛刊》史部第2册,第495页上。
⑤ (清)张廷玉等:《明史》卷三一五,中华书局,1974年,第8148页。
⑥ 《明孝宗实录》卷九一第一页下第四行,第1666页。
⑦ (清)张廷玉等:《明史》卷三一二,中华书局,1974年,第8057页。
⑧ (明)徐日久:《五边典则》卷一四,《四库禁毁书丛刊》史部第26册,第325页下。
⑨ (清)傅泽洪:《行水金鉴》卷二一,《文渊阁四库全书》第580册,第349页上。
⑩ (明)徐日久:《五边典则》卷一四,《四库禁毁书丛刊》史部第26册,第326页下。

卷一百页七上行一　给事中御史各一人

[原校]广本、抱本"人"作"员"。

[新校]徐日久《五边典则》卷一四援引此奏疏,记作"仍请差给事中、御史各一人奉敕纪功"①。按,官员数以"员"计量,《明宪宗实录》成化十二年十二月癸巳记载"差公正给事中、御史各一员"②;《明孝宗实录》成化二十三年十二月丁卯记载"遣给事中、御史各一员",弘治十一年十一月乙未记载"专差给事中、御史各一员"③。"一人"当作"一员"。

卷一百二页一下行九　切考程氏遗书

[原校]旧校改"切"作"窃"。

[新校]程敏政《篁墩文集》卷一○《龟山先生从祀议》记作"窃考程氏遗书及朱子伊洛渊源录所载龟山杨氏行状墓志等文"④。"切考"当作"窃考"。

卷一百五页一下行十一　锄疆植弱

[原校]旧校改"疆"作"强"。

[新校]焦竑《国朝献徵录》卷五八《都察院右都御史唐珣传》记载"锄强植弱有能声"⑤,王㒜《思轩文集》卷五《赠福州太守唐君赴任序》记载:"(唐珣)至于兴利去弊,抑强扶弱,修废举坠,皆极力为之。"⑥此处当作"锄强植弱"。

卷一百五页三上行一　经书字史以广其见

[原校]广本、抱本"字"作"子",是也。

[新校]郑纪《东园文集》卷三《进圣功图说以辅养皇储》记载:"然后次第以及经书子史,以广其见闻。"⑦"字史"当为"子史"。

卷一百五页七下行六　夷犯相攻

[原校]广本、抱本"犯"作"狄",是也。

[新校]徐溥《论占城安南事宜疏》、徐日久《五边典则》卷二一记载:"盖夷狄相攻,乃其常性。"⑧"夷犯"当为"夷狄"。

---

① （明）徐日久:《五边典则》卷一四,《四库禁毁书丛刊》史部第26册,第329页下。
② 《明宪宗实录》卷一六○第九页下第六行,第2936页。
③ 《明孝宗实录》卷八第二页上第二行,第157页;卷一四三第三页上第二行,第2473页。
④ （明）程敏政:《篁墩文集》卷一○,《文渊阁四库全书》第1252册,第175页上。
⑤ （明）焦竑:《国朝献徵录》卷五八,《四库全书存目丛书》史部第103册,第153页下。
⑥ （明）王㒜:《思轩文集》卷五,《续修四库全书》第1329册,第458页下。
⑦ 《文渊阁四库全书》第1249册,第754页上。
⑧ （明）陈子龙等:《明经世文编》卷六五,中华书局,1962年,第553页上;（明）徐日久:《五边典则》卷二一,《四库禁毁书丛刊》史部第26册,第518页下。

卷一百一十页二上行六　凡湖地课钞户口盐钞

[原校]抱本、阁本"地"作"池"。

[新校]《明孝宗实录》弘治九年二月辛酉记载巡按湖广监察御史郑惟桓上言十二事,其中备财用以纾民困言乞将"湖广所属湖池额办课钞"并南京户口盐钞俱送本布政司收贮。①"湖地"疑作"湖池"。

卷一百十一页二下行八　(陈铨)廉得其事奏为苗贼

[原校]三本"为"作"谓",是也。

[新校]徐日久《五边典则》卷二一记载,弘治九年闰三月"陈铨廉得其事奏谓苗贼据山为叛"②。当作"奏谓"。

卷一百一十五页七下行三　(应天府府尹冀绮)绮既被效

[原校]抱本、阁本"效"作"劾",是也。

[新校]《明孝宗实录》弘治八年十二月壬申记载:"应天府府尹冀绮与通判范昌龄忿争,为南京科道所劾……上命复职,仍罚俸两月。既而科道交劾绮,并及其素行贪污之状。"③《明孝宗实录》弘治九年正月戊申记载吏科都给事中季源、监察御史吴裕等上疏言:"近日吏部考黜不职者,有漏网者,如府尹冀绮及按察使等官赵鹤龄等十人之不谨。"④《明孝宗实录》弘治九年闰三月丙子记载:"南京十三道御史劾奏……应天府府尹冀绮俱不职,请黜之。"⑤《明武宗实录》正德五年八月甲申记载:"致仕应天府府尹冀绮卒……已而坐言官论劾,自陈致仕。"⑥"被效"当作"被劾"。

卷一百十六页一上行十二　有持刅杀人者

[原校]阁本"刅"作"刃",是也。

[新校]俞汝楫《礼部志稿》卷九二《日本贡夷横肆》记载:弘治九年寿萱进贡,"至济宁州,夷众有持刃杀人者。"⑦按,刅古同"剑",有创伤之意,此处记为刅,误。"持刅"当作"持刃"。

卷一百十六页二上行九　赐祭葬如例

[原校]抱本"例"作"制"。

[新校]梁本记作"如制",而日本内阁文库藏明抄本记作"如例"。

---

① 《明孝宗实录》卷一〇九第五页下第八行,第 1998 页。
② (明)徐日久:《五边典则》卷二一,《四库禁毁书丛刊》史部第 26 册,第 549 页上。
③ 《明孝宗实录》卷一〇七第五页下第四行,第 3086 页。
④ 《明孝宗实录》卷一〇八第一页上第十二行,第 3313 页。
⑤ 《明孝宗实录》卷一一一第五页上第十二行,第 2027 页。
⑥ 《明武宗实录》卷六六第一页上第二行,第 1433 页。
⑦ (明)俞汝楫:《礼部志稿》卷九二,《文渊阁四库全书》第 598 册,第 672 页上。

《明孝宗实录》弘治二年八月辛卯记载："岷府游溪郡主卒,赐祭葬如例。"①又弘治二年十二月丙申记载："鲁府宁海郡主卒,赐祭葬如例。"②又弘治三年六月壬辰记载："郑府氾水郡主卒,赐祭葬如例。"③又弘治二年九月戊辰记载："伊府真丘郡主卒,赐祭葬如制。"④又弘治三年九月辛未记载："德府寿张郡主卒赐祭葬如制。"⑤《明孝宗实录》记载不统一。万历《明会典》卷九八记载："郡主丧礼与郡王妃同,惟无圹志文。"⑥有制度可遵行,"制""例"似皆通,待考。

卷一百十八页二上行十二　论办古书疑义

[原校]旧校改"辨"作"辩"。

[新校]李东阳《明故资善大夫太子少保礼部尚书兼翰林院学士赠资政大夫太子少保谥文思彭公墓志铭》记载："(彭华)平居不妄语笑及辨论古书疑义。"⑦张元忭《馆阁漫录》卷七记载："(彭华)平居寡言笑及论辨古书疑义。"⑧而焦竑《国朝献征录》卷一四《太子少保礼部尚书兼翰林院学士彭华传》、《国朝典汇》卷三二记载："(彭华)平居寡言笑及论辩古书疑义。"⑨当作"论辩"。

卷一百十八页二下行一　(彭华)为人俭谲用数深机莫测

[原校]三本"俭"作"险",是也。

[新校]张元忭《馆阁漫录》卷七、焦竑《国朝献征录》卷一四《太子少保礼部尚书兼翰林院学士彭华传》记载彭华"为人险谲用数深机莫测"⑩。"俭谲"当作"险谲"。

卷一百十八页二下行九　(罗伦)遂上书论(李)贤

[原校]抱本、阁本"书"作"疏"。

[新校]日本内阁文库藏明抄本记作"遂上疏论贤",焦竑《国朝献征录》卷一四《太子少保礼部尚书兼翰林院学士彭华传》记作"伦遂上疏论

---

① 《明孝宗实录》卷二九第四页上第八行,第645页。
② 《明孝宗实录》卷三三第三页上第十行,第725页。
③ 《明孝宗实录》卷三九第四页上第二行,第825页。
④ 《明孝宗实录》卷三〇第五页下第二行,第674页。
⑤ 《明孝宗实录》卷四二第五页下第九行,第874页。
⑥ 万历《明会典》卷九八,中华书局,1989年,第552页上。
⑦ (明)李东阳:《李东阳集》文后稿卷二三,岳麓社,1985年,第3册,第329页。
⑧ (明)张元忭:《馆阁漫录》卷七,《四库全书存目丛书》第258册,第803页下。
⑨ (明)焦竑:《国朝献征录》卷一四,《四库全书存目丛书》史部第100册,第456页上;(明)徐学聚:《国朝典汇》卷三二,《四库全书存目丛书》史部第264册,第792页下。
⑩ (明)张元忭:《馆阁漫录》卷七,《四库全书存目丛书》史部第258册,第803页下;(明)焦竑:《国朝献征录》卷一四,《四库全书存目丛书》史部第100册,第456页上。

贤"①。"上书"当作"上疏"。

卷一百二十二页二上行一　时尝面召儒臣

[原校]旧校改"尝"作"常"。

[新校]徐溥《谦斋文录》卷一《奏为视朝事》、张元忭《馆阁漫录》卷八均记载："自洪武以至天顺年,时常面召儒臣咨议政事。"②当作"时常"。

卷一百二十二页二上行五　校之初政似有不同

[原校]广本"校"作"较"。

[新校]日本内阁文库藏明抄本记作"校之初政",《明经世文编》卷六五徐溥《论时政疏》、张元忭《馆阁漫录》卷八记作"校之初政似有不同"③。而徐溥《谦斋文录》卷一《奏为视朝事》记作"较之初政似有不同"④。按,"校"有比较之意,此处"校"与"较"似皆可。

卷一百二十二页二下行七　苦亲儒臣明正道

[原校]旧校改"苦"作"若"。

[新校]徐溥《谦斋文录》卷一《奏为视朝事》、张元忭《馆阁漫录》卷八、徐溥《论时政疏》记作"若亲儒臣明正道"⑤。"苦亲儒臣"当作"若亲儒臣"。

卷一百三十页一上行七　以旱灾免江西(屯种)

[原校]阁本"旱"作"水"。

[新校]日本内阁文库藏明抄本记作"旱灾",而《明孝宗实录》弘治七年二月壬午记载："巡按监察御史韩鼎奏:江西南昌九江等府,自去年夏秋霖雨,水潦交冬,风雪连绵,沿江田地尽被淹没。"⑥此处待考。

卷一百三十页一上行八　(免江西九江卫)屯种

[原校]三本"种"作"粮",是也。

[新校]日本内阁文库藏本记作"屯粮",《明孝宗实录》弘治四年正月丙申记载："以水灾免辽东三万等卫弘治三年屯粮有差。"⑦又弘治六年四月丙

---

① (明)焦竑:《国朝献征录》卷一四,《四库全书存目丛书》史部第100册,第456页上。
② (明)徐溥:《谦斋文录》卷一,《文渊阁四库全书》第1248册,第534页下;(明)张元忭:《馆阁漫录》卷八,《四库全书存目丛书》史部第259册,第1页下。
③ (明)陈子龙:《明经世文编》卷六五,中华书局,1962年,第551页上;(明)张元忭:《馆阁漫录》卷八,《四库全书存目丛书》史部第259册,第1页下。
④ (明)徐溥:《谦斋文录》卷一,《文渊阁四库全书》第1248册,第534页下。
⑤ (明)徐溥:《谦斋文录》卷一,《文渊阁四库全书》第1248册,第535页上;(明)张元忭:《馆阁漫录》卷八,《四库全书存目丛书》史部第259册,第2页;(明)陈子龙:《明经世文编》卷六五,中华书局,1962年,第551页下。
⑥ 《明孝宗实录》卷八五第四页下第五行,第1592页。
⑦ 《明孝宗实录》卷四七第四页上第十二行,第949页。

午记载:"以蛊旱灾免辽东广宁前屯等二十四卫弘治五年屯粮有差。"①又弘治六年十二月癸酉记载:"以旱灾免山西、太原等府并平阳等卫所弘治六年夏税屯粮有次。"②以上并无免屯种相关记载。"屯种"当作"屯粮"。

卷一百三十四页二上行八　处班军以严兵备

[原校]三本"兵"作"边"。

[新校]徐日久《五边典则》卷六记载弘治十一年二月李介所奏,记作"处班军以严边备"③。"兵备"当作"边备"。

卷一百三十四页二下行五　镇守总兵分守八备内外官

[原校]三本"八"作"守",是也。

[新校]徐日久《五边典则》卷六记载弘治十一年二月李介所奏,记作"镇守总兵分守守备内外官"④。"八备"当作"守备"。

卷一百三十五页一下行六　每日夜读

[原校]广本"夜"作"晚"。阁本"夜"下有"晚"字。

[新校]万历《明会典》卷五二《东宫出阁讲学仪》、俞汝楫《礼部志稿》卷一四《每日讲读仪》、王圻《续文献通考》卷一二〇《每日讲读仪》、黄佐《翰林记》卷一〇《东宫出阁读书》记载天顺二年东宫讲读仪情形:"每日晚读本日所授书各数遍,至熟而止。"⑤当作"每日晚"。

卷一百三十五页一下行十二　上赐御酒珍膳宴三司三少

[原校]阁本"司"作"师",是也。

[新校]张元忭《馆阁漫录》卷八记载:弘治十一年三月,"皇太子出讲学,上赐御酒珍膳,宴三师、三少并讲读等官。"⑥"三司"当作"三师"。

卷一百五十一页十上行三　请下所司请所以防御之策

[原校]三本"请"作"议",是也。

[新校]徐日久《五边典则》卷一记作"请下所司议所以防御之策"⑦。"所司请"当作"所司议"。

---

① 《明孝宗实录》卷七四第七页下第九行,第1390页。
② 《明孝宗实录》卷八三第二页下第四行,第1560页。
③ (明)徐日久:《五边典则》卷六,《四库禁毁书丛刊》史部第25册,第683页上。
④ (明)徐日久:《五边典则》卷六,《四库禁毁书丛刊》史部第25册,第683页上。
⑤ 万历《明会典》卷五二,中华书局,1989年,第339页下;(明)俞汝楫:《礼部志稿》卷一四,《文渊阁四库全书》第597册,第200页上;(明)王圻:《续文献通考》卷一二〇,《续修四库全书》第764册,第288页下;(明)黄佐:《翰林记》卷一〇,《文渊阁四库全书》第596册,第970页上。
⑥ (明)张元忭:《馆阁漫录》卷八,《四库全书存目丛书》第259册,第5页上。
⑦ (明)徐日久:《五边典则》卷一,《四库禁毁书丛刊》史部第25册,第501页下。

卷一百五十二页十一下行一　昏刻客星行出紫微垣西番外

[原校]抱本、阁本"番"作"蕃"。

[新校]本卷甲申条(第九页下第十行)记作"紫微垣西蕃"。谈迁《国榷》卷四四记载：弘治十二年七月丁亥昏刻，"客星出紫微垣西藩外"①。"西番"当作"西藩"。

卷一百五十九页四下行七　结事中徐沂

[原校]三本"结"作"给"，是也。

[新校]《明孝宗实录》弘治八年四月己卯记载："授进士……徐沂、李浚为给事中。"②《明孝宗实录》弘治十四年闰七月戊寅记载："刑科给事中徐沂以病痊至复除原职。"③徐象梅《两浙名贤录》卷二四《广东布政司参议徐希曾沂》记载："徐沂，字希曾，永康人，登弘治癸丑进士第，授刑科给事中。"④过庭训《本朝分省人物考》卷五三《徐沂》记载："徐沂，字希曾，永康人也，弘治癸丑进士，授刑科给事中。"⑤此处"结事中"当为"给事中"。

卷一百六十三页十六上行八　未常近名

[原校]三本"常"作"尝"，是也。

[新校]《国朝献征录》卷四〇《兵部右侍郎杨谧传》、《本朝分省人物考》卷八六《杨谧》记作"未尝近名"⑥。"未常"当作"未尝"。

卷一百六十四页十三下行一　自谓转相因袭

[原校]三本"谓"作"是"，是也。

[新校]朱国祯《涌幢小品》卷三《旧玺》、《礼部志稿》卷六三《献古玉玺》记作"自是转相因袭"⑦。"自谓"当作"自是"。

卷一百七十页十一上行六　三军之士

[原校]三本"士"作"事"，是也。

[新校]王鏊《震泽集》卷一九《上边议八事》记作"三军之事莫重于间"⑧。陈子龙《明经世文编》卷一二〇收录该奏疏，记作"三军之事"⑨。孙

---

① (清)谈迁：《国榷》卷四四，中华书局，1958年，第2739页。
② 《明孝宗实录》卷九九第八页下第五行，第1826页。
③ 《明孝宗实录》卷一七七第一页上第六行，第3241页。
④ (明)徐象梅：《两浙名贤录》卷二四，《四库全书存目丛书》史部第113册，第709页。
⑤ (明)过庭训：《本朝分省人物考》卷五三，《续修四库全书》第534册，第447页。
⑥ (明)焦竑：《国朝献征录》卷四〇，《四库全书存目丛书》史部第102册，第150页下；(明)过庭训：《本朝分省人物考》卷八六，《续修四库全书》第535册，第408页下。
⑦ (明)朱国桢：《涌幢小品》卷三，《续修四库全书》第1172册，第623页下；(明)俞汝楫：《礼部志稿》卷六三，《续修四库全书》第598册，第57页下。
⑧ (明)王鏊：《震泽集》卷一九，《文渊阁四库全书》第1256册，第326页下。
⑨ (明)陈子龙：《明经世文编》卷一二〇，中华书局，1962年，第1149页下。

武《孙子》卷下《用间第十三》："三军之事,莫亲于间。"当作"三军之事"。

卷一百七十六页十六上行十　庐舍已空

[原校]三本"已"作"几",是也。

[新校]顾潜《静观堂集》卷七《论马政事宜疏·定买户以宽民力》记载:"数郡之民疲困已极,衣食仅给,庐舍几空。"①"已空"当作"几空"。

卷一百七十六页十七上行四　每一石斤

[原校]三本"石"作"百",是也。

[新校]俞汝楫《礼部志稿》卷九二《福建贡夷禁例》记载:"每一百斤,准令加五十斤以备折耗。"②"石"当为"百"。

卷一百七十八页十二上行十二　固原迄南

[原校]三本"迄"作"迤",是也。

[新校]徐日久《五边典则》卷一五记作"深入固原迤南"③。"迄南"当作"迤南"。

卷一百七十八页十二下行十一　前空剿之故智

[原校]三本"剿"作"巢",是也。

[新校]徐日久《五边典则》卷一五记作"即前空巢之故智"④。"空剿"当作"空巢"。

卷一百七十九页十上行八　纾朕四顾之忧

[原校]三本"四"作"西",是也。

[新校]本条上文记载:"起致仕南京户部尚书秦纮为户部尚书兼都察院右副都御史,代史琳总制陕西固原等处军务。""四顾之忧"当为"西顾之忧"。

卷一百八十页九上行六　以致犬马窃发

[原校]三本"马"作"羊",是也。

[新校]按,"犬羊"系贬称,多用来指代盗贼、外敌。陈子龙《明经世文编》卷五五韩雍《聚落新城记》记载"北虏虽犬羊之性"⑤、王恕《王端毅奏议》卷三《参提夺占南甸田地军职奏状》记载"外夷之人性如犬羊"⑥。"犬马"当作"犬羊"。

卷一百八十一页七上行一　不能无缺望焉

[原校]三本"缺"作"觖"。

---

① (明)顾潜:《静观堂集》卷七,《四库全书存目丛书》集部第48册,第516页下。
② (明)俞汝楫:《礼部志稿》卷九二,《文渊阁四库全书》第598册,第681页上。
③ (明)徐日久:《五边典则》卷一五,《四库禁毁书丛刊》史部第26册,第345页下。
④ (明)徐日久:《五边典则》卷一五,《四库禁毁书丛刊》史部第26册,第345页下。
⑤ (明)陈子龙:《明经世文编》卷五五,中华书局,1962年,第434页下。
⑥ (明)王恕:《王端毅奏议》卷三,《文渊阁四库全书》第427册,第509页下。

[新校]按,《汉语大字典》解释"觖"有"不满"之意。《古今韵会举要·屑韵》:"觖,觖望也。"顾清《东江家藏集》卷一八《送姚先生赴南安序》记作"同时之士不能无觖望"①。"缺"疑作"觖"。

卷一百八十四页七上行七　正酒得人

[原校]三本"酒"作"须",是也。

[新校]张元忭《馆阁漫录》卷八记作"国学重任正须得"②。"酒"当作"须"。

卷一百八十七页十上行十一　督发应拨

[原校]三本"拨"作"援",是也。

[新校]徐学聚《国朝典汇》卷一五一记载:"遇有别镇征调,即督发应援。"③此处"援"误作"拨",兹改字。

卷一百八十七页十一上行二　礄山上

[原校]旧校改"礄山"作"墙"。

[新校]陈子龙《明经世文编》卷六八收录秦纮《边备事宜疏》,记作"墙上"④。本条上文载"各以石垒为墙"。当作"墙上"。

卷一百八十七页十一上行六　令将应修处所

[原校]旧校改"令"作"今"。

[新校]陈子龙《明经世文编》卷六八收录秦纮《边备事宜疏》,记作"今将应修处所"⑤。本条"今"误作"令"。

卷一百八十八页十三上行九　无益贩亡

[原校]三本"贩"作"败",是也。

[新校]陈子龙《明经世文编》卷五二收录刘健《论崇佛氏疏》,记作"败亡"⑥。本条"败"误作"贩"。

卷一百八十八页十三上行十　被时英宗新立春

[原校]三本"被"作"彼",是也。广本"新"作"初"。旧校删"春"字。

[新校]陈子龙《明经世文编》卷五二收录刘健《论崇佛氏疏》,记作"彼时英宗新立"⑦。本条所记"彼"误作"被","春"字衍。

---

① (明)顾清:《东江家藏集》卷一八,《文渊阁四库全书》第1261册,第539页上。
② (明)张元忭:《馆阁漫录》卷八,《四库全书存目丛书》史部第259册,第15页上。
③ (明)徐学聚:《国朝典汇》卷一五一,《四库全书存目丛书》史部第266册,第296页下。
④ (明)陈子龙等:《明经世文编》卷六八,中华书局,1962年,第575页下。
⑤ (明)陈子龙等:《明经世文编》卷六八,中华书局,1962年,第575页下。
⑥ (明)陈子龙等:《明经世文编》卷五二,中华书局,1962年,第402页上。
⑦ (明)陈子龙等:《明经世文编》卷五二,中华书局,1962年,第402页下。

卷一百八十八页十三上行十一　不能闻陈正道

[原校]阁本"闻"作"开",是也。

[新校]陈子龙《明经世文编》卷五二收录刘健《论崇佛氏疏》,记作"开陈正道"①。本条"开"误作"闻"。

卷一百八十八页十三下行二　时颁诏旨

[原校]三本"时"作"特",是也。

[新校]陈子龙《明经世文编》卷五二收录刘健《论崇佛氏疏》,记作"特颁诏旨"②。本条"时"为"特"之误。

卷一百八十九页七下行八　对薄不服

[原校]旧校改"薄"作"簿"。

[新校]王世贞《弇州史料后集》卷三五《台端之玷》记作"智对簿不服"③。本条所记"簿"误作"薄"。

卷一百九十页十三上行十一　屡常言之

[原校]旧校改"常"作"尝"。

[新校]陈子龙《明经世文编》卷五二收录刘健《论时政疏》,记作"屡尝言之"④。本条"尝"误作"常"。

卷一百九十页十三下行一　此臣所以忧危惶惧

[原校]三本"臣"下有"等"字,是也。"忧危惶惧"作"忧惶惭惧"。

[新校]陈子龙《明经世文编》卷五二收录刘健《论时政疏》,记载:"此臣等所以忧惶惭惧,不能自已者也。"⑤当补"等"字。

卷一百九十页十三下行三　久以修令

[原校]三本"久"作"夕",是也。

[新校]陈子龙《明经世文编》卷五二收录刘健《论时政疏》,记作"昼以访问,夕以修令"⑥。当作"夕"。

卷一百九十页十三下行三　者人事之明训

[原校]三本"者人事"作"此古昔",是也。

[新校]陈子龙《明经世文编》卷五二收录刘健《论时政疏》,记作"此古昔之明训"⑦。"者人事"当改为"此古昔"。

---

① (明)陈子龙等:《明经世文编》卷五二,中华书局,1962年,第402页下。
② (明)陈子龙等:《明经世文编》卷五二,中华书局,1962年,第403页上。
③ (明)王世贞:《弇州史料后集》卷三五,《四库禁毁书丛刊》史部第49册,第692页下。
④ (明)陈子龙等:《明经世文编》卷五二,中华书局,1962年,第403页下。
⑤ (明)陈子龙等:《明经世文编》卷五二,中华书局,1962年,第403页下。
⑥ (明)陈子龙等:《明经世文编》卷五二,中华书局,1962年,第403页上。
⑦ (明)陈子龙等:《明经世文编》卷五二,中华书局,1962年,第403页下。

卷一百九十一页一上行六　吏兵二部备查勋业行术

[原校]三本"术"作"实",是也。

[新校]俞汝楫《礼部志稿》卷八七《覆与谥议》、王圻《续文献通考》卷一三四《谥法考》记载"宜令吏兵二部备查勋业行实"①。"勋业行术"当作"勋业行实"。

卷一百九十一页一上行八　凡文武大臣谥具本部具奏

[原校]三本"本"前"具"字作"俱",是也。

[新校]俞汝楫《礼部志稿》卷八七《覆与谥议》、王圻《续文献通考》卷一三四《谥法考》记载:"凡文武大臣谥,俱本部具奏,既得旨,移文吏兵二部。"②"具本部"当作"俱本部"。

卷一百九十一页一下行十一　道宏等文博

[原校]三本"等"作"字",是也。

[新校]过庭训《本朝分省人物考》卷一〇八《吴道宏》记载:"吴道宏,字文博,宜宾县人。"③焦竑《国朝献征录》卷六九《大理寺卿吴道宏传》记载:"吴道宏,字文博,四川宜宾县人。"④万历《郧阳府志》卷二四《宦绩》记载:"吴道宏,字文博,四川宜宾人。"⑤"等文博"当作"字文博"。

卷一百九十一页一下行十二　（吴道宏）上疏论策南事

[原校]三本"策"作"东",是也。

[新校]焦竑《国朝献征录》卷六九《大理寺卿吴道宏传》、过庭训《本朝分省人物考》卷一〇八《吴道宏》记载:"(吴道宏)授南京太常寺博士,上疏论东南事。"⑥"策南事"当作"东南事"。

卷一百九十三页一下行七　使各集土官可得万数

[原校]抱本、阁本"官"作"兵",是也。

[新校]徐日久《五边典则》卷二一、嵇璜《钦定续文献通考》卷二四六、

---

① （明）俞汝楫:《礼部志稿》卷八七,《文渊阁四库全书》第598册,第571页下;(明)王圻:《续文献通考》卷一三四,《续修四库全书》第764册,第495页下。
② （明）俞汝楫:《礼部志稿》卷八七,《文渊阁四库全书》第598册,第572页上;(明)王圻:《续文献通考》卷一三四,《续修四库全书》第764册,第495页下。
③ （明）过庭训:《本朝分省人物考》卷一〇八,《续修四库全书》第536册,第168页上。
④ （明）焦竑:《国朝献征录》卷六九,《四库全书存目丛书》史部第103册,第747页下。
⑤ 万历《郧阳府志》卷二四,台湾学生书局,1987年,第582页。
⑥ （明）焦竑:《国朝献征录》卷六九,《四库全书存目丛书》史部第103册,第747页下;(明)过庭训:《本朝分省人物考》卷一〇八,《续修四库全书》第536册,第168页上。

张廷玉《明史》卷三一九《广西土司》记载"集土兵可得数万"①。"土官"当作"土兵"。

卷一百九十三页二上行六　复乞圣明俯纳其言

[原校]抱本"复乞"作"伏望"。

[新校]日本内阁文库藏本记作"伏乞圣明俯纳其言"②,俞汝楫《礼部志稿》卷六七《进览大学衍义》亦作"伏乞"。疑当以"伏乞"为是,待考。

卷一百九十四页一上行七　加之视监所收

[原校]三本"视"作"寺"。"收"作"牧",是也。

[新校]徐学聚《国朝典汇》卷一五八、杨时乔《马政纪》卷一二记载王绍所奏"加之寺监所牧"③。当作"寺监所牧"。

卷一百九十四页一上行九　复有以坏之

[原校]三本"坏"作"启"。

[新校]徐学聚《国朝典汇》卷一五八、杨时乔《马政纪》卷一二、龙文彬《明会要》卷六二《茶马》记载王绍所奏"召商报中之弊,复有以启之"④。"坏之"当作"启之"。

卷一百九十四页一上行十　私茶以番马及时至市

[原校]三本"以"作"与","至"作"互",是也。

[新校]徐学聚《国朝典汇》卷一五八、杨时乔《马政纪》卷一二记载"巡获私茶与番马及时互市"⑤。"以番马及时至市"当作"与番马及时互市"。

卷一百九十四页一下行一　苑马寺收马事宜兵部即议处来奏

[新校]梁本记作"牧马事宜",徐学聚《国朝典汇》卷一五八记作"苑马寺牧马事宜兵部即议处来奏"⑥。"收马"当作"牧马"。

卷一百九十四页一下行五　王宁总督山东备委

[原校]三本"委"作"倭",是也。

[新校]梁本记作"备倭",《明孝宗实录》弘治十七年正月癸未记载

---

① (明)徐日久:《五边典则》卷二一,《四库禁毁书丛刊》史部第26册,第571页上;(清)嵇璜:《钦定续文献通考》卷二四六,《文渊阁四库全书》第631册,第732页上;(清)张廷玉等:《明史》卷三一九,中华书局,1974年,第8275页。

② (明)俞汝楫:《礼部志稿》卷六七,《文渊阁四库全书》第598册,第123页下。

③ (明)徐学聚:《国朝典汇》卷一五八,《四库全书存目丛书》史部第266册,第358页下;(明)杨时乔:《马政纪》卷一二,《文渊阁四库全书》第66册,第631页下。

④ (明)徐学聚:《国朝典汇》卷一五八,《四库全书存目丛书》史部第266册,第358页下;(明)杨时乔:《马政纪》卷一二,《文渊阁四库全书》第66册,第631页下。

⑤ (明)徐学聚:《国朝典汇》卷一五八,《四库全书存目丛书》史部第266册,第358页下;(明)杨时乔:《马政纪》卷一二,《文渊阁四库全书》第66册,第631页下。

⑥ (明)徐学聚:《国朝典汇》卷一五八,《四库全书存目丛书》史部第266册,第358页下。

"以王宁登州备倭"①,又弘治十七年闰四月丙戌记载"总督备倭都指挥使王宁"②。"备委"当作"备倭"。

卷一百九十四一下行十一　事卞皆总制尚书奏纮勘报

[原校]旧校改"卞皆"作"皆下"。抱本"奏"作"秦",是也。

[新校]徐日久《五边典则》卷一五、徐学聚《国朝典汇》卷一五九记载"事皆下总制尚书秦纮勘报"③。当作"事皆下……秦纮"。

卷一百九十五页一下行八　周本府原收(银两支买物料)

[原校]三本"周"作"用",是也。

[新校]傅泽洪《行水金鉴》卷一一二记载"用本府原收"银两④。"周本府"当作"用本府"。

卷一百九十八页一下行二　每石折银八钱类计大同行都司

[原校]三本"计"作"解",是也。

[新校]《明孝宗实录》弘治十四年八月壬申记载巡抚大同都御史刘宇奏"其所免粮石征银八钱类解大同行都司"⑤。"类计"当作"类解"。

卷一百九十九页二上行四　春暖河开各回原籍

[原校]三本"籍"作"卫",是也。

[新校]徐日久《五边典则》卷一五记载刘胜所奏事,作"春暖河开各回原卫"⑥。"原籍"当作"原卫"。

卷一百九十九页二上行五　马价岁正八千九百余两

[原校]三本"正"作"止",是也。

[新校]同行记载马匹倒死者多,此述马价银少。徐日久《五边典则》卷一五记载刘胜所奏事,作"马价岁止八千九百余两"⑦。"岁正"当作"岁止"。

卷一百九十九页二上行十一　止令出价一两

[原校]三本"价"作"银",是也。

[新校]徐日久《五边典则》卷一五记载:"其贫难无力者,免其追补,止令出银一两。"⑧"出价"当作"出银"。

---

① 《明孝宗实录》卷二〇七第四页下第二行,第3850页。
② 《明孝宗实录》卷二一一第十一页下第二行,第3948页。
③ (明)徐日久:《五边典则》卷一五,《四库禁毁书丛刊》史部第26册,第354页上;(明)徐学聚:《国朝典汇》卷一五九,《四库全书存目丛书》史部第266册,第371页下。
④ (清)傅泽洪:《行水金鉴》卷一一二,《文渊阁四库全书》第581册,第654页上。
⑤ 《明孝宗实录》卷一七八第十一页下第七行,第3288页。
⑥ (明)徐日久:《五边典则》卷一五,《四库禁毁书丛刊》史部第26册,第356页下。
⑦ (明)徐日久:《五边典则》卷一五,《四库禁毁书丛刊》史部第26册,第356页下。
⑧ (明)徐日久:《五边典则》卷一五,《四库禁毁书丛刊》史部第26册,第357页上。

卷二百页一上行五　或旨省令哈密（使臣）

[原校]三本"旨"作"止",是也。

[新校]徐日久《五边典则》卷一五记载"或止令哈密来贡使臣"①。"或旨令"当作"或止令"。

卷二百页一上行七　若今后陕巴怙泉不悛

[原校]三本"泉"作"终",是也。

[新校]徐日久《五边典则》卷一五记载"若陕巴怙终不悛"②。"怙泉"当作"怙终"。

卷二百页二上行八　以朵颜三卫夷人背思

[原校]三本"思"作"恩",是也。

[新校]刘大夏《刘忠宣公遗集》文集卷一《覆邹文盛疏》、陈子龙《明经世文编》卷七九所收录刘大夏《覆邹文盛疏》、徐日久《五边典则》卷二记载:"朵颜三卫夷人背恩,欲出师征之。"③"背思"当作"背恩"。

卷二百页二上行十二　请议文守臣

[原校]三本"议"作"移",是也。

[新校]刘大夏《刘忠宣公遗集》文集卷一《覆邹文盛疏》、陈子龙《明经世文编》卷七九所收录刘大夏《覆邹文盛疏》、徐日久《五边典则》卷二记载"请移文守臣"④。"议文"当作"移文"。

卷二百页十二上行九　婪其书并斩其使

[原校]旧校改"婪"作"焚"。

[新校]朱瞻基《五伦书》卷三四《臣道》记载:"（北军）持书招降,文龙焚其书斩其使。"⑤"婪其书"当作"焚其书"。

卷二百页十二下行六　赎罪银解部取边

[原校]三本"取"作"助",是也。

[新校]《明孝宗实录》弘治十四年六月丙午记载:"助边储:乞敕法司问过囚犯,凡该赎罪纳钞者每银一两折钱一千文,以下杖笞递减折收,类送

---

① （明）徐日久:《五边典则》卷一五,《四库禁毁书丛刊》史部第26册,第357页下。
② （明）徐日久:《五边典则》卷一五,《四库禁毁书丛刊》史部第26册,第357页下。
③ （明）刘大夏:《刘忠宣公遗集》文集卷一,《四库未收书辑刊》第6辑,第29册,第456页下;（明）陈子龙:《明经世文编》卷七九,中华书局,1962年,第701页下;（明）徐日久:《五边典则》卷二,《四库禁毁书丛刊》史部第25册,第519页下。
④ （明）刘大夏:《刘忠宣公遗集》文集卷一,《四库未收书辑刊》第6辑,第29册,第456页下;（明）陈子龙:《明经世文编》卷七九,中华书局,1962年,第701页下;（明）徐日久:《五边典则》卷二,《四库禁毁书丛刊》史部第25册,第520页上。
⑤ （明）朱瞻基:《五伦书》卷三四,《续修四库全书》第936册,第66页上。

户部给还各边。"①"取边"当以"助边"为是。

卷二百〇一页一上行七　赐各王府并太子诸司庆贺官员人等

[原校]三本"太子"作"天下",是也。

[新校]《明孝宗实录》弘治十三年七月乙卯、弘治十四年七月己西、弘治十五年七月癸西记载:万寿圣节赐各王府及"天下诸司"庆贺官员人等钞币②。"太子"当作"天下"。

卷二百〇一页一下行五　或骡或驴皆可走等

[原校]三本"等"作"战",是也。三本"骡"作"驘"。

[新校]梁本记作"或驘或驴皆可走战",王世贞《弇州史料后集》卷三五记作"或驴或骡皆可走战"③,徐日久《鹗言》卷八《黜浮夸》记作"或骡或驴皆可走战"④。"走等"当作"走战","骡"两种繁体皆通。

卷二百〇一页一下行七　又方圆二事四围障获

[原校]三本"事"作"车",是也。

[新校]徐日久《鹗言》卷八《黜浮夸》记作"又方员二车四围障护"⑤。"二事"当作"二车"。

卷二百〇一页一下行七　四围障获

[原校]三本"获"作"护",是也。

[新校]徐日久《鹗言》卷八《黜浮夸》记作"二车四围障护"⑥。"障获"当作"障护"。

卷二百〇二页一上行十一　申王慈已出府

[原校]三本"慈"作"兹",是也。

[新校]徐乾学《读礼通考》卷七六《亲王丧仪·申懿王》引《明孝宗实录》记作:"成化八年忻穆王觐,未曾出府,申王兹已出府。"⑦万斯同《明史》卷六一《礼志》记载:"前忻穆王觐未出府,申王兹已出府。"⑧"慈已"当作"兹已"。

---

① 《明孝宗实录》卷一七五第八页上第十二行,第3203页。
② 《明孝宗实录》卷一六四第二页上第十二行,第2971页;卷一七六第二页下第九行,第3210页;卷一八九第一页上第七行,第3485页。
③ (明)王世贞:《弇州史料后集》卷三五,《四库禁毁书丛刊》史部第49册,第701页下。
④ (明)徐日久:《鹗言》卷八,《四库禁毁书丛刊》史部第23册,第96页上。
⑤ (明)徐日久:《鹗言》卷八,《四库禁毁书丛刊》史部第23册,第96页上。
⑥ (明)徐日久:《鹗言》卷八,《四库禁毁书丛刊》史部第23册,第96页上。
⑦ (清)徐乾学:《读礼通考》卷七六,《文渊阁四库全书》第113册,第749页下。
⑧ (清)万斯同:《明史》卷六一,《续修四库全书》第325册,第127页下。

卷二百〇二页一上行十二　参以在外亲王例定为仪註

[原校]阁本"註"作"注"。

[新校]万斯同《明史》卷六一《礼志》、徐乾学《读礼通考》卷七六《亲王丧仪·申懿王》记作"定为仪注"①。当作"仪注"。

卷二百〇三页八下行六　分管官不办验者连坐

[原校]旧校改"办"作"辨"。

[新校]万历《明会典》卷三四《盐法通例·盐禁》、汪砢玉《古今鹾略》卷五记载：弘治十六年，"分管官不行用心辨验者，事发一体治罪。"②此处繁体"办"，误，"不办验"当作"不辨验"。

卷二百〇五页二下行五　灾伤重大人民难窘

[原校]三本"难"作"艰"，是也。

[新校]徐学聚《国朝典汇》卷一九五、傅维鳞《明书》卷八三《食货志》记载孝宗谕工部曰："各处灾伤重大，人民艰窘。"③"难窘"当作"艰窘"。

卷二百二十页一下行四　各边游奇等兵

[原校]三本"边"作"镇"。

[新校]同页第一行记载兵部复议："虑各镇不能速赴，请再移文督之。"徐日久《五边典则》卷一五记载："上曰：各镇游奇等兵宜再行督发。"④"各边"当作"各镇"。

卷二百二十三页一下行八　分番防御亦可以坐收安集之功

[原校]三本"可"作"足"。

[新校]徐日久《五边典则》卷二一记载此事："分番防御，亦足坐收安集之功。"⑤"亦可以"当作"亦足以"。

卷二百二十四页一上行八　（大学衍义）中间所载如辩人材

[原校]阁本"辩"作"辨"。

[新校]胡世宁《胡端敏奏议》卷一《应诏陈言疏勤学问》记载："臣又窃见此书其间所言辨人材、察民情。"⑥唐鹤徵《皇明辅世编》卷五《胡端敏

---

① （清）万斯同：《明史》卷六一，《续修四库全书》第325册，第127页下；（清）徐乾学：《读礼通考》卷七六，《文渊阁四库全书》第113册，第749页下。
② 万历《明会典》卷三四，中华书局，1989年，第242页下；（明）汪砢玉：《古今鹾略》卷五，《四库全书存目丛书》史部第275册，第610页。
③ （明）徐学聚：《国朝典汇》卷一九五，《四库全书存目丛书》史部第266册，第863页上；（清）傅维鳞：《明书》卷八三，《四库全书存目丛书》史部第39册，第118页上。
④ （明）徐日久：《五边典则》卷一五，《四库禁毁书丛刊》史部第26册，第359页下。
⑤ （明）徐日久：《五边典则》卷二一，《四库禁毁书丛刊》史部第26册，第577页下。
⑥ （明）胡世宁：《胡端敏奏议》卷一，《文渊阁四库全书》第428册，第573页上。

世宁》记载其上疏,云:"乞以《大学衍义》一书常备经筵讲读,中间所载如辨人材、察民情。"①真德秀《大学衍义》卷一五、一六、一七、一八、一九、二〇、二一记载:"格物致知之要二:辦人材。""辦人材"当作"辨人材"。

卷二百二十四页一下行一　推选才望老成剔历中外能任大事者

［原校］抱本、阁本"剔"作"扬",是也。

［新校］胡世宁《胡端敏奏议》卷一《应诏陈言疏公用人》记载:"辅弼公卿特选老成才望、敭历中外、能任天下大事。"②"敭"与"剔"形近而误,今"剔历中外"当作"扬历中外"。

除了以上错字、别字以外,还有一些意义相近之字词混用的现象。

《进孝宗实录表》页二行八　垂万世简册之光

［原校］抱本"世"作"年"。

［新校］李东阳《李东阳集》文后稿卷九《进孝宗实录表》记作"万年"③。待考。

《进孝宗实录表》页四行二　冈举目张

［原校］抱本"冈"作"纲"。

［新校］李东阳《李东阳集》文后稿卷九《进孝宗实录表》记作"纲举目张"④。按,"纲举目张"之说来源于班固《白虎通·三纲六纪》"若罗网之有纪纲,而万目张也"。待考。

卷四页十一下行八　不许视为故常

［新校］梁本记作"不许视为故常",《皇明诏制》卷六"不许视为故事"⑤,《皇明诏令》卷一七记作上两宫尊号及立中宫诏"不许视为故事"⑥。"故常""故事"似皆可,待考。

卷五页一下行二　留右韶舞二人

［原校］抱本"人"作"员"。

［新校］本条上文记载:"僧录司留右善世、右讲经、左右觉义各一员,道录司留右至灵二员、左右玄义各一员。"下文记载教坊司除韶舞生外,留"左右司乐各一员"。为行义统一,"人"当作"员"。

卷六页六下行九　其收受钱粮不得刁艰

［原校］抱本"艰"作"难",是也。

---

① （明）唐鹤徵:《皇明辅世编》卷五,《续修四库全书》第524册,第661页上。
② （明）胡世宁:《胡端敏奏议》卷一,《文渊阁四库全书》第428册,第574页下。
③ （明）李东阳:《李东阳集》文后稿卷九,岳麓书社,1985年,第3册,第135页。
④ （明）李东阳:《李东阳集》文后稿卷九,岳麓书社,1985年,第3册,第136页。
⑤ （明）孔贞运:《皇明诏制》卷六,《续修四库全书》第458册,第200页。
⑥ 《皇明诏令》卷一七,《续修四库全书》第457册,第373页。

[新校]倪岳《青溪漫稿》卷一四《为灾异陈言事》提及收放钱粮,亦曰"不许刁难"①。根据文意,"刁艰"当作"刁难"。

卷十页五下行五　群臣之情弊

[原校]三本"臣"作"吏"。

[新校]张瀚《皇明疏议辑略》卷五、陈九德《皇明名臣经济录》卷四所载杨守陈《讲学听政疏》皆记作"群吏之情弊"②。二者似皆通,此处宜以"吏"为准。

卷十二页二上行六　汉祭孔子

[原校]三本"祭"作"祀"。

[新校]陈镐《阙里志》卷一二《会议奠礼奏本》(明嘉靖刻本)、《礼部志稿》卷六八《增视学释奠仪》记作"汉祀孔子"③。按,"祭"与"祀"似皆可通,且据原校改。

卷十二页三下行三　至期加币一段

[新校]《礼部志稿》卷六八《增视学释奠仪》载"至期加币一段"④,而陈镐《阙里志》卷一二《会议奠礼奏本》(明嘉靖刻本)载"加帛一段"。雷礼《国朝列卿纪》卷一五、过庭训《本朝分省人物考》卷三六记载:"上(孝宗)将视学,时礼仪简略不称,诏议仪注,敏政倡议预斋一日,加帛一段,乐设不作。"⑤按,"币"为"帛"的一种。此处二者皆通,待考。

卷十五页四下行九　曰务节俭……曰重名节

[新校]《明宪宗实录》成化十九年三月甲寅所载南京礼部左侍郎章纶传记中记作"务俭约""重名爵"⑥,黄训《名臣经济录》卷四载尹直所作《章纶碑录》、《国朝献征录》卷三七载谢铎所撰《通议大夫南京礼部左侍郎赠南京礼部尚书谥恭毅章公纶墓志铭》皆记作"务俭约""重名爵"⑦。"重名节"疑误。

卷十九页八下行一　巡抚顺天等处

[原校]抱本、阁本"处"作"府"。

---

① (明)倪岳:《青溪漫稿》卷一四,《文渊阁四库全书》第1251册,第184页下。
② (明)张瀚:《皇明疏议辑略》卷五,《四库全书存目丛书》史部第71册,第629页上;(明)陈九德:《皇明名臣经济录》卷四,《四库禁毁书丛刊》史部第9册,第62页。
③ (明)俞汝楫:《礼部志稿》卷六八,《文渊阁四库全书》第598册,第145页下。
④ (明)俞汝楫:《礼部志稿》卷六八,《文渊阁四库全书》第598册,第145页下。
⑤ (明)雷礼:《国朝列卿纪》卷一五,《续修四库全书》第522册,第265页上;(明)过庭训:《本朝分省人物考》卷三六,《续修四库全书》第533册,第724页下。
⑥ 《明宪宗实录》卷二三八第五页上第八、九行,第4043页。
⑦ (明)黄训:《名臣经济录》卷四,《文渊阁四库全书》第443册,第59页下;《四库全书存目丛书》史部第102册,第3页下。

［新校］过庭训《本朝分省人物考》卷一〇一杨继宗传援引《明孝宗实录》所载杨继宗传记"整饬蓟州等处边备兼巡抚顺天等府"①，焦竑《国朝献征录》卷六三《都察院左佥都御史杨继宗传》记载"整饬蓟州等处边备兼巡抚顺天等府"②。"处"当作"府"。

卷三十四页七下行五　绾等降谪

［原校］抱本"谪"作"调"。

［新校］王恕《王端毅奏议》卷一一《再论不可内外异法奏状》记载明孝宗圣旨："蒋琮、姜绾等俱是有罪人犯，姜绾等降调外任。"③傅维鳞《明书》卷一五九《蒋琮传》记载"自绾等降调"④。当作"降调"。

卷四十八页九上行九　况近在云南者也

［原校］广本、阁本"也"作"耶"。

［新校］周洪谟《安中国定四夷十事疏》记作"况近在云南者耶"⑤，汤斌《拟明史稿》卷一九《周洪谟列传》记作"况近在云南者耶"。按，"也"与"耶"皆可表示反问语气。兹据上改。

卷七十六页六上行九　诉讼之牒缠绵岁年

［新校］陈子龙《明经世文编》卷五四所收录李东阳《应诏陈言疏》记作"缠绵岁年"⑥，《李东阳集》文前稿卷一九《应诏陈言》记作"缠绵数月"⑦，《李东阳集》卷三九记作"缠绵岁月"⑧。"岁年"与"岁月"似皆可，待考。

卷一百八十八页十三上行六　传于后世

［原校］三本"于"作"之"。

［新校］陈子龙《明经世文编》卷五二收录刘健该疏，记作"传之后世"⑨。按，本条上文作"播之天下"，此处对应之，当作"传之后世"。

卷一百九十四页一上行八　近年以来十不足一

［原校］三本"足"作"及"。广本、抱本"一"作"二"。

［新校］徐学聚《国朝典汇》卷一五八、杨时乔《马政纪》卷一二记载王

---

① （明）过庭训：《本朝分省人物考》卷一〇一，《续修四库全书》第536册，第20页上。
② （明）焦竑：《国朝献征录》卷六三，《四库全书存目丛书》第103册，第443页上。
③ （明）王恕：《王端毅奏议》卷一一，《文渊阁四库全书》第427册，第642页下。
④ （清）傅维鳞：《明书》卷一五九，《四库全书存目丛书》史部第40册，第344页下。
⑤ （明）陈子龙：《明经世文编》卷四四，中华书局，1962年，第337页下。
⑥ （明）陈子龙：《明经世文编》卷五四，中华书局，1962年，第431页下。
⑦ （明）李东阳：《李东阳集》文前稿卷一九，岳麓书社，1985年，第2册，第285页。
⑧ （明）李东阳：《李东阳集》卷三九，岳麓书社，1985年，第2册，第425页下。
⑨ （明）陈子龙：《明经世文编》卷五二，中华书局，1962年，第402页下。

绍所奏"近年以来,十不及一"①。"十不足一"当作"十不及一"。

第二节　脱字、脱句

《进孝宗实录表》页四行六　　管虽小

[原校]抱本"管"下有"窥"字是也。

[新校]李东阳《李东阳集》文后稿卷九《进孝宗实录表》记作"管窥虽小"②。故应作"管窥虽小"。

《进孝宗实录表》页四行十　　谨奉表随进以闻

[原校]抱本"闻"下有"正德四年四月二十一日后军都督府掌府事特进光禄大夫左柱国太师兼太子太师英国公张懋等谨上表"四十四字是也。

[新校]按,当据原校补。

《明孝宗实录》修纂官页二行二　　王九思

[原校]抱本"思"下有"翰林院五经博士修职郎臣潘辰"十三字(又馆本于李廷相等人官衔皆蒙上省略,亦当据抱本改正,下仿此)。

[新校]《明武宗实录》正德四年夏四月壬午记载:"以纂修实录成,赏……五经博士潘辰。"③《明武宗实录》正德四年五月戊戌记载:实录成,刘瑾借修明会典事将纂修官已升之职俱革之,"五经博士潘辰仍为典籍"④。故五经博士潘辰曾参修孝宗实录,当补。

卷七页十六下行一　　于茂陵殿

[原校]抱本"陵"下有"献"字。

[新校]据倪岳《青溪漫稿》卷一一《礼仪一》,记作"于茂陵献殿"⑤。当补"献"。

卷七页十七下行十二　　今后巡抚及布政按察使有缺宜不拘方面佐贰大小及知府皆得推举

[原校]抱本"举"下有"布政按察使有缺,部属五品及掌科掌道官亦得推举"二十一字,是也。

---

① (明)徐学聚:《国朝典汇》卷一五八,《四库全书存目丛书》史部第266册,第358页下;(明)杨时乔:《马政纪》卷一二,《文渊阁四库全书》第66册,第631页下。
② (明)李东阳:《李东阳集》文后稿卷九,岳麓书社,1985年,第3册,第136页。
③ 《明武宗实录》卷四九第九页上第三行,第1123页。
④ 《明武宗实录》卷五〇第四页下第一行,第1142页。
⑤ (明)倪岳:《青溪漫稿》卷一一,《文渊阁四库全书》第1251册,第106页上。

[新校]抱本该二十一字与本条所记内容似有重复,是否补充待考。
　　卷七页十九上行七　检讨陈献章佥事章懋
　　[新校]据《明经世文编》卷一二二姜洪《陈言疏》记载"陈献章"下有"行人司副庄昶"①。疑当补。
　　卷七页十九上行九　王徽萧显贺钦
　　[新校]据《明经世文编》卷一二二姜洪《陈言疏》记载"给事中王徽、王让、萧显、贺钦"②,《明宪宗实录》成化十八年春正月壬辰记载:"南京给事中王让……上以让废礼贪利难居近侍,降一级调外任。"③此处疑当补"王让"。
　　卷八页九下行六　辽东都司刘璇为都指挥佥事
　　[原校]抱本"司"下有"都指挥同知"五字,是也。
　　[新校]《明孝宗实录》成化二十三年十一月戊戌记载:"先是辽东都指挥同知刘璇备御宁远,坐贼入境抢掠,匿不以实闻",召令降一级④。按,即将刘璇官职由都指挥同知降为都指挥佥事。本书此处当补"都指挥同知"。
　　卷八页十上行六　南京留守卫指挥同知史瑄
　　[原校]抱本"守"下有"后"字。
　　[新校]《明孝宗实录》弘治元年十月己未记载:"命南京留守后卫指挥同知史瑄充左参将分守靖州。"⑤又弘治十年七月乙丑记载:"命南京留守后卫带俸故都指挥佥事史瑄之子载袭原职指挥同知。"⑥按,史瑄为南京留守后卫人,本条略称为"留守卫",似有不妥。
　　卷九页一上行九　宣宗皇帝忌辰
　　[原校]三本宗"下"有"章"字,是也。
　　[新校]《明英宗实录》宣德十年春正月甲午记载:明宣宗"尊谥"曰"宪天崇道英明神圣钦文昭武宽仁纯孝章皇帝",庙号"宣宗"⑦。《明孝宗实录》弘治三年正月丙辰、弘治五年正月甲戌、弘治七年正月癸巳等皆记作"宣宗章皇帝忌辰"⑧。当补"章"字。

---

① (明)陈子龙:《明经世文编》卷一二二,中华书局,1962年,第1174页上。
② (明)陈子龙:《明经世文编》卷一二二,中华书局,1962年,第1174页下。
③ 《明宪宗实录》卷二二三第四页上第十二行至第四页下第三行,第3841~3842页。
④ 《明孝宗实录》卷六第二页上第三行,第99页。
⑤ 《明孝宗实录》卷一九第十页上第五行,第461页。
⑥ 《明孝宗实录》卷一二七第六页下第二行,第2262页。
⑦ 《明英宗实录》卷一第十四页上第十二行,第27页。
⑧ 《明孝宗实录》卷三四第一页上第八行,第735页;卷五九第一页上第七行,第1131页;卷八四第二页上第七行,第1575页。

卷九页六下行五　文有考察之例

[原校]三本"文"下有"臣"字,是也。

[新校]按,本条上下文记载"各处参将等官其职任与布按二司文臣相等,文有考察之例,而武臣不与"。据文意,当补"臣"字。

卷九页九上行一　其石函碑

[原校]三本"函"下有"石"字,是也。

[新校]马文升《马端肃奏议》卷五《祛除邪术以崇正道事》记载:"前项石函、石碑若不除去,不无取讥将来、贻笑后世……但系陈喜、邓常恩安造石函并所立石碑,俱各拆毁仆倒,磨去文字。"①可知,"函"下当补"石"字。

卷十页五下行三　陛下朝时之所接见

[原校]抱本"朝"上有"视"字。

[新校]万表《皇明经济文录》卷二《保治上》、陈九德《皇明名臣经济录》卷四《保治》所载杨守陈《讲学听政疏》皆记作"今陛下视朝之所接见者"②。"朝时"当作"视朝时"。

卷十页六上行十二　若但如近日讲

[原校]三本"近"下有"世"字。

[新校]陈九德《皇明名臣经济录》卷四所载杨守陈《讲学听政疏》记作"但如近世之听日讲以示虚文"③。程敏政《篁墩集》卷五〇《杨文懿公传》记作"若但如近日之听日讲御午朝以应故事"④,汤斌《拟明史稿》卷一九杨守陈记载"若但如近日日讲午朝应故事"。当补"世"或"日"字。

卷十页九下行四　陕西宝鸡县黄坝驿

[原校]三本"县"下有"抵"字,是也。

[新校]雍正《陕西通志》卷二二记载:"宁羌州阳平驿、黄坝驿各一员。"⑤同书卷三六记载:"宁羌州黄坝驿州西南六十里。"⑥《明一统志》卷三四《凤翔府》记载:"宝鸡县在府城西南九十里。"⑦黄坝驿隶属宁羌州,非凤翔府宝鸡县。此处指宝鸡县至黄坝驿,当补"抵"字。

---

① （明）马文升:《马端肃奏议》卷五,《文渊阁四库全书》第 427 册,第 754 页上。
② （明）万表:《皇明经济文录》卷二,《四库禁毁书丛刊》集部第 18 册,第 356 页下;（明）陈九德:《皇明经济录》卷四,《四库禁毁书丛刊》史部第 9 册,第 60 页下。
③ （明）陈九德:《皇明名臣经济录》卷四,《四库禁毁书丛刊》史部第 9 册,第 62 页上。
④ （明）程敏政:《篁墩集》卷五〇,《文渊阁四库全书》第 1253 册,第 193 页上。
⑤ 雍正《陕西通志》卷二二,《文渊阁四库全书》第 552 册,第 183 页下。
⑥ 雍正《陕西通志》卷三六,《文渊阁四库全书》第 553 册,第 96 页下。
⑦ 《明一统志》卷三四,《文渊阁四库全书》第 472 册,第 844 页下。

卷十页九下行十　陕西副使杨徽

[原校]抱本"西"下有"按察司"三字,是也。抱本"徽"作"岳"。

[新校]《明宪宗实录》卷一九八成化十五年十二月辛未记载"纪功监察御史杨徽为按察司副使"①,《明孝宗实录》卷四六弘治三年十二月己巳记作"山西按察使杨徽"②。胡谧(成化)《山西通志》卷八记载:"杨徽,河南河内人,由进士除行人,升陕西道监察御史。成化十一年差理军政。"③嘉靖《陕西通志》卷一九记载按察司副使"杨徽"④。当以"杨徽"为是,抱本记载错误。按,杨徽确由陕西按察司副使升为山西按察使。本条省略"按察司"三字,虽不误,似不妥。

卷十一页三上行十一　天下户口食盐

[原校]三本"天"上有"及"字。

[新校]万历《明会典》卷三五《钞关》记作"税课司局与天下户口食盐"⑤。当补"及"字。

卷十一页十二下行十二　爵亦三献

[原校]三本"亦"下有"当"字,是也。

[新校]王恕《王端毅奏议》卷八《论释奠礼奏状》记载:"臣愚以为释奠当用币爵,亦当三献。"⑥当补"当"字。

卷十一页十二下行十二　今仪注无献□□行春官释奠之礼

[新校]据王恕《王端毅奏议》卷八《论释奠礼奏状》记载:"今仪注内无献币之礼,是行春官释奠之礼,非始立学释奠之礼也。"⑦按,"无献"下影印本缺字,当补"币之礼"三字。

卷十一页十四上行六　展书退立

[原校]三本"书"下有"官"字,是也。

[新校]本条上文记载:"东展书官诣御案前跪展四书,讲四书官进至讲案前亦展所讲书。"此处乃展书官展书完毕退立,当补"官"字。

卷十二页五上行五　大人者与天地合德

[原校]三本"合"下有"其"字。

[新校]《明孝宗宝训》卷一《圣学》第十四页下第二行弘治元年三月癸

---

① 《明宪宗实录》卷一九八第五页上第十行,第3483页。
② 《明孝宗实录》卷四六第八页下第七行,第934页。
③ 成化《山西通志》卷八,《四库全书存目丛书》史部第174册,第251页下。
④ 嘉靖《陕西通志》卷一九,《中国西北稀见方志续编》第1册,第398页上。
⑤ 万历《明会典》卷三五,中华书局,1989年,第256页下。
⑥ (明)王恕:《王端毅奏议》卷八,《文渊阁四库全书》第427册,第601页上。
⑦ (明)王恕:《王端毅奏议》卷八,《文渊阁四库全书》第427册,第601页上。

西、《礼部志稿》卷五《视学之训》载"大人者与天地合其德一节"①。王弼《周易注疏·周易兼义上经乾传第一》记载："夫大人者与天地合其德，与日月合其明。"当补"其"字。

卷十二页七下行六　机密重

[原校]三本"重"下有"事"字，是也。

[新校]万历《明会典》卷四四《午朝仪》记载："各衙门如有机密重事，许赴御前具奏。"②《明英宗实录》景泰元年闰正月壬戌记载："伏愿皇上开设经筵、日御午朝……各衙门如有机密事情，并听堂上官撮其旨要，面为陈说。"③当补"事"字。

卷十三页七下行一　宋齐梁陈以下渐谨

[原校]三本"下"下有"事佛"二字，是也。广本、抱本"渐谨"作"愈谨"。

[新校]《青溪漫稿》卷一一《祀典三》记作"宋齐梁陈以下事佛渐谨"④。当补"事佛"。

卷十三页八下行十二　化二龙

[原校]三本"二"下有"青"字，是也。

[新校]倪岳《青溪漫稿》卷一一《祀典三》记载："委身龙潭须臾，化二青龙。"⑤当作"二青龙"。

卷十三页八下行十二　赐卢曰感应禅师

[原校]三本"卢"下有"号"字，是也。

[新校]倪岳《青溪漫稿》卷一《祀典三》记作"赐卢师号曰感应禅师"⑥。当补"号"字。

卷十三页九下行九　遣内官

[原校]广本、抱本"官"下有"陈喜"二字，中本"喜"作"善"。

[新校]倪岳《青溪漫稿》卷一一《祀典三》记载："屡遣内官陈善赍往武当山安奉。"⑦俞汝楫《礼部志稿》卷八四《会议厘正神祀》、潘游龙《康济谱》卷一四《张九功正祀典疏》记载："屡遣内官陈喜安奉于武当山。"⑧《明

---

① 《明孝宗宝训》卷一，台湾"中研院"史语所校印本，1962年，第28页；(明)俞汝楫：《礼部志稿》卷五，《文渊阁四库全书》第597册，第82页上。
② 万历《明会典》卷四四，中华书局，1989年，第313页上。
③ 《明英宗实录》卷一八八第十七页下第九行，第3840页。
④ (明)倪岳：《青溪漫稿》卷一一，《文渊阁四库全书》第1251册，第120页上。
⑤ (明)倪岳：《青溪漫稿》卷一一，《文渊阁四库全书》第1251册，第122页下。
⑥ (明)倪岳：《青溪漫稿》卷一一，《文渊阁四库全书》第1251册，第122页下。
⑦ (明)倪岳：《青溪漫稿》卷一一，《文渊阁四库全书》第1251册，124页下。
⑧ (明)俞汝楫：《礼部志稿》卷八四，《文渊阁四库全书》第598册，第513页上；(明)潘游龙：《康济谱》卷一四，《四库禁毁书丛刊》史部第7册，第486页上。

孝宗实录》弘治元年七月己丑记载太监陈喜曾荐武当山施术者："(萧)崇玉,江西庐陵人,寄籍襄阳县,以符水术居武当山,太监陈喜荐之。"①又弘治二年四月壬子记载:武当山有"太监陈喜别带道士三十余人,俱领敕护持"②。宜补"陈喜"二字。本卷第九页下第十行记载"而内官乃援引",三本"内官"作"喜"。宜据原校改。

卷十三页十下行三　四时袍更换

[原校]三本"袍"下有"服"字,是也。

[新校]倪岳《青溪漫稿》卷一一《祀典三》记作"四季更换袍服"③。当补"服"字。

卷十三页十一下行十二　况南郊秋祀亦宜罢免

[原校]三本"祀"上有"祀俱有合祭之礼则诞辰并节令之"十四字,是也。

[新校]《青溪漫稿》卷一一《祀典三》、陈九德《皇明名臣经济录》卷一二《会题正祀典事》记载:"岁以五月十一日为神之诞辰,及万寿圣节各遣官祭祀。夫庙祀城隍之神本非人鬼,安得诞辰,可谓谬妄! 况每岁南郊大祀坛八月山川坛俱有合祭之礼,事体已重……所据前项祭告烦渎无据,俱合罢免。"④本条所记确有脱漏,当据三本补。

卷十三页十三下行十二　(陈)洵　(范)絪适当考察降外任

[原校]三本"降"下有"一级调"三字,是也。

[新校]《明孝宗实录》弘治元年三月壬辰记载浮躁浅露者郎中陈洵、范絪等共一十七员,"命才力不及者降一级调外任,余并如前例行之。"又载:"不协人望与浮躁浅露者,各降一级调外任。"⑤可见当补"一级调"三字。

卷十三页十五上行十一　事至来

[原校]三本"至"下有"物"字,是也。

[新校]黎靖德《朱子语类》卷一四《定静安》记载:"自然此心专一,事至物来思虑自无不通透。"⑥胡广《四书大全·大学或问》阐释"知止而后有

---

① 《明孝宗实录》卷一六第十二页下第九行,第406页。
② 《明孝宗实录》卷二五第七页下第五行,第572页。
③ (明)倪岳:《青溪漫稿》卷一一,《文渊阁四库全书》第1251册,第125页下。
④ (明)倪岳:《青溪漫稿》卷一一,《文渊阁四库全书》第1251册,第128页上;(明)陈九德:《皇明名臣经济录》卷一二,《四库禁毁书丛刊》史部第9册,第211页下。
⑤ 《明孝宗实录》卷一二第十二页上第一行,第291页;卷一二第十一页下第七行,第290页。
⑥ (明)黎靖德:《朱子语类》卷一四,《文渊阁四库全书》第700册,第240页下。

定":"能安,则日用之间从容闲暇,事至物来,有以揆之而能虑矣。"①皆作"事至物来"。当补。

卷十四页七上行五　而致失

［原校］三本"致"下有"差"字,是也。

［新校］俞汝楫《礼部志稿》卷五〇《国丧停止赐宴疏》记作"而致差失"②。当补"差"字。

卷十四页七上行七　廷仪节

［原校］三本"廷"上有"内"字,是也。

［新校］俞汝楫《礼部志稿》卷五〇《国丧停止赐宴疏》记作"内廷"③。当补"内"字。

卷十四页七上行十一　臣失于约束

［原校］三本"臣"下有"等"字,是也。

［新校］俞汝楫《礼部志稿》卷五〇《国丧停止赐宴疏》记作"臣等"④。当补"等"字。

卷十五页七下行八　云丘王镇国将军钟鍱

［新校］《明孝宗实录》弘治八年八月丙寅记载:"赐晋府镇国将军钟鍱第五子曰奇涅。"⑤又弘治六年十月辛卯记载:赐"云丘王府镇国将军钟鍱第四子曰奇泓"⑥。又弘治九年七月壬戌记载:"晋府云丘王钟鋋薨。"⑦《弇山堂别集》卷七五记载"晋府云丘王钟鋋"⑧。由上可知,钟鍱为晋府下云丘王府的镇国将军,"云丘王"后当补"府"字。

卷十七页三下行十二　汾之师道虽存

［原校］三本"汾"上有"河"字,是也。

［新校］倪岳《青溪漫稿》卷一一《祀典一》、俞汝楫《礼部志稿》卷八五《议从祀进黜》记载"王通河汾之师道虽存"⑨,程敏政《篁墩文集》卷一〇《奏考正祀典》记载"河汾师道之立"⑩,当补"河"字。

---

① (明)胡广等纂,周群等校注:《四书大全校注(上)》,武汉大学出版社,2015年,第92页。
② (明)俞汝楫:《礼部志稿》卷五〇,《文渊阁四库全书》第597册,第941页下。
③ (明)俞汝楫:《礼部志稿》卷五〇,《文渊阁四库全书》第597册,第941页下。
④ (明)俞汝楫:《礼部志稿》卷五〇,《文渊阁四库全书》第597册,第941页下。
⑤ 《明孝宗实录》卷一〇三第四页上第十二行,第1885页。
⑥ 《明孝宗实录》卷八一第七页下第二行,第1546页。
⑦ 《明孝宗实录》卷一一五第六页上第二行,第2089页。
⑧ (明)王世贞:《弇山堂别集》卷七五,中华书局,1985年,第1441页。
⑨ (明)倪岳:《青溪漫稿》卷一一,《文渊阁四库全书》第1251册,第114页上;(明)俞汝楫:《礼部志稿》卷八五,《文渊阁四库全书》第598册,第528页上。
⑩ (明)程敏政:《篁墩文集》卷一〇,《文渊阁四库全书》第1252册,第173页上。

卷十九页二下行九　吏部执奏如初

[原校]三本"部"下有"复"字,是也。

[新校]本条上文已载"吏部执奏谓不可"。据王恕《王端毅奏议》卷九《论夺情起复不可为例奏状》记载:"弘治元年十月初六日本部具题,次日奉圣旨:'匠官系手艺人,已准他了罢。'""吏部尚书王恕再次上疏:弘治元年十月初九日具题,次日奉圣旨'是'。"①可见吏部尚书王恕两次上疏,应补"复"字。

卷二十一页四上行十　学生徒

[原校]三本"学"上有"在"字,是也。

[新校]《礼部志稿》卷四五《覆奏三事疏》记作"在学生徒"②。当为"在学"。

卷二十一页五下行十　学法四十年

[原校]三本作"学兵法",是也。

[新校]王世贞《弇州史料后集》卷三五《李晟言兵》记载其疏,李晟自云"臣学兵法四十年"③。当作"学兵法"。

卷二十二页二下行二　程番府卢山二长官司

[原校]抱本、阁本"府"下有"方番"二字,是也。

[新校]万历《明会典》卷一六《州县二》记载:"贵阳府旧为程番长官司,成化十三年升府。"④下辖"方番长官司""卢山长官司"等。弘治《贵州图经新志》卷八记载程番府下辖"方番""卢山"⑤。当补"方番"。

卷二十四页一下行九　升陕西按察司副使丘鼐为右佥都御史

[原校]三本"为"下有"都察院"三字。

[新校]《明孝宗实录》弘治二年十二月戊戌记作"巡抚四川都察院右佥都御史丘鼐"⑥,同书弘治十一年四月甲申记载:"致仕都察院右佥都御史丘鼐卒。"⑦万历《四川总志》记载巡抚都御史"丘鼐"⑧。按,初次任命将官职以及隶属衙门书写完整,如《明孝宗实录》弘治八年二月乙丑记载:

---

① (明)王恕:《王端毅奏议》卷九,《文渊阁四库全书》第427册,第620页上。
② (明)俞汝楫:《礼部志稿》卷四五,《文渊阁四库全书》第597册,第849页下。
③ (明)王世贞:《弇州史料后集》卷三五,《四库禁毁书丛刊》第49册,第701页上。
④ 万历《明会典》卷一六,中华书局,1989年,第108页下。
⑤ 弘治《贵州图经新志》卷八,《四库全书存目丛书》史部第199册,第85页。
⑥ 《明孝宗实录》卷三三第三页下第三行,第726页。
⑦ 《明孝宗实录》卷一三六第三页上第十一行,第2379页。
⑧ 万历《四川总志》,《四库全书存目丛书》史部第199册,第226页。

"升广西按察司按察使杨守随为南京都察院右佥都御史。"①又弘治九年六月己丑记载:"升太仆寺少卿张祯叔为都察院右佥都御史巡抚宁夏地方。"②又弘治九年十一月甲辰朔记载:"(升)陕西布政司左参政刘璟为都察院右佥都御史巡抚大同兼赞理军务。"③宜补"都察院"三字。

卷二十四页五下行四　而广西在城

[原校]三本"而"下有"以"字,是也。

[新校]徐日久《五边典则》卷二〇记载此奏疏,云:"而以广西在城并邻近官军发边防御。"④当补"以"字。

卷二十四页五下行八　九溪等三卫

[原校]抱本"卫"下有"所"字,疑误。

[新校]方孔炤《全边略记》卷八记作"九溪三卫之在柳州者"⑤,而万历《明会典》卷一三一《各镇分例三·湖广》记载:"弘治二年题准,梧州原分宝庆等七卫,柳州原分九溪等三卫所,各官军通行掣出。"⑥徐日久《五边典则》卷二〇记作"九溪等三卫所"⑦。似宜补"所"字,待考。

卷二十四页九上行三　札付湖广经历司

[原校]抱本、阁本"广"下有"布政司"三字。

[新校]王世贞《弇州史料后集》卷三一《待抚按重轻辽绝》、张萱《西园闻见录》卷九三《抚按》皆记载:"(秦)纮批词云札付湖广布政司经历司。"⑧。当补"布政司"三字。

卷二十四页九下行八　淮扬滁和等府

[原校]三本"府"下有"州"字,是也。

[新校]《明一统志》卷一二记作"扬州府",卷一三记作"淮安府",卷一七记作"和州",卷一八记作"滁州"⑨。嘉靖《南畿志》卷一记载"扬州府""淮安府",又载"和州""滁州"⑩。当补"州"字。

---

① 《明孝宗实录》卷九七第三页下第四行,第1780页。
② 《明孝宗实录》卷一一四第三页上第六行,第2063页。
③ 《明孝宗实录》卷一一九第一页上第五行,第2139页。
④ (明)徐日久:《五边典则》卷二〇,《四库禁毁书丛刊》史部第26册,第537页下。
⑤ (明)方孔炤:《全边略记》卷八,《续修四库全书》第738册,第473页下。
⑥ 万历《明会典》卷一三一,中华书局,1989年,第673页上。
⑦ (明)徐日久:《五边典则》卷二〇,《四库禁毁书丛刊》史部第26册,第537页下。
⑧ (明)王世贞:《弇州史料后集》卷三一,《四库禁毁书丛刊》史部第49册,第602页下;(明)张萱:《西园闻见录》卷九三,《明代传记丛刊》第123册,第695页。
⑨ 《明一统志》卷一二,《文渊阁四库全书》第472册,第279页下、299页下、390页上、397页上。
⑩ 嘉靖《南畿志》卷一,《四库全书存目丛书》史部第190册,第144页下、145页上。

卷二十九页七下行四　议上巡等官功过

[原校]三本"巡"下有"守"字,是也。

[新校]本条下文(第七页下第四行)记载"分巡按察司佥事周启、分守布政司右参议周宏",此处当为分巡官、分守官,简称"巡守"。当作"巡守等官"。

卷三十页七下行九　入于运河

[原校]三本"运"上有"张秋"二字,是也。

[新校]谢肇淛《北河纪》卷三《命户部侍郎白昂治河敕》、傅泽洪《行水金鉴》卷二〇《河水》记作"入于张秋运河"①。当补"张秋"二字。

卷三十页八上行一　分巡分守知府

[原校]三本"守"下有"并"字。

[新校]谢肇淛《北河纪》卷三《命户部侍郎白昂治河敕》、傅泽洪《行水金鉴》卷二〇《河水》记作"并知府"②。当补"并"字。

卷三十一页六上行十一　执事者进馔

[原校]三本"者"下有"再"字,是也。

[新校]万历《明会典》卷七〇《合卺》记载:"执事者再斟酒,驸马、公主皆饮酒。执事者再进馔,驸马、公主皆举箸。"③查本条上文(第六页上第十行)记载"执事者进馔",此处当补"再"字。

卷三十一页九上行十　壬寅

[原校]三本"寅"下有"诚孝昭皇后忌辰"七字,是也。

[新校]《明宪宗实录》天顺八年冬十月戊戌、《明孝宗实录》卷成化二十三年十月甲申载"诚孝昭皇后忌辰"④,可知时间为每年十月十八日。此处"壬寅"为弘治二年十月十八日。当补"诚孝昭皇后忌辰"七字。

卷三十一页九下行八　陞下之间

[原校]旧校改"陞"为"陛"。三本"之"上有"一日"二字,是也。

[新校]程敏政《篁墩文集》卷五〇《杨文懿公传》、王㒜《思轩文集》卷一三《吏部右侍郎兼詹事府丞赠礼部尚书谥文懿杨公神道碑铭》皆记载:

---

① (明)谢肇淛:《北河纪》卷三,《文渊阁四库全书》第576册,第595页上;(清)傅泽洪:《行水金鉴》卷二〇,《文渊阁四库全书》第580册,第338页下。

② (明)谢肇淛:《北河纪》卷三,《文渊阁四库全书》第576册,第595页上;(清)傅泽洪:《行水金鉴》卷二〇,《文渊阁四库全书》第580册,第338页下。

③ 万历《明会典》卷七〇,中华书局,1989年,第416页下。

④ 《明宪宗实录》卷一〇第八页上第六行,第221页;《明孝宗实录》卷五第一页上第九行,第83页。

"一日之间居文华殿之时多,处乾清宫之时少。"①何乔新《椒邱文集》卷三〇《嘉议大夫吏部右侍郎兼詹事府丞谥文懿杨公墓志铭》记作"陛下一日之间,居文华殿之时多,乾清宫之时少"②。陈子龙《明经世文编》卷三九九管志道《直陈紧切重大机务疏》记载:"弘治初少詹事杨守陈进讲学听政疏……陛下一日之间,居文华殿之时多,处乾清宫之时少。"③当为"陛下一日之间"。

卷三十一页十三下行八　啸剽掠

[原校]三本"啸"下有"聚"字,是也。

[新校]朱国祯《涌幢小品》卷三二记作"啸聚剽掠"④。当补"聚"字。

卷三十三页二下行三　姑纳其贡遣之

[原校]阁本"贡"下有"给赏"二字,是也。

[新校]俞汝楫《礼部志稿》卷九二《处乌思藏》记载:"诏以番僧既到京,姑纳其贡,给赏遣之。"⑤当补"给赏"二字。

卷三十四页四上行十一　如按事者则

[新校]梁本记作"如按事者言则",本条下文载"如都察院议则……"傅维鳞《明书》卷一五九、万斯同《明史》卷四〇五《蒋琮传》皆记载"如按事者言则"⑥。似当补"言"字。

卷三十七页一下行十一　吏部左侍郎为南京工部尚书

[原校]三本"为"上有"刘宣"二字,是也。

[新校]《明孝宗实录》成化二十三年十一月丙辰记载升"吏部右侍郎刘宣为本部左侍郎"⑦,同书弘治三年十二月己巳记载给事中劾奏南京"工部尚书刘宣"等⑧,过庭训《本朝分省人物考》卷六五记载:"(刘宣)弘治元年转左,三年进南京工部尚书。"⑨当补"刘宣"。

卷三十七页四上行十一　盗水利者

[原校]三本"盗"下有"泄"字。

---

① (明)程敏政:《篁墩文集》卷五〇,《文渊阁四库全书》第1253册,第191页;(明)王偶:《思轩文集》卷一三,《续修四库全书》第1329册,第547页后面。
② (明)何乔新:《椒邱文集》卷三〇,《文渊阁四库全书》第1249册,第462页。
③ (明)陈子龙:《明经世文编》卷三九九,中华书局,1962年,第4323页上。
④ (明)朱国祯:《涌幢小品》卷三二,《续修四库全书》第1173册,第463页下。
⑤ (明)俞汝楫:《礼部志稿》卷九二,《文渊阁四库全书》第598册,第670页下。
⑥ (清)傅维鳞:《明书》卷一五九,《四库全书存目丛书》史部第40册,第344页下;(清)万斯同:《明史》卷四〇五,《续修四库全书》第331册,第393页上。
⑦ 《明孝宗实录》卷七第十页下第十一行,第134页。
⑧ 《明孝宗实录》卷四六第八页下第九行,第934页。
⑨ (明)过庭训:《本朝分省人物考》卷六五,《续修四库全书》第535册,第39页下。

[新校]万历《明会典》卷一七二《盗决河防》记载:"其闸官人等用草卷阁闸板盗泄水利,串同取财,犯该徒罪以上,亦照前问遣。"①当作"盗泄水利"。

卷三十八页八下行一　代府辅国将军成镔诰命冠服如制

[原校]广本"军"下有"成镔"二字。阁本、抱本"军"下有"成镔辅国将军"六字。

[新校]《明孝宗实录》弘治元年四月壬戌记载:赐镇国将军仕墰"庶长子曰成镔"②。似当补"成镔"二字。

卷三十九页三下行二　董升卒由天成指挥佥事升都指挥

[原校]三本"卒"下有"升"字,"成"下有"卫"字,是也。

[新校]成化《山西通志》卷八记载董升"初袭天城卫指挥佥事"③。当补。

卷三十九页四上行十二　礼部覆奏户科给事中郑宗仁所陈节供应郑宗仁

[原校]三本"仁"下有"等"字。影印本"节"字未印出。

[新校]《明孝宗实录》弘治三年七月壬子记载:"户部议覆户科给事中郑宗仁等陈言事。"④上引户部覆奏者与此处礼部覆奏者为同一奏疏不同条款,当有"等"字。

卷三十九页五上行四　帅天下以而民从之

[原校]三本"以"下有"仁"字,是也。

[新校]朱熹《四书章句集注·大学》记载:"尧舜帅天下以仁而民从之。"⑤郑纪《东园文集》卷二《论斋醮祝延圣寿疏》记载:"臣闻《大学》有言:尧舜帅天下以仁而民从之。"⑥当补"仁"字。

卷三十九页五上行五　帅天下以暴而从之

[原校]三本"而"下有"民"字,是也。

[新校]朱熹《四书章句集注·大学》记载:"桀、纣帅天下以暴,而民从之,其所令反其所好,而民不从。"⑦郑纪《东园文集》卷二《论斋醮祝延圣寿

---

① 万历《明会典》卷一七二,中华书局,1989年,第881页上。
② 《明孝宗实录》卷一三第十四页下第九行,第320页。
③ 成化《山西通志》卷八,《四库全书存目丛书》史部第174册,第279页上。
④ 《明孝宗实录》卷四〇第一页上第四行,第829页。
⑤ (宋)朱熹:《四书章句集注》,中华书局,1983年,第9页。
⑥ 《文渊阁四库全书》第1249册,第740页下。
⑦ (宋)朱熹:《四书章句集注》,中华书局,1983年,第9页。

疏》记作"桀、纣帅天下以暴而民从之"①。当补"民"字。

卷四十页一上行九　分告长陵

[原校]三本"陵"下有"献陵"二字,是也。

[新校]《明宣宗实录》卷九洪熙元年九月壬寅记载"葬献陵"②。按,"献陵"为仁宗皇帝陵寝,万寿圣节当祭,此处需补"献陵"。

卷四十一页一下行七　递五顷与其遣嗣

[原校]三本"递"下有"除"字,是也。

[新校]《明孝宗实录》弘治二年九月丙辰朔记载:"三十顷以上者,每三十顷递除五顷,并留与见管业人耕种。"③当补"除"字。

卷四十一页七下行五　东莞县主并仪宾吴贯

[原校]三本"宾"下有"姚宏襄府(抱本脱府字)武昌郡主仪宾"十字。

[新校]《明孝宗实录》弘治六年四月辛酉记载:"赐襄府武昌郡主并仪宾吴贯"诰命冠服如制。④ "吴贯"为武昌君主仪宾。当补"姚宏"。本书卷七四所记"襄府武昌郡主仪宾吴贯"似与本条有所重复。

卷四十一页八上行八　福建布政司刘瑀

[原校]三本"司"下有"右布政使"四字,是也。

[新校]《明孝宗实录》弘治二年五月庚辰记载:"升山西布政司左参政刘瑀为福建右布政使。"⑤《本朝分省人物考》卷四记载"转福建山西左右布政"⑥。当补"右布政使"。

卷四十二页一上行十一　实由此

[原校]三本"由"下有"于"字,是也。

[新校]马文升《马端肃奏议》卷四《勤恤小民以固邦本事》记作"灾异之召实由于此"⑦。当补"于"字。

卷四十二页二上行四　太平盛事彼既无汗马功劳

[原校]三本"事"下有"近锦衣卫正千户王清等七员(阁本'员'下有'复'字)有转升乞升之事"十九字,是也。

[新校]《国榷》卷四二弘治三年九月癸丑记载:"传升锦衣卫正千户王

---

① (明)郑纪:《东园文集》卷二,《文渊阁四库全书》第1249册,第740页下。
② 《明宣宗实录》卷九第一页上第十行,第225页。
③ 《明孝宗实录》卷三〇第一页上第六行,第665页。
④ 《明孝宗实录》卷七四第十二页下第九行,第1400页。
⑤ 《明孝宗实录》卷二六第五页下第八行,第588页。
⑥ (明)过庭训:《本朝分省人物考》卷四,《续修四库全书》第533册,第108页下。
⑦ (明)马文升:《马端肃奏议》卷四,《文渊阁四库全书》第427册,第744页下。

清等,兵科给事中刘聪等谏阻,不纳。"①当补。

卷四十二页三上行十一　营造料

[原校]阁本"造"下有"物"字,是也。

[新校]马文升《马端肃奏议》卷四《勤恤小民以固邦本事》记载:"凡派出合用营造物料,务要会同该部计算。"②当补"物"字。

卷四十二页三下行二　仍被灾地方拖欠钱粮

[原校]三本"仍"下有"将"字,是也。

[新校]马文升《马端肃奏议》卷四《勤恤小民以固邦本事》记载:"乞敕该部将前项果被灾地方一应拖欠钱粮,并买办采办等项物料暂且停止。"③当补"将"字。

卷四十二页四上行二　第六弟

[原校]三本"弟"下有"钟鐳"二字,是也。

[新校]《明英宗实录》景泰三年五月壬寅记载"赐西河王第六子名钟鐳"④,《明英宗实录》天顺三年夏四月庚申、天顺三年三月甲辰皆记作"西河王弟镇国将军锺鐳"⑤。当补"钟鐳"。

卷四十三页二上行八　以消变以迓天休

[原校]三本"消"下有"天"字,是也。

[新校]倪岳《青溪漫稿》卷一二《为地方灾异事》记作"以消天变,以迓天休"⑥,《礼部志稿》卷四七《大灾异加省疏》亦记作"以消天变,以迓天休"⑦。当补"天"字。

卷四十五页四下行九　擅旧制

[原校]三本"擅"下有"更"字,是也。

[新校]张元忭《馆阁漫录》卷七援引本书记作"擅更旧制"⑧。当补"更"字。

卷四十五页六下行七　军人等

[原校]抱本、阁本"军"上有"官"字。

[新校]日本内阁文库藏本记作"官军人等",《国朝典汇》卷一一四援

---

① (清)谈迁:《国榷》卷四二,中华书局,1958年,第2607页。
② (明)马文升:《马端肃奏议》卷四,《文渊阁四库全书》第427册,第745页上。
③ (明)马文升:《马端肃奏议》卷四,《文渊阁四库全书》第427册,第745页上。
④ 《明英宗实录》卷二一六第十页上第一行,第4659页。
⑤ 《明英宗实录》卷三〇二第二页上第八行,第6397页;卷三〇一第六页上第六行,第6391页。
⑥ (明)倪岳:《青溪漫稿》卷一二,《文渊阁四库全书》第1251册,第132页上。
⑦ (明)俞汝楫:《礼部志稿》卷四七,《文渊阁四库全书》第597册,第876页下。
⑧ (明)张元忭:《馆阁漫录》卷七,《四库全书存目丛书》史部第258册,第791页下。

引此奏疏,记作"做工官军人等俱与休息"①。当补"官"字。

卷四十八页六上行五　天道乖灾变之来

[新校]孔贞运《皇明诏制》卷六记作"天道乖灾变之来"②,《明孝宗宝训》卷三《恤刑》记作"人心不服,天道乖违,灾变之来"③,施沛《南京都察院志》卷一《皇纶·孝宗敬皇帝》记作"人心不服,天道乖戾"④,《皇明诏令》卷一七记作"人心不服,天道致乖"⑤。据上引所载,此处当补字,似据《明孝宗宝训》补"违"字较妥。

卷四十九页二下行五　侍立皇子左右

[原校]广本、抱本"立"下有"于"字。

[新校]《明会典》卷六五《亲王冠礼》、俞汝楫《礼部志稿》卷一九《亲王冠礼》记载:"内侍二人,侍立于王左右。"⑥当补"于"字。

卷五十页二下行三　中陕西

[原校]旧校"中"上增"允"字。

[新校]本条上文(第二页下第二行)载"冯允中",本书弘治十二年三月庚申朔记载:"升陕西按察司佥事冯允中为江西副使。"⑦此处当补"允"字。

卷五十一页二上行七　命与偕至云南

[原校]阁本"与"下有"云"字,是也。

[新校]本条上文载"刑部尚书吴云"。《国朝献征录》卷四四李应祯《嘉议大夫刑部尚书宜兴吴公云传》、《国朝列卿纪》卷五五、《本朝分省人物考》卷二七记载:"铁知院等二十余人使漠北,为大军所获,械送京师。上欲以恩怀之,令与云偕行。"⑧当补"云"字。

卷五十一页四上行二　名在二等不当越次补官

[原校]阁本"名"上有"生"字,是也。

[新校]王恕《王端毅奏议》卷一三《议太医院缺官奏状》记载:"徐生

---

① (明)徐学聚:《国朝典汇》卷一一四,《四库全书存目丛书》史部第265册,第782页下。
② (明)孔贞运:《皇明诏制》卷六,《续修四库全书》第458册,第201页上。
③ 《明孝宗宝训》卷三,台湾"中研院"史语所校印本,1962年,第260页。
④ (明)施沛:《南京都察院志》卷一,《四库全书存目丛书补编》第73册,第52页。
⑤ 《皇明诏令》卷一七,《续修四库全书》第457册,第375页上。
⑥ 《明会典》卷六五,中华书局,1989年,第400页下;(明)俞汝楫:《礼部志稿》卷一九,《文渊阁四库全书》第597册,第318页上。
⑦ 《明孝宗实录》卷一四八第一页上第二行,第2597页。
⑧ (明)焦竑:《国朝献征录》卷四四,《四库全书存目丛书》史部第102册,第312页上;(明)雷礼:《国朝列卿纪》卷五五,《续修四库全书》第523册,第127页下;(明)过庭训:《本朝分省人物考》卷二七,《续修四库全书》第533册,第546页下。

近于成化二十一年方升御医,亦系考试第二等人数与(许)观事理不同,搀越妄补。"①当补"生"字。

卷五十三页二下行五　　下巡按监察御史逮问

[原校]旧校"使"下增"李兴"二字。

[新校]《明孝宗实录》弘治四年二月戊申、弘治四年六月丙寅皆记载"巡按陕西监察御史李兴"②,《明孝宗实录》弘治五年四月癸卯记载:"监察御史李兴巡按陕西,与巡抚都御史韩文相讦奏。"③嘉靖《陕西通志》卷一九记载巡按御史"李兴"④。由上记载可知,李兴时任陕西巡按御史,旧校所补不误。本条下文载该御史所上疏,当补其名。

卷五十五页一下行十一　　赐谥忠节

[原校]三本"赐"下有"云"字,是也。

[新校]李东阳《李东阳集》文稿卷三〇《明故嘉议大夫南京兵部右侍郎王公神道碑铭》记载:"公奏于朝,赐谥忠节。"⑤过庭训《本朝分省人物考》卷七记载:"(王诏)言于朝,赐云谥忠节。"⑥补"云"字更确。

卷五十五页一下行十一　　六十四

[原校]三本"六"上有"年"字,是也。

[新校]《李东阳集》文稿卷三〇《明故嘉议大夫南京兵部右侍郎王公神道碑铭》记作"年六十四"⑦。补"年"字。

卷五十五页五上行十一　　诸礼仪如安妃姚氏例

[原校]三本"例"下有"行"字。

[新校]《明孝宗实录》弘治七年十二月戊辰记载:"命一应礼仪俱照惠妃郭氏例行。"⑧又弘治十三年二月己亥记载:"命丧葬诸礼仪如端和懿妃事例行。"⑨又弘治十七年五月癸巳记载:"命丧葬礼仪视昭静恭妃刘氏例行。"⑩当补"行"字。

卷六十一页七下行十　　问重历吏典

[原校]诏制"问"下有"发"字,是也。

---

① (明)王如:《王端毅奏议》卷一三,《文渊阁四库全书》第427册,第669页上。
② 《明孝宗实录》卷四八第一页上第五行,959页;卷五二第五页下第三行,第1034页。
③ 《明孝宗实录》卷六二第一页上第九行,第1193页。
④ 嘉靖《陕西通志》卷一九,《中国西北稀见方志续编》第1册,第384页上。
⑤ (明)李东阳:《李东阳集》文稿卷三〇,岳麓书社,1985年,第2册,第445页。
⑥ (明)过庭训:《本朝分省人物考》卷七,《续修四库全书》第533册,第174页上。
⑦ (明)李东阳:《李东阳集》文稿卷三〇,岳麓书社,1985年,第2册,第445页。
⑧ 《明孝宗实录》卷九五第五页上第四行,第1745页。
⑨ 《明孝宗实录》卷一五九第五页下第二行,第2858页。
⑩ 《明孝宗实录》卷二一二第五页第十二行,第3962页。

[新校]《皇明诏令》卷一七、《皇明诏制》卷六记载"内外衙门问发重历"①。当补"发"字。

卷六十二页四上行十　姑从宥

[原校]三本"宥"作"宽",是也。

[新校]俞汝楫《礼部志稿》卷七四《请封本爵》记载:"聪沐所为不法本难赦宥,但阖府郡王将军人等奏保,姑从宽宥,着做革爵,武邑王仍住太原府,冠带闲住,俊杖准封长子。"②当作"宽",或作"宽宥"。

卷六十二页四上行十一　带闲住

[原校]三本"带"上有"冠"字,是也。

[新校]俞汝楫《礼部志稿》卷七四《请封本爵》记载:"武邑王仍住太原府,冠带闲住。"③当补"冠"字。

卷六十二页五下行七　当时以坐孙累

[原校]三本"孙"下有"慎"字,是也。

[新校]屠叔方《建文朝野汇编》卷一、焦竑《国朝献征录》卷二二《侍书宋怿》记载:"宋濂以孙慎累举室徙夔州。"④当补"慎"字。

卷六十三页一下行三　懿祖皇帝后神主

[原校]广本、抱本"帝"下有"皇"字。

[新校]本条下文记载:"奉迁懿祖皇帝皇后神主"。焦竑《国朝献征录》卷一一七收录徐溥《司礼监太监葵庵覃公昌墓志》记载:"新建太庙夹室成奉安懿祖皇帝皇后神主。"⑤由下亦知神主有懿祖皇帝、皇后二位,当补"皇"字。

卷六十三页三上行五　则生贸贸然如在冥涂中行矣

[原校]广本、抱本"生"下有"人"字,是也。

[新校]丘濬《重编琼台稿》卷七《请访求遗书奏》记载:"不可一日无者,无之则生人贸贸然,如在冥涂中行矣。"⑥当补"人"字。

卷六十三页三上行九　然不至于湮烂散失

[原校]广本、抱本"然"下有"后"字,是也。

---

① 《皇明诏令》卷一七,《续修四库全书》第457册,第380页下;《皇明诏制》卷六,《续修四库全书》第458册,第207页上。
② （明）俞汝楫:《礼部志稿》卷七四,《文渊阁四库全书》第598册,第269页下。
③ （明）俞汝楫:《礼部志稿》卷七四,《文渊阁四库全书》第598册,第269页上。
④ （明）屠叔方:《建文朝野汇编》卷一,《四库全书存目丛书》史部第51册,第32页上;（明）焦竑:《国朝献征录》卷二二,《四库全书存目丛书》史部第101册,第177页上。
⑤ （明）焦竑:《国朝献征录》卷一一七,《四库全书存目丛书》史部第106册,第595页上。
⑥ （明）丘濬:《重编琼台稿》卷七,《文渊阁四库全书》第1248册,第145页上。

[新校]丘濬《重编琼台稿》卷七《请访求遗书奏》记作"然后不至于湮烂散失"①。当补"后"字。

卷六十三页四上行五　散堂教官校对

[原校]广本、抱本"散"下有"各"字,是也。

[新校]丘濬《重编琼台稿》卷七《请访求遗书奏》记载"各堂官校对"②。当补"各"字。

卷六十三页四上行六　校对官衔名

[原校]广本、抱本"对"下有"教"字,是也。

[新校]丘濬《重编琼台稿》卷七《请访求遗书奏》记载:"每卷末识以誊写监生校对教官衔名。"③当补"教"字。

卷六十三页五下行一　乃自帝王传心之要道

[原校]三本"自"下有"古"字,是也。

[新校]丘濬《重编琼台稿》卷七《请访求遗书奏》、陈子龙《明经世文编》卷七六丘濬《访求遗书疏》、俞汝楫《礼部志稿》卷四六丘濬《隆重图书疏》均记载:"儒家经训书籍乃自古帝王传心之要道。"④当补"古"字。

卷六十三页六上行二　差人类解京

[原校]抱本、阁本"解"下有"赴"字,是也。

[新校]丘濬《重编琼台稿》卷七《请访求遗书奏》、陈子龙《明经世文编》卷七六丘濬《访求遗书疏》、俞汝楫《礼部志稿》卷四六丘濬《隆重图书疏》均记载"差人类解赴京"⑤。当补"赴"字。

卷六十三页六下行二　忠爱之深

[原校]广本、抱本"深"下有"也"字,是也。

[新校]丘濬《重编琼台稿》卷七《请访求遗书奏》、陈子龙《明经世文编》卷七六丘濬《访求遗书疏》、俞汝楫《礼部志稿》卷四六丘濬《隆重图书

---

① (明)丘濬:《重编琼台稿》卷七,《文渊阁四库全书》第 1248 册,第 145 页上。
② (明)丘濬:《重编琼台稿》卷七,《文渊阁四库全书》第 1248 册,第 146 页上。
③ (明)丘濬:《重编琼台稿》卷七,《文渊阁四库全书》第 1248 册,第 146 页上。
④ (明)丘濬:《重编琼台稿》卷七,《文渊阁四库全书》第 1248 册,第 147 页上;(明)陈子龙:《明经世文编》卷七六,中华书局,1962 年,第 651 页下;(明)俞汝楫:《礼部志稿》卷四六,《文渊阁四库全书》第 597 册,第 861 页上。
⑤ (明)丘濬:《重编琼台稿》卷七,《文渊阁四库全书》第 1248 册,第 147 页下;(明)陈子龙等:《明经世文编》卷七六,中华书局,1962 年,第 652 页上;(明)俞汝楫:《礼部志稿》卷四六,《文渊阁四库全书》第 597 册,第 861 页下。

疏》均记载"忠爱之深也"①。当补"也"字。

卷六十三页七上行七　凡内府衙门所文书

[原校]广本、抱本"所"下有"藏"字,是也。

[新校]丘濬《重编琼台稿》卷七《请访求遗书奏》、陈子龙《明经世文编》卷七六丘濬《访求遗书疏》、俞汝楫《礼部志稿》卷四六丘濬《隆重图书疏》均记载"凡内府衙门所藏文书"②。当补"藏"字。

卷六十三页七下行七　给酒食之例

[原校]三本"食"下有"费"字。

[新校]丘濬《重编琼台稿》卷七《请访求遗书奏》、陈子龙《明经世文编》卷七六丘濬《访求遗书疏》、俞汝楫《礼部志稿》卷四六丘濬《隆重图书疏》均记载"如宋朝曝书给酒食费之例"③。当补"费"字。

卷六十三页九下行十二　礼都察院

[原校]抱本"礼"下有"部"字,是也。

[新校]俞汝楫《礼部志稿》卷四五《看详三事疏》记载:"敕礼部都察院禁僧人坐禅。"④当补"部"字。

卷六十四页五下行七　阻宜于孙村西岸

[原校]广本"阻"上有"南旺湖之"四字,是也。抱本"湖"作"河"。阁本无"湖"字。

[新校]万斯同《明史》卷八七、傅泽洪《行水金鉴》卷一一一记载:"金沟浅之阻宜于大河西岸开河避之,南旺湖之阻宜于孙村西岸开河避之。"⑤李贤《明一统志》卷二三记载:"南旺湖,在汶上县西南三十里。"⑥当补"南旺湖之"四字。

卷六十六页六上行六　运道通

[原校]抱本、阁本"通"下有"行"字,是也。

---

① （明）丘濬:《重编琼台稿》卷七,《文渊阁四库全书》第1248册,第148页上;（明）陈子龙等:《明经世文编》卷七六,中华书局,1962年,第652页下;（明）俞汝楫:《礼部志稿》卷四六,《文渊阁四库全书》第597册,第862页上。

② （明）丘濬:《重编琼台稿》卷七,《文渊阁四库全书》第1248册,第149页上;（明）陈子龙等:《明经世文编》卷七六,中华书局,1962年,第653页上;（明）俞汝楫:《礼部志稿》卷四六,《文渊阁四库全书》第597册,第862页下。

③ （明）丘濬:《重编琼台稿》卷七,《文渊阁四库全书》第1248册,第149页下;（明）陈子龙等:《明经世文编》卷七六,中华书局,1962年,第653页下;（明）俞汝楫:《礼部志稿》卷四六,《文渊阁四库全书》第597册,第863页上。

④ （明）俞汝楫:《礼部志稿》卷四六,《文渊阁四库全书》第597册,第849页下。

⑤ （清）万斯同:《明史》卷八七,《续修四库全书》第325册,第508页上;（清）傅泽洪:《行水金鉴》卷一一一,《文渊阁四库全书》第581册,第647页下。

⑥ （明）李贤:《明一统志》卷二三,《文渊阁四库全书》第472册,第535页下。

[新校]谢肇淛《北河纪》卷三、傅泽洪《行水金鉴》卷二〇均记载"运道通行"①。当补"行"字。

卷六十八页一上行四　景皇帝陵寝

[原校]三本"寝"下有"遣内官祭恭让章皇后陵寝"十一字,是也。

[新校]《明孝宗实录》卷四成化二十三年十月丁卯、卷一九弘治元年十月辛卯、卷三一弘治二年十月乙酉、卷四四弘治三年十月己酉、卷五六弘治四年十月甲辰皆记载享太庙遣驸马都尉或仪宾祭景皇帝陵寝并"遣内官祭恭让章皇后陵寝"②。当补该句。

卷六十八页五下行十　方可为保久计

[原校]三本"保"下有"障"字。

[新校]徐日久《五边典则》卷一四记载:"既册陕巴为王,亦须使有室有家,方可保障。"③俞汝楫《礼部志稿》卷九一记载:"既册沙巴尔为王,亦须使其有室有家,方可为保障久计。"④当作"保障"。

卷六十八页十下行二　嫡子名曰秉楒

[原校]广本"嫡"下有"长"字。

[新校]《明孝宗实录》卷一六七弘治十三年十月丁酉记载封"宜川王嫡长子秉楒为宜川王"⑤。当补"长"字。

卷七十二页七下行十一　今春暮运船将至

[原校]广本、抱本"今"下有"已"字。

[新校]谢肇淛《北河纪》卷三《命副都御史刘大夏治河敕》、《行水金鉴》卷二〇皆记载"今已春暮"⑥。当补"已"字。

卷七十二页八下行十　石折银四钱

[原校]抱本、阁本"石"上有"每"字。

[新校]魏焕《皇明九边考》卷五《大同镇钱粮考》、顾炎武《天下郡国利病书》皆记载大同每年由河南布政司"起运小麦九万六千石,每石折银

---

① （明）谢肇淛:《北河纪》卷三,《文渊阁四库全书》第576册,第595页下;（清）傅泽洪:《行水金鉴》卷二〇,《文渊阁四库全书》第580册,第342页上。
② 《明孝宗实录》卷四第一页上第四行,第55页;卷一九第一页上第五行,第443页;卷三一第一页上第四行,第681页;卷四四第一页上第四行,第889页;卷五六第一页上第四行,第1079页。
③ （明）徐日久:《五边典则》卷一四,《四库禁毁书丛刊》史部第26册,第314页下。
④ （明）俞汝楫:《礼部志稿》卷九一,《文渊阁四库全书》第598册,第650页下。
⑤ 《明孝宗实录》卷一六七第三页上第十二行至第三页下第一行,第3033~3034页。
⑥ （明）谢肇淛:《北河纪》卷三,《文渊阁四库全书》第576册,第596页下;（清）傅泽洪:《行水金鉴》卷二〇,《文渊阁四库全书》第580册,第344页上。

四钱"①。当补"每"字。

卷七十四页五下行八　恐朝廷仍复宣召
[**原校**]广本、抱本"恐"上有"口称"二字,是也。

[**新校**]俞汝楫《礼部志稿》卷九二《处土鲁番》记载"未肯起程,口称朝廷仍复宣召。"②当补"口称"二字。

卷七十六页十四下行八　支羊肉三斤
[**原校**]阁本"支"上有"日"字,是也。

[**新校**]王世贞《弇州史料后集》卷三一《弘治鸟兽供应》记载:"虎豹一只,支羊肉三斤。"③朱国祯《涌幢小品》卷二《司牲所》记载:"文(当作虎)豹一只,支羊肉三斤。"④然本条上文记载:"虎三只,日支羊肉十八斤;狐狸三只,日支羊肉六斤。"下文记载:"土豹七只,日支羊肉十四斤。"供应按日计算,当补"日"字。

卷八十一页三下行八　比来京师贵
[**原校**]广本、抱本"贵"下有"家"字,是也。

[**新校**]徐日久《鹭言》卷八《树篱藩》记载"京师贵家各以第宅相高"⑤。当补"家"字。

卷八十二页二下行十二　遣中官谕祭三
[**原校**]三本"祭"下有"者"字,是也。

[**新校**]张元忭《馆阁漫录》卷七记载:弘治六年十一月刘吉卒,"遣中官谕祭者三"⑥。本条下文载"遣有司谕祭者十",当补"者"字,"谕祭三"作"谕祭者三"。

卷八十三页六上行一　或河口以淤高而泄
[**新校**]张廷玉《明史》卷八三《河渠志》、夏燮《明通鉴》卷三七记作"或河口以淤高不泄"⑦,傅泽洪《行水金鉴》卷二〇记载"或河口以淤高而不泄"⑧。当补"不"字,作"而不泄"。

---

① (明)魏焕:《皇明九边考》卷五,《四库全书存目丛书》史部第226册,第65页下;(清)顾炎武:《天下郡国利病书·大同论》,《顾炎武全集》,上海古籍出版社,2011年,第17册,第3856页。
② (明)俞汝楫:《礼部志稿》卷九二,《文渊阁四库全书》第598册,第672页上。
③ (明)王世贞:《弇州史料后集》卷三一,《四库禁毁书丛刊》史部第49册,第609页下。
④ (明)朱国祯:《涌幢小品》卷二,《续修四库全书》第1172册,第612页上。
⑤ (明)徐日久:《鹭言》卷八,《四库禁毁书丛刊》史部第23册,第87页上。
⑥ (明)张元忭:《馆阁漫录》卷七,《四库全书存目丛书》史部第258册,第798页下。
⑦ (清)张廷玉等:《明史》卷八三,中华书局,1974年,第2023页;(明)夏燮:《明通鉴》卷三七,《续修四库全书》第365册,第274页上。
⑧ (清)傅泽洪:《行水金鉴》卷二〇,《文渊阁四库全书》第580册,第344页下。

卷八十三页六上行十　俾往巡视

[原校]广本、抱本"往"下有"来"字,是也。

[新校]傅泽洪《行水金鉴》卷二○记作"俾往来巡视随宜疏塞"①。当补"来"字,作"往来巡视"。

卷八十四页二上行四　夙夜惧顾无以图报

[原校]三本"夜"下有"惶"字,是也。

[新校]马文升《马端肃奏议》卷一《豫教皇储以隆国本事》记载:"臣受任以来夙夜惶惧,思无以报。"②当补"惶"字。

卷八十四页四上行七　请策罢两京大臣之职者

[原校]三本"请"下有"先"字,"之"下有"不"字,是也。

[新校]万斯同《明史》卷二四七《马子聪传》记载:"请先罢免两京大臣不职者,以励庶官。"③当作"请先策罢两京大臣之不职者"。

卷八十四页六上行五　其色折色俸粮

[原校]三本"其"下有"本"字,是也。

[新校]万历《明会典》卷三九《俸给》记载:"凡官员俸给,有本色有折色。"④当为"本色折色"。

卷八十五页一上行十　持货与贸易

[原校]三本"与"下有"之"字,是也。

[新校]《明孝宗宝训》卷三《正法》记作"与之贸易"⑤,朱国祯《涌幢小品》卷三二记作"有富商巨家辄持货与之贸易"⑥。当补"之"字。

卷八十六页二下行十一　整柳庆兵备

[原校]三本"整"下有"饬"字,是也。

[新校]《明孝宗实录》弘治七年二月丙子记载:"复设广西按察司副使一员整饬柳庆兵备。"⑦过庭训《本朝分省人物考》卷三六记载:"(汪溥)升广西按察副使,整饬柳庆、南宁等处兵备。"⑧当补"饬"字。

卷八十六页三上行九　锦州垛墙

[原校]三本"州"下有"城"字,是也。

---

① (清)傅泽洪:《行水金鉴》卷二○,《文渊阁四库全书》第580册,第345页上。
② (明)马文升:《马端肃奏议》卷一,《文渊阁四库全书》第427册,第712页上。
③ (清)万斯同:《明史》卷二四七,《续修四库全书》第328册,第340页下。
④ 万历《明会典》卷三九,中华书局,1989年,第276页上。
⑤ 《明孝宗宝训》卷三,台湾"中研院"史语所校印本,1962年,第273页。
⑥ (明)朱国祯:《涌幢小品》卷三二,《续修四库全书》第1173册,第468页下。
⑦ 《明孝宗实录》卷八五第三页下第二行,第1590页。
⑧ (明)过庭训:《本朝分省人物考》卷三六,《续修四库全书》第533册,第720页上。

[新校]朱国祯《涌幢小品》卷二七《物异》记载："沈阳锦州城垛墙为大风所仆者百余丈。"①嘉靖《辽东志》卷二《建置志》记载："锦州城，洪武二十四年，指挥曹奉即旧城居址修筑。"②当补"城"字。

卷八十六页六下行九　河都司故都指挥佥事梅秀

[原校]三本"河"下有"南"字，是也。

[新校]《明宪宗实录》成化十八年三月辛未记载："命宣府管操河南都指挥同知盛忠回掌都司事，以带俸署都指挥佥事梅秀代之。"③当补"南"字。

卷八十六页七上行三　山镇守刘政

[原校]三本作"山西镇守太监"，是也。

[新校]《明孝宗实录》弘治二年四月丙午记作"镇守山西太监刘政"④，同书弘治三年八月己丑、弘治七年十一月丁酉记作"山西镇守太监刘政"⑤，徐日久《五边典则》卷六记作"山西镇守太监刘政"⑥。当作"山西镇守太监"。

卷八十八页五下行一　不可轻人言

[原校]三本"轻"下有"信"字，是也。

[新校]谢肇淛《北河纪》卷三《命平江伯陈锐等同刘大夏治河》记载："不可轻信人言过为科差。"⑦傅泽洪《行水金鉴》卷二〇亦记作"不可轻信人言"⑧。当补"信"字。

卷八十八页五下行七　方面军职

[原校]三本"方"上有"并"字，是也。

[新校]谢纯《漕运通志》卷八、谢肇淛《北河纪》卷三、傅泽洪《行水金鉴》卷二〇皆记作"四品以上并方面军职参奏究治。"⑨当补"并"字。

卷九十一页二下行七　增墩堡

[原校]三本"增"下有"立"字，是也。

---

① （明）朱国祯：《涌幢小品》卷二七，《续修四库全书》第1173册，第373页下。
② 嘉靖《辽东志》卷二，《续修四库全书》第646册，第501页。
③ 《明宪宗实录》卷二二五第二页上第九行，第3859页。
④ 《明孝宗实录》卷二五第五页下第五行，第568页。
⑤ 《明孝宗实录》卷四一第三页上第九行，第853页；卷九四第四页下第一行，第1726页。
⑥ （明）徐日久：《五边典则》卷六，《四库禁毁书丛刊》史部第25册，第680页上。
⑦ （明）谢肇淛：《北河纪》卷三，《文渊阁四库全书》第576册，第597页下。
⑧ （清）傅泽洪：《行水金鉴》卷二〇，《文渊阁四库全书》第580册，第346页下。
⑨ （明）谢纯：《漕运通志》卷八，《续修四库全书》第836册，第101页上；（明）谢肇淛：《北河纪》卷三，《文渊阁四库全书》第576册，第597页下；（清）傅泽洪：《行水金鉴》卷二〇，《文渊阁四库全书》第580册，第347页上。

[新校]徐日久《五边典则》卷一记载:"于二关内加修城垛,增立墩台。"①当补"立"字。

卷九十一页六上行十　引文武官就拜

[新校]日本内阁文库藏本、梁本皆记作"引文武官就拜位",《明宪宗实录》成化三年春正月丁亥载亲王之国礼仪条列:"引文武官就拜位,赞班齐鞠躬。"②万历《明会典》卷五六《庆贺·凡庆贺亲王之国》记作"引礼引文武官就拜位,赞班齐鞠躬"③。本条上文(第六页上第六行)载"设文武官员拜位于丹墀"。此处当作"就拜位",而后行礼。

卷九十八页八下行十一　皇太子冠

[原校]抱本、阁本"子"下有"睿名"二字。

[新校]日本内阁文库藏本记作"皇太子睿名冠",万历《明会典》卷六四《皇太子冠礼》记作:"制词曰'朕皇太子某冠'。"④当补"睿名"二字。

卷九十八页九上行四　盥洗之次

[原校]三本"洗"下有"所"字,是也。

[新校]万历《明会典》卷六四《皇太子冠礼》记作:"持节官同宾赞并宣敕戒等官,序立于东南盥洗之次。"⑤而万历《明会典》卷六五《亲王冠礼》、《礼部志稿》卷一九《亲王冠礼》皆记作:"宣敕戒宣祝等官序立于东南盥洗所之次。"⑥王圻《续文献通考》卷一二一《王礼考》记载:"穆宗隆庆元年十一月定东宫加冠仪注……持节官同宾赞并宣敕戒官序立于东南盥洗所之次。"⑦朱勤美《王国典礼》卷一《冠礼》记作"序立于东南盥洗所之次"。本条下文(第九页上第六行)载"序班引宾赞皆诣盥洗所"。当为"盥洗所"。

卷一百二页一上行二　遣内官祭司神

[原校]旧校"司"下增"门之"二字。

[新校]《明宪宗实录》成化十八年秋七月戊辰朔、成化二十二年秋七月甲辰朔,《明孝宗实录》弘治五年七月己巳朔、弘治十五年七月辛未朔,

---

① (明)徐日久:《五边典则》卷一,《四库禁毁书丛刊》史部第25册,第497页上。
② 《明宪宗实录》卷三八第五页下第九行,第760页。
③ 万历《明会典》卷五六,中华书局,1989年,第351页上。
④ 万历《明会典》卷六四,中华书局,1989年,第398页下。
⑤ 万历《明会典》卷六四,中华书局,1989年,第398页下。
⑥ 万历《明会典》卷六五,中华书局,1989年,第398页上;(明)俞汝楫:《礼部志稿》卷一九,《文渊阁四库全书》第597册,第318页上。
⑦ (明)王圻:《续文献通考》卷一二一,《续修四库全书》第764册,第302页上。

《明武宗实录》弘治十八年秋七月甲申朔皆记载:"遣内官祭司门之神。"①万历《明会典》卷九二《五祀》记载:"孟秋,遣守门内官祭司门之神于午门前西角楼东向。"②王圻《续文献通考》卷一〇九《郊社考·五祀》记载祭"司门之神,午门前祭,守门内官行礼。"③当补"门之"。

卷一百二页一上行十二　上祭奉天殿

[原校]由"上"字起,至后二行"有差"止,旧校改作"上祭奉先殿遣驸马都尉齐世美祭长陵"。

[新校]《明孝宗实录》弘治七年七月庚寅记载:"仁孝文皇后忌辰,上祭奉先殿,遣驸马都尉杨伟祭长陵。"④又弘治九年七月己酉记载:"仁孝文皇后忌辰,上祭奉先殿,遣驸马都尉蔡震祭长陵。"⑤又弘治十年七月癸卯记载:"仁孝文皇后忌辰,上祭奉先殿,遣驸马都尉游泰祭长陵。"⑥当补句。

卷一百二页四上行十　未经修筑

[原校]广本、抱本"筑"下有"者及时修筑"五字,是也。

[新校]张国维《吴中水利全书》卷一二《敕谕》记载:"未经修筑者,及时修筑。"⑦当补"者及时修筑"。

卷一百三页九上行三　派出料物若

[原校]旧校改"料物"作"物料"。

[新校]马文升《马端肃奏议》卷六《灾异事》记载:"仍查内外节年修盖派出料物若干。"⑧当补"干"字,"料物"与"物料"皆可。

卷一百三页九上行十　有司治葬

[原校]广本、抱本"治"下有"丧"字,是也。

[新校]按,亲王过世,有司治丧葬。万历《明会典》卷九八《丧礼三·亲王》记载:"丧闻上辍朝三日,礼部奏差官掌行丧祭。"⑨《明孝宗实录》弘治元年六月丁酉所载襄王薨、弘治四年十二月甲子所载庆王薨、弘治十八

---

① 《明宪宗实录》卷二二九第一页上第二行,第3919页;卷二八〇第一页上第二行,第4715页;《明孝宗实录》卷六五第一页上第二行,第1241页;卷一八九第一页上第二行,第3485页;《明武宗实录》卷三第一页上第二至三行,第87页。
② 万历《明会典》卷九二,中华书局,1989年,第529页上。
③ (明)王圻:《续文献通考》卷一〇九,《续修四库全书》第764册,第108页上。
④ 《明孝宗实录》卷九〇第一页上第九行,第1653页。
⑤ 《明孝宗实录》卷一一五第一页上第七行,第2079页。
⑥ 《明孝宗实录》卷一二七第一页下第一行,第2252页。
⑦ (明)张国维:《吴中水利全书》卷一二,《文渊阁四库全书》第578册,第362页下。
⑧ (明)马文升:《马端肃奏议》卷六,《文渊阁四库全书》第427册,第762页。
⑨ 万历《明会典》卷九八,中华书局,1989年,第551页上。

年秋七月丙午所载崇王薨,皆命有司治丧葬。① 当补"丧"字。

卷一百七页十上行五　赐祭如例

[原校]广本、抱本"祭"下有"葬"字。

[新校]万历《明会典》卷一〇一《丧礼六·恩恤》记载:"凡都督佥事以上葬礼俱照品级,若署都督佥事祭一坛无葬。"②按,实例中署都督佥事卒,有按制度规定赐祭无葬者,如《明武宗实录》正德六年十二月丁亥记载:"中军都督府署都督佥事张文渊卒……(其子)请祭葬,得祭焉。"③《明世宗实录》嘉靖六年十月癸亥记载:"右军都都府带俸署都督佥事刘晖卒,赐祭一坛。"④亦有特恩赐祭葬者,如《明英宗实录》正统十年冬十月丁巳记载:"右军都督府署都督佥事刘广卒,遣官致祭,命有司营葬。"⑤《明宪宗实录》成化十一年秋七月乙亥记载:"广西副总兵署都督佥事夏正卒……赐祭如例,特遣官治葬。"⑥《明孝宗实录》弘治元年六月丁酉记载:"镇守宁夏总兵官署都督佥事傅泰卒……讣闻赐祭葬如例。"⑦同书弘治十七年三月庚午记载:"镇守宁夏总兵官署都督佥事郭鋐卒……赐葬祭如例。"⑧待考。

卷一百一十七页四上行三　故右参将锦衣卫诚之子

[原校]抱本"卫"下有"指挥"二字,是也。

[新校]《明宪宗实录》成化十八年三月丁丑记载:"升云南左卫指挥佥事沐诚为都指挥使,充右参将镇守金齿腾冲地方。"⑨《明宪宗实录》成化十八年九月辛丑记载:"锦衣卫带俸都指挥使右参将沐诚卒。"⑩谈迁《国榷》卷四三弘治九年九月记载:"沐琮卒……右参将锦衣卫都指挥诚之子崑嗣。"⑪《本朝分省人物考》卷一六《沐晟》记载:"以故锦衣卫都指挥沐诚之子崑仍袭。"⑫当补"都指挥"三字。

卷一百十八页一下行一　伏望皇上特廷臣计议

[原校]三本"特"下有"敕"字,是也。

---

① 《明孝宗实录》卷一五第四页上第三行,第365页;卷五八第三页下第六行,第1122页;卷三第十二页上第一行,第109页。
② 万历《明会典》卷一〇一,中华书局,1989年,第560页上。
③ 《明武宗实录》卷八二第五页上十一行至第五页下第六行,第1775～1776页。
④ 《明世宗实录》卷八一第十页上第十行,第1809页。
⑤ 《明英宗实录》卷一三四第六页上第十一至十二行,第2669页。
⑥ 《明宪宗实录》卷一四三第四页下第六至十一行,第2654页。
⑦ 《明孝宗实录》卷一五第四页上第三至五行,第365页。
⑧ 《明孝宗实录》卷二〇九第三页下第九至十二行,第3882页。
⑨ 《明宪宗实录》卷二二五第四页上第八行,第3863页。
⑩ 《明宪宗实录》卷二三二第二页下第三行,第3960页。
⑪ (清)谈迁:《国榷》卷四三,中华书局,1958年,第2697页。
⑫ (明)过庭训:《本朝分省人物考》卷一六,《续修四库全书》第533册,第338页。

［新校］张廷玉《明史》卷六一、龙文彬《明会要》卷二二记载：弘治九年十月，胡瑞"望敕廷臣议"岳渎等祭。当补"敕"字。

卷一百一十八页五上行十　进士授吏科给事中

［原校］阁本"中"下有"进都给事中"五字。

［新校］《明宪宗实录》天顺八年八月丁未记载"升吏科右给事中潘荣为都给事中"①，《明宪宗实录》成化六年三月丁未记载以"吏科都给事中潘荣右春坊右庶子刘宣为南京太常寺少卿"②，《本朝分省人物考》卷七五《潘荣》记载："甲申还朝，升吏科都给事中。"③当补"进都给事中"。

卷一百三十一页七上行二　鸿胪寺少卿孙绳

［原校］抱本、阁本"寺"下有"左"字。

［新校］《明孝宗实录》弘治五年二月己酉记载："升鸿胪寺左寺丞孙绳为本寺右少卿。"④《明孝宗实录》弘治八年八月癸酉记载："升鸿胪寺右少卿孙绳岳镇为本寺左少卿。"⑤《明孝宗实录》弘治十三年十一月乙丑记载："鸿胪寺左少卿孙绳九年秩满，升南京鸿胪寺卿。"⑥当补"左"字，"少卿"作"左少卿"。

卷一百三十三页二下行九　给宁新昌安僖王宫眷养赡米

［原校］三本"宁"下有"府"字，是也。

［新校］郭良翰《明谥纪汇编》卷一二记载"宁府新昌王磐炷"谥安僖⑦。当补"宁"字，"宁新昌"作"宁府新昌"。

卷一百三十四页二下行二　住俸年之上者

［原校］三本"俸"下有"二"字，是也。

［新校］徐日久《五边典则》卷六记载弘治十一年二月李介所奏，记作"官买马不及八分住俸二年之上者暂令支俸"⑧。当作"住俸二年"。

卷一百三十四页二下行九　巡按官举奏照黜降

［原校］三本"照"下有"例"字，是也。

［新校］徐日久《五边典则》卷六记载弘治十一年二月李介所奏，记作：

---

① 《明宪宗实录》卷八第七页下第十行，第190页。
② 《明宪宗实录》卷七七第十四页上第一行，第1507页。
③ （明）过庭训：《本朝分省人物考》卷六，《续修四库全书》第535册，第238页。
④ 《明孝宗实录》卷六〇第四页上第三行，第1149页。
⑤ 《明孝宗实录》卷一〇三第六页下第五行，第1890页。
⑥ 《明孝宗实录》卷一六八第三页上第十行，第3051页。
⑦ （明）郭良翰：《明谥纪汇编》卷一二，《文渊阁四库全书》第651册，第536页下。
⑧ （明）徐日久：《五边典则》卷六，《四库禁毁书丛刊》史部第25册，第683页上。

"巡按官举奏照例黜降。"①当补"例"字,"照黜降"作"照例黜降"。

卷一百三十六页一上行七　寿州及河南县各雨雹

[原校]三本"南"下有"汝阳"二字,是也。

[新校]谈迁《国榷》卷四三记载:弘治十一年四月,"寿州及汝阳各雨雹。"②当补"汝阳"二字,"河南县"作"河南汝阳县"。

卷一百三十九页二下行十二　(北哨)遇贼击之斩十三级

[新校]梁本记作"遇贼击之,斩十三级",唐鹤徵《皇明辅世编》卷二记载:"(北哨)遇贼击之,斩十三级。"③而徐日久《五边典则》卷一五记载:"(北哨)遇贼击之,斩首十三级。"④有无"首"字皆可,此处不误。

卷一百四十二页十下行十　则将谓堂堂天朝

[原校]三本谓下有"我"字,是也。

[新校]王世贞《弇山堂别集》卷九三选录该奏疏,记作"谓我堂堂天朝且然"⑤。当补"我"字。

卷一百五十三页十二下行五　成化进士

[原校]三本"化"下有"五年"二字,是也。

[新校]《国朝献征录》卷五九《都察院右副都御史徐镛传》记载:"总督漕运都察院右副都御史徐镛……成化五年进士。"⑥《国朝列卿纪》卷一〇一、过庭训《本朝分省人物考》卷七六记载:"徐镛,字用和,兴国州人,成化己丑(五年)进士。"⑦张朝瑞《皇明贡举考》卷四记载:成化五年会试,第三甲中有"徐镛,湖广兴国州"⑧。《明清进士题名碑录索引》所载历科进士题名录中成化五年进士有"徐镛"其人⑨。当补"五年"二字。

卷一百五十四页十四上行一　英宗睿皇帝

[原校]三本"帝"下有"视朝将罢,不时面召李贤,宪宗纯皇帝"十五字,是也。

[新校]《明经世文编》卷五二《论票拟疏》、张元忭《馆阁漫录》卷八、孙承泽《春明梦余录》卷二三《票拟宜密》皆记载:"英宗睿皇帝视朝将

---

① (明)徐日久:《五边典则》卷六,《四库禁毁书丛刊》史部第25册,第683页下。
② (清)谈迁:《国榷》卷四三,中华书局,1958年,第2716页。
③ (明)唐鹤徵:《皇明辅世编》卷二,《续修四库全书》第524册,第524页上。
④ (明)徐日久:《五边典则》卷一五,《四库禁毁书丛刊》史部第26册,第335页下。
⑤ (明)王世贞:《弇山堂别集》卷九三,中华书局,1985年,第1781页。
⑥ (明)焦竑:《国朝献征录》卷五九,《四库全书存目丛书》史部103册,第225页。
⑦ (明)雷礼:《国朝列卿纪》卷一〇一,《续修四库全书》第523册,第630页上;(明)过庭训:《本朝分省人物考》卷七六,《续修四库全书》第535册,第253页下。
⑧ (明)张朝瑞:《皇明贡举考》卷四,《四库全书存目丛书》史部第269册,第609页下。
⑨ 《明清进士题名碑录索引》,上海古籍出版社,1980年,第2465页。

罢,不时面召李贤。宪宗纯皇帝亦尝召李贤、陈文、彭时,或遣司礼监太监如牛玉、怀恩一二人到阁计议。"①当补该十五字。

卷一百六十二页十二下行七　裁冗官

[原校]三本"官"下有"汰冗员"三字。

[新校]本条下文(第十二页下第九行)载"裁冗官、汰冗员"。本书卷一六一弘治十三年四月癸丑记载:礼科都给事中宁举等以灾异言十事,其一"裁冗官";同卷记载:监察御史刘芳等以灾异言十事,其一"汰冗员"。②本书此处当补"汰冗员"。

卷一百六十三页十六上行七　命谧京营军马

[原校]三本"京"上有"选"字,是也。

[新校]本卷乙未(第七页下第五行)记载:"已命本部右侍郎杨谧并科道官通行查选三大营军士,以备领马,以实营伍。"当补"选"字。《国朝献征录》卷四〇《兵部右侍郎杨谧传》、《本朝分省人物考》卷八六《杨谧》记作"命谧选京营军马"③。据补"选"字。

卷一百七十六页十六上行九　山东兖州东昌河南开封

[原校]抱本、阁本"昌"下有"济南"二字。

[新校]顾潜《静观堂集》卷七《论马政事宜疏·定买户以宽民力》记作:"其山东兖、济南、东昌三府与河南开封、卫辉、彰德三府,或境滨、河海、沙碱之地多不可耕。"④当补"济南"二字。

卷一百七十八页十二上行五　从巡抚官奏也并勋戚之家庄田子粒俱有司收征

[原校]三本"也"下有"顺义(抱本'义'作'蒙')郡主及驸马都尉樊凯奏乞将钦赐庄田自行征收子粒户部议谓王府"三十字,是也。

[新校]《明孝宗实录》弘治三年闰九月丙申、弘治八年三月辛亥记作"秀府顺义郡主"⑤,顾清《东江家藏集》卷三〇《南京府军卫百户周君墓志铭》记载:"次(男)瑾以子钺尚秀府顺义郡主。"⑥当为"顺义郡主",并补三

---

① (明)陈子龙等:《明经世文编》卷五二,中华书局,1962年,第399页下;(明)张元忭:《馆阁漫录》卷八,《四库全书存目丛书》史部第259册,第10页下;(明)孙承泽:《春明梦余录》卷二三,北京古籍出版社,1992年,第343页上。
② 《明孝宗实录》卷一六一第十二页下第五行,第2904页;卷一六一第十四页上第十行,第2907页。
③ (明)焦竑:《国朝献征录》卷四〇,《四库全书存目丛书》史部第102册,第150页下;(明)过庭训:《本朝分省人物考》卷八六,《续修四库全书》第535册,第408页下。
④ (明)顾潜:《静观堂集》卷七,《四库全书存目丛书》集部第48册,第516页下。
⑤ 《明孝宗实录》卷四三第三页下第四行,第884页;卷九八第十一页上第九行,第1809页。
⑥ (明)顾清:《东江家藏集》卷三〇,《文渊阁四库全书》第1261册,第699页上。

十字。

卷一百七十八页十二上行十一　八月二十陕西奏报

[原校]三本"十"下有"日"字,是也。

[新校]徐日久《五边典则》卷一五记作"八月二十日"①。当补"日"字。

卷一百八十五页八上行六　俱令光禄寺禁屠断宰者凡一百一十一日

[原校]三本"寺"下有"禁屠宰户科给事中徐昂等因言今一岁之中"十八字,是也。

[新校]徐学聚《国朝典汇》卷六三记载:"俱令光禄寺禁屠,给事徐昂等因言今一岁之中禁屠断宰者凡一百一十一日。"②俞汝楫《礼部志稿》卷九九《议处御膳进素》记载:"令光禄寺禁屠宰户科给事中徐昂等因言今一岁之中禁屠断宰者凡一百一十一日。"③此处补该十八字。

卷一百八十五页八下行四　光禄寺在寺丞刘宪奉命募土兵

[原校]三本"寺"下有"贮其银以俟供用庚子大理寺"十二字,是也。旧校改"在"作"左"。

[新校]俞汝楫《礼部志稿》卷九九《议处御膳进素》记作"令光禄寺贮其银,以俟供用"④。《明孝宗实录》弘治十一年十月丙寅记载:"升大理寺右寺丞刘宪为本寺左寺丞。"⑤又弘治十四年十月戊申记载:"大理寺寺丞刘宪……召募土兵。"⑥又弘治十五年五月丁亥记作"大理寺左寺丞刘宪奉旨往陕西招募土兵"⑦。杨一清《关中奏议》卷七《为经理要害边防保固疆场事》记载:"弘治十五年间,该大理寺左寺丞刘宪招募土兵一万一千名。"⑧谈迁《国榷》卷四四弘治十四年九月丁亥记载:"命大理寺丞刘宪、太仆寺少卿王质分往陕西四镇发民兵。"⑨本书此处缺十二字,且"在"为"左"之误。

卷一百八十七页十上行七　欲将大同官军

[原校]三本"将"下有"调去"二字,是也。

---

① (明)徐日久:《五边典则》卷一五,《四库禁毁书丛刊》史部第26册,第345页上。
② (明)徐学聚:《国朝典汇》卷六三,《四库全书存目丛书》史部第265册,第378页上。
③ (明)俞汝楫:《礼部志稿》卷九九,《文渊阁四库全书》第598册,第787页上。
④ (明)俞汝楫:《礼部志稿》卷九九,《文渊阁四库全书》第598册,第787页上。
⑤ 《明孝宗实录》卷一四一第二页下第一行,第2446页。
⑥ 《明孝宗实录》卷一八〇第一页上第十二行,第3313页。
⑦ 《明孝宗实录》卷一八七第六页上第五行,第3447页。
⑧ (明)杨一清:《关中奏议》卷七,中华书局,2001年,第255页。
⑨ (清)谈迁:《国榷》卷四四,中华书局,1958年,第2776页。

[新校]徐学聚《国朝典汇》卷一五一记载："宣府守臣亦奏本镇有警，欲将调去太同官兵掣回战守。"①本条上文载大同守臣奏请将所调宣府等兵存留。此处当补"调去"二字，作"调去大同官军"。

卷一百八十七页十上行十　命各镇巡官

[原校]抱本、阁本"各"下有"边"字，是也。

[新校]徐学聚《国朝典汇》卷一五一记作"命各边镇巡官"②。此处脱"边"字。当补。

卷一百八十七页十一上行三　一夫守险百难过

[原校]三本"百"下有"人"字，是也。

[新校]陈子龙《明经世文编》卷六八收录秦纮《边备事宜疏》，记作"百人难过"③。本条脱"人"字，当补。

卷一百八十九页七上行三　徽锲庶第七子曰旭析

[原校]广本、抱本"曰"下有"偕澋奉国将军偕淞庶第二子曰旭橡（抱本作'橡'）偕泠庶长子曰"二十一字。阁本"旭析"作"偕澋奉国将军"。

[新校]日本内阁文库藏本记载"偕澋……庶长子曰"二十一字，且记作"旭橡"，《明孝宗实录》弘治元年八月丁未记载赐"奉国将军偕淞嫡长子曰旭杶"④，弘治七年四月乙丑记载赐"韩府奉国将军偕淞庶子曰旭櫩"⑤。可见广本、抱本此处所记"奉国将军偕淞庶第二子曰旭橡（抱本作'橡'）"当是。兹据广本、抱本补该二十一字。"橡"待考。

卷一百八十九页七上行十一　白金五百

[原校]三本"百"下有"两"字，是也。

[新校]王世贞《弇州史料后集》卷三五《台端之玷》记作"白金五百两"⑥。本条此处缺"两"字，当补。

卷一百八十九七下行三　恐贷王观金

[原校]阁本"贷"上有"乃"字，是也。

[新校]王世贞《弇州史料后集》卷三五《台端之玷》记载："（刘）尭恐罪，贷王观金。"⑦本条此处当据阁本补"乃"字，以排除歧义。

---

① （明）徐学聚：《国朝典汇》卷一五一，《四库全书存目丛书》史部第266册，第296页上。
② （明）徐学聚：《国朝典汇》卷一五一，《四库全书存目丛书》史部第266册，第296页下。
③ （明）陈子龙等：《明经世文编》卷六八，中华书局，1962年，第575页下。
④ 《明孝宗实录》卷一七第五页下第八行，第418页。
⑤ 《明孝宗实录》卷八七第二页下第五行，第1614页。
⑥ （明）王世贞：《弇州史料后集》卷三五，《四库禁毁书丛刊》史部第49册，第692页上。
⑦ （明）王世贞：《弇州史料后集》卷三五，《四库禁毁书丛刊》史部第49册，第692页下。

卷一百九十页十三上行四　而不敢一毫骄怠之心

[原校]三本"敢"下有"有"字,是也。

[新校]陈子龙《明经世文编》卷五二收录刘健《论时政疏》,记作"而不敢有一毫骄怠之心"①。本条脱"有"字,当补。

卷一百九十页十三上行九　侍卫本之人筋力疲惫

[原校]三本"卫"下有"接"字,是也。

[新校]陈子龙《明经世文编》卷五二收录刘健《论时政疏》,记作"侍卫接本之人"②。本条脱"接"字,当补。

卷一百九十页十三上行十　视为例

[原校]三本"视"下有"以"字,是也。三本"例"作"常"。

[新校]陈子龙《明经世文编》卷五二收录刘健《论时政疏》,记作"视以为常"③。当补"以"字。

卷一百九十页十三下行三　宴息者

[原校]广本"息"下有"尚晦"二字,抱本有"尚悔"二字,阁本有"向晦"二字。

[新校]日本内阁文库藏本记作"宴息向晦,此古昔之明训"。《明经世文编》卷五二收录刘健《论时政疏》,记作"宴息向晦"④。《周易》卷二载"象曰:泽中有雷,随君子以向晦,入宴息"。当补"向晦"二字。

卷一百九十一页一上行八　本部具奏得旨移文吏兵二部

[原校]三本"得"上有"既"字,是也。

[新校]俞汝楫《礼部志稿》卷八七《覆与谥议》、王圻《续文献通考》卷一三四《谥法考》记载:"本部具奏,既得旨,移文吏兵二部。"⑤当补"既"字,"得旨"作"既得旨"。

卷一百九十三页二上行十二　赐内阁大学士刘健李东阳

[原校]抱本、阁本"阳"下有"谢迁"二字,是也。

[新校]徐学聚《国朝典汇》卷二八、张元忭《馆阁漫录》卷八、法式善

---

① （明）陈子龙等:《明经世文编》卷五二,中华书局,1962年,第403页上。
② （明）陈子龙等:《明经世文编》卷五二,中华书局,1962年,第403页上。
③ （明）陈子龙等:《明经世文编》卷五二,中华书局,1962年,第403页下。
④ （明）陈子龙等:《明经世文编》卷五二,中华书局,1962年,第403页下。
⑤ （明）俞汝楫:《礼部志稿》卷八七,《文渊阁四库全书》第598册,第572页上;（明）王圻:《续文献通考》卷一三四,《续修四库全书》第764册,第495页下。

《明李文正公年谱》卷二记载赐大学士"刘健、李东阳、谢迁"玉带各一束①。当补"谢迁"二字。

卷一百九十四页一上行十二　御史务心巡理

[原校]三本"务"下有"用"字,是也。

[新校]徐学聚《国朝典汇》卷一五八记载"所差御史务用心巡理"②,杨时乔《马政纪》卷一二记载"诏御史用心巡理"③。当补"用"字,作"务用心"。

卷二百页一上行五　陕巴改过效顺

[原校]三本"改"上有"俾"字,是也。

[新校]徐日久《五边典则》卷一五记作"使臣归语陕巴俾改过效顺"④。当补"俾"字,作"俾改过"。

卷二百〇一页一上行十二　枉臣所学而使抚民

[原校]三本"使"下有"之"字。

[新校]徐日久《鹗言》卷八《黜浮夸》记载:"今边方有事,枉臣所学而使之抚民。"⑤当补"之"字,作"使之抚民"。

卷二百〇一页一下行八　王师持重以万全无逾此者

[原校]三本"以"下有"出"字,是也。

[新校]徐日久《鹗言》卷八《黜浮夸》记载:"王师持重以出万全无逾此者。"⑥当补"出"字,"以万全"作"以出万全"。

卷二百〇九页一上行十一　(皇太子)进学成德以(端)大本

[原校]影印本"端"字未印出。

[新校]佚名《皇明诏令》卷一七《太后遗诏》、邓元锡《皇明书》卷一一《孝肃太后》记载:"进学成德以端大本。"⑦当补"端"字。

卷二百一十页一下行一　朝廷元气也云贵四肢

[原校]三本"肢"下有"也"字,是也。

[新校]张廷玉《明史》卷一九七《席书传》、万斯同《明史》卷二七七

---

① (明)徐学聚:《国朝典汇》卷二八,《四库全书存目丛书》史部第264册,第675页上;(明)张元忭:《馆阁漫录》卷八,《四库全书存目丛书》史部第259册,第16页下;(清)法式善:《明李文正公年谱》卷二,《续修四库全书》第553册,第19页上。
② (明)徐学聚:《国朝典汇》卷一五八,《四库全书存目丛书》史部第266册,第358页下。
③ (明)杨时乔:《马政纪》卷一二,《文渊阁四库全书》第66册,第631页下。
④ (明)徐日久:《五边典则》卷一五,《四库禁毁书丛刊》史部第26册,第357页下。
⑤ (明)徐日久:《鹗言》卷八,《四库禁毁书丛刊》史部第23册,第95页下。
⑥ (明)徐日久:《鹗言》卷八,《四库禁毁书丛刊》史部第23册,第96页上。
⑦ 《皇明诏令》卷一七,《续修四库全书》第457册,第388页上;(明)邓元锡:《皇明书》卷一一,《续修四库全书》第316册,第7页上。

《席书传》、陈鹤《明纪》卷二三记载："朝廷元气也,云南四肢也。"①当补"也"字,作"四肢也"。

卷二百一十页一下行七　文官由传升者有之

[原校]三本"之"下有"武官不由兵部者有之"九字,是也。

[新校]本条下文记载:"杂流僭滥名器者有之。"张廷玉《明史》卷一九七《席书传》记载:"文武官传升名器大滥。"②万斯同《明史》卷二七七《席书传》记载:"文官由传升而得,武将非振举而升,名器滥施。"③陈鹤《明纪》卷二三记载:"文武官传升名器太滥。"④此处当补"武官不由兵部者有之"九字。

卷二百十一页一下行二　祭告（立碑）

[原校]馆本此二字残缺。

[新校]日本内阁文库藏本记曰"祭告立碑"。俞汝楫《礼部志稿》卷八五下《新孔庙祭告》记载:"李东阳祭告立碑,文物一新。"⑤当补"立碑"。

卷二百二十页一下行六　屡有旨令尔等议不能先事计虑

[原校]抱本、阁本"议"下有"处"字。

[新校]徐日久《五边典则》卷一五记载:"屡有旨令,尔等议处,不能先事计虑。"⑥当补"处"字,"尔等议"作"尔等议处"。

卷二百二十四页一下行六　又选正法司执持于下

[原校]三本"选"下有"刚"字,是也。

[新校]胡世宁《胡端敏奏议》卷一《应诏陈言疏·汰冗费》记载:"又选法司刚正之士以执持于下。"⑦唐鹤徵《皇明辅世编》卷五《胡端敏世宁》记载:"又选刚正法司执持于下。"⑧当补"刚"字,"正法司"作"刚正法司"。

卷二百二十四页一下行七　执持于下庶俭成风

[原校]三本"庶"下有"节"字,是也。

[新校]胡世宁《胡端敏奏议》卷一《应诏陈言疏·汰冗费》记载:"臣

---

① （清）张廷玉等:《明史》卷一九七,中华书局1974年,第5201页;（清）万斯同:《明史》卷二七七,《续修四库全书》第329册,第1页上;（清）陈鹤:《明纪》卷二三,《四库未收书辑刊》第6辑第6册,第339页上。

② （清）张廷玉等:《明史》卷一九七,中华书局,1974年,第5201页。

③ （清）万斯同:《明史》卷二七七,《续修四库全书》第328册,第1页上。

④ （清）陈鹤:《明纪》卷二三,《四库未收书辑刊》第6辑第6册,第339页下。

⑤ （明）俞汝楫:《礼部志稿》卷八五,《文渊阁四库全书》第598册,第524页下。

⑥ （明）徐日久:《五边典则》卷一五,《四库禁毁书丛刊》史部第26册,第359页下。

⑦ （明）胡世宁:《胡端敏奏议》卷一,《文渊阁四库全书》第428册,第576页上。

⑧ （明）唐鹤徵:《皇明辅世编》卷五,《续修四库全书》第524册,第661页下。

民内外节俭成风,而国用足。"①唐鹤徵《皇明辅世编》卷五《胡端敏世宁》记载:"庶节俭成风,而国用自足。"②

卷二百二十四页一下行八　历县令不得升台部

［原校］三本"历"上有"不"字,是也。

［新校］同行记载:请略仿唐制"不历郡守,不得任侍郎列卿"。胡世宁《胡端敏奏议》卷一《应诏陈言疏·重守令》记载:"不历县令,不得任台郎。"③唐鹤徵《皇明辅世编》卷五《胡端敏世宁》记载:"不历县令,不得任台郎。"④杜佑《通典》卷一七《选举》记载:"不历县令、虽有善政者,亦不得入为台郎。"当补"不"字,作"不历县令"。

第三节　衍　字

卷七页十五上行十　而立义当

［原校］抱本无"当"字,是也。

［新校］据倪岳《青溪漫稿》卷一一《礼仪一》记作"礼必缘情而立义"⑤。当删"当"字。

卷九页九上行三　各遣人验实者

［原校］抱本、阁本无"者"字,是也。

［新校］按,本条上文记载"凡函中所贮者",已有所指代,"各遣人验实者"中"者"字多余,宜删。

卷十三页十一下行二　庙在山东泰安州山之下

［原校］三本无"之"字,疑是也。

［新校］据《青溪漫稿》卷一一《祀典三》记载:"在今山东济南府泰安州山下有庙。"⑥无"之"字,当删之。

卷二十四页四下行六　末年亦往往益斥逐名士

［原校］抱本、阁本无"亦"字。

［新校］日本内阁文库藏本记作"末年往往益斥逐名士",《国朝献征

---

① （明）胡世宁:《胡端敏奏议》卷一,《文渊阁四库全书》第428册,第576页上。
② （明）唐鹤徵:《皇明辅世编》卷五,《续修四库全书》第524册,第661页下。
③ （明）胡世宁:《胡端敏奏议》卷一,《文渊阁四库全书》第428册,第577页上。
④ （明）唐鹤徵:《皇明辅世编》卷五,《续修四库全书》第524册,第661页下。
⑤ （明）倪岳:《青溪漫稿》卷一一,《文渊阁四库全书》第1251册,第105页上。
⑥ （明）倪岳:《青溪漫稿》卷一一,《文渊阁四库全书》第1251册,第123页下。

录》卷一三《少师兼太子太师吏部尚书华盖殿大学士万安传》所记同①。疑无"亦"字,待考。

卷三十二页二上行二　请送王至坟所

[原校]旧校删"王"字。

[新校]万历《明会典》卷九八《丧礼·郡王》记载:"凡亲郡王将军等葬,俱世长子一人,送至坟所,当日即回。"②《明宪宗实录》成化十六年秋七月甲辰记载:赵王见㴩等乞出城送母殡,明宪宗命"王出门而还,汝源、昆阳二王至坟所,葬毕而还"③。此乃送丧之人至坟所。《明孝宗实录》弘治十一年闰十一月甲戌记载:"鲁府巨野王长子当涵及其弟镇国将军当渝,请送母妃孔氏丧至坟所,葬毕而归。"④由上可知,当删"王"字。

卷四十二页三下行十二　庆王府真宁王

[原校]旧校删"王"字。

[新校]《明宪宗实录》成化二十三年二月己丑,《明孝宗实录》成化二十三年十一月壬寅、弘治十五年十一月辛巳皆记作"庆府真宁王"⑤。当记作"庆府"。

卷五十三页三上行二　宣坐是谓得罪当道

[原校]旧校删"谓"字。

[新校]过庭训《本朝分省人物考》卷六五《刘宣》记载:"宣坐是得罪当道。"⑥当删"谓"。

卷五十三页六上行七　升礼科给事中林元甫为兵科左给事中蔺琦

[新校]本条下文载"俱为都给事中",《明孝宗实录》弘治四年十月己巳、弘治六年五月癸巳皆记作"礼科都给事中林元甫"⑦,《明武宗实录》正德三年三月丙午记载:"(林元甫)成化乙未进士,授工科给事中,弘治中进礼科都给事中。"⑧《国朝列卿纪》卷一一五记载:"服阕,补南京礼科,以丁忧未任。弘治二年,仍署本科。"⑨万斯同《明史》卷二四四记载:"孝宗已即

---

① (明)焦竑:《国朝献征录》卷一三,《四库全书存目丛书》史部第100册,第450页上。
② 万历《明会典》卷九八,中华书局,1989年,第552页上。
③ 《明宪宗实录》卷二〇五第六页上第五行,第3587页。
④ 《明孝宗实录》卷一四四第二页下第七行,第2510页。
⑤ 《明宪宗实录》卷二八七第六页上第一行,4855页;《明孝宗实录》卷六第四页下第三行,第104页;卷一九三第三页上第一行,第3561页。
⑥ (明)过庭训:《本朝分省人物考》卷六五,《续修四库全书》第535册,第40页上。
⑦ 《明孝宗实录》卷五六第六页下第三行,第1090页;卷七五第九页上第四行,第1419页。
⑧ 《明武宗实录》卷三六第三页上第六行,第859页。
⑨ (明)雷礼:《国朝列卿纪》卷一一五,《续修四库全书》第524册,第15页上。

位,(林元甫)留任礼科,累迁都给事中。"①据以上记载,林元甫由礼科给事中升为都给事中。本条当删"为"字。

卷六十四页一下行七　陛下有此举也

[原校]抱本无"也"字。

[新校]王世贞《弇山堂别集》卷二五记载彭程所上疏,记作"万一陛下有此举"②。"也"似不影响文义。

卷七十四页十二下行一　赐祭丧葬如例

[原校]旧校删"丧"字。

[新校]《篁墩文集》卷四六《资德大夫正治上卿掌通政使司事太子少保礼部尚书致仕张公墓志铭》记载:"讣闻,诏遣官谕祭其家,仍命有司为营兆域如礼。"③焦竑《国朝献征录》卷三三《礼部尚书张文质传》、焦竑《国朝献征录》卷六七《太子少保礼部尚书张文质传》、过庭训《本朝分省人物考》卷三《张文质》皆记作"赐祭葬如例"④。当删"丧"字。

卷七十六页十三下行八　宁府辅国将军宸浣辅国将军宸浦

[新校]《明孝宗实录》弘治十七年二月甲午记作"辅国将军宸浣"⑤,又弘治十二年九月丁丑记作"辅国将军宸浦"⑥。可见宸浣、宸浦皆为辅国将军,"浣"字下"辅国将军"似有所重复。

卷七十六页十四下行十　共享猪肉羊肉

[原校]旧校删"羊"上"肉"字。

[新校]王世贞《弇州史料后集》卷三一《弘治鸟兽供应》、朱国祯《涌幢小品》卷二《司牲所》记载"以一年计之共享猪羊肉"⑦。当作"猪羊肉"。

卷八十六页三下行一　怀等县

[原校]广本、抱本"怀"下有"宁"字,是也。

[新校]《明一统志》卷一四记载怀宁县隶属直隶"安庆府","怀县"为古县,《明一统志》卷二八记载:"武陟县在(怀庆)府城东一百里,本春秋晋之怀邑,汉为怀县。"本书卷八四弘治七年正月甲寅记载此条,作"直隶怀

---

① (清)万斯同:《明史》卷二四四,《续修四库全书》第328册,第307页上。
② (明)王世贞:《弇山堂别集》卷二五,中华书局,1985年,第455页。
③ (明)程敏政:《篁墩文集》卷四六,《文渊阁四库全书》第1253册,第116页。
④ (明)焦竑:《国朝献征录》卷三三,《四库全书存目丛书》史部第101册,第607页;(明)焦竑:《国朝献征录》卷六七,《四库全书存目丛书》史部第103册,第655页下;(明)过庭训:《本朝分省人物考》卷三,《续修四库全书》第533册,第75页。
⑤ 《明孝宗实录》卷二〇八第二页上第七行,第3857页。
⑥ 《明孝宗实录》卷一五四第九页上第五行,第2747页。
⑦ (明)王世贞:《弇州史料后集》卷三一,《四库禁毁书丛刊》史部第49册,第609页上;(明)朱国祯:《涌幢小品》卷二,《续修四库全书》第1173册,第612页下。

宁县"。当为"怀宁"。

卷九十六页八上行七　丘濬既病未痊

[原校]抱本无"丘"字。

[新校]日本内阁文库藏本记作"丘濬既病未痊"。按，大臣上疏自陈养病致仕诸事，皇帝多以"卿"称之，或只称名字。如《明宪宗实录》成化元年九月己未记载："兵部尚书王竑以久病不痊三上章乞放免，上曰：'竑既久病不痊，屡陈情恳准其还家调摄……'"①又成化三年秋七月壬午记载："太子太保、吏部尚书王翱寝疾余五月，乞退闲养病……上曰：'卿历事累朝，为国老成……'"②又成化二十二年二月戊寅记载："漕运总兵官都督同知王信自陈老病，乞准辞职，上曰：'卿练达老成，特命总理漕运……'"③《明孝宗实录》弘治四年正月乙未记载："户部尚书李敏乞归养疾，上曰：'……卿今有疾，宜在任调理，不必求去。'"④《明武宗实录》弘治十八年十一月甲申记载："兵部尚书刘大夏以病乞休致，上曰：'……卿尽诚为国，誉望素隆，岂宜引疾遽求休退！不允所辞。'"⑤此处似不妥，但不为误，且记之。

卷一百三十四页一下行十二　（姚信充游击将军）如旧分分守

[新校]日本内阁文库藏本记作"如旧分守"。徐日久《五边典则》卷六记载弘治十一年二月李介所奏，作"姚信改充游击将军如旧分守"⑥。当作"分守"。

卷一百三十四页二下行七　凡协守副总兵官与军伴三十名

[原校]抱本、阁本无"官"字。

[新校]徐日久《五边典则》卷六记载弘治十一年二月李介所奏，记作"凡协守副总兵与军伴三十名"⑦。疑删"官"字为宜，待考。

卷一百六十七页九上行三　及提督

[原校]旧校删"及"字。

[新校]按，湖广设参议一员专门提督太岳太和山。如《明宪宗实录》成化十五年闰十月乙卯记载："升工科右给事中韩文为湖广布政司右参议，提督太岳太和山宫观。"⑧当删"及"字。

---

① 《明宪宗实录》卷二一第二页下第二行，第416页。
② 《明宪宗实录》卷四四第八页下第十二行，第912页。
③ 《明宪宗实录》卷二七五第一页上第五行，第4621页。
④ 《明孝宗实录》卷四七第三页上第十行，第947页。
⑤ 《明武宗实录》卷七第三页上第七行，第213页。
⑥ （明）徐日久：《五边典则》卷六，《四库禁毁书丛刊》史部第25册，第682页下。
⑦ （明）徐日久：《五边典则》卷六，《四库禁毁书丛刊》史部第25册，第683页下。
⑧ 《明宪宗实录》卷一九六第一页上第六行，第3451页。

卷一百九十八页一下行六　以固原靖原靖虏等处

[原校]旧校删"靖原"二字。

[新校]《明孝宗实录》弘治十五年三月乙亥记载:"分守延绥西路左参将曹雄充副总兵分守固原等处……从总制军务尚书秦纮奏请添设也。"①《明孝宗实录》弘治十六年六月庚申记载:"命陕西固靖等处副总兵曹雄协守延绥。"②当删"靖原"。

卷二百〇二页一下行一　上服浅淡色袍服于奉天门视事

[原校]广本无"袍"字。

[新校]《明宪宗实录》成化二年十一月甲午记载皇长子薨,"上服浅淡服"③。《明宪宗实录》成化八年二月乙未记载忻王发引礼仪,"上服浅淡颜色服于奉天门视事"④。万历《明会典》卷四四《忌辰朝仪》载:"凡遇各庙忌辰,上服浅淡服御奉天门视事。"⑤而徐乾学《读礼通考》卷七六《亲王丧仪·申懿王》载:"上服浅淡色袍服于奉天门视事。"⑥此处"袍服"似不误。

第四节　前后倒置、错简

包括字、词、句前后顺序颠倒或错乱。

卷四页九上行十一　恭承绪丕

[原校]抱本"绪丕"作"丕绪",是也。

[新校]《皇明诏制》卷六记作"朕恭承丕绪统御华夷"⑦,《皇明诏令》卷一七记作"朕躬承丕绪"⑧。当作"丕绪"。

卷十二页三上行四　尊先师以当礼

[新校]陈镐《阙里志》(明嘉靖刻本)卷六《祀典》记载:"弘治元年视学诏尊先师当以礼。"王恕《再论释奠礼奏状》⑨,记作"尊先师当以礼"。

---

① 《明孝宗实录》卷一八五第一页上第十一行,第3403页。
② 《明孝宗实录》卷二〇〇第十一页下第一行,第3722页。
③ 《明宪宗实录》卷三六第七页下第七行,第718页。
④ 《明宪宗实录》卷一〇一第十一页上第九行,第1975页。
⑤ 万历《明会典》卷四四,中华书局,1989年,第313页上。
⑥ (清)徐乾学:《读礼通考》卷七六,《文渊阁四库全书》第113册,第749页下。
⑦ 《皇明诏制》卷六,《续修四库全书》第458册,第197页。
⑧ 《皇明诏令》卷一七,《续修四库全书》第457册,第371页。
⑨ (明)王恕:《王端毅奏议》,《文渊阁四库全书》第427册,第603页下。

董应举《崇相集》卷一三《文庙历代崇祀志》记载:"(弘治元年三月)上遂诏尊先师当以礼。"①"以当礼"似不通,待考。

卷十四页十三上行十一　其虽辞若骄倨

[原校]旧校改"虽辞"作"辞虽"。

[新校]徐日久《五边典则》卷六记作"其辞虽若骄"②。故改作"辞虽"。

卷十四页十五下行四　进右都御史巡抚河南

[新校]《国朝列卿纪》卷一二〇记载:"(孙洪)十七年以征房功升本院右都御史,巡抚河南地方。"③然查《明宪宗实录》成化十七年三月己亥记载调"巡抚大同孙洪于河南"④,成化十七年夏四月乙卯记载升"巡抚河南左副都御史孙洪为右都御史,巡抚如故"⑤。由上可知,孙洪先调往河南,后升右都御史一职。本条所记顺序疑有误。

卷二十一页四上行三　乞斟酌量添数名

[原校]抱本、阁本"数名"作"名数"。

[新校]本条下文第四页上第九行载礼部覆奏称:"今乡试举人额数比旧已多。"俞汝楫《礼部志稿》卷四五《覆奏三事疏》记作"量添名数"⑥。此处当作"名数",与下文"额数"相通。

卷二十一页四上行七　俱以食粮年深轮充取之

[原校]旧校改"充取"作"取充"。

[新校]《礼部志稿》卷四五《覆奏三事疏》记作"岁贡生员俱以食粮年深轮充取之"⑦。据文意,疑"轮充取之"误。

卷三十九页五下行十　俾即领关物价

[原校]旧校改"领关"作"关领"。

[新校]俞汝楫《礼部志稿》卷九二《饬不赴宴》援引本书,记作"俾即关领物价启行"⑧。"领关"当作"关领"。

卷四十六页一下行八　期消异变

[原校]广本"异变"作"变异"。

[新校]日本内阁文库藏本记作"期消变异",《皇明诏令》卷一七《彗星

---

① (明)董应举:《崇相集》卷一三,《四库禁毁书丛刊》第102册,第589页下。
② (明)徐日久:《五边典则》卷六,《四库禁毁书丛刊》史部第25册,第678页上。
③ (明)雷礼:《国朝列卿纪》卷一二〇,《续修四库全书》第524册,第66页上。
④ 《明宪宗实录》卷二一三第七页上第十二行,第3709页。
⑤ 《明宪宗实录》卷二一四第五页上第六行,第3721页。
⑥ (明)俞汝楫:《礼部志稿》卷四五,《文渊阁四库全书》第597册,第849页上。
⑦ (明)俞汝楫:《礼部志稿》卷四五,《文渊阁四库全书》第597册,第849页上。
⑧ (明)俞汝楫:《礼部志稿》卷九二,《文渊阁四库全书》第598册,第671页下。

况修省敕》、孔贞运《皇明诏制》卷六援引此敕谕皆记作"变异"①。《明孝宗宝训》卷三《修省》载此敕谕,记作"期消变异"②。"异变"当为"变异"。

卷五十一页二下行六　守分太监蓝莹

[原校]旧校改作"分守"。

[新校]《明孝宗实录》卷五二弘治四年六月辛亥、卷一六弘治元年七月甲申、卷一〇〇弘治八年五月戊戌皆记载"分守太监蓝莹"。"守分"应作"分守"。

卷五十一页五上行二　表其门曰行孝

[原校]旧校改作"孝行"。

[新校]万历《明会典》卷七九《旌表》记载:"国初,凡有孝行节义为乡里所推重者,据各地方申报,风宪官核实奏闻,即与旌表。"又载:"成化元年奏准凡旌表贞节孝行里老呈告于官……"③当为"孝行"。

卷五十三页二下行八　划弊奸

[原校]旧校改作"奸弊"。

[新校]李东阳《李东阳集》文稿卷二九《明故南京工部尚书刘公墓志铭》记载:"划奸弊、稽出纳、偿官逋数千而羡倍之。"④"弊奸"当为"奸弊"。

卷五十五页一下行五　起请

[原校]旧校改作"请起"。

[新校]李东阳《李东阳集》文稿卷三〇《明故嘉议大夫南京兵部右侍郎王公神道碑铭》记载:"请起致仕尚书王竑、李秉。"⑤过庭训《本朝分省人物考》卷七记载:"(王诏)请起致仕尚书王竑、李秉。"⑥应记作"请起"。

卷五十五页二上行一　时卒

[原校]旧校改作"卒时"。

[新校]李东阳《李东阳集》文稿卷三〇《明故嘉议大夫南京兵部右侍郎王公神道碑铭》记载王诏"卒之日囊无长物"⑦,过庭训《本朝分省人物考》卷七记载王诏"卒时无子"⑧。应记作"卒时"。

---

① 《皇明诏令》卷一七,《续修四库全书》第457册,第375页上;(明)孔贞运:《皇明诏制》卷六,《续修四库全书》第458册,第200页下。
② 《明孝宗宝训》卷三,台湾"中研院"史语所校印本,1962年,第28页。
③ 万历《明会典》卷七九,中华书局,1989年,第457页上。
④ (明)李东阳:《李东阳集》文稿卷二九,岳麓书社,1985年,第2册,第429页。
⑤ (明)李东阳:《李东阳集》文稿卷三〇,岳麓书社,1985年,第2册,第445页。
⑥ (明)过庭训:《本朝分省人物考》卷七,《续修四库全书》第533册,第174页上。
⑦ (明)李东阳:《李东阳集》文稿卷三〇,岳麓书社,1985年,第2册,第445页。
⑧ (明)过庭训:《本朝分省人物考》卷七,《续修四库全书》第533册,第174页下。

卷五十五页五下行六　哨操夜不收

[原校]三本作"操哨"。

[新校]《明英宗实录》景泰元年五月乙巳记载"给直隶隆庆卫操哨官军马一百匹"①，景泰二年二月己丑记载"赏独石马营等处操哨官军四百余人各银一两"②。按，"操哨"指城操、哨守等操练防御事宜。简称为"操哨"较通。

卷六十一页九上行十　阅子姓以及孙曾

[新校]李东阳《李东阳集》文稿卷一八《拟册立皇太子贺太皇太后表》记作"阅子姓以及曾孙"③。查日本内阁文库藏本记曰"孙曾"。按，九族排序为子、孙、曾、玄，此处疑不误，待考。

卷六十二页一下行十　王亲

[原校]旧校改作"亲王"。

[新校]郑纪《东园集》卷三《修明祀典疏》记作"亲王未之国者代之"④，俞汝楫《礼部志稿》卷四六《议祀典三事疏》记载郑纪所上疏，言"亲王未之国者代之"⑤。当作"亲王"。

卷六十三页二下行九　不无失散

[原校]广本"失散"作"散失"。

[新校]梁本记作"不无散失"，丘濬《重编琼台稿》卷七《请访求遗书奏》记载"经该人众不无散失"⑥。"失散"当作"散失"。

卷六十三页三下行十　收贮封识

[原校]抱本作"封识收贮"。

[新校]梁本记作"封识收贮"，丘濬《重编琼台稿》卷七《请访求遗书奏》记载"余悉封识收贮"⑦。当作"封识收贮"。

卷六十三页六上行九　失散

[原校]旧校改作"散失"。

[新校]丘濬《重编琼台稿》卷七《请访求遗书奏》、陈子龙《明经世文编》卷七六丘濬《访求遗书疏》、俞汝楫《礼部志稿》卷四六丘濬《隆重图书

---

① 《明英宗实录》卷一九二第二页下第五行，第3984页。
② 《明英宗实录》卷二〇一第十六页上第九行，第4301页。
③ （明）李东阳：《李东阳集》文稿卷一八，岳麓书社，1985年，第2册，第275页。
④ （明）郑纪：《东园集》卷三，《文渊阁四库全书》第1249册，第749页下。
⑤ （明）俞汝楫：《礼部志稿》卷四六，《文渊阁四库全书》第597册，第866页上。
⑥ （明）丘濬：《重修琼台稿》卷七，《文渊阁四库全书》第1248册，第144页下。
⑦ （明）丘濬：《重修琼台稿》卷七，《文渊阁四库全书》第1248册，第145页下。

疏》均记载"人文国典因而散失"①。当作"散失"。

卷六十五页一下行十二　南京巡街止御史一人

[原校]阁本"止"在"史"字下。

[新校]谈迁《国榷》卷四二弘治五年七月甲戌记载："增南京巡街御史二人旧一人。"②当作"巡街御史止一人"。

卷七十七页二上行九　免宴赐以节钞钱

[原校]抱本"钞钱"作"钱钞"。

[新校]日本内阁文库藏本记作"钱钞"。万历《明会典》卷七二《诸宴通例》记载：宣德、正统间，在万寿圣节上"朝官不与宴者给赐节钱钞锭，各处进表官亦令与宴，免宴则通赐节钱。"③《明孝宗实录》弘治三年六月丁酉、弘治五年六月丁未、弘治七年六月癸亥记载在万寿圣节上"免宴赐以节钱钞"④。"钞钱"与"钱钞"，后者更通用。

卷七十九页二上行八　钞课

[原校]抱本、阁本作"课钞"。

[新校]日本内阁文库藏本记作"益王奏乞九江课钞"，涂山《明政统宗》卷一六弘治六年八月记载"益王奏乞九江课钞"⑤。《明孝宗实录》弘治六年七月丁酉记载"吉王见浚奏乞湖广益阳县税课局课钞"⑥，弘治十一年五月戊午记载命岁赐雍王"衡州府课钞一万贯"⑦，弘治十二年五月丁卯记载命江西建昌府"岁以税课司课钞给益王府"⑧。万历《明会典》卷三五《税课数》记作"弘治间课钞四千六百一十八万九十贯"⑨。当作"课钞"。

卷八十三页一上行八　电雷

[原校]旧校改作"雷电"。

[新校]沈德符《万历野获编》卷二九《弘治异变》记载弘治六年十二月初二南京"大雷电风雨拔孝陵树"⑩，张廷玉《明史》卷二八记载弘治六年

---

① （明）丘濬：《重修琼台稿》卷七，《文渊阁四库全书》第 1248 册，第 148 页上；（明）陈子龙：《明经世文编》卷七六，中华书局，1962 年，第 652 页上；（明）俞汝楫：《礼部志稿》卷四六，《文渊阁四库全书》第 597 册，第 862 页上。
② （清）谈迁：《国榷》卷四二，中华书局，1958 年，第 2632 页。
③ 万历《明会典》卷七二，《文渊阁四库全书》第 597 册，第 862 页上。
④ 《明孝宗实录》卷三九第四页上第十行，第 825 页；卷六四第三页上第十行，第 1233 页；卷八九第二页上第五行，第 1639 页。
⑤ （明）涂山：《明政统宗》卷一六，《四库禁毁书丛刊》史部第 2 册，第 490 页下。
⑥ 《明孝宗实录》卷七八第一页上第十行，第 1497 页。
⑦ 《明孝宗实录》卷一三七第四页下第十二行，第 2394 页。
⑧ 《明孝宗实录》卷一五〇第二页下第六行，第 2644 页。
⑨ 万历《明会典》卷三五，中华书局，1989 年，第 254 页上。
⑩ （明）沈德符：《万历野获编》卷二九，中华书局，1959 年，第 740 页。

"十二月壬戌南京雷雨拔孝陵树"①。当作"雷电"。

卷九十三页七下行六　守镇

[原校]旧校改作"镇守"。

[新校]本条上文(第七页下第三行)载"镇守临清右监丞李全"。本书弘治十一年十一月癸卯记作"镇守太监如临清李全"②,弘治十三年六月辛卯记作"镇守太监李全"③。当作"镇守"。

卷一百二页四上行四　河沟渠港

[原校]广本、抱本作"河港沟渠"。

[新校]本条下文(第四页上第九行)记载:"修理湖塘,疏通河港,开浚沟渠。"张国维《吴中水利全书》卷一二《敕谕》记载:"河港沟渠湖塘等项尽皆壅塞。"④"河港沟渠"更通顺。

卷一百三页八下行十　下户人等

[新校]日本内阁文库藏本记作"下户人等",而马文升《马端肃奏议》卷六《灾异事》记载:"先尽上户,次及中户起运,下等人户俱作存收或折纳。"⑤似皆可,待考。

卷一百四十一页四上行六　过支禄米

[原校]阁本"过支"作"支过"。

[新校]日本内阁文库藏本记作"过支禄米",《明孝宗实录》弘治二年二月辛丑记载:"命故建平伯高远过支禄米五月免还官。"⑥《明孝宗实录》其他处记作公侯等支过禄米。如本书弘治二年十二月庚戌记载:"命故襄城侯李瑾支过禄米五十石免还官。"⑦又弘治三年二月壬辰记载:"故广宁伯刘璇支过禄米一百石诏免还官。"⑧又弘治六年十二月甲子记载:"命故安乡伯张宁支过禄米免还官。"⑨"过支"疑误,待考。

卷一百九十一页一上行六　议详等第

[原校]旧校改"议详"作"详议"。

[新校]俞汝楫《礼部志稿》卷八七《覆与谥议》、王圻《续文献通考》卷

---

① (清)张廷玉等:《明史》卷二八,中华书局,1974年,第434页。
② 《明孝宗实录》卷一四三第十页下第五行,第2488页。
③ 《明孝宗实录》卷一六三第三页上第五行,第2941页。
④ (明)张国维:《吴中水利全书》卷一二,《文渊阁四库全书》第578册,第362页下。
⑤ (明)马文升:《马端肃奏议》卷六,《文渊阁四库全书》第427册,第761页。
⑥ 《明孝宗实录》卷二三第五页上第七行,第527页。
⑦ 《明孝宗实录》卷三三第五页下第三行,第730页。
⑧ 《明孝宗实录》卷三五第二页下第八行,第756页。
⑨ 《明孝宗实录》卷八三第一页上第十行,第1557页。

一三四《谥法考》记载:"下礼科给事中详议等第。"①当作"详议"。

卷一百九十一页一上行六　（详议）等第上请谥赐

[原校]旧校改"谥赐"作"赐谥"。

[新校]俞汝楫《礼部志稿》卷八七《覆与谥议》、王圻《续文献通考》卷一三四《谥法考》记载:"详议等第,上请赐谥。"②"谥赐"当作"赐谥"。

卷一百九十三页一下行三　血肉膏于野草

[原校]抱本"野草"作"草野"。

[新校]日本内阁文库藏本记作"野草",徐日久《五边典则》卷二一记载冯颢所奏,记作"百姓死于锋镝,血肉膏于草野"③。"野草"当作"草野"。

卷二百〇一页一下行六　无绳牵掘堑之难

[原校]三本"绳牵"作"牵绳",是也。

[新校]徐日久《鸷言》卷八《黜浮夸》、王世贞《弇州史料后集》卷三五记载"无牵绳掘堑之难"④。"绳牵"当作"牵绳"。

第五节　内容记载重复

卷五页四上行十　戊子刑部尚书杜铭乞致仕

[新校]本卷第三页下第三行记载"戊子赐德府寿张郡主并仪宾沈凤诰命冠服如制",本条"戊子"重出,当删。

卷三十五页九上行八　仪宾毛伟连山郡主并仪宾程通

[新校]《明孝宗实录》弘治四年五月戊戌记载,赐"颖临郡主仪宾毛伟、连山郡主仪宾程通、洛安郡主仪宾王宾"诰命冠服⑤。似记载重复。

卷四十三上行十一　（赐）代府桂平郡君并仪宾曹思诚诰命冠服如制　曹思诚

[原校]广本"思"作"恩"。

---

① （明）俞汝楫:《礼部志稿》卷八七,《文渊阁四库全书》第598册,第571页下;(明)王圻:《续文献通考》卷一三四,《续修四库全书》第764册,第495页下。

② （明）俞汝楫:《礼部志稿》卷八七,《文渊阁四库全书》第598册,第571页下;(明)王圻:《续文献通考》卷一三四,《续修四库全书》第764册,第495页下。

③ （明）徐日久:《五边典则》卷二一,《四库禁毁书丛刊》史部第26册,第570页下。

④ （明）徐日久:《鸷言》卷八,《四库禁毁书丛刊》史部第23册,第96页上;(明)王世贞:《弇州史料后集》卷三五,《四库禁毁书丛刊》史部第49册,第701页下。

⑤ 《明孝宗实录》卷五一第六页下第一行,第1020页。

[新校]《明孝宗实录》弘治三年正月戊寅记载:"赐怀仁王府桂平郡君并仪宾曹思诚……诰命冠服如制。"①当作"思",然本条记载与之重复。

卷四十页九下行一　命会州卫带俸署都指挥佥事鲁广充右参将分守密云古北口

[新校]《明孝宗实录》弘治二年二月辛丑记载:"(命)会州卫带俸署都指挥佥事鲁广分守密云古北口。"②本条所记与之重复,待考。

卷四十一页七下行六　(赐)宁府同安县主仪宾李琳(诰命)

[新校]《明孝宗实录》弘治四年七月癸未记载,"赐瑞昌王府同安郡主并仪宾李琳"诰命冠服③。按,"瑞昌王"属宁王世系。似记载重复。

卷四十二页三下行七　赐楚府宁海郡君仪宾彭爵

[新校]《明孝宗实录》弘治四年十一月壬寅亦记载赐"楚府宁海郡君并仪宾彭爵"诰命冠服如制④。与本条记载重复。

卷四十二页三下行八　晋府清江县主仪宾胡远

[新校]《明孝宗实录》弘治四年三月辛丑记载"赐河东王府清江县主并仪宾胡远"诰命冠服如制⑤。疑与本条记载重复。

卷四十六页九上行八　庚午赐周府阳江县主并仪宾姚镛(诰命)

[新校]《明孝宗实录》弘治四年四月乙卯记载:"赐周府阳江县主并仪宾姚镛诰命冠服如制。"⑥疑与本条记载重复。

卷八十页二下行五　甲辰蜀王申凿薨……命有司治丧葬谥曰惠

[新校]自本页第五行"蜀王"至第八行"谥曰惠"止,与卷七八第一页上第三行"蜀王"至上第五行"谥曰惠",记载重复。谈迁《国榷》卷四二记载弘治六年七月癸巳朔"蜀王申凿薨"⑦。似应删一条,待考。

卷八十三页六下行六　(周府奉国将军)安洒　安洒

[新校]《明孝宗实录》弘治二年五月乙酉记载赐辅国将军同鏶"庶第四子曰安洒"⑧,弘治十四年正月丙子记载赐周府奉国将军"安洒"诰命冠服⑨。若为同一人,两次记载其受赐诰命冠服,疑重复。

---

① 《明孝宗实录》卷三四第七页上第八行,第747页上。
② 《明孝宗实录》卷二三第五页上第八行,第527页。
③ 《明孝宗实录》卷五三第二页上第一行,第1039页。
④ 《明孝宗实录》卷五七第十二页下第三行,第1116页。
⑤ 《明孝宗实录》卷四九第八页上第一行,第997页。
⑥ 《明孝宗实录》卷五〇第二页上第十一行,第1001页。
⑦ (清)谈迁:《国榷》卷四二,中华书局,1958年,第2648页。
⑧ 《明孝宗实录》卷二六第六页下第五行,第590页。
⑨ 《明孝宗实录》卷一七〇第六页下第八行,第3088页。

卷八十五页三上行十　　裁革浙江管理水利按察司佥事一员并其事于管屯佥事从巡按御史胡谅奏也

[新校]《明孝宗实录》弘治七年正月癸卯记载："裁革浙江管理水利按察司佥事一员，并其事于管屯佥事，从巡按监察御史胡谅奏也。"①本条记载与之完全相同。谈迁《国榷》卷四二记载：弘治七年二月乙亥，"裁浙江水利佥事归于管屯"②。疑当删去其中一条。

卷八十六页三下行十二　　以水灾免直隶怀等县秋粮三万三千八百六十三石有奇草五万七千五百九十二包安庆卫屯粮一千五百四十八石有奇

[新校]《明孝宗实录》弘治七年正月甲寅记载："以水灾免直隶怀宁县秋粮三万三千八百六十三石有奇，草五万七千五百九十二包，安庆卫屯粮一千五百四十八石有奇。"③本条所记似为重复，不同之处在于蠲免秋粮地区记作"怀等县"。

卷八十六页六下行二至页六下行五　　"都察院拟上榜禁天下十事"至"从之"

[新校]《明孝宗实录》弘治七年二月癸未记载："都察院拟上榜禁天下十事：一纵容盗贼，一罚害军民，一淹禁罪囚，一虐害小民，一科差奸毙，一不遵信牌，一积年民害，一滥罚纸札，一凶徒害人，一赌博为非。仍责令巡按御史举行，无事文具，从之。"④本条所记与之重复。似当删去一条。

卷八十六页六下行五至页六下行八　　"命湖广武昌府"至"各一匹"

[新校]《明孝宗实录》弘治七年二月癸未记载："命湖广武昌府月给安置庶人祐柄等及眷属十五人，各米麦三石；子女四人；各米麦一石五斗；使女三十一人；各米一石。岁给布、绢各一匹。"⑤本条所记似与之重复。

卷九十二页四下行四　　裁革直隶昆山县宁海驿

[新校]《明孝宗实录》卷九十一弘治七年八月甲子记载"裁革直隶昆山县宁海驿"⑥一句，本条记载疑与之重复。

卷一百二十页七下行十二至页八上行一　　上曰都察院奉命鞫问何不具实奏请，大理寺审允以闻

[原校]旧校删。

[新校]本条下文载："上曰：都察院奉命鞫问，何不具实奏请，大理寺

---

① 《明孝宗实录》卷八四第五页上第七行，第1581页。
② （清）谈迁：《国榷》卷四二，中华书局，1958年，第2655页。
③ 《明孝宗实录》卷八四第五页上第十一行，第1581页。
④ 《明孝宗实录》卷八五第五页上第七行，第1593页。
⑤ 《明孝宗实录》卷八五第五页上第五行，第1593页。
⑥ 《明孝宗实录》卷九一第二页下第八行，第1668页。

又辄审允,各令具疏,以对。"此句重出,当删。

卷一百三十五页二下行一　(赐)玉山郡君仪宾田育民(诰命冠服)

[新校]《明孝宗实录》弘治十一年十月乙亥记载:赐"玉山郡君仪宾靳颙、滋阳郡君仪宾田育民"等诰命冠服①。本条记载疑与之重复。

卷一百五十一页十一上行四　占城国王古来差王孙沙不登古鲁等奉表及方物来贡赐晏并彩段等物有差

[原校]旧校改"晏"作"宴"。当是。

[新校]按,本书卷一五三弘治十二年八月癸巳记载:"占城国王古来遣王孙沙不登右鲁并使臣偓善挈巴地等来贡,赐宴并彩段、衣服等物有差。"②疑与本条所记有所重复。

---

① 《明孝宗实录》卷一四二第三页上第十二行,第2449页。
② 《明孝宗实录》卷一五三第二页下第二行,第2706页。

结论　历史文献编纂学的重要启示

《明孝宗实录》是记载明孝宗在位时期历史最丰富的资料,编纂质量较高,在明代官修文献中占有重要地位。其编纂过程具有很多值得借鉴的优点,为历史文献编纂提供了宝贵的经验,但也存在某些不足,需要以后修史者引以为戒。

一、宝贵的经验

(一)编纂官多为博学多才之士

《明孝宗实录》编纂人员多为翰林院出身,才识出众者不在少数。第一总裁李东阳为当时文学巨匠,三四岁即能运笔大书至一二尺,中外称为神童,曾参修《明英宗实录》《明宪宗实录》。杨一清赞扬他道:"公天资英迈,读书一目数行下,辄成诵不忘,少入翰林,即负文学重名。"①《明武宗实录》载李东阳传记,称:"凡朝廷诏册谥议诸大制作多出其手,诗篇碑板传播四裔。"②"修《会典》《通鉴纂要》,义例亦多所裁定。"③可见,李东阳不仅以文学享有盛名,而且曾多次参与修史工作,积累了较多的修史经验。总裁王鏊以编修起家,更注重史才的培养,魏良贵称赞他道:"见也者有不见也,闻也者有不闻也,传也者有不传也,将有稽合异同、考正得失,以成一代之信史。夫惟学有余文而才兼多识者,其能于此,若太傅王文恪公,其近之矣。公起家编修,仕至大学士,专领史职者四十余年,率善道而能受官,尝预修宪、孝二庙实录,书法精严,时称良史。"④

---

① (明)杨一清:《特进光禄大夫左柱国少师兼太子太师吏部尚书华盖殿大学士赠太师谥文正李公东阳墓志铭》,《李东阳集》附录,岳麓书社,1984年,第3册,第456页。
② 《明武宗实录》卷一三九,正德十一年秋七月己亥,第2746页。
③ (明)王鏊:《震泽纪闻》卷下《李东阳》,《续修四库全书》第1167册,第502页。
④ (明)魏良贵:《震泽纪闻·序》,《续修四库全书》第1167册,第468页。

纂修官中亦有擅长修史者,如李旻学问贯通经史,在史馆善叙事理,曾参与编纂宪宗、孝宗两朝实录,大学士丘濬称赞之。① 杨廉称赞李旻修史称职:"迩者纂修孝庙实录,总裁儒臣荐举僚属以分局者若干人,而南京太常少卿李先生子阳预焉。先生自发解、廷试皆第一,在宪庙时旧为史官,聪明过人,博学强记,间侍之坐,或谈及隐僻书传,辄朗然□诵为文章,能仓卒急就,风被天成,笔力奔放,学殖既深而又洞明当世之务,馆阁得史才如此,可以无负矣。"②董玘记事详略得当:"武宗朝大奸相继乱政,其事纷杂,诸史官相顾不能书,董公玘于纪载详而不冗,简而能尽。"③徐穆谙熟史实,才思敏捷:"才性明敏,下笔千百言,若不经意者,博极子史,于凡国朝故实、兵民利病以及四方地里险易、俗尚薄厚,历历如指诸掌,每稠人广坐中,议论英发,略无讳避。"④《明孝宗实录》编纂官及搜访资料官多才学兼备,史学素养较高,为保证编纂质量提供了前提。

(二)撰写与审核相结合

《明孝宗实录》之修纂不仅参与者众多,分工亦明确。编纂官包括总裁、副总裁、纂修、稽考参对、催纂、誊录、收掌等官。较之前朝几部实录,更加注重审核,设置了专门的稽考参对官,负责核对史料,甄别正误。"孝宗实录稽考参对者,修撰吕柟,编修崔铣、湛若水、翟銮……盖至是始复专设,其赏格与催纂同。"崔铣自称负责户部分馆的稽考工作,"戊辰(正德三年)铣叨充史官,参对孝皇实录补续缺遗,分莅户馆"⑤。分工协作保证了编纂工作的顺利进行,同时稽考参对有利于提高文献的正确度,为提高编纂质量准备了条件。

(三)凡例规定了广泛的撰写领域

《明孝宗实录》凡例规定该入录的内容涵盖51类。与皇帝、皇室相关者,如册封太子、国家祭祀、诏书、经筵日讲、皇帝大婚、新王之国等;与吏部掌管相关者,如官员朝觐、衙门变动、除授、考选、提升、降黜官员,新定选法等;与户部掌管相关者,如屯种新例,新定官吏俸禄、军士月粮折支办法、赈

---

① 《明武宗实录》卷四九,正德四年夏四月辛卯,第1132页。
② (明)杨廉:《杨文恪公文集》卷一九《送少卿李君赴召修史诗序》,《续修四库全书》第1332册,第528~529页。
③ (明)焦竑:《玉堂丛语》卷四,中华书局,1981年,第131页。
④ 《明武宗实录》卷七五,正德六年五月甲子。
⑤ (明)崔铣:《洹词》卷七《太子少保吏部尚书赠太子太保谥襄毅许公神道碑》,《文渊阁四库全书》第1267册,第541页。

灾备荒、盐政、漕运等；与礼部掌管相关者，如制定新礼仪、优礼致仕官员、节日赐宴、科举考试、旌表节义、自然气象、修纂"实录"等；与兵部相关者，如整饬兵备、马政、驿递、命将出师等；与刑部有关者，如官员犯罪、审录罪囚、风宪官弹劾大臣等；与工部相关者，如修建宫殿、宗庙，营建山陵，修缮各处城池屯堡，开发水利等，以及各类奏疏，各部大臣的传记等。

该凡例规定的上述领域为《明孝宗实录》编纂提供了纲目，有利于编纂者全面系统收集材料。张舜徽曾赞扬"明实录"记载之广泛："不仅详载了皇帝的言行和大臣们的业绩，更包括了一代政令法制、职官科举、人口丁壮、钱粮财赋、封疆建置、军备征战、外交封贡、文化典籍以及自然灾异等各种历史资料。"①《明孝宗实录》即是如此，涉及国家政治、经济、军事、法律、制度、文化、民族、中外关系等方方面面，这有赖于凡例规定所涉内容之广泛，为全面反映一朝史实奠定了基础。

（四）以档案为主要撰写根据

《明孝宗实录》之撰写是以朝廷各部院所呈缴的章奏、批件等为本，又以遣往各省的进士、官员等所辑的先朝事迹做补充。无论是奏疏的摘录、传记的撰写以及事件的记载，其史料来源较为广泛、原始。同时《明孝宗实录》编纂者在选取材料、记述史实时较客观、准确地保持了原材料的面貌，并进行了去伪存真的处理，为提高记载的准确性提供了保证。

二、不可忽视的教训

（一）凡例规定过于笼统

《明孝宗实录》凡例只规定了该书写的内容领域，至于各领域如何具体书写，以及为何要如此书写，书写当注意哪些问题，并未交代，即未规定撰写细则。这导致该书某些内容出现矛盾、记载不清等失误，如奏疏时间、人物亡故时间、宗室排名等方面的失误在本书前面相应章节中已具体说明。凡例规定不明不仅给编纂官带来不便，亦使读者陷入困惑，影响了史书的编纂质量。

（二）编纂官缺乏良好的史德修养

作为一名称职的编纂者，不仅要具备"史才"，还应具有"史德"。虽然

---

① 张舜徽：《群书辨惑二十种》，《张舜徽学术论著选》，华中师范大学出版社，1997年，第71页。

李东阳继任《明孝宗实录》第一总裁官,然实际秉笔者为焦芳。焦芳与刘瑾相勾结,王鏊称焦芳"察瑾所欲为先意迎合,凡四方有请谒先赂芳,芳以赂瑾,无不立应,增解额、斥翰林、排江西余姚不得为京官,皆芳志也。"①政治上得意的焦芳,借助其权力操纵《明孝宗实录》之撰写。焦芳作为编纂《明孝宗实录》之总裁官,置史德于不顾,任意笔削,对人物分析与评论存在或溢美或诋毁之处,贻误后人。御史卢琼建议重修孝宗实录:"孝宗敬皇帝以始终典学之圣为太平守文令主,深仁厚泽浸渍人心,而实录成于焦芳之手,未免贤否混淆,是非颠倒,恐将来无所据以为信,乞乘今纂修(武宗实录),令儒臣改撰。"②可见《明孝宗实录》因焦芳之曲笔,引起后人不满。因此秉笔直书、实事求是历来是对史家最基本的要求,不可有丝毫忽略。

(三)编纂官缺乏专职史官,撰写时有易手

《明孝宗实录》编纂官为开馆时临时任命,即使翰林院编修、修撰等官亦非专职史官。编纂官除了担任修史工作外,往往身兼政务。《明孝宗实录》总裁李东阳、焦芳、王鏊等皆参赞内阁机务,主要精力在于处理政务,难免影响了文献编纂的质量。副总裁为史职中最紧要者,直接操笔,张居正曾感叹专职副总裁的重要性:"盖编撰之事,必草创、修饰、讨论、润色,工夫接续不断乃能成书,而其职任紧要又在于副总裁官。顾掌部事则有簿书综理之繁,直经筵则有侍从讲读之责,精神不专,职守靡定,未免顾此失彼。"③"命吏部左侍郎梁储礼部右侍郎刘机翰林院学士刘忠充实录副总裁"④,分别需处理部务与经筵等事,即存在顾此失彼之弊端。翰林院修撰等官亦在实录开馆后才开始相应的编纂工作,郑晓感叹道:"我朝虽设修撰、编修、检讨为史官,特有其名耳。"⑤《明孝宗实录》材料的收集亦在开馆后进行,或取诸司章奏,或派官到地方搜访。《明孝宗实录》总裁王鏊批评编纂成员失去传统专业史官之职责,其资料来源非史官亲见亲闻之事:"凡修史则取诸司前后奏牍,分为吏、户、礼、兵、刑、工为十馆,事繁者为二馆,分派诸人以年月编次杂合成之,副裁删削之,内阁大臣总裁润色。"⑥

郎瑛批评"明实录"史官道:"今史官虽设而不使日录,一朝宴驾则取

---

① (明)王鏊:《震泽纪闻》卷下,《续修四库全书》第1167册,第505页。
② 《明世宗实录》卷一四,嘉靖元年五月癸西,第487页。
③ (明)张居正:《纂修事宜疏》,(明)陈子龙等:《明经世文编》卷三二四,第3458页。
④ 《明武宗实录》卷二三,正德二年二月戊寅,第633页。
⑤ (明)郑晓:《今言》一百三,中华书局,1984年,第56页。
⑥ (明)王鏊:《震泽长语》,《文渊阁四库全书》,第867册,第205页。

诸司奏牍,而以年月编次,且不全也,复收拾于四方名目而已。"①戴国士为《明史窃》所写序言中称实录所记不过条奏升除之事,将其视为邸报一大汇,修纂者缺乏优秀史官,所述不敢有愤激之词。② 以上评论虽过于苛责,然未设专职史官的弊端确实存在,《明孝宗实录》之编纂亦存在上述某些现象,与史官之不专有很大关联。

编纂官既非专职史官,其所担任的史职工作往往受到政治环境的影响。《明孝宗实录》主要编纂负责人即因宦官刘瑾等人的干涉,曾出现大规模调换。刘健是初次任命的第一总裁官,其次为李东阳、谢迁。但刘健、谢迁不久被刘瑾等排挤去位,总裁之职亦随之辞任。刘健、谢迁离职较早。还有开馆中途被调离者,如总裁杨廷和因不私谒刘瑾,遭排挤,"正德二年三月己未,升詹事府詹事兼翰林院学士杨廷和为南京吏部左侍郎。"副总裁刘忠,亦受到刘瑾排斥,中途被调到南京任职。《明世宗实录》记载他曾参与纂修《明孝宗实录》之事:"诏修孝庙实录,以为副总裁,兼管制诰。是时逆瑾用事,恶忠于讲筵指斥近幸,授意吏部升忠南京礼部左侍郎。"③副总裁江澜、李杰亦因调任中途离开史馆。

其他编纂官亦不乏因罢黜、降调而离任史职者。正德三年翰林院学士吴俨因得罪刘瑾被勒令致仕,④据吴俨传记记载此时他正担任编纂官:"正德丙寅(元年)召还纂修孝庙实录……(刘瑾)闻俨家巨富,阴遣人唆以美官,俨峻拒之,瑾益惭怒,媒蘖无所得,会朝觐考核外官,以不根之语罢之。"⑤周任,弘治乙丑进士,预修孝庙实录,刘瑾诱以殊擢,不听,乃补莆田县令。⑥ 正德二年,刘瑾借《通鉴纂要》之誊写、装潢出现差误,对翰林院官员进行了大规模罢黜,其中有不少人正参与《明孝宗实录》之编纂。如令誊录官林应禧、张天保等致仕,罢誊录官邵文恩为民。⑦

有编纂官因丁忧归家,而中止修史工作。如徐穆,"与修孝庙实录,撰述必当,充经筵讲官,敷说有体,戊辰(正德三年)以外艰归。"⑧有些编纂官开馆不久即丁忧归,起复后续任。如刘龙,"与修孝庙实录,正德丙寅丁外

---

① (明)郎瑛:《七修类稿》卷一四《三无》。
② (明)戴国士:《明史窃·序》,《续修四库全书》第316册,第498页。
③ 《明世宗实录》卷三〇,嘉靖二年八月己未,第806页。
④ 《明武宗实录》卷三四,正德三年春正月辛亥,第825页。
⑤ 《明武宗实录》卷一七四,正德十四年五月壬寅,第3365页。
⑥ (明)徐象梅:《两浙名贤录》卷四《周元峰先生》,第134页。
⑦ 《明武宗实录》卷二八,正德二年秋七月癸卯,第714页。
⑧ (明)李东阳著,周寅宾校点:《李东阳集》文后稿卷三〇《翰林院侍读学士徐君舜和墓志铭》,岳麓书社,1985年,第441页。

艰归,起复馆职。"①

上述编纂官的中途离任,不免引起修撰工作的变动,多次易手直接影响了编纂过程,同时对全书书写的一致性亦产生了不利影响。

(四)唯有手抄本传世,讹误大量存在

《明孝宗实录》修成之后誊录正副二本,底稿于正式进呈前焚于太液池旁椒园。正本藏之内府,嘉靖十三年(1534)后,转藏于皇史宬。副本初藏于古今通集库,后改藏于文渊阁。现今仅有抄本传世,除了台湾现存原国立北平图书馆藏红格抄本、广本、抱本、中央图书馆藏天一阁抄本外,内地尚存五种抄本。

这些抄本传抄过程中难免出现抄错、抄漏等失误。本书以台湾"中研院"史语所影印红格本为底本,下编中所列该书错字、脱字、衍字等现象,部分即因传抄不慎造成。此外,还有因抄写潦草导致大量书写模糊、字迹不清之处。如本书卷五第一页上第四行记载"命蔚州左卫署都指挥佥事陈云充副总兵,协守延绥","充"书写模糊难辨,似"先"或"光"字。据《明孝宗实录》卷四六记载:"蔚州左卫带俸都指挥佥事陈云于锦衣卫管事,云先充延绥副总兵,以劾罢。"②同书卷八六记载"锦衣卫都指挥陈云奉命往湖广勘荆庶人见潇"③,《国榷》卷四二记载"先蔚州左卫带俸都指挥佥事陈云乞改锦衣卫,许之"。④ 由上可以判断,此人名为"陈云",曾充副总兵。故本书此处"云"下当为"充"字。故文献编纂成功后要整理出最终清稿本,并尽量制作出精确的印本以备流传,避免传抄出现错误。

总之,《明孝宗实录》是研究弘治年间及其前后历史的文献瑰宝,不论从内容之广度上还是从记述之准确性上来看都是当时编纂质量较高的历史资料,成为明代以后历史学家及清代《明史》纂修该时期历史的主要史源。然而其凡例、编纂人员组成与分工、撰写工作流程等方面存在某些不足,导致出现各类不同程度上的失误。尤其在人物褒贬上出现了某些不当之处,有失偏颇,遭到后来史家之批驳。《明孝宗实录》编纂之优长与不足皆为后人修史提供了宝贵的经验与教训。

---

① (明)过庭训:《本朝分省人物考》卷一〇一《刘龙》,《续修四库全书》第536册,第6页。
② 《明孝宗实录》卷四六,弘治三年十二月壬申,第938页。
③ 《明孝宗实录》卷八六,弘治七年三月乙巳,第1604页。
④ (清)谈迁:《国榷》卷四二,弘治四年二月己酉,中华书局,1958年,第2613页。

附　录

表1　《明孝宗实录》与存世有关文集皆载奏疏之人物所上奏疏统计表①

上疏者姓名或机构	上疏简况		
徐溥	总条数19	实录独有条数	5
		文集独有条数	5
		实录与文集皆有条数②	9
徐溥任内阁首辅期间内阁奏疏	总条数10	据文集可确知为徐溥撰稿条数	5
		未确知撰稿者条数	5
丘濬	总条数27	实录独有条数	13
		文集独有条数	7
		实录与文集皆有条数	7
刘健	总条数5	实录独有条数	5
		文集独有条数③	0
		实录与文集皆有条数	0
刘健任内阁首辅期间内阁奏疏	总条数24	据文集可确知为刘健撰稿条数	13
		未确知撰稿者条数	11
谢迁	总条数9	实录独有条数④	9
		文集独有条数	0
		实录与文集皆有条数	0

---

① 凡其人担任衙署长官时期以衙署名义上奏之疏且撰稿人不可确定者，该奏疏统计在该时期衙署奏疏之内。明代以衙署名义奏上之疏，多由衙署长官拟稿，故本表将此种奏疏统计紧接该人奏疏统计排列。普通奏疏与复议奏疏分别统计。

② 除《谦斋文录》收录7条外，《明经世文编》卷六五收录2条（凡正文中已谈及并已注明版本之个人文集，此表不再出注）。

③ （明）刘健：《刘文靖公奏疏一》，《明经世文编》卷五二。

④ （明）谢迁：《归田稿》，《文渊阁四库全书》第1256册。

(续表)

上疏者姓名或机构		上疏简况	
李东阳	总条数 22	实录独有条数	7
		文集独有条数	3
		实录与文集皆有条数	12
余子俊	总条数 8	实录独有条数	8
		文集独有条数①	0
		实录与文集皆有条数	0
余子俊任兵部尚书期间兵部奏疏	总条数 17	可确知为余子俊撰稿条数	0
		未确知撰稿者条数	17
余子俊任兵部尚书期间兵部复议奏疏	总条数 19	可确知为余子俊撰稿条数	0
		未确知撰稿者条数	19
周洪谟	总条数 8	实录独有条数	6
		文集独有条数②	1
		实录与文集皆有条数	1
周洪谟任礼部尚书期间礼部奏疏	总条数 9	据文集可确知为周洪谟奏上条数	0
		未确知为周洪谟奏上条数	9
周洪谟任礼部尚书期间礼部复议奏疏	总条数 23	据文集可确知为周洪谟撰稿条数	0
		未确知撰稿者条数	21
		据倪岳文集确定由倪岳拟稿者	2
马文升	总条数 106	实录独有条数	50
		文集独有条数③	34
		实录与文集皆有条数④	22
马文升任左都御史期间都察院奏疏	总条数 6	据文集可确知为马文升撰稿条数	0
		未确知撰稿者条数	6
马文升任左都御史期间都察院复议奏疏	总条数 4	据文集可确知为马文升撰稿条数	0
		未确知撰稿者条数	4

① (明)余子俊:《余肃敏公奏议》,《四库禁毁书丛刊》,史部第57册。
② (明)周洪谟:《周文安公集》,《明经世文编》卷四四。
③ 除《马端肃奏议》收录30条外,黄训《皇明名臣经济录》卷三五收录4条。
④ 除《马端肃奏议》收录20条外,《明经世文编》卷六三、六四收录2条。

（续表）

上疏者姓名或机构	上疏简况		
马文升任左都御史期间都察院会刑部复议	总条数 1		
马文升任兵部尚书期间兵部奏疏	总条数 124	据文集可确知为马文升撰稿条数①	1
		未确知撰稿者条数	123
马文升任兵部尚书期间兵部复议奏疏	总条数 92	据文集可确知为马文升撰稿条数	0
		未确知撰稿者条数	92
马文升任兵部尚书期间兵部会同其他衙署合奏	总条数 2		
马文升任吏部尚书期间吏部奏疏	总条数 6	据文集可确知为马文升撰稿条数	1
		未确知撰稿者条数	5
马文升任吏部尚书期间吏部复议奏疏	总条数 16	据文集可确知为马文升撰稿条数	0
		未确知撰稿者条数	16
马文升任吏部尚书期间吏部会同其他衙署合奏	总条数 3		
王恕	总条数 120	实录独有条数	28
		文集独有条数②	59
		实录与文集皆有条数	33
王恕任吏部尚书期间吏部奏疏	总条数 17	据文集可确知为王恕撰稿条数	7
		未确知撰稿者条数	10
王恕任吏部尚书期间吏部复议奏疏	总条数 25	据文集可确知为王恕撰稿条数	9
		未确知撰稿者条数	14

---

① （明）黄训：《皇明名臣经济录》卷三五，《四库禁毁书丛刊》史部第9册。另有弘治三年十二月壬戌所拟六部合奏内一件未计入，见王恕任吏部尚书期间吏部会同其他衙署合奏。

② 文集所独载的其中10条，孝宗实录中虽未收录其奏疏，但记有相关事情，提及其奏疏中的内容；另外文集所载复议余子俊、马文升、林廷玉、王纶、王钦的奏疏，孝宗实录中未收录，但收有以上几人的原奏。

（续表）

上疏者姓名或机构	上疏简况		
王恕任吏部尚书期间吏部会同其他衙署合奏	总条数 3	据文集可确知奏疏内一件由马文升代表兵部撰稿条数①	1
		未确知撰稿者条数	2
倪岳	总条数 22②	实录独有条数	7
		文集独有条数	7
		实录与文集皆有条数	8
倪岳任礼部尚书期间礼部奏疏	总条数 4	据文集可确知为倪岳撰稿条数	0
		未确知撰稿者条数	4
倪岳任礼部尚书期间礼部复议奏疏	总条数 23	据文集可确知为倪岳撰稿条数	2
		未确知撰稿者条数	21
倪岳任吏部尚书期间吏部奏疏	总条数 2	据文集可确知为倪岳撰稿条数	0
		未确知撰稿者条数	2
倪岳任吏部尚书期间吏部复议奏疏	总条数 6	据文集可确知为倪岳撰稿条数	0
		未确知撰稿者条数	6
耿裕	总条数 12	实录独有条数	10
		文集独有条数③	0
		实录与文集皆有条数	2
耿裕任礼部尚书期间礼部奏疏	总条数 36	据文集可确知为耿裕撰稿条数	0
		未确知撰稿者条数	36
耿裕任礼部尚书期间礼部复议奏疏	总条数 46	据文集可确知为耿裕撰稿条数	0
		未确知撰稿者条数	46
耿裕任吏部尚书期间吏部奏疏	总条数 4	据文集可确知为耿裕撰稿条数	0
		未确知撰稿者条数	4
耿裕任吏部尚书期间吏部复议奏疏	总条数 12	据文集可确知为耿裕撰稿条数	0
		未确知撰稿者条数	12

① （明）黄训《名臣经济录》卷三五《会议寄养马匹》。
② 另有弘治元年四月庚午、弘治元年八月癸卯所拟奏疏 2 条未记入，见周洪谟任礼部尚书期间礼部复议奏疏条数。
③ （明）耿裕：《耿文恪公集》，《明经世文编》卷四四。

（续表）

上疏者姓名或机构	上疏简况		
耿裕任吏部尚书期间吏部会同其他衙署合奏	总条数1		
刘大夏	总条数30	实录独有条数	20
		文集独有条数	4
		实录与文集皆有条数	6
刘大夏任兵部尚书期间兵部奏疏	总条数35	据文集可确知为刘大夏撰稿条数	2
		未确知撰稿者条数	33
刘大夏任兵部尚书期间兵部复议奏疏	总条数56	据文集可确知为刘大夏撰稿条数	3
		未确知撰稿者条数	53
刘大夏任兵部尚书期间兵部与其他衙署合奏	总条数3		
何乔新	总条数21	实录独有条数	10
		文集独有条数①	8
		实录与文集皆有条数	3
何乔新任刑部尚书期间刑部奏疏	总条数4	据文集可确知为何乔新撰稿条数	0
		未确知撰稿者条数	4
何乔新任刑部尚书期间刑部复议奏疏	总条数6	据文集可确知为何乔新撰稿条数	0
		未确知撰稿者条数	6
彭韶	总条数27	实录独有条数	24
		文集独有条数	1
		实录与文集皆有条数②	2
彭韶任刑部尚书期间刑部奏疏	总条数0		
彭韶任刑部尚书期间复议奏疏	总条数2	据文集可确知为彭韶撰稿条数	0
		未确知撰稿者条数	2

① （明）何乔新：《椒邱文集》，《文渊阁四库全书》第1249册。
② （明）陈子龙：《明经世文编》卷八〇。

(续表)

上疏者姓名或机构	上疏简况		
白昂	总条数 16	实录独有条数	15
		文集独有条数①	0
		实录与文集皆有条数	1
白昂任刑部尚书期间刑部奏疏	总条数 8	据文集可确知为白昂撰稿条数	0
		未确知撰稿者条数	8
白昂任刑部尚书期间刑部复议奏疏	总条数 17	据文集可确知为白昂撰稿条数	0
		未确知撰稿者条数	17
五府六部等衙门及英国公张懋等会议合奏	总条数 21	据文集可确知为储罐拟稿条数	1
		据文集可确知为丘濬拟稿条数	3
		未确知拟稿者	17
程敏政	总条数 6	实录独有条数	1
		文集独有条数	2
		实录与文集皆有条数	3
林俊	总条数 35	实录独有条数	1
		文集独有条数	26
		实录与文集皆有条数	8
章懋	总条数 8	实录独有条数	1
		文集独有条数②	4
		实录与文集皆有条数	3
郑纪	总条数 18	实录独有条数	3
		文集独有条数	7
		实录与文集皆有条数	8
杨一清	总条数 40	实录独有条数	8
		文集独有条数③	23
		实录与文集皆有条数	9

---

① （明）白昂：《白康敏公奏疏》，《明经世文编》卷八〇。
② （明）章懋：《枫山集》，《文渊阁四库全书》第1254册。
③ （明）杨一清：《杨一清集》，中华书局，2001年。

（续表）

上疏者姓名或机构	上疏简况		
张悦	总条数 18	实录独有条数	0
		文集独有条数	7
		实录与文集皆有条数	11
张吉	总条数 2	实录独有条数	0
		文集独有条数	1
		实录与文集皆有条数	1
杨廉	总条数 8	实录独有条数	8
		文集独有条数	0
		实录与文集皆有条数	0
谢铎	总条数 22	实录独有条数	9
		文集独有条数	6
		实录与文集皆有条数	7
屠勋	总条数 7	实录独有条数	5
		文集独有条数①	1
		实录与文集皆有条数	1
王鏊	总条数 2	实录独有条数	1
		文集独有条数②	0
		实录与文集皆有条数	1
马中锡	总条数 5	实录独有条数	2
		文集独有条数	2
		实录与文集皆有条数	1
吴世忠	总条数 20	实录独有条数	3
		文集独有条数	10
		实录与文集皆有条数	7
胡世宁	总条数 2	实录独有条数③	0
		文集独有条数	0
		实录与文集皆有条数	2

① （明）屠勋：《屠康僖公文集》，《四库全书存目丛书》集部第 40 册。
② （明）王鏊：《王文恪公文集》，万历二十七年震泽王氏三槐堂写刊本，南开大学图书馆藏。
③ （明）胡世宁：《胡端敏奏议》，《文渊阁四库全书》第 428 册。

（续表）

上疏者姓名或机构	上疏简况		
王云凤	总条数 1	实录独有条数	1
		文集独有条数①	0
		实录与文集皆有条数	0
王廷相	总条数 1	实录独有条数	1
		文集独有条数②	0
		实录与文集皆有条数	0
周玺	总条数 8	实录独有条数	1
		文集独有条数③	6
		实录与文集皆有条数	1
杨守阯	总条数 1	实录独有条数	1
		文集独有条数	0
		实录与文集皆有条数	0
文林	总条数 14	实录独有条数	0
		文集独有条数	13
		实录与文集皆有条数	1
黎淳	总条数 2	实录独有条数	2
		文集独有条数④	0
		实录与文集皆有条数	0
储罐	总条数 3	实录独有条数	0
		文集独有条数	1
		实录与文集皆有条数	2
杨守陈	总条数 4	实录独有条数	2
		文集独有条数⑤	1
		实录与文集皆有条数⑥	1

---

① （明）王云凤：《博趣斋稿》，《续修四库全书》，上海古籍出版社，1995 年序刊本，第 1331 册。
② （明）王廷相：《王廷相集》，中华书局，1989 年。
③ （明）周玺：《垂光集》，《文渊阁四库全书》第 429 册。
④ （明）黎淳：《黎文僖公集》，《续修四库全书》第 1330 册。
⑤ （明）杨守陈：《杨文懿公奏疏》，《明经世文编》卷六六。
⑥ （明）张瀚：《皇明疏议辑略》卷五，《续修四库全书》第 463 册。

（续表）

上疏者姓名或机构	上疏简况		
张海	总条数5	实录独有条数	3
		文集独有条数①	0
		实录与文集皆有条数	2
秦纮	总条数17	实录独有条数	14
		文集独有条数②	0
		实录与文集皆有条数	3
许进	总条数13	实录独有条数	12
		文集独有条数③	0
		实录与文集皆有条数	1
徐恪	总条数14	实录独有条数	6
		文集独有条数④	6
		实录与文集皆有条数	2
韩文	总条数6	实录独有条数	4
		文集独有条数⑤	2
		实录与文集皆有条数	0
王宪	总条数3	实录独有条数	3
		文集独有条数⑥	0
		实录与文集皆有条数	0
柴昇	总条数8	实录独有条数	8
		文集独有条数⑦	0
		实录与文集皆有条数	0

---

① （明）张海：《张司马奏疏》，《明经世文编》卷四九。
② （明）秦纮：《秦襄毅公奏疏》，《明经世文编》卷六八。
③ （明）许进：《许襄毅公奏疏》，《明经世文编》卷六八。
④ （明）徐恪：《徐司空奏议》，《明经世文编》卷八一。
⑤ （明）韩文：《韩忠定公奏疏》，《明经世文编》卷八五。
⑥ （明）王宪：《王康毅奏疏》，《明经世文编》卷九九。
⑦ （明）柴昇：《柴司马奏疏文编》，《明经世文编》卷一〇七。

（续表）

上疏者姓名或机构	上疏简况		
丛兰	总条数 11	实录独有条数	11
		文集独有条数①	0
		实录与文集皆有条数	0
何孟春	总条数 5	实录独有条数	1
		文集独有条数②	4
		实录与文集皆有条数	0
张文	总条数 18	实录独有条数	18
		文集独有条数③	0
		实录与文集皆有条数	0
姜洪	总条数 2	实录独有条数	1
		文集独有条数	0
		实录与文集皆有条数	1
王越	总条数 4	实录独有条数	2
		文集独有条数	0
		实录与文集共有条数④	2
贺钦	总条数 1	实录与文集共有条数⑤	1
刘瑞	总条数 3	实录独有条数	0
		文集独有条数⑥	1
		实录与文集共有条数	2
顾潜	总条数 6	实录独有条数	1
		文集独有条数⑦	3
		实录与文集共有条数	2

---

① （明）丛兰：《丛司马奏疏》，《明经世文编》卷一〇八。
② （明）何孟春：《何文简疏议》，《文渊阁四库全书》第429册。
③ （明）张文：《张司农奏议》，《明经世文编》卷一二八。
④ （明）陈子龙等编：《明经世文编》卷六九。
⑤ （明）贺钦：《医闾集》卷八，《文渊阁四库全书》第1254册。
⑥ （明）刘瑞：《五清集》卷一九，《四库未收书辑刊》第5辑，第18册。
⑦ （明）顾潜：《静观堂集》卷七，《四库全书存目丛书》集部第48册。

(续表)

上疏者姓名或机构	上疏简况		
张元祯	总条数 2	实录独有条数	0
		文集独有条数①	1
		实录与文集共有条数	1
王洧	总条数 7	实录独有条数	6
		文集独有条数	0
		实录与文集共有条数②	1
屈伸	总条数 22	实录独有条数	21
		文集独有条数	0
		实录与文集共有条数③	1
曹璘	总条数 4	实录独有条数	3
		文集独有条数	0
		文集与实录共有条数④	1
夏崇文	总条数 5	实录独有条数	4
		文集独有条数	0
		文集与实录共有条数⑤	1
周旋	总条数 7	实录独有条数	5
		文集独有条数	1
		实录与文集共有条数⑥	1
吴瀚	总条数 1	实录与文集共有条数⑦	1
邹智	总条数 1	实录独有条数	0
		文集独有条数⑧	1

---

① （明）黄训：《皇明名臣经济录》卷八，《文渊阁四库全书》第 443 册。
② （明）万表：《皇明经济文录》卷三，《续修四库全书》第 1188 册。
③ （明）万表：《皇明经济文录》卷三四。
④ （明）万表：《皇明经济文录》卷三。
⑤ （明）张瀚：《皇明疏议辑略》卷九。
⑥ （明）黄训：《皇明名臣经济录》卷三五。周旋与张淳于弘治十年二月丙申各疏论牧地事宜，据周旋墓志铭等考证可知，该奏疏为周旋所上。
⑦ （明）黄训：《皇明名臣经济录》卷四〇。
⑧ （明）张瀚：《皇明疏议辑略》卷六。

(续表)

上疏者姓名或机构	上疏简况		
李文祥	总条数 1	实录独有条数	0
		文集独有条数①	1
李梦阳	总条数 1	实录独有条数	0
		文集独有条数②	1
合计	总条数 1533	实录独有条数	1028
		文集独有条数	260
		二者重合条数	245

表2 《明孝宗实录》所载各级衙署及群体所上奏疏统计表③

上疏衙署	上疏条数
刘吉任内阁首辅时内阁奏疏	17
吏部	7
吏部复议奏疏	53
吏部会同都察院合奏	3
户部	115
户部复议奏疏	159
户部会同其他衙署合奏	22
户部会同其他衙署复议合奏	5
礼部	59
礼部复议奏疏	91
礼部会同其他衙署合奏	4
礼部会同其他衙署复议合奏	1
刑部	5
刑部复议奏疏	14
刑部会同其他衙署合奏	2
刑部会同其他衙署复议合奏	4

---

① （明）张瀚：《皇明疏议辑略》卷二。
② （明）李梦阳：《空同集》卷三九。
③ 此表所载各级衙署不包括表1所收有文集传世的相关人物担任其最高长官时期所上奏疏。

(续表)

上疏衙署	上疏条数
工部	23
工部复议奏疏	88
工部会同其他衙署复议合奏	4
都察院	9
都察院复议奏疏	37
都察院会同其他衙署合奏	2
都察院会同其他衙署复议合奏	4
大理寺	1
通政使司	2
太常寺	4
六科、十三道	39①
三法司合奏	8
南京吏部会同都察院合奏	2
南京吏部等衙门尚书奏疏	2
南京户部	1
南京兵部	1
南京刑部	1
南京工部	2
南京都察院	1
南京守备等官	4
南京科道官	3
甘肃镇巡、抚按等官	28
大同镇巡、抚按等官	17
宣抚镇巡、抚按等官	20
宁夏镇巡、抚按等官	11
陕西镇巡、抚按等官	21
辽东镇巡、抚按等官	31

---

① 弘治七年十二月乙亥监察御史吴瀚为科道官联合署名奏疏所拟稿条数1未计入,见表1吴瀚文集与实录共有条数。

(续表)

上疏衙署	上疏条数	
河南镇巡、抚按等官	10	
山西镇巡、抚按等官	11	
蓟州镇巡等官	3	
四川镇巡等官	9	
云南镇巡等官	10	
江西镇巡等官	10	
贵州镇巡等官	8	
广东镇巡等官	3	
广西抚按等官	4	
湖广镇巡等官	15	
两广镇巡等官	15	
山东镇巡等官	5	
浙江镇巡等官	4	
顺天抚按等官	2	
直隶抚按等官	2	
应天抚按等官	3	
大同宣抚守臣合奏	2	
各地布政司、按察司、土司等衙署	18	
其他衙门（内府、锦衣卫、东厂、王府等）	32	
临清州民	3	
河南确山县民	1	
番僧	4	
合计	总条数1131	普通奏疏条数 646
		复议奏疏条数 460

表3 《明孝宗实录》所载个人所上奏疏统计表①

上疏条数	上疏者
1	史简、潘荣、徐琼、周蕙、王瑛、万安、杜铭、许坦、宋旻、江山、李裕、缪樗、宋琮、张銮、许鉴、汤鼐、陈孜、陈祯、曾璘、葛萱、李铭、王纪、罗安、袁纲、朱祚、崔让、贾奭、张伦、王珣、向翀、林淮、吴泰、卢锦、谢秉中、周庆、江川王音埻、钱溥、鲁永清、陈璧（璧）、刘概、张裕、孙廷臣、周木、周从时、张祥、董杰、方向、罗胜、答禄祺、孔镛、高鹏、陈谦、张昺、陈嵩、程宗、邓概、曹英、赛因虎仙、周玺（陕西总兵官）、林凤、江纪、黄顺、永和王长子表栙、晋王知烊、陶嵩、王锴、金辅、张庆、薛瑛、王绅、郭良、打夏苏、曹整、许龙、鲍恺、锁南坚参之徒、商汝谦、潘龄、吉人、蜀王申凿、蜀王宾瀚、陈景隆、姜绾、徐伯宽、谢士元、周南、刘政、孙銮、周吉祥、唐韶、贾海、谢宇、汤冕、毛泰、林澜、孔弘泰、夏福、徐灏、施胜安（县民）、钟鉌、襄王见淑、嘉善大长公主、陈勉、张文昭、张宾、朱奇洇、顾玺、岳嵩、张鸞、柳春、安南国王黎灏、杨本、汤阴王见准、王玺（总兵官）、王玺（守门奉御）、袁彬、田亮、白鸾、朱贞、徐杰、朱均钅皇、许纶、郑寯、朱绶、汪律、灵丘王成鏼、金章、张峦、张祯叔、吕雯、胡海、杨铭、丁谳、蜀定王次妃王氏、许观、刘绮、杜昌、滕佑（祐）、赵鹤龄、徐镛、王溥、杨珊、周广荣、彭崧、辽王恩鐕、汪谐、龚天锡、朱成鍪、邢表、朱表橩、潘礼、邹干、濮琰、张浚、赵英、彭程、王勉、马炳然、娄奎、章锐、王辅、聪㶓母妃王氏、许诚、王钦、刘玙、马黑麻、刘文泰、沈钟、王和、董豫、李杲、安定王千奔、邵宝、刘让、马效才、朱钟鎓、毛纪、朱阳铢、车明理、丘永、曹彦、周琦、黄绂、毛伦、仝銮、刘瑀、欧盘、强珍、文瑞、朱见潥、徐遘、徐浤、严永浚、罗璟、汤俌、朱钟铤、林菲、郑善桓、王道、牛纶、林章、闻显、郭绖、札失藏卜、王衡、缑谦、李宪、左铭、卢钦、刘祥、平乐王安泛、义宁王安浂、孟子五十七代孙敏、朱征鍊、朱健槐、丁伯通、齐章、陆恺、车玺、岷府镇国将军膺𨱔、李旻、王泰、王存忠、熊达、倪宽、益王祐槟、王增、（太监）王宜、宁王觐钧、喻宗府、高台、王璘、朱悌、朱栻、姜立纲、秦文、黄宝、陆凯、覃彦龙、高旻、宋恺、赵炯、傅钊、庞泮、张弘宜、陈一经、姚文灏、马棋、金献民、王铉、章格、陈仲舒、沐琮夫人王氏、邓明、蒋云汉、吉王、廖玘、孙盘、李昆、吴宗周、高鸿、孙鉴、东思恭、王寿、毛铳、宋然、王临、王宗锡、秦罗、万轵商、安丘王当溎、知府黄道妻赵氏、徐佑、朱文、曾彦、仕坯、张淮、诸升、万喜、黄珂、连盛、梁泽、武衢、张安、任良、魏芳、谢缉、吴玉、冯清、沈章、马俊、何歆、罗玘、李世亨、冯兰、胡献、陈凤梧、林同、梁宏、杨明、赵钦、赵俊、衡王、李鸿、李情、杜启、张玄庆、岳华、陈恪、刘聪、郭鈜（鉉）、华咏、王傅、韩王偕灂、马哈忽答、童瑓、

① 本表所计奏疏，仅包括无文集传世或文集中不载奏疏之人物所上奏疏。各栏人名排列依其奏疏或第一篇奏疏出现的时间为序。

(续表)

上疏条数	上疏者
	董钥、陈寓、沈杰、杨文、张伟、冉舜臣、鲁鉴、武寿、张淳、李勇、冉通、程垿、林时、周斌、李韶、白圮、牟道、姚寿、郑宏、吕镗、宁瑾、徐彰、郑岳、丁矿、韩春、丹阳王见溢、陈咨、张迨、李本、王琼、刘英、郭祥鹏、绰节班丹、王启、程继祖、韦敏、吴绶、许瀚、朱斌、宁诚、李琮、刘岌、赵鉴、刘芳、洪汉、朱宾溁、曾敏、李杰、李全、代王俊杖、陈琬、边宪、(都指挥佥事)王宣、邢义、余寰、赵承庆、徐生之子、陈公贤之子、徐纮、王㙭、王雄、沐昆、李源、吕通、季春、李瓒、晁必登、朱燔、钟蕃、张一中、夏镟、莫立之、刘缨、牧相、张炬、马隆、徐说、姚祥、琉球国使臣、王祥、薛格、徐忱、远丹坚挫、舍剌先吉、傅荣、耿明、林夔、田守仁、文森、陈珀、张骏、班丹远丹徒、张绅、李祚、林世远、张涧、倪阜、桑呆禄作、黄清、余实、朱奇淓、周孟中、戴锐(铣)、胡世忠、裴春、萧晸、尚冲、杜旻、吴伴伟、蓝忠、郭浹、余敬、徐仁、张瑾、杨俊、李咨、尹增、冯颙、陶谐、于鄞、韩雄、商良辅、朱达、邹贤、何琛、罗琇、王济、邓琛、吴舜、周凤、刘胜、邹轩、华珽、杨玉、刘乔、魏铭、周洪、宋迨、程材、任汉、王镇、范吉、孙瓒妻、喃呆、朱辅、王埙、豪坤、傅容、张芝、方寿祥、胡洪、武灏、王良臣、商人周洪、李嘉祥、王恩、臧麟、麦秀、陈世良、刘咏、刘玉、韩俊、杨守随、王土昭、殷偕、席书、欧盘、王伟、刘绩、饶橚、魏浚、张志淳、胡玺、张俊、李哲、姚学礼、刘机、周进隆、江澜、朱鏖、韩明、徐蕃、吴江、包泽、刘淮、赵铎、吴麒、邓庠、黄孔昭、张雄、何宗、孙需、牛廷、赵鹤、刘瑜、严时肃、袁子宁、潘昭明、汤沐、唐禄、李熙、曹雄、孙交、朱同铋、岑九仙、徐联、叶钊、周熊、曾大有、张彦頵、汤礼敬、陈肆、彭缙、洪异、杨时畅、王瓒、张津 蒋骥与陈瑶合奏、杨理与文贵、杨理与李纶、李昂与张晶、杜忠与王嵩、孔镛与包裕、翟瑄与艻钦、王诏与刘洪、萧祯与陈瑶、丘鼎与俞俊、萧祯与刘凤翔、郑时与史简、江汉与王宏、叶绅与顾源、邓廷瓒与王哲、李杲与张玉、高铨与张缙、熊翀与王槐、陆闾与刘及许进、许进与杨奇、曹廉与陈铨、赵钦与张瑶、赵钦与赵俊、赵忠与王鉴、牧相与王蕃、陈伯献与陆微、闵珪与戴珊、张安与陈寿、邹文盛与杨茂仁、许天锡与何琛
2	夏祚、向荣、武清、尹直、左钰、杨玺、李谅、欧阳旦、王臣、杜忠、周纮、林廷玉、章玄应、何鼎、唐世子弥镕、吴禩、鲁府镇国将军阳鉴、史瑛、唐锦舟、章律、宋鉴、沃类、赵兰、李端、王继、徐礼、王克复、陈瑷、丘鼎、丁永中、于冕、侯瓒、冀绮、张泽、邹鲁、郑宗仁、徐怀、刘忠、祁司员、辽王宠浸、朱惠、朱觐铤、徐珪、吴原、刘玑、秦王诚泳、郭理、周贤、梁廷宾、莫聪、曹凤、傅惠、陶鲁、王锐、陈让、宁府乐安王宸湎、汪宗器、魏富、吕献、娄性、周玉、王英、彭世麒、孙振、冯俊、

（续表）

上疏条数	上疏者
	林廷选、毛锐、程文、黄瑜、陆完、李澄、丁养浩、曾昂、周王同镳、袁经、朱瑄、张廉、谭祐、毕亨、王瑶、刘瓛、张敝、潘楷、丘天佑、王玉、陆闾、董让、沈晖、韩普、李介、王一言、余本实、黎福、张朝用、张彩、尚衡、刘清、张天衢、蒋骥、史学、王绶、杨循吉、高胤先、黄肃、谢朝宣、赵士贤、盛洪、戴乾、张瑶、于宣、刘烈、胡华、龚弘、戈福、李裕中、张隆、朱宸濠、刘纲、陈寿、许诰、杨友、樊凯、戴铣、张延龄、琉球国中山王尚真、刘干、杨滋、周成、王珩、郭铉、朱秀、崔志端、郑祐柃、刘茝、萧柯、何天衢、艾璞、薄彦徽、王蕃、刘云、孔公璜、兴王祐杬、唐王弥鐇、龙绶 李兴与陈锐、刘大夏合奏
3	吴裕、司马垔、王敞、边镛、余浚、陈宽、许锐、畅亨、胡金、施钦、李晟、胡瑞、翟瑄、胡恭、谭英、罗鉴、阎价、王玺(给事中)、杨谧、邵诚、韩祐、李广、朱仪、徐俌、张诰、襄王祐材、冯玘、张达、蔺琦、刘绅、李善、张岫、谢绶、王鉴之、毛珵、陈锐、吕憼、马子聪、胡谅、刘琬、孙儒、杨茂元、万祥、韩福、周序、傅德、孙仁、邓原、张泰、胡易、童瑞、熊绣、刘琅、郑惟桓、钟渤、樊莹、李益、郎滋、王鼎、石玠、周寿、鲁昂、王约、刘孟、张宪、寿王祐榰、史后、阎仲宇、曹玉、占城国卜古来、杨璋、陈顺、陈瑶、燕忠、彭诚、潘蕃、丘俊、王宪、曾鉴、倪议、陈伯献、沈王幼学、李克恭、徐沂、张安、吴宽、邹文盛、王璟、葛嵩、金洪、蓝章、潘铎、雍王祐橒、晋王钟铉
4	林沂、刘吉、王嵩、陆容、陈祖生、文贵、萧祯、王诏、冯贯、陈道、李兴(监察御史)、徽王见沛、赵玜、王㒾、李鸾、周琰、侯恂、韩文(宁夏巡抚)、叶绅、欧钲、宁举、吉王见浚、邓璋、张玉、贾斌、王缜、高铨、彭清、卢仪、艾洪、魏玒、刘宪、史载德、张纶、陈仁、张弘至、于珬、雍泰、王承裕、胡希颜、王俨、杨一溇、陈璧、崇王见泽
5	刘璋(工部尚书)、张锦、李温、夏昂、李嗣、陈瑶、梁璟、卢亨、焦芳、田斋、唐珣、黄杰、张敷华、顾溥、荣华、李举、顾佐、吴仕伟、杨纶、徐昂、熊伟、洪钟、张本、王哲、杨子器、韩邦问、朱晖、戴铣、刘宇、冯允中、苗逵、王用、柳景、张宜、涂昇
6	王质、刘璋(甘肃巡抚)、吴昊、李兴、季源、倡钟、张鸾、涂旦、刘宁、李蕙、陈玉、罗贤、吴荐、王献臣、戴珊、车梁、杨褫
7	张九功、童轩、蒋琮、王霁、林元甫、张琳、傅瀚、徐琼、熊翀、冯镐、林瀚、陈铨、金泽、李禄、鲁麟、王珣、徐源、李孟旸、叶淇

（续表）

上疏条数	上疏者
8	朱永、李昂、杨澄、郑时、刘洪、张玮、徐贯、王宗彝、李士实、秦民悦、余濂、王轼、王盖、任良弼、王沂、张昇
9	韩重、罗明、蒍春、杨瑛、张黻、许天锡
10	王纶、韩鼎、何鉴、魏绅
11	贾俊、周季麟、史琳
12	吴一贯、闵珪
13	陈金、邓廷瓒、张缙
14	李敏、钱钺、周经
15	张懋
16	彭礼
18	屠滽
22	李鐩
合计	2175

表4 《明孝宗实录》所载文臣传记字数统计

传主职务	传主姓名	传记字数	出处
南京光禄寺卿	雷泽	100字	卷二，成化二十三年九月庚戌
都察院右副都御史	叶冕	104字	卷一二，弘治元年三月癸未
南京吏部尚书	钱溥	276字	卷一四，弘治元年五月辛未
都察院右副都御史	孙洪	171字	卷一四，弘治元年五月戊子
巡抚云南都察院左佥都御史	杨继宗	390字	卷一九，弘治元年十月甲寅
兵部尚书	王竑	369字	卷二一，弘治元年十二月壬辰
太子太保兵部尚书	余子俊	629字	卷二三，弘治二年二月辛亥
少师兼太子太师吏部尚书华盖殿大学士	万安	922字	卷二四，弘治二年三月己巳
南京翰林院侍读学士	吴希贤	104字	卷二六，弘治二年五月乙酉
刑部尚书	陆瑜	339字	卷二八，弘治二年七月庚午

（续表）

传主职务	传主姓名	传记字数	出处
工部右侍郎	孔镛	212字	卷三〇,弘治二年九月戊午
河南布政司左布政使	王琮	只书卒	卷三〇,弘治二年九月己未
吏部右侍郎兼詹事府府丞	杨守陈	546字	卷三一,弘治二年十月壬寅
兵部左侍郎	何琮	222字	卷三一,弘治二年十月癸卯
巡抚甘肃都察院右副都御史	罗明	193字	卷三三,弘治二年十二月丙戌
太子太保户部尚书兼谨身殿大学士	刘珝	583字	卷三六,弘治三年三月己未
提调四夷馆太仆寺少卿	王瑢	155字	卷三六,弘治三年三月癸亥
都察院右佥都御史	左钰	206字	卷四〇,弘治三年七月壬申
通政使司左通政	徐世英	138字	卷四一,弘治三年八月甲午
都察右佥都御史	崔让	105字	卷四二,弘治三年九月庚戌
户部尚书	刘昭	239字	卷四五,弘治三年十一月庚辰
刑部左侍郎	曾翚	239字	卷四七,弘治四年正月壬辰
工部右侍郎	杨理	226字	卷四七,弘治四年正月甲午
太子少保礼部尚书	周洪谟	327字	卷四八,弘治四年二月己巳
户部尚书	李敏	242字	卷四八,弘治四年二月辛未
太仆寺少卿	李鉴	87字	卷四八,弘治四年二月壬申
南京工部右侍郎	黄孔昭	426字	卷五二,弘治四年六月壬寅
太子少保兵部尚书	张鹏	291字	卷五二,弘治四年六月癸亥
南京工部尚书	刘宣	470字	卷五三,弘治四年七月甲申
应天府尹	秦崇	173字	卷五四,弘治四年八月戊申
南京兵部右侍郎	王诏	330字	卷五五,弘治四年九月乙亥
巡抚四川都察院右副都御史	邢表	99字	卷五八,弘治四年十二月己酉
都察院左副都御史	盛颙	280字	卷五九,弘治五年正月丁酉
都察院右副都御史	李昂	331字	卷六一,弘治五年三月辛卯
太子少保礼部尚书	邹干	388字	卷六二,弘治五年四月戊午

(续表)

传主职务	传主姓名	传记字数	出处
南京礼部尚书	黎淳	276 字	卷六二,弘治五年四月
礼部右侍郎	艾福	219 字	卷六五,弘治五年七月庚午
巡抚贵州都察院右佥都御史	高崧	76 字	卷六五,弘治五年七月戊戌
南京工部尚书	程宗	664 字	卷六八,弘治五年十月乙巳
太子少保礼部尚书	张文质	174 字	卷七四,弘治六年四月
太常寺少卿	汪景昂	61 字	卷七五,弘治六年五月辛未
湖广左布政使	刘乔	108 字	卷七六,弘治六年闰五月庚子
掌通政司事工部右侍郎	谢宇	147 字	卷七六,弘治六年闰五月己酉
礼部右侍郎	费訚	268 字	卷七七,弘治六年六月乙丑
南京太仆寺少卿	李应祯	157 字	卷七八,弘治六年七月壬寅
太子少保南京兵部尚书参赞机务	张鎣	192 字	卷七八,弘治六年七月己未
南京都察院左都御史	黄绂	193 字	卷七九,弘治六年八月甲申
南京太仆寺卿	张谦	105 字	卷七九,弘治六年八月丙戌
少师兼太子太师吏部尚书华盖殿大学士	刘吉	472 字	卷八二,弘治六年十一月丁未
工部左侍郎	杜谦	157 字	卷八六,弘治七年三月乙未
掌太常寺事礼部左侍郎致仕	丁永中	124 字	卷八七,弘治七年四月壬午
兵部左侍郎	吕雯	173 字	卷八八,弘治七年五月丙申
南京太常寺卿	陈音	268 字	卷八九,弘武七年六月己卯
养病户部左侍郎	李嗣	221 字	卷九二,弘治七年九月壬辰
都察院右副都御史	唐瑜	246 字	卷九二,弘治七年九月壬辰
南京刑部尚书致仕	张瑄	272 字	卷九二,弘治七年九月丁酉
户部尚书	李衍	278 字	卷九三,弘治七年十月丙寅
詹事府詹事兼翰林院侍读学士	陆简	261 字	卷九六,弘治八年正月壬辰
刑部尚书	彭韶	405 字	卷九六,弘治八年正月己未

（续表）

传主职务	传主姓名	传记字数	出处
少保兼太子太保户部尚书武英殿大学士	丘濬	480字	卷九七,弘治八年二月戊午
养病南京礼部左侍郎	万翼	158字	卷九八,弘治八年三月戊子
通政使司右通政	杜明	118字	卷九八,弘治八年三月甲辰
太常寺卿	齐章	102字	卷九九,弘治八年四月甲寅
都察院右副都御史	刘忠	128字	卷一〇〇,弘治八年五月癸巳
南京吏部尚书	王㒜	276字	卷一〇〇,弘治八年五月甲辰
都察院右副都御史	何经	125字	卷一〇〇,弘治八年五月辛亥
太子少保工部尚书	贾俊	231字	卷一〇一,弘治八年六月己巳
总督两广军务都察院右都御史	唐珣	235字	卷一〇五,弘治八年十月己未
户部左侍郎	吴原	238字	卷一〇六,弘治八年十一月壬辰
养病南京太常寺卿	翟瑛	102字	卷一〇六,弘治八年十一月甲午
养病户部右侍郎	张鼎	150字	卷一〇七,弘治八年十二月壬子
南京兵部尚书	薛远	241字	卷一〇七,弘治八年十二月壬戌
太子太保吏部尚书	耿裕	300字	卷一〇八,弘治九年正月戊戌
文华殿书办大理寺卿	朱奎	130字	卷一一一,弘治九年闰三月乙亥
都察院右副都御史	马驯	168字	卷一一三,弘治九年五月戊辰
都察院右副都御史	王道	151字	卷一一四,弘治九年六月丙申
巡抚四川都察院右副都御史	冯俊	236字	卷一一五,弘治九年七月庚戌
刑部尚书	杜铭	154字	卷一一五,弘治九年七月辛亥
户部右侍郎	黄杰	142字	卷一一五,弘治九年七月壬申
南京工部尚书	冯贯	127字	卷一一七,弘治九年九月丙午
大理寺卿	王霁	217字	卷一一七,弘治九年九月己酉
前太子少保礼部尚书兼翰林院学士	彭华	822字	卷一一八,弘治九年十月己卯
南京户部尚书	潘荣	138字	卷一一八,弘治九年十月甲申
太仆寺少卿	张九功	127字	卷一二七,弘治十年七月癸卯

(续表)

传主职务	传主姓名	传记字数	出处
巡抚辽东致仕都察院右副都御史	彭谊	259字	卷一二九,弘治十年九月丁未
礼部左侍郎	杨宣	171字	卷一三〇,弘治十年十月丁丑
应天府府尹	高敞	101字	卷一三一,弘治十年十一月乙丑
经略大同等处边务兵部左侍郎兼都察院左佥都御史	李介	215字	卷一三三,弘治十一年正月戊戌
南京礼部尚书	童轩	215字	卷一三四,弘治十一年二月乙酉
巡抚顺天等府都察院右副都御史	张淮	149字	卷一三六,弘治十一年四月庚午
都察院右佥都御史	丘鼐	201字	卷一三六,弘治十一年四月甲申
南京户部左侍郎	李益	141字	卷一三八,弘治十一年六月戊辰
内阁书办太仆寺少卿	姜立纲	117字	卷一三九,弘治十一年七月辛酉
都察院右都御史	宋旻	176字	卷一四〇,弘治十一年八月丙寅
通政使司养病左通政	张璞	142字	卷一四二,弘治十一年十月庚午
总制三边少保兼太子太傅左都御史	王越	753字	卷一四五,弘治十一年十二月壬辰朔
巡抚辽东都察院右副都御史	张岫	143字	卷一四五,弘治十一年十二月乙亥
总督漕运兼巡抚凤阳等处都察院右都御史	李蕙	215字	卷一四七,弘治十二年二月乙卯
南京兵部右侍郎	虞瑶	148字	卷一四七,弘治十二年二月戊午
南京刑部左侍郎	阮勤	214字	卷一四八,弘治十二年三月己丑
都察院右副都御史	孙仁	242字	卷一五〇,弘治十二年五月癸亥
礼部右侍郎兼翰林院学士	程敏政	523字	卷一五一,弘治十二年六月壬辰
内阁制敕房书办致仕太常寺卿	龙暹	105字	卷一五一,弘治十二年六月己亥
司经局洗马	杨杰	130字	卷一五一,弘治十二年六月庚戌
都察院右副都御史	韩文	185字	卷一五二,弘治十二年七月丁丑

(续表)

传主职务	传主姓名	传记字数	出处
南京大理寺卿	宋钦	145字	卷一五二,弘治十二年七月戊寅
太仆寺卿	宋琮	78字	卷一五二,弘治十二年七月庚辰
南京刑部尚书	郑时	247字	卷一五三,弘治十二年八月辛丑
总督漕运都察院右副都御史	徐镛	208字	卷一五三,弘治十二年八月乙卯
少师兼太子太师吏部尚书华盖殿大学士	徐溥	487字	卷一五四,弘治十二年九月戊辰
养病礼部右侍郎兼翰林院学士	汪谐	266字	卷一五六,弘治十二年十一月己未
南京大理寺卿	夏时正	230字	卷一五七,弘治十二年十二月癸巳
都察院右副都御史	陈纪	131字	卷一六〇,弘治十三年三月己卯
南京吏部右侍郎	王克复	178字	卷一六三,弘治十三年六月甲午
总督两广军务都察院左都御史	邓廷瓒	320字	卷一六三,弘治十三年六月乙未
兵部右侍郎	杨谧	260字	卷一六三,弘治十三年六月辛亥
总督南京粮储都察院右副都御史	陈瑗	112字	卷一六五,弘治十三年八月戊子
工部右侍郎	张颐	164字	卷一六五,弘治十三年八月壬辰
应天府府尹	于冕	161字	卷一六九,弘治十三年十二月辛卯
南京太常寺少卿	沈瑜	91字	卷一七〇,弘治十四年正月癸酉
南京刑部右侍郎	边镛	243字	卷一七一,弘治十四年二月乙酉
南京国子监祭酒	刘震	139字	卷一七二,弘治十四年三月壬申
太仆寺卿	吴裕	140字	卷一七三,弘治十四年四月癸巳
陕西按察使	李孟晊	136字	卷一七三,弘治十四年四月戊戌
管山西易州柴厂工部右侍郎	陈琬	116字	卷一七四,弘治十四年五月戊辰
广西按察使	吴倬	只书卒	卷一七五,弘治十四年六月癸未
南京兵部左侍郎	马显	153字	卷一七六,弘治十四年七月甲寅
南京刑部尚书	翟瑄	149字	卷一七六,弘治十四年七月己卯

(续表)

传主职务	传主姓名	传记字数	出处
刑部左侍郎	张锦	263字	卷一七七,弘治十四年闰七月乙未
福建布政司左布政使	李琮	只书卒	卷一七七,弘治十四年闰七月乙未
太子少保户部尚书	叶淇	255字	卷一七八,弘治十四年八月己酉
南京兵部右侍郎	黎福	223字	卷一七八,弘治十四年八月己酉
都察院都御史	谢昹	112字	卷一七八,弘治十四年八月庚戌
太子少保吏部尚书	倪岳	360字	卷一八〇,弘治十四年十月甲寅
内阁制敕房办事太常寺少卿	马绍荣	144字	卷一八二,弘治十四年十二月壬戌
礼部尚书	傅瀚	547字	卷一八四,弘治十五年二月癸亥
南京工部尚书	董越	206字	卷一八七,弘治十五年五月乙亥
南京礼部尚书	谢绶	136字	卷一八七,弘治十五年五月己卯
巡抚河南都察院右副都御史	郑龄	121字	卷一八八,弘治十五年六月癸卯
南京户部尚书	梁璟	166字	卷一八九,弘治十五年七月乙酉
兵部尚书	项忠	582字	卷一九〇,弘治十五年八月庚戌
南京大理寺卿	吴道宏	184字	卷一九一,弘治十五年九月己卯
贵州布政司左布政使	黄琏	146字	卷一九一,弘治十五年九月壬午
太子少保南京兵部尚书	张悦	220字	卷一九二,弘治十五年十月甲辰
太子太保工部尚书	徐贯	169字	卷一九三,弘治十五年十一月丁亥
刑部尚书	何乔新	468字	卷一九四,弘治十五年十二月庚申
巡抚湖广都察院右副都御史	韩镐	482字	卷一九五,弘治十六年正月癸未
都察院右副都御史	刘瑀	210字	卷一九六,弘治十六年二月癸亥
南京工部右侍郎	徐恪	303字	卷一九七,弘治十六年三月甲戌
南京兵部尚书参赞机务	王继	236字	卷一九八,弘治十六年四月乙丑
太子太傅刑部尚书	白昂	225字	卷二〇一,弘治十六年七月己丑
南京国子监祭酒	罗璟	354字	卷二〇一,弘治十六年七月己丑
山西布政司左布政使	潘祺	95字	卷二〇二,弘治十六年八月乙巳
太常寺卿	任道逊	97字	卷二〇二,弘治十六年八月辛亥

(续表)

传主职务	传主姓名	传记字数	出处
翰林院侍讲学士	江朝宗	206字	卷二〇二,弘治十六年八月庚申
吏部尚书	尹旻	362字	卷二〇三,弘治十六年九月庚辰
南京刑部尚书	陈道	214字	卷二〇八,弘治十七年二月壬寅
光禄寺卿	赵竑	100字	卷二〇九,弘治十七年三月癸酉
巡抚甘肃都察院右副都御史	刘璋	105字	卷二一〇,弘治十七年闰四月辛未
掌詹事府事礼部尚书兼翰林学士	吴宽	367字	卷二一四,弘治十七年七月戊戌
通政使司右通政	王浃	70字	卷二一四,弘治十七年七月乙巳
左春坊左庶子	张天瑞	200字	卷二一五,弘治十七年八月丁丑
都察院右副都御史	王沂	257字	卷二一八,弘治十七年十一月乙巳
应天府府尹	吴雄	156字	卷二一九,弘治十七年十二月己未

表5 《明孝宗实录》所载武臣传记字数统计

传主身份	传主姓名	传记字数	出处
建平伯	高远	55字	卷一六,弘治元年七月丁亥
太保兼太子太保襄城侯	李瑾	174字	卷二四,弘治二年三月癸亥
彰武伯	杨瑾	66字	卷二五,弘治二年四月丁未
掌南京前军都督府事丰润伯	曹振	100字	卷二六,弘治二年五月壬申
右军都督府带俸广宁伯	刘璇	96字	卷三〇,弘治二年九月壬戌
武进伯	朱霖	59字	卷三〇,弘治二年九月己巳
中军都督府带俸安顺伯	薛瑶	109字	卷三五,弘治三年二月己丑
寿宁侯	张峦	248字	卷六六,弘治五年八月己酉
左军都督府带俸成安伯	郭镛	80字	卷六九,弘治五年十一月丙子
左军都督府带俸安乡伯	张宁	80字	卷六九,弘治五年十一月辛卯
平乡伯	陈信	41字	卷七一,弘治六年正月甲戌
修武伯	沈坊	57字	卷七三,弘治六年三月己巳
南宁伯	毛文	94字	卷七九,弘治六年八月辛未

(续表)

传主身份	传主姓名	传记字数	出处
建平伯	高进	41字	卷八一,弘治六年十月庚午
惠安伯	张瓒	103字	卷八一,弘治六年十月戊子
怀柔伯	施鉴	101字	卷九六,弘治八年正月甲寅
后军都督府带俸泰宁侯	陈桓	141字	卷九〇,弘治七年七月丁亥朔
武平伯	陈纲	69字	卷九八,弘治八年三月辛卯
广义伯	吴琮	48字	卷一〇二,弘治八年七月己丑
后军都督府都督佥事	董昇	44字	卷三九,弘治三年六月己丑
驸马都尉	王增	54字	卷三一,弘治二年十月己丑
掌宗人府事驸马都尉	周景	192字	卷一〇六,弘治八年十一月庚辰朔
驸马都尉	齐世美	70字	卷二〇一,弘治十六年七月甲申
太师兼太子太师保国公	朱永	286字	卷一〇九,弘治九年二月戊午
南京守备太子太傅成国公	朱仪	337字	卷一一〇,弘治九年三月甲申
镇守云南总兵官征南将军黔国公	沐琮	263字	卷一一七,弘治九年九月庚辰
崇信伯	费淮	58字	卷一三五,弘治十一年三月丁酉朔
襄城伯	李鄌	45字	卷一三七,弘治十一年五月壬寅
太子太保宁晋伯	刘福	133字	卷一八〇,弘治十四年十月丙午朔
怀宁侯	孙泰	76字	卷一八〇,弘治十四年十月庚戌
安远侯	柳景	131字	卷一八四,弘治十五年二月己酉
永康侯	徐锜	126字	卷一八五,弘治十五年三月甲午
太傅兼太子太傅平江伯	陈锐	299字	卷一九四,弘治十五年十二月甲寅
太子太保镇远侯	顾溥	249字	卷二〇〇,弘治十六年六月己酉
应城伯	孙继先	102字	卷二〇二,弘治十六年八月辛酉
定国公	徐永宁	55字	卷二〇七,弘治十七年正月辛未
遂安伯	陈韶	60字	卷二〇八,弘治十七年二月乙巳
兴安伯	徐盛	40字	卷二〇八,弘治十七年二月癸巳朔
南京左军都督府带俸隆平侯	张祐	只书卒	卷二〇九,弘治十七年三月丁丑

(续表)

传主身份	传主姓名	传记字数	出处
清平伯	吴琮	64字	卷二一〇,弘治十七年四月乙卯
镇守宁夏总兵官署都督佥事	傅泰	61字	卷一五,弘治元年六月丁酉
南京左军都督府佥事	高俊	61字	卷一七,弘治元年八月丁酉
右军都督府都督同知	王玺	160字	卷一七,弘治元年八月庚戌
右军都督府都督同知	宰用	68字	卷二三,弘治二年二月己亥
中军都督府带俸都督同知	李玉	118字	卷三三,弘治二年十二月丙申
右军都督府都督同知	李文	135字	卷三三,弘治二年十二月壬子
后军都督府都督佥事	柯忠	77字	卷五七,弘治四年十一月乙酉
前军都督府同知	白瑜	218字	卷四〇,弘治三年七月乙亥
掌锦衣卫事都指挥使	朱骥	214字	卷四六,弘治三年十二月癸亥
镇守宁夏总兵官都督佥事	周玺	182字	卷五三,弘治四年七月己丑
左军都督府都督同知	赵英	65字	卷六一,弘治五年三月壬申
南京右军都督府都督同知	王铨	60字	卷六五,弘治五年七月戊寅
右军都督府都督佥事	李眹	170字	卷七五,弘治六年五月戊寅
锦衣卫指挥使	钱通	138字	卷七七,弘治六年六月丁丑
中军都督府左都督	范瑾	208字	卷八〇,弘治六年九月癸丑
南京左军都督府同知	冯昇	87字	卷八三,弘治六年十二月丙寅
锦衣卫掌卫事都指挥佥事	季成	104字	卷八三,弘治六年十二月癸未
成讨温卫都督同知	康允	只书卒	卷八五,弘治七年二月壬戌
后府都督佥事	李铭	83字	卷八九,弘武七年六月戊寅
锦衣卫都指挥佥事	杨荣	30字	卷九八,弘治八年三月己丑
左军都督府致仕都督同知	王瑛	40字	卷九九,弘治八年四月甲子
左军都督府都督同知	白玉	53字	卷一〇一,弘治八年六月壬申

(续表)

传主身份	传主姓名	传记字数	出处
后军都督府右都督	周玉	219字	卷九六,弘治八年正月壬寅
南京右军都督府都督佥事	杨昇	只书卒	卷一〇六,弘治八年十一月壬午
右军都督府署都督佥事	奚勇	只书卒	卷一〇七,弘治八年十二月乙亥
南京左军都督府都督佥事	殷润	只书卒	卷一一一,弘治九年闰三月乙卯
掌锦衣卫镇抚司事指挥佥事	韩璟	92字	卷一一八,弘治九年十月己卯
左军都督府都督同知	白全	168字	卷一一〇,弘治九年三月辛丑
右军都督府都督佥事	杨义	92字	卷一一九,弘治九年十一月甲辰朔丙辰
锦衣卫指挥使	刘良	106字	卷一二九,弘治十年五月己未
致仕镇守贵州前军都督府都督佥事	彭伦	只书卒	卷一三八,弘治十一年六月庚寅
万全都司带俸都督佥事	江山	131字	卷一四〇,弘治十一年八月戊寅
后军都督府带俸都督同知	卢深	只书卒	卷一四四,弘治十一年闰十一月癸未
右军都督府署都督佥事	房骥	138字	卷一四四,弘治十一年闰十一月己丑
羽林左卫带俸署都指挥使	许宁	296字	卷一四五,弘治十一年十二月壬子
南京前军都督府闲住都督佥事	都胜	200字	卷一五二,弘治十二年七月庚辰
掌锦衣卫事指挥同知	李珍	81字	卷一五四,弘治十二年九月壬戌
镇守湖广总兵东宁伯	焦俊	136字	卷一六六,弘治十三年九月癸酉
锦衣卫掌镇抚司事指挥佥事	杨昇	61字	卷一六八,弘治十三年十一月丙寅
漕运参将都指挥佥事	周瓒	79字	卷一七三,弘治十四年四月丙戌
左军都督府都督佥事	张晟	114字	卷一七六,弘治十四年七月己酉

(续表)

传主身份	传主姓名	传记字数	出处
后军都督府都督佥事	孙贵	63字	卷一七七,弘治十四年闰七月戊戌
锦衣卫致仕指挥佥事	王伫	106字	卷一七八,弘治十四年八月丙午朔
皇亲锦衣卫带俸指挥使	周瓒	36字	卷一八二,弘治十四年十二月庚申
后军都督府都督佥事	宋澄	只书卒	卷一八六,弘治十五年四月己巳
协同镇守甘肃左副总兵右军都督府都督同知	鲁鉴	189字	卷一八五,弘治十五年三月乙酉
锦衣卫指挥使	杨铭	50字	卷二〇三,弘治十六年九月丁丑
锦衣卫指挥佥事	刘斌	55字	卷二〇四,弘治十六年十月壬子
锦衣卫带俸指挥	周孝	42字	卷二〇四,弘治十六年十月甲午朔
镇守宁夏总兵官署都督佥事	郭鍧	108字	卷二〇九,弘治十七年三月庚午
镇守甘肃总兵官右军都督府署都督佥事	彭清	207字	卷一八七,弘治十五年五月丁亥
后军都督府带俸署都督佥事	阮兴	90字	卷二〇九,弘治十七年三月丁丑
前军都督府左都督	刘宁	350字	卷二一二,弘治十七年五月丁酉

表6 《明太宗实录》所载文武大臣传记字数统计

传主身份	传主姓名	传记字数	出处
工部尚书	严震直	112字	卷一二下,洪武三十五年九月壬辰
户部右侍郎	王礼	54字	卷一九,永乐元年夏四月壬子
前北平布政司参议	成进	169字	卷二〇上,永乐元年五月乙酉
户部尚书	郁新	68字	卷四五,永乐三年八月戊辰
翰林院修撰	徐旭	140字	卷五一,永乐四年二月乙亥
兵部侍郎兼詹事府少詹事	墨麟	133字	卷六九,永乐五年秋七月戊寅
鸿胪寺左少卿	郇旟	85字	卷八〇,永乐六年六月庚子
北京刑部右侍郎	张思恭	75字	卷一〇八,永乐八年九月己巳
鸿胪寺卿	李伟	75字	卷一一一,永乐八年十二月癸卯

（续表）

传主身份	传主姓名	传记字数	出处
钦天监副	徐伯阳	73字	卷一一一，永乐八年十二月庚戌
太常寺丞	袁廷玉	162字	卷一一二，永乐九年春正月丙寅
江西吉安府吉水县知县	钱本中	225字	卷一一三，永乐九年二月癸巳
太医院使	韩公茂	75字	卷一一三，永乐九年二月壬寅
刑部右侍郎	吴盛	49字	卷一二三，永乐九年闰十二月丁卯
刑部左侍郎	卢祥	95字	卷一三三，永乐十年冬十月壬申
都察院右佥都御史	史仲成	161字	卷一三九，永乐十一年夏四月癸亥
北京刑部右侍郎	杨泰	78字	卷一四〇，永乐十一年五月乙卯
交阯布政司右布政使	王平	142字	卷一四六，永乐十一年十二月己酉
云南布政司左参政	崔恂	78字	卷一五七，永乐十二年冬十月己丑
顺天府尹	张贯	94字	卷一五八，永乐十二年十一月己未
北京刑部尚书	朱潜	90字	卷一五九，永乐十二年十二月辛卯
兵部尚书兼詹事府詹事	金忠	269字	卷一六三，永乐十三年夏四月甲申
通政司右通政	马麟	101字	卷一七六，永乐十四年五月庚戌
肇庆府知府	王伯贞	490字	卷一七八，永乐十四年秋七月丁酉
浙江左布政使	章彦博	108字	卷一八〇，永乐十四年九月己丑甲午
江西按察使	裴承祖	65字	卷一八五，永乐十五年二月丙寅
杭州府钱塘县知县	叶宗行	150字	卷一八六，永乐十五年三月乙未
工部右侍郎	蔺芳	698字	卷一九四，永乐十五年十一月辛未
太仆寺少卿	杨砥	297字	卷一九六，永乐十六年春正月己巳
光禄寺卿	张泌	199字	卷二〇三，永乐十六年八月丙申
湖广布政使	邹昱	51字	卷二〇三，永乐十六年八月丁酉
工部右侍郎	郑刚	117字	卷二〇五，永乐十六年冬十月戊子
通政司左通政	赵居任	161字	卷二〇九，永乐十七年二月庚寅
礼部左侍郎	易英	83字	卷二一二，永乐十七年五月壬戌
福建彰州府龙溪县掌县事知州	刘孟雍	167字	卷二二〇，永乐十八年春正月甲子
湖广衡州府同知	方素易	256字	卷二二七，永乐十八年秋七月丙戌

(续表)

传主身份	传主姓名	传记字数	出处
赵府右长史	董子庄	149字	卷二二二,永乐十八年二月辛亥
通政司通政使	贺银	112字	卷二二九,永乐十八年九月己酉
湖广辰州府同知	刘叔愚	304字	卷二三〇,永乐十八年冬十月己卯
左春坊左庶子兼翰林院侍讲	邹缉	481字	卷二五一,永乐二十年九月庚申
婺源县知县	吴春	103字	卷二五三,永乐二十年十一月壬午
福建建安县知县	张准	85字	卷二六〇,永乐二十一年夏六月乙卯
交阯布政司右参政	房安	172字	卷二六一,永乐二十一年秋七月庚辰
鸿胪寺左少卿	孙伯坚	189字	卷二六一,永乐二十一年秋七月辛卯
福建左布政使	麻冕	60字	卷二六四,永乐二十一年冬十月丁卯
浙江按察司佥事	蔡楫	141字	卷二六六,永乐二十一年十二月己酉
浙江处州府知府	谢子襄	332字	卷二七一,永乐二十二年夏五月丙申
户部右侍郎	王钟	110字	卷九五,永乐七年秋八月
北京刑部致仕左侍郎	刘辰	170字	卷一三〇,永乐十年七月丙午
兵部左侍郎	卢渊	140字	卷一八一,永乐十四年冬十月甲子
河南彰德府磁州同知	周原	173字	卷二五二,永乐二十年冬十月甲辰
国子监司业	张智	129字	卷五六,永乐四年秋七月庚寅
礼部尚书	郑赐	270字	卷八〇,永乐六年六月辛丑
翰林院侍读学士	王达	107字	卷六八,永乐五年六月乙未
翰林院学士	王景	127字	卷八一,永乐六年秋七月癸酉
户部右侍郎	王钟	111字	卷九五,永乐七年秋八月辛丑
兵部左侍郎	卢渊	141字	卷一八一,永乐十四年冬十月甲子
太子少师	姚广孝	281字	卷一九八,永乐十六年三月戊寅

(续表)

传主身份	传主姓名	传记字数	出处
文渊阁大学士兼左春坊大学士	胡广	348字	卷二〇〇,永乐十六年五月丁巳
工部尚书	宋礼	127字	卷二五〇,永乐二十年六月乙亥
福建建宁府知府	芮麟	206字	卷五七,永乐四年闰七月甲申
武定侯	郭英	271字	卷一七,永乐元年二月癸亥
新昌伯	唐云	125字	卷二一,永乐元年六月甲午
成阳侯	张武	183字	卷二四,永乐元年冬十月戊申
兴安伯	徐祥	122字	卷三一,永乐二年五月丁卯
襄城伯	李浚	180字	卷四八,永乐三年十一月戊戌
富昌伯	房胜	121字	卷六〇,永乐四年冬十月丙午
安乡伯	张兴	105字	卷九一,永乐七年闰四月丁卯
西宁侯	宋晟	303字	卷六九,永乐五年秋七月癸丑
武康伯	徐理	124字	卷七六,永乐六年二月甲辰
云阳伯	陈旭	143字	卷一〇二,永乐八年三月丁亥
遂安伯	陈志	116字	卷一〇四,永乐八年五月辛未
保定侯	孟善	255字	卷一二九,永乐十年六月甲戌
永康侯	徐忠	185字	卷一四二,永乐十一年八月丁未
永新伯	许成	88字	卷一九七,永乐十六年二月戊戌
应城伯	孙岩	152字	卷二〇一,永乐十六年六月庚子
泰宁侯	陈珪	152字	卷二一一,永乐十七年夏四月甲辰
安阳侯	郭义	173字	卷二三三,永乐十九年春正月戊寅
惠安伯	金玉	107字	卷二三九,永乐十九年秋七月戊寅
永顺伯	薛斌	80字	卷二四二,永乐十九年冬十月丁未
丰城侯	李彬	106字	卷二四五,永乐二十年春正月壬申
应城伯	孙亨	84字	卷二五五,永乐二十一年春正月丁酉
成安侯	郭亮	90字	卷二五七,永乐二十一年春三月庚寅

(续表)

传主身份	传主姓名	传记字数	出处
应城伯	孙英	41字	卷二六八,永乐二十二年春二月丁卯
镇远侯	顾成	471字	卷一五一,永乐十二年五月丁酉
成国公	朱能	347字	卷六〇,永乐四年冬十月丙午
广宁伯	刘荣	422字	卷二二四,永乐十八年夏四月戊午
恭顺伯	吴允诚	133字	卷一八七,永乐十五年夏四月己卯
驸马都尉富阳侯	李让	144字	卷三三,永乐二年秋七月乙未
驸马都尉永春侯	王宁	90字	卷一一九,永乐九年九月丙未
驸马都尉	梅殷	177字	卷四七,永乐三年冬十月乙丑
后军都督佥事	陈亨	261字	卷一二上,洪武三十五年九月甲申
右军都督佥事	山青	56字	卷一七,永乐元年二月戊申朔
右军都督佥事	景福	58字	卷三一,永乐二年五月甲寅
前军都督佥事	华聚	55字	卷三八,永乐三年春正月丁未
右军都督佥事	王英	67字	卷四三,永乐三年六月乙丑朔
后军都督佥事	曹远	74字	卷六六,永乐五年夏四月庚子
前军都督府都督佥事	史勇	57字	卷七三,永乐五年十一月丙寅
右军都督佥事	柴秉诚	53字	卷七三,永乐五年十一月戊辰
左军左都督	宋广	78字	卷二〇六,永乐十六年十一月丁卯
大宁都司都指挥同知	左迪	92字	卷七九,永乐六年五月丙寅
右军都督	马荣	164字	卷一〇七,永乐八年八月癸亥
后军都督佥事	吴庸	263字	卷一〇八,永乐八年九月丙子
后军都督府都督同知	曹隆	172字	卷一一九,永乐九年九月丁卯
后军都督佥事	朱旺	78字	卷一三五,永乐十年十二月己巳
江西都指挥同知	蒋忠	94字	卷一三六,永乐十一年春正月丙申
大宁都指挥使	张忠	94字	卷一六〇,永乐十三年春正月戊申
都指挥佥事	田真	144字	卷一六九,永乐十三年冬十月甲申
中军都督佥事	徐膺绪	150字	卷一七三,永乐十四年二月戊子
右军都督佥事	赵清	137字	卷一七八,永乐十四年秋七月丁未
右军都督佥事	张钦	230字	卷一八五,永乐十五年二月辛酉

(续表)

传主身份	传主姓名	传记字数	出处
右军都督佥事	欧阳青	75字	卷一九五,永乐十五年十二月辛卯
行在后军卫右都督	陈亨	128字	卷一九八,永乐十六年三月癸丑
中军都督府右都督	夏贵	98字	卷二二七,永乐十八年秋七月壬申
署中都留守司事都指挥同知	张礼	95字	卷二三一,永乐十八年十一月乙丑朔
中军都督同知	曹得	85字	卷二三九,永乐十九年秋七月丁亥
后军都督同知	朱崇	106字	卷二四六,永乐二十年春二月己亥
后军都督佥事	程宽	97字	卷二四六,永乐二十年春二月丁未
后军都督佥事	章安	178字	卷二五〇,永乐二十年六月乙未
交阯都指挥同知	徐源	91字	卷二七一,永乐二十二年夏五月辛丑
右军都督同知	韩观	236字	卷一五五,永乐十二年九月丙申

参考文献

一、古代文献

[1] 明孝宗实录. 台湾"中研院"史语所校印本. 1962.
[2] 明孝宗实录校勘记. 台湾"中研院"史语所. 1962.
[3] 大明孝宗敬皇帝实录. 国家图书馆藏. 明抄本.
[4] 大明孝宗敬皇帝实录. 南京市图书馆藏. 明抄本.
[5] 大明孝宗敬皇帝实录. 中央民族大学藏. 明抄本.
[6] 大明孝宗敬皇帝实录. 上海图书馆藏. 明抄本.
[7] 皇明实录. 日本内阁文库藏. 明抄本.
[8] 明太祖实录. 台湾"中研院"史语所校印本. 1962.
[9] 明太宗实录. 台湾"中研院"史语所校印本. 1962.
[10] 明英宗实录. 台湾"中研院"史语所校印本. 1962.
[11] 明宪宗实录. 台湾"中研院"史语所校印本. 1962.
[12] 明武宗实录. 台湾"中研院"史语所校印本. 1962.
[13] 明世宗实录. 台湾"中研院"史语所校印本. 1962.
[14] 明穆宗实录. 台湾"中研院"史语所校印本. 1962.
[15] 明神宗实录. 台湾"中研院"史语所校印本. 1962.
[16] 明光宗实录. 台湾"中研院"史语所校印本. 1962.
[17] 明熹宗实录. 台湾"中研院"史语所校印本. 1962.
[18] 明.马文升. 马端肃奏议. 文渊阁四库全书. 第427册. 台北:台湾商务印书馆,1986.
[19] 明.王恕. 王端毅奏议. 文渊阁四库全书. 第427册.
[20] 明.胡世宁. 胡端敏奏议. 文渊阁四库全书. 第428册.
[21] 明.周玺. 垂光集. 文渊阁四库全书. 第429册.
[22] 明.何孟春. 何文简疏议. 文渊阁四库全书. 第429册.
[23] 明.廖道南. 殿阁词林记. 文渊阁四库全书. 第452册.

[24] 明. 彭韶. 彭惠安集. 文渊阁四库全书. 第 1247 册.

[25] 明. 徐溥. 谦斋文录. 文渊阁四库全书. 第 1248 册.

[26] 明. 丘濬. 重编琼台稿. 文渊阁四库全书. 第 1248 册.

[27] 明. 何乔新. 椒邱文集. 文渊阁四库全书. 第 1249 册.

[28] 明. 郑纪. 东园文集. 文渊阁四库全书. 第 1249 册.

[29] 明. 倪岳. 青溪漫稿. 文渊阁四库全书. 第 1251 册.

[30] 明. 程敏政. 篁墩文集. 文渊阁四库全书. 第 1253 册.

[31] 明. 章懋. 枫山集. 文渊阁四库全书. 第 1254 册.

[32] 明. 谢迁. 归田稿. 文渊阁四库全书. 第 1256 册.

[33] 明. 梁储. 郁洲遗稿. 文渊阁四库全书. 第 1256 册.

[34] 明. 林俊. 见素集. 文渊阁四库全书. 第 1257 册.

[35] 明. 张吉. 古城集. 文渊阁四库全书. 第 1257 册.

[36] 明. 邵宝. 容春堂集. 文渊阁四库全书. 第 1258 册.

[37] 明. 罗玘. 圭峰集. 文渊阁四库全书. 第 1259 册.

[38] 明. 李梦阳. 空同子集. 文渊阁四库全书. 第 1262 册.

[39] 明. 唐鹤徵. 皇明辅世编. 续修四库全书. 第 524 册. 上海：上海古籍出版社, 2002.

[40] 明. 黄佐. 南雍志. 续修四库全书. 第 749 册.

[41] 明. 谢纯. 漕运通志. 续修四库全书. 第 836 册.

[42] 明. 王㒜. 思轩文集. 续修四库全书. 第 1329 册.

[43] 明. 黎淳. 黎文僖公集. 续修四库全书. 第 1330 册.

[44] 明. 杨廉. 杨文恪公文集. 续修四库全书. 第 1332 册.

[45] 明. 王云凤. 博趣斋稿. 续修四库全书. 第 1331 册.

[46] 明. 费宏. 太保费文宪公摘稿. 续修四库全书. 第 1331 册.

[47] 明. 焦竑. 焦氏澹园集. 续修四库全书. 第 1364 册.

[48] 明. 陈循. 芳洲文集. 四库全书存目丛书. 集部第 31 册. 济南：齐鲁书社, 1997.

[49] 明. 张悦. 定庵集. 四库全书存目丛书. 集部第 37 册.

[50] 明. 谢铎. 桃溪净稿. 四库全书存目丛书. 集部第 38 册.

[51] 明. 文林. 文温州集. 四库全书存目丛书. 集部第 40 册.

[52] 明. 屠勋. 屠康僖公文集. 四库全书存目丛书. 集部第 40 册.

[53] 明. 马中锡. 东田集. 四库全书存目丛书. 集部第 41 册.

[54] 明. 储罐. 柴墟文集. 四库全书存目丛书. 集部第 42 册.

[55] 明. 杨守阯. 碧川文选. 四库全书存目丛书. 集部第 42 册.

[56] 明. 李濂. 嵩渚文集. 四库全书存目丛书. 集部第 71 册.

[57] 明. 徐阶. 世经堂集. 四库全书存目丛书. 集部第 79～80 册.

[58] 明. 焦竑. 国朝献征录. 四库全书存目丛书. 史部第 100～106 册.

[59] 明. 王世贞. 弇州山人四部稿. 四库全书存目丛书. 集部第 115 册.

[60] 明. 余子俊. 余肃敏公奏议. 四库禁毁书丛刊. 史部第 57 册. 北京：北京出版社, 1997.

[61] 明. 吴世忠. 西沱奏议. 四库禁毁书丛刊补编. 第 22 册. 北京：北京出版社, 2005.

[62] 明. 刘瑞. 五清集. 四库未收书辑刊. 第 5 辑第 18 册. 北京：北京出版社, 2000.

[63] 明. 归有光. 震川先生集. 上海：上海古籍出版社, 1981.

[64] 明. 张居正. 张太岳集. 上海：上海古籍出版社, 1984.

[65] 明. 王廷相. 王廷相集. 北京：中华书局, 1989.

[66] 明. 杨一清. 杨一清集. 北京：中华书局, 2001.

[67] 明. 李东阳. 李东阳集. 长沙：岳麓书社, 2009.

[68] 明. 刘大夏. 刘大夏集. 长沙：岳麓书社, 2009.

[69] 明. 王鏊. 王文恪公文集. 南开大学图书馆藏. 万历二十七年震泽王氏三槐堂写刊本.

[70] 明. 黄佐. 翰林记. 文渊阁四库全书. 第 596 册.

[71] 明. 陈子龙等. 皇明经世文编. 北京：中华书局, 1962.

[72] 明. 黄训辑. 皇明名臣经济录. 四库禁毁书丛刊. 史部第 9 册.

[73] 明. 孙旬. 皇明疏钞. 续修四库全书. 史部第 463～464 册.

[74] 明. 雷礼. 国朝列卿纪. 续修四库全书. 第 522～524 册.

[75] 明. 徐咸. 皇明名臣言行录. 续修四库全书. 第 520 册.

[76] 明. 过庭训. 本朝分省人物考. 续修四库全书. 第 533～563 册.

[77] 明. 文震孟. 姑苏名贤小记. 续修四库全书. 第 541 册.

[78] 明. 张景春等. 吴中人物志. 续修四库全书. 第 541 册.

[79] 明. 徐象梅. 两浙名贤录. 续修四库全书. 第 542～544 册.

[80] 明. 王兆云. 皇明词林人物考. 明代传记丛刊. 第 16 册, 台北：明文书局, 1991.

[81] 明. 张弘道、张凝道. 皇明三元考. 明代传记丛刊. 第 19 册.

[82] 明. 顾琰. 国宝新编. 明代传记丛刊. 第 21 册.

[83] 明. 袁裒. 皇明献实. 明代传记丛刊. 第 30 册.

[84] 明. 项笃寿. 今献备遗. 明代传记丛刊. 第 31 册.

[85] 明. 徐纮. 皇明名臣琬琰录. 明代传记丛刊. 第 43 册.

[86] 明. 杨廉等辑. 新刻皇明名臣言行录. 明代传记丛刊. 第 43 册.

[87] 明. 汪国楠. 皇明名臣言行录新编. 明代传记丛刊. 第 46 册.

[88] 明. 李廷机. 皇明名臣言行录. 明代传记丛刊. 第 48 册.

[89] 明. 刘廷元. 国朝名臣言行录. 明代传记丛刊. 第 49 册.

[90] 清. 徐开任. 明名臣言行录. 明代传记丛刊. 第 50~51 册.

[91] 明. 吏部. 明功臣袭封底簿. 明代传记丛刊. 第 55 册.

[92] 明. 林之盛. 皇明应谥名臣备考录. 明代传记丛刊. 第 56 册.

[93] 明. 朱大韶编. 皇明名臣墓铭. 明代传记丛刊. 第 58 册.

[94] 明. 邓球. 皇明泳化类编列传. 明代传记丛刊. 第 79~80 册.

[95] 明. 焦竑. 皇明人物考. 明代传记丛刊. 第 115 册.

[96] 明. 张瑄. 西园闻见录. 明代传记丛刊. 第 116~124 册.

[97] 清. 孙奇逢. 中州人物考. 明代传记丛刊. 第 141 册.

[98] 清. 孙承泽. 畿辅人物志. 明代传记丛刊. 第 142 册.

[99] 明. 何三畏. 云间志略. 四库禁毁书丛刊. 史部第 8 册.

[100] 明. 李贽. 续藏书. 北京:中华书局,1959.

[101] 清. 钱谦益. 列朝诗集小传. 上海:上海古籍出版社,1959.

[102] 清. 朱彝尊. 静志居诗话. 北京:人民文学出版社,1990.

[103] 清. 顾炎武. 顾炎武全集. 北京:中华书局,2011.

[104] 北京图书馆. 北京图书馆藏珍本年谱丛刊. 北京:北京图书馆出版社,2005.

[105] 明代名人年谱. 北京:北京图书馆出版社,2006.

[106] 明代名人年谱续编. 北京:国家图书馆出版社,2012.

[107] 明. 李东阳等. 正德明会典. 文渊阁四库全书. 第 617~618 册.

[108] 明. 申时行等. 万历明会典. 北京:中华书局,1989 年.

[109] 皇明诏令. 续修四库全书. 第 457 册.

[110] 大明一统文武诸司衙门官制. 续修四库全书. 第 748 册.

[111] 诸司职掌. 续修四库全书. 第 748 册.

[112] 明. 王圻. 续文献通考. 续修四库全书. 第 761~767 册.

[113] 皇明制书. 续修四库全书. 第 788 册.

[114] 明. 张学颜等. 万历会计录. 续修四库全书. 第 831~833 册.

[115] 明. 朱廷立等. 盐政志. 续修四库全书. 第 839 册.

[116] 明. 霍氏. 军政条例类考. 续修四库全书. 第 852 册.

[117] 大明律. 续修四库全书. 第 862 册.

[118] 明.何士晋.工部厂库须知.续修四库全书.第878册.

[119] 明.雷礼.南京太仆寺志.四库全书存目丛书.史部第257册.

[120] 明.郑汝璧.皇明功臣封爵考.四库全书存目丛书.史部第258册.

[121] 馆阁漫录.四库全书存目丛书.史部第258~259册.

[122] 皇明祖训.四库全书存目丛书.史部第264册.

[123] 明.郭正域.皇明典礼志.四库全书存目丛书.史部第270册.

[124] 明.叶秉敬.明谥考.四库全书存目丛书.史部第270册.

[125] 明.梁梦龙.海运新考.四库全书存目丛书.史部第274册.

[126] 明.黄光昇.昭代典则.四库全书存目丛书.史部第12~13册.

[127] 明.施沛.南京都察院志.四库全书存目丛书补编.第73册.

[128] 明.陈仁锡.皇明世法录.四库禁毁书丛刊.史部,第13~14册.

[129] 明.林希元.南京大理寺志.嘉靖刻本.

[130] 明.劳堪.宪章类编.万历六年自刻本.

[131] 明.徐学聚.国朝典汇.北京:书目文献出版社,1996.

[132] 明.雷梦麟.读律琐言.北京:法律出版社,2000.

[133] 黄彰健编.明代律例汇编.台北:台湾"中研院"历史语言研究所,1979.

[134] 北京图书馆古籍珍本从刊·史部政书类.北京:书目文献出版社,1997.

[135] 刘海年等主编.中国珍稀法律典籍集成.乙编.北京:科学出版社,1994.

[136] 杨一凡等主编.中国珍稀法律典籍集成.续编.第3~4册.哈尔滨:黑龙江人民出版社,2002.

[137] 明.李贤.天顺日录.续修四库全书.第433册.

[138] 明.马文升.兴复哈密记.续修四库全书.第433册.

[139] 明.许进.平番始末.续修四库全书.第433册.

[140] 明.朱国祯.涌幢小品.续修四库全书.第1173册.

[141] 明.尹直.謇斋琐缀录.四库全书存目丛书.子部第239册.

[142] 明.李东阳.燕对录.李东阳集.长沙:岳麓书社.2008.

[143] 明.刘若愚.酌中志.明代笔记小说大观.上海:上海古籍出版社,2005.

[144] 明.何良俊.四友斋丛说.北京:中华书局,1959.

[145] 明.沈德符.万历野获编.北京:中华书局,1959.

[146] 明.叶盛.水东日记.北京:中华书局,1980.

[147] 明.王士性.广志绎.北京:中华书局,1981.

[148] 明.余继登.典故纪闻.北京:中华书局,1981.

[149] 明.焦竑.玉堂丛语.北京:中华书局,1981.

[150] 明.李诩.戒庵老人漫笔.北京:中华书局,1982.

[151] 明.郑晓.今言.北京:中华书局,1984.

[152] 明.王崎.寓圃杂记.北京:中华书局,1984.

[153] 明.田艺衡.留青日札.上海:上海古籍出版社,1985.

[154] 明.陆容.菽园杂记.北京:中华书局,1985.

[155] 明.陈洪谟.治世余闻.北京:中华书局,1985.

[156] 明.张翰.松窗梦语.北京:中华书局,1985.

[157] 明.朱长祚.玉镜新谭.北京:中华书局,1989.

[158] 明.陈洪谟.继世纪闻.北京:中华书局,1985.

[159] 明.张翰.松窗梦语.北京:中华书局,1985.

[160] 明.顾起元.客座赘语.北京:中华书局,1987.

[161] 明.陆粲.庚巳编.北京:中华书局,1987.

[162] 明.于慎行.谷山笔麈.北京:中华书局,1997.

[163] 明.黄瑜.双槐岁钞.北京:中华书局,1999.

[164] 明.董玘.中峰集.北京:中华书局,2016.

[165] 明.都穆.都公谈纂.明代笔记小说大观.上海:上海古籍出版社,2005.

[166] 明.陆深.玉堂漫笔.明代笔记小说大观.上海:上海古籍出版社,2005.

[167] 明.谢肇淛.五杂俎.明代笔记小说大观.上海:上海古籍出版社,2005.

[168] 清.孙承泽.春明梦余录.北京:北京古籍出版社,1992.

[169] 清.李清.三垣笔记.北京:中华书局,1982.

[170] 清.孙承泽.天府广记.北京:北京古籍出版社,1984.

[171] 明.薛应旂.宪章录.续修四库全书.第352册.

[172] 明.雷礼.皇明大政纪.续修四库全书.第353~354册.

[173] 明.何乔远.名山藏.续修四库全书.第425~427册.

[174] 明.瞿九思.万历武功录.续修四库全书.第436册.

[175] 明.高岱.鸿猷录.四库全书存目丛书.史部第19册.

[176] 明.王世贞.弇州史料.四库全书存目丛书.史部第112册.

[177] 明. 涂山. 新刻明政统宗. 四库禁毁书丛刊. 史部第 2~3 册.

[178] 明. 吕毖. 明朝小史. 四库禁毁书丛刊. 史部第 19 册.

[179] 明. 郑晓. 吾学编. 北京图书馆古籍珍本丛刊. 北京：书目文献出版社,1987.

[180] 明. 王世贞. 弇山堂别集. 北京：中华书局,1985.

[181] 明. 邓元锡. 皇明书. 上海：上海古籍出版社,1996.

[182] 明. 尹守衡. 皇明史窃. 上海：上海古籍出版社,1996.

[183] 明. 黄景昉. 国史唯疑. 上海：上海古籍出版社,2002.

[184] 明. 陈建. 皇明通记. 北京：中华书局,2008.

[185] 清. 傅维鳞. 明书. 四库全书存目丛书. 史部第 37~40 册.

[186] 清. 万斯同. 明史. 续修四库全书. 第 324~331 册.

[187] 清. 谈迁. 国榷. 北京：中华书局,1958.

[188] 清. 夏燮. 明通鉴. 北京：中华书局,1959.

[189] 清. 谷应泰. 明史纪事本末. 北京：中华书局,1977.

[190] 清. 张廷玉. 明史. 北京：中华书局,1974.

[191] 清. 赵翼. 廿二史劄记. 北京：中华书局,1984.

[192] 清. 查继佐. 罪惟录. 杭州：浙江古籍出版社,1986.

[193] 清. 张岱. 石匮书. 上海：上海古籍出版社,2008.

[194] 清. 汤斌. 潜庵先生拟明史稿. 康熙二十七年刻本.

[195] 清. 王鸿绪. 明史稿. 雍正敬慎堂刻本.

[196] 弘治·贵州图经新志. 四库全书存目丛书. 史部第 199 册.

[197] 弘治·湖州府志. 四库全书存目丛书. 史部第 179 册.

[198] 弘治·嘉兴府志. 四库全书存目丛书. 史部第 179 册.

[199] 弘治·八闽通志. 四库全书存目丛书. 史部第 177~178 册.

[200] 万历·温州府志. 四库全书存目丛书. 史部第 210 册.

[201] 万历·绍兴府志. 四库全书存目丛书. 史部第 200 册.

[202] 明. 陈循等. 寰宇通志. 景泰刻本.

[203] 明. 李贤等. 大明一统志. 天顺五年内府刻本.

[204] 明. 郭子章. 郡县释名. 万历四十二年刻本.

[205] 明. 黄汴. 天下水陆路程. 太原：山西人民出版社,1992.

[206] 明. 刘侗等. 帝京景物略. 北京：北京古籍出版社,1980.

[207] 清. 顾炎武. 天下郡国利病书. 上海：上海书店,1985.

[208] 清. 顾祖禹. 读史方舆纪要北京：中华书局,2005.

[209] 中国方志丛书. 台北：成文出版社,1967.

[210] 天一阁明代方志选刊. 上海: 上海古籍出版社, 1981.

[211] 天一阁明代方志选刊续编. 上海: 上海书店, 1990.

[212] 中国地方志集成. 南京: 江苏古籍出版社等, 1990.

[213] 日本藏中国罕见地方志丛刊. 北京: 书目文献出版社, 1990.

[214] 稀见中国地方志汇刊. 北京: 中国书店, 1992.

[215] 吴晗. 朝鲜李朝实录中的中国史料. 北京: 中华书局, 1980.

[216] 杜宏刚等. 韩国文集中的明代史料. 桂林: 广西师范大学出版社, 2006.

[217] 韩. 林基中. 燕行录全集. 东国大学校, 2001.

二、现代研究论著

1. 专著

[1] 吴晗. 读史札记. 北京: 生活·读书·新知三联书店, 1956.

[2] 黄云眉. 明史考证. 北京: 中华书局, 1979.

[3] 李洵. 明史食货志校注. 北京: 中华书局, 1982.

[4] 王天有. 明代国家机构研究. 北京: 北京大学出版社, 1992.

[5] 李洵. 正德皇帝大传. 沈阳: 辽宁教育出版社, 1993.

[6] 郭厚安. 弘治皇帝大传. 沈阳: 辽宁教育出版社, 1994.

[7] 靳润成. 明朝总督巡抚辖区研究. 天津: 天津古籍出版社, 1995.

[8] 李小林. 万历官修本朝正史研究. 天津: 南开大学出版社, 1999.

[9] 钱茂伟. 明代史学编年. 北京: 中国文联出版社, 2000.

[10] 张士尊. 明代辽东边疆研究. 长春: 吉林人民出版社, 2002.

[11] 南炳文. 明史. 上海: 上海人民出版社, 2003.

[12] 谢贵安. 明实录研究. 武汉: 湖北人民出版社, 2003.

[13] 王伟凯. 明史·刑法志考注. 天津: 天津古籍出版社, 2005.

[14] 郭培贵. 明史·选举志考证. 北京: 中华书局, 2006.

[15] 孙卫国. 王世贞史学研究. 北京: 人民文学出版社, 2006.

[16] 范金民. 明清社会经济史研究. 福州: 福建人民出版社, 2008.

[17] 张舜徽. 中国文献学. 上海: 上海古籍出版社, 2009.

[18] 关文发、颜广文. 明代政治制度研究. 北京: 紫禁城出版社, 2010.

[19] 李媛. 明代国家祭祀制度研究. 北京: 中国社会科学出版社, 2011.

[20] 南炳文. 明代文化研究. 北京: 人民出版社, 2006.

[21] 庞乃明. 明史·地理志疑误考正. 北京: 社会科学文献出版社, 2012.

[22]南炳文. 明清考史录. 北京:人民出版社,2013.

[23]谢贵安. 中国实录体史学研究. 武汉:武汉大学出版社. 2007.

[24]方志远. 明代国家权力结构及运行机制. 北京:科学出版社. 2008.

[25]乔治忠. 中国官方史学与私家史学. 北京:北京图书馆出版社. 2008.

[26]日. 山根幸夫. 明清史籍研究. 东京:研文出版社. 1989.

[27]日. 佐藤文俊. 明代王府研究. 东京:研文出版社,1999.

[28]日. 谷光隆. 明代马政研究. 东京:东洋史研究会,1972.

[29]新加坡. 李焯然. 丘濬评传. 南京:南京大学出版社,2005.

[30]美. 陈学霖. 明代人物与传说. 香港:香港中文大学出版社,1997.

[31]美. 陈学霖. 史林漫识. 北京:中国友谊出版公司,2001.

[32]美. 牟复礼等. 剑桥中国明代史. 北京:中国社会科学出版社,1992.

2. 论文

[1]卞鸿儒. 馆藏写本《明实录》提要. 辽宁图书馆馆刊,1930(1).

[2]王崇武. 明靖难史实考证稿. 中研院史语所集刊特刊25. 1945.

[3]黄彰健. 明末实录书成誊写四分说. "中研院"史语所集刊第31本,1960.

[4]黄彰健. 明实录校勘记引据各本目录. "中研院"史语所集刊第31本,1960.

[5]黄彰健. 影印国立北平图书馆藏红格本、明实录并附校勘记序. "中研院"史语所集刊第32本,1961.

[6]王咨臣. 新出土明孝宗"罪己诏"与传抄本《明实录》校勘记. 文献,1982(11).

[7]杨书元. 吴廷燮写本《明实录》. 社会科学辑刊,1984(4).

[8]姜胜利. 明代野史述论. 南开学报,1987(3).

[9]朱子彦. 论明孝宗与"弘治中兴". 求是学刊,1989(6).

[10]王毓铨. 《明实录》《明会典》一事异书互有得失举例. 郑天挺纪念论文集,1990.

[11]谢玉杰:《杨一清茶马整顿案评述——明代西北茶马贸易研究之二》. 西北民族研究,1990(1).

[12]李洵. 读《明武宗实录》条记. 明史研究,1991(1).

[13]谢贵安. 《明实录》地名校勘. 华中师范大学学报(哲学社会科学版),1992(1).

[14]李绍强. 明孝宗的个性与弘治朝政策. 齐鲁学刊,1993(6).

[15] 任丽洁、吕志文. 明实录的内容及其文献价值. 图书馆学研究,1996(6).

[16] 刘毅.《明史·诸王传》补正. 南开学报,1997(2).

[17] 杨艳秋.《明光宗实录》《三朝要典》的编修. 史学史研究,1998(4).

[18] 王鸿雁. 明代实录馆考述. 齐鲁学刊,1999(6).

[19] 乔治忠. 明代史学发展的普及性潮流. 中国社会历史评论第4卷,2002.

[20] 郭培贵.《明史·选举志》编纂考述. 史学月刊,2005(4).

[21] 孙卫国. 明实录与李朝实录之比较研究. 求是学刊,2005(2).

[22] 孙卫国. 王世贞《史乘考误》对《明实录》之辨证及其影响. 成大历史学报,2005(29).

[23] 谈晨广. 明弘治十二年礼部会试舞弊案. 故宫博物院院刊,2006(5).

[24] 展龙. 焦竑《献征录》的史料价值. 史学史研究,2007(1).

[25] 汪维真、牛建强. 明弘治初限科会试令立废原委考释. 历史研究,2008(1).

[26] 赵永翔. 关于"弘治中兴"之评价问题. 河西学院学报,2009(1).

[27] 郭培贵.《明史·职官志一》考误十一则. 古籍整理研究学刊,2010(2).

[28] 钱茂伟.《明实录》编纂与明代史学的流变. 学术研究,2010(5).

[29] 钞晓鸿. 人物传记中水利史料的考辨与利用——以明清时期的项忠传记为例. 厦门大学学报(哲学社会科学版),2011(1).

[30] 庞乃明.《明史·地理志》辽东地理考误. 辽宁大学学报,2011(4).

[31] 南炳文. 明清史研究:《明史》"明实录"两大明史基本史籍整理工程. 求是学刊,2015(1).

[32] 陈宝良. 明代的文武关系及其演变——基于制度、社会及思想史层面的考察. 安徽史学,2014(2).

[33] 谢贵安. 东亚文化圈的史学共振:中越实录修纂比较研究. 史学理论研究,2018(4).

后　记

　　《〈明孝宗实录〉研究》即将出版、面临学界的指正,心中不免感慨万千。本书是在我博士学位论文基础上增改而成。在此,首先要感谢业师南炳文先生。博士入学时,先生正在主持点校本"二十四史"之《明史》修订工作,当时已有了整理《明实录》的想法。2013年盛夏,南先生进行国家社科基金重大项目"明实录整理与研究"投标,我主要协助先生将手写稿录入电脑。近一个月的时间,先生完成了7万余字的投标书,之后又反复修改。正式提交的时候,先生还叮嘱一定要让打印店用最好的纸张,以达到清晰、美观的效果。先生一丝不苟的工作态度给我留下了深刻的印象。从项目的申报到正式开展校勘,我跟随先生学习到很多文献学的知识,为后来撰写此书打下了基础。

　　项目开始实施后,我主要负责《明孝宗实录》部分的初步整理与研究,并以"《明孝宗实录》研究"为题开始博士论文写作。论文写作过程中,受到了诸多师友的帮助,在此再次表示感谢。2015年参加工作后,我继续进行对《明孝宗实录》的研究,2017年通过天津古籍出版社的推荐,申请到国家社科基金后期资助项目。此后,我对博士论文进行了大幅度扩充,主要是将上编的三章增加为七章,充实了《明孝宗实录》的编纂过程、编纂成员、凡例、编纂特色等相关内容,同时对下编进行适当删减,并替换一些案例。此番修改我更加关注实录的编纂与政治的互动关系,关注时代变迁在实录内容上的体现等。我原非文献学的专门研究者,为完成此书,我拜读了很多有关实录学、官方史学的研究成果,获益良多。除了完成相关校勘工作外,我也一直关注明史领域的研究,遂有了将明代历史与史学、文献编纂学结合起来分析某些问题的想法,实践起来还需要继续下更多的功夫。

　　我最早对明史感兴趣是从本科求学时听陈宝良教授的课开始的,硕士阶段入陈老师门下习"明清档案与文书学"方向。在学习明史课程的同时,我还研修了有关文字学、目录学类的课程,对文献学有了初步的了解。陈老师满腹才华、治学严谨、史料功底扎实,时常教导我们要多读书。我虽已工作多年,但还是时常叨扰陈老师,每次都能从老师那里获得启发。在我求学路上给我很大帮助的,还有我的博士后合作导师柏桦教授。柏老师对明清法律史的资料如数家珍,对本书的撰写也提出了很多宝贵的建议。另外感谢中国社会科学院张兆裕先生对我校勘工作的指导和鼓励。感谢本校领导和各位同仁的支持。时培磊教授不仅在工作上对我多有提携之助,其基于元代实录及官方史学的渊博学识,亦在本书撰写上提出了很多宝贵意见。

在本书付梓之际,还要感谢张艳芳、杨春君等各位同门好友对本书撰写、修改提供的帮助以及"《明实录》整理与研究"课题组成员的关怀。感谢李建等同学在我日常科研与教学工作中进行的帮助。感谢我的家人和朋友的支持,特别感谢李建武博士的一路陪伴,同作为课题组成员,在查找资料、修改书稿的过程中都有他的参与。

本书的出版得到国家社科基金后期资助项目的支持。感谢五位匿名评审专家的认可及宝贵意见。

感谢天津古籍出版社的领导和相关工作人员,赵娜编审在我申报后期资助项目时大力协助,各位责编对全书进行精心核对和编校。感谢大家付出的辛劳。

有关《明孝宗实录》乃至《明实录》的研究还有很多问题需要继续深入下去,本书仅作了一些初步探讨,虽经过了多次修改和完善,但仍有很多不足,甚至会存在一些舛误,敬请各位师友批评指正。

程彩萍

2020 年 9 月